»Eine wissenschaftliche Erkenntnis setzt sich nicht deshalb durch, weil die Vertreter des alten Systems überzeugt wurden, sondern weil sie aussterben und eine neue Generation an ihre Stelle tritt, die mit den neuen Gedanken aufgewachsen ist.«

Max Planck

»Eine neue Idee wird in der ersten Phase belächelt, in der zweiten Phase bekämpft, in der dritten Phase waren alle immer schon begeistert von ihr.«

Arthur Schopenhauer

»A ship in harbor is safe; but that's not what ships are made for.«

John A. Shedd

ERIK HÄNDELER

Die Geschichte der Zukunft

Sozialverhalten heute und der Wohlstand von morgen / Kondratieffs Globalsicht

9., vollständig bearbeitete Auflage

Brendow
VERLAG + MEDIEN

Widmung

Meinem Großvater Erich Händeler,
der 1931 als Bankangestellter arbeitslos wurde und erst 1936 wieder eine feste Stelle fand, um die Familie ernähren zu können (nach dem dritten, dem Elektro-Kondratieffzyklus);

meinen Eltern,
die in den 70er Jahren unter wirtschaftlichen Turbulenzen zu leiden hatten (nach dem vierten, dem Auto-Kondratieffzyklus),

meiner Generation,
dass wir stark genug sind, den Wandel zu gestalten (jetzt nach dem Computer-Strukturzyklus);

und meinen Kindern,
dass sie in 20 Jahren eine stabile, gesunde und lebenswerte Welt vorfinden.

Bibliografische Information Der Deutschen Nationalbibliothek
Die Deutsche Nationalbibliothek verzeichnet diese Publikation in der Deutschen Nationalbibliografie; detaillierte bibliografische Daten sind im Internet über http://www.d-nb.de abrufbar.

9., vollständig bearbeitete Auflage 2013
ISBN 978-3-87067-963-7

Einbandgestaltung: Georg Design, Münster
Titelfotos: Getty Images
Autorenfoto: Manfred Remitz, Berlin
Satz: Brendow PrintMedien, Moers
Druck und Bindung: CPI – Clausen & Bosse, Leck
Printed in Germany

www.brendow-verlag.de

Inhalt

Vorwort

Wer einen Weg aus der instabilen Lage sucht, die die Weltwirtschaft bedroht, sollte Erik Händeler lesen. Der Wirtschaftsjournalist begnügt sich nicht damit, in einer packenden Sprache den Daseinsvorsorgestaat zu kritisieren, mehr Eigenverantwortung zu fordern und von der Senkung von Steuern, Abgaben und Sozialleistungen einen neuen Wirtschaftsaufschwung zu erwarten. Er meint, notwendig sei viel mehr: eine Änderung der Lebensführung des Einzelnen, nicht zuletzt auch seines Verhaltens gegenüber anderen. Im Grunde ist Händelers Buch ein Plädoyer dafür, endlich zu begreifen, dass die Fähigkeit und Bereitschaft der Bürger zu Leistung und Kooperation heute der entscheidende Faktor geworden ist, der Wohlstand schafft.

Auch die Wirtschaftswissenschaft betont ja inzwischen die Bedeutung von Human Capital für die wirtschaftliche Entwicklung. Händeler begründet aber seine zentrale These anders. Er greift auf die Theorie von den langen Wellen der Konjunktur zurück, die in den 1920er Jahren von Nikolai Kondratieff entwickelt wurde. Dies ist ein Wagnis, bei dem ihm kein Vertreter der Volkswirtschaftslehre ohne Einschränkung folgen würde – die Existenz von »langen Wellen« bestreitet niemand, aber die Realität sei zu komplex, die Unterschiede zwischen den verschiedenen Ländern seien zu groß, eine umfassende Theorie im Stile Kondratieffs sei nicht möglich. Doch die gegenwärtigen Krisensymptome passen zu Kondratieffs langen Wellen: Eine grundlegende technische Innovation wie die Mikroelektronik hat ihren 20 Jahre anhaltenden Wachstumsimpuls verloren.

Erstmals wird hier beschrieben, wie sich in den vergleichbaren Situationen der vergangenen 250 Jahre alle Lebensbereiche im Rhythmus der Kondratieffwellen entwickelten: Sozialverhalten, Technik, Kriege, Machtverschiebungen, Managementmethoden, Revolutionen und Kunst. Damit verstehen die Leser den heutigen Veränderungsdruck. Wir sind einer Rezession mit ihren innergesellschaftlichen Auseinandersetzungen jedoch nicht ausgeliefert: Detailliert beschreibt Händeler, was sich in den Schulen, in der Arbeitswelt, in der Gesundheitspolitik und im gegenseitigen Umgang ändern sollte. In diesem Umbruch entstehen neue Berufe und Tätigkeiten. Es liegt an uns, ob wir auf den nächsten langen Wachstumsschub hoffen können.

Prof. Dr. Dieter Grosser, Universität München

Die Krise ist da

Erst eine neue Kultur der Zusammenarbeit lässt in der Informationsgesellschaft den Wohlstand wieder steigen (Thesen über die nächsten 20 Jahre)

Zuerst die schlechte Nachricht: Die nächsten Jahre könnten ungemütlich werden. Die Welt wandelt sich zu langsam von der Industrie- zur Wissensgesellschaft, deswegen wird die Arbeitslosigkeit global zunehmen – trotz stabiler Preise, großer Anstrengungen und niedrigster Zinsen. Das Wirtschaftswachstum sinkt, und das löst Verteilungskämpfe aus. Die Menschen sind verunsichert, weil sie die Veränderungen nicht einordnen können. Erklärungen setzen nur punktuell an. Wer glaubt, wir müssten jetzt nur auf den nächsten Aufschwung warten, um mit der Krise fertig zu werden, der wird lange warten.

Weltweit werden wir bei hoher Unterbeschäftigung auf der Stelle treten, weil der Computer unseren Wohlstand nicht mehr so spürbar erhöht wie seit den 80er Jahren: Mit ihm konnte man zum Beispiel Autos billiger und besser herstellen. Das geht uns jetzt ab: Ein noch schnellerer PC auf dem Schreibtisch macht einen Büroarbeiter nicht mehr effizienter, die Fabrikation ist längst automatisiert, für die meisten Anwendungen der breiten Masse bringt bessere Informationstechnik keinen so großen zusätzlichen Nutzen mehr wie früher. Seit den 50er Jahren hatte sie die Wirtschaft produktiver gemacht: zunächst mit den Groß- und Universalrechnern, die Datenbanken oder Gehaltsabrechnungen billiger und effizienter machten, dann die PCs, schließlich die multimediale Vernetzung mit Handy und Internet.[1] Damit ist jetzt ein gigantischer Produktivitätsschub zu Ende gegangen. Er hat mit seinen vielen Anwendungen die Wirtschaft angetrieben, alle Bereiche der Gesellschaft durchdrungen und für sozialen, kulturellen und politischen Wandel gesorgt.[2]

---

1 Nefiodow: »Der Sechste Kondratieff«, 4. Auflage 2000, S. 98 ff.
2 Nefiodow: »Der Sechste Kondratieff«, S. 9.

Das alleine ist noch keine Katastrophe: Wirtschaft entwickelt sich eben nicht gleichmäßig, sondern sie schwankt – das wissen wir aus eigener Erfahrung. Es gibt aber auch langfristige Konjunkturzyklen, die mit 40 bis 60 Jahren viel länger dauern als die Zeiträume, in denen Politiker die nächsten Wahlen planen und jeder Einzelne von uns seinen Werdegang. Das lässt sich durch die ganze Menschheitsgeschichte hindurch verfolgen[3], vor allem aber während der letzten beiden Jahrhunderte: Grundlegende Erfindungen wie Dampfmaschine, Eisenbahn, Elektrifizierung oder das Auto haben den Wohlstand auf völlig neue Höhen getragen (siehe Grafik). Benannt sind diese langen Konjunkturzyklen heute nach dem Russen Nikolai Kondratieff (1892 – 1938), der sie 1926 anhand von statistischem Material in der Berliner Zeitschrift »Archiv für Sozialwissenschaft und Sozialpolitik« beschrieb[4]. Vom ausgehenden 18. Jahrhundert bis 1919 hatte er zweieinhalb lange Wellen festgestellt und sagte einen langen Abschwung für die 20er und 30er Jahre voraus (der als Weltwirtschaftskrise auch so eintraf).

Kondratieff suchte den Grund für mehr Wohlstand in produktiveren Herstellungsverfahren: Als die Dampfkraft nach 1769 Spinnmaschinen antrieb, leisteten diese 200-mal mehr als das Spinnrad. Textilien wurden viel billiger, mehr Menschen als vorher konnten sich nun welche leisten. Dazu benötigte dieses Paradigma eine neue Infrastruktur und beschäftigte zusätzlich viele Menschen, um Kohle und Erz zu beschaffen und Waren auf Dampfschiffen in neu gegrabenen Binnenkanälen zu transportieren. Doch das, was man so zum Herstellen und Vermarkten von Gütern braucht, wächst nicht gleichmäßig mit: Irgendwann gibt es einen Produktionsfaktor, der lässt sich kurzfristig nicht mehr vermehren und wird daher so teuer, dass sich weiteres Wachstum nicht mehr lohnt: Das waren ab den 1820ern die Transportkosten. Der Transport war so aufwändig, dass er sich mit ein paar Kutschen mehr auch nicht effektiver lösen ließ. Die Produktivität stagnierte, es kam zu Massenelend und Arbeitslosigkeit.
In dieser Situation – und das war bisher nach dem Ende aller langen Auf-

---

3 Wenn auch in viel größeren Zeiträumen: So dauerte der Strukturzyklus der verbesserten Agrarmethoden um das Jahr 1000 (Fruchtwechsel in der Dreifelder-Wirtschaft, Ochsenjoch zum effektiveren Ziehen eines Pfluges) etwa 350 Jahre bis zur großen Pest.

4 Kondratieff, Nikolai D.: »Die langen Wellen der Konjunktur.« In: Archiv für Sozialwissenschaft und Sozialpolitik, 56 (1926), S. 573-609.

schwünge so – wächst der zu verteilende Kuchen nicht mehr. Zwar haben alle Akteure auch weiterhin zusätzliche Bedürfnisse: der Staat in der Verwaltung und Infrastruktur, die Wirtschaft in der Investition und Ausbildung, die Bevölkerung im Konsum, für Krankenbehandlung, Altersrenten und Kindererziehung. Doch die lassen sich nicht mehr durch die langsamer hinzuwachsenden Ressourcen befriedigen, sondern nur noch, indem einem anderen Bereich Ressourcen entzogen werden. Deswegen türmten sich in der Vergangenheit während eines langen Kondratieffabschwungs die Probleme immer auf: Verteilungskämpfe, Handelskriege, Massenarbeitslosigkeit, Lohneinbußen. Stagnierende Wachstumsraten über einen längeren Zeitraum hinweg drücken die öffentliche Stimmung, erzeugen Unzufriedenheit und verschärfen die Diskussionen, nach welchen Prioritäten eine Gesellschaft ihre Ressourcen verteilen soll. Diese Depression endet erst, wenn der knappe Produktionsfaktor durch bessere Lösungen wieder verfügbar wird: Als die Eisenbahn gebaut wurde, verbilligte sie die Transportkosten derart, dass Handel und Industrie über weite Entfernungen ausgedehnt werden konnten. Die Wirtschaft boomte, wieder wurden neue Arbeitsplätze massenweise geschaffen. Das heißt: Wenn die Voraussetzungen dafür geschaffen werden, kann es nach einem langen Abschwung wieder aufwärts gehen.

Und das ist die gute Nachricht: Die Entwicklung des Computers ist nicht das Ende der Entwicklung der Menschheit. Auch heute gibt es knappe Produktionsfaktoren, die sich nicht einfach von heute auf morgen vermehren lassen und der Wirtschaft weltweit den Atem abdrücken: Jeder hat den Mangel an Energie vor Augen, der zu neuen, aber jetzt nachhaltigen Energien und Technologien führen wird. Die Öffentlichkeit nimmt jedoch kaum wahr, dass es jetzt vor allem um immaterielle Knappheiten geht. Die computerisierte Gesellschaft hat aus einer ökonomischen Notwendigkeit heraus flachere Strukturen in der Arbeitswelt geschaffen. Doch die Menschen, die in der Blütezeit der Industriegesellschaft groß geworden sind, haben nicht gelernt, partnerschaftlich, sachlich und zielorientiert so zusammenzuarbeiten[5], zuzuhören oder sich gegenseitig so zu fördern, dass Probleme zu angemessenen Kosten gelöst werden können. Umgang und Lebensstil machen die Menschen so krank, dass sie mit den bisherigen Mitteln nicht wirksam genug geheilt werden. Erst wenn wir

5 Vgl. Nefiodow: »Der Sechste Kondratieff«, S. 149ff.

Kondratieffs lange Wellen
in Wirtschaft und Gesellschaft
Die Geschichte der Zukunft
1815
1873
1918
1973
2002
Dampfmachine,
Textilindustrie
Eisen
Eisenbahn,
Massentransport
Elektrizität
Stahl, Chemie
Massenproduktion
Auto,
Individuelle
Mobilität
Informationstechnik
Strukturierte
Information
1780er
1840er
1890er
1940er
1980er
1. Kondratieff
2. Kondratieff
3. Kondratieff
4. Kondratieff
5. Kondratieff

ein produktiveres Gesundheitssystem aufgebaut (☛ S. 299) und unsere Kultur der Zusammenarbeit den neuen wirtschaftlichen Anforderungen angepasst haben[6], werden wir die ökonomischen Probleme bewältigen (Arbeitslosigkeit, Bildung, Rente, Krankheitskosten, Steuerausfälle – denn diese Probleme gehören alle zusammen). Wir sind der Krise daher nicht ohnmächtig ausgeliefert. Wir haben die Wahl.

Leo Nefiodow hat schon früh darauf aufmerksam gemacht, dass der fünfte Kondratieff zu Ende gehen und ein neuer Zyklus kommen werde, der von dem Streben nach Gesundheit angetrieben werde.[7] 1996 gab er im eigenen Verlag sein Buch »Der Sechste Kondratieff«[8] heraus, in dem er den Gesundheitszyklus ausführlich beschrieb. Ich bin damals freier Journalist geworden, um die Kondratiefftheorie, deren Originaltexte ich vorher durchgearbeitet hatte (siehe Kapitel zur Kondratiefftheorie, S. 182), und ihre politischen Konsequenzen in eine breite öffentliche Diskussion zu bringen.[9]

Doch die bisher erreichte Aufmerksamkeit bewegt noch nicht die Politik: Informationsgesellschaft heißt nicht etwa, dass Gedanken schneller als früher verbreitet werden. Sondern dass es im Gegenteil immer mühsamer wird, in dieser gigantischen Flut ewig wiedergekäuter veralteter Ideen den besseren Argumenten Gehör zu verschaffen. Zwar haben viele die Theorie der langen Konjunkturzyklen aufgegriffen, dann aber nur fragmentarisch als Steinbruch für ihre persönlichen Zwecke. Nach Hunderten Presseartikeln und Vorträgen sehe ich noch nicht, dass die politische Diskussion darauf eingeht. Dabei haben wir jetzt keine Zeit mehr zu verlieren. Die vergangenen Bundestagswahlkämpfe drehten sich immer noch lediglich darum, ob Steuern erhöht oder gesenkt werden sollten, ob die Regierung Schulden machen solle oder nicht. Dabei geht es – jenseits der üblichen angebots-

---

6 Nefiodow: »Der Sechste Kondratieff«, Kapitel 5+6, S. 94ff. u. S. 134ff.

7 z. B.: Erik Händeler: »Deutschland hat den Anschluss verpasst«, Süddeutsche Zeitung (SZ) 21.2.1994, S. 24.

8 Leo A. Nefiodow: »Der Sechste Kondratieff – Wege zur Produktivität und Vollbeschäftigung im Zeitalter der Information«, Rhein-Sieg-Verlag, St. Augustin, 1. Auflage 1996. Seitenangaben beziehen sich, wenn nicht anders gekennzeichnet, auf die vierte Auflage.

9 Unter anderem: Erik Händeler: »Was kommt nach der Informationstechnik?«, SZ 7.10.96, S. 26; Erik Händeler: »Ein Ökonom, der Lust auf Zukunft macht«, SZ 3.3.97, S. 8; oder die Seite in der SZ-Jahrtausendwechsel-Beilage »Innovationen schaffen Arbeit«, SZ 1.12.99, S. M38. Dazu weitere Zeitungs- und Zeitschriftenartikel, um das Thema ins Rollen zu bekommen.

oder nachfrageorientierten Konzepte – in Wirklichkeit um eine ganz andere Qualität von Wirtschafts-, Bildungs-, Gesundheits-, ja Gesellschaftspolitik.

Denn das ist das Besondere an der Kondratiefftheorie: Wirtschaft ist nicht nur ein ökonomischer, sondern ein gesamtgesellschaftlicher Vorgang.[10] Wenn eine grundlegende Erfindung die Wirtschaft über viele Jahre hinweg antreibt, dann berührt sie alle Bereiche des Lebens. Denn es gibt neue Spielregeln und Erfolgsmuster dafür, wie man Wohlstand schafft; die neue grundlegende Erfindung verändert die Art, wie sich eine Gesellschaft organisiert – schließlich wollen die Menschen die neue Basisinnovation optimal nutzen. Dazu gehören eine neue Infrastruktur, neue Bildungsinhalte, neue Schwerpunkte in Forschung und Entwicklung, neue Führungs- und Organisationskonzepte in den Unternehmen. In der Vergangenheit war das immer so: Jene Volkswirtschaften, die sich auf die neuen Spielregeln und Erfolgsmuster am besten einstellten, konnten mit ihrer technischen Spitzenposition in den neuen Wachstumsbranchen genug Arbeitsplätze schaffen, gute Sozialleistungen anbieten und große Armeen finanzieren. Die Engländer sind also im 19. Jahrhundert nicht deswegen reich und mächtig, weil die Zinsen niedrig, Löhne, Staatsausgaben oder Geldmenge hoch oder niedrig sind (so die zweitrangigen, wenn nicht sogar irrelevanten Themen der aktuellen wirtschaftspolitischen Debatte, siehe Kapitel zur Wirtschaftspolitik, S. 182), sondern weil sie zuerst mit der Dampfmaschine, dann mit der Eisenbahn eben viel produktiver sind als jene Volkswirtschaften, die das Tuch noch per Hand weben und sich mit einem Eselskarren über morastige Feldwege quälen.

Weil Großbritannien nach 1890 an den Erfolgsmustern von Kohle und Dampf festhält, sich nicht an die neuen Anforderungen des dritten Kondratieffs anpasst (elektrischer Strom löst Boom des Stahls und der Chemie aus) und sich ab dem Zweiten Weltkrieg nicht schnell genug auf den vierten Kondratieff einstellt (Petrochemie, Auto), wird es von den USA und Deutschland überholt (siehe Geschichtskapitel, S. 29). Bis zum Ölschock 1973 wächst die Wirtschaft mit allem, was mit billiger Erdölenergie zu tun hat – durch das Auto samt Infrastruktur von der Fahrschule bis hin zur Autobahnraststätte. Auch die Sowjetunion ist damals dank ihrer rie-

10 Schon Kondratieff schrieb, die Auswirkung der langen Wellen sei in allen Lebensbereichen zu spüren. Verbreitert hat diesen Gedanken Carlota Perez (s. Kapitel zur Wirtschaftspolitik).

sigen Energiereserven in der Lage, Großmacht zu sein – und zerfällt, als Macht von Faktoren abhängig wird, die sie mit ihren starren Strukturen nicht bewältigen kann. Nach einer vergleichsweise kurzen Krisenzeit mit Weltuntergangsszenarien (»Grenzen des Wachstums«) trägt die Informationstechnik das Wirtschaftswachstum. Vor allem die USA und Japan nutzen die neue Basisinnovation. In Europa verhindern zunächst starke Vorbehalte (»Jobkiller Computer«, »Die verkabelte Gesellschaft«) ihre Diffusion. Deswegen fielen die Europäer seit den 70er Jahren in der Produktivität vergleichsweise zurück und verloren im 5. Kondratieff viele Arbeitsplätze. Doch die Karten werden jetzt wieder neu gemischt.

Das macht die Kondratiefftheorie im Gegensatz zu den mechanistisch-monetären Denkmodellen der etablierten Wirtschaftswissenschaft so brisant: Wie stark oder schwach die Wirtschaft eines Landes prosperiert, entscheidet sich demnach an der Frage, wie sehr seine Bewohner die neuen technischen, aber eben auch sozialen, institutionellen und geistigen Erfolgsmuster verwirklichen.[11] Das ist eine andere Perspektive als die klassische Vorstellung, Vollbeschäftigung pendele sich über den Marktpreis ein. Und auch der Machbarkeitswahn des Keynesianismus, über makroökonomische Gießkannengrößen wie Geldmenge und Staatsausgaben die Konjunktur global zu steuern, hat sich in der harten Marktwirklichkeit längst aufgelöst. Die tieferen Ursachen der aktuellen Krise können diese Theorien weder erfassen noch lösen (☛ Kapitel zur Wirtschaftswissenschaft, S. 182): Sie sind in den realen Produktionsbedingungen zu suchen.

Die Wachstumsraten der Informationstechnik gehen schon seit den 90er Jahren zurück. Der erste Schock dieses auslaufenden Paradigmas ist nach der Jahrtausendwende zu spüren. Die Schränke sind voll, der Bedarf mit langlebigen Konsumgütern gedeckt, die Lebensmittel in den Discountermärkten werden immer noch billiger, und selbst die größte Preissenkungsaktion in der Geschichte des Sommerschlussverkaufs bringt nur bescheidene Verkaufszuwächse. Die Zuversicht sinkt. Der einbrechende Werbemarkt dünnt Zeitungen und Redaktionen aus – und könnte langfristig das journalistische Niveau senken. Zeitungen streichen Beilagen oder werden von ihrem Verlag ganz eingestellt.

---

11 Perez, Carlota: »Structural change and assimilation of new technologies in the economic and social systems.« In: Futures Oktober 1983, S. 357-375.

Wenige Jahre ist es her, dass man an das Ende aller Konjunkturzyklen und das ewige Wachstum glaubte. Nach der Jahrtausendwende befindet sich zum ersten Mal seit den frühen 70er Jahren die gesamte industrialisierte Welt in einem synchronen Abschwung. Alles legt den Rückwärtsgang ein: Welthandel, Tourismus, Transport. Das Attentat vom 11. September 2001 auf das World Trade Center ist oft nicht der Auslöser, sondern nur eine günstige Gelegenheit für Manager, unangenehme Anpassungen an die gesunkene Nachfrage durchzuziehen.

Dass eine große Rezession bevorstehen könnte, darüber können auch die nach den Einbrüchen wieder gestiegenen Aktienkurse und Immobilienpreise nicht hinwegtäuschen, die durch künstlich niedrige US-Zinsen angefacht wurden: Befeuert vom Aufholprozess der Schwellenländer ist das Durchatmen nur kurz. Weil es am Ende des fünften Kondratieffs nicht mehr genug gibt, wofür es sich lohnt, rentabel zu investieren, geht das Geld in die Spekulation. Die Weltbank warnt im Dezember 2006, der Weltwirtschaft drohe eine Rezession, wenn die Immobilienblase in den USA noch schneller platzt als erwartet und ausländische Investoren auch wegen des großen Handelsbilanzdefizits der USA das Vertrauen in den Dollar verlören. Kurzzeitig erreicht der Ölpreis im Sommer 2008 fast 150 Dollar pro Fass, Aktien bleiben übertrieben hoch, Immobilienpreise klettern immer weiter (weil auch Leute einen Kredit für den Hauskauf bekommen, die ihn sich nicht leisten können) – bis diese Blase ab 2007 leicht abrutscht. Ende 2008 beschleunigt sich der Absturz: Zuerst sinken die Hauspreise, viele Kredite für US-Immobilien sind nicht mehr gedeckt, Banken brechen zusammen, der Konsum geht zurück, der Autoabsatz bricht weltweit ein. Es ist dieselbe Geschichte wie 1929, eben ein Kondratieffabschwung. Mit einem Kredit auf den Wert der Währung und einer unglaublich hohen Neuverschuldung stabilisieren die Industrieländer die Konjunktur, die instabil bleibt, was — was die Fallhöhe nur noch weiter vergrößert. In den guten Jahren waren Schulden kein Problem gewesen. Sie ließen sich ja durch die ständig hinzuwachsenden Ressourcen leicht tragen. Sobald die aber ausblieben, wurden die Schuldzinsen unbezahlbar – das ist der Hintergrund für die Schuldenkrise im südlichen Europa, die es als erstes trifft.

Den eindeutigsten Beweis für die Stagnation lieferte der Kosmetik-Konzern Esteé Lauder beim Platzen der New-Economy-Blase: Die Frauen kaufen Lippenstift, was das Zeug hält. Nach dem September 2001 verkauft der Kosmetikkonzern doppelt so viel Lippenstifte wie sonst. Warum das ein Indikator ist? Wenn Frauen kein Geld für Kleider oder neue Schuhe ausgeben wollen oder können, dann doch wenigstens für einen Lippenstift. Damit haben sie das Gefühl, sich etwas gegönnt zu haben. Je roter der Stift, desto tiefer die Krise – und das knallige Rot ist zurzeit der Renner. Das bestätigen auch die historischen Daten aus den 1920er Jahren.[12] Die Lippenstift-Konzerne geben daher in schlechten Zeiten deutlich mehr Geld für Werbung aus: Im Finanzkrisenjahr 2008 waren es um 25 Prozent mehr als 2007.

Die Strukturkrise ist längst da. Die Frage ist nur, wie lange die Stagnation anhalten wird, und wo es gelingt, die Strukturen des nächsten Zyklus zu errichten. Und dabei sollten wir aus der Geschichte lernen: Die tiefen Depressionen der Vergangenheit, als sich das Potenzial der jeweiligen Basisinnovation abgeschwächt hatte, hätten so nicht sein müssen. Die Produktivität stagnierte vor allem deshalb, weil die Gesellschaften zu lange an den vorherigen Strukturen festhielten und sich gegen die neue Basisinnovation so lange wehrten, bis der Leidensdruck zu groß wurde. Die Kondratiefftheorie kann zwar Wachstumsmärkte identifizieren anhand dessen, was an Material oder Kompetenzen knapp geworden ist, aber sie kann nichts darüber aussagen, ob es ausreichend Pioniere geben wird, die ihrer Gesellschaft helfen, ein neues Paradigma zum laufen zu bringen.

Thesen über die nahe Zukunft

Die meisten von uns kennen nur Zeiten, in denen es immer aufwärts geht – die Krise nach dem Ölschock 1973 war nicht so tief, weil der Computer bald stark genug war, als Wachstumslokomotive die Wirtschaft zu tragen. Diese Erfahrung fehlt uns: Wir würden jetzt eine schmerzvolle und kostspielige Zeit vor uns haben, wenn wir nicht aus Einsicht, sondern erst durch den Leidensdruck des fünften Kondratieffabschwungs dazu gezwungen würden, produktiver mit uns, mit anderen und mit Informationen umzugehen. Deswegen sollten wir uns deutlich vor Augen führen, womit frühere Generationen der vergangenen 200 Jahre in den krisenhaft langen Kondratieffabschwüngen zu kämpfen hatten (siehe ausführlich

12 Markus Preiß: »Todeskuss für die Wirtschaft«, SZ 22./23.12.01, S. 25.

im Geschichtskapitel, S. 29) – wir werden jetzt mit denselben Problemen konfrontiert:

Verteilungskämpfe: Verteilen ist einfach, solange es jedes Jahr mehr zu verteilen gibt. Die Frage, wie die eingenommenen Steuern und Sozialabgaben ausgegeben werden sollen, wird jedoch zum Kampf, wenn nicht mehr, sondern nur noch weniger als bisher verteilt werden kann. Die demokratische Große Koalition der Weimarer Republik zerbricht nach dem dritten Kondratieff 1930 im Streit über eine höhere Arbeitslosenversicherung (☛ S. 109), die sozialliberale Koalition 1982 an der Neuverschuldung des Bundes (☛ S. 142), und auch Bismarck trägt sich 1880/81 mit Staatsstreichsplänen, weil der Reichstag seine Steuer- und Haushaltsvorstellungen nicht genehmigt (☛ S. 111). Wir erleben diese Verteilungskämpfe zunehmend über die Sozialversicherungen, in der Rente und in den Krankenkassen, aber auch beim Aushandeln von Löhnen. Daran könnte sich die Parteienlandschaft zersplittern wie einst in den 1920er Jahren. Regierungen und Parlamentarier werden sich in den nächsten Jahren ebenso verschärfte Verteilungskämpfe liefern – hoffentlich haben sie dabei die historische Situation der vergangenen Kondratieffabschwünge vor Augen. Denn ausgerechnet dann, wenn es weniger zu verteilen gibt, kommt es darauf an, möglichst viele Ressourcen für neue, produktive Investitionen zu mobilisieren. Zu leisten ist das nur durch einen überproportionalen Konsumverzicht.

Handelskriege: Wenn die Märkte stagnieren, weil sich die Unternehmer weltweit den Gewinn gegenseitig herunterkonkurrieren, während gleichzeitig die bisher hohen Produktivitätssteigerungen ausbleiben, dann reagieren sie zu allen Zeiten gleich: Sie üben immer mehr Druck auf ihre Landespolitiker aus, den heimischen Markt gegen ausländische Waren mit Importzöllen zu verschließen. Aus der liberalen Wirtschaftspolitik Bismarcks wurde so eine nationalkonservative Schutzzollpolitik (☛ S. 73), die gegenseitigen Zollmauern nach dem Ersten Weltkrieg beschleunigten die Depression 1929/33 (☛ S. 96), mit Handelsbarrieren wie etwa technischen Normvorschriften machten sich die Europäer in den 70er Jahren das Leben gegenseitig schwer und verschleppten die wirtschaftliche Einigung Europas (☛ S. 134).

Das alles ist nicht Vergangenheit, sondern schon wieder Gegenwart. 2001 kommen rund 150 Länder der Welthandelsorganisation WTO in Doha im Emirat Katar zusammen, um Handelsschranken weltweit abzubauen: Die Industrieländer wollen ihre Zölle für Agrarerzeugnisse aus den Entwicklungsländern senken, die Entwicklungsländer ihre Zölle für Industriegüter aus den reichen Ländern. Es geht darum, ob die reichen Länder ihren Wohlstand erhalten und die armen Länder dennoch aufholen können. Alle sind bereit, sich ein wenig zu bewegen, außer den USA: Die USA subventionieren ihre Agrarprodukte und fordern die Abschaffung von Agrarzöllen (was die Länder auf der Südhalbkugel betrifft), um Weizen und Reis leichter verkaufen zu können. Indien und China wollen hohe Zölle, um ihre nicht subventionierte Landwirtschaft zu unterstützen. An dieser Frage scheitert im Sommer 2008 die Welthandelsrunde samt aller bisher ausgehandelten Vereinbarungen über Maschinen, Schuhe und Textilien. Der Streit zeigt, dass die USA und Indien kein Abkommen schließen wollten, weil es die anderen Handelsmauern beschädigt, die sie selbst errichtet haben. Bis November 2010 verzeichnet die WTO 172 neue Abschottungsmaßnahmen innerhalb der G-20-Staaten seit Ausbruch der Krise. Auch das verdeutlicht, wie der Kondratieffzyklus umgekippt ist. Denn im Abschwung drängt man besonders rücksichtslos auf die Märkte im Ausland, das sich mit Handelsschranken wehrt, während im langen Aufschwung der eigenen Markt kaum befriedigt werden kann und arbeitslose Farmer aufnehmen würde.

Dazu kommen weitere Handelskriege zwischen der EU und den USA. Die EU lehnt das mit Hormonen behandelte Fleisch der USA ab, die dafür die Zölle auf französischen Roquefort-Käse verdreifachen. Weil die US-Stahlindustrie mit hohen Zöllen geschützt wurde, hatte sie es nicht nötig, in neue, bessere Verfahren zu investieren. Dadurch hinkt sie hinterher, muss durch noch höhere Mauern vor Konkurrenz bewahrt werden. Versteckte Exportsubventionen, für die die USA von der Welthandelsorganisation (WTO) verurteilt wurde, haben sie nicht zurückgenommen – die Europäer verhängten aus Angst vor weiteren Gegenmaßnahmen nicht die in dem gewonnenen Prozess erlaubten Zölle. Und endet die Ausschreibung für ein neues Tankflugzeug mit einem Großauftrag für Europäer, wird das Projekt zurückgezogen und mit veränderten Angaben neu ausgeschrieben, sodass der heimische Hersteller Boeing den Auftrag bekommt. Die USA schotten sich immer häufiger ab. Es ist erst wenige Jahre her, dass mächtige US-Senatoren ankündigten, die USA würde aus der WTO austreten, sollte ihr Land öfter in WTO-Streitigkeiten unterliegen (was ein fragwürdiges Licht auf das Rechtsverständnis mancher Akteure wirft: Gilt das Recht des Gesetzes oder das Recht des Stärkeren?). Auch über einen niedrigeren Wechselkurs werden diese Handelskonflikte ausgetragen, um den eigenen Export zu stärken. Die USA verhalten sich dabei so, wie sie es seit Monaten China vorwerfen: Durch das Drucken von Geld (denn nichts anderes ist das Kaufen von Staatsanleihen der US-Notenbank Fed) versuchen sie, ihre Währung künstlich niedrig zu halten. Allein die Ankündigung der Fed, unter Umständen noch mehr Dollar in den Wirtschaftskreislauf zu pumpen, reichte aus, um einen steilen Anstieg des Euro-Kurses auszulösen. Die japanische Notenbank intervenierte massiv, die Schweizer ebenso. Der brasilianische Finanzminister Guido Mantega erzeugte Unruhe, als er die Selbstverständlichkeit aussprach, ein »internationaler Währungskrieg« sei ausgebrochen. Wie schon in den 20er-Jahren hilft das niemandem, weil alle nachziehen.

Gesellschaftspolitisches Klima: Wer einen immer größeren Teil seiner Lebensenergie darauf verwenden muss, seinen Lebensunterhalt gerade noch so zu verdienen, der hat keine Kraft mehr übrig für Experimente und eigene Sehnsüchte. Er signalisiert schon durch seine Kleidung, dass er sich beflissentlich einordnet. Denn bei schlechter Konjunktur kann es den Job kosten, aufzufallen. Anpassung ist mehr denn je die Norm. Der Dresscode signalisiert: Ich funktioniere. Frauen tragen im Büro wieder mehr einen Hosenanzug oder ein klassisches Kostüm – das vermittelt die nötige Distanz und steht für Souveränität. Die Zeit der großen Freiheiten ist vorbei. Wenn das freie Spiel der Kräfte nicht mehr funktioniert und sich die Schönwetterpolitiker an den Problemen verschleißen, die sich ständig noch höher auftürmen, dann ruft das Volk nach der eisernen Faust und der starken Hand. Das gesellschaftliche Klima wird immer konservativer (im negativen Sinne von: eigene Machtstrukturen erhalten auf Kosten gesamtwirtschaftlicher Effizienz; vorrangig eigene Interessen verfolgen, selbst wenn dies das berechtigte Interesse anderer verletzt).

In der Kunst dominieren konservative Stile wie Biedermeier oder der Historismus. Das war – in unterschiedlicher Intensität – in jedem der bisherigen Kondratieffabschwünge so, ob bei Fürst Metternich, dem Reichskanzler Bismarck, der Machtergreifung der Nazis oder der konservativen Wende zu Beginn der 80er Jahre. In Zeiten knapper Gewinne und sinkender Reallöhne vergeht den meisten die Lust, Neues auszuprobieren. Zu dumm: Ausgerechnet in diesen Zeiten sind gerade unkonventionelle Pioniere gefragt, die innovative Produktion, Handel und Verhaltensweisen umsetzen; die sich über »das war schon immer so« und »das haben wir noch nie so gemacht« hinwegsetzen. Doch solche seltenen Menschen sind in der Regel nicht status-, sondern so sachorientiert, dass sie sich nicht lange mit Formalkram aufhalten – was es ihnen in konservativen formalen Strukturen so schwer macht, den neuen Wohlstand voranzubringen.

Arbeitslosigkeit: Je besser die Geschäfte der Unternehmer in einem langen Kondratieffaufschwung florieren, umso besser ist die Verhandlungsposition der Arbeiter – und umso erfolgreicher ist ihr Streik, wie etwa in den Gründerjahren um 1870 (☛ S. 63) oder in den 1960er/frühen 70er Jahren (☛ S. 134). Die Unternehmer geben nach, denn sie brauchen jeden, den sie kriegen können, und sie können die höheren Löhne ja auch gut bezahlen: Ein neues grundlegendes Innovationsnetz hilft ihnen, etwas viel besser und vor allem mit weniger Aufwand herzustellen. Sie weiten ihre Produktion aus, weil der Markt ihre immer günstigeren und qualitativ besseren Waren aufsaugt. Doch wenn im langen Abschwung die Produktivität stagniert und die Kosten nicht mehr sinken, während die erzielten Preise am Markt wie immer leicht sinken und die Gewinne dahinschmelzen, dann produzieren die Unternehmer weniger – sie wollen schließlich nicht draufzahlen.

Wer weniger produziert, benötigt dafür weniger Arbeit und entlässt einen Teil seiner Beschäftigten; der Rest macht unter schlechteren Bedingungen und geringeren Löhnen als vorher weiter. Auch wenn sie sich dagegen wehren: Im langen Abschwung müssen sich die einfachen Menschen nach langen Streiks und Arbeitskämpfen geschlagen geben und für weniger Lohn arbeiten, wie etwa in den 20er Jahren (☛ S. 96). Es ist immer derselbe Mechanismus: Im ersten Kondratieffabschwung nach 1815 setzten Handwerker wieder die (vorher zur Zeit der Napoleonischen Kriege längst abgeschafften) Zünfte durch, um vom Wettbewerb der anderen (Arbeitslosen) verschont zu sein (☛ S. 50). Die Unternehmer geben den Druck der überlegenen britischen Konkurrenz an die Arbeiter weiter, indem sie wenig zahlen. Heute verschlechtert sich die Position der Beschäftigten durch Zeitarbeit, Flexibilisierung und Outsourcen. Sie werden je nach Bedarf tageweise dazugeholt und zum Beispiel nach Stunden anstatt wie bisher nach Tagessätzen (schlechter) bezahlt. Die Reallöhne werden so lange stagnieren oder sinken, bis wir durch unser Verhalten die gesamtwirtschaftliche Informationsproduktivität erhöht haben.

Unternehmer: Stellen Sie sich vor, Sie sind Unternehmer – Ihre Produktion ist technisch ausgereift und optimal durchorganisiert. In den letzten beiden Jahrzehnten haben Sie durch technische Verbesserungen ständig billiger und besser produzieren können und deswegen Ihren Ausstoß ausgeweitet. Was jetzt noch verbessert wird, ist im Wesentlichen nur noch die Verlängerung des Bestehenden. Investitionen amortisieren sich deshalb nicht mehr so schnell, weswegen Sie weniger investieren oder Neuanschaffungen hinauszögern. Der Marktpreis, den Sie für Ihre Waren erzielen, ist aber fest oder sinkt sogar etwas, weil sich die Unternehmer immer gegenseitig hauchdünn unterbieten, um sich Kunden abzuwerben. Weniger Einnahmen – obwohl es ab jetzt an besseren Herstellungsverfahren fehlt, welche die Kosten senken – stellen Sie vor ein Problem: Sie müssen Gewinn erwirtschaften. Denn wenn Sie keinen Gewinn machen, zahlen Sie drauf, zehren Ihr Betriebsvermögen oder sogar Ihr privates Kapital auf. Doch der Markt drückt Ihren Gewinn gegen null, die Situation wird immer verzweifelter. Was können Sie tun, um Ihre Firma zu erhalten?

Während im langen Aufschwung zahlreiche neue kleine Firmen gegründet werden, sind die langen Kondratieffabschwünge immer eine Zeit der Branchenkonzentration und Unternehmenszusammenschlüsse. Die vielen Kleinen werden geschluckt, gehen in Konkurs und überlassen ihre Kunden dem Konkurrenten. Oder sie fusionieren zu mächtigeren Einheiten – in der Hoffnung auf Synergien. Pure Größe soll Fixkosten wie Verwaltung einsparen. Die möglichen Folgen sind Konzerne und Branchenkartelle, die ihre Preise absprechen und sie so dem Käufer diktieren – wie in den 20er Jahren (☛ S. 70). Die Unternehmenskonzentration geht heute quer durch alle Branchen, von den Bierbrauern bis zu den Banken: »wettbewerbsfähiger werden«, »Kostendruck nimmt zu«, »Geschäftsvolumina bündeln« – so lauten die Wortfetzen, die man auf Pressekonferenzen zu hören bekommt. Doch weltweit kommen die Fusionen ins Trudeln. Managementprobleme, Streit über Führungsstil, unterschiedliche Unternehmenskulturen fressen mehr Ressourcen auf, als Synergieeffekte bringen. Denn eine Fusion bedeutet auch immer, dass Mitarbeiter früher unabhängiger Firmen ein neues Informationsnetzwerk knüpfen müssen – das erzeugt Reibungsverluste, die teurer sein können als das, was durch höhere Massenproduktion und niedrigere Fixkosten eingespart wird.

Und selbst wenn das neue Gebilde produktiver fertigt als die zwei kleineren Firmen zuvor: Eine Fusion verschiebt nur die Probleme sinkender Gewinne, die in einem langen Abschwung auftreten. Die Firmen konkurrieren immer mehr um Absatzmärkte statt um Produktionsfaktoren.

Wenn die Fixkosten an Maschinen, Fabrikhallen und Verwaltung groß sind, werden Unternehmer die Flucht nach vorne in die Massenproduktion auf Halde antreten, damit der Preis pro Stück geringer wird, sie ihre Waren günstiger verkaufen und daher mehr absetzen können. Doch auch diese Rechnung geht im Kondratieffabschwung nicht auf: 1929 produzierten die Unternehmer Schuhe auf Halde, 1974 Autos. Das Ergebnis ist heute vielleicht nicht mehr bekannt, denn wieder weichen die Firmen auf den Kampf um Marktanteile aus und liefern sich Rabattschlachten mit Schleuderpreisen, anstatt produktiver zu werden oder Neues zu probieren.

Worum sich die Standortdebatte drehen sollte

Der Markt ist aber kein statisches Nullsummenspiel, in dem der, der mehr bekommt, dem anderen etwas wegnimmt; unser Wohlstand ist kein festgelegter Kuchen, auf dessen Verteilung wir uns nun mehr oder weniger gütlich einigen müssen. Wir haben bei höherer Qualität langfristig mehr zu verteilen, wenn wir diesen virtuellen Kuchen vergrößern – in erster Linie, indem wir produktiver werden. Dem werden jetzt viele widersprechen: Die Öffentlichkeit registriert eine Produktivitätssteigerung lediglich als Rationalisierung. So hält sich dort hartnäckig das Gerücht, wir hätten deshalb so hohe Arbeitslosigkeit, weil wir so produktiv geworden sind. Es nährt sich durch Bücher und Vortragsabende über das »Ende der Arbeit«, ob uns nun die Arbeit ausgehe oder dass der unbezahlten Bürgerarbeit die Zukunft gehöre usw.

Was stimmt nun: Haben wir so viele Arbeitslose, weil wir zu produktiv geworden sind, oder ist es umgekehrt so, dass wir gesamtgesellschaftlich nicht ausreichend produktiver geworden sind? Stellen Sie sich dazu das Leben vor sechs Generationen vor. Zu Beginn der Industriellen Revolution arbeiteten über 80 Prozent unserer Vorfahren in der Landwirtschaft. Wenn das so wäre, dass steigende Produktivität Arbeitslosigkeit erzeugt, dann müssten heute fast 80 Prozent derer, die da auf der Strasse herumlaufen, ohne Erwerbsarbeit sein. Das ist, wie wir wissen, nicht der Fall. Seit dem Jahr 1800 ist der Anteil derer, die in der Landwirtschaft tätig sind, stetig gesunken. Sie wurde so produktiv, dass immer mehr Menschen in die Industrie abwandern konnten. Ihr Anteil an allen Erwerbstätigen stieg bis zur besten Ludwig-Erhard-Zeit um 1960 auf die Hälfte an – seitdem sinkt er stark. Die Industrie wurde so effizient, dass immer mehr Menschen Dienstleistungen übernehmen konnten. Das Gegenteil ist also richtig: Die Wirtschaft wächst bei sogar zunehmender Beschäftigung, nur weil wir ausreichend produktiver werden. Und neue Arbeitsplätze entstehen nur dort, wo sie am produktivsten sind.

Die wichtigste Frage für Politik und Unternehmensführung ist daher: Was können wir tun, um den Kuchen zu vergrößern? Wo sind die Kostengrenzen, die limitierenden Faktoren, die das Wachstum jetzt behindern? Wie machen wir sie produktiver? Der künftig erfolgreichste Weg, Kosten langfristig zu senken, ist nicht mehr, eine bessere Maschine zu kaufen oder Leute zu entlassen, sondern dafür zu sorgen, dass die Mitarbeiter produktiver mit Information umgehen (☛ Management-Kapitel, S. 248).

Denn Informationsgesellschaft ist weit mehr als eine Fortsetzung der alten Industriegesellschaft mit Computern. In den Generationen unserer Eltern und Großeltern standen die meisten Menschen noch in der Fabrik und haben geschraubt, gefräst, montiert, haben mit ihren Händen die reale materielle Welt bearbeitet; nur ganz wenige haben geplant, organisiert, vermarktet. Dieses Verhältnis hat sich umgedreht: In einer Welt, die ihre Wissensmenge alle drei Jahre verdoppelt, geht es nicht mehr in erster Linie um ein Mehr an Information, sondern darum, sie effizient zu verwalten, um schnell an jene Infos zu kommen, die man braucht, um ein aktuelles Problem zu lösen. Nur dort, wo Menschen Informationen sammeln, recherchieren, aufbereiten, präsentieren, vermitteln, nur noch dort entstehen neue Arbeitsplätze: der quartäre Arbeitsmarktsektor nach Landwirtschaft, Industrie und Dienstleistung.

Wettbewerb findet nicht mehr vor allem über den Preis, sondern über Qualität und Zeitvorsprung statt, also über den Umgang mit Information statt. Produktlebenszyklen haben sich dramatisch verkürzt. Geld verdient häufig nur noch, wer als Erster auf den Markt kommt. Während es im Industriezeitalter darum ging, mit Rohstoffen und Energie effizient umzugehen und die Produktivität von Maschinen zu steigern, hängen Wirtschaftswachstum und Vollbeschäftigung erstmals vom effizienten Umgang mit Information ab: von Informationsflüssen zwischen Menschen und im Menschen, von Fortschritten im Menschlichen[13]: Firmen, in denen der-

13 Nefiodow: »Der Sechste Kondratieff«, S. 149ff.

jenige als starker Mitarbeiter gilt, der sich auf Kosten anderer profiliert, werden am Markt nicht bestehen. Wo Informationsströme gestört sind – wo Platzhirsche regieren, Meinungsverschiedenheiten zu Machtkämpfen ausarten, wo Mobbing das Klima bestimmt – stagniert die Produktivität. Keine noch so verbesserte »Hardware« wird diesen Verlust künftig noch ausgleichen können.

Das ist der Grund, warum die Standortdebatte so lahm und langweilig geführt wird: Die Akteure spüren selber, dass sie an den Ursachen vorbeireden. Denn wodurch unterscheiden sich die Regionen der Welt in Zukunft noch voneinander? Kapital kann man überall auf der Welt aufnehmen, eine Maschine weltweit einkaufen, das Wissen der Menschheit ist weltweit über das Internet zu beziehen, jeder kann seine Produkte weltweit vermarkten. Der einzige Standortfaktor, durch den sich die Regionen der Welt künftig noch voneinander unterscheiden, ist die Fähigkeit der Menschen vor Ort, mit Information umzugehen.[14] Und das ist nicht nur eine intellektuelle, sondern eine soziale Fähigkeit; hier geht es um die Frage, wie gehe ich mit mir selbst und anderen um. In den Kulturen wird sie beantwortet durch die vorherrschende religiöse Ethik und das letzte Ziel, das sie dem Leben setzt. Huntington hatte also Recht mit seinem Buch, dass es zu einem »Clash of Civilizations«[15] kommen werde, aber dieser Kampf der Kulturen wird nicht gegeneinander, sondern vor allem im wirtschaftlichen Wettbewerb darum ausgetragen, wie produktiv die Mitglieder einer Gesellschaft mit Informationen umgehen (☛ Kapitel über die Weltmächte von morgen, S. 389). Sie werden sich darin übertreffen müssen, wer am kooperativsten ist. Die Art, wie Menschen miteinander umgehen, wie sie sich organisieren, das wird zum Kernproblem wirtschaftlicher Leistungsfähigkeit in der Informationsgesellschaft.

Wir stehen daher als ganze Gesellschaft vor der immer drängender werdenden Aufgabe, Innenwelt-Probleme zu verringern. Doch bei dem Wort »Seele« reißt der Gesprächsfaden sofort ab: Zu viele unseriöse Seminarveranstalter bieten fragwürdige Methoden an, zu Selbstwertgefühl, Motivation und Gelassenheit zu kommen und mit Stress oder belastenden Gefühlen umzugehen – meist drehen sich diese Techniken sowieso nur

---

14 Lester Thurow zitiert in Nefiodow: »Der Sechste Kondratieff«, S. 144.

15 Samuel P. Huntington: »Wohin die Macht driftet. Weltpolitik an den Bruchlinien der Kulturen – ein Szenario für das 21. Jahrhundert«, SZ 20./21. März 1999, Wochenendbeilage, S. I.

um die eigene Person. Es fehlen Kriterien, »gesunde« von »ungesunden« Praktiken und Verhaltensweisen zu unterscheiden, und Personen, die damit umgehen können.

Techniken und Therapien allein können jedoch weder Sinn noch Liebe »produzieren«. Sie stoßen an ihre Grenzen. Da rücken ausgerechnet die veränderten ökonomischen Anforderungen religiöse Fragen wieder in den Mittelpunkt gesellschaftlicher Debatten: Wie sollen wir uns in der Firma verhalten? Was ist seelische Gesundheit? Wie finde ich wieder zu meiner Ausgeglichenheit zurück (früher nannte man das »Frieden«)? Die Themen, die jetzt aufbrechen, gehören zum Erfahrungsschatz der christlichen Kirchen. Sie wurden arg gebeutelt von sozioökonomischen Paradigmen wie Materialismus und Individualismus während der vergangenen Kondratieffzyklen. Jetzt stehen die Kirchen vor einer optionsreichen Reorganisation, die sich an den Erfolgsmustern des nächsten Strukturzyklus orientiert: Die Wirtschaft benötigt nicht mehr das gehorsame und austauschbare Schäfchen der Fabrikmaschine, nicht mehr den egoistischen Selbstverwirklicher der automobilen Gesellschaft (der sich seine Glaubenswelt individuell zusammenbastelt), sondern den verantwortlichen und kooperativen Informationsarbeiter (☛ Kirchenkapitel, S. 438), der ein neues gruppenübergreifendes Zusammenleben verwirklicht. Das sorgt auch innerhalb der Kirchen für Zündstoff – zwischen einer früher häufigen unkooperativen Gruppenethik und einer kooperativen Spiritualität, die der Theorie der Universalethik (Liebe deinen Nächsten wie dich selbst) entspricht.

Angeschoben wird diese Entwicklung von den ökonomischen Notwendigkeiten. Wir leben in der Informationsgesellschaft nicht nur von der Arbeit anderer, sondern auch von ihren Ideen. Wir stehen jeden Tag vor so vielen Problemen, dass wir davon abhängig sind, dass andere darüber nachgedacht und sie gelöst haben. Knapp sind jetzt nicht mehr Arbeit, Maschinen oder Rohstoffe, sondern kooperative, umfassend gesunde Wissensarbeiter, ihre Fähigkeiten und Ideen, um Probleme zu angemessenen Kosten zu lösen. Vorausschauende Investoren werden daher in den Knappheitsfaktor Mensch investieren (☛ S. Börsenkapitel, S. 346). Denn wir haben zuwenig Kinder und wir bilden sie nicht gut genug für den anbrechenden Strukturzyklus aus (☛ Bildungskapitel, S. 362). Unsere Beziehungen in der Arbeitswelt, im Gesundheitswesen und in unseren Schulen sind nicht produktiv genug, die Familienqualität ist im Durchschnitt nicht ausreichend. Wir verschwenden zu viele Ressourcen für Destruktives[16] (☛ Produktivitätsreserven, S. 277). Die öffentlichen Auseinandersetzungen schlagen im Kern noch immer die Schlachten der alten Industriegesellschaft, anstatt ein Gesundheitswesen aufzubauen, in dem die Akteure das Geld der Krankenkassen mit Gesunderhaltung statt mit Krankheitsreparatur verdienen und so die produktive Lebensarbeitszeit verlängern (☛ Gesundheitskapitel S. 299).

Noch scheuen sich die Politiker, diese Themen anzugehen. Das liegt nicht an ihnen, sondern an den Leuten, die sie wählen. Denn die meisten Menschen wollen keine echten Änderungen und keine Politiker, die ihnen reinen Wein einschenken. Deutschland braucht aber in der unruhigen Zeit während des Wechsels zweier Kondratieff-Strukturzyklen keine Stimmungs-Surfer, sondern Politiker mit festen Positionen; Denker, Redner und Motivierer in einer Person, ausgestattet mit einem weiten Blick, der über die eigene Lebensspanne mit ihrem Nutzenkalkül hinausreicht. Denn diese Welt wird sich noch drehen, wenn wir längst von ihrer Bühne abgetreten sind. Aber die Verantwortung dafür, dass das nächste Paradigma in der Gesellschaft umgesetzt wird und die Ressourcen zur Verfügung stehen, die neuen Bedürfnisse zu erschließen – die Verantwortung tragen wir heute. Auch wenn wir im Abschwung unter Konsumverzicht und erschwerten Bedingungen werden investieren müssen. Je mehr wir uns vor der Lösung der Probleme drücken und sie in die Zukunft schieben, um so schlimmer werden sie die Gesellschaft einholen.

Wie die langen Wellen in den vergangenen 200 Jahren alle Lebensbereiche – Wirtschaft, Kunst, Politik, Kriege und Technik – durchdrungen haben, das umfasst ein Drittel dieses Buches. Dennoch sollten Sie das nächste Kapitel nicht wie ein Geschichtsbuch lesen. Denn es beschreibt nur vordergründig die Vergangenheit: Zusammen mit der Gegenwart wird sie in der Zukunft präsent sein. Nach dem Höhepunkt der Industriegesellschaft wird die Wirtschaft entweder umkehren zu den Prinzipien des Lebens – oder sie wird stagnieren.[17] Diese Zeilen zielen daher auf die

16 Nefiodow: »Der Sechste Kondratieff«, S. 104f.

17 So eine der Hauptthesen, die der Österreicher Prof. Hans Millendorfer bei seinen Vorträgen vertrat. Millendorfer hat schon 1978 von human-ökologischen und sozialen Ungleichgewichten im Zusammenhang mit einem kommenden Kondratieffzyklus gesprochen (Christof Gaspari, Johan Millendorfer, Konturen einer Wende, Strategien für die Zukunft, Styria, Graz-Wien-Köln, 1978). Eine Zusammenfassung seiner Ideen finden sich bei Wolfgang E. Baaske: Aufbruch zum Leben – Wirtschaft, Mensch und Sinn im 21. Jahrhundert. Universitätsverlag Rudolf Trauner, Linz, 2002.

heutige Wirtschaftsdebatte. Die früheren langen Auf- und Abschwünge erklären unsere Situation. Nach einigen harten Jahren Arbeit eröffnet sich die Vision von einer prosperierenden Gesellschaft. Und dafür lohnt es sich, zu kämpfen.

Kapitel 1

Die Zukunft beginnt in der Vergangenheit

Was die Geschichte über ähnliche Situationen wie heute erzählt

1. Kondratieffaufschwung
Wachstumsgrenzen überwinden

Eine Gesellschaft kommt an ihre Grenzen. Wenn es eng genug wird, setzt sie alle Ressourcen dafür ein, diese Grenzen zu sprengen. Deswegen lassen sich in den Engpässen von heute die Märkte und Strukturen der Zukunft erkennen. In der Vergangenheit ist es so gewesen: Nicht die Dampfmaschine löst den ersten Kondratieff aus, sondern das, was knapp wird – der Engpass an mechanischer Energie. Die englischen Unternehmer kommen nicht mehr hinterher, ihre Bergwerke zu entwässern oder Webstühle mit Wasser- oder Tierkraft anzutreiben. Die Nachfrage der Flotte, die sich fast ein Monopol im Welthandel erkämpft hat, die Nachfrage der Armee und des Exportes sind weit größer, als die Wirtschaft Waren produzieren kann.

Bergwerke unter Wasser

Es ist daher kein Zufall, dass die englischen Unternehmer James Watt beknien, doch bitte eine Maschine zu bauen, die Hitze in Dampf und Dampf in mechanische Bewegungskraft umsetzt. John Roebuck's Eisenhüttenwerk bekommt zuwenig Kohle, weil die Grube wegen des Grundwassers nicht genug liefern kann – Watts Maschine soll es herauspumpen und das Bergwerk produktiver machen. Für Matthew Boultons Metallbetrieb reicht die Wasserkraft nicht aus, um einen Blasebalg anzutreiben, der Luft in den Hochofen bläst, um höhere Schmelztemperaturen zu erreichen – Boulton sucht einen besseren Antrieb. Jahrelang tüftelt James Watt herum, bis er 1769 sein erstes Patent anmeldet. Zwischen den ersten Plänen, den Rückschlägen und der praktischen Anwendung vergehen zwölf Jahre.[1]

»Entdeckungen und Erfindungen finden in einer Richtung und in einer Intensität statt, die den Anforderungen der praktischen Wirklichkeit entsprechen«[2], schreibt der russische Ökonom Nikolai Kondratieff in seinem ersten Aufsatz über lange Wellen. Zahlreiche Erfindungen seien deshalb an verschiedenen Orten gleichzeitig und unabhängig voneinander gemacht worden. Es reicht dann aber nicht, dass sie technisch machbar sind. Eine Basisinnovation bringt die Wirtschaft erst dann in Schwung, wenn sie wirtschaftlich geworden ist, weil die gesellschaftlichen Voraussetzungen stimmen wie in England Ende des 18. Jahrhunderts: Weil Schafsweiden lukrativer sind, vertreiben Gutsherren die Landbevölkerung von ihrem Ackerland – die sucht nun in den Städten Arbeit; Banken haben genug Geld, um die Dampfmaschinen der Unternehmer zu finanzieren, schließlich haben die gekaperten spanischen, dann französischen Schiffe, der Sklavenhandel und anderer Profit aus dem Welthandel inzwischen viel Kapital angehäuft. In der zweiten Hälfte des 18. Jahrhunderts haben hohe Investitionen in Binnenkanäle den Transportaufwand pro Tonne Kohle schon etwa halbiert, zwischen Liverpool und Manchester oder Birmingham sogar um 80 Prozent verbilligt[3]. Binnenzölle wie in Deutschland und Frankreich sind längst abgeschafft. Während die deutschen Adeligen noch vom Rittertum träumen und auf die gewerbetreibenden »Pfeffersäcke« hinunterschauen, werden aus Britischen Lords Geschäftsleute.

Noch 1750, bevor die Industrialisierung beginnt, ist Großbritannien irgendein Felsbrocken in der Nordsee gewesen, der etwa 1,9 Prozent der Weltindustrieproduktion herstellt – das passt im Verhältnis zur Bevölkerungszahl. Am Ende des ersten Kondratieffs um 1830 produziert es

---

1 Will und Ariel Durant: »The story of Civilization«, dt.: Kulturgeschichte der Menschheit, Band 16, Sonderausgabe Naumann & Göbel, Köln 1985, S. 216 ff.

2 Kondratieff, N. D.: »Die langen Wellen der Konjunktur«. In: Archiv für Sozialwissenschaft und Sozialpolitik, 56 (1926), S. 593.

3 Freeman/Louçã: »As Time Goes By«, Oxford University Press, New York 2001, S. 168.

aber fast zehn Prozent der weltweiten Gütermenge.[4] Das liegt nicht daran, dass die Löhne in England niedriger wären oder die Bank of England die Zinsen gesenkt hat oder aber der Staat so viel Geld ausgibt; auch treiben nicht etwa alle Branchen in gleicher Weise die Wirtschaft. Sondern es sind vor allem zwei Branchen, die ihre Produkte weit besser herstellen und billiger verkaufen können und Großbritannien damit wettbewerbsfähiger machen als jedes andere Land: Während die Wirtschaft im Boom nach 1790 mit etwa 2,5 Prozent im Jahr wächst – vor allem als Zulieferer für das neue technologische System und für den Konsum der zusätzlich beschäftigten Arbeiter –, wachsen die Eisen- und die Textilindustrien mit durchschnittlich 7 Prozent. Das hat nichts mit Geld zu tun, dafür aber eine ganze Menge mit Technik und den realen Vorgängen in der Fabrikhalle.

Schon vor der Dampfmaschine treibt Wasserkraft in großem Umfang die ersten Spinnmaschinen und mechanischen Webstühle an, die ständig verbessert werden. Das erhöht die Produktivität um ein Vielfaches, reicht aber nicht. Die Nachfrage wächst schneller, als die Wirtschaft mehr produzieren kann. Es dauert bis 1785, bis die ersten Dampfmaschinen Spinnräder zum Rotieren bringen. Ein historischer Quantensprung auf ein neues Wohlstandsniveau: In den 1820ern produziert ein Textilarbeiter, der mehrere Webmaschinen bedient, 20-mal so viel wie der Heimarbeiter, hat die dampfgetriebene Spinnmaschine die 200-fache Kapazität eines Spinnrades[5]. Auf einen längeren Zeitraum betrachtet – zwischen 1750 und 1830 – vervielfacht sich die Produktivität allein in dieser Branche um den Faktor 300 bis 400.[6]

Ein Jahr nach dem Spinnrad bewegt Dampfkraft auch den mechanischen Webstuhl. Andere Dampfmaschinen treiben Gebläse an, die Luftsauerstoff in Hochöfen pressen und mit den höheren Temperaturen aus dem Erz mehr Eisen als bisher herausschmelzen. Bergwerke können weit tiefer getrieben werden, wenn das einströmende Wasser nun per Dampfmaschine hochgepumpt wird. Eisen wird billig genug, um auf Hunderte neue Arten im Privathaushalt, in der Fabrik oder im öffentlichen Leben

---

4 Paul Kennedy: »Aufstieg und Fall der großen Mächte«. Ökonomischer Wandel und militärischer Konflikt von 1500 – 2000. Fischer Taschenbuch Verlag, Frankfurt 2000, S. 240.

5 Kennedy: »Mächte«, S. 232.

6 Kennedy: »Mächte«, S. 236.

verwendet zu werden: Pferdebahnen mit Eisenschienen, die erste Eisenbrücke 1779 über den Fluss Severn, 1787 das erste mit Eisenplatten gebaute Schiff, Eisenträger für den Hausbau, Möbel, Maschinen, Waffen. Der Eisenausstoß verfünffacht sich zwischen 1788 und 1815, und die Preise sinken – und das sogar während der immensen Nachfrage während der heißesten Phase der Napoleonischen Kriege um 1810 – von 22 Pfund für eine Tonne Roheisen 1801 auf 13 Pfund 1815.

Ebenso kometenhaft ist der Aufstieg der Baumwolle. 1770 macht sie erst 2,6 Prozent der britischen Industrieerzeugung aus[7]. Vor dem Krieg ist sie noch immer ein völlig neuer Industriezweig. Mit den wasser- und schließlich dampfgetriebenen Spinnmaschinen und Webstühlen halbieren sich die Herstellungskosten für Baumwollgarn zwischen 1780 und 1790, bis 1795 ein weiteres Mal. Der Import von Rohbaumwolle verdoppelt sich alle paar Jahre, von 16 Millionen Pfund im Jahr 1783/87 über 29 Millionen Pfund 1787/92 und 56 Millionen Pfund im Jahr 1800. 1801 stellen Baumwollprodukte schon 17 Prozent der britischen Industrieerzeugung und sind bei Kriegsende zum größten Exportartikel Großbritanniens geworden.

Obwohl die große Nachfrage im Krieg insgesamt zu steigenden Preisen führt, sind die Produktivitätsfortschritte in der Textilindustrie so groß, dass die Preise für Baumwollgarn – wie beim Eisen – selbst während des Krieges weiter drastisch fallen. Ihre Produktion beansprucht immer mehr Maschinen, Dampfkraft, Kohle und Arbeit, benötigt neue Häfen, Binnenkanäle, Landstraßen. Nicht die Napoleonischen Kriege haben diesen Boom ausgelöst, aber der Druck des Krieges hat – wie später bei jedem weiteren Kondratieff – das Tempo beschleunigt, das Potenzial des neuen Strukturzyklus noch schneller zu erschließen.

Randalierende Arbeitslose, die Maschinen in den Fabriken zerstören, sind im ersten Kondratieff eine Anfangserscheinung, denn die Nachfrage nach Arbeitskräften explodiert bald: Der erste Kondratieff benötigt Menschen, die Kohle aus dem Untergrund (in England damals relativ nah unter der Oberfläche) ans Tageslicht befördern; er braucht Menschen, die Wasserkanäle ausgraben oder in den Fabriken dampfgetriebene Webstühle mit Baumwolle bestücken, und er braucht immer mehr Mechaniker, die Maschinen warten, dazu Seeleute für den Export.

7 Freeman / Louçã: »As Time Goes By«, S. 154.

Für diesen steilen Aufschwung sind gesellschaftliche Voraussetzungen nötig gewesen. Aber jetzt, wo der neue Strukturzyklus in Fahrt gekommen ist, mischt er die Gesellschaft auf. Anstatt auch bei der Arbeit auf dem Feld oder am Markt sich zu entspannen, zu tratschen, zu singen oder zu beten, werden Schlafen und Vergnügen nun von der Arbeit getrennt. Erholung richtet sich nach der Uhr. Die Arbeitsorganisation ist nicht mehr vom Wetter, der eigenen Kraft und Laune abhängig, sondern von Regeln, vorgegebener Disziplin und dem Zeitplan des Unternehmens. Schnell, regelmäßig, präzise und unermüdlich ist der Arbeitstakt der Maschine. Klagen über die betrunkene, faule und undisziplinierte Unterschicht, die sich nur zu störrisch dem neuen Rhythmus anpasst, sind zu dieser Zeit ein Allgemeinplatz. Schulen werden zu dem Ort, wo Pünktlichkeit gelernt wird, dazu ein durch Strafen erzwungener Gehorsam und Disziplin (kein Wunder, dass die Verhaltensmuster der Arbeitswelt ein Bild von Gott erzeugen, der durch Strafe Gehorsam erzwingt). Lokale Monopole und die letzten Binnen-Handelsschranken werden beiseite gefegt.

Die »Industrielle Revolution« ist zwar zunächst ein langsamer Prozess, sie betrifft nur bestimmte Branchen und ereignet sich in wenigen Regionen, die per Kanal und Schiff gut erreichbar sind. Je länger, umso massiver verteilt sich aber dann die höhere Produktivität, also der zusätzlich geschaffene Wohlstand – wenn auch ungleich – auf alle: Viel mehr Handwerker können sich bessere Werkzeuge kaufen, Maschinen werden erschwinglicher, der Stadtschreiber kauft sich einen zweiten Anzug. Sogar Arbeiter leisten sich Tee mit Zucker, obwohl diese beiden Waren hoch besteuert sind. In einigen Häusern der unteren Schicht liegt plötzlich ein Teppich oder steht vielleicht sogar ein Klavier. Eine ganze Volkswirtschaft lernt jeden Tag hinzu, wie sie Eisenerz besser verhüttet, Transportkanäle baut oder Wolle noch feiner weiterverarbeitet. Das betrifft zunehmend auch die Nachbarn.

Wer als Wirtschaftsmacht einen Kondratieffzyklus anführt, der entwickelt sich nicht separat von der Welt, sondern ist auf andere Länder angewiesen: als Exportland für seine Basistechnologie und als Zulieferer von Ressourcen. Die Briten holen damals Erz aus Schweden und Lebensmittel vom Kontinent, die Deutschen sind nach 1890 und in beiden Weltkriegen auf Lebensmittelimporte ebenso angewiesen wie auf Exportmöglichkeiten der chemischen und der Maschinenbauindustrie; die USA werden im fünften Kondratieff zum größten Schuldner der Welt, um ihre Investitionen, aber vor allem auch, um ihren Konsum zu finanzieren, und auch Japan wäre in den 1970/80er Jahren nie so erfolgreich geworden, wenn es seine Entwicklungskosten nicht ständig von kaufenden Europäern finanziert bekommen hätte. England wird damals reich, weil es seine Produktionskapazität besser auslasten kann: Der britische Export von Baumwolle nach Indien steigt von einer Million Yards 1813 auf 51 Millionen im Jahr 1830. Die Marktmacht ist so groß, dass Länder wie Indien, China und andere spätere Dritte-Welt-Länder de-industrialisieren – um 1750 sind sie pro Kopf dagegen noch etwa so industrialisiert gewesen wie Europa.[8]

Anders die Europäer: Auch wenn sie zunächst keine oder zu wenige Dampfmaschinen haben, profitieren sie vom ersten Kondratieffaufschwung. England muss Lebensmittel importieren, um seine Arbeiter zu ernähren – das treibt den Getreidepreis auf dem Weltmarkt hoch. Wie stark der erste Kondratieff keine englische Angelegenheit, sondern eng mit den benachbarten Volkswirtschaften vernetzt ist, zeigt die Kontinentalsperre, als es Napoleon 1808/10 fast gelingt, die Briten auszuhungern. In den Docks lagern ungeheure Vorräte an Handelsgütern. Sie drängen schließlich auf den iberischen Markt, wo die Engländer ihre Industrieprodukte gegen Lebensmittel eintauschen – ein Grund, warum Napoleon 1809 in Spanien einmarschiert.

Wird die britische Wirtschaft unter der Kontinentalsperre zusammenbrechen? Oder generieren die Produktivitätsgewinne des ersten Kondratieffs ein solches Maß an zusätzlichen Ressourcen, das alle Verluste mehr als ausgleicht? Das Kräftemessen gewinnt der Kondratieffaufschwung: Die britische Roheisenproduktion steigt von 60.000 Tonnen im Jahr (1780) auf bereits 244.000 Tonnen im Jahr 1806 und weiter bis auf 325.000 Tonnen im Jahr 1811. Zwei Drittel von dem, was zwischen 1760 und 1830 in Europa mehr produziert wird, stammt aus Großbritannien.

Die Engländer werden dabei höher besteuert, als es sich die Bürokraten des 18. Jahrhunderts hätten vorstellen können; die Staatsschulden verdreifachen sich während des Krieges. Aber durch den dampfvermehrten Wohlstand kann das kleinere England mit viel weniger Einwohnern den Krieg materiell überlegener führen (und 1813 die verbündeten Preußen, Österreicher und Russen mit 125.000 Gewehren und 218 Geschützen unterstützen) als das gesamte Napoleonische Reich, das den Krieg

8 Kennedy: »Mächte«, S. 237.

hauptsächlich dadurch bezahlt, dass es die besetzten Länder ausplündert. Dort stagniert der technische Fortschritt noch: Dass die französische Verwaltung die feudalen Grundherren durch eigenständige Bauern ersetzt, bedeutet ja noch keine landwirtschaftliche Revolution mit höheren Ernten. Die schlechten Verkehrsverbindungen auf dem europäischen Kontinent zwingen den Bauern noch immer, hauptsächlich für den lokalen Markt zu produzieren. Die Wirtschaft wartet auf die Revolution der freien Unternehmer, die 1789 in Frankreich beginnt und in Europa ein paar Jahrzehnte dauert.

Französische Revolution

»Kriege und Revolutionen fallen nicht vom Himmel und entspringen nicht der Willkür einzelner«, schreibt der Ökonom Nikolai Kondratieff 1926. Sie fänden regelmäßig gerade während des Anstiegs der langen Welle statt. Denn in dieser Zeit verschärft sich der Kampf um Rohstoffe und knapper werdende Produktionsfaktoren, das Tempo nimmt zu, die Anspannung des Wirtschaftslebens wächst – und entlädt sich schließlich in Auseinandersetzungen. Auch soziale Erschütterungen entstünden »am leichtesten gerade unter dem Druck neuer wirtschaftlicher Kräfte«.[9] Kurz: Die Französische Revolution bricht 1789 nicht deswegen aus, weil die Massen Hunger haben und sich einer unfähigen Monarchie entledigen wollen – sie hatten früher noch größeren Hunger und die Monarchie war wahrscheinlich noch unfähiger. Im Gegenteil: Wenn auch ungleich verteilt, wächst die französische Wirtschaft zwischen 1783 und 1789 rapide.[10]

Was sich wirklich geändert hat: Zwischen König, Adel und Bischöfen auf der einen Seite und den Bauern auf der anderen Seite hat sich ein Mittelstand gebildet, der im beginnenden ersten Kondratieffaufschwung über einen wachsenden Teil des Bruttosozialproduktes bestimmt. Unternehmer haben inzwischen die Freiheit, sich Kapital aus jeder Quelle zu verschaffen, jeden zu beschäftigen, neue Produktionsmethoden auszutüfteln und anzuwenden, allen Konkurrenz zu machen und alles überall zu verkau-

9 Kondratieff: »Lange Wellen«, S. 594.
10 Kennedy: »Mächte«, S. 197.

fen. Ihre Firmen sind in der Regel klein, vermehren sich aber rasch: 1789 gibt es allein in Versailles 38 Seidenfabriken, 48 Hut-, 8 Glasfabriken, 12 Zuckerraffinerien, 10 Gerbereien.[11] Die Textilindustrie, Bau und Bergbau sowie die Metallindustrie organisieren sich bereits in Großunternehmen in Form von Aktiengesellschaften. Der Bergbau gräbt seine Stollen schon 100 Meter tief unter der Erde, investiert eine Menge Kapital in Belüftung, Entwässerung und Transport. Die Firma Anzin beschäftigt während der Französischen Revolution 4000 Arbeiter, 600 Pferde und bereits 12 Dampfmaschinen. Die 300.000 Tonnen Kohle, die sie im Jahr fördert, heizen der emporschießenden Metallindustrie ein.

Dieser neue Wohlstand landet allein in den Taschen des neuen Mittelstandes, nicht oben in der Adelsschicht und erst recht nicht bei den Arbeitern. Während die Preise zwischen 1741 und 1789 um 65 Prozent steigen, steigen die Löhne nur um 22 Prozent. Wenn Arbeiter streiken, hungern die Unternehmer sie so lange aus, bis sie ihre Arbeit wieder aufnehmen – zu den Bedingungen der Unternehmer. Und wenn nicht (wie die Seidenarbeiter 1774 in Lyon), schlägt die Armee die Arbeiter in die Fabriken zurück. Ihr Hass richtet sich nun nicht mehr nur gegen ihre Arbeitgeber, sondern auch gegen die Regierung. 1786 beklagen sie, sie könnten selbst mit 18-stündiger Arbeit ihre Familien nicht ernähren. Die Massen, die 1789 ihr Leben riskieren, als sie der Staatsmacht trotzen, sind hungrig und wütend. Aber schon mit einer Brotpreissenkung wären sie zu beschwichtigen. Im Gegensatz zu den Bürgern und Unternehmern wollen sie, dass der Staat die Wirtschaft regelt, wenigstens beim Brotpreis. Damit sind sie ohne weiteres bereit, zum alten Regime zurückkehren, anstatt als Arbeiterklasse den Staat zu übernehmen. Politische Vertretung ist ihnen gleichgültig.

Anders als den Gebildeten aus den höheren Schichten. Diese überreden die besitzlose Masse, die Bastille zu stürmen (sie wird friedlich übergeben) und so den König daran zu hindern, das Militär gegen die Nationalversammlung einzusetzen. Damit gelingt es dem Mittelstand, die Unterschicht für seine Interessen einzuspannen: Ohnmächtig müssen die betuchteren Bürger im alten Königreich zusehen, wie Hof und Adel auf Kosten ihrer hart erwirtschafteten Steuern im Luxus leben, während ihnen jeder schnöselige Baron arrogant begegnet, sie politisch nichts bestimmen können und ihnen als kompetenten Bürgerlichen politische und

11 Durant: »Kulturgeschichte«, Band 16, S. 519.

militärische Ämter verweigert werden. Die paar schlecht bewirtschafteten Landgüter der Adeligen mit ihren ausgelaugt-ausgebeuteten Böden machen den »ersten Stand« wirtschaftlich zum zahnlosen Tiger. Er hat es versäumt, wie etwa die englischen Standesgenossen ins Unternehmertum einzutreten.

Auch sind die Zeiten um Jahrhunderte vorbei, als es für einen König die beste Wirtschaftsförderung bedeutete, Flächen an die Kirche oder Klöster zu übertragen, die daraus dann blühende Landschaften machen. 1789 sehen die Unternehmer den Klerus ein Drittel des Nationaleinkommens schlucken (wenn auch nicht nur für den Luxus der Bischöfe, sondern ebenso für soziale Aufgaben) und damit eine Theologie aufrechterhalten, die Gebildete schlicht als infantil empfinden. Die Ortspfarrer, in der Regel lauter und tugendhaft, müssen den größten Teil der Einnahmen an die adeligen Bischöfe abgeben und daher sowohl der Kirche dienen als auch ihren Lebensunterhalt selbst auf dem Feld erarbeiten. Viele von ihnen werden bei der Revolution den dritten Stand unterstützen, während die Bischöfe gegen gesellschaftliche Veränderungen sind. Es ist nicht die Schuld des Kirchenvolkes, wenn die Institution – und eng an ihr Zeugnis gekoppelt der Glaube an Gott – an Boden verliert. Die Zahl der Priester geht immer weiter zurück, alte Klöster zerfallen – zwischen 1766 und der Revolution sinkt ihre Zahl von 26.000 auf 17.000, manche nur noch mit wenigen Mönchen belebt.

Während die Dörfler gläubig sind – sie werden ihren Glauben in der Revolution gegen den aggressiven Atheismus der Pariser Zentralregierung mit Aufständen verteidigen –, glaubt in den Städten nur noch jeder zweite gebildete Mann an Gott. Die französische Kirche fordert daher 1770 eine Medienzensur und schickt dem König eine Denkschrift über »die gefährlichen Konsequenzen der Freiheit des Denkens und des Druckens«.[12] Das ist keine gute Idee. Denn damit behauptet sie, sie hätte keine besseren Argumente, von dem persönlichen Beispiel der Kirchenfürsten ganz zu schweigen. Wer die Gewalt des Staates in Anspruch nimmt, um sich durchzusetzen (wie alle Staatskirchen), der verliert jede ideelle Unterstützung. Skeptizismus wird bei den Adeligen Mode. Und wenn sie sonntags in die Kirche gehen, dann nur, damit ihre Diener eine bessere Meinung von ihnen haben.

---

12 Durant: »Kulturgeschichte«, Band 16, S. 484.

Ärgerlich daran ist für die Bauern und geschäftstüchtigen Bürger, also für den dritten Stand, dass sie alleine Steuern zahlen – Adel und Klerus sind befreit. Hinzu kommt, dass sich der König selbst das Recht verleiht, jederzeit zu erklären, der Staat sei bankrott und das vom Mittelstand geliehene Geld verloren. Nun spitzt sich Ende der 1780er Jahre die Situation zu: Der König ist bereits ausweglos verschuldet. Die Regierung will Staatsanleihen nicht mehr in fester Edelmetall-Währung, sondern nur noch in Papiergeld auslösen, dessen Wert durch Inflation aufgefressen wird. Die steuerzahlende Mittelklasse hat plötzlich Angst um ihr Erarbeitetes und ist nicht mehr bereit, sich ihren Reichtum von Arroganten und Unfähigen gefährden zu lassen.

Es geht den Bürgern also um ihre eigene Brieftasche und darum, wenigstens kontrollieren zu dürfen, wie die unfähige Staatslenkung das sauer erarbeitete Geld der Gewerbetreibenden ausgibt. Von den 26 Millionen Franzosen gehören über 25 Millionen weder dem Adel (erster Stand) noch dem Klerus (zweiter Stand), sondern eben dem dritten Stand an – aber jeder der drei Stände hat in der Generalversammlung dasselbe Stimmgewicht. Da die oberen beiden Stände mit der Monarchie stimmen, haben die Bürger von vornherein verloren. Ihnen bleibt gar nichts anderes mehr übrig, als sich zur eigentlichen politischen Macht, zum Repräsentanten der ganzen Nation, zu erklären.

Neues destabilisiert die Gesellschaft

Die Französische Revolution vollzieht auf der politischen Ebene nach, was auf der wirtschaftlichen und religiösen Ebene schon begonnen hat. Sie stürzt nicht nur einen Bereich der Wirklichkeit, sondern alle Systeme: Wirtschaft, Glaube und Staat. Technische Entwicklungen und die dafür nötigen institutionellen Innovationen haben freie Bahn. Die Dämme der bisherigen Gesetze, Bräuche und Frömmigkeit brechen schneller, als eine neue funktionierende Ordnung errichtet werden kann. Alle Emanzipationsbewegungen sind am Anfang destruktiv. Als die Konstituierende Versammlung nach zwei Revolutionsjahren die Macht erobert hat, schafft sie die Feudalherrschaft der Adeligen ab, konfisziert Kircheneigentum, legalisiert Organisationen und Zusammenschlüsse der Kaufleute und Fabrikanten, verbietet aber – von wegen Freiheit, Gleichheit, Brüderlichkeit

– alle Zusammenschlüsse der Arbeiter. Die chaotische Volksherrschaft mit massenweisen Hinrichtungen wird erst domestiziert durch die Rückkehr zu einem Alleinherrscher Napoleon, später dann durch eine funktionierende Gewaltenteilung. Das macht Hoffnung, daran zu glauben, dass die destruktiven Erscheinungsweisen eines befreiten Individualismus heute auch wieder domestiziert werden können – durch eine ausbalancierte Kooperationsfähigkeit.

Es ist jedoch glatt gelogen, darüber zu klagen, wie alles immer schlimmer wird, wo doch früher alles so gut und die Menschen so gesittet und friedlich gewesen sind. Wahr ist, dass technische Veränderungen die Gesellschaft durcheinander rütteln und die alten Verhaltensmaßstäbe und Organisationsstrukturen destabilisieren, sodass der nächste Kondratieffzyklus mit chaotischen Begleiterscheinungen beginnt. Damit neue Strukturen aufgebaut werden können, müssen alte zerstört werden. Das Problem daran ist, dass es nicht gelingt, beides gleichzeitig und langsam zu gestalten.

1. Kondratieffabschwung
Feudalismus macht Deutschland arm

Dass Deutschland im ersten Kondratieff ein armes Land bleibt, hat daher aus Sicht der Kondratiefftheorie gesellschaftliche Gründe: Wenn seine Bewohner nicht die (Infra-)Strukturen für eine neue Basisinnovation bereitstellen, dann machen sie ein paar neue Dampfmaschinen allein eben auch nicht wohlhabender. Auch wenn es am Anfang noch danach aussieht: Deutschland erlebt den ersten Kondratieff im Krieg als Hochkonjunktur. Im Ruhrgebiet blüht die Industrie kurz auf, weil sie die Kontinentalsperre vor englischen Waren schützt; die Bauern erzielen dank der hohen Nachfrage gute Preise. Doch nach dem Krieg haben die Deutschen als kaum industrialisiertes Land keine Chance im Wettbewerb. Sie profitieren zuwenig vom Aufschwung und sind vom Abschwung der 1820er/30er Jahre doppelt getroffen.

Schuld daran sind nicht die Engländer, die ihre Dampfmaschinen-Technologie hüten und Ingenieuren verbieten, ihr Wissen ans Ausland weiterzugeben; es liegt an der deutschen Gesellschaft selbst, die nichts von dem vorbereitet hat, was dieser neue Strukturzyklus braucht: Arbeiter, eine Unternehmerschicht, Kapital, einen Binnenmarkt, Transportwege wie die Kanäle in Frankreich und England, und es fehlt an Ballungszentren als Absatzgebiet, die größere Ressourcen für Investitionen mobilisieren können. Die deutschen Adeligen schauen auf Geschäftsleute herab – sie lassen niemanden von ihnen in ihre Kreise einheiraten. Mutigen fehlen Anreize, Kohle und Erze im Boden industriell zu verwerten. Zünfte schränken gewerbliche Freiheit ein. Jedes Fürstchen kocht seine eigene Suppe.

Bauern sind je nach Region noch an ihren Boden oder als Leibeigene an den Feudalherrn gebunden. Das ändert sich, als Preußen 1806 bei Jena von Napoleon gründlich geschlagen wird: Der Staat sieht ein, dass er mit gepressten Söldnern keine Schlachten gewinnen kann, sondern nur mit freien Soldaten, die für einen Staat kämpfen, von dem sie zumindest glauben, dass er ihre Sache sei. Also kommt es in Deutschland zur Bauernbefreiung (bis das revolutionäre Frankreich besiegt ist – danach werden die Möglichkeiten, ein freier Bauer zu werden, wieder zugunsten der Grundherren eingeschränkt).

Aus Leibeigenen werden lohnabhängige Landarbeiter. Das hat auch einen Vorteil für den Grundherrn: Er ist nicht mehr verpflichtet, seine Bauern sozial zu versorgen – ihre Arbeit ist mit dem Tagelohn abgegolten. Und wenn es ihnen schlecht geht, weil sie oder ihre Kinder krank werden, dann ist das ihr Problem. Dort, wo Kleinbauern den Boden eines Grundherrn beackern und dafür bislang einen Großteil der Ernte abgeben müssen, wird es möglich, den Boden abzukaufen. Dafür nehmen viele Bauern einen Kredit auf, der sich auch gut bedienen lässt – zumindest während des ersten Kondratieffaufschwungs in den Napoleonischen Kriegen, als die Nachfrage groß ist: Die Preise, welche die Bauern für Lebensmittel erzielen, sind hoch, obwohl die Ernten steigen. Weideland und dörfliche Gemeinschaftsflächen werden mit der Bauernbefreiung in Äcker umgewandelt, Tiere kommen in den Stall. Statt Dreifelderwirtschaft (jedes dritte Jahr bleibt ein Acker brach liegen) kann der Boden dank wechselnder Fruchtfolge und Stallmist jedes Jahr bebaut werden. Der Markt saugt die gestiegenen Ernteerträge auf.

Aber nur, bis der Krieg vorbei ist und die große Nachfrage ausbleibt, welche die Dampfmaschinen in England und Frankreich nach sich gezogen haben. Die Kontinentalsperre hat vor 1813 verhindert, dass die Engländer Stoffe und Eisen auf dem europäischen Festland verkaufen können. Sobald sie aufgehoben ist, ist Deutschland der vollen Wucht einer britischen Industrie ausgesetzt, die ihr ein bis zwei Generationen voraus ist. Den Deutschen geht es wie heute Entwicklungsländern: Was sie produzieren, können die Engländer und auch Franzosen längst viel besser herstellen, mit viel weniger Kosten, einem höheren Gewinn und zu einem günstigeren Preis. Es ist das Wettrennen eines Fahrradfahrers gegen ein Auto auf der freien Landstraße.

Die kurze Blüte von Bergbau und Metallindustrie in Essen und Düsseldorf verwelkt. Während Städte weniger, oder zumindest viel langsamer als bisher Agrargüter nachfragen, wächst das Agrarangebot weiter. Die Preise für Getreide sinken. Das bringt die gerade erst befreiten, selbständigen Bauern in Not. Ihre Landstreifen, die sie dem ehemaligen Feudalherrn abgekauft haben, sind nicht groß genug, um wirtschaftlich zu sein. Viele Kleinbauern im Rheinland und in Südwestdeutschland haben für ihre eigene Scholle in der Hochkonjunktur Kredite aufgenommen. Nun ringen sie um ihr Überleben, weil während der Agrarkrise in den 1820ern die Preise fallen – wie immer in einem Kondratieffabschwung. Zwar leiden auch Handwerk und die kleine Industrie unter verschärftem Wettbewerb und weniger Umsatz bei gleichen Fixkosten, doch nirgends sinken die Preise so sehr wie in der damaligen »old economy«, der Landwirtschaft.[13] Ein Bauer muss eine immer größere Menge an Getreide in die Stadt karren, um dafür ein Werkzeug aus Eisen zu kaufen. Viele können jetzt ihre Höfe nicht mehr halten. Die anderen aus der Leibeigenschaft befreiten Bauern, die jetzt als Landarbeiter leben, werden von den Grundherren einfach nicht mehr beschäftigt. Sie wandern aus oder suchen eine Lebensexistenz in den Städten. Eine Arbeiterschaft, die für die Industrialisierung nötig ist, entsteht in Deutschland also erst dann, als es im langen Abschwung an ausreichenden anderen Arbeitsmöglichkeiten fehlt.

Oder ist das alles nur ein deutsches Problem gewesen und es hat nie einen Abschwung des ersten Kondratieff gegeben? Wenn Wirtschafts-

13 Den Zusammenhang thematisiert Nikolai Kondratieff 1928 in seinem Aufsatz »Die Preisdynamik der industriellen und landwirtschaftlichen Waren (Zum Problem der relativen Dynamik und Konjunktur)«. In: Archiv für Sozialwissenschaft und Sozialpolitik, 60 (1928), S. 1-85.

historiker heute das britische Bruttosozialprodukt schätzen, zeigen die Zeitreihen über die 1820er und 1830er hinweg ständig nach oben. Und doch kommt es auch in England zu einer schweren Rezession mit fallenden Preisen und einer geschätzten Arbeitslosigkeit von 20 bis 30 Prozent der arbeitsfähigen Erwachsenen, wie es Romane von Charles Dickens, zum Beispiel »Hard Times«, überliefern. Das harte Leben im Gefolge der »New Poor Law« in den 1830ern folgt dem heutigen Muster, aus Geldmangel die Arbeitslosenhilfe zu kürzen oder deren Bezug zu erschweren. In der Kultur spiegeln Biedermeier und Romantik das Lebensgefühl der wirtschaftlichen Stagnationsjahre. Nein: Es hat einen Kondratieffabschwung gegeben, und zwar für alle.

Warum Arbeitslosigkeit ein Produktivitätsproblem ist

Die weltweite Agrarkrise bricht nicht deshalb aus, weil die Landwirtschaft so produktiv geworden ist, sondern weil die Gesamtwirtschaft – so wie heute – nicht ausreichend produktiver wird: Sonst könnten die Bauern in produktiveren Branchen arbeiten als auf ihrem kleinen Hof, den sie mangels Spezialisierung und mangelnder Größe ineffizient bewirtschaften. Das Elend der Bauern ist Ausdruck verdeckter Arbeitslosigkeit. Die Soldaten sind aus den Kriegen heimgekehrt und die Jugend stirbt nicht mehr auf den Schlachtfeldern. Erbteilungen verkleinern die Ackerfläche pro Bauer weiter. Deren Alternativen sind nicht verlockend: Elendshütte in der Stadt, nur mit viel Alkohol zu ertragen. Oder wochenlang auf einem Auswandererschiff unter Deck und frieren in der Fremde.

Aber die Krise der 1820er/30er muss kommen, weil man Menschen nicht so schnell ändert (oder heute auf einen kooperativen Arbeitsstil umstellt), wie man eine Dampfmaschine erfindet: Niemals würden die Bauern freiwillig ihren generationenlangen Lebensrhythmus verlassen und sich dem Takt der Maschinen unterwerfen, niemals würden die Fürsten den Bürgern Freiheiten gewähren. Nur wenn sich zu viele Menschen in den alten Branchen drängeln, deren Produktivität der jeweiligen new economy (hier Textil und Metall) völlig hinterherhinkt, wird der Druck irgendwann groß genug, den Beruf und damit das ganze private Umfeld so radikal zu verändern; nur dann stehen die Ressourcen bereit, den nächsten Strukturzyklus zu erschließen.

Der Kondratieffzyklus legt den Rückwärtsgang ein, weil Wirtschaft und Gesellschaft nicht mehr produktiver werden. Im Aufschwung ist die Produktivität gestiegen, weil man immer noch mehr vom Gleichen macht; im Abschwung dagegen sinkt die Produktivität gerade deshalb, weil man immer noch mehr vom Gleichen macht, aber das technische System jetzt seine Grenze erreicht hat. Kondratieff nennt das die »Realkostengrenze«, um zu verdeutlichen, dass es sich hier nicht um einen Mangel an Geld handelt: Während eines Strukturzyklus produziert der Mensch mit einer bestimmten Kombination aus Arbeitskraft und -kompetenz, Maschinen auf einem bestimmten technischen Niveau mit einer bestimmten Mischung aus Rohstoffen. Irgendwann wird einer dieser Produktionsfaktoren so knapp, dass sich weiteres Wachstum nicht mehr lohnt, weil er sich nicht einfach von einem Jahr auf das nächste schnell vermehren lässt. Fünf rechte und sieben linke Schuhe ergeben nicht sechs Paar, sondern eben nur fünf Paar Schuhe.

Am Ende wird der erste Kondratieff von einem Produktionsfaktor gestoppt, der sich nicht so einfach von heute auf morgen vermehren lässt: Der Transport von Erz, Kohle, Roheisen und Fertigprodukten ist bei diesen wetterabhängigen Straßenverhältnissen, störrischen Zugtieren vor dünnen Holzlastkarren und wenigen Kanälen so teuer, dass sich weiteres Wachstum selbst in England nicht mehr lohnt, obwohl dort schon lange in Bergwerken Erfahrungen mit von Pferden gezogenen Wagen auf Eisenschienen gemacht werden und 1825 die erste Dampfeisenbahn von Stockton nach Darlington fährt.

Um wie viel größer sind da die Transporthürden in Deutschland: 39 deutsche Kleinstaaten pochen auf ihre Souveränität mit eigener Währung, auf eigene Vorschriften und sogar auf Zölle für die bloße Durchfahrt von Waren. Wer als Unternehmer die Schwierigkeiten überwunden hat, wirtschaftlich zu produzieren, der kann seine Waren kaum weiterverkaufen. Es ist viel zu teuer, sie zu entfernteren Kunden zu bringen, und den Weg dorthin behindern Zollschranken. Die deutschen Unternehmer bitten daher 1819 die Bundesversammlung, die Zollschranken zwischen den deutschen Staaten aufzuheben. Nicht nur, dass die Bittschrift ohne Erfolg bleibt – sie erzürnt die hohen Herren sogar. Denn die Fürsten, Könige und Feudalherren wollen keine mündigen Bürger, die unternehmerisch selbständig und frei entscheiden, sondern gehorsame Bauern, die ihren Zehnten abliefern. Andererseits kann das neue technologische

System, der neue Kondratieff-Strukturzyklus, nur mit flexibel agierenden Akteuren funktionieren.

Das ist der wirtschaftliche Hintergrund für den Kampf zwischen Demokratisierung und monarchistischer Herrschaft im 19. Jahrhundert. Und es ist ein Beispiel dafür, dass es zu langen Kondratieffkrisenjahren kommt, weil die gesellschaftlichen Institutionen ihre Stellung verteidigen, anstatt sich auf ein neues Paradigma einzustellen: Die Fürsten denken, sie lösen das Problem, indem sie den Verursacher dieser ärgerlichen, ihre Macht aushöhlenden Bittschrift von 1819 eliminieren: den jungen Volkswirtschaftsprofessor Friedrich List, der sich vehement und über alle damals verfügbaren Informationskanäle für die Zolleinheit einsetzt. Zuerst zwingen sie ihn, seine Professur niederzulegen. Als ihn das allein nicht mundtot macht, planen sie, ihn loszuwerden, indem sie ihn zur Festungshaft verurteilen und ihn vor die Wahl stellen, entweder im Verlies zu schmachten oder in die USA auszuwandern. Sie irren sich gewaltig, wenn sie denken, es kehre nun Ruhe ein, als List auf das Schiff in die USA verfrachtet wird. Denn List – nomen est omen – findet einen Weg, wie er als »unbesoldeter Anwalt des deutschen Volkes« für Zollfreiheit und Eisenbahnbau kämpfen kann, ohne dass ihn ein Monarch und seine Bürokraten daran hindern: Er kehrt 1832 als amerikanischer Konsul zurück und kann – diplomatisch immun – reden und schreiben, wie er will.

List weiß: Der Weg zu einem neuen Aufschwung ist nur frei, wenn Güter endlich über weite Strecken hinweg mobil werden – politisch unbehelligt und zu ökonomisch vertretbarem Aufwand. Die Kostengrenze des ersten Kondratieff erzeugt das große Investitionsbedürfnis für den nächsten Strukturzyklus, für den Eisenbahn-Kondratieff. Doch bis Deutschland mit einem ausreichenden Streckennetz bedeckt ist, bis es genug Schienenfabriken und ausgebildete Lokführer gibt, vergeht mehr als eine Generation. Das ist der Grund, warum Kondratieffzyklen so lange dauern.

2. Kondratieffaufschwung
Freie Fahrt für die Wirtschaft

Wie weit die etablierte Wirtschaftswissenschaft von der Realität weg ist, zeigen Aussagen von Wirtschaftshistorikern, die sich an den üblichen mathematisch-monetären Denkmodellen orientieren: Die Eisenbahn habe mit dem großen Wirtschaftswachstum von den 1840ern bis 1873 gar nichts zu tun, weil sie nur zwei Prozent zum Bruttosozialprodukt beigetragen habe. Dabei geht es doch gar nicht um einfache Mengen- und Wertaufzählungen von Kohle, Eisen oder Schienenkilometern, sondern darum, wie sich Lebensqualität, Nutzen und Produktivität verändern, nachdem Menschen, Güter und Rohstoffe so einfach überallhin transportiert werden können.

Man stelle sich vor, wie beschwerlich es ist, Waren mit einem Ochsen- oder Pferdekarren über lehmige Feldwege durch eine typisch deutsche Mittelgebirgslandschaft zu schleppen: Je nach Wetter und Boden dauert es Wochen, Handelsware einige hundert Kilometer weit zu transportieren. Das Reisen in Kutschen ist eine Qual, und die Kapazitäten sind damals sehr gering. Der Sprung von der Landstraße auf die Eisenbahn ist ungeheuer. Der gewonnene Wohlstand besteht nicht aus zählbarem Geldwert, sondern aus materiellem »Realkapital« und eingesparten sozialen Kosten: Das sind die zusätzlichen Gütermengen, die ein Waggon mehr transportiert als ein Schiff oder Pferdegespann. Viel mehr Menschen können es sich jetzt leisten, zu Hause mit Kohle zu heizen – für den Konsumenten in London halbiert die Eisenbahn zwischen 1820 und 1850 den Preis für die Tonne Kohle von 31 auf 16 Schilling. Auch Eisen ist für jeden Kleinhandwerker immer einfacher zu erwerben, weil es dank Eisenbahn weniger kostet. Lieferungen werden pünktlich, zuverlässig, planbar. Haben Unternehmer vorher sicherheitshalber große Lager angelegt, kommen sie nun mit weniger Vorräten aus, was wieder Geld frei macht für produktivere Investitionen. Durch die täglich frischen Lebensmittel aus den ländlichen Regionen wird es jetzt möglich, große Industriearbeiterheere zu ernähren. Gedacht und gebaut für den Frachtverkehr, sind die Investoren überrascht, als auch Passagiere die neue Transportmöglichkeit überrennen. Der Horizont der Menschen weitet sich.

Im ersten Jahr nach Eröffnung der Eisenbahnlinie Liverpool-Manchester fahren diese Strecke 400.000 Menschen mit der Bahn. Das ist billiger als mit der Postkutsche – und komfortabler. Die Eisenbahn spart all die Zeit, die ein Händler sonst auf einem gefrorenen Kanal festsitzt, schenkt Arbeitszeit, die einem zusätzlich bleibt, weil man mit dem Zug viel schneller am Ziel ist, ja sie ermöglicht zusätzliche Lebensjahre, weil das Bahnreisen meine Gesundheit mehr schont, als wenn ich mich zu Fuß oder auf dem Pferd körperlich überanstrenge. Dazu die vielen Pferde, die nicht mehr auf Langstrecken verschlissen werden und nun dem örtlich-regionalen Individualverkehr zur Verfügung stehen. Es ist unmöglich festzustellen, wie stark die Eisenbahn den Wohlstand der jeweiligen Volkswirtschaften vermehrt (was verdeutlicht, dass die Investitions-Multiplikatormodelle der etablierten Volkswirtschaftslehre reichlich albern sind).

Anstatt die investierten Geldbeträge erbsenzählerisch zusammenzurechnen, sollte die Wirtschaftswissenschaft dazu übergehen, sich im realen Leben anzusehen, wo investiert wird und mit welcher Wirkung: Die Krimifigur Sherlock Holmes des Schriftstellers Sir Conan Doyle erlebt ihre Abenteuer in der Eisenbahn. 1846/48 nimmt diese die Hälfte aller Investitionen in Großbritannien auf.[14] Welchen Sprung die weltweite Infrastruktur im zweiten Kondratieff macht, veranschaulicht Jules Vernes Roman »In 80 Tagen um die Welt«: Der Ökonom Eric Hobsbawn errechnet, dass die Romanfigur Phileas Fogg 1848 noch mindestens elf Monate für dieselbe Reise benötigt hätte, die 1872 tatsächlich in 80 Tagen machbar erscheint.

Die Eisenbahn ist die Basisinnovation des zweiten Kondratieff-Strukturzyklus, sie treibt Wirtschaft und Gesellschaft voran. Sie ist nicht nur eine, sondern ein ganzes Bündel vernetzter Innovationen: eine Kombination aus einem bisschen Stahl für die Lokomotiven, ausreichend starken Dampfmaschinen, Neuentwicklungen wie dem Dampfhammer oder noch besseren Luftdüsen, um in gigantischen Mengen den Rohstoff für die Schienen zu produzieren: Eisen ist das wichtigste Material dieser Zeit. Je einfacher und billiger die Schienen werden, umso leichter lassen sich neue Strecken finanzieren. Um 1850 ist die Eisenbahn der größte Abnehmer der Eisenindustrie und der Kohlebergwerke. Einige Autoren, die Kondra-

14 Alle Daten zur britischen Eisenbahn: Freeman / Louçã: »As Time Goes By«, S. 188 ff., hier S. 197.

tieffs Theorie zitieren, irren, wenn sie den Stahl schon dem zweiten Kondratieff zuordnen. Bis 1870 wird der wenige und noch zu teure Stahl nur für ein paar besondere Maschinen verwendet – die Gleise der Eisenbahn sind damals tatsächlich noch aus Eisen.

Zwar rosten und verschleißen sie fünfmal schneller als später die besseren Stahlschienen. Aber das reicht für einen historisch einzigartigen Sprung auf ein neues Wohlstandsniveau: Mit der Eisenbahn sind Fabriken nicht mehr von Erz- und Kohlevorkommen abhängig – sie können nun in jeder Größe und überall dorthin gebaut werden, wo es einen Eisenbahnanschluss gibt und ein Flüsschen als Abflusskanal. Kohle, Eisen und alles erdenklich andere kann zu jedem bewohnten Ort transportiert werden – erst recht zu den neuen großflächigen Industriegebieten in London, Berlin und Paris. Auch auf See verändert das neue technologische System das Tempo: Mit ihren leistungsfähigeren und energieeffizienteren Antrieben verdrängen Dampfschiffe die Mastensegler. Immer weniger Kohle müssen sie für eine Fahrt mitnehmen, was mehr Raum für Ladung übrig lässt, immer größer können sie gebaut werden. Ihre weltweite Tonnage explodiert zwischen 1851 und 1871 von 264.000 auf fast zwei Millionen.[15]

Nicht während des ersten Kondratieffs, sondern erst jetzt kann die Dampfmaschine ihr Produktionspotenzial großflächig entfalten. Der Ökonom Hobsbawm dokumentiert[16], dass die weltweit installierte Dampfkraft in den 20 stärksten Jahren des zweiten Kondratieffaufschwungs von vier Millionen PS 1850 auf 18,5 Millionen PS bis 1870 zunimmt. In diesen nur zwei Jahrzehnten vervierfacht sich die globale Eisenproduktion, das Weltbruttosozialprodukt steigt um mehr als das Doppelte.

Dabei ist eine vorherrschende Meinung, die Wirtschaft beginne in dieser Zeit wieder zu boomen, weil große Goldfunde gemacht worden sind: In Kalifornien bricht in den 1840ern der Goldrausch aus, neue Minen werden in Alaska und Australien gegraben. Kondratieff sieht in seiner umfassenden Wirtschaftstheorie dafür einen ganz anderen Hintergrund: Wenn die Wirtschaft sich wegen der massiven Produktivitätssteigerung wieder beschleunigt, braucht sie mehr Gold für den Zahlungsverkehr. Der Goldpreis steigt mit der Nachfrage. Jetzt wird es auch wieder rentabler, neue Goldfelder zu erschließen. Und die Techniken senken die Förder-

15 Freeman / Louçã: »As Time Goes By«, S. 218.
16 Zitiert bei Freeman / Louçã: »As Time Goes By«, S. 218.

kosten und machen es wirtschaftlich, die bekannten Goldadern auszubeuten.[17]

Wie in jedem Kondratieff schwingt sich dann die Globalisierung zu neuen Höhen auf: Der Welthandel wächst zwischen 1840 und 1870 um 260 Prozent.[18] Richard Cobden (1804-1865) ist der führende Lobbyist, der dafür sorgt, dass England keine Zölle mehr auf ausländische Waren erhebt. Die führende Wirtschaftsmacht überzeugt auch die anderen Länder von den Vorteilen des freien Welthandels, wobei sie ihnen zum Teil großzügig Schutzzölle einräumt.

England kann es sich leisten, denn wieder führt es den Strukturzyklus an: Nach der »railway mania«, dem Investitionsboom der 1830er, ist das Hauptnetz in den 1840ern bereits fertiggestellt und entfaltet eine wirtschaftliche Macht, die Paul Kennedy zusammenfasst[19]: Als das Vereinigte Königreich wahrscheinlich um 1860 seinen relativen Höhepunkt erreicht, produziert es 53 Prozent des weltweiten Eisens und 50 Prozent der Stein- und Braunkohle. Es verbraucht fast die Hälfte der ungesponnenen Baumwolle der Welt. Mit nur 2 Prozent der Weltbevölkerung und 10 Prozent der europäischen Bevölkerung hat das Vereinigte Königreich 40 – 45 Prozent des globalen und 55 – 60 Prozent des europäischen Produktionspotenzials. Es verbraucht fünfmal so viel moderne Energien aus Kohle und Öl wie die USA oder Preußen, sechsmal so viel wie Frankreich und 155-mal so viel wie Russland. Großbritannien alleine handelt ein Fünftel aller Güter der Welt und zwei Fünftel aller Industriegüter.

Bei diesem Wohlstand, so Paul Kennedy, sei es kaum überraschend, dass die Briten in den 1860er und 1870er Jahren davon überzeugt sind, dass sie »mit der Anwendung der Prinzipien der klassischen Nationalökonomie das Geheimnis entdeckt« haben, das sowohl »zunehmende Prosperität als auch den Frieden in der Welt«[20] garantiert – das meinen übrigens die Ökonomen im langen Aufschwung immer.

Nach diesem Kondratieffzyklus, um 1880, stellt das Land mit 22,9 Prozent fast ein Viertel der Weltindustrieproduktion her – natürlich kann es sich ein gut ausgerüstetes Heer, eine große Flotte und ein Kolonialreich

---

17 Kondratieff: »Lange Wellen«, S. 595 ff.
18 Hobsbawm, Eric J.: »The Age Of Capital 1848 – 1875«, S. 49, London 1975.
19 Kennedy: »Mächte«, S. 240.
20 Kennedy: »Mächte«, S. 248.

leisten. Aber noch mal: Die Engländer sind damals nicht deswegen reich und mächtig, weil ihre Löhne niedriger sind, oder die Notenbank die Zinsen gesenkt oder die Geldmenge erhöht hat, sondern weil sie die Strukturen des neuen Kondratieffzyklus und seiner Basisinnovation als Erste und mit Vorsprung erschlossen haben.

Deswegen sind sie in dieser Zeit auch der weltweit führende Hersteller von Lokomotiven – die sind ebenso ein Exportschlager wie Schienen und sonstige Bahnausrüstungen. Großbritannien exportiert um 1850 jedes Jahr Waren im Wert von etwa 30 Millionen Pfund ins Ausland, um 1870 etwa 75 Millionen Pfund. Nie sind die englischen Exporte so stark gewachsen wie in den sieben Jahren von 1850 bis 1857 – jedes einzelne davon ist stärker als jedes andere Jahr davor oder danach in der Geschichte des Landes.[21] Die Zinsen und Dividenden, die meist gleich wieder im Ausland investiert werden, summieren sich auf etwa 50 Millionen Pfund im Jahr.[22]

Damit schwappt der Strukturzyklus auch in andere Länder: Die amerikanischen Eisenbahnen werden mit dem Geld gebaut, das zuvor in England verdient wurde. Die Reise von New York nach Chicago verkürzt sich von drei Wochen auf drei Tage.[23] Das US-Netz wächst in den 1850ern und 1860ern um durchschnittlich 2000 Meilen jedes Jahr, in den frühen 1870ern sogar noch um 5000 Meilen.

Deutschland krempelt seine Gesellschaft um

Dagegen Deutschland: Vor der bürgerlichen Revolution von 1848 kommt der Eisenbahn-Kondratieff nur langsam ins Rollen. Noch fehlen der Wille und die Freiheit, die Basisinnovation anzunehmen. Der Schwung der ersten Industriepioniere wird vor allem von einer monarchischen Regierungselite gebremst, die alle dafür nötigen gesellschaftlichen Innovationen verhindert: ein funktionierendes Kreditwesen, Schienennetze über Fürstentumsgrenzen hinaus, einen Staat, der einem das Produzieren nicht ständig verbietet. Ingenieure der königlichen Bergämter im Ruhrgebiet überwachen noch immer die Bergwerke in allen Angelegenheiten, selbst

21 Hobsbawm: »Age of Capital«, S. 49.
22 Kennedy: »Mächte«, S. 247.
23 Freeman / Louçã: »As Time Goes By«, S. 210/211.

den Preis setzen die Behörden fest. (Erst nach der eingeschlafenen Revolution mischt sich der Staat nicht mehr in die Preisgestaltung ein und nimmt sich zurück, bis er 1865 nur noch die Sicherheit überprüft.)

Auch in der Bevölkerung regt sich Widerstand gegen das neue technologische System. Die schlesischen Weber in Peterswaldau protestieren im Hungerjahr 1844 weniger gegen ihre miserable Bezahlung. Sie haben vor allem Angst, ihre dürftige Einkommensquelle ganz zu verlieren, wenn die dampfgetriebenen Webstühle sie vollends arbeitslos machen. Sie können sich nicht vorstellen, dass eine boomende Textilindustrie viele zusätzliche Arbeitsplätze schafft – in der Infrastruktur, dem Transport von Tuch und Kohle, dass die Hallen und Maschinen gewartet werden müssen. Zugegeben: Bis dahin werden sie wohl verhungert sein, wenn ihnen beim Übergang von einem Strukturzyklus in den nächsten nichts und niemand hilft. Jedoch bessert es die eigene Lage nicht, Maschinen zu stürmen oder weiterhin für Hungerlöhne zu arbeiten. Der einzige Weg aus der Not ist damals wie heute, alles daranzusetzen, das nächste technologische Netz (hier das Netz der dampfgetriebenen Webstühle) so schnell wie nur irgend möglich zu erschließen.

Doch niemand kann einem zu dieser Zeit genug Geld vorschießen, um längere Eisenbahnstrecken zu bauen. Nachdem den Christen im Mittelalter das Nehmen von Zinsen verboten war, fehlt es an Banken und Bankern. Anfang des 19. Jahrhunderts arbeiten vor allem Juden im Kreditwesen, weil ihnen seit dem Mittelalter die Zünfte (also nicht die gesichtslose Institution, sondern die Menschen dieser Handwerkszusammenschlüsse) die Mitarbeit in Handel und Gewerbe verweigert haben. 1846 sind in ganz Preußen nur 1100 Menschen in 442 Banken damit beschäftigt, Geld zu verleihen – in der Regel je ein Bankier und ein Gehilfe[24]. (Bis zur Jahrhundertwende steigt die Zahl auf 18.000 Beschäftigte an – sie verfünfzehnfacht sich, während die Bevölkerung nur um die Hälfte zunimmt.)

Bis neue Aktienbanken mit immer ausgedehnteren Filialnetzen die Groschen der kleinen Leute für die Industrialisierung einsammeln, die zuvor nutzlos in Sparstrümpfen versteckt gewesen sind, muss der Widerstand des Staates überwunden werden. Im Vormärz[25] versucht der preußische Finanzminister Christian von Rother mit allen Mitteln, Bank-AGs

24 Vgl. Günter Ogger : »Die Gründerjahre«, München, 1982, S. 262f.

25 Also in der Zeit vor der Revolution im März 1848.

zu verhindern. Denn die paar persönlich haftenden Privatbankiers hat die Regierung bisher leicht unter Druck setzen können. Aber zahlreiche anonyme Aktiengroßbanken? Dazu kommt: Der Berliner Finanzbürokratie ist das liberale Rheinland, das sich mit der Industrialisierung so stürmisch entwickelt, immer suspekt gewesen. Das alte Preußen mit seinen konservativen ostelbischen Rittergutsbesitzern fürchtet zu Recht, die Industriellen könnten innenpolitisch die stärkere Kraft werden.

Dafür geht es wenigstens im innerdeutschen Handel voran: 1834 tritt der Zollverein zwischen Preußen, Hessen-Darmstadt, Bayern und Württemberg in Kraft, dem sich in den nächsten Jahren die anderen Staaten anschließen – Bremen und Hamburg erst lange nach der 1871er-Reichsgründung 1888. Dass sie sich wirtschaftlich annähern, bedeutet nicht, dass sie sich gleichzeitig auch politisch angleichen: Der Zollverein hindert die deutschen Kleinstaaten nicht daran, 1866 an der Seite Österreichs gegen Preußen Krieg zu führen (ein Grund, heute die Europäische Union nach der wirtschaftlichen Einheit auch politisch weiter zu vertiefen).

Technologisch bemühen sich die Deutschen zunächst vergeblich, eine eigene Lokomotive auf die Schiene zu bringen: Der Prototyp des Konstrukteurs Friedrich Kriegar in der Königlichen Eisengießerei in Berlin taugt 1815 nur dazu, ein bisschen auf dem Fabrikgelände herumzufahren, zu schwach und unzuverlässig ist er für den kommerziellen Eisenbahnverkehr[26]. Auch die von L. C. Althans konstruierte Lok benimmt sich bei der öffentlichen Erprobung 1822 nach zeitgenössischen Berichten »wie ein bockiges Pferd« und wird schließlich verschrottet. Für Deutschland heißt das: Ob es auf lange Zeit ein zurückgebliebenes Entwicklungsland ist oder bald wieder im Konzert der Mächte mitspielen kann, hängt von einer Schlüsseltechnologie aus dem Ausland ab. Für die erste Strecke von Nürnberg nach Fürth importiert man die Lokomotive samt Lokführer aus England.

Jede Basisinnovation stößt zu ihrer Zeit auf Unverständnis und Widerstand: Grauen erfasst viele Deutsche beim Anblick des dampffauchenden Ungetüms mit seiner Wahnsinnsgeschwindigkeit von 35 Kilometern in der Stunde: »Die schnelle Bewegung muss bei den Reisenden unfehlbar eine Hirnkrankheit, eine besondere Art des Delirium Furiosum erzeugen«, soll das bayerische Obermedizinalkollegium angeblich in einem Gutachten gewarnt haben. Und wenn sich aber dennoch jemand in eine

26 Vgl. Ogger: »Gründerjahre«, S. 15f.

so »grässliche Gefahr« begeben wolle, dann müsse der Staat wenigstens die Zuschauer schützen, die schon vom Hinsehen dieselben Gehirnkrankheiten bekommen können – und zwar mit einem hohen Bretterzaun auf beiden Seiten. Prediger verteufeln die Bahn, weil, wenn Gott gewollt hätte, dass sich der Mensch auf Rädern fortbewege, dann hätte er ihm auch welche gegeben.

Im ersten Jahrzehnt bis 1845 werden nur 2294 Kilometer gebaut – kaum genug, um eine Branche anhaltend zu beschäftigen, und selbst die Investitionen scheinen sich zunächst nicht genug zu rentieren, weil es zu wenig Gewerbe gibt, das die Eisenbahn nutzen kann. Die Krisenjahre in den 1840ern erklären Wirtschaftswissenschaftler mit »Überinvestition«. Die Kondratiefftheorie präzisiert, dass sich die technischen, wirtschaftlichen und gesellschaftlichen Systeme zwar parallel, aber nicht gleich schnell entwickeln und deswegen im Ungleichgewicht sind. Viele neu gegründete Betriebe sind in einer kritischen Lage, das Geschäft stagniert, das Geld ist knapp, es gibt wieder mehr Arbeitslose. Selbst der Lokomotivfabrikant Borsig muss in Berlin 400 Arbeiter entlassen. Kapital ist zwar billig, aber Prognosen für deutsche Verhältnisse zu optimistisch. Der Bau der Eisenbahn ist risikoreich (der Deutschen Bahn ergeht es beim Neubau der ICE-Strecken heute nicht anders): Niemand weiß vorher, wie teuer der Kauf der benötigten Flächen wird, da die Grundstückspreise explodieren, wenn durchsickert, wo die Trasse verlaufen wird. Auch die Bauarbeiten sind kaum zu kalkulieren, weil die Beschaffenheit des Geländes die Ingenieure immer wieder überrascht. Noch schwerer lässt sich abschätzen, wie viele Menschen später mit dieser Bahn fahren werden.

Und dennoch setzen die fertiggestellten Eisenbahnen die gesellschaftlichen Strukturen europaweit unter Druck: Allein in Deutschland werden 1847 mehr als 1000 Kilometer Schienenstrecke neu fertiggestellt, ohne dass sich die wirtschaftlichen Gängeleien lockern. Der Revolution, die seit 1848 von Paris kommend auf ganz Europa übergreift, geht es daher vor allem um bürgerlich-wirtschaftliche Rechte wie Meinungs-, Versammlungs- und Pressefreiheit, ja sogar um eine demokratische Staatsverfassung – also darum, seine Wirtschaftsinteressen in Lobbyverbänden vertreten zu dürfen, sich aus der Zeitung zuverlässig über ökonomische Vorgänge zu informieren und am Ende im Parlament darüber mitentscheiden zu können, wie Steuergelder für den Bau von Infrastruktur ausgegeben werden.

Wie schon 1789 in Frankreich geht es nicht um Arbeiterinteressen wie »Mehr Lohn« oder dass Unternehmer in bessere Arbeitsbedingungen investieren sollen – dafür gibt es in Deutschland noch viel zu wenig Arbeiter. Der preußische König Friedrich Wilhelm IV. erlaubt zwar eine unabhängige Justiz, die Pressefreiheit und ein Vereinsrecht, doch er weigert sich, seine Truppen aus Berlin abzuziehen. Es kommt zu Barrikadenkämpfen mit 183 Toten. Der König gibt nach, entblößt die Hauptstadt von Truppen und verneigt sich vor den Märzgefallenen. Die bürgerliche Revolution scheint ihre Ziele erreicht zu haben – indem sie die Arbeiterschaft für sich instrumentalisiert, die noch gar nicht weiß, dass sie eigentlich noch ein paar ganz andere Interessen hat als ein Fabrikant, Professor oder Handwerksmeister.

Am Ende gibt es zwar das erste demokratisch gewählte deutsche Parlament, aber keine Staatsgewalt, die seine Beschlüsse umsetzt – der preußische König lehnt die angebotene Kaiserkrone aus der Hand des pöbeligen Volkes ab. Das Parlament zerläuft sich, weil die Großbürger vor den immer radikaleren Forderungen der Arbeiter Angst bekommen. Als der Kaiser nicht kommt, gehen sie eben wieder brav nach Hause und vereinbaren mit ihren jeweiligen Monarchen einen unausgesprochenen Kuhhandel: keine Revolution mehr, dafür ab jetzt so richtig Bahn frei für exzessives Wirtschaften. Mit jedem weiteren Eisenbahnkilometer, der ab jetzt schnell gebaut wird, wachsen die Möglichkeiten, Waren zu kaufen, zu verarbeiten und zu verkaufen, entwickelt sich die Wirtschaft stürmisch. Bis 1855 werden in Deutschland weitere 6000 Kilometer Schienen gebaut, bis 1865 nochmals 6400 Kilometer. Und bis 1875 zum Höhepunkt des zweiten Kondratieffs kommen 13270 Kilometer hinzu.[27]

Neue Märkte verschieben das Machtgleichgewicht

Weil verschiedene Gesellschaften die Strukturen des neuen Kondratieffs unterschiedlich gut umsetzen, sind Länder wie Deutschland plötzlich zwei- bis dreimal so stark wie andere. Nach dem Wiener Kongress 1814/15 waren die Karten zwischen den Ländern erst einmal verteilt gewesen. Der erste Kondratieffabschwung hat das »Konzert der Mächte«

27 Nach: Gustav Stolper: Deutsche Wirtschaft seit 1870. Fortgeführt von Karl Häuser und Knut Borchardt, 2. Auflage, Tübingen 1966, S. 45, und eigenen Berechnungen.

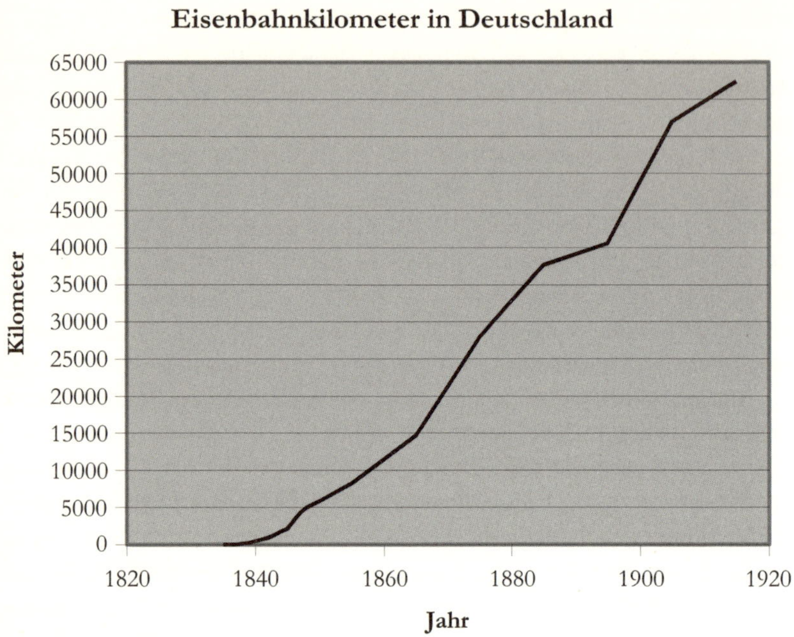

stabilisiert. Doch mit dem nächsten langen Kondratieffaufschwung verschieben sich die Gewichte – darin sieht Nikolai Kondratieff[28] die Ursache von bewaffneten Auseinandersetzungen. In den Aufschwungjahren des zweiten Kondratieffs kommt es zu Kriegen, bei denen jene Länder militärisch geschlagen werden, die den neuen Strukturzyklus nur zögerlich erschließen: Ihnen fehlen bessere Stahlgeschütze, Nachrichtenverbindungen entlang der Bahn sowie Kapazitäten an Transport und an Fabriken, um Nachschub zu produzieren, Truppen auszurüsten und zu versorgen.

Beispiel Krimkrieg 1853 – 1856: Die Russen fordern vom Osmanischen Reich, den orthodoxen Christen in Palästina Schutzrechte zuzugestehen; die Türken lehnen ab. Russland besetzt die Donaufürstentümer Moldau und Walachei, daraufhin erklärt die Türkei Russland den Krieg, den der »Kranke Mann am Bosporus« bald verlieren würde. Weil die Engländer nicht wollen, dass Russland so stark wird, schicken sie eine Expeditionsarmee – sie können sich das leisten. Die Franzosen träumen

---

28 Kondratieff: »Lange Wellen«, S. 594.

wieder davon, »Grande Nation« zu werden, und schließen sich den Briten ebenso an wie 15000 Soldaten aus dem norditalienischen Staat Piemont-Sardinien, dem es weniger um die Türken geht als um seine eigene internationale Anerkennung.

Der Ausgang der Kämpfe ist von vornherein klar: Während England im frühen 19. Jahrhundert seine Eisenproduktion verdreiunddreißigfacht, kann zum Beispiel Russland seine Eisenproduktion in dieser Zeit nur verdoppeln.[29] Da aber die meisten Russen nach wie vor in der Landwirtschaft arbeiten, wird das, was sie herstellen – Agrarprodukte –, meist sofort verbraucht. Sie erwirtschaften kaum einen bleibenden Mehrwert, der investiert oder in militärische Kraft umgesetzt werden kann. Die russischen Holzschiffe sind den mit Schrapnellkanonen bewaffneten Dampf-Kriegsschiffen der Engländer hoffnungslos unterlegen.

Vor allen Dingen haben die Engländer die Industriekapazität, schnell ein paar neue Kanonenboote zu bauen. Und die altmodischen Steinschlossmusketen der Russen, mit denen man vielleicht 80 Meter weit treffen kann, sind den zuverlässigeren Stahlgewehren der Alliierten unterlegen. 480.000 schlecht ausgebildete russische Bauernsöhne fallen. Der Krieg findet statt, weil ihn sich die Franzosen und Engländer im langen Aufschwung leisten können; aber wer ausgerechnet in der Hochphase der Konjunktur Kriegsanleihen ausgibt wie die französische Regierung, der konkurriert mit den Eisenbahnfirmen um Kapital und heizt die Preisspirale an. In Frankreich kommt es wegen der Inflation zu Volksaufständen.

Der amerikanische Bürgerkrieg 1861 - 1865 ist ein Krieg zwischen zwei Wirtschaftsgebieten, deren Strukturen sich nicht mischen lassen und die unterschiedlich schnell wachsen: Im Norden produzieren 1860 schon 110.000 Fabriken, im plantagenbewirtschafteten Süden dagegen nur 18.000. Die gesamten Konföderierten stellen nur 36700 Tonnen Roheisen her – das ist eine winzige Menge im Vergleich zu Nordstaaten wie Pennsylvania, das alleine 580.000 Tonnen im Jahr produziert.[30] Die Nordstaaten gewinnen – wegen ihres größeren industriellen Potenzials. Dänemark denkt, seine Staatskasse sei gefüllt genug, das von ihm regierte Schleswig-Holstein 1863 ganz zu annektieren – Preußen und Österreich besiegen die Dänen 1864 in einem kurzen Krieg. Den Machtkampf zwi-

29 Kennedy: »Mächte«, S. 269 ff.
30 Kennedy: »Mächte«, S. 282 f.

schen Österreich und Preußen im deutsch-deutschen Krieg 1866 hätte keine Seite in wirtschaftlicher Krisenzeit vom Zaun gebrochen.

Die deutschen Staaten schlagen Frankreich 1870/71, weil sie – das ist in diesem Strukturzyklus entscheidend – längere Bahnstrecken haben, die vor allem in Preußen nach militärischen Gesichtspunkten angelegt worden sind. Deutschlands Eisen- und Stahlproduktion überholt gerade die Frankreichs, seine Kohleförderung ist zweieinhalbmal so groß, sein Energieverbrauch ist um die Hälfte höher. Moltkes Strategie und die Kruppschen Stahlkanonen geben den entscheidenden Ausschlag. Danach bricht erst einmal für ein Vierteljahrhundert ein durch wirtschaftliche Erschöpfung erzwungener Friede aus.

Gefragt sind neue Kompetenzen

Der Sieg über Frankreich verdeutlicht, dass ein Kondratieffzyklus keine Aggregation makroökonomischer Daten, sondern ein Kompetenzzyklus ist. Das militärische System ist nicht von der Gesamtgesellschaft abgekoppelt: Das hohe Niveau der Grundschulbildung in Deutschland bringt mehr Facharbeiter, kompetente Unteroffiziere und ausreichend Schreibstubenkräfte hervor. Als Sieger der Schlacht bei Sedan gilt der preußische Schulmeister. Die Franzosen sind durch die Niederlage gezwungen, große Bereiche ihrer Gesellschaft – Erziehung, Verwaltung, Wirtschaft – zu überprüfen und zu reformieren. Nach 1871 schicken sie ihre besten Studenten nach Deutschland, um an den Universitäten des Feindes zu lernen.

Jede Basisinnovation stellt eben neue Anforderungen an Menschen, wie Arbeit zu organisieren ist. Jeder Strukturzyklus hat daher seine eigenen betriebswirtschaftlichen Erfolgsmuster: Im zweiten Kondratieff lernen Manager, eine Großorganisation wie die Eisenbahn zu verwalten – mit gigantischer Kostenrechnung, Unterhalt von Bahnhöfen, Reparaturwerkstätten und Gleisanlagen. Sie lernen, Personal auf mehreren Kompetenzniveaus auszubilden, Investitionen langfristig abzuschreiben und unterschiedlichste Faktoren auf weite Sicht und pünktlich zu planen. Die Eisenbahn-Aktiengesellschaften sind die betriebswirtschaftliche Spielwiese für die Massenproduktion des dritten Kondratieffs. Entlang der Eisenbahnlinien verbreitet sich der elektrische Telegraf. Damit wird die Bahn nicht nur zum Transportmittel von Waren und Menschen, sondern auch von Informationen.

Das beste Beispiel, ökonometrische Modelle ad absurdum zu führen, die einem weismachen wollen, die Wirtschaft würde wachsen, wenn man Geld oder Investitionen quer Beet über die gesamte Volkswirtschaft gießt, ist der steile Aufstieg von Unternehmern und Unternehmen der Branchen, die den neuen Kondratieffzyklus ermöglichen. Alfred Krupp hält schon 1832 überhaupt nichts von der Vorstellung, der Markt würde sich irgendwie zufällig entwickeln und sei völlig unvorhersehbar. Schon als Zwanzigjähriger ist er sich sicher, dass dem Gussstahl die Zukunft gehört und dass ihm niemand seinen Vorsprung wegnehmen kann, wenn er nur immer besser und schneller ist als die Konkurrenz.[31] Menschen in sicheren Positionen dagegen ändern nicht gerne etwas. Als Alfred Krupp dem preußischen Kriegsministerium (einen Kondratieffzyklus zu früh) Gewehrläufe aus Gussstahl schickt und ihm anbietet, nach demselben Verfahren auch Geschütze zu gießen, erklären ihm die Beamten, dass das Vorhandene allen Anforderungen entspräche und kaum etwas zu wünschen übrig lasse.

Mit dem Deutschen Zollverein vervielfacht sich das potenzielle Absatzgebiet. Krupp kommt von seiner zweiten großen Auftragstour durch Süddeutschland mit Aufträgen für zwei Jahre heim. Seine acht Arbeiter können das gar nicht bewältigen, erst recht nicht in Abhängigkeit von dem launigen Flüsschen Berne, das sein Hammerwerk meistens stillstehen lässt. Für eine Dampfmaschine fehlt das Geld. Und dem wenig solventen Unternehmer der damaligen New Economy geben die Banken keinen Kredit. Die Gutehoffnungshütte nimmt den Auftrag zum Bau einer 20PS-Dampfmaschine erst an, als Krupp die persönliche Bürgschaft eines stillen Teilhabers vorlegen kann. Die funktioniert dann zwar nur mäßig und mit höchstens zehn Pferdestärken, aber der Betrieb kann nun endlich ununterbrochen produzieren.

Sein Stahl ist in dieser Zeit noch kein Massenprodukt wie im dritten Kondratieff, aber dennoch wichtig für Maschinen und Lokomotiven, die besonders festes Material benötigen. Daher spiegelt sich in der Zahl der bei Krupp Beschäftigten auch der Verlauf des zweiten Kondratieffs wider (von wegen, es gäbe so etwas wie einen »natürlichen Wachstumspfad«, der die Wirtschaft jedes Jahr statistisch anderthalb Prozent wachsen lasse): Die Essener Stahlschmiede von Krupp beschäftigt während der Revolution 1848 gerade mal 100 Arbeiter. 1857 sind es 1000, 1865 dann

31 S. Ogger: »Gründerjahre«, S. 113 ff.

8000, und ihre Zahl verdoppelt sich weiter bis 1873. Die Kondratiefftheorie widerspricht damit der etablierten Wirtschaftswissenschaft vehement: Die Wirtschaft wächst vor allem deswegen, weil massiv in das neue technologische Kompetenznetz eines neuen Kondratieffzyklus investiert wird – in Ausbildung, Infrastruktur und Verhaltensweisen. Nicht mit Zeitreihen makroökonomischer Daten allein, sondern nur mit dem Blick auf soziale Veränderungen ist Wirtschaft zu verstehen.

Wieso früher die Zeiten weder besser, noch die Menschen christlicher waren

Zu den Opfern des neuen Strukturzyklus gehören die Handwerkszünfte und der von einer Familie bestellte Bauernhof. Die neue Wirtschaftseinheit – das sind jetzt der Einzelne und die Fabrik. Die Eltern verlieren die ökonomische Basis für ihre Autorität und moralische Funktion. Anstatt erst dann wirtschaftlich selbständig zu werden, wenn der Meister stirbt oder der Bauer aufs Altenteil geht, ist der Teenager der beginnenden Industriegesellschaft vom ersten selbst verdienten Geld an unabhängig. Bisher hat die wirtschaftliche Abhängigkeit von einem Moralkodex der Eltern und der Dorfgemeinschaft frühe Ehen verhindert – und damit auch mehr Geburten, als die Agrargesellschaft ernähren kann. »Die industrielle Gesellschaft gerät in ein amoralisches Interregnum zwischen einem Moralkodex, der auseinander bricht, und einem neuen, der noch keine Gestalt angenommen hat.«[32]

Wieder ist das freie Wirtschaften, ist der Liberalismus eine Emanzipationsbewegung, die zu Beginn destruktiv ist und erst 100 Jahre später durch die soziale Marktwirtschaft domestiziert wird. Viele Fabrikanten geben ihren Arbeitern kein Geld auf die Hand, sondern Gutscheine, mit denen sie zu überhöhten Preisen in dem unternehmereigenen Geschäft einkaufen müssen. Der saarländische Berg- und Hüttenwerksbesitzer Carl Ferdinand Freiherr von Stumm-Halberg verkündet lauthals seine mittelalterliche Auffassung vom Herrschen und Gehorchen.[33] Eine Fabrik sei ein Gebilde, das militärisch, nicht parlamentarisch zu organisieren

---

32 Will und Ariel Durant: »The story of Civilization«, dt.: Kulturgeschichte der Menschheit, 1985, Sonderausgabe Naumann&Göbel, Band 16, Am Vorabend der Französischen Revolution, S. 228.

33 Ogger: »Gründerjahre«, S. 299f.

sei. Er ist der Herr-im-Haus: Sogar die Erlaubnis, ob jemand heiraten darf, maßt er sich an, oder ob ein Untergebener gegen einen anderen Betriebsangehörigen vor Gericht ziehen darf oder nicht. Arbeiter, die auch nur in ein Wirtshaus gehen, in dem sozialdemokratische Versammlungen stattfinden, werden entlassen. Er lässt seine Arbeiter bespitzeln, belohnt Denunzianten, bestraft jeden, der seiner Meinung nach vom rechten Weg abgekommen ist. Sie haben – zumindest was er darunter versteht – gottesfürchtig, gehorsam und dankbar zu sein. Und die meisten sind es auch, oder tun zumindest so.

In den Erzgruben Oberschlesiens herrschen Mitte des 19. Jahrhunderts Zustände wie bei der mittelalterlichen Leibeigenschaft: Wer nicht spurt, wird davongejagt, und wenn die Arbeiter aufmucken, bringt das Militär die Bergarbeiter unter die Erde – so oder so. Schließlich kommen genug Arbeitshungrige aus dem Osten nach. Die Magnaten sehen ihren Reichtum als gottgegeben an und unternehmen nichts, um die Zukunft der Region abzusichern, wenn das Erz abgebaut ist – so wie heute manche Ölscheichs. Ihre Renommierschlösser bauen sie in Sichtweite der Arbeitersiedlungen, in denen Zehntausende zusammengepfercht am Existenzminimum dahinvegetieren, während die »Herrschaft« von goldenen Tellern speist.

Trotz harter und fast ständiger Arbeit bleibt den einfachen Menschen zunächst wenig übrig: Unseren Vorfahren vor sechs Generationen werden nicht nur die Ressourcen für die aktuellen Investitionen in Eisenbahn und Infrastruktur (die wir heute noch nutzen) vom Munde abgespart, sondern auch noch die Mittel für die industrielle Aufholjagd des rückständigen Landes. Wir sollten Denkmäler für die errichten, die unter erzwungenem Konsumverzicht und um den Preis vieler Lebensjahre Gleisdämme geschaufelt und Brückenpfeiler vermörtelt haben.

Denn auf dem Höhepunkt des zweiten Kondratieffs wird ein Berliner Maurer im Durchschnitt 45 Jahre alt, ein Fabrikarbeiter 43,5 und ein Weber nur 32 Jahre. Häufigste Todesursache ist Tuberkulose.[34] 90 Stunden pro Woche beträgt die durchschnittliche Arbeitszeit für Erwachsene zwischen der Revolution von 1848 und der Reichsgründung, Frauen und Kinder schuften unter Tage. Kinderarbeit wird dann aber (leider) nicht deswegen gemildert, weil sich jemand der Kinder erbarmt. Wer sich als

34 Ogger: »Gründerjahre«, S. 88.

Erster dagegen wirkungsvoll wehrt, ist die preußische Armee, die mit den ausgemergelten, krummen Achtzehnjährigen nichts anfangen kann. Der preußische Kriegsminister von Horn macht sich große Sorgen darüber, dass das »Rekrutenmaterial« von Jahr zu Jahr schlechter werde.

Kein Wunder, liest man Briefe von Friedrich Engels, die er im März 1839 aus Wuppertal schreibt: »In Elberfeld allein werden von 2500 schulpflichtigen Kindern 1200 dem Unterricht entzogen und wachsen in den Fabriken auf, bloß damit der Fabrikherr nicht einem Erwachsenen, dessen Stelle sie vertreten, das Doppelte des Lohnes zu geben nötig hat, das er einem Kind gibt.« Selbst Kinder unter neun Jahren müssen bis zu 14 Stunden am Tag schwerstarbeiten. Ein amtlicher Bericht beschreibt die schweren Schäden an den minderjährigen Arbeitskräften: »Bleiche Gesichter, matte und entzündete Augen, geschwollene Leiber, aufgedunsene Backen, geschwollene Lippen und Nasenflügel, Drüsenschwellungen am Hals, böse Hautausschläge und asthmatische Zustände ..., die sie in gesundheitlicher Beziehung von anderen Kindern derselben Volksklasse, welche nicht in Fabriken arbeiten, unterscheiden.« Auf Druck der Armee schreitet das »königlich preußische Fabrikregulativ« am 9. März 1839 dagegen ein: Kinder unter neun Jahren dürfen nicht mehr in Fabriken beschäftigt werden, Jugendliche bis 16 Jahre nicht mehr als zehn Stunden. Mit den Dorfstrukturen und den Familienbanden hat sich auch das Geschlechtsleben gelockert – von wegen, die 1970er Jahre wären die Zeit der sexuellen »Befreiung« gewesen.

Je rücksichtsloser die Industriegesellschaft voranschreitet, umso größer wird vor allem die Not der Frauen, die aus den verarmten Bauernhöfen oder lohnabhängigen Großgütern in die Städte strömen. Während ledige Mütter in Preußen nach dem »Allgemeinen Landrecht« von 1794 vom Vater des Kindes Alimente verlangen konnten, befreit 1854 ein neues Gesetz die unehelichen Väter von allen finanziellen Verpflichtungen. Unter den 17- bis 45-jährigen Frauen in Berlin geht 1846 etwa jede achte der Prostitution nach[35], die allesamt der ärmeren hilflosen Klasse angehören.

Die unglücklichen Bürgertöchter, die seit ihrem 17. Lebensjahr zu Hause herumsitzen und darauf warten müssen, dass sie geheiratet werden, reagieren mit Prüderie bis Leibfeindlichkeit, auch um sich von der Unterschicht abzugrenzen. Das züchtig Zugeknöpfte, in Wirklichkeit

35 Bericht von Erich Dronke, zitiert bei Ogger: »Gründerjahre«, S. 93.

ein Statussymbol des aufkommenden Bürgertums des 19. Jahrhunderts, übertrifft die bis dahin vorhandene religiös motivierte Vorsicht im Umgang mit Sexualität – man denke nur an die prallen Abbildungen in früheren Barockkirchen und daran, dass der eheliche Geschlechtsakt in der katholischen Kirche sogar mit einem Sakrament geheiligt ist.

Zwischen der neuen Arbeiterschicht und den Kirchen herrscht anfangs Sprachlosigkeit. Die einen leben aus der Sicht der anderen in ziemlich viel Sünde, auf die anderen jedoch verwettet Anfang des 19. Jahrhunderts niemand mehr einen Pfennig, denn die Institution Kirche ist nach der Säkularisierung erst einmal kraftlos. Es dauert, bis zahlreiche Laien die Ärmel hochkrempeln und etwas auf die Beine stellen. Kein Wunder, dass in dieser Zeit so viele Klöster oder Diakonissen-Schwesternschaften gegründet werden – sie sind eine Reaktion auf die soziale und daher vor allem auch seelische Not. Sie sind Initiativen von unten, bedrängt von ihrem Bischof oder ihrer Landeskirchenleitung, sich doch bitte endlich Statuten zu geben und sich um die kirchenrechtlich formale Einordnung zu kümmern. Dass heute kein Mensch mehr die Namen der damaligen Bischöfe, dafür eine Reihe von Ordensgründerinnen und einfachen Priestern kennt, legt den Verdacht nahe, auch heute die entscheidenden Initiativen nicht nur von den Bischöfen zu erwarten.

Es dauert auch im 19. Jahrhundert, bis eine Generation heranwächst, welche die neuen sozialen Verhältnisse und den Glauben zusammenführt. Adolf Kolping, 1813 in Kerpen bei Köln geboren, lernt als Schuhmachergeselle die Not der stellungslosen Handwerkergehilfen kennen, bevor er Priester wird. Er gründet jene Gesellenvereine, aus denen das bis heute lebendige Kolpingwerk der katholischen Kirche hervorgeht. Eine Ausnahme im Adel ist Freiherr Wilhelm Emanuel Ketteler: Als unvereinbar mit dem christlichen Glauben sieht er, Arbeiter ungerecht zu bezahlen und unzureichend zu versorgen. Bei der Beerdigung der bei den Volksaufständen 1848 ermordeten Abgeordneten General Hans Adolf von Auerswald und Fürst Felix von Lichnowsky trägt er in seiner Grabrede zum ersten Mal seine Gedanken zur christlichen Soziallehre vor. Zwei Jahre später wird er Bischof von Mainz und nimmt sich in diesem Amt der sozialen Frage an.

Das proletarische Bewusstsein, das sozialistische Theoretiker propagieren, will aber nicht so richtig aufkommen – trotz der Not von Frauen, Kindern und dem harten Arbeitsleben, trotz der Ausbeutung. Vom obdachlosen Tagelöhner bis zum unermesslich reichen Industriemagnaten: Die Industrialisierung hat die Gesellschaft so stark diversifiziert, so viele neue Rangstufen geschaffen, dass nun jeder danach trachtet, wenigstens bis zur nächsthöheren Schicht aufzusteigen. Statt einfach als Bauer, Handwerker oder Adeliger zugeordnet werden zu können, hat sich das öffentliche Leben zu einem Kastenwesen entwickelt, in dem jeder die Möglichkeit bekommt, sich als ein höheres Wesen zu fühlen. Selbst der Tagelöhner erster Klasse kann noch auf den Tagelöhner zweiter Klasse herunterschauen. Das ist so wie heute in Südafrika, wo zwar jeder in eine Kirche geht, dafür aber gerade unter Schwarzen ganz genau registriert wird, wie schwarz, wie weiß, also in welchem Maße gemischt jemand ist – davon hängt dann das gesellschaftliche Prestige ab.

Die deutschen Adeligen leiden zwar insgeheim darunter, dass sie von den sozialen Aufsteigern wie Krupp, Thyssen oder Borsig in der Regel an Geld, Wissen und Tüchtigkeit längst überholt worden sind. Aber sie finden einen genialen Trick, ihren höheren Rang mit formalisiertem Verhalten zu kitten: Geld und Tüchtigkeit reichen nicht – man muss die Etikette der vornehmen Verhaltensweisen beherrschen. »Vor der Raffinesse des höfischen Zeremoniells schrumpfen sie (die Neureichen) unversehens wieder aufs plumpe bürgerliche Normalmaß zusammen.«[36] (Das wirkt noch heute überall dort weiter, wo die formale Höflichkeit wichtiger ist als die Höflichkeit des Herzens.)

Während in den USA derjenige ein toller Typ ist, der eine Fabrik aufbaut oder erfolgreich eine Bank führt, ist in Preußen jeder kleine Leutnant einem noch so erfolgreichen Geschäftsmann überlegen. Und ein brillanter Professor hat in der preußischen Hackordnung selbst gegen einen leicht verblödeten Major das Nachsehen. Künstler, Philosophen und Geschichtsschreiber wiederum verunsichern Geld- und Blutsadel damit, den höchsten Rang den Geistesgrößen zuzuschreiben – also ihresgleichen – und sich so selbst an die Seite der Mächtigen zu stellen. Eine kooperative, christliche Gesellschaft ist das wahrlich nicht, egal, wie viele Kirchen gebaut werden. Die Zeiten waren früher weder besser noch christlicher als heute. Allein die Kaiser-Wilhelm-Gedächtnis-Kirche in Berlin: Da wird eine Kirche nicht einem Heiligen oder der Auferstehung Christi geweiht, sondern dem obersten Hierarchen des diesseitigen Staates ein Heiligen-

36 Ogger: »Gründerjahre«, S. 72.

schein verpasst – ein Trick, um die Kraft der Gottgläubigkeit für die eigene Macht auszunützen. Klar, dass später mit der Niederlage des Kaisers im Ersten Weltkrieg für manche auch der liebe Gott abdankt.

Nur ein langer Aufschwung verbessert die Situation der Unterschicht

Je länger dieser zweite Kondratieffaufschwung andauert, umso heißer läuft die Konjunktur. Abgesehen von schwierigeren Jahren 1857/60 geht es mit der deutschen Wirtschaft ständig bergauf. Damit werden alle Produktionsfaktoren immer knapper, auch Arbeit. In jedem Verlauf eines langen Kondratieffaufschwungs verbessert sich die Verhandlungsposition der Arbeiter – je mehr die Geschäfte der Unternehmer florieren, umso wirksamer ist ein Streik. Besonders im Krieg ist die Konjunktur bis zum äußersten angespannt – die ersten größeren Streiks finden statt im Kriegsjahr 1864 (gegen Dänemark), angezettelt von örtlichen Arbeitern. Und die Fabrikanten geben nach – was sie dank der Kriegskonjunktur auch können. Die höchsten Lohnsteigerungen setzen die Arbeiter in den Boomjahren 1870/73 durch. Da alle Branchen rotieren und täglich neue Aktiengesellschaften gegründet werden, wird der Faktor Arbeit knapp – trotz der Zuwanderung aus dem Osten. Einzelne Streiks, die auf Betriebe oder regionale Branchen beschränkt sind, erkämpfen in Einzelfällen 25 oder gar 35 Prozent mehr Lohn (ähnlich den 14 Prozent Lohnsteigerungen, welche die Gewerkschaften Anfang der 1970er Jahre durchsetzen).

Das ist nun so gar nicht nach dem Drehbuch von Karl Marx, der sein Werk vor allem unter dem Eindruck des ersten Kondratieffabschwungs geschrieben hat. Der Kapitalismus bricht nie zusammen, weil die Profitraten der Unternehmer eben nicht immer nur fallen, sondern im nächsten langen Aufschwung wieder saftig steigen. Der Marxismus ist damit schon obsolet, als sich der zweite Kondratieff entfaltet. Statt Konfrontation setzen die ersten deutschen Gewerkschaften wie die Barmer und Elberfelder Türkisch Rotfärber-Gesellschaft 1848 im Kondratieffaufschwung eher auf Kooperation mit den Arbeitgebern. Pragmatische Führer wie Ferdinand Lassalle wollen reale politische Macht gewinnen: Die Arbeiter sollen sich als politische Partei organisieren, die das allgemeine und gleiche Wahlrecht anstrebt. Nachdem die tägliche Arbeitszeit von 14 Stunden in den 1840ern auf zwölf Stunden sinkt, bleibt neben dem Schlaf erstmals freie Zeit, die eigenen Interessen zu organisieren. 1863 gründet Lassalle den Allgemeinen Deutschen Arbeiterverein, der die Arbeiterbewegung sammelt. Nachdem er ein Jahr später bei einem Duell aus lächerlichem Anlass stirbt (seine Geliebte ist zu ihrem Ex-Verlobten zurückgekehrt), zerfällt der Arbeiterverein teilweise.

Wilhelm Liebknecht und August Bebel gründen 1869 in Eisenach die Sozialdemokratische Arbeiterpartei, mit der Lassalles Anhänger 1875 unter dem Namen Sozialistische Arbeiterpartei Deutschlands zusammengehen. Nur leider sind jetzt mit den wirtschaftlich guten Zeiten auch die politisch guten Zeiten für die Arbeiterbewegung vorbei: In den Krisenjahren ist die Verhandlungsposition der Unternehmer stets besser (wie in jedem langen Abschwung). Dass es zum großen Gründerkrach mit anschließender lang andauernder Wirtschaftskrise kommt, ist jedoch keine Laune des Wetters oder der Finanzmärkte, sondern liegt daran, dass sich das technologische Netz des zweiten Kondratieffs allmählich erschöpft.

Was wir 2001 und 2008 aus dem Gründerkrach von 1873 hätten lernen können

Weil nicht der Staat, sondern die Privatwirtschaft den Eisenbahnzyklus vorantreibt, kommt das nötige Kapital aus der wohlhabenderen Mittelschicht: Wer Anteile kauft, verleiht sein Geld zu einem Zinssatz, den er nicht kennt, weil der davon abhängt, wie rentabel sich die Firma in Zukunft entwickeln wird. Schon in den 1860ern werden die Eisenbahn- oder Bankaktien für immer mehr Leute attraktiv. 1870/71 fallen die Aktienkurse zunächst – durch einen externen Schock: Den deutsch-französischen Krieg. Doch dann bricht ein beispielloses Aktienfieber aus: Mittlere Familienunternehmen werden in Aktiengesellschaften umgewandelt. Ein Finanzkomitee kauft dem bisherigen Besitzer die Firma zu einem weit überhöhten Preis ab, zweigt sich in Form von Spesen, Provisionen und Gebühren eine ordentliche Summe ab und gibt dann so viele Aktien aus, dass das Grundkapital zwei bis dreimal so hoch ist wie der tatsächliche Wert des ganzen Betriebes.

Gut aufgemachte Prospekte und sensationelle Zeitungsberichte treiben das zahlungsbereite Publikum zu. Sie erzeugen künstlich Knappheit, indem nur einige Banken die Aktien anbieten – und nur am ersten Tag noch zum Ausgabekurs von 100 Prozent. So suggerieren sie, nur der könne schnell reich werden, der sofort zugreift. Alle wollen möglichst viel verdienen und möglichst wenig dafür tun. Immer zahlreicher werden Finanzmakler, die in der Nachbarschaft Aktien anbieten. »Niemand machte sich mehr die Mühe, auf solide Art zu wirtschaften, alles musste möglichst schnell gehen und möglichst hohe Gewinne abwerfen«, schreibt der Journalist Günter Ogger in seinem Bestseller »Die Gründerjahre«.[37]

Die preußische Regierung reagiert am 27. Juni 1870 mit dem neuen Aktiengesetz auf die wachsende Nachfrage und räumt wesentliche Hindernisse aus dem Weg: Jetzt ist keine staatliche Konzession mehr nötig, um eine AG zu gründen, sondern jeder darf so oft und so viel gründen, wie er will; Geschäftsleitungen sind keiner Kontrollbehörde mehr unterworfen. Sind in den fast drei Generationen zwischen 1790 und 1870 nur 300 Aktiengesellschaften zum Börsenhandel zugelassen worden, so kommen in den beiden (!) Jahren 1871/72 über 780 neu hinzu – also im Schnitt eine am Tag.

»Enrichez-vous!« (Bereichert Euch!) wird zum kategorischen Imperativ der Gründerjahre und ähnelt damit den Sprüchen dubioser Management- und Motivationstrainer der späten 1990er Jahre. Reichtum erklären die Fabrikanten zur gerechten Belohnung für ein gottgefälliges Leben. »Der Reiche ist reich von Gottes Gnaden, der Arme aus demselben Grund – das war die Weltanschauung der Sozialdarwinisten«, schreibt Ogger[38]. »Das Bürgertum kopierte damit im Grunde nur den Trick des Adels, der seinen Herrschaftsanspruch jahrhundertelang mit dem Gottesgnadentum verteidigt hatte.«

Am Kondratieff-Höhepunkt 1870/73 überschlägt sich schließlich die Wirtschaft: Mit dem Tempo, mit dem der Geldverkehr, die Börsen und der Warenverkauf zunehmen, strömt die Landbevölkerung in die Städte. Berlin verdoppelt fast die Zahl seiner Einwohner in drei Jahren von 500.000 im Jahr 1870 auf bald 900.000 im Jahr 1873. Es kommt zu Wohnungsnot und Mietanstieg (wie in München während der hitzigsten Jahre des Computeraufschwungs). Während eine normale Bürgerfamilie vor 1870 etwa ein Sechstel des Haushaltseinkommens für Miete ausgibt, sind es zwei Jahre später schon ein Viertel.

---

37 Ogger: »Gründerjahre«, S. 193.
38 Ogger: »Gründerjahre«, S. 108.

Wirtschaftshistoriker erklären die Börsenhausse samt anschließendem Crash 1873 mit den hohen Reparationszahlungen, die Frankreich nach seiner Niederlage am 28. Januar 1871 an Preußen zu zahlen hat: fünf Milliarden Goldfrancs innerhalb von drei Jahren – eine unvorstellbare Summe, die damals etwa dem jährlichen Volkseinkommen Preußens entspricht. Das Geld überschwemmt den Finanzmarkt, weil der preußische Staat damit nicht etwa eine neue Infrastruktur errichtet, sondern vor allem seine Schulden zurückzahlt. Das Geld, das die Bürger dem Staat in Kriegsanleihen und den Banken geliehen haben, steht nun plötzlich im Überfluss frei zur Verfügung. Weit mehr Geld wird angeboten, als sich Firmen oder Privatpersonen ausborgen wollen, obwohl doch der Preis für das geliehene Geld, der Zins, ins Nichts absinkt. Aus der Sicht der Kondratiefftheorie liegt das aber nicht an den französischen Reparationszahlungen, sondern daran, dass es im Höhepunkt des Zyklus kaum noch rentable Investitionsmöglichkeiten gibt. Hätte Frankreich seine Reparationen 1850 zu zahlen gehabt, das Geld hätte verhindert, dass im langen Aufschwung die Zinsen steigen, und wäre vom Eisenbahnbau und dem dadurch angeregten Unternehmertum aufgesogen worden.

So aber passiert, was auch ohne französische Geldspritze passiert wäre: Wer Geld hat, reagiert wie zu allen Zeiten (1927/29, 1973/74, 1996/2001 und 2005/2008), wenn mit festverzinslichen Anleihen nichts mehr zu verdienen ist. Sie kaufen Realwerte wie Rohstoffe oder jetzt eben vermehrt Aktien und spekulieren darauf, dass deren Wert in Zukunft stark steigt. Und das tut er auch. Aber nicht deshalb, weil die Firmen oder Rohstoffe nachhaltig an Besitz und Mehrwert zunehmen, sondern weil die anderen Marktteilnehmer gerade auch nichts anderes mit ihrem freien Geld anzufangen wissen, als es in spekulative Anlagen zu stecken. Und weil alle kaufen, steigt deren Wert. Je mehr sich herumspricht, dass man zumindest auf dem Papier mühelos reich werden kann, desto mehr Menschen steigen in das Geschäft ein. Bis selbst die untersten Besitzschichten wie Dienstboten ihren Spargroschen zur Bank tragen und darauf bestehen, irgendwelche Aktien zu erwerben. Bis 1870 haben sie kaum gewusst, was eine Aktie, geschweige denn die Börse, ist.

Schade, dass Generationen ihre Erfahrungen jedes Mal wieder mit ins Grab nehmen. Sie hätten die Aktionäre der »neuen Börsenkultur« des Jahres 1999/2001 vor Schaden bewahrt. Denn das Problem ist jedes Mal dasselbe (und es liest sich wie die Ereignisse auf den Weltfinanzmärkten 2008): Irgendwann sind die Kurse völlig überbewertet. Es braucht nur noch Anlässe, den Rückwärtsgang einzulegen. Am 7. Februar 1873 fliegen Schwindeleien des Eisenbahnkönigs Bethel Henry Strousberg beim Bau der Pommerschen Centralbahn und der Berliner Nordbahn auf – und sorgen dafür, dass jeder seine Strousberg-Aktien verkaufen will. Auch in den USA purzeln plötzlich die Eisenbahn-Aktien, was die Unruhe in Europa verstärkt. Als im Mai in Wien das Gerücht herumgeistert, zwei der größten Banken, darunter die Wiener Kreditanstalt, stünden vor dem Zusammenbruch (was stimmt), stürmen Sparer und Aktionäre die Schalter, um ihre Wertpapiere so schnell wie möglich zu verkaufen.

Die Kurse stürzen ab. Und zwar schließlich quer Beet durch alle Branchen. 61 Banken, 116 Industrieunternehmen und vier Eisenbahnunternehmen machen pleite. Hunderttausende verlieren ihre Ersparnisse, ganze Familien verarmen auf Generationen hinaus. Statt auf Reichtum sitzen manche auf Schulden, mit denen sie Aktien gekauft haben. Zeitungen drucken Tränendrüsengeschichten etwa vom gutgläubigen Agrarier, der sein Landgut verkauft, um in der Stadt als Rentner zu leben. Von dem Geld sowie mit einem Kredit kauft er Aktien einer erst zehn Monate alten »Centralbank für Bauten«, die zwar schon zehn Monate nach Gründung eine Superdividende von 43 Prozent auf den Nennwert der Aktie ausschüttet, der etwa ein Viertel des Kurses beträgt. Dieser beginnt jedoch plötzlich stark zu sinken, und nach nur einem halben Jahr ist das Vermögen aufgebraucht, der Restwert der Aktien reicht nicht, die Schulden zu begleichen.[39] Die Selbstmordrate steigt 1873 so sprunghaft an wie später auch 1929.

An den Börsen sinkt der Aktienkurs ins Bodenlose und noch 1876 liegen die Kurse im Schnitt um 50 Prozent unter den Notierungen des Booms bis zum Februar 1873. Der Bankier Gerson Bleichröder, der die Krise glimpflich überstanden hat, schätzt damals, dass die Deutschen ein Drittel ihres Nationalvermögens verloren haben.

Auch die Immobilien-Blase bricht zusammen. Baugesellschaften machen reihenweise Pleite, weil ihre Grundstücke nur noch halb so viel wert sind wie zu der Zeit, als sie den Kredit bekommen haben. In Berlin stehen plötzlich Zehntausende Wohnungen leer (das ist zuvor undenkbar, angesichts des Wohnungsmangels), unzählige Hausbesitzer können ihre

---

39 Zitiert aus der Zeitschrift »Gartenlaube« bei Günter Ogger, S. 181.

Bankkredite nicht mehr zurückzahlen. Was kommt, ist die schwerste und längste Wirtschaftskrise des 19. Jahrhunderts.

Es ist wie nach jedem Kondratieffhöhepunkt: Niemand will mehr kaufen, niemand mehr investieren. Die Firmen bleiben auf ihren Waren sitzen (reden vom »Käuferstreik« oder machen den Euro dafür verantwortlich), sie müssen den Preis zurücknehmen und sich von Gewinnen verabschieden wie die Aktionäre von Dividenden. Weil das auch nichts hilft, stagniert die Produktion im Kondratieffabschwung, immer mehr Menschen sind arbeitslos, es kommt zum Verteilungskampf, mit dem Ergebnis, dass die Löhne sinken.

Während der zweite Kondratieff in Europa 1873 den Rückwärtsgang einlegt, überschreitet er in den USA schon 1866 den Höhepunkt[40] – im Jahr nach dem amerikanischen Bürgerkrieg. Unterschiedliche Wendezeiten, schreibt der Ökonom Nikolai Kondratieff, würden nicht seine Theorie in Frage stellen, sondern zeigten, dass die langen Strukturzyklen in verschiedenen Ländern zwar nicht identisch, aber doch ziemlich parallel verlaufen.[41] Daher kann es auch keine mathematisch exakten Wendepunkte der langen Zyklen geben – nur ein Zeitfenster, in dem die Wirtschaft umkippt.

Die Krise nach 1873 ist vor allem eine Strukturkrise: Zusätzliche Eisenbahnkilometer machen nicht mehr wesentlich produktiver, es dauert immer länger, bis sich Investitionen amortisiert haben. Die Zahl der zusätzlich verlegten Schienenkilometer nimmt ab. Deutschland baut in dem Jahrzehnt bis 1885 nur 9690 und bis 1895 noch zusätzliche 8910 Schienenkilometer.[42] Das gilt für jedes Land wie Großbritannien, die USA oder Deutschland: Addiert man die bestehenden Bahnkilometer zusammen, erhält man jeweils eine lang gezogene S-Kurve, die sich in den 1830ern/1840ern langsam entwickelt, dann in den 1850ern/1860ern stark ansteigt und sich in den 1870ern/1880ern wieder abschwächt. Diese Verlaufsform erklärt, warum lange Zyklen 40 bis 60 Jahre dauern, und sie erklärt den wirtschaftlichen Schwung dieser Jahrzehnte, der zuerst stotternd, dann mit Wucht die Konjunktur treibt und schließlich unvermittelt in langen Stagnationsjahren stehen bleibt: Der fallende Grenznut-

40 Kondratieff: »Lange Wellen«, S. 578.
41 Kondratieff: »Lange Wellen«, S. 592.
42 Nach: Gustav Stolper: Deutsche Wirtschaft seit 1870. Fortgeführt von Karl Häuser und Knut Borchardt, 2. Auflage, Tübingen 1966, S. 45, und eigenen Berechnungen.

zen, also der sinkende Nutzen einer weiteren Investition, läutet den Kondratieffabschwung ein. Das heißt, ein zusätzlicher, neu gebauter Eisenbahnkilometer ist nicht mehr so rentabel wie bisher. Als man die großen Städte verbindet, bedeutet das einen großen Nutzen. Als man später von Kleinstädten noch Stichbahnen in die umliegenden Dörfer baut, nutzt das gerade den paar Bewohnern, deren Kapital in der Regel so gering ist, dass die Strecke schon sehr lange braucht, bis sie die Investitionskosten wieder eingefahren hat. Spekulative, aber unrentable Linien brechen zusammen.

2. Kondratieffabschwung
Die große Depression

Historiker bezweifeln, ob es denn überhaupt eine Krise gegeben hat: Zwischen 1870 und 1890 verfünffachen die fünf größten Industrieländer ihre Eisenproduktion und produzieren am Ende 20-mal mehr Stahl. Doch subjektiv erleben die Menschen nach 1873 in ganz Europa eine Depression, fühlen sich ärmer als zuvor. Rückwärtsgewandt kultiviert die Kunst einen Baustil wie den Historismus, der in existenziell unsicheren Zeiten das Gefühl einer starken Trutzburg erzeugen will. Die Bayern haben das Gefühl, vor ihrem Beitritt zum Deutschen Reich 1871 (im langen Aufschwung) sei alles viel besser gewesen, was zwar stimmt, aber nichts mit den besserwisserisch auftretenden, schnodderigen preußischen Spitzenbeamten aus Berlin oder Essen zu tun hat. Ist die absolute Krisenstimmung mit apokalyptischen Visionen nur eine Massenpsychose? Nein: Die Preise, die Unternehmer pro Tonne Eisen erzielen, sinken, damit die Gewinne und im Gefolge auch die Löhne. Das Volkseinkommen geht in England von 1113 Millionen britischer Pfund 1875 auf 1076 Millionen Pfund 1880 zurück und stagniert bis etwa 1890. Die Nettoinvestitionen sinken inflationsbereinigt von 81 Millionen Pfund 1875 während der gesamten nächsten Jahre und erreichen 1890 einen Tiefpunkt mit 55 Millionen Pfund.[43]

43 Verlag Ploetz: »Der große Ploetz – Auszug aus der Geschichte von den Anfängen bis zur Gegenwart«, 31. Auflage, Würzburg 1991, S. 800.

Kein Wunder: Sobald ein halbwegs geschlossenes Eisenbahnnetz steht, konkurrieren Waren über eine Entfernung von Tausenden von Kilometern miteinander. Vor 1870 sind die wenigsten Bauern und Landwirte dem Wettbewerb ausgesetzt. Wer etwas mit großem Gewicht, aber relativ geringem Wert erzeugt – ein paar Tonnen Weizen –, dessen regionales Geschäft ist sicher, weil einem der Preis im Nachbarland egal sein kann, solange der Transport dorthin weit teurer ist als der Preisunterschied. Ab etwa 1870 spannt sich das Eisenbahnnetz weltweit um die Märkte: Der mittlere Westen und die Prärien der USA sind angeschlossen, bald auch die Kornkammer Ukraine, Argentinien, Australien und Kanada. Dampfschiffe können nun nennenswerte Lademengen mitnehmen. 1869 wird der Suez-Kanal eröffnet, was den Seeweg zwischen Europa und Indien/Asien dramatisch verkürzt.

Je mehr Anbieter durch die neuen Transportmittel beim Kunden mitbieten, umso intensiver wird der Wettbewerb, umso stärker werden die Gewinnspannen gegenseitig unterboten. Wieder (wie 1929 oder wie heute) suchen Unternehmen ihr Heil in der Überproduktion, um durch noch größeren Mengenausstoß die Kosten pro Stück weiter zu drücken und zu hoffen, dass sie dann gekauft werden. Es ist eine Krise der Ertragskraft. Während auch alle anderen Länder zu kämpfen haben, wächst England noch langsamer als der Rest. Sein Anteil an der Weltindustrieproduktion sinkt von 22,6 Prozent im Jahr 1880 auf 18,5 Prozent zur Jahrhundertwende.

Erst in der zweiten Hälfte der 1890er wird England wieder wertmäßig so viel exportieren wie in den 1870ern. Selbst die USA erleben trotz Wirtschaftswachstums zum ersten Mal ernsthaft Arbeitslosigkeit und eine Krise, welche die ganze Gesellschaft erfasst. Zeitgenossen nennen die 1880er die »große Depression«.

Auch in Deutschland erscheinen die Abschwungjahre 1873 bis 1896 vielen Zeitgenossen als eine erschreckende Abweichung von den historischen Erfahrungen. Die Preise sinken im Durchschnitt um 30 Prozent bei allen Waren. Seit Menschengedenken hat es eine solch drastische Deflation nicht gegeben. Auch der Zinssatz fällt so stark, dass die Wirtschaftstheoretiker an die Möglichkeit zu glauben beginnen, das im Überfluss vorhandene Kapital könne sich zu einem frei verfügbaren und kostenlosen Gut entwickeln. Die Profite schrumpfen zusammen. Für die damals Lebenden scheint sich die Depression unendlich lange fortzusetzen. Sie haben den Eindruck, das Wirtschaftssystem sei erschöpft.[44]

Das hat nichts mit Psychologie zu tun. Politiker irren, wenn sie meinen, sie könnten heute mit Psycho-Tricks und positivem Denken einen Aufschwung herbeireden. Ebenso halbwahr meint der ehemalige Bundeswirtschaftsminister Ludwig Erhard in den 1950er Jahren, Wirtschaft sei zur Hälfte Psychologie. Natürlich hängt es von der Stimmung der Menschen ab, ob sie ihr Geld ausgeben oder im Sparstrumpf behalten. Aber Stimmung ist kein Hirngespinst, keine Einbildung, sie ist langfristig nicht mach- oder manipulierbar. Die Stimmung hängt von den realen Produktivitätssteigerungen ab, welche die Menschen hautnah spüren: Wenn sie für denselben Output weniger arbeiten müssen, für denselben Preis plötzlich viel bessere Waren einkaufen, oder umgekehrt, wenn sie für denselben Lebensstandard immer härter arbeiten müssen oder ihre Firma in Konkurs geht.

Die Gewinne der Unternehmen schmelzen so dahin, dass die kleinen Betriebe, welche die Industrialisierung getragen haben, die Krise nicht überleben – entweder, weil sie vom Markt verschwinden oder weil sie durch den ökonomischen Druck massiv wachsen: Bald zählen die Arbeiter bei Vickers in Barrow, Armstrong in Newcastle oder Krupp in Essen nach Zehntausenden. Es entstehen zwar wenige, dafür aber in jeder Branche immer größere Firmen, die untereinander die Preise absprechen und machtvoll Druck auf die Politik ausüben. Aber die Kartelle lösen gesamtwirtschaftlich keine Probleme, sie zementieren nur die schwache Konjunktur. Denn die Heimatmärkte stagnieren ja deswegen, weil es an Produktinnovationen und besseren Verfahren fehlt – Preisabsprachen verringern noch keine Herstellungskosten.

Das andere Überlebensrezept der Unternehmer im langen Abschwung ist die Flucht in noch größeren Massenausstoß, um die Stückpreise zu verringern. Doch der heimische Markt kann die vielen Güter gar nicht mehr aufnehmen. Das verändert die Politik: Während die Länder im Kondratieffaufschwung um Ressourcen konkurrieren, konkurrieren sie im Abschwung um Absatzmärkte. Deswegen kommen die Politiker nach 1873 unter Druck, Zölle und Handelsschranken zu errichten, damit ausländische Firmen den eigenen im Inland kein Geschäft mehr wegnehmen. Konservative Meinungsmacher, sonst fest hinter dem deutschen Reichs-

---

44 Landes, David: »Der entfesselte Prometheus«, Köln 1973, S. 220.

kanzler Bismarck stehend, wettern gegen seine Freihandelspolitik, gegen den »angelsächsischen« Pragmatismus im Denken der deutschen Unternehmer und gegen den »Abfall vom Christenthum und den Rückfall in ein neues Heidenthum« (wie konfus die Vorstellung davon auch immer sein mag). Je länger die Krise dauert, umso mehr verlieren die Anhänger des Freihandels gegen die wachsenden Interessengruppen an Boden, die den Wirtschaftsraum Deutschland gegen Waren aus dem Ausland mit hohen Zöllen abschotten wollen.

Zuerst schließen sich die Stahlkocher zusammen, dann die Textilhersteller. 1876 gründet sich mit dem Zentralverband Deutscher Industrieller ein Vorläufer des Bundesverbandes der Deutschen Industrie. Bei ihrer ersten Generalversammlung 1877 reisen 500 Unternehmer aus ganz Deutschland an, um Schutzzölle zu fordern. Auch die Landwirte und Gutsbesitzer marschieren gegen den Freihandel, um sich gegen die billigere ausländische Konkurrenz auf dem deutschen Markt zu wehren. Denn die Preise für Vieh und Getreide sind so stark eingebrochen, dass ihnen die mager entlohnten Landarbeiter davonlaufen und der durchschnittliche Hektarertrag sinkt.

Die Liberalen, vor 1848 noch eine Gefahr für das monarchistische Establishment, danach die führende politische Kraft in Deutschland, reiben sich angesichts ihrer Entmachtung ungläubig die Augen: nicht nur, dass sich ihre politischen Ziele nicht mehr durchsetzen lassen – wie freier Handel und eine billige, weil inaktive Regierung. Die Wahlen zum Reichstag zerstören ihre Illusion, ihre politischen Vorstellungen würden die Bevölkerungsmehrheit repräsentieren. Erstmals in Deutschland gilt jede (männliche) Stimme gleich viel (im Gegensatz zum preußischen Dreiklassenwahlrecht, wo die Wahlstimme nach Steuerkraft zählt). Damit erringen die Liberalen keine Mehrheiten.

Es macht keinen Spaß, in einem langen Kondratieffabschwung Politiker zu sein: Produktionsrückgang, Massenentlassungen, Lohnkürzungen oder der Streit gegen die liberale Wirtschaftsordnung zermürben den Reichskanzler. Denn der begonnene Abschwung des zweiten Kondratieffs erschwert nicht nur den Verkauf der eigenen Produkte – auch die anderen Länder, sogar das bisher führende Britannien, werden ihre Güter nicht mehr los.

Lange laviert Bismarck zwischen den Fronten, weiß er doch, was eine strikt an nationalen Interessen orientierte Wirtschaftspolitik für den

Wohlstand bedeutet (er sinkt, weil komparative Handelsvorteile mit dem Ausland nicht mehr genutzt werden können). Als er nicht mehr weiterweiß, wird er krank, leidet an Rheuma und Gürtelrose und bittet im Mai 1875 den Kaiser, ihn aus seinem Amt zu entlassen. Wilhelm I. lehnt ab. Die Stimmung im Land wendet sich rapide zugunsten der Konservativen. Der Liberalismus hat in den Augen vieler abgewirtschaftet, das freie Spiel der Kräfte funktioniert offensichtlich doch nicht so gut wie behauptet, und deswegen soll jetzt der Staat mit starker Hand eingreifen. Deutschland erhebt 1879 Schutzzölle, die ausländische Waren, die Deutschland selbst teurer herstellt, an den Grenzen abwehren.

Erst Anfang der 1890er Jahre senkt der nächste Reichskanzler Leo von Caprivi die Schutzzölle allmählich wieder – also rechtzeitig zum dritten Kondratieffaufschwung.

Vom Überlebensrecht des Stärkeren

Aber wie sollen Politiker auch sonst auf eine große Wirtschaftskrise reagieren als zum Nachteil anderer Länder? Seit Dampfmaschinen Druckerpressen antreiben, müssen sich jetzt auch Politiker dem öffentlichen Druck beugen. Der Zeitgeist ist erfüllt von Charles Darwins Werk »Über die Entstehung der Arten«, mit dem heute nicht mehr so bekannten Untertitel: »Das Überleben der bevorzugten Rassen im Kampf ums Dasein«. Viele Nationalisten folgern höchst unwissenschaftlich daraus: Gerade ihr Volk sei die »bevorzugte Rasse«, die sich im »Kampf ums Dasein« zwischen den Völkern durchsetzen müsse. Das »survival of the fittest« denkt ein »non-survival of the less fittest« immer unausgesprochen hinzu. Intellektuelle, Tagespolitiker, aber vor allem Journalisten sprechen und schreiben vulgär sozialdarwinistisch von einer Welt des Kampfes, des Erfolges und des Versagens, des Wachstums und des Niedergangs.

Seltsam erscheint auf den ersten Blick, dass sich diese darwinistische Ideologie nicht in Kriegen entlädt. Das außenpolitische System bleibt in den Jahren des langen Kondratieffabschwungs stabil. Das hat nicht nur mit Bismarcks Politik zu tun, die dem Ausland signalisiert, Deutschland sei saturiert. Es gibt weiterhin Spannungen zwischen Deutschland und Frankreich, wie die »Krieg-in-Sicht-Krise« 1875, oder Kolonialkonflikte zwischen England und Frankreich. Aber sie entladen sich nicht in heißen

Kriegen, so die Theorie von Kondratieff[45], weil allen die Ressourcen fehlen, einen Krieg zu führen.

Sie kämpfen, indem sie sich alle gegenseitig unterbieten: Nachdem jede Nation ihr Heil in der Massenproduktion sucht, entsteht ein gewaltiger Verdrängungswettbewerb zwischen den Nationen um Märkte. Sie denken, diese seien begrenzt und könnten nur eine bestimmte Menge aufnehmen. Anstatt mit innovativen Produkten den Markt qualitativ zu erweitern, kämpfen sie im vorhandenen Markt der eingeführten Produkte um Mengenanteile. Den Verantwortlichen erscheint es, als könne die eigene Volkswirtschaft nur weiterexistieren, wenn sie diese Absatzmärkte selbst schaffen – in Kolonien.

Dabei haben englische Politiker im zweiten Kondratieffaufschwung noch darüber diskutiert, die bestehenden Kolonien zu unabhängigen, gleichwertigen Handelspartnern reifen zu lassen. Denn der Handel mit den unabhängig gewordenen USA bringt schon lange mehr Profit, als Amerika als Kolonie den Briten je erwirtschaftet hat. Englands Premierminister Disraeli nennt Englands »elende« Kolonien »Mühlsteine an unseren Hälsen«. Eine Unterhausdelegation empfiehlt eine Politik, die »bei den Eingeborenen die Eigenschaften aktiviert, die es uns ermöglichen – im Hinblick auf unseren späteren Abzug aus ihrem Gebiet –, nach und nach ihnen selbst alle Verwaltungsgeschäfte zu übertragen«[46]. Davon ist jetzt im langen Abschwung keine Rede mehr. England hat schon die meisten Kolonien, aber eignet sich im Wettlauf der 1870er/80er noch mehr als alle anderen Staaten an.

Denn die englischen Eliten denken nun, sie bräuchten sie, um ihre Überproduktion aufzunehmen. Diese kann im eigenen Land nicht mehr ganz verkauft werden und ist in anderen inzwischen industrialisierten Ländern immer weniger konkurrenzfähig. Das Konzept funktioniert aber nicht – es nimmt nur kurz den Druck von der britischen Industrie. Langfristig geht dabei die Wettbewerbsfähigkeit Englands endgültig verloren. Denn Konkurrenten wie das Deutsche Reich können ihre Massenproduktion mangels ähnlich ausgedehnten Kolonialreichs nicht so bequem abset-

45 Kondratieff: »Preisdynamik«, S. 38.

46 Zitiert in Roman Wunderlich: Die wirtschaftliche Entwicklung des viktorianischen England und ihr Einfluß auf die Außenpolitik: Freihandel und Imperialismus. Eine vom Autor als Dozent betreute unveröffentlichte Diplomarbeit am Euro Business College, München 2000.

zen. Deren Unternehmer sind eher gezwungen, effizienter zu werden und Innovationen zu suchen – was Deutschland weiter stärkt.

Doch die öffentliche Meinung ist irrational. Die Verzweiflung des Darwinismus, der Schwächere werde untergehen, entfacht unter den Europäern eine Gier nach den letzten weißen Flecken der Weltkarte in Afrika, Asien, Ozeanien. Wie sizilianische Mafiosi pressen sie China Sonderrechte, Schutzgebiete und Pachtverträge ab. Irgendwelche unbedeutenden öden Atolle, von den Europäern bisher ignoriert und für wirtschaftlich völlig uninteressant gehalten, werden zu heiß begehrten Zielen für in den Strand gesteckte Fahnenstangen. Deutschland rafft ohne strategischen Sinn und Verstand ein Sammelsurium pazifischer Inselchen an sich – es glaubt allen Ernstes, es gehe hier um die Wachstumsmärkte der Zukunft.

Dahinter stecken die innenpolitischen Folgen des Kondratieffabschwungs mit fallenden Unternehmensgewinnen, Verteilungskämpfen und Stagnation. Zwar können die Unternehmer den wirtschaftlichen Druck an die Arbeiter weitergeben, indem sie den Reallohn mit der Zeit absenken. Aber, so die Angst der Wohlhabenden, die ärmlichen Lebensverhältnisse der Unterschicht könnten ihnen gefährlich werden, wenn sozialistische oder gar marxistische Vorstellungswelten daran eine Revolution entzünden. Diese appellieren an das Bedürfnis des Einzelnen, seine Situation zu verbessern. Dazu muss er auf der Verstandesebene zu der Überzeugung kommen (oder von außen überzeugt werden), dass er sich mit anderen, die in derselben Situation sind, zusammentun, eine Gruppenidentität ausprägen und die gemeinsamen Interessen durchsetzen muss.

Mit Nächstenliebe hat der Kampf gegen die Kapitalisten ebenso wenig zu tun wie der psychologische Impfstoff, mit dem die Reichen das Proletariat gegen diese »linken Irrlehren« immunisieren wollen: Sie sprechen den Einzelnen über seine nationale oder rassische Gruppenidentität an, begeistern ihn für patriotische, imperialistische oder sozialdarwinistische Denksysteme. Die selbst erlebte Ungerechtigkeit seiner Lebenssituation wird von oben ausgeglichen, indem ein kollektivpsychologisches, pseudoreligiöses Bedürfnis befriedigt wird: Was sind wir doch für eine große und vor allem wichtige Nation, höherwertiger und haushoch dem Rest der Welt überlegen, wo uns doch überall auf der Welt Länder gehören und wir so eine starke Flotte haben. Über so viel Größenwahn kann man dann sein eigenes Los vergessen, die eigene Schufterei bekommt endlich einen übergeordneten Sinn. Führende Politiker polieren mit neuen Kolonien ihr Ansehen wieder auf, nachdem sie es mit Steuererhöhungen und niedergeschlagenen Streiks ramponiert haben. Kolonien dienen vor allem dazu, dass die innenpolitische Stimmung Dampf ablassen kann – auf Kosten der Menschen in den heutigen Entwicklungsländern.

Selbst der sich sträubende Bismarck hat gegen die öffentlich aufgeheizte Stimmung keine Chance, diesen Unsinn zu verhindern: In den Krisenjahren Anfang der 1880er kaufen sich deutsche Geschäftsleute auf eigene Faust ein paar Wüstenstreifen zusammen und zwingen nach ihrer Pleite das Deutsche Reich, sie als »Kolonien« zu übernehmen. Das kostet den Staat viel Geld und bringt keines ein. Selbst später im Aufschwung des dritten Kondratieffs nach 1890/95 erfüllen die Kolonien keinen ökonomischen Zweck: Im Jahr vor dem Ersten Weltkrieg leben in allen deutschen Kolonien zusammen – immerhin eine Million Quadratmeilen – nur etwas über 28.000 Weiße (also nicht nur Deutsche). Das ist nichts im Vergleich zu den Millionen, die aus Armut in die USA ausgewandert sind – Nationalisten hatten ja gerade deshalb Kolonien gefordert, damit deutsches Blut nicht mehr in fremden Kulturen aufgehe.

Auch der Handel mit den Kolonien ist verschwindend gering: Während das Deutsche Reich 1913 Waren für 10.039 Millionen Mark in alle Welt exportiert, kaufen die eigenen Kolonien dem Mutterland nur Waren für 57 Millionen Mark ab. Denn das, was der dritte Kondratieff braucht – Kohle, Erz, Fabrikarbeiter –, findet sich nicht im Pazifik oder in Kamerun, sondern in Deutschland. Die Kolonien erfüllen einen Zweck nur als innenpolitisches »Wir-sind-wieder-Wer« und zur eigenen Beruhigung, angesichts der Depression doch irgend etwas für die Zukunft getan zu haben. Es ist derselbe Grund, der die Menschen während des langen Kondratieffabschwungs nach einem Schuldigen suchen lässt.

Jede Wirtschaftskrise braucht ihre Sündenböcke

Niemand kann die plötzliche und so heftige Wirtschaftskrise begründen. Die Nationalliberalen meinen, Schuld an der Depression sei vor allem die Überproduktion der Industrie, und dieses Problem – so die Lehre der klassischen Wirtschaftstheorie – werde sich mit der Zeit von selbst lösen.

Doch darauf warten sie vergeblich. Und weil sich auch die Zeitgenossen den Verlust ihres ein Leben lang ersparten Vermögens nicht plausibel erklären können, müssen eben dunkle semitische Mächte dafür verantwortlich sein: die Kapitalisten, und das sind in dieser Zeit aus historischen Gründen überdurchschnittlich viele Deutsche jüdischen Glaubens. Nirgends in Westeuropa leben so viele Juden wie im Deutschen Reich (700.000). Allein in Berlin gibt es mit 50.000 so viele Juden wie in ganz Großbritannien und mehr als in ganz Frankreich (40.000). Magnaten wie Rothschild, Oppenheim oder Bleichröder ziehen den Volkszorn auf alle Juden, egal, wie reich oder arm diese sind. Journalisten weisen bei Enthüllungsgeschichten zu Firmenpleiten immer wieder auf die jüdischen Wurzeln der Akteure hin. Die bejubelten Börsenmakler von 1872 sind auf einmal verachtete »Börsenjuden«.

In Wahrheit geht es den meisten darum, die jüdischen Mitbürger möchten doch bitte nicht ständig das Selbstwertgefühl der germanischen »Herrenrasse« in Frage stellen. August Bebel, die große Figur der Sozialdemokraten im 19. Jahrhundert, bezeichnet den Antisemitismus als »eine Art Sozialismus der dummen Kerls«. Es ist das »Stehkragenproletariat« der kleinen Angestellten und Beamten, das die Tüchtigkeit der Juden fürchtet, ebenso die kleinen Ladenbesitzer und Handwerker: 1885 sind zehn Prozent aller preußischen Studenten Juden – siebenmal so viel wie ihr Bevölkerungsanteil. In Berlin sind drei Prozent der Bevölkerung Juden, aber jeder zweite Unternehmer in der Hauptstadt. Mit der Zeit nimmt der Antisemitismus auch in der Oberschicht zu, dort dann esoterisch angehaucht. Selbst der evangelische Hofprediger Adolf Stöcker predigt gegen die Juden, weil er so politisches Kapital schlägt für seine Christlich-Soziale Arbeiterpartei, die vor allem unter Kleinbürgern Wahlerfolg hat. Antisemitismus und rechte Verschwörungstheorien werden gesellschaftsfähig. Sie werden die ganze Krisenzeit hindurch bis hinein in die Kinderjahre Adolf Hitlers in den 1890er Jahren wiederholt und leben dann in der Weltwirtschaftskrise erneut auf.

Georg Tietz aus der Dynastie der Hertie-Kaufhauskette erlebt schon damals in der Krise des zweiten Kondratieffs, was andere Deutsche jüdischen Glaubens genau einen Strukturzyklus später im Nationalsozialismus erleben: Je erfolgreicher er ist, umso verbissener wehren sich die im Wettbewerb unterlegenen Einzelhändler. Sie stellen Posten vor sein Münchener Kaufhaus am Karlsplatz, die den Kunden Flugblätter in die

Hand drücken und sie vor dem Einkauf bei den »Juden« warnen.[47] Ein anderes Mal zieht die Menge nach einer Einzelhandels-Versammlung zum Kaufhaus, wirft mit Pflastersteinen die Fenster ein und blockiert es. Corpsstudenten gehen hinein, belästigen die Verkäuferinnen, schlagen einen Mitarbeiter blutig, werfen die Waren durcheinander. Tietz ruft die Polizei, doch die lehnt es ab, gegen »Söhne der ersten deutschen Familien« einzuschreiten. Nur mit Hilfe eines befreundeten Bäckers und seiner Gesellen gelingt es ihm, die nationalistische Studentenschaft rauszuwerfen. Was sich hier Luft macht, ist die eigene wirtschaftliche Unzufriedenheit.

Soziale Probleme im langen Abschwung

Denn niemand ist von den geringen Gewinnspannen im langen Kondratieffabschwung so sehr betroffen wie die Unterschicht. Nach dem Gründerkrach fehlen in den wachsenden Großstädten bald wieder billige Mietwohnungen. Hunderttausende von »Schlafburschen« zahlen für ein paar Kreuzer einen Schlafplatz in einer Familie, zum Teil übernachten bis zu vier Personen in einem Bett. Dass Bismarck in den 1880ern Kranken-, Unfall- und (Arbeiter-)Rentenversicherung einführt (damit die Arbeiter nicht alle der SPD zulaufen), zeigt, dass die Not in diesen Jahren größer ist als zuvor – eben ein Kondratieffabschwung.

Den Unterschicht-Frauen geht es überall dreckig. Rechtlos, abhängig und niedrigst bezahlt, vermögen sie sich »in ihrer abhängigen Lage dem Herrn, dem Verwalter und dem Knecht gegenüber selten zu wehren«, stellt eine Studie des evangelischen Sittlichkeitsvereins von 1890 fest. Die Flucht in die Stadt ist nur ein Tausch der Unfreiheiten: Entweder sie arbeiten in einer Fabrik, was in der Regel ziemlich ungesund ist und mit drei bis sechs Silbergroschen weit schlechter bezahlt wird als etwa männliche Drucker oder Färber, die zwischen 15 und 25 Silbergroschen am Tag bekommen. Oder sie ergattern sich eine Dienstbotenstellung, in der sie rund um die Uhr den Herrschaften zur Verfügung stehen und mit etwa 30 Jahren verbraucht sind – 1882 gibt es rund 1,3 Millionen Dienstboten im Deutschen Reich. Viele Näherinnen, Kellnerinnen oder Fabrikmädchen

47 Vgl. Ogger: »Gründerjahre«, S. 357.

dürften mit Prostitution ein Zubrot für ihr Überleben verdienen. In München wird 1890 jedes dritte Kind unehelich geboren.

Die Arbeiter sind mit Alltagssorgen so beschäftigt, dass es selbst die pragmatischen Sozialdemokraten schwer haben, unter ihnen Fuß zu fassen. Die Sozialistenführer Bebel und Liebknecht haben noch vor dem Gründerkrach ein Bündnis mit dem Bürgertum angestrebt – aber angesichts der Situation in den Krisenjahren nach 1873 scheitert es an sozialen Fragen wie Lohn und Arbeitsverhältnissen. Im langen Abschwung müssen sich die Arbeiter nach langen Streiks und Arbeitskämpfen geschlagen geben und für weniger Lohn arbeiten. Vom Bürgertum im Stich gelassen, vom Staat ausgegrenzt, reagieren die Sozialdemokraten auf die neuen strukturellen Verhältnisse im Mai 1875 auf ihrem Parteitag in Gotha mit einem marxistisch geprägten Programm, das der politischen Ordnung offen den Kampf ansagt.

Um sie in Schach zu halten, reichen Nationalismus und Kolonialgerassel allein nicht aus (siehe oben). Bismarck schiebt ein Attentat auf Kaiser Wilhelm I. den Sozialisten in die Schuhe und rechtfertigt damit am 21. Oktober 1878 das »Gesetz gegen die gemeingefährlichen Bestrebungen der Sozialdemokratie«. Versammlungen, Parteiarbeit und Druckschriften werden erschwert oder gleich ganz verboten. Die soziale Frage – im Kondratieffabschwung besonders brennend – beantwortet der Staat brutal und hart im Sinne der herrschenden Zirkel, um dem »Staatssozialismus einer revolutionären, nicht mehr steuerbaren Arbeiterbewegung« zuvorzukommen. Erst als sich mit dem Aufschwung des nächsten Strukturzyklus die Marktmacht der Arbeiter wieder verbessert, wird die 1891 in Sozialdemokratische Partei Deutschlands (SPD) umbenannte Partei stärkste innenpolitische Kraft.

Ebenso wenig zimperlich geht der Staat mit der katholischen Kirche um. Der Papst wendet sich schon 1864 mit der Enzyklika »Syllabus errorum« gegen den Liberalismus – das ist in den Hochkonjunkturjahren des zweiten Kondratieffs so ziemlich das Gegenteil des Zeitgeistes. Nachdem das neue Reich die Kirche auf vielen Gebieten als Konkurrenz empfindet (Eheschließung, Bildung, Zielvorstellungen des Lebens), verstößt der preußische Staat selber gegen liberale Grundsätze wie etwa den Wettbewerb der Meinungen und besten Ideen: Der »Kanzelparagraph« verbietet Pfarrern, staatliche Angelegenheiten anzusprechen. Alle Klöster in Preußen sowie alle Niederlassungen der Jesuiten in Deutschland werden verboten, nicht-deutsche Geistliche ausgewiesen, 1876 alle preußischen Bischöfe verhaftet oder ausgewiesen. Für Bismarck wird der Kulturkampf eine peinliche Niederlage: Das Kirchenvolk rückt umso enger zusammen, je mehr es vom Staat gegängelt oder der Freiheitsrechte beraubt wird, die katholische Zentrumspartei verdoppelt bei den Reichstagswahlen ihre Stimmen. In den 1880er Jahren lenkt Bismarck ein. Er hat genug anderen Ärger, zum Beispiel finanzielle Verteilungskämpfe mit dem Reichstag auszufechten.

Verteilungskampf: Bismarcks Staatsstreichpläne

Das hat damit zu tun, dass das junge Reich im Aufbau immer mehr Zuständigkeiten bekommt und Militär oder Botschaften stetig ausbaut, die Steuereinnahmen aber nicht so üppig eingehen. Wenn diese Zeit dagegen ein Kondratieffaufschwung wäre, der Reichskanzler hätte weniger Probleme, seine Rechnungen bezahlt zu bekommen. Während nach der Reichsgründung die Mitgliedsländer sozusagen einen Vereinsbeitrag zahlen, finanziert sich der Gesamtstaat ab 1879 aus Zöllen und Tabaksteuer. Und was über 130 Millionen Reichsmark hinausgeht, bekommen die Länder, die sich auch noch ihre bisherigen »Matrikularbeiträge« sparen. Bismarck scheitert mit dem Versuch, ein Tabakmonopol zu errichten und weitere indirekte Steuern zu erheben – das Reich muss Schulden machen.

Deswegen denkt Bismarck ab 1880 über einen Staatsstreich nach, weil man, so meint er, mit einem Reichstag nicht regieren könne, der aus allgemeinen und gleichen Wahlen hervorgegangen ist. Entweder die Einzelstaaten rufen ihre Vertreter aus dem Bundesrat zurück, einigen sich auf eine gleich lautende Landesgesetzgebung und überlassen der Reichsverwaltung Außenpolitik, Militär und Zölle. Oder die Fürsten kündigen das Reich von 1871 und gründen ein neues Deutsches Reich mit einem Reichstag, der nach dem preußischen Dreiklassenwahlrecht gewählt wird: Also nicht jede Stallmagd oder jeder Arbeiter hat mit seinem Wahlzettel ein ebenso großes Gewicht wie Thyssen oder Krupp, sondern es gibt drei Vermögensklassen, die gleichviel zu bestimmen haben: Die oberen paar Tausend so viel wie Millionen einfache Arbeiter. Bismarck scheitert mit seinen Plänen an der Außenpolitik, die ab 1885 einen Staatsstreich nicht zulässt.

Nichts hat also geholfen, die »große Depression« zu überwinden: weder die Schutzzölle, mit denen sich Deutschland vom Weltmarkt abschottet, noch Kolonien, die Sozialversicherung oder die Verfolgung von Sozialdemokraten und Katholiken. Selbst der angedachte Staatsstreich bringt keinen finanziellen Spielraum. Die Depression dauert bis in die 1890er. Als sich die Wirtschaft wieder erholt, stabilisiert sie sich nicht wegen der staatlichen Interventionen, sondern »weil die Unternehmer wieder Mut hatten, zu gründen und zu investieren«, so die vorherrschende Meinung.[48] Doch niemand wird aus heiterem Himmel unternehmerisch tätig oder weil er eine Positiv-denken-Pille geschluckt hat. Die Kondratiefftheorie erklärt, warum es sich wieder lohnt, zu investieren: Neue Techniken und Kompetenzen machen die Fabriken wieder produktiver.

3. Kondratieffaufschwung
Die unsichtbare Energie

Dampfmaschinen können sich nur kapitalkräftige Unternehmer leisten – für den normalen Handwerker sind sie ein unerreichbares Ziel. Und sie sind aufwändig: Eine Dampfmaschine benötigt Arbeiter, die Kohle heranschaufeln. Sie verbreitet Hitze, belastet das Gehör und ist unflexibel: Denn sie lässt sich nicht einfach an- und ausknipsen. Sie rotiert ununterbrochen, unabhängig davon, ob und wie viele Maschinen über Riemen an die Transmissionsstange gekoppelt sind. Die teure Energie verpufft dann ungenutzt. Und wenn die Dampfmaschine kaputt ist, steht die ganze Fabrik still.

Grundlegende Erfindungen stellen die ganze Gesellschaft auf den Kopf

Diese Wachstumsgrenze überwindet der dritte Kondratieff mit mobiler Energie. Elektrischer Strom – das ist Kraft für Maschinen, Licht für

48 Ogger: »Gründerjahre«, S. 231.

Städte, Kommunikation, ein Katalysator für chemische Prozesse, Wärme für den Haushalt oder Hitze für den Hochofen. Elektrischer Strom revolutioniert die Mechanik. Er verändert die Arbeitsorganisation, die Betriebsgröße und den Bau von Maschinen. Tragbare Bohrer oder fahrbare Presslufthämmer (zum Kohlehauen unter Tage) lassen sich überall nutzen, wo ein Kabel hinführt oder eine ausreichend große Batterie mitgebracht wird. Stromkabel lassen sich überallhin verlegen und machen Firmen ortsunabhängig von Kohlevorkommen. Fabriken werden mit elektrischem Licht heller, der Unterschied zwischen Tag und Nacht verschwimmt. Die Kapazität einer elektrifizierten Produktionsanlage ist größer als die der Dampfgetriebenen, die Qualität steigt. Energie wird dosier- und wandelbar. Hitzeenergie lässt sich über den elektrischen Strom in kinetische Energie umsetzen (zum Beispiel: Strom aus einem Kohlekraftwerk zieht einen Fahrstuhl nach oben) und umgekehrt (Strom aus einem Wasserkraftwerk heizt einen elektrischen Stahl-Hochofen). Wo sich Wasserkraft zum Beispiel wie bei den Niagarafällen in den USA nutzen lässt, entsteht elektrische Energie praktisch kostenlos.

Das alles braucht wie bei jedem neuen Strukturzyklus wieder gesellschaftliche Debatten über neue Gesetze und technisch abgestimmte Normen. Denn die Gesellschaft ist sich doch noch gar nicht darüber einig, wohin die Reise gehen wird: Als Edward Belamy 1888 sein Buch »Utopia: Looking Backward« ein paar Millionen Mal verkauft, prognostiziert er, bis zum Jahr 2000 werde der elektrische Strom alle Lichtquellen und Herdplatten befeuern. Das gilt als mutige Aussage, obwohl es in Wirklichkeit viel schneller so kommt. Die meisten Zukunftspropheten machen zu ihrer Zeit den Fehler, nur die gegenwärtige Entwicklung hochzurechnen, anstatt sich vorzustellen, wie stark sie sich beschleunigt.

Verständlich, wenn man sich überlegt, vor welchen ungeheuerlichen Investitionen eine Gesellschaft zu Beginn des neuen Strukturzyklus steht: Kohlekraftwerke erzeugen elektrischen Strom außerhalb der Fabrikhalle oder sogar draußen vor der Stadt. Kabel leiten elektrische Energie direkt an den Verbrauchsort. Dort verwandeln Elektromotoren den Strom sauber und geräuschärmer als die bisherigen Dampfungetüme in mechanische Bewegungsenergie, stanzen Bleche, lassen Spindeln rotieren, bohren Schraubengewinde. Elektrische Maschinen werden zu einem neuen Wirtschaftszweig. Glühlampen erhellen die Innenstädte, Theater und bald auch Wohnungen ungefährlicher als Gas- und Petroleumlampen. Die gewaltig gesteigerte Produktivität vernichtet keine Arbeitsplätze (wie Gewerkschaften und andere gesellschaftliche Gruppen in den 1970ern/80ern gegen Computer und Roboter eingewandt haben), sondern sie schafft einen schier unendlichen neuen Arbeitsbedarf: Kupfer muss in Bergwerken gefördert, Kabel, Masten und Dynamos müssen gefertigt und verlegt werden, um Strom und um Nachrichten zu übertragen. Technische Hochschulen bilden Ingenieure aus.

Eine neue Elektroindustrie stellt Produkte her, von denen man vorher noch nicht einmal geträumt hat. Strom ermöglicht Gespräche über das Telefon. 1890 sind 228.000 Telefone in den USA in Gebrauch, um 1900 sind es bereits fast anderthalb Millionen. In den Großbetrieben mit Zehntausenden von Arbeitern und verstreuten Dienststellen spart das viel Zeit. Auch die elektrische Schreibmaschine erleichtert die Büroarbeit. Vor allem löst der elektrische Strom das größte Problem der rapide gewachsenen Großstädte: Überall fahren jetzt elektrische Straßenbahnen, zum Teil schon unterirdisch wie in London ab 1887. In Deutschland verbreiten sich die elektrischen Straßenbahnen ganz besonders schnell: 1891 haben erst zwei Städte welche, im Jahr 1900 sind bereits 99 Straßenbahnen fertiggestellt, 28 weitere in Bau. Ebenso rapide entwickelt sich der dritte Kondratieff in den USA: 1890 haben erst 15 Prozent der amerikanischen Städte elektrisch angetriebene Trambahnen, 1904 sind es 94 Prozent.[49] Damit beginnt, was das Auto später perfektioniert: Das Leben der Arbeiter und Angestellten verlagert sich aus der Nachbarschaft der Fabriken raus an den Stadtrand und in die Vororte.

Die Elektrifizierung versetzt die chemische Industrie in die Lage (zum Beispiel durch Elektrolyse oder celsiusgradgenaue Temperatureinstellung), chemische Stoffe aller Art in Masse zu produzieren. Das eröffnet unendlich viele Möglichkeiten, sie neu zu kombinieren und zu Produkten zu verarbeiten: neue Werkstoffe und Legierungen, Schwefelsäure, Farbstoffe. Glas, Papier, Zement, Gummi und Keramik werden Teil der chemischen Industrie. Auch Aluminium hängt von der elektrischen Industrie ab, ebenso das Herstellen von Chlor. Was elektrischer Strom in der Chemie möglich macht, wirkt auf die Elektrobranche zurück: Erst mit Hilfe der Elektrolyse lässt sich Kupfer in großen Mengen herstellen. Nie zuvor haben Wissenschaft und Produktion so eng zusammengearbeitet

49 Freeman / Louçã: »As Time Goes By«, S. 225.

– zum ersten Mal geht es in einem Kondratieff um die Anwendung wissenschaftlicher Erkenntnisse, besonders um das Wissen über den Aufbau der Materie.[50]

Durch den elektrischen Strom beginnt erst jetzt so richtig das Zeitalter des Stahls, auch wenn schon vorher bessere Herstellungsverfahren die Grundkosten des Rohstahls senken (Bessemer-Verfahren 1856, Siemens-Martin-Verfahren 1864, Thomas-Verfahren 1879). Im selben Jahr stellt Siemens den ersten elektrischen Hochofen vor. Am Ende des Kondratieffs erzeugen sie Temperaturen, die für konventionelle Brennstoffe unerreichbar sind. Der Preis etwa für Stahlschienen sinkt in den USA von 107 Dollar pro Tonne im Jahr 1870 auf 18 Dollar 1898.[51] Mit den höheren Temperaturen steigt auch die Qualität. Stahl wird auf unendlich viele Arten neu einsetzbar. Das löst eine Welle von Anwendungen im Gebäude- und Schiffsbau und erneut bei der Eisenbahn aus. Die Eisenbahn ist aber nicht mehr Wachstumsmotor, sondern hat im Staffellauf der Wachstumsmärkte den Stab an den elektrischen Strom abgegeben. Weil der den Wohlstand hebt, gibt es mehr zu transportieren. In dem Jahrzehnt bis 1905 kommen in Deutschland noch einmal 10420 Schienenkilometer dazu, danach bricht dieser Sektor mit nur noch 5430 zusätzlichen Kilometern schon vor dem Ersten Weltkrieg am deutlichsten ein und zeigt, dass die Wirtschaft auch ohne Krieg in den 1920er Jahren abgerutscht wäre.

Der dritte Kondratieff verändert auch den Schiffsbau völlig: Wird 1870 erst jedes zehnte aus Stahl gefertigt, sind es nur 20 Jahre später neun von zehn Schiffen. Sie kommen mit deutlich dünneren Platten aus. Stahlschiffe sparen so mehr Kosten, als es die fallenden Preise pro Tonne Stahl ausdrücken – das gilt für alle Bereiche, wo Stahl das bislang verwendete Eisen ersetzt (s. Grafik). An Stahlpfeilern hängen neue Brückenkonstruktionen, große Bahnhofshallen werden aus Stahlträgern errichtet. Bisher waren hohe Gebäude auf dicke, tragende Mauern aus Ziegelsteinen angewiesen, die nur wenige Fenster erlauben. Mit dem Stahlbau beginnt jetzt im völlig übervölkerten New York und Chicago die Ära der Wolkenkratzer. Auch dabei zieht sich wieder das technologische Netz gegenseitig nach oben: Elektrischer Strom ermöglicht einen sicheren Lift, das Telefon die Kommunikation über 20 Stockwerke hinweg. Anderer-

50 Nefiodow: »Der Sechste Kondratieff«, S. 6.

51 Freeman zitiert die Encyclopaedia Britannica aus dem Jahr 1898, in: »As Time Goes By«, S. 234.

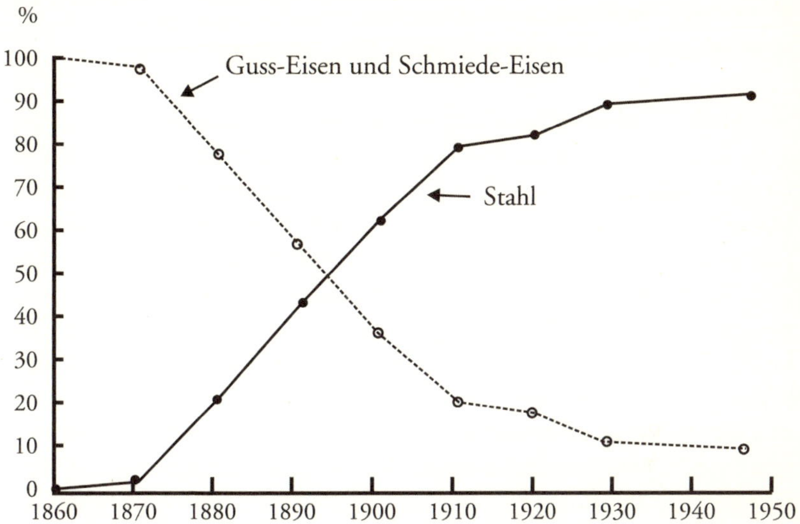

Freeman / Louçã, As Time Goes By

seits verbessert der Stahl auch Anwendungen der Elektrotechnik, etwa für größere Generatoren. Mit der jetzt möglichen Massenproduktion in der Chemieindustrie werden neue Legierungen möglich, die den Stahl immer härter machen, was wiederum neue Werkzeuge generiert – zum Beispiel die Bohrköpfe, die den Panamakanal ausgraben.

Kupfer wird durch Elektrolyse gewonnen, ermöglicht andererseits aber erst die Massen-Elektrifizierung. Aus elektrischen Hochöfen fließt besserer Stahl, was den Maschinenbau beflügelt, der mit härterem Stahl Metalle exakter verarbeiten kann. Rostfreier Stahl regt die Rüstungsindustrie an. Blechdosen bestehen ab jetzt nicht mehr aus Zinn-Weißblech, sondern zu 98 Prozent aus Stahl – das verändert die Haushalte und das Leben der Soldaten im Ersten Weltkrieg. Fahrräder aus Stahlrohren werden in den 1890er Jahren erschwinglich. Und auch Gebrauchsgüter wie Essbesteck ersteht der kleine Mann für weniger Geld.

Nicht Makroökonomie, sondern der neue Kondratieff treibt den Wohlstand

Der Markt ist kein völlig zufälliges Geschehen. Die Elektroindustrie entwickelt sich, wie sich alle Basisinnovationen entwickeln: Ihre Beschäftigung, ihr Umsatz und ihr Anteil an der Gesamtwirtschaft explodieren. In nur 17 Jahren legt die Zahl der Mitarbeiter bei Siemens von 4000 im Jahr 1895 auf 57.000 im Jahr 1912 zu, bei der AEG von 550 auf 22.650. Die Hälfte aller in der deutschen Elektrobranche Beschäftigten arbeitet in »Elektropolis«, in Berlin. Auch innerhalb der deutschen Industrie bekommt die Elektrobranche größeres Gewicht: 1895 arbeiten 24.000 Menschen in der Elektroindustrie, das ist nur jeder 250. Industriearbeiter. 1925 sind es 449.000 – das ist jetzt jeder 25. Der weltweite Umsatz von Siemens steigt von 800.000 Britischen Pfund 1893 auf 23,6 Millionen Pfund, AEG ist mit einem Umsatz von 22,7 Millionen Pfund fast gleichauf. Jeder von ihnen produziert allein mehr als der wichtigste US-Konkurrent General Electric, der 17,8 Millionen Pfund auf die Waage bringt.

Die Elektrifizierung spiegelt sich auch in der Weltkupferproduktion wider: Sie steigt zwischen 1875 und 1900 von 130.000 auf 525.000 Tonnen. Welches wirtschaftliche Gewicht der elektrisch hergestellte Stahl bekommen hat, verdeutlicht sein Verhältnis zum Branchenumsatz des ersten Kondratieffs: Während die US-Wirtschaft 1901 Textilien für eine Million Dollar produziert, produziert sie im selben Jahr Stahl im Wert von einer Milliarde Dollar.[52] Zwischen 1880 und 1913 steigt der US-amerikanische Stahlausstoß von einer auf 31 Millionen Tonnen, in Deutschland von 0,7 auf 18,9 Millionen Tonnen, in Großbritannien dagegen nur von 1,3 auf 7,7 Millionen Tonnen. 1903 ist der Stahlhersteller Krupp das größte Privatunternehmen auf dem europäischen Kontinent.

Dass kurz nach der Jahrhundertwende eine Elektrokrise ausbricht, ist kein Argument gegen die These, dass in diesen Jahren ein Kondratieffaufschwung stattfindet. Macht die Basisinnovation bei ihrer Bergtour eine Pause, dann stottert die Konjunktur, aber eben nur kurz. Das gibt es auch beim Eisenbahnaufschwung in den 1840ern und 1857 oder im Computeraufschwung um 1992: weil Investitionen nicht immer im selben Tempo von der Gesellschaft wirtschaftlich aufgenommen werden können, mit

52 Freeman / Louçã: »As Time Goes By«, S. 221.

welchem sie errichtet werden. Deutlich nachzuvollziehen ist der dritte Kondratieff an der Zahl der Menschen, die aus wirtschaftlichen Gründen ins Ausland flüchten: In den zehn Jahren während des zweiten Kondratieffabschwungs zwischen 1881 und 1890 wandern 1.342.000 Deutsche in die USA aus, die zu dieser Zeit in Deutschland nicht ausreichend produktiv beschäftigt werden können. Das ist nicht nur ein Verlust an Menschen, sondern auch an Kapital. Denn sie nehmen im Durchschnitt vier bis sechs Jahreseinkommen eines Arbeiters mit. Trotz Bevölkerungsexplosion versiegt der Auswandererstrom, als Deutschland im dritten Kondratieff prosperiert: Zwischen 1901 und 1910 wandern insgesamt nur noch 280.000 Deutsche aus.

Zu welchem Zeitpunkt man genau anfangen sollte, die Geschichte des dritten Kondratieffs zu erzählen, lässt sich nur willkürlich bestimmen. Ein Strukturzyklus berührt zwar alle Ebenen des Denkens und der Gesellschaft, aber er berührt sie unterschiedlich schnell. Seine grundlegenden Erfindungen brauchen Zeit. Lange, bevor sie die Wirtschaft antreiben, müssen sie zahlreiche Hindernisse überwinden, technische Probleme lösen, soziale Voraussetzungen und Infrastruktur schaffen, misstrauische Zeitgenossen vom Nutzen überzeugen. Längst beansprucht das neue technologische System große Entwicklungsressourcen, verändert Bildungslandschaft und Organisationsmuster, bis es stark genug ist, die Wirtschaft auf ein neues Wohlstandsniveau zu tragen. Seine Strukturen überlappen sich mit denen des Vorgängers und des Nachfolgers, verlaufen parallel. Ein neues technologisches System entwickelt sich zuerst nur als Nische, Nutzer oder Zulieferer des aktuellen Strukturzyklus und mausert sich zu einem eigenen Kondratieff, bis es in seinem wirtschaftlichen Gewicht selbst wieder zum Lieferanten seines Nachfolgers absinkt.

Dass die USA so schnell auf der dritten Welle reiten, liegt an Thomas Alva Edison – und zwar nicht nur an seinen Erfindungen: Er überzeugt die Handelsorganisationen, seine Elektroausrüstung zu vertreiben. Die Deutschen müssen diesmal nicht in England spionieren, denn sie selbst treiben die Innovation voran. Der deutsche Erfolg im dritten Kondratieff hängt an zwei Personen: Emil Rathenau, der als Unternehmer in der AEG vor allem umsetzt, was andere erfinden, und Werner von Siemens, dem Pionier. Als Armeeingenieur entwickelt Siemens ein Elektrolyseverfahren, das Essbesteck wie Gabeln und Löffel vergoldet. Dann bastelt er an der Möglichkeit, Nachrichten mit elektrischem Strom zu übermitteln, und verbessert 1846 einen englischen Telegrafen. Von Anfang an ist aber auch er vor allem Unternehmer: Die Probleme, mit denen er sich beschäftigt, sucht er sich danach aus, ob jemand bereit ist, für die Lösung viel Geld auszugeben. Seine Firma ist 1847 ein Hinterhofgebäude in der Schöneberger Straße 19 in Berlin, in der Nähe des Anhalter Bahnhofs. Eine baufällige Treppe führt zu 150 Quadratmetern sparsamst eingerichteter Werkstatt.[53] Dort schafft er die Voraussetzung für den Aufstieg der Elektrotechnik und den Wohlstand späterer Generationen: Da es noch nicht gelingt, Strom über weite Strecken zu leiten, weil die Kabel nicht gut isoliert werden können, erfindet Siemens eine Presse, mit der Kupferkabel nahtlos mit Guttapercha umhüllt werden können, einem gummiartigen Pflanzenprodukt. Mit zuverlässigen und billig isolierten Drähten ist der Weg frei für Telegrafen und die wirtschaftlich sinnvolle Verbreitung elektrischer Geräte.

1852 gibt es in ganz Russland nur 600 Kilometer Eisenbahn – gegenüber 10600 Kilometern im vergleichsweise winzigen England. In industrielle Größenordnung katapultiert Siemens der russische Auftrag, während des Krimkrieges eine Telegrafenlinie von Sankt Petersburg über Kiew bis zum Kriegsschauplatz auf der Krim zu bauen und die komplette Anlage zu installieren, einschließlich der Leitungen, Masten, Isolatoren und Relaisstationen. Dabei sieht es in der Werkstatt aus wie bei Handwerkern, nicht wie in einer Fabrik: Jedes Werkstück wird per Hand hergestellt, bis 1863 gibt es noch nicht einmal eine Dampfmaschine, die Drehbänke und Bohrmaschinen werden von Hand bedient.

Das Telegrafengeschäft kommt Ende der 60er Jahre ins Stottern: Es ist im zweiten Kondratieff gleichbedeutend mit Kabeln und Signalanlagen entlang der Bahntrassen. Siemens findet mit dem Dynamo 1866 als Erster einen Weg, mechanische Energie in elektrischen Strom zu verwandeln. Deswegen ist er führend in der Schwachstromtechnik, aber in der Starkstromtechnik liegt der amerikanische Erfinder Thomas Alva Edison vorne. Und der junge Konkurrent Emil Rathenau wird den alten Herrn von Siemens bald überflügeln, weil dieser ein eigenwilliger Gründer ist, der es nicht schafft, sich vom allwissenden Prinzipal einer Garagenfirma zum Manager einer Massenproduktion zu verändern. Siemens zieht sich 1890 aus dem Geschäft zurück und stirbt 1892. Es hat ein ganzes Arbeitsleben

53 Ogger: »Gründerjahre«, S. 303 ff.

gebraucht, um den Elektrokondratieff vorzubereiten, der erst jetzt antritt, die Gesellschaft zu reorganisieren.

Der viel jüngere Rathenau setzt auf moderne Produkte und auf Marketing: Er rüstet das Münchner Residenztheater mit den von Siemens ignorierten Edison-Glühlampen aus – um so Bedarf zu wecken. Seine Geschichte macht uns heute Mut, weil sie zeigt, dass man sich während des langen Abschwungs anstrengen muss, um den neuen Aufschwung zu ermöglichen. Emil Rathenau steigt als junger Konstrukteur bei einer Maschinenbaufirma ein, die im Gründerboom in eine Aktiengesellschaft umgewandelt wird. Er ist clever genug, seine Aktien vor dem Börsencrash zu verkaufen, zieht sich 35jährig mit einer dreiviertel Million Reichsmark ins Privatleben zurück und beobachtet die nächsten zehn Jahre, wie sich Technik und Wirtschaft verändern. Auf der Weltausstellung 1881 in Paris begegnet er Thomas Alva Edison, der seine Kohlefadenlampe vorführt. Rathenau setzt sich unter windigen Konkurrenten durch und erwirbt die alleinige Lizenz zur Produktion der elektrischen Glühlampe – auch er glaubt nicht an eine unvorhersagbare Zukunft, sondern weiß, dass die Elektrifizierung kommt.

Weil aber in der Wirtschaftskrise der 1880er Jahre dafür kein Kredit zu bekommen ist, gründet Rathenau eine Studiengesellschaft. Das erfordert kaum Geld, bringt ihm aber Luft, um Erfahrungen zu sammeln, und Zeit, die Werbetrommel zu rühren. Mit Bankern gründet er 1883 die Deutsche Edison-Gesellschaft für angewandte Elektrizität AG und ändert 1887 den Firmennamen in Allgemeine Elektrizitäts-Aktiengesellschaft. In wenigen Jahren setzt sich das elektrische System in der Wirtschaft durch.

Es verändert die Art, wie sich Unternehmen organisieren. Die Verwaltung in den Unternehmen wächst. Dieses Paradigma kann Deutschland viel besser umsetzen als andere Länder – weil der preußische Staat schon lange vor der Wirtschaft seine Bürokratie perfektioniert hat. In Deutschland ist das Vertrauen in Institutionen einfach größer – also auch in ein neu errichtetes Management. Aus den USA schwappt die Managementphilosophie des Unternehmensberaters Frederick Taylor über den großen Teich. Er lehrt hohe Spezialisierung in der Massenfertigung. In den kleinen Firmen haben sich die ausgebildeten Facharbeiter bisher mit der Geschäftsleitung identifiziert; jetzt übernimmt eine Managerbürokratie die Macht im Massenbetrieb mit Zehntausenden von Arbeitern. Der Taylorismus verlagert die Gestaltungsmacht weg von der operativen Ebene hoch in die Büros (das ist genau die Entwicklung, die jetzt im Übergang vom fünften in den sechsten Kondratieff wieder rückgängig gemacht wird). Mit der Elektrobranche bekommt der 1856 gegründete Verein Deutscher Ingenieure (VDI) Gewicht: Der VDI diskutiert theoretische Probleme, gibt praktische Erfahrungen weiter und setzt Normen.

Das neue technologische System spaltet die Unternehmerschaft – nach heutigen Begriffen in »old« und »new economy«: Die einen sehen sich in ihrer Firma autoritär-patriarchalisch als »Herr-im-Haus« und fordern vom Staat, Gewerkschaften zu unterdrücken. Zu ihnen gehören die Unternehmer der hoch kartellierten Schwerindustrie an Rhein und Ruhr (der beiden ersten Kondratieffs), die sich schon 1876 im »Centralverband Deutscher Industrieller« (CDI) zusammengeschlossen haben. Die jüngste, kapitalintensivere new economy des dritten Kondratieffs dagegen – Elektroindustrie, Chemie, also AEG, Siemens, IG Farben – gründet 1895 den »Bund der Industriellen« (BDI), der die neue Mittelschicht der Angestellten und »national« gesinnte Arbeiterverbände in den Staat integrieren will. Beide verschmelzen 1919 zum Reichsverband der Deutschen Industrie RDI, dem heutigen Bundesverband der Deutschen Industrie BDI.

Alle profitieren vom Elektroaufschwung nach 1890: Der Lebensstandard steigt. Facharbeiter können es sich als Erste leisten, keine Schlafstellen mehr an ärmere Arbeiter zu vermieten. Der Wohlstand erlaubt auch zunehmend schärfere Kinderschutzgesetze – und macht Kinderarbeit unrentabel. Damit hören Kinder mit dem dritten Kondratieff auf, wirtschaftliche Aktiva zu sein, was die Geburtenrate verändert und die Familienrollen. Kinder bekommen ab jetzt ihr eigenes Bett – »wie bei Kaisers«. Innenpolitisch wird die SPD in der Zeit des starken Wirtschaftswachstums zur stärksten politischen Kraft. Die Jugend rebelliert in der Jugendbewegung (ähnlich wie ihre Enkel bzw. Urenkel um 1970), der Jugendstil will anders sein und sich vom Historismus aus der Zeit des Abschwungs des zweiten Kondratieffs distanzieren. Die feineren Kreise sprechen von der Belle Époque.

Den sprunghaft steigenden Wohlstand investiert Deutschland nicht nur in Infrastruktur und technische Entwicklung, sondern auch in Menschen: Seine Bevölkerung steigt im dritten Kondratieffaufschwung von 49 Millionen im Jahr 1890 auf 66 Millionen bis zum Ersten Weltkrieg. Aber nicht allein die bloße Zahl der Köpfe, sondern die verhältnismäßig hohe Bildungsinvestition lässt Deutschland so prosperieren. Die für das boomende technologische Netz notwendigen Schultypen – Oberrealschulen, Polytechnikschulen und Technische Universitäten – gedeihen in Deutschland. In der Pisa-Studie zum Bildungsniveau hätte Deutschland vor 100 Jahren alle anderen Länder in den Schatten gestellt. Die amerikanischen »Institutes of Technology« sind den deutschen Technischen Universitäten vergleichbar.

Im Ersten Weltkrieg sind deutsche Truppen auch deswegen so effizient, weil die Grundschulbildung der Soldaten weit besser ist als in anderen europäischen Ländern (auch wenn man anmerken muss, dass sich ein großer Teil der hohen Bildungsinvestitionen wegen des vorzeitigen Heldentodes fast zweier Millionen deutscher Männer nie mehr hat amortisieren können): Während in Italien 330 von 1000 Rekruten nicht lesen können, in Österreich-Ungarn 220 von 1000 Rekruten Analphabeten sind und in Frankreich 68 von 1000, ist es in Deutschland nur einer von 1000 – kein Wunder, dass es den Deutschen besser gelingt, für den wachsenden Bedarf des dritten Kondratieffs mehr Laboranten auszubilden, Elektriker zu schulen oder Wissen über Düngemittel schriftlich an Bauern weiterzugeben. (Deutschland hat wegen seiner Chemieindustrie damals die höchsten Hektarerträge.)[54]

Warum so viele den Kriegsausbruch bejubeln

Damit wird das neue technologische Netz von unterschiedlichen Gesellschaften wieder unterschiedlich gut aufgenommen und umgesetzt. Wieder wächst das Produktionspotenzial in den Ländern unterschiedlich schnell. Wieder verschieben sich die wirtschaftlichen Machtgewichte, wieder mischt ein neuer Kondratieff die internationale Politik auf: 1870 produzieren die Deutschen erst ein Fünftel des britischen Eisenausstoßes, 1890 immerhin schon die Hälfte. 1910 haben die Deutschen mit 13 Millionen Tonnen die 10 Millionen Tonnen britischen Eisens überholt. Im selben Jahr gießen die Deutschen sogar doppelt so viel Stahl wie Großbritannien.

Gegenüber Frankreich ist der deutsche Machtzuwachs im dritten Kondratieff noch größer: 1880 hat Frankreich mit 25,1 Prozent des britischen

---

54 John Gooch: »Italy During First World War«, S. 3, in: A. Millet, W. Murray: »Military Effectiveness«, Bd. 1, Winchester 1988, zitiert bei Kennedy: »Mächte«, S. 323.

Industriepotenzials des Jahres 1900 ein fast ebenso großes Gewicht wie Deutschland mit 27,4 Prozent.[55] Weil sie die Basisinnovationen um Strom und Stahl aber besser beherrschen, verfünffachen die Deutschen ihr Industriepotenzial bis zum Jahr vor Ausbruch des Ersten Weltkrieges auf 137,7 Prozent, die Franzosen können es nur wenig mehr als verdoppeln und kommen 1913 auf 57,3 Prozent der britischen Produktion des Jahres 1900. Die deutsche Kohleförderung steigt von 89 Millionen Tonnen im Jahr 1890 auf 277 Millionen Tonnen bis zum Ersten Weltkrieg – das ist fast so viel wie die britische Kohleförderung und mehr als doppelt so viel wie die französische, österreichisch-ungarische und russische Kohleförderung zusammen.

Die europäische Elektroindustrie wird von Siemens und AEG beherrscht. Deutsche Chemiekonzerne, angeführt von Bayer und Höchst, stellen 90 Prozent (!) der weltweiten industriellen Farbstoffe her. Deutschlands viel zitierte Kapitalschwäche hängt vor allem damit zusammen, dass Kapital von den Investitionen in Maschinen und Menschen schneller aufgesogen wird, als es erwirtschaftet werden kann. Zwischen 1903 und 1913 investieren die Deutschen 15,3 Prozent ihres Bruttosozialproduktes – das ist ein Spitzenwert, den sie vorher nicht erreicht haben und danach erst wieder im vierten Kondratieffaufschwung erreichen werden. Gemessen am Anteil an der Weltindustrieproduktion, erreicht Deutschland mit 14,8 Prozent 1913 seinen relativen Höhepunkt; Großbritannien steigt seit 1880 von 22,9 Prozent auf 13,6 Prozent der Weltindustrieproduktion ab, Frankreich von 7,8 auf 6,1 Prozent – am meisten nimmt der schlafende Riese USA zu, von 14,7 auf 32 Prozent der Weltindustrieproduktion.[56]

Warum sich die britische Produktivität verlangsamt, ist eines der bestuntersuchten Probleme der Wirtschaftsgeschichte: In den Studien geht es um Generationenunterschiede, Sozialethos, veraltete Fabriken, niedrige Produktivität, die vielen Arbeitskämpfe, mangelnde Verkaufstüchtigkeit und vieles mehr. Die Kondratiefftheorie bringt es auf einen Nenner: England verschläft schlicht die Elektrifizierung – und zusammen damit den Aufbau einer modernen Chemieindustrie. Es verliert Marktanteile und wird sogar im eigenen Land von ausländischen Produkten überrollt. Die Briten wehren sich zwar mit dem Brandzeichen »Made in Germany« ge-

55 Kennedy: »Mächte«, S. 301 ff.
56 Bairoch: »International Industrialization Levels from 1750 to 1980«, S. 292-304.

gen deutsche Produkte, aber es nützt ihnen nichts. Denn ein deutscher Unternehmer, der seine Fabrik elektrifiziert hat, ist nun mal bedeutend produktiver als ein Engländer, der noch immer daran festhält, mit einer – wenn auch ständig verbesserten – Dampfmaschine zu arbeiten, mit der schon sein Papa und sein Großvater so tolle Erfolge hatten.

1914 gibt es nur wenige kleinere Elektrofirmen in England – und diese gehören zum Teil den deutschen »Siemens brothers« oder sind Töchter des US-Giganten General Electric. Das britische Bildungswesen bringt zuwenig Ingenieure hervor, Banken und Unternehmer sind eher an kurzfristigen Renditen denn an langfristigem Engagement interessiert. Wirtschaftshistoriker schreiben, die Briten hätten eben mehr in ihrem eigenen Land investieren müssen, anstatt in aller Welt. Im Jahrzehnt vor dem Ersten Weltkrieg fließt die Hälfte ihrer Investitionen ins Ausland – aus Deutschland nur jede 20. Mark. Aber das ist ja keine Frage des Wollens, sondern ob die Investitionen rentabel genug sind. Weil die gesellschaftlichen Strukturen in England den dritten Kondratieff nicht fördern, gibt es dort auch wenig zu investieren.

Vor diesem Hintergrund wundern Spannungen und Flotten-Rüstungswettlauf zwischen Deutschland und England vor dem Ersten Weltkrieg nicht: Die Jahre, nachdem der »Lotse« Bismarck von Bord gegangen ist, bringen den Deutschen mit dem Wirtschaftswachstum das Hochgefühl der Wilhelminischen Ära. Aus der Perspektive der Kondratieff-Theorie ist es daher kein Wunder, dass Deutschland aufrüstet, seine wertlosen Kolonien ausbaut und sogar in blutigen Kriegen die dortige Bevölkerung dezimiert. Eine Gesellschaft, deren Wirtschaft im Vergleich zu früheren Jahren stark wächst, denkt, den konkurrierenden Nachbarstaat bald überholt zu haben und in die Tasche stecken zu können.

Marokko-Krisen, »Panthersprung«, Balkankriege, Spanisch-amerikanischer Krieg, Englischer Burenkrieg, Russisch-Japanischer Krieg und die japanische Expansion in China sind Ausdruck der wachsenden Spannung, die durch die Verschiebung von Macht und Ressourcen entsteht, weil die Staaten alle, aber unterschiedlich stark wachsen. Einige (wie etwa Frankreich) bekommen dabei Angst, gegenüber dem Nachbarn zu viel an Boden zu verlieren. Es wundert fast, dass der Erste Weltkrieg samt nachfolgender Revolutionen nicht eher ausbricht, und es scheint verständlich, dass so viele Zeitgenossen den Kriegsausbruch bejubeln, weil sie ihn als Erlösung von aufgestauter Spannung empfinden.

Was für ein unnötiges Säbelrasseln: Hätte Deutschland England im Imperialismus nicht herausgefordert, England wäre im Ersten Weltkrieg neutral geblieben, hätte als Schiedsrichter dafür gesorgt, dass Frankreich und Russland, die allein von Deutschland geschlagen worden wären, nicht zu sehr geschädigt werden. Die USA wären nie in den Krieg eingetreten, nach ein paar Monaten und nur Zehntausenden von Toten statt neun Millionen wäre alles vorbei gewesen. Aber so entladen sich die darwinistischen Vorstellungen im Stahlgewitter, gehen in Europa ein halbes Jahrhundert lang die Lichter aus. England schneidet Deutschland per Seeblockade von Rohstoffen und Lebensmitteln ab. Im Hungerwinter 1916/17 sterben Tausende Zivilisten. Jeder friert, weil in den Bergwerken zuwenig Männer Kohle fördern, und was sie fördern, verfeuert die Reichsbahn für den Truppentransport. Selbst Grundnahrungsmittel gibt es nur noch gegen Bezugsschein, das Leben wird noch ungleicher als im Kaiserreich.

Eigentlich müsste dieser Krieg gleich vorbei sein: Durch die Seeblockade kommt aus Chile kein Salpeter mehr ins Deutsche Reich, das die Deutschen brauchen, um daraus Dünger, vor allem aber Sprengstoff, herzustellen. Dank ihres Vorsprungs im damaligen Strukturzyklus gelingt es ihnen aber, durch das Haber-Bosch-Verfahren den Luftstickstoff zu nutzen. Deutsche Chemiker stellen Kautschuk synthetisch aus Kohle her oder züchten Nährhefe als Zusatz für Lebensmittel, Metallurgen entwickeln Legierungen mit weniger Kupfer für die Elektroindustrie – kurz: Was ihnen fehlt, können die Deutschen oft technologisch ausgleichen. Umgekehrt ist die französische Chemieindustrie massiv von deutschen Chemie-Importen abhängig. Kriegsführung wird ein wirtschaftlicher Wettlauf darum, wer seine Produktion schneller ausweiten kann. Ohne den Kriegseintritt der USA mit ihrem Industriepotenzial hätte das Deutsche Reich den Krieg gewinnen können (und wir lägen, um Erich Kästners Gedicht »Wenn wir den Krieg gewonnen hätten« von 1931 zu zitieren, noch heute mit der Hand an der Hosennaht im Bett).

Damit beschleunigt der Krieg das Tempo, mit dem dieser Strukturzyklus erschlossen wird: Alle Volkswirtschaften bauen ungeheure Produktionskapazitäten in der Chemie und in der Schwerindustrie auf, investieren in arbeitssparende Maschinen, treiben die Elektrifizierung der Fabriken voran. Materialschlachten verschlingen nie da gewesene Güterberge. Moderne Industrien tauchen plötzlich neu in bisher ländlichen Gebieten auf.

Die besser zahlende Rüstungsindustrie zieht Menschen aus den Dörfern in die Städte, wo sie auch nach dem Krieg bleiben. Millionen von Frauen jeden Alters und fast aller Schichten ersetzen die Männer in den Fabriken und öffentlichen Stellen (das bringt ihnen dann 1919 in der Weimarer Republik die formale Gleichberechtigung und endlich das Recht, wählen zu dürfen). Hochbetagte in Altersheimen erinnern sich heute an das Vorhängeschloss, das sie damals an der Brotdose der Mutter fanden. Der Weltkrieg am Höhepunkt des dritten Aufschwungs beendet die Jahre, in denen auch die ärmere Mehrheit ihr Leben verbessern kann.

Warum er zu Ende geht und warum es auch ohne Krieg zu einer – wenn auch nicht ganz so schweren – Weltwirtschaftskrise gekommen wäre, zeigt die lange S-Kurve, in deren Form die Basisinnovation verläuft: Um 1920 sind die meisten amerikanischen Fabriken elektrifiziert (s. Grafik). Das technologische Netz, das die Produktivitätsfortschritte der vergangenen 30 Jahre geschaffen hat, kommt seiner maximalen Ausdehnung nahe. Seine Wachstumsraten werden zu gering, um noch die ganze Wirtschaft zu tragen. Damit sinken Preise, Gewinne und Löhne. In den Privathaushalten wie in den Firmen bleibt weniger Geld übrig – der Rückwärtsgang des dritten Kondratieffs wirkt mächtiger, als der nächste Strukturzyklus schon Beschäftigung aufbauen kann.

Ausbreitung der elektrischen Energie in der US-Industrie

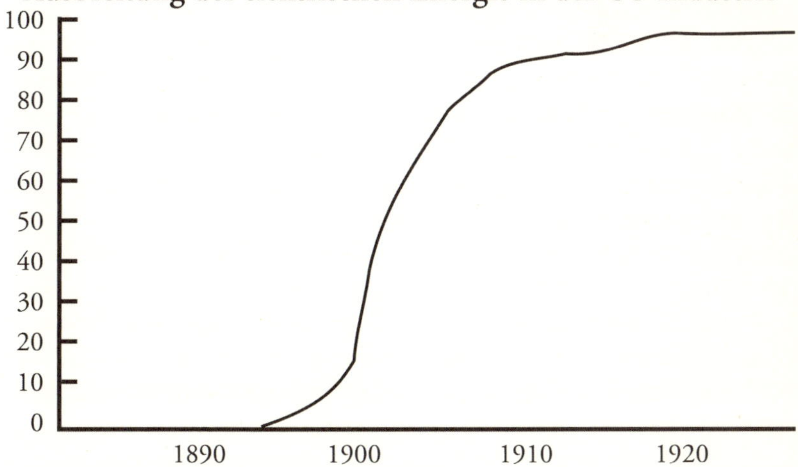

Freeman / Louçã, As Time Goes By

Als Nikolai Kondratieff seine Aufsätze Anfang der 1920er Jahre veröffentlicht, schaut er realistisch zurück auf einen vergangenen Auf- und einen bevorstehenden langen Abschwung. Ob es danach wieder einen neuen Aufschwung gebe, sei jedoch nicht zwangsläufig. »Wenn ein neuer Zyklus beginnt, stellt er keine exakte Wiederholung der vorhergehenden dar, denn die Volkswirtschaft hat bereits eine neue Stufe erklommen. Der Mechanismus bleibt jedoch im neuen Zyklus im wesentlichen derselbe.«[57] Wenn das, was er da entwickelt habe, richtig sei, schreibt er am Ende des Aufsatzes über die Preisdynamik, dann seien »die Quellen des in der Weltwirtschaft ... herrschenden Depressionszustandes noch keinesfalls ausgeschöpft«. Wie Recht er hatte, sollte sich im folgenden Jahrzehnt zeigen.

3. Kondratieffabschwung
Die schlimmste Wirtschaftskrise unserer Erinnerung

Keine Weltwirtschaftskrise ist so stark im kollektiven Gedächtnis wie die ab 1929. Selbst Jahrzehnte danach »sind sich die Experten noch immer nicht darüber einig, worin die Ursachen der Depression lagen«, schreibt der Wirtschaftshistoriker Rondo Cameron[58], immerhin Herausgeber des »Journal of Economic History«. Was die etablierte Wirtschaftswissenschaft dafür an Gründen diskutiert – Kriegsfolgen, Deflation, Agrarkrise, weltweiter Protektionismus und Verteilungskämpfe zwischen Arbeitern und Unternehmern – hat die große Weltwirtschaftskrise aber nicht ausgelöst. Das sind lediglich Symptome und Folgen eines erschöpften Kondratieffzyklus. Auch die Siegerpolitik beschleunigt die Depression nur, besonders in Deutschland.

Wieso soll auch ein Weltkrieg einmal für eine Depression und ein anderes Mal, nach 1945, für ein Wirtschaftswunder verantwortlich sein? Und auch der große Börsenkrach im Oktober 1929 hat keine Krise ausgelöst, sondern nur die schon bestehende weiter verstärkt – schon lange vorher, Mitte 1927, produziert die Industrie in gedrosseltem Tempo. Bei

57 Kondratieff: »Preisdynamik«, S. 38.
58 Cameron, Rondo: »Geschichte der Weltwirtschaft«, Klett Cotta, Stuttgart 1992, Band 2, S. 212.

genauerem Hinsehen wird klar, dass die 20er Jahre nur »golden« sind, wenn man sie aus der Sicht der Kriegs- und Hungerjahre betrachtet: In Wirklichkeit hastet diese Zeit wie in jedem Kondratieffabschwung von Krise zu Krise.

Warum die Wirtschaft Ende der 20er Jahre schrumpft, erschließt sich einem, wenn man sieht, dass die meisten Fabriken jetzt elektrifiziert und die meisten Haushalte mit Strom versorgt sind (siehe Grafik S. 98). Weil die Produktivität nicht mehr im selben Tempo wächst, wirkt der Mechanismus des Kondratieffabschwungs: Die Gewinne schmelzen dahin, die Preise fallen, die Unternehmen flüchten in Überproduktion, die keiner braucht. Wirtschaftliche Verteilungskämpfe senken die Löhne und zerstören den Rechtsstaat. Die Zinsen sinken. Und weil es sonst keine rentablen Investitionsmöglichkeiten gibt (und die neuen Wachstumsmotoren noch nicht stark genug sind), fließt das Geld wie 1873 in die Spekulation mit Aktien. Die Kurse schießen so unrealistisch nach oben, dass sie hinterher umso tiefer fallen. Der Rest sind Begleiterscheinungen des langen Abschwungs: Kurzfristige US-Kredite werden aus Deutschland abgezogen, die geliehene Konjunktur fällt auf den Boden der Realität zurück, es mangelt an Liquidität, Banken und Firmen brechen zusammen, protektionistische Zölle unterbinden den Welthandel noch stärker, die Absatzkrise verschärft sich, die Arbeitslosigkeit explodiert. Aber der Reihe nach.

Die sozialen Erscheinungsweisen des Kondratieffabschwungs sind sehr gut in den Kinderbüchern von Erich Kästner nachzulesen: Die Krise verstärkt die Straßenkriminalität, Alleinerziehende überleben sehr mühsam (»Emil und die Detektive«), Ehescheidung, verdeckte Arbeitslosigkeit und von außen erzwungene berufliche Belastung zerstören Familien (»Das doppelte Lottchen«), die unteren Schichten sind von der Krise stärker betroffen, die Schere zwischen Arm und Reich geht weiter auseinander, und gerade Kinder müssen früh in die Lücken springen, weil Eltern aus wirtschaftlichen Gründen mit dem Leben nicht mehr fertig werden und Krankheit in den wirtschaftlichen Ruin führt (»Pünktchen und Anton«). Wir werden diese Bücher jetzt wieder brauchen. Weil sie Kinder ermutigen, nicht zu resignieren, sondern sich untereinander und den Erwachsenen zu helfen. Außerdem beschreiben sie eine lang andauernde Strukturkrise ebenso real wie akademische Geschichtsbücher.

Nachkriegs-Rezession oder Kondratieffabschwung?

Zum einen – ja: Der Krieg schwächt die europäischen Länder. 1919 müssen in Deutschland sechs Millionen Soldaten wieder ins Arbeitsleben integriert werden. Die Landwirtschaft erntet nur zwei Drittel der Vorkriegsmenge und die Industrie erzeugt 38 Prozent von 1913. Der Versailler »Vertrag« nimmt den Deutschen einige Grundlagen ihres Wohlstands: Sie müssen alle Handelsschiffe über 1600 Bruttoregistertonnen abliefern, dazu 5000 Lokomotiven und 150.000 Waggons. Patente und Lizenzen, die vor 1914 die deutsche Zahlungsbilanz aufgebessert haben, ziehen die Alliierten ein. Mit Elsass-Lothringen, erst 1871 annektiert und jetzt wieder an Frankreich angeschlossen, verliert das Reich drei Viertel seines Eisenerzes sowie ein Viertel seiner Kohleproduktion – damals die Basis für fast alle Wirtschaftszweige und damit so wichtig wie später Erdöl oder heute Computerbausteine.

Außerdem hat Deutschland Reparationen an die Sieger zu zahlen. Mit einem bis vier Prozent des jährlichen Bruttosozialproduktes (in Höhe von 50 Milliarden Reichsmark) sind diese aber eher ein psychologisches denn ein wirkliches Investitionshemmnis. Das ist nur etwa so viel, wie die Deutschen nach dem Ölschock 1973 für ihr Rohöl mehr bezahlen müssen und damit kein Grund für eine schwere Rezession. Das Problem sind also nicht die Reparationen, sondern das veränderte Weltwirtschaftsklima: Vorher, während des langen Kondratieffaufschwungs, haben die Deutschen Devisen im Export gut erwirtschaften können. Das ist jetzt im Abschwung für die Nachbarn ein Problem: Schon wieder würden sie Marktanteile an deutsche Firmen verlieren, deren wirtschaftliche Konkurrenz sie doch gerade erst in einem verlustreichen Krieg niedergekämpft haben. Ihre eigene Arbeitslosigkeit würde weiter steigen. Sie fangen an, ihre Grenzen für ausländische, erst recht für deutsche Waren zu schließen.

Weil die Deutschen die Reparationen jetzt nicht mehr im Export verdienen können, bieten sie Frankreich und Belgien an, die im Krieg zerstörten Ortschaften direkt wieder aufzubauen – mit eigenen Arbeitern und selbst geliefertem Material. In einem langen Kondratieffaufschwung, wenn Produktionsfaktoren wie Arbeiter und Material knapp sind, hätten diese das deutsche Angebot gerne angenommen. Aber so ist es wie früher in den 1880ern: In einem langen Kondratieffabschwung konkurrieren die Akteure eben nicht mehr um Ressourcen, sondern um Märkte. Das Überangebot an Produktionskapazität, ausgebildeten Fachleuten und sonstigem Kapital kann gar nicht ausgelastet werden – die Preise sind unter Druck. Deswegen stößt das deutsche Angebot, Dörfer und Städte in ihrem Land selber aufzubauen, auf den Widerstand innenpolitischer Lobbys – auch das ist Konkurrenz für die eigenen Firmen.

Deutschland kann 1924/25 nur 57,5 Prozent des Handelsvolumens von 1913 exportieren. Seine Handelsbilanz bleibt stets negativ – das heißt, Deutschland kauft zum Beispiel im Jahr 1925 ein Viertel mehr im Ausland ein, als es umgekehrt ins Ausland verkaufen kann. Die Lücke in Höhe von drei Milliarden Mark finanziert das freie, weltweit nach Anlagemöglichkeit suchende amerikanische Fremdkapital – was Deutschland so anfällig macht für den Moment, als die Amerikaner in der Weltwirtschaftskrise ihr kurzfristig verliehenes Kapital aus Deutschland abziehen.

Aber auch die Nachbarn stehen finanziell auf wackeligen Beinen: Ihre Kriegsausgaben haben sie mit US-Krediten finanziert. Weil es lange Zeit so ausgesehen hat, als wenn Deutschland siegen würde, haben die Amerikaner um ihr Geld fürchten müssen und sind auch deswegen in den Krieg gegen Deutschland eingetreten. Danach bitten Frankreich und England die USA, ihnen einen Teil ihrer Schulden zu erlassen – was die USA kategorisch ablehnen. Anders als später im Aufschwung nach dem Zweiten Weltkrieg haben sie keine Ressourcen zu verschenken. Das ist der Grund, warum Frankreich so unerbittlich Reparationen von Deutschland fordert. Um dem Nachdruck zu verleihen, marschiert es 1923 ins Rheinland ein und löst damit eine Hyperinflation aus.

Normalerweise wird Geld vor allem am Ende eines langen Aufschwungs weniger wert, wenn in der Hochkonjunktur alle Produktionsfaktoren knapp sind und die Preise steigen. Die Inflation von 1923 dagegen – zu Beginn des langen Abschwungs – ist künstlich: Schon während des Krieges hat der Staat vier von fünf Mark, die er ausgibt, auf Pump finanziert; 1919 immerhin noch die Hälfte. Als das Reich während des Ruhrkampfes die Gehälter der Beamten im französisch besetzten Rheinland weiter bezahlt, finanziert es 90 Prozent seiner Ausgaben einfach dadurch, dass die Reichsbank eben mehr Papiergeld druckt. Die nicht durch reale Güter gedeckten Ausgaben entwerten die Reichsmark rapide. Der Mittelstand verliert seine Ersparnisse, seine Kapitallebensversicherungen, seine Renten. Zusammen mit einem Haufen anderer konservativ-nationalistischen Kräfte versucht Hitler in diesen Wirren das erste Mal, die demokratische Regierung wegzuputschen.

Aber nicht nur der deutsche Handel wird behindert: Nach dem Krieg gibt es in Europa nicht mehr 14, sondern 27 verschiedene Währungen und 20.000 Kilometer zusätzliche Grenzen, die Fabriken von ihren Rohstoffen trennen, Stahlwerke von ihren Kohlegruben und landwirtschaftliche Gebiete von ihren Märkten. Der Krieg hat den Welthandel unterbrochen, aber der Waffenstillstand belebt ihn nicht wieder. Versuche zu Beginn der 1920er, zum Freihandel zurückzukehren, scheitern daran, dass plötzlich überall die Preise sinken (wofür eben nicht der Krieg, sondern die nachlassenden Produktivitätsfortschritte im Kondratieffabschwung verantwortlich sind).

Einige Länder subventionieren Exportgüter, um sie im Ausland überhaupt noch verkaufen zu können. Das hilft jedoch nicht der eigenen Ausfuhr, sondern verschwendet die eigenen Steuergelder ebenso wie die der anderen Staaten, die dasselbe tun (das haben wir 2009 mit der Auto-Abwrackprämie erlebt). Außerdem kämpfen alle darum, den Devisenkurs ihrer Währung am schnellsten abzuwerten – damit sie ihre Produktion noch billiger verkaufen können (zu diesem Zweck drucken die USA heute Dollar in großen Mengen ohne entsprechenden Gegenwert). Das Konzept scheitert an der Gegenreaktion des Auslands. Der Welthandel schrumpft. Komparative Handelsvorteile – ein Land kann Produkt A besser herstellen als Produkt B, im Nachbarland ist das genau umgekehrt – verfallen ungenutzt. Dadurch stagniert die Produktivität nicht nur, sie sinkt sogar, weil man mit mehr Ressourcen aufwändig etwas herstellt, was andere eigentlich viel besser können. Wohlstand und Beschäftigung gehen zurück.

Typisch für den Kondratieffabschwung, fangen auch die Amerikaner an, Zollwände zu mauern, obwohl sie doch während des Krieges so erfolgreich die Märkte der anderen (vor allem der Deutschen) besetzt haben. 1921 verbieten sie kurzerhand, deutsche Farbstoffe zu importieren, um die eigene Farbindustrie zu schützen. Die gab es bis 1914 gar nicht, sie entstand erst im Krieg mit Hilfe von einkassierten deutschen Patenten. 1922 folgt ein Gesetz mit den höchsten Außenzöllen in der Geschichte der USA. Sich selbst autark zu versorgen, ohne auf andere Länder angewiesen zu sein – am meisten wird Nazi-Deutschland darum (erfolglos) kämpfen. Doch auch hier gilt, dass Hitler nur konsequenter fortsetzt, was schon vorher üblich gewesen ist.

Auch die Landwirtschaft leidet in den 20er Jahren weltweit. Während die Preise für Lebensmittel und für Ackerland in den USA im Krieg hochschnellen und selbst bisher nicht genutzte Gebiete etwa in Lateinamerika bebaut werden, fallen die Preise danach wieder rapide. Amerikanische Landwirte, die sich Böden dazugekauft haben, gehen bankrott (das ist derselbe Mechanismus wie im ersten Kondratieffabschwung, als die Bauern ihre Kredite nicht mehr bezahlen konnten, die sie im Aufschwung ihren ehemaligen Grundherren abgekauft hatten). Einige Länder versuchen, das Überangebot einzuschränken, indem sie es gar nicht erst auf den Markt bringen. Brasilien – damals stellt es 60 bis 70 Prozent des Kaffees der Welt her – schüttet ihn tonnenweise ins Meer. Das hebt aber nicht wie erhofft den Preis, sondern ermutigt andere Anbieter, ebenfalls Kaffee auf den Markt zu bringen.

Fazit: Reparationen, Handelskriege, sinkende Preise, Zinsen fast bei null und Überkapazitäten – die Weltwirtschaftskrise ist keine Folge des Ersten Weltkrieges, sondern die Folge eines erschöpften Kondratieffzyklus. Die hohe Arbeitslosigkeit entsteht also nicht, weil die Zinsen und Löhne zu hoch sind oder die Geldmenge zu niedrig, sondern weil das Produktivitätswachstum stagniert und es daher an Investitionsmöglichkeiten und Beschäftigung fehlt. Der technische Fortschritt in den altbekannten Branchen macht nur mittelfristig immer mehr Arbeiter überflüssig. Anders als später beim Computer begrüßen die Gewerkschaften der 1920er Jahre den technischen Fortschritt: Maschinen ersetzen die schweren, gesundheitsschädlichen und abstoßenden Arbeiten an Hochöfen, in der Fabrikhalle oder unter Tage. Für Arbeitervertreter ist der technische auch der Schlüssel zum gesellschaftlichen Fortschritt.

Beispiel Bergbau: Hauten die Bergleute 1913 noch fast alle Kohle mit Hand und Hacke oder vorbereiteten Sprengungen aus dem Untergrund, arbeiten sie zunehmend mit elektrischen Presslufthämmern: 1925 werden schon über ein Drittel und 1929 über 90 Prozent der geförderten Kohle mit Presslufthämmern gehauen. Dementsprechend weniger Bergleute sind für die Nachfrage nötig: Ihre Zahl geht von 545.000 (1922) auf 353.000 (1929) und 190.000 (1932) zurück. Typisch für eine Erschöpfungszeit ist auch, dass die Arbeitszeit kürzer wird, weil es ein Überangebot an Arbeitssuchenden gibt: von 57 (1910/14) und 50,5 (1925) auf 41,5 Stunden in der Woche (1932). (Im langen Aufschwung, wenn gar nicht genug produziert werden kann, steigt die Arbeitszeit – wie in den 1950er Jahren und in den New-Economy-Berufen der 1990er Jahre des fünften Kondratieffaufschwungs.)

Die Menschen werden aber nicht deshalb arbeitslos, weil die Wirtschaft jetzt so produktiv geworden ist – die Produktivität pro Arbeitsstunde steigt zwar weiter, aber viel langsamer als im Kaiserreich und in den ersten 20 Jahren der Bundesrepublik, als die Volkswirtschaft boomte. Die Arbeitslosigkeit der 20er Jahre entsteht, weil das neue technologische System noch nicht produktiv genug ist, um Hunderttausende von Arbeitskräften ausreichend effizient einzusetzen. Deswegen investieren die Unternehmen selbst in den relativ gefestigten Jahren 1925 – 29 auch nur 10,5 Prozent des Nettosozialprodukts – im Kondratieffabschwung fehlen Investitionsmöglichkeiten. Das ist im langen Aufschwung vor 1914 und in den 1950ern ganz anders gewesen: Damals werden netto 15 Prozent des Sozialproduktes investiert.

Was in den 1920er Jahren neu erfunden wird – Fernsehen, das Radio wird populär –, schafft noch keine wirklich große Beschäftigung. Auch das Fließband, von Henry Ford 1913 im Autobau eingeführt, läuft 1930/31 erst in zwei bis drei Prozent der deutschen Betriebe. Wer bei Ford in Berlin eine Stelle am Band erhält, verdient zwar den Traumlohn von bis zu 20 Mark am Tag – so viel wie andere Berliner Metallarbeiter in einer Woche. Nach drei bis zehn Monaten ist er allerdings körperlich so kaputt, dass er aufgeben muss und vom nächsten ersetzt wird. Wer älter ist als 35 Jahre, wird gar nicht erst eingestellt.[59] Eine breite Schicht von Arbeitern lässt sich bei diesen Verhältnissen noch nicht beschäftigen.

Die geringen amerikanischen Arbeitslosenraten von um die fünf Prozent legen nahe, die 20er Jahre seien in den USA schon Teil des vierten Kondratieffaufschwungs. Zwar arbeitet noch immer jeder vierte Amerikaner in der US-Landwirtschaft, aber die USA und Kanada produzieren in den 20er Jahren zusammen 90 Prozent aller Autos der Welt (obwohl die wichtigsten Innovationen des vierten Kondratieffs aus Europa stammen). Doch während im langen Aufschwung der Arbeitsplatz sicher scheint, leiden jetzt die Beschäftigten gerade in dem neuen technologischen System rund um das Auto unter den ständigen Marktschwankungen, einem dreimal häufigeren Stellenwechsel als 1899/1913 und noch öfter unter vorübergehender Arbeitslosigkeit.

59 Grünberg: »Mit der Zeitlupe durch die Weimarer Republik«, Berlin 1960, S. 48-54, zitiert nach: W. Abelshauser, A. Faust, D. Petzina (Hrsg.): »Deutsche Sozialgeschichte 1914-1945«. Ein historisches Lesebuch, München 1985, S. 46-50.

Die frühe Automobilindustrie entwickelt sich nicht wie heute ein paar Prozent rauf oder runter, sondern sprunghaft mit heftigen Ausschlägen. 1921, 1924 und 1927 fällt die Auto-Produktion in den USA dramatisch. Und als sie 1928 um 28 Prozent und 1929 um 23 Prozent steigt, erreicht sie dennoch erst wieder den Output von 1926 in Höhe von über vier Millionen Autos.[60] Der Export von Autos fällt von über 600.000 vor dem Börsenkrach auf 65492 im Jahr 1932. Alle Zulieferer sind betroffen vom Einbruch der Autoverkäufe. Das heißt: Das neue technologische Netz entwickelt sich zwar rapide, ist aber noch nicht stark genug, die Wirtschaft zu tragen. Die Produktivitätsfortschritte der schon etablierten Branchen führen im Kondratieffabschwung aber nur mittelfristig zu Arbeitslosigkeit. Langfristig dagegen ist das die Voraussetzung dafür, dass dem nächsten Strukturzyklus ausreichend Ressourcen zur Verfügung stehen.

Da ist die instabile Konjunktur in Deutschland kein Wunder: Nach der überschießenden Inflation führt die Reichsbank die »Rentenmark« ein und verknappt die Geldmenge – das löst zum Jahreswechsel 1923/24 eine Stabilisierungskrise aus. Über 28 Prozent der gewerkschaftlich organisierten Arbeiter (eine amtliche Statistik führt der Staat erst seit 1928) werden arbeitslos. Auch im Sommer 1924 und Ende 1925 bricht die Wirtschaft ein – in diesem Winter verliert jeder vierte Beschäftigte seine Arbeit, jeder weitere vierte muss kurzarbeiten. Aus dieser Rezession können sich die Deutschen schnell befreien, weil die Engländer Verteilungskämpfe ausfechten: Um in der internationalen Abwertungsspirale billiger im Ausland verkaufen zu können, werden die Löhne dort um etwa 10 Prozent gesenkt. 40 Prozent aller britischen Gewerkschaftsmitglieder sind bei Generalstreiks landesweit im Ausstand. Die deutsche Wirtschaft kann die fehlenden Güter kurzfristig liefern. 1928/29 produziert die Industrie endlich wieder so viel wie eine halbe Generation zuvor 1913, da sackt sie in sich zusammen.

Der »unerklärliche« Börsencrash 1929

Nachdem das elektrische System weitgehend implementiert, aber das Auto noch nicht stark genug ist, wird nicht ausreichend in die Realwirtschaft investiert, die Zinsen erreichen Tiefststände. Wie schon im Speku-

60 Freeman / Louçã: »As Time Goes By«, S. 262.

lationsfieber Anfang der 1870er fließt das Anlagekapital an die Börse in virtuelle Werte. Die rasant steigenden Kurse reizen immer mehr Privatleute, Aktien zu erwerben – zunehmend auch auf Kredit. Schon im Sommer 1928 ziehen amerikanische Banken und Investoren Kapital aus Europa ab, um damit die Hausse an der New York Wall Street zu finanzieren. Ein Jahr später spürt Europa bereits an der stockenden Konjunktur, wie ihm das amerikanische Geld fehlt. Auch die US-Wirtschaft schrumpft schon vor dem Crash. Während Deutschland, England und Italien in die Depression rutschen, sinkt auch die amerikanische Autoproduktion von 622.000 Stück im März 1929 auf 416.000 im September (und wird nach dem Crash auf nur noch 92.000 Autos im Monat Dezember abstürzen).

Obwohl die Wirtschaft schon schwächelt, haussiert die Börse weiter. Die amerikanische Notenbank ist in einer schwierigen Situation: Soll sie die Zinsen senken, um Investitionen rentabler zu machen und so die amerikanische Realwirtschaft wieder anzukurbeln (was aber auch wieder mehr Geld für Luftbuchungen an der Börse frei macht), oder soll sie die Zinsen erhöhen, damit die Kurse eben nicht mehr weiter so völlig unrealistisch steigen (und die Wirtschaft abwürgen, weil das Investitionen verteuert)? In vier Schritten hebt sie bis August 1929 die Zinsen von 3,5 auf 6 Prozent an, ohne dass die Kursrallye endet – dafür wird die Wirtschaft weiter ausgebremst.

Anfang September 1929 endet die Hausse. Allmählich beginnen die Kurse zu fallen, aber noch denken die Anleger (und da können sich die Anleger des Jahres 2000 gut hineinfühlen), das sei eben wieder nur eine Atempause, bevor es weiter aufwärts geht. Am 15. Oktober 1929 prognostiziert Irving Fisher, Professor an der Yale-Universität: »Die Kurse haben ein dauerhaft hohes Niveau erreicht. Ich erwarte, dass die Kurse in wenigen Monaten ein gutes Stück höher als heute stehen werden.« Am 24. Oktober stützt ein Bankenkonsortium die wichtigsten Kurse ab, doch die Verkauforders häufen sich. Panik erfasst die Aktionäre. Ihre Informationen sind oft schon einen Tag alt oder älter, wenn sie diese erhalten; die geringeren Kommunikationsmöglichkeiten sind ein Grund, warum die Börse nach dem dritten Kondratieff viel heftiger abstürzt als jetzt nach dem fünften Kondratieff (☛ Börsen-Kapitel, S. 346).

Noch ein Grund für den schnellen Absturz: Damals müssen Investoren nur zehn Prozent des Aktienkaufs bar bezahlen, den Rest können sie leihen. Wer Aktien auf Kredit gekauft hat, für den verkauft die Bank die

Papiere auch ohne seine Zustimmung, sobald der Kurswert gerade noch den Kreditanteil deckt – das beschleunigt den Abfahrtsslalom. (Heute darf nur die Hälfte des Betrages kreditfinanziert sein, mit dem jemand in den USA Aktien kauft – auch deswegen verteilt sich die Korrektur der Preisblase auf mehrere Jahre.) Am 28. und 29. Oktober 1929 verliert der Dow Jones-Aktienindex 40 Prozent. Anleger stürzen sich von Wolkenkratzern in den Tod. Es wird bis 1954 dauern, bis er wieder das Niveau von 1929 erreicht hat. (Glauben Sie es also Ihrem Finanzberater nicht blind, wenn der Ihnen erzählt, Aktien wären immer die bessere Anlage.)

Spirale abwärts

»Ohne die entdeckten langen Zyklen ist die Realität gar nicht zu verstehen, besonders der gegenwärtige Zustand der Konjunktur«, schreibt Kondratieff am 23. Januar 1935 in einem Brief aus dem Gefängnis an seine Frau Evgeniya. Im Vergleich zu 1925 halbiert sich 1929 die Industrieproduktion der USA, 1933 wird nur noch ein Viertel von dem Wert des Jahres 1929 industriell hergestellt. Die Wirtschaftspolitik ist hilflos: Das Smoot-Hawley-Zollgesetz schottet die eigenen Grenzen gegen fremde Waren noch stärker ab als die Gesetze der 20er Jahre mit durchschnittlich 60 Prozent Zoll auf alle importierten Waren. Präsident Hoover setzt es 1930 gegen den öffentlichen und völlig wirkungslosen Protest von über tausend Wirtschaftswissenschaftlern in Kraft. Jede Zollanhebung sorgt nur dafür, dass sich die anderen Länder dagegen wehren – mit ebenfalls höheren Einfuhrzöllen oder -verboten. Und das trifft die USA noch viel härter: Der US-Getreideexport sinkt von 200 Millionen Dollar im Jahr 1922 auf fünf Millionen Dollar 1932, die Autoexporte von 541 Millionen Dollar 1929 auf 76 Millionen Dollar 1932. Im dritten Kondratieffaufschwung, in den beiden Jahrzehnten vor dem Ersten Weltkrieg, hat sich der Welthandel mehr als verdoppelt; doch im folgenden langen Abschwung in den 20 Jahren danach erreicht er genau zum 1929er Crash das Vorkriegsniveau und fällt 1932/33 auf das Niveau der vorangegangenen Jahrhundertwende – mit großen Wohlstandsverlusten.

Als Franklin Roosevelt im März 1933 Präsident der USA wird, hat sein Land 15 Millionen Arbeitslose (das ist fast ein Viertel der arbeitsfähigen Bevölkerung), die Industrie steht fast still. Eine Armee von 15.000

arbeitslosen Veteranen des Ersten Weltkriegs marschiert 1932 nach Washington und wird erst durch die reguläre Armee aufgelöst und zerstreut. Auf dem Land nehmen Bauern schon einmal das Recht in die eigene Hand, um sich gegen Zwangsvollstreckungen zu wehren, und auf den Straßen der Großstädte herrscht blanke Gewalt (das ist auch heute noch ein dankbares Umfeld für Gangsterfilme). Die Zinsen entsprechen der Kondratiefftheorie: Selbst im Ersten Weltkrieg bleiben sie niedrig und fallen bis 1935 auf 0,25 Prozent. Am niedrigsten verzinst sind Kredite mit dreimonatiger Laufzeit 1939 in New York: Auf zwölf Monate hochgerechnet, sind sie für 0,02 Prozent zu haben. Die USA erreichen ihr Produktionsniveau von 1929 erst 1937 wieder und dann auch nur kurz. Erst der Zweite Weltkrieg mit seiner weltweiten Nachfrage an Panzern, Flugzeugen, Werkzeugen, Truppenausrüstung oder synthetischem Gummi wird die US-Industrie auf Touren bringen, weil diese effizientere Produktionsverfahren erzwingen.

Der dritte Kondratieffabschwung erfasst aber nicht nur die USA, sondern alle – egal, ob Sieger oder Kriegsverlierer: Englands Wirtschaft bricht gerade in den Wachstumsmotoren der früheren Kondratieffs ein: die Textilindustrie um zwei Drittel, Eisen und Stahl halbieren sich, der Schiffsbau fällt auf sieben Prozent der Vorkriegstonnage zurück. Während Gesamteuropa im Durchschnitt etwa ein Viertel weniger produziert, ist Deutschland mit minus 40 Prozent überproportional betroffen.

Ebenso stürzt Frankreich in die Krise. Die Regierung kürzt die Ausgaben und erhöht die Steuern. Wie überall sind die Arbeiter erbost, dass sie die Hauptlast der höheren Steuern zu tragen haben, und die Vermögensbesitzer sind sauer, weil ihr Erspartes 80 Prozent seiner Kaufkraft verloren hat. Die Weltwirtschaftskrise erfasst Frankreich etwas später, hat dort ihren Tiefpunkt 1936 und ist noch immer nicht vorbei, als der Zweite Weltkrieg ausbricht (das bestätigt Kondratieffs Annahme, dass der lange Zyklus in den verschiedenen Ländern zwar parallel, aber nicht identisch verläuft). Je größer die Krise, umso mehr fehlt den Politikern die Kraft, langfristige, strategische Ziele zu verfolgen und umso mehr reagieren sie nur auf den tagesaktuellen Nutzen. Wegen ihrer wirtschaftlichen Probleme ziehen Frankreich und England Ende der 30er Jahre gegen Hitler politisch nicht an einem Strang. Die Lehre, die wir heute daraus ziehen müssen: Je heftiger der Kondratieffabschwung wirkt, umso schwerer, aber auch umso wichtiger wird es, langfristige Ziele zu verfolgen.

Während uns die langen Schlangen von Arbeitslosen in den USA und Europa zumindest aus Filmen präsent sind, erinnert keiner an das Elend der damaligen Kolonien oder schon selbständigen Entwicklungsländer. Nachdem 1929 zum Beispiel die Bananenpreise in den Keller rutschen, vergrößert die United Fruit Company[61] panikartig die Anbaufläche in Honduras, vertreibt die Bauern aus ihrem Siedlungsland und macht sie so zu städtischem Lumpenproletariat. Rund um den Globus haben die Kolonialherren der 1880er im zweiten Kondratieffabschwung die gemischten Strukturen der alten Dörfer zerstört, als sie deren Wirtschaft auf ihre eigenen Bedürfnisse umgestellt haben: Die Äcker sind längst in Monokulturen umgewandelt, Dorfgemeinschaften zerbröselt, die lohnabhängigen Arbeiter auf Plantagen gezogen. Mit den Preisen für Rohstoffe und Agrargüter brechen auch die Lebensgrundlagen der Menschen in Afrika und Asien zusammen – da geht es selbst einem arbeitslosen New Yorker oder Berliner vergleichsweise gut.

Auch Japan wird erschüttert, setzt aber selbst im langen Abschwung seinen Aufstieg fort: Nachdem es sich 1868 nach zwei Jahrhunderten Abschottung wieder dem Westen geöffnet hat, hat es nicht nur westliche Technik, sondern auch Institutionen wie Gewerkschaften oder Arbeitgeberverbände übernommen, die nicht zum gruppenorientierten Denken dieser Kultur passen. Unternehmer sehen im Streik eine Art Befehlsverweigerung wie beim Militär – das passt nicht zur Treue einer archaischen Samurai-Gesellschaft. Während des Ersten Weltkriegs stellt Japan im Auftrag der Alliierten Munition und Frachtschiffe her, es beliefert die Märkte Asiens, welche die Europäer nicht mehr bedienen können. Unter dem Schutz des Krieges kann es an den dritten Kondratieff anschließen und eine große chemische und elektrotechnische Industrie aufbauen. Danach sind seine Produkte wieder dem Wettbewerb mit europäischen Waren ausgesetzt. Seine Wirtschaft stottert, weil die Kosten höher sind als in Europa. 1921 und 1925 sinkt die Menge der produzierten Industriegüter. Die Bauern leiden unter Reisimporten aus Taiwan und Korea, der Seidenexport in die USA erliegt in der Depression.

Solange die Wirtschaft immer weiterwuchs, blieb die Lage ruhig. Doch mit der Weltwirtschaftskrise eskalieren die Konflikte. Es kommt zu blutigen Straßenschlachten, als die Armee Streiks und Demonstrationen auflöst. Zwischen den beiden Weltkriegen sind Belegschaftswechsel bis zu

61 Eine US-Firma, die sich damals wie eine Kolonialmacht gebärdet.

100 Prozent keine Seltenheit, kaum eine Regierung ist länger als ein Jahr im Amt. Die Militärs ergreifen die Macht. Gewerkschafter und Sozialisten werden inhaftiert. Die Generäle wollen das Elend und die Abhängigkeit von Rohstoffen – Öl, Eisenerz, Kohle – durch Expansion lösen, nach Malaysia, Borneo, Niederländisch-Ostindien, Französisch-Indochina. Als Finanzminister Takahashi über die wirtschaftlichen Konsequenzen erschrickt, dass das Militär 1936/37 schon 47 Prozent des Staatshaushaltes beansprucht, wird er vom Militär ermordet – der Rüstungsanteil wächst daraufhin im folgenden Jahr auf 70 Prozent des Staatshaushaltes.[62] Japans erster zaghafter Ausflug in eine individualistische Gesellschaft endet nach Mord und Totschlag wieder in einer Gruppenethik, in die sich der Einzelne bedingungslos einfügt. Für Individualismus, bei dem jeder seine Interessen gewahrt sehen will, und die daraus folgenden Konflikte ist Japan in den 1920er Jahren noch nicht bereit (und ist es vielleicht heute noch nicht, obwohl die Informationsgesellschaft Japan dazu zwingen wird): Aus der Sicht der Kondratiefftheorie ist Wirtschaft eben vor allem eine kulturelle Leistung.

Verteilungskämpfe zerstören den Rechtsstaat

Im Abschwung muss eine Gesellschaft mehr Probleme lösen als vorher – und das mit weniger Ressourcen. Innenpolitisch zerstört der Kondratieffabschwung das bisschen Konsens, vor allem in Deutschland. Dabei hat dort alles so gut angefangen: Nachdem der Kaiser vertrieben ist, suchen Gewerkschaften und Arbeitgeber noch den Schulterschluss. Die einen wollen endlich mitregieren, die anderen haben Angst vor einer Revolution wie in Russland. Beide vereinbaren, Streit in einer »Zentralarbeitsgemeinschaft« zu regeln. Die Unternehmer akzeptieren Betriebsräte und Flächentarifverträge, die tägliche Arbeitszeit wird auf nur acht Stunden festgeschrieben. Und wenn sich Arbeitskonflikte dennoch verhärten, soll der Staat als Zwangsschlichter eingreifen, also das Ergebnis neutral, aber für beide verbindlich festsetzen.

Das vermeidet Streiks, solange die Inflation für Vollbeschäftigung sorgt (weil es sich nicht lohnt, Geld zu sparen, wird es eben sofort wie-

62 Kennedy: »Mächte«, S. 452f.

der ausgegeben) und solange sich danach wirtschaftlich noch ein paar wenigstens mäßige Jahre anschließen. Doch als die Konjunktur abflacht, wagen es immer mehr Unternehmer vor allem in den Branchen der ersten beiden Kondratieffs, die Arbeitszeit eigenmächtig zu erhöhen oder die Kompetenzen der Betriebsräte wieder aufzuheben. Einige Manager unterlaufen die Rechte der Betriebsräte im Aufsichtsrat, indem sie verschleierte Bilanzen vorlegen oder wichtige Fragen eben nicht mehr dort diskutieren.

Die miese Konjunktur verschlechtert wie im Kondratieffabschwung der 1880er die Verhandlungsmacht der Arbeitnehmer. In den Stabilisierungskrisen Mitte der 20er Jahre machen immer mehr Väter die Erfahrung, ein paar Monate arbeitslos auf der Straße und nicht mehr in der Lage zu sein, ihre Familie ernähren zu können. Wie in den 1880er Jahren reagiert der Staat auf die soziale Not des Kondratieffabschwungs mit einer neuen Sozialversicherung – er führt am 1. Oktober 1927 die Arbeitslosenversicherung ein. Anders als heute unterstützt sie einen Erwerbslosen nur höchstens 26 Wochen lang. Je nach Familienstand und früherer Lohnhöhe bekommt er lediglich zwischen 35 und 80 Prozent des letzten Nettolohnes.

Was das Klima zwischen Arbeitern und Unternehmern endgültig vergiftet, sind Arbeitskämpfe wie der Ruhreisenstreit 1928. Zunächst läuft der Tarifvertrag dort ganz normal zum 30. Oktober 1928 aus. Gewerkschaften und Arbeitgeber werden sich bei den Tarifgesprächen nicht einig. Der Schlichter, Reichsarbeitsminister Wissell (SPD), setzt mit einem verbindlichen Schiedsspruch die Lohnhöhe fest, die beide Seiten zu akzeptieren haben. Doch die Arbeitgeber entscheiden sich, den staatlichen Schiedsspruch zu umgehen, indem sie alle 230.000 Arbeiter zum 1. November kündigen und dem Arbeitsminister antworten, die von ihm verordneten Löhne seien gegenstandslos, weil gar keine Arbeitsverhältnisse mehr bestünden.

Die Arbeiter bleiben ausgesperrt. Ihre materielle Not bringt jetzt selbst die bürgerlichen Parteien dazu, sich mit den Arbeitern zu solidarisieren. Aber vor Gericht siegen die Arbeitgeber: Ihnen wird das Recht zugestanden, Arbeitsverträge zu kündigen, wann es ihnen passt, und die Arbeiter so zu zwingen, ihre Lohnvorstellungen zu akzeptieren. Dieser Verteilungskampf treibt die Arbeiter bei den nächsten Reichstagswahlen zu den radikalen Parteien: Denn der demokratische Staat hat in ihren Augen keine Autorität mehr – er kann sie nicht vor der Willkür der Unternehmer schützen. Mit der wirtschaftlichen Macht des Stärkeren können die Unternehmer Recht umgehen. Wirtschaft und Demokratie sind in der Weimarer Republik noch nicht miteinander versöhnt. Das Arbeitsrecht verdient schon 1930 seinen Namen nicht mehr, Lohnabbau ist die Regel. Deswegen ist später der Widerstand gegen Nazi-Willkür und Zwang im Arbeitsleben so schwach: Der Rechtsstaat ist schon vor der »Machtergreifung« aufgehoben worden.

Der Kondratieffabschwung begräbt auch das politische System unter sich. Seit 1928 regiert eine große Koalition, die ein breites Spektrum umfasst: angefangen von der SPD über das Zentrum, die Bayerische Volkspartei und die Deutsche Demokratische Partei bis hin zur rechten Deutschen Volkspartei. Damit sitzen in einem Kabinett die Interessensvertreter der Arbeitgeber (DVP) denen der Arbeiter gegenüber (SPD). Der wirtschaftliche Verteilungskampf erreicht die Regierungsparteien, als die Arbeitslosigkeit ansteigt. Die Arbeitslosenversicherung ist nur für 500.000 Menschen konzipiert. Da reichen die drei Prozent vom Bruttolohn nicht mehr, welche die Beschäftigten und die Arbeitgeber paritätisch bezahlen. Die SPD fordert schon im ersten Halbjahr, den Beitrag zur Arbeitslosenversicherung um einen Prozentpunkt zu erhöhen, aber die Arbeitgeber wollen nicht – sie müssten schließlich wie heute davon die Hälfte an Lohnkosten zusätzlich zahlen. Durch einen Kompromiss – der Beitrag steigt nur auf 3,5 Prozent – kann Stresemann seine DVP dazu überreden, sich der Stimme zu enthalten.

Nachdem das amerikanische Kapital aus Europa abfließt und immer mehr Fabriken dichtmachen, reicht der zusätzliche halbe Prozentpunkt auch nicht mehr aus. Wieder versucht die Arbeitgeberpartei ihre Klientel davor zu bewahren, etwas von den wachsenden Sozialausgaben übernehmen zu müssen. Viele von ihnen erwirtschaften zugegebenermaßen angesichts der sich beschleunigenden Rezession sowieso schon Verluste, müssten bei höheren Lohnkosten, zu denen die Sozialbeiträge zählen, noch mehr Arbeiter entlassen. Diesmal, im Frühjahr 1930, setzt sich die DVP durch: Die Koalitionsmehrheit hebt die Arbeitslosenversicherung auf vier Beitragsprozente an, doch die Erhöhung wird allein aus der Lohntüte der Arbeiter finanziert. (Das ist derselbe Konflikt, der heute um die Krankenkassenbeiträge geführt wird: Die Unternehmer wollen nicht ständig Beitragserhöhungen hinnehmen, die sie zur Hälfte bezahlen müssen. Angesichts des fünften Kondratieffabschwungs und steigender Krankheitskosten ist es vorprogrammiert, dass sich der Konflikt von 1930 sehr bald wiederholt.)

Die SPD-Fraktion kämpft gegen das Gesetz und begeht einen für Deutschland verhängnisvollen Fehler: Um bei ihren Wählern nicht noch unglaubwürdiger zu werden und sie an die Kommunistische Partei zu verlieren, schmeißt sie die Verantwortung hin und verlässt die Koalition. Die Bevölkerung hat die instabilen demokratischen Regierungen satt. Viele begrüßen es, dass ab jetzt diktatorisch regiert wird: Reichspräsident Paul von Hindenburg ernennt im März 1930 Heinrich Brüning zum Reichskanzler. Der regiert nach Paragraph 48 der Reichsverfassung per Notverordnung unabhängig vom Parlament und ist allein gegenüber dem Reichspräsidenten verantwortlich, der längst unter dem Einfluss eines kleinen Rechtsaußen-Zirkels steht.

Perspektivlose Wirtschaftspolitik

Das Land erstarrt, immer weniger wird produziert, gebaut, unternommen. Es ist kein Ende in Sicht: Steuereinnahmen brechen weg, mit der Not steigen die Sozialausgaben, Reparationen werden nicht mehr bedient. Brüning will zuerst den Staat wieder stabilisieren, also den Haushalt ausgleichen und die Neuverschuldung verringern. Er kürzt die Staatsausgaben, stellt den Sozialwohnungsbau fast ein, kürzt Löhne und Beamtenbezüge. Die zusätzlichen Steuern, die er erhebt, lehnt der Reichstag zwar ab. Aber Brüning setzt sie per Notverordnung durch und lässt Hindenburg den Reichstag auflösen. Die Neuwahlen im September 1930 werden zu einem triumphalen Aufstand der politisch Verantwortungslosen: Fünf Millionen bisherige Nichtwähler steigern die Zahl der NSDAP-Reichstagsmandate von 12 auf 107. Nachdem damit das Parlament völlig funktionsunfähig geworden ist, regiert Brüning weiter an ihm vorbei per Notverordnungen. Wegen der undemokratischen Verhältnisse zieht das Ausland noch mehr Kapital ab; eine weitere, sehr starke Welle der Wirtschaftskrise erfasst Deutschland.

Die Kaufkraft kollabiert, immer weiter beschleunigt sich der Preisverfall und führt zur Deflation – Waren werden immer billiger, Geld – das nur wenige haben und dann auch nur wenig davon ausgeben – wird immer mehr wert. Als erste große Banken ihre Zahlungen einstellen – am

13. Juli 1931 bricht die Darmstädter- und Nationalbank zusammen und reißt einige andere Kreditinstitute und Firmen mit sich – stürmen die Sparer panisch in die Filialen und wollen ihr Geld abheben. Alle Banken, Sparkassen und Börsen werden vorübergehend geschlossen. Im Winter 1931/32 sind über sechs Millionen Deutsche arbeitslos (ohne verdeckte Arbeitslosigkeit wie Frauen oder jene, die auf den elterlichen Bauernhof zurückkehren können). Nur noch 7,6 Millionen arbeiten als Vollbeschäftigte, 5,2 Millionen sind Kurzarbeiter. Mit saisonaler Arbeitslosigkeit hat das nichts mehr zu tun: Selbst im Sommer 1932 bleiben über fünf Millionen gemeldet.

Zumindest kurzfristig geht das wirtschaftspolitische Konzept Brünings nicht auf, den Staat zu stabilisieren. Hätte ihm damals jemand die Kondratiefftheorie erklärt, er hätte ruhig Schulden gemacht, weil im tiefsten Abschwung keine Inflation droht. Er hätte das Geld nicht für Sozialversicherung und Konsuminvestitionen ausgegeben, sondern in die Infrastruktur des nächsten Auto-Kondratieffzyklus gesteckt. Heute gilt Brüning vielen als ein Hauptschuldiger, der damals den wirtschaftlichen Zusammenbruch beschleunigt.

Doch aus der Sicht der später Geborenen fällt es leicht, eine keynesianische Wirtschaftspolitik zu empfehlen, wie sie in dieser historischen Situation entsteht: Brüning hätte sich demnach antizyklisch verhalten, also mehr Staatsaufträge vergeben und mehr Geld in Umlauf bringen müssen, um den Käuferausfall auszugleichen und dann im Aufschwung wieder Geld zurückzulegen. Doch was in der Theorie einleuchtet – antizyklisch zu handeln –, ist zugegebenermaßen völlig unmöglich, wenn es um Zyklen geht, die ein halbes Jahrhundert umfassen. Auch jetzt wäre es schwierig, eine antizyklische Finanzpolitik zu betreiben, wenn wir 20 Jahre Krise vor uns haben. Aus der Sicht der Zeitgenossen, die in der gigantischen Inflation nach dem Ersten Weltkrieg ihr Familienvermögen verloren haben, ist Brünings rigide Wirtschaftspolitik dagegen eher verständlich. Sie ist die kulminierte, auf einen Zeitpunkt konzentrierte Wucht des Abschwungs.

Auf den Straßen führen fast alle Parteien einen Bürgerkrieg, besonders SA und Frontkämpferbund der KPD. Als Brüning die SA verbieten und ostelbische Großgüter an Kleinbauern verteilen will, wird er vom Reichspräsidenten – beziehungsweise von der Gruppe, die über den verkalkten Greis inzwischen bestimmt – entlassen. Nach den Kurzzeit-Kabinetten

Papen und Schleicher rutscht Hitler die Macht kampflos in den Schoß (von wegen »Machtergreifung«), weil sich alle anderen gesellschaftlichen Kräfte verbraucht haben. Es sind vor allem die alten Branchen um Kohle und Stahl, die zu Hitlers Förderern und Finanziers gehören. Unternehmer der neuen Branchen wie Siemens und IG Farben zeigen sich bis 1933 reserviert. Denn diese wissensintensivere New Economy hat Angst, dass der Wissenschafts- und Entwicklungsstandort Deutschland geschwächt wird, wenn die Nazis jüdische Wissenschaftler vertreiben (beziehungsweise ermorden).

Über Hitler werden alte Leute in den 1960ern und 1970ern behaupten, er sei gar nicht so schlecht gewesen, schließlich habe er die Autobahnen gebaut. Damit haben sie zum einen Unrecht, denn schon seit 1928 wirbt die Zeitschrift »Autobahn« dafür, dieses gigantische Vorhaben umzusetzen. Hitler brauchte 1933 nur noch die Baupläne umzusetzen, die deutsche Vorgängerregierungen schon seit 1927 gerade fertiggeplant hatten. Das Deutsche Reich hätte auch ohne Hitler die Autobahnen gebaut. Recht haben die alten Leute im Deutschland der 1970er aus der Sicht der Kondratiefftheorie in einem Punkt: dass sie die Weltwirtschaftskrise nur deshalb überwunden haben, weil sie so massiv in den nächsten Strukturzyklus investierten.

4. Kondratieffaufschwung
Freie Straße für das Individuum

Eisenbahnen halten eben nicht direkt vor der eigenen Haustür oder der eines Geschäftspartners. Deswegen wächst das Bedürfnis, Menschen und Güter individuell transportieren zu können. Am Höhepunkt des vierten Kondratieffs wird dann jeder sechste Beschäftigte in den USA und in Deutschland in der Automobilindustrie arbeiten, Mitte der 1990er Jahre wird eine halbe Milliarde Autos über den Globus fahren. Doch zu Beginn gibt es dagegen Widerstand wie bei jeder Basisinnovation: Alte Protokolle der Industrie- und Handelskammer diskutieren, die Zahl der Autos in München auf 100 Stück zu begrenzen – die seien laut, gefährlich, würden stinken und Platz kosten. Zur Jahrhundertwende erliegt man wie zu jeder

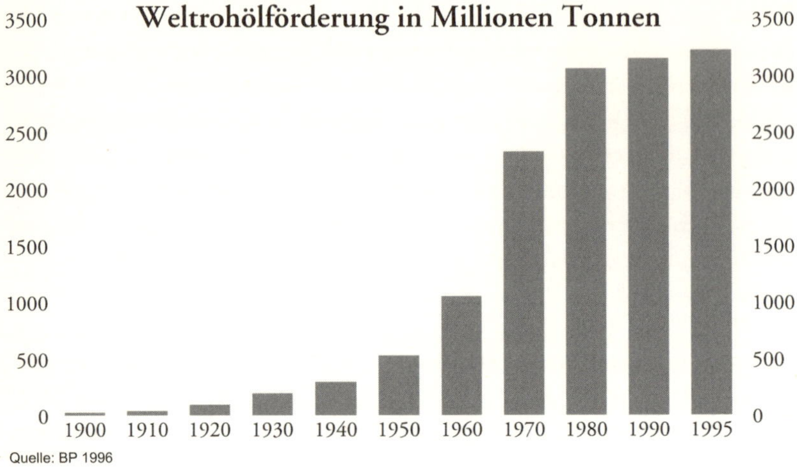

Zeit dem Irrtum, die Gegenwart auf die Zukunft hochzurechnen, und schätzt, es werde nie mehr als 40.000 Autos in Deutschland geben. Denn damals benötigt jedes Auto einen Ingenieur zur Wartung, und zu dieser Zeit gibt es eben nur 40.000 Ingenieure in ganz Deutschland. Es ist ein absolutes Luxusgut. Solange das Auto das Spielzeug reicher Leute ist, kann es sein Beschäftigungspotenzial nicht entfalten.

Erst die Kombination von vielen Innovationen bringt das neue technologische System in Schwung: die Kombination aus effizienteren Verbrennungsmotoren, synthetischem Gummi, Fließbandproduktion und einer Reihe von Verbesserungen, mit denen es endlich gelingt, aus Rohöl Benzin und Diesel zu raffinieren – billiger, in großen Mengen und höherer Explosivität. Als ein weites Straßennetz mit glatten Fahrbahnen das Kopfsteinpflaster in den Städten und staubig-lehmige Landstraßen ersetzt, steigt der persönliche Nutzen des Autos, lohnen sich höhere Stückzahlen, sinkt der Preis, werden die Autos dank Lernerfahrungen in der Praxis immer besser, können sich immer mehr Menschen ein Auto leisten.

Die neue Industrie beschäftigt alle anderen Branchen[63]: Sie wird zum größten Abnehmer von Glas, Stahl und Gummi. Bankangestellte errechnen die Rate für den Autokredit, Makler verkaufen eine Autoversicherung. Die Elektroindustrie baut Maschinen, die Autoteile herstellen. Stra-

63 Vgl. auch Nefiodow: »Der Sechste Kondratieff«, S. 7 und S. 234.

ßen müssen gebaut, das dafür nötige Material wie Teer geliefert werden. Zur Infrastruktur gehören Raffinerien und Tankstellen zumindest in jeder größeren Stadt. Rechtsanwälte und Richter spezialisieren sich auf Verkehrsunfälle, es gibt sogar eine eigene Verkehrspolizei. Fahrlehrer bringen Achtzehnjährigen das Fahren bei, die Führerscheinstelle im Landratsamt und die Kfz-Zulassungsstelle beschäftigen immer mehr Beamte und Angestellte – das sind Arbeitsplätze, die es vorher nicht gibt und die auch keine früheren verdrängen.

Innovation für das Liebesleben

Wie einschneidend das Auto alle Lebensbereiche verändert, erschließt sich einem, wenn man sich vorstellt, wie Kinder vorher aufwachsen, als ihre Eltern noch ganz nahe an einer Fabrik wohnen müssen – zwischen Hinterhofindustrie und dunklem Treppenflur, wo sie trotz Verbotes spielen. Sie erreichen weder Sandkasten noch Sportplätze, Schwimmhallen, Parks und Wälder. 1905 ergibt eine Umfrage in Berliner Volksschulen, dass von 100 Kindern 70 keine Vorstellung vom Sonnenaufgang haben, 75 noch nie einen lebendigen Hasen gesehen haben, 49 keinen Frosch kennen und 87 nicht wissen, wie eine Birke aussieht.[64]

Der neue Kondratieffzyklus ist daher auch eine soziale Innovation und organisiert die gesellschaftlichen Strukturen neu – sogar das Liebesleben der Jugendlichen: Bis zu diesem Zeitpunkt lassen gleiches Arbeiten, gleiches Wohnen und Essen, gleiches Beten und Feiern in überlieferten Formen wenig Spielraum für eigene Gestaltung. Eine eigene Familie kann nur gründen, wer Eigentum und eine Erwerbsquelle besitzt, die einen umfassenden eigenen Hausstand ermöglicht – und das sind nur wenige Gewerbe und Berufe. Deshalb bleibt bis ins 19. Jahrhundert hinein ein hoher Anteil der Bevölkerung unverheiratet, weil er gezwungen ist, in einem größeren Haushalt zu wohnen und zu arbeiten. Individualisierung ist da nicht möglich. Der vierte Kondratieff hebt die Produktivität auf ein Niveau, das es erlaubt, sich von allen anderen unabhängig zu machen und materiell selbständig zu werden. Was im 19. Jahrhundert schleichend begonnen hat, kann sich nun voll entfalten.

---

64 Ebeling: »Großstadt-Socialismus«, Leipzig/Berlin 1908, S. 37.

Statt Arbeiter-Mietskasernen neben der Großfabrik können sich die Beschäftigten ein Häuschen am Stadtrand leisten – und mit dem Auto zur Arbeit pendeln. Große Geschäfte und Lebensmitteldiscounter siedeln sich an den Ausfallstraßen an, wo sie mit dem Auto gut erreichbar sind. Mit dem Auto wird der Radius größer, eine Arbeitsstelle anzunehmen. Die Großfamilie zerfällt weiter, wenn Kinder und Enkel nicht mehr am Ort wohnen. Für den Jugendlichen des Jahres 1957 ist es eine Sensation, mit dem Motorroller über die Alpen zu tuckern.

Zwar hat schon der dritte Kondratieff die Massenproduktion ermöglicht, doch erst durch das Auto lassen sich diese schier endlosen Konsumgüterberge überhaupt zum Verbraucher bringen. Das ist der stärkste Wohlstandseffekt individueller Mobilität: Wer größere Mengen produziert, kann sie pro Stück billiger herstellen. Massentourismus wird in den 1960er/70er Jahren selbstverständlich. Massenkonsum, Massenkultur und Sozialstaat entfalten sich (was jedoch nicht in gleichem Maße zu mehr Zufriedenheit führt).

Das Auto durchdringt die Gesellschaft nicht von heute auf morgen und nicht nach einem konstanten Trend, sondern wie jedes Produkt am Markt dynamisch: Zu Beginn des 20. Jahrhunderts stellen Gas und Öl nur einen geringen Anteil des Energieverbrauchs. Die ersten Autos fahren mit Benzin- und Dieselmotoren, weil diese besonders energiereich sind. Und weil Ölprodukte nun schon mal in einem dünnen, aber flächendeckenden Netz der Apotheken vorhanden sind, nützt sie auch die Energiewirtschaft. Um 1960 überholen Gas und Öl die Kohle als Energiequelle und liefern in den 1980er Jahren über 60 Prozent des weltweiten Energieverbrauchs. Doch der eigentliche Antrieb dafür ist das Auto.

Eine Gesellschaft am Fließband

Nikolaus Otto baut den ersten Benzinmotor schon 1861, Rudolf Diesel den nach ihm benannten Motor 1892. Bis es soweit ist, müssen aber erst einmal eine Reihe von Erfindungen gemacht werden: ein Antrieb, der energieeffizienter und leichter ist als eine Dampfmaschine; Lösungen dafür, wie Kraft vom Motor auf die Räder übertragen wird, wie das Gefährt zu lenken ist und wie die Räder zu federn sind. Schon Leonardo da Vinci bringt im frühen 16. Jahrhundert ein Dampfauto zu Papier. Die Idee, eine verkleinerte Dampfmaschine auf Räder zu stellen, liegt in der Luft, und so manchem Tüftler fliegen in den Jahrhunderten pulver- oder dampfgetriebene Gefährte um die Ohren, bis Nikolaus Otto (in Verbesserung eines mit Leuchtgas betriebenen Motors des Franzosen Lenoir) 1861 in Deutz bei Köln den ersten Benzinmotor baut, vor allem für kleine Handwerksbetriebe als Alternative zur Dampfmaschine. Sein technischer Direktor Gottfried Daimler und sein Leiter des Konstruktionsbüros, Wilhelm Maybach, sammeln damit viel Erfahrung und machen sich selbständig, um einen eigens konstruierten Motor in die Karosserie einer Pferdedroschke einzubauen. Als Daimler damit im Herbst 1886 eine Tour ins Stuttgarter Umland unternimmt, werfen die entsetzten Menschen mit Steinen und Eiern nach den Insassen. Ebenso ist es schon seinem Sohn Paul im Jahr zuvor ergangen, als der am 10. November 1885 mit einem Motorrad »ohne Pferd« und »schneller als ein Mensch laufen kann« von Bad Cannstatt nach Untertürkheim und wieder zurückknattert – die Passanten bedrohen den »reitenden Teufel« mit Fäusten, schreien ihm »Höllenmaschine« und »Stinkrad« hinterher. Gleichzeitig mit Otto, Daimler und Maybach (das bestätigt wieder Kondratieffs Theorie, dass die nötigen Erfindungen zeitgleich und unabhängig voneinander gemacht werden) tüftelt auch der Mannheimer Carl Benz (nach dem das Benzin benannt ist) an einem »richtigen« Auto, das er vom Motor bis zur Karosserie selbst konstruiert. Am 29. Januar 1886 wird Benz das Patent für sein Fahrzeug mit einem Verbrennungsmotor erteilt – das ist die offizielle Geburtsstunde des Autos. (Beide Firmen werden übrigens 1926 miteinander fusionieren, nachdem Ford mit seiner Fließbandproduktion nach Deutschland kommt.) Ein weiterer deutscher Auto-Pionier ist Rudolf Diesel, der den nach ihm benannten Motor 1892 als Patent anmeldet – er wird für Nutzfahrzeuge in der Landwirtschaft und im Transport wichtig werden.

Vor dem Ersten Weltkrieg gibt es Hunderte kleine Automobil-Garagenfirmen, die als Werkstätten Teile noch per Hand fertigen und zusammenbauen. Weil Standards fehlen, ist es schwer, Teile einfach einzukaufen – sie sind meist inkompatibel und lassen sich bei Reparaturen nicht einfach austauschen[65]. Henry Ford geht zwischen 1908 und 1914 dazu über, handgefertigte Teile durch andere zu ersetzen, die von Maschinen gestanzt, geschliffen oder gefertigt werden. Zuerst sind es die Arbeiter,

65 Freeman / Louçã: »As Time Goes By«, S. 273.

die an einer Schlange von Auto-Torsen entlanggehen und dabei ihre Teile montieren oder Handgriffe ausführen, bevor das Fließband 1913 eingeführt wird, das die Autos an den Arbeitern vorbeitransportiert (siehe Charly Chaplins Film »Modern Times«).

Im Vergleich zur früheren Handarbeit senkt dieses Netz an organisatorischen, technischen und sozialen Innovationen die Kosten im Automobilbau um bis zu 88 Prozent. Das ist die betriebswirtschaftliche Revolution des vierten Kondratieffs. Der Arbeiter hat nur eine Aufgabe, nur einen Handgriff, eine Schraubendrehung zu tun – er bestellt keine Teile mehr, kümmert sich nicht um sein Werkzeug und muss auch nicht mehr verstehen, was andere machen oder wie die Handgriffe zusammenwirken. Was für ein Paradoxon, dass das Auto individuelle Bedürfnisse befriedigt, die neue Massenfertigung jedoch dafür vom Einzelnen fordert, sich der Maschine total zu unterwerfen. Die Entmündigung des Arbeiters ist perfekt. Er muss streng diszipliniert arbeiten, ist gehorsam und austauschbar, lässt sich leichter in den Krieg schicken und übernimmt religiöse Lehren unreflektierter als jene Informationsarbeiter im sechsten Kondratieff, die jede Sekunde in einer anderen beruflichen Situation neu prüfen und entscheiden müssen, was recht und richtig ist. Sogar die Wissenschaften bilden mit ihrer Überspezialisierung die Spezialisierung des Fabrikarbeiters ab (was das inzwischen anachronistische Wissenschaftssystem in manchen Fällen daran hindert, Probleme, die sich nun mal nicht an akademische Fachgrenzen halten, zu lösen).

Durch die Fließbandorganisation fällt der Preis des Fordmodells T von 850 Dollar im Jahr 1908 über 600 Dollar in 1913 auf 360 Dollar 1916. Während es vorher 12 Stunden und 28 Minuten gedauert hat, bis ein Auto zusammengebaut wird, sind es plötzlich im Schnitt nur noch 93 Minuten. Aus dem Spielzeug für reiche Leute wird ein Fortbewegungsmittel für die Masse. Das entscheidet den Wettlauf der Systeme: Das elektrische Auto, das 1913 rund 2800 Dollar kostet, verschwindet für ein Jahrhundert praktisch vom Markt. Das Modell T von Ford steigert seinen Marktanteil von 10 Prozent 1909 auf 60 Prozent im Jahr 1921.[66] Die Löhne der Ford-Arbeiter sind hoch. Fließbandarbeit ist trotz der vielen Fehler immer noch so produktiv, dass sie sich trotz der Qualitätskontrollen und Nacharbeiten am Ende lohnt (zumindest, bis später im fünf-

66 Freeman / Louçã: »As Time Goes By«, S. 275.

ten Kondratieff die Japaner mit Hilfe von Roboterstraßen bessere Autos bauen als die mit menschlichen Fehlern behaftete Fließbandproduktion).

Die Marktdynamik des Autos

Je stürmischer sich die neue Basisinnovation entwickelt, um so stürmischer entwickelt sich die Wirtschaft. Die Dynamik des zusätzlichen gesellschaftlichen Nutzens spiegelt sich in der S-förmigen Kurve der weltweiten Autoproduktion wider: von 5,4 Millionen Stück 1929 und fast halbierten 3,1 Millionen Autos 1938 auf 8,2 Millionen in 1950. Die Zahl der jedes Jahr produzierten Autos steigt in den 50er Jahren um 58 Prozent auf 13 Millionen Stück 1960. In den 60er Jahren beschleunigt sich das Wachstum um 75 Prozent am stärksten auf 22,8 Millionen Stück, danach flacht das Wachstum auf nur noch 25 Prozent in einem Jahrzehnt ab auf 28,6 Millionen produzierte Autos im Jahr 1980. Als der Computer später hilft, Autos noch billiger und besser herzustellen, und sich die Schwellenländer der entwickelten Welt anschließen, schnellt die Autoproduktion auf 80 Millionen im Jahr 2011. Während 1950 gerade einmal 53 Millionen private Autos auf der Welt fahren, sind es beim Fall der Berliner Mauer 1989 gut 555 Millionen, im Jahr 2010 überschreitet sie die Milliardengrenze.

Auch der Weltrohölverbrauch folgt derselben S-Kurve (s. Grafik 114) und hat besonders zwischen 1960 (von 7,7 Milliarden Barrel) und 1973 (auf 20,4 Milliarden Barrel) den gewaltigsten Anstieg. Das erklärt, warum die Wirtschaft in den 50er und 60er Jahren so boomt, die frühe Beatles-Musik so schön sanft, sorglos und beschwingt aus dem Radio kommt und man als Junge die Haare ruhig ein bisschen länger wachsen lassen kann. Weitgehend parallel zum Autobestand und zur Rohölförderung verlaufen übrigens auch die S-Kurven von Staubsauger, Kühlschrank oder Waschmaschine. Der Grund: Sie werden oft von denselben Maschinen gefertigt, die auch in der Autobranche Elektrokomponenten fertigen oder kleine Bleche stanzen.

Damit hebt das technologische Netz des vierten Kondratieffs den Wohlstand auf ein neues Niveau. Der Aufschwung der Sowjetunion in den 1920er und 30er Jahren hängt eng zusammen mit der Motorisierung der Landwirtschaft. Die Kolchosen werden mit einem Netz von Traktoren und Reparaturwerkstätten überzogen. Während der beiden Fünfjahrespläne 1928 bis 1937 steigt die Stahlproduktion von 4 auf 17,7 Millionen Tonnen, die Elektrizitätserzeugung versiebenfacht sich, die Stückzahl der Werkzeugmaschinen verzwanzigfacht und die der Traktoren vervierzigfacht sich.[67]

In den USA arbeitet die Gesellschaft besonders früh an den Strukturen des neuen Kondratieffzyklus: Die Bevölkerung demonstriert für den Bau von Straßen (das wird am Ende des vierten Kondratieffs in Europa genau umgekehrt sein). Das Luxusgut Auto dringt in immer weitere Bevölkerungskreise ein – vor allem, weil Mitte der 20er Jahre 70 Prozent aller amerikanischen Autokäufe per Ratenkredit finanziert werden. Mitte der 30er Jahre besitzt schon jede zweite amerikanische Familie ein Auto. Der Ausstoß der Raffinerien wächst schneller als die Autoproduktion. Was in Autos investiert wird, ist verhältnismäßig gering im Vergleich zu den Investitionen, die das Auto auslöst: Straßen, Werkstätten, Ölraffinerien und vor allem neue Wohngebäude in immer entfernteren Vororten der Stadt. Weil die amerikanische Eisenbahn das Baumaterial für die neuen Luxus-Siedlungen in besonders bevorzugter Naturlage in Florida gar nicht mehr transportieren kann, verhängt sie im Herbst 1925 ein Transportembargo gegen weniger wichtige Güter.[68] Die Transportkosten explodieren. Für einen breiten Aufschwung reicht das Marktvolumen trotzdem noch nicht.

Währenddessen haben Frankreich und Großbritannien ihre Wehretats gekürzt und können mit dem emporschießenden deutschen Industriepotenzial, das im Sturmschritt den vierten Kondratieff erschließt, nicht mithalten. Ihnen bleibt zunächst nur eine Appeasementpolitik, also Hitlers Expansion ins entmilitarisierte Rheinland, nach Österreich und in die Tschechoslowakei nachzugeben, um Zeit zu gewinnen, die eigene Rüstungsindustrie auf Touren zu bringen.

Doch selbst wenn für neue Panzerfabriken Geld da ist – England fehlt es dafür an Kompetenzen, an ausgebildetem technischen Personal, an Ingenieuren. Dort ist noch nicht genug in den nächsten Strukturzyklus investiert worden – im Gegensatz zu Deutschland.

---

67 Kennedy: »Mächte«, S. 487.
68 Freeman / Louçã: »As Time Goes By«, S. 262.

Warum Hitler-Deutschland den Blitzkrieg gewinnt

Der Ökonom John Maynard Keynes lobt 1936 die Politik des Deutschen Reiches, das sich so schnell von der Weltwirtschaftskrise erholt. In seiner Theorie reicht es, Leute zu bezahlen, die Löcher mit Schaufel und Hacke ausgraben und abends wieder zuschütten – Hauptsache, es entsteht wieder Nachfrage.

In der Tat hat Hitler 1933 mit einem Trick künstlich Geld geschaffen und in die Wirtschaft gepumpt. Die »Metallurgische-Forschungs-GmbH« (Mefo) – dahinter stehen Rüstungsfirmen wie Krupp, Siemens, Rheinstahl, Gutehoffnungshütte – darf ihre Einkäufe mit Wechseln bezahlen, die nicht schon nach drei Monaten wieder eingelöst werden müssen. Die Reichsbank verpflichtet sich, den »Mefo«-Wechsel jederzeit in Bares umzutauschen und nach fünf Jahren mit vier Prozent zu verzinsen. Die Geldmenge wird aufgebläht, ohne dass es dafür eine Gegenleistung gibt. Bis 1938 erreicht der Mefo-Bestand 12 Milliarden Reichsmark, die Staatsverschuldung steigt von 12 Milliarden Reichsmark 1933 auf 42 Milliarden Reichsmark 1938.

Normalerweise führt das zur Inflation – wenn mehr Geld als Waren zirkuliert, dann muss pro Wareneinheit eben mehr Geld bezahlt werden. Doch Hitler stoppt 1934 die Löhne und setzt gleichzeitig die Preise fest. Wer überschüssige Reichsmark hat und sich nichts dafür kaufen kann, der hortet sie eben auf dem Konto – statt Inflation entsteht zwangsgespartes Geld. Die deutschen Fabriken für Wehrmachts-Lkws und Autobahnen werden gebaut mit einem Kredit auf den Wert der Währung. Nur wenigen, die in der Inflation vor der Währungsreform 1948 ihr Geld verlieren, ist klar, dass Hitler ihr Erspartes schon Jahre zuvor ausgegeben hat. Der Lebensstandard der deutschen Bevölkerung steigt nach 1933 dennoch kaum – trotz der hohen Ausgaben. Was mehr produziert wird, geht fast ausschließlich in Infrastruktur und Rüstung. Gibt das Reich 1933 noch weniger als ein Prozent des Bruttosozialproduktes für die Wehrmacht aus, so fließt 1938 fast jede fünfte Mark der Volkswirtschaft in die Rüstung.

Alle Produktionsfaktoren werden so knapp, dass der Staat bestimmt, welche Fachkraft in welcher Firma eingesetzt wird. Wer an einer Baustelle mehr als zwei Tonnen Stahl verbauen will, braucht dafür eine amtliche Genehmigung. Selbst als die besetzten Gebiete Österreich, Tschechoslowakei und später Polen reichlich Arbeitskräfte und Rohstoffe liefern, verschlingt die Rüstung so viel, dass es immer nur gerade so ausreicht, um den nächsten der Blitzkriege zu führen, mit denen die Wehrmacht neue Ressourcen für den »richtigen« Krieg um Lebensraum im Osten erobert.

Wie später beim Computer auch wird die Basisinnovation des vierten Kondratieffs nicht allein aus den Marktkräften heraus erschlossen, sondern mit Hilfe staatlicher Ressourcen. Die NS-Regierung gibt der Industrie Ziele vor, die sie innerhalb marktwirtschaftlicher Regeln erfüllt – die Unternehmen verantworten selbst, wie und mit welchem Faktoreinsatz sie die Produktionsvorgaben erfüllen. Weil die Preise nicht mehr anzeigen, wie knapp etwas ist, setzt ein Reichskommissar die Preise fest. Der Industrie wird es dabei zunehmend unwohl: Sie kritisiert die wachsende Staatsverschuldung und das ineffiziente Wirtschaften, alles selbst herstellen zu wollen (um im Krieg vom Ausland unabhängig zu sein). Göring beruhigt sie, indem er ihr gigantische Rüstungsaufträge mit entsprechenden Verdienstmöglichkeiten verspricht; wer besonders »brav« ist, bekommt erbeuteten jüdischen Besitz.

Per »Diktat« an die Automobilindustrie befiehlt Hitler, einen »Volkswagen« herzustellen, der nicht mehr als 999 Mark kosten soll. Doch mit den fünf Mark, die Arbeiter wöchentlich für ihren Kraft-durch-Freude-Wagen sparen, bezahlen sie in Wirklichkeit den Krieg: Die Autos, die schließlich vom Band laufen, bekommt die Wehrmacht. Im Reichsarbeitsdienst beschäftigt der NS-Staat Hunderttausende bei Notstandsarbeiten – dem Bau von Straßen, Dämmen (die Straßen vor Flussüberschwemmungen schützen) und Kanälen (die Flächen entwässern, auf denen eine Straße gebaut wird). Bei anfangs sechs Millionen Arbeitslosen sind die 115.000, die 1935 Autobahnen bauen, eher wenige. Und doch ist dies entscheidend für den Aufschwung: Nicht wie bei Keynes das Geld, nicht die verdienten Löhne der Arbeiter kurbeln die Wirtschaft an. Der Bau der realen Infrastruktur macht den Autokondratieff rentabel. Auch in den USA sind es nicht die Gelder des »New Deal«, die Beschäftigung schaffen, sondern die Strom erzeugenden Stauseen oder die Auto-Highways, die ein ganzes Cluster neuer Nachfrage, Produkte und Beschäftigung nach sich ziehen.

Während die Investition in den nächsten Kondratieff den Wohlstand hebt, schwächt ihn die Regierung andererseits dadurch, dass sie die Marktgesetze außer Kraft setzt (die erst Ludwig Erhard wieder einsetzen wird). Deutschland soll sich autark mit Lebensmitteln versorgen können, die Propaganda malt das Schreckgespenst einer »Brotkrise« an die Wand. Die Landwirtschaft erhält den Auftrag, die »Nahrungsfreiheit des deutschen Volkes zu erkämpfen«, ohne dabei auf den Preis, also auf deren Knappheit von Ressourcen, zu achten. Das verteuert die Produktion, betreibt Raubbau an Material und Arbeitskraft: Zuckerrüben werden verstärkt angebaut, um von Zuckerimporten unabhängig zu werden, obwohl der Zucker auf dem Weltmarkt erheblich billiger ist als der aus dem eigenen Anbau. Bereits Ende 1933 kostet Weizen in Deutschland doppelt so viel wie auf dem Weltmarkt, Butter ist 1934 dreimal so teuer wie in Dänemark oder Holland. Ihr Ziel, sich selbst versorgen zu können, erreicht die NS-Regierung nicht: 1939 beträgt die »Fett- und Fleischlücke« noch 20 Prozent.

Die Menschen erinnern sich daran, wie sehr sie im Ersten Weltkrieg gehungert haben, und sehen Hitlers Forderung, »neuen Lebensraum« erobern zu müssen, für notwendig an. Hitlers Ideologie ist der Darwinismus des zu Ende gehenden 19. Jahrhunderts, eine Art Ersatz-Religion: Nicht ein gütiger Gott plant und entwickelt willentlich die Schöpfung, sondern der Ausleseprozess der Arten. Die Evolution ist das Ergebnis vieler Siege der Stärkeren über die Schwächeren. Die Nationalsozialisten ziehen daraus die logische Konsequenz: Dann sei die deutsche Rasse früher oder später, dafür aber unvermeidlich dazu gezwungen, andere Völker auszulöschen, zu versklaven und auf dem begrenzten Terrain der Erde deren Lebensraum einzunehmen. Politik ist Kampf der Völker gegeneinander, aus dem die Rasse hervorgeht, welche die höchste Qualität aufweist.

Das zu erreichen macht Hitler zu seiner persönlichen Lebensaufgabe, das meint sein Buchtitel: »Mein Kampf«. Zentrale Zukunftsaufgabe: Lebensraum im Osten zu erobern, in dem die slawische Bevölkerung als Arbeitssklaven dient. In dem neuen Siedlungsgebiet sollen »deutsche Bauerngeschlechter kraftvolle Söhne zeugen, in Randkolonien, deren Bewohner ausschließlich Träger höchster Rassenreinheit sind«. Während es der Bevölkerung vielleicht um Revanche gegen die ungerechte Behandlung nach dem Ersten Weltkrieg geht, haben die Nazis andere Pläne: Die Polen sollen sich mit dem großgermanischen Reich verbünden, die Franzosen sollen schnell geschlagen werden, damit sie sich nicht mehr einmischen, England bekommt die andere Hälfte der Welt zugesprochen und ist damit ein Verbündeter, und erst im eigentlichen Kampf um Lebensraum wird dann die Sowjetunion erobert.

Es kommt aber alles ganz anders: Die Polen wollen sich einfach nicht verbünden und müssen besiegt werden, damit man weiter in den Osten marschieren kann; England freut sich überhaupt nicht über das zugestandene Imperium und erklärt zusammen mit Frankreich Deutschland den Krieg (die Amerikaner wundern sich 1946 bei den Nürnberger Prozessen, mit welchen Einfaltspinseln sie es während des ganzen Krieges zu tun gehabt haben); paradox ist, dass Russland 1938/39 nicht nur neutral bleibt, sondern auch noch Rohstoffe für den Krieg im Westen liefert. (Es hat sich selbst kampfunfähig gemacht, als es bei blutigen innenpolitischen Machtkämpfen einen Großteil seiner Offiziere erschossen hat. Diesen „Säuberungen" fällt 1938 auch der Ökonom Nikolai Kondratieff zum Opfer.)

Dieser Krieg ist vor allem ein motorisierter Krieg. Die Deutschen haben die neue Basisinnovation mit Hochdruck vorangetrieben. Der Krieg mobilisiert schlagartig weitere Ressourcen, die Infrastruktur des vierten Kondratieffs noch schneller zu erschließen: Lastwagen, (PKW-) Kübelwagen und Schützenpanzer werden gebaut, Soldaten in Fahrschulen ausgebildet, Kriegsgefangene bauen Straßen. Vor allem aber passt sich das Deutsche Reich besser den neuen Erfolgsmustern an als seine Nachbarn. Zwar hat es 1939 weniger Panzer als Frankreich, dafür aber viel modernere, und es setzt sie eben nicht verteilt hinter der Infanterie ein, sondern massiert in eigenen Verbänden. Kurz: Die Wehrmacht setzt die Basisinnovation kompetenter ein.

Auch haben die Deutschen am Anfang mehr Divisionen, die mit Pferdewagen unterwegs sind und nicht mit Motorwagen, aber es sind die Panzer- und motorisierten Infanteriedivisionen, die im Blitzkrieg Polen und Frankreich in wenigen Wochen überfahren und im Dezember 1941 bis kurz vor Moskau vorstoßen. Militärhistoriker sehen die Panzerschlacht von Kursk im Sommer 1943 als die Entscheidungsschlacht des Krieges, weil die Russen nun in der Lage sind, eine große Masse an qualitativ ebenbürtigen Panzern aufzubieten. Und am Ende ist es die Übermacht an Flugzeugen und Panzern, die im Westen das Deutsche Reich niederkämpft. So wie der Erste Weltkrieg den dritten Kondratieffabschwung dadurch verschärft, indem er das technologische Netz der Elektrifizierung beschleunigt erschließt, so beschleunigt der Zweite Weltkrieg den vierten Kondratieffaufschwung, weil er die dafür nötige Infrastruktur und Produktionsmöglichkeiten schafft: Die US-Öl- und Gummiindustrie baut während des Krieges ihre großen Kapazitäten auf, die danach die Wohlstandsgesellschaft versorgen.

Den Krieg gewinnt das größere Industriepotenzial: Bereits 1942 bauen die Amerikaner schneller Schiffe, als die deutschen U-Boote sie versenken können. Im Februar 1944 zerstören die Alliierten große Teile der deutschen Flugzeugindustrie, im Mai die Hydrierwerke, die danach nur noch sechs Prozent der vorherigen Menge an Flugbenzin liefern können. Die deutsche Bevölkerung ist den alliierten Luftangriffen schutzlos ausgeliefert, die deutsche Industrieproduktion, die 1944 den höchsten Ausstoß erreicht, sinkt durch die Luftangriffe um mehr als ein Drittel. Bei der Landung in der Normandie stehen den 12.837 alliierten Flugzeugen dort nur noch 319 deutsche gegenüber. Insgesamt haben die Alliierten 20-mal soviel Panzer und 25-mal so viel Flugzeuge wie die Deutschen – da ist es erstaunlich, dass sich die Wehrmacht überhaupt so lange hält.

Auch Japan hat aus wirtschaftlicher Sicht keine Chance in diesem Krieg: Die USA produzieren selbst in einem schlechten Jahr wie 1938 siebenmal so viel Stahl wie Japan, fördern siebenmal so viel Kohle, haben die 17-fachen Staatseinnahmen und bauen 80-mal so viele motorisierte Fahrzeuge wie Japan. Am Ende des Krieges produzieren die Amerikaner mehr als die Hälfte der weltweiten Industriegüter und stehen damit auf dem relativen Gipfel ihrer Macht.

Warum im vierten Kondratieff die Schäfchen Schäfchen bleiben

Das ökonomische Paradigma des vierten Kondratieffs funktioniert zu Beginn gerade mit einer gesellschaftlichen Gruppenethik sehr gut – wie Nationalsozialismus, Kommunismus, japanischer Rassismus. Der Wehrmachtsgeneral, der einen Angriffskrieg plant, der japanische Pilot, der amerikanische Häfen angreift, weil die USA sein Land hindern, sich weiter auszudehnen – deren Rechtsbewusstsein ist auf ihre Gruppe beschränkt. Vielleicht folgt das logisch aus der Art, die Arbeit zu organisieren: Diese Zeit bringt ein Menschenbild hervor, in dem der Einzelne nur als Teil einer Maschinerie, einer größeren Einheit, etwas wert ist. Das NS-Prinzip von Führer und Gefolgschaft wird auch in den Betrieben durchgesetzt, die Mitspracherechte der Betriebsräte, die schon in den 20er Jahren beschnitten worden sind, werden faktisch ganz beseitigt. Bedingungslos gehorchende »Soldaten der Arbeit« werden zu Arbeitssklaven erniedrigt und später im Krieg durch Zwangsarbeiter ersetzt. Eine auf die Spitze getriebene Gruppenethik wie der Nationalsozialismus muss daher die Träger einer konkurrierenden Universalethik vernichten, die dem Einzelnen den höchsten Wert ebenso zumisst wie jedem anderen Menschen außerhalb der willkürlich definierten Gruppe. Der ehemalige Messdiener Hitler redet auch von Gott, aber von einem, der denen hilft, die sich mit der Macht des Stärkeren durchsetzen.

Das Christentum wird daher mit allen Mitteln bekämpft – von subtil bis offen gewalttätig: Der von Hitler ernannte Reichsbischof Ludwig Müller soll das evangelische Kirchenvolk an die Diktatur binden. Seine Synodalen kommen in NS-Uniform in das Kirchenparlament und schreien die nicht-deutsch-christliche Minderheit nieder. Die »Deutschen Christen« gewinnen aber keine breite Basis: Sie giften gegen die »offenbar entstellten und abergläubischen Berichte des Neuen Testamentes«, gegen die »Sündenbocks- und Minderwertigkeitstheologie des Rabbiners Paulus« und fordern einen »heldischen Jesus«. Die »bekennende Kirche«, die wie Dietrich Bonhoeffer Hasstiraden, willkürliche Gewalt und Mord anklagt, ist eine kleine exponierte Minderheit. Die meisten Menschen in den Gemeinden bleiben neutral. Viele Pastoren beider großen Konfessionen danken 1939 in Predigten Gott für den Sieg über Polen. Die Menschen damals sind nicht frommer oder gottesfürchtiger, aber angepasster als heute – denn weder die Arbeitswelt noch das soziale Umfeld verlangen von einem Industriearbeiter des vierten Kondratieffs (und alle anderen gesellschaftlichen Institutionen von der Behörde bis zum Krankenhaus sind der Fabrik nachempfunden), eine Situation selbst zu beurteilen, kreativ eine Lösung zu initiieren und mit der eigenen Existenz zu verantworten.

In der katholischen Welt haben Laien, Pfarrer und Seelsorger seit 1924 die Weltanschauung der Nationalsozialisten als barbarisch zurückgewiesen. Nach Rücksprache mit seinem Mainzer Generalvikar predigt der Dorfpfarrer von Kirschhausen, Heinrich Weber, 1930: Katholiken dürfen kein Mitglied der NSDAP sein, Nazis keine Sakramente empfangen. Diese Position machen sich alle Bistümer zu eigen – abgemildert nur in Bayern von einer Einzelfallprüfung, ob einer nur Mitläufer ist oder sich wirklich für die Ziele der Partei einsetzt. Bei der Reichstagswahl am 31. Juli 1932 bleibt die NSDAP in allen mehrheitlich katholischen Wahlkreisen deutlich unter Reichsdurchschnitt.[69] Geringe Verluste der BVP in Bayern werden durch Gewinne des Zentrums mehr als ausgeglichen.

Nach 1933 ist das Konkordat zwischen Hitler und der katholischen Kirche das Papier nicht wert: Die Nazis schließen Bekenntnisschulen, christliche Tageszeitungen und zum Beispiel die theologische Fakultät in München. Kirchliche Verbände werden offen terrorisiert. In der Diözese Augsburg verfolgt der NS-Staat jeden zweiten Priester mit Hausdurchsuchungen, Verhören und schikanösen Anzeigen (in Einzelfällen bis zu 90 Strafanzeigen). Wer die Wahrheit so ungeschminkt nennt wie der Münchner Jesuitenpater Rupert Mayer, wird wie er misshandelt und ins Konzentrationslager Dachau gesperrt. Das ist der existenzielle Druck, unter dem die Bischöfe stehen.

Martin Bormann, Leiter der NSDAP-Parteikanzlei, schreibt den Parteigenossen, warum der Nationalsozialismus dem »ewig gestrigen Christentum« weltanschaulich überlegen sei: Er beruhe eben auf wissenschaftlichen Fundamenten, während das »Christentum unveränderliche Grundsätze hat, die vor fast 2000 Jahren gesetzt und immer mehr zu wirklichkeitsfremden Dogmen erstarrt sind«. Gleichzeitig verleumdet die gleich geschaltete Presse die Kirche: Mönche würden Bordelle betreiben, Barmherzige Brüder hätten Kranke zu Tode gefoltert, »wie sie es in der Inquisition gelernt haben«, usw. Von »Massenaustritten«, wie sie die Presse behauptet, kann bei einer Austrittsquote von 0,43 Prozent im Jahr 1937, dem Höhepunkt der Kirchenhetze, keine Rede sein – erst recht, wenn man bedenkt, dass der NS-Staat seine Beamten und Funktionäre zum Kirchenaustritt zwingt.

Bischöfe und Papst wehren sich, indem sie an der Gestapo vorbei ein Rundschreiben »Mit brennender Sorge« in die Pfarrgemeinden schleusen. Darin verurteilen sie die heidnische Helden-Götterverehrung und Rassenlehre, ermutigen die Gläubigen und stärken den Abwehrwillen. Doch wie weit sie mit dem Widerstand gehen sollen, darüber streiten sich die Bischöfe bis nahe an den offenen Bruch: Berlins Bischof Konrad Graf von Preysing will in der »Öffentlichkeit Massenreaktionen anregen«. Dagegen stellt sich der Vorsitzende der Fuldaer Bischofskonferenz, der 80-jährige Adolf Bertram aus Breslau. Er hat schon den Kulturkampf ge-

69 S. Landkarte in: Bayerische Landeszentrale für politische Bildungsarbeit (Hrsg.): Der Nationalsozialismus. Machtergreifung und Machtsicherung 1933 – 1935, Band 1, 2. Auflage, München 1988, S. 212f.

gen Bismarck mitgemacht und sieht, die Nazis würden dann den letzten Rest der kirchlichen Handlungsmöglichkeit unterbinden. Bertram sagt, er wolle es nicht dazu kommen lassen, dass Gläubige wieder ohne Geistliche und ohne die Sakramente sterben müssen. In Briefen bitten die deutschen Bischöfe Pius XII., sich nicht öffentlich gegen Hitler zu äußern, weil er dann nur mit noch größerer Gewalttätigkeit gegen Juden und Katholiken vorgehen würde.[70] Das Londoner Foreign Office veröffentlichte jüngst Dokumente über Verhandlungen zwischen der britischen Regierung und Wehrmachtsoffizieren des deutschen Widerstandes, die der Papst persönlich vermittelte.[71] Aber ein Aufstand der Christen bleibt aus – es gibt in diesem sozioökonomischen Paradigma zu wenige, die aus ihrem eigenen Gewissen heraus entscheiden, und zu viele, die den faschistischen Kadavergehorsam mit dem christlichen Gehorsam verwechseln (zum Beispiel Benedikt von Nursia: »Aufeinander hinhören, was der Geist einem zu sagen hat.«). Und auch der Antisemitismus der Nazis (der seine Tradition hat) entspricht der Geisteshaltung selbst prominenter Kirchenvertreter – was zeigt, wie sehr Menschen unter der Spannung zwischen der Theorie des Glaubens und ihrem Zeitgeist stehen.

Wer heute deshalb mit dem Finger auf die Kirchen zeigt, gehört oft gerade zu den Kindern und Enkeln der Täter. Christen haben dort versagt, wo der Glaube nicht als Universalethik, sondern als Gruppenethik gelebt wird, die Juden und verfolgte atheistische Gruppen ausschließt. Die Evangelische Kirche hat im Oktober 1945 im Stuttgarter Schuldbekenntnis erklärt: »Wir klagen uns an, dass wir nicht mutiger bekannt, nicht treuer gebetet, nicht fröhlicher geglaubt und nicht brennender geliebt haben.« Damit lösen die Verfasser im Land der Täter einen Sturm der Entrüstung aus, denn die meisten bemitleiden sich vor allem selbst – als Opfer.

Wer zaubert das Wirtschaftswunder?

1945 scheint Deutschland auf Generationen hinaus am Ende: ohne Nahrungsmittel und Rohstoffe, ohne funktionierendes Verkehrssystem und stabile Währung, das soziale Gefüge zerrissen, moralisch ruiniert. De-

70 Klaus Brill: »Brandbrief gegen Hitler den Flammen geopfert«, SZ 11.04.98, S. 6.
71 Gustav Seibt: »Der Papst, der flüsterte«, SZ 29.7.02, S. 13.

montage, Zerstückelung des Landes und Pläne, aus Deutschland wieder einen Agrarstaat zu machen, demotivieren. Schier unglaublich, ja ein Wunder ist den Zeitgenossen, was folgt: Die Wirtschaft wächst in den 50er Jahren zum Teil zweistellig, in den 60ern um fünf bis acht Prozent. Gastarbeiter müssen den Mangel an Arbeitskräften lindern. 1955 wird jede vierte Mark investiert. Die öffentliche Meinung bedankt sich für den Wohlstand: bei den Amerikanern für den Marshallplan, bei Ludwig Erhard für sein Marktwirtschaftskonzept und bei sich selbst für die eigene Tüchtigkeit. Aus der Sicht der Kondratiefftheorie ist das alles aber nur Beiwerk, nicht der Grund für das Wirtschaftswunder: In dieser Zeit wächst die Wirtschaft weltweit überdurchschnittlich, weil die Strukturen des Auto-Kondratieffs ihr dynamischstes Tempo erreichen. Offensichtlich ist selbst ein zerstörerischer totaler Krieg nicht in der Lage, eine lange Welle nachhaltig zu unterbrechen.

Zwar liegen die Städte in Trümmern, die Menschen sind verstört und hungern. Aber die deutsche Industrie ist während des Krieges stark ausgebaut worden. Millionen ausländischer Zwangsarbeiter – je nach Branche stellen sie 1944 bis zur Hälfte aller Beschäftigten – haben mit den Rohstoffen, welche die Wehrmacht in den besetzten Ländern raubte, neue und große Fabriken samt Maschinenpark gebaut, oft außerhalb der Städte, dazu umfangreiche Gebäudekomplexe. Trotz Bombenschäden und Demontagen von ganzen Firmen liegt der Bestand an Produktionsanlagen in Westdeutschland 1947 sogar elf Prozent über dem Industriepotenzial des strahlenden Olympia-Jahres 1936.[72] Deutschland geht mit einem bemerkenswert großen und modernen Anlagenkapitalstock in die Nachkriegszeit. Dazu kommen fast acht Millionen Vertriebene aus den deutschen Ostgebieten und Flüchtlinge aus der Sowjetischen Besatzungszone, die in der Regel gut ausgebildet und mit nichts außer der Kleidung auf dem Leib unbegrenzt arbeitswütig sind.

Es sind einzelne Engpässe, die den deutschen Wirtschaftskoloss noch daran hindern, sich wieder zu entfalten: Neben den Zechen türmen sich Berge von Kohle, aber sie lassen sich nicht transportieren, wenn irgendwo ein paar hundert Meter Eisenbahnschienen noch nicht repariert sind oder die von der Wehrmacht gesprengte Brücke noch immer den Fluss blockiert

72 W. Abelshauser: »Wirtschaft in Westdeutschland 1945 – 1948«, Stuttgart 1975, S. 121.

– die Menschen müssen frieren, Firmen können ihre Maschinen nicht anwerfen. Ehemalige Rüstungsbetriebe können ihre Produkte sofort auf den zivilen Bedarf umstellen. Dieselben Anlagen, die vor 1945 Wehrmachts-Kübelwagen hergestellt haben, stellen nun VW-Käfer her – zunächst vor allem für den Export. Glühbirnen werden nicht mehr für Armeelastwagen oder Kasernen geliefert, sondern eben für Wohnungen. Auch dabei ist in der Regel alles vorhanden – bis auf einzelne Rohstoffe wie Wolfram oder Kupfer, was den ganzen Betrieb lahm legt. Das ist die Lücke, welche die amerikanische Hilfe schließt: Sie liefert einzelne knappe Komponenten, die Engpässe in der großen deutschen Produktionsmaschinerie überwinden. 1,7 Milliarden Dollar erhält Deutschland zwischen 1949 und 1957 aus dem Marshallplan (benannt nach dem US-Außenminister George C. Marshall). 70 Prozent der Lieferungen waren Baumwolle, 20 Prozent war Tabak, also etwas, das die Amerikaner im Überfluss hatten. Der Marschallplan war ein Subventionsprogramm für die eigene Bevölkerung in den Südstaaten. Nur 2,3 Prozent der Lieferungen waren Maschinen und Anlagen, also das, was man sich unter Wirtschaftshilfe vorstellt.[73]

Obwohl Wirtschaft zur Hälfte Psychologie ist, ist es falsch zu glauben, eine gute wirtschaftliche Stimmung sei durch lautes positives Denken herstellbar (so wie heute Politiker erfolglos versuchen, mit gespieltem Optimismus die Arbeitslosenzahlen niedriger zu reden). Die Psychologie, die Stimmung der Menschen, die auf die Wirtschaft und am Ende sogar auf tote Zahlen auf dem Papier wirkt, hat immer einen realen Hintergrund: Die Deutschen wollen 1946 keinesfalls für Demontage und Reparationen arbeiten, und sie arbeiten gerade nur so viel, wie sie müssen, um die Lebensmittelmarken zu bekommen. Erst als deutlich wird, dass die USA sogar in den Wiederaufbau Westdeutschlands investieren würden, steigt die Arbeitsproduktivität rasant. Allein schon die Lebensmittelhilfe[74] ab 1946 macht die Menschen leistungsbereit. Die Wochenarbeitszeit steigt von 39,1 Stunden (1947) über 42,2 Stunden (1949) auf 48,2 Stunden (1950). Die Produktivität je Arbeitsstunde erhöht sich zwischen Juni 1948 und Juni 1949 um 28 Prozent und geht im darauf folgenden Jahr noch einmal um 12 Prozent nach oben.[75]

---

73 Werner Abelshauser: Deutsche Wirtschaftsgeschichte. Von 1945 bis zur Gegenwart. Beck, München 2011.

74 Klemm/Trittel, S. 115.

75 Klump: »Wirtschaftsgeschichte«, S. 59.

Viele verbuchen das Wirtschaftswunder als Verdienst von Ludwig Erhard – freundlicher rundlicher Mann, dicke Zigarre, »Wohlstand für alle«. In der Tat setzt der zunächst parteilose Wirtschaftswissenschaftler gegen alle politischen Parteien fast im Alleingang durch, dass Konsumgüter wieder dem freien Spiel der Marktkräfte ausgesetzt werden. Das ist das Gegenteil von dem, was die ganze Bevölkerung will: Nicht nur die Kommunisten und die SPD, auch die nordrhein-westfälische CDU sagt 1947 in ihrem Ahlener Programm noch, »Planung und Lenkung der Wirtschaft wird auf lange Zeit hinaus in erheblichem Umfang nötig sein«, und verlangt, das Herz der Wirtschaft, den Bergbau und die »Eisen schaffende Industrie«, zu verstaatlichen. (Diese Forderung gibt die CDU schnell wieder auf, als die Amerikaner die Marshallplanhilfe von einem kapitalistischen, eben nicht-sozialistischen Wirtschaftssystem abhängig machen.)

Als Direktor für Wirtschaft in den drei westlichen Besatzungszonen hebt Ludwig Erhard bei der Währungsreform im Juni 1948 die meisten festgesetzten Preise und Zuteilungsverfahren per Lebensmittelkarte einfach auf – ohne die amerikanische Militärregierung zu fragen. Was Ladenbesitzer vorher an Waren im Keller horten, weil sie es oben im Geschäft gegen wertlose Reichsmark zu amtlich befohlenen Preisen verkaufen müssten, legen sie über Nacht in ihren nun vollen Schaufenstern aus. Auch danach kann sich nicht jeder alles leisten, aber die Preise zeigen nach den Jahren der bürokratisch geplanten Mangelwirtschaft wieder an, wie knapp etwas ist und wofür es sich lohnt, etwas zu unternehmen. Nachdem das Wort »Kapitalismus« durch die instabilen 20er Jahre diskreditiert ist, findet die CDU mit »Marktwirtschaft« ein anderes Wort für denselben Begriff, um das freie Spiel der Kräfte sowohl von der kommunistischen Planwirtschaft abzugrenzen als auch die kapitalismuskritische Bevölkerung nicht zu verschrecken.

Erhard bewirkt kein Wirtschaftswunder, aber er beseitigt alles, was die deutsche Wirtschaft davon abhält – und das ist in der Situation nach dem Krieg ein großer Verdienst. Der Irrtum, dem manche Verbandsvertreter oder Markt-Politiker heute unterliegen, ist, dass freie Marktkräfte allein einen Aufschwung bringen würden. In den 20er Jahren wäre Erhard erfolglos geblieben. Nur unter den Bedingungen eines expandierenden neuen technologischen Systems kann er in der öffentlichen Wahrnehmung zum Vater des Wirtschaftswunders werden. Erst dann steigt weltweit die Nachfrage nach deutschen Autos und Maschinen. Auch der Koreakrieg

1950/53 heizt die deutsche Wirtschaft an: Sie füllt die Produktionslücke aus, die in der amerikanischen Wirtschaft entsteht, als sie Rüstungsgüter produziert (den Krieg führen die USA auch nur unter den Bedingungen eines langen Kondratieffaufschwungs, weil China und die Sowjetunion auch nur unter den Bedingungen eines langen Aufschwungs Nordkorea materiell und militärisch unterstützen). Wer meint, das große Nachkriegswachstum sei hauptsächlich Erhards Wirtschaftspolitik zu verdanken, der kann nicht erklären, warum der Konjunkturmotor bei unveränderter Wirtschaftspolitik Ende der 60er Jahre zu stottern beginnt.

Einige argumentieren, die Wirtschaft habe sich so dynamisch entwickelt, weil nach den großen Zerstörungen und den langen Notjahren sich ein so großer Bedarf angestaut hätte. Nach dieser Logik bräuchten wir heute wieder einen großen Krieg, um die Weltwirtschaft anzukurbeln, und die 20er Jahre nach dem Ersten Weltkrieg hätten Boomjahre sein müssen. Auch 1918 ist der Bedarf unersättlich gewesen: Die Konsumgüterindustrie war damals völlig verschlissen, es fehlte an Wohnungen, die Menschen froren, trugen noch immer zusammengeflickte Kleider aus den Vorkriegstagen, Reparationen belasteten zusätzlich.

Nein: Zwischen 1950 und 1970 wächst Europas Wirtschaft im Durchschnitt um 5,5 Prozent im Jahr. 1970 produzieren die Europäer pro Kopf zweieinhalbmal so viel wie 1950. Das neue Wachstum ist über den ganzen Kontinent verteilt, auch über den Nordwesten, Osteuropa und die Mittelmeerländer. Das hat nichts mit dem Wiederaufbau zerstörter Länder zu tun: Selbst die träge britische Ökonomie wächst in diesem Kondratieffaufschwung wieder stärker als die Jahrzehnte zuvor.[76] In Deutschland schnellt die Zahl der Autos von sechs im Jahr 1948 auf 227 pro 1000 Einwohner im Jahr 1970 hoch. Die Autohersteller treiben den Export und beschäftigen Hunderte Zuliefererfirmen. Zwischen 1957 und 1966 investieren die Deutschen 19,6 Prozent ihres Bruttosozialproduktes, bis 1973 sind es immerhin noch 17,2 Prozent.

Zum dritten Mal in 100 Jahren ist Deutschland das wirtschaftliche Kraftwerk Europas. Arbeitskräfte sind so knapp, dass Gastarbeiter ins Land geholt werden. Als Ludwig Erhard 1963 Bundeskanzler wird, arbeitet jeder zweite Beschäftigte in der Industrie – so viele wie nie zuvor und danach. Wegen der ständigen Handelsüberschüsse muss die D-Mark

76 Kennedy: »Mächte«, S. 624.

gegenüber anderen Währungen immer wieder aufgewertet werden. Während zum Beispiel Großbritannien von 8,6 Prozent der Weltindustrieproduktion im Jahr 1953 auf 4 Prozent im Jahr 1980 relativ zurücksinkt, kann Deutschland seinen Anteil bei knapp über 5 Prozent halten.

Auch in Frankreich sind nicht Staatsausgaben, Zinsen oder der Wiederaufbau zerstörter Städte die treibende Kraft, sondern das Auto: 1969 stellen die Franzosen zehnmal so viele Autos im Jahr her wie nur zwei Jahrzehnte zuvor – und haben deswegen mehr Steuergelder zum Ausgeben oder die Ressourcen, Städte aufzubauen. Die Sowjetunion mit ihren schier unerschöpflichen Energiereserven profitiert besonders vom vierten Kondratieff: Die Autoproduktion schnellt von 74.000 Stück bei Kriegsende über 524.000 Autos im Jahr 1960 auf 2,2 Millionen im Jahr 1980. Ebenso steigt in derselben Zeit die Stahlproduktion von 12,3 Millionen Tonnen über 65,3 auf 148 Millionen Tonnen – damit ist die Sowjetunion der weltgrößte Stahlproduzent. Der Stromverbrauch explodiert von 43,2 Millionen Kilowattstunden über 292 Millionen auf 1,294 Milliarden.[77] Russland hat die Ressourcen, den Weltraum zu erobern, die Atomkraft zu erforschen, unproduktivere Verbündete wie Kuba zu subventionieren, die größte Armee der Welt zu unterhalten und mit einer Flotte auf allen Meeren seinen Weltmachtanspruch zu unterstreichen. Doch die Zuwächse gehen hauptsächlich in die Schwerindustrie und in den militärisch-industriellen Komplex, stehen also dem quantitativen Wachstum der bestehenden technologischen Systeme zur Verfügung und nicht, um sich qualitativ über den vierten Kondratieff hinaus weiterzuentwickeln.

Das scheint auch zunächst gar nicht nötig: Der russische Lebensstandard kann in den Aufschwung-Jahrzehnten des vierten Kondratieffs durchgehend aufholen, wenn auch nicht das westliche Niveau erreichen. Chruschtschows Behauptung, die sozialistische Planwirtschaft sei dem kapitalistischen System überlegen und werde es eines Tages begraben, ist Anfang der 60er Jahre nicht ganz so lächerlich, wie sie in den Jahren danach erscheint. Der russische Anteil am Welthandel, wie auch an der Weltindustrieproduktion wächst: Während früherer Kondratieffzyklen lag er bei 5 bis 8 Prozent, bis 1980 steigt er auf 14 Prozent.

Warum? Weil es in dieser Zeit darum geht, billige Energie nutzen zu können, und die alte Sowjetunion hat Unmengen an Öl-, Kohle- und Erd-

77 Kennedy: »Mächte«, S. 637.

gas-Reserven. Sie ist Weltmacht, weil sie es sich leisten kann, mit Energie verschwenderisch umzugehen – zumindest, solange die Lagerstätten noch leicht abzubauen sind. Doch das ändert sich ausgerechnet mit der Wende des vierten Kondratieffs, als die Grenzkosten (also die Kosten für die letzte gewonnene, teuerste Einheit Energie) steigen: Im Jahrzehnt nach dem Ölschock steigt der wirtschaftliche Aufwand, um eine Tonne sowjetisches Öl zu fördern, um 70 Prozent. Und dieser Trend setzt sich fort. Die restlichen, immer noch sehr großen Vorräte an Öl und Erdgas lagern in viel tieferen Schichten oder in Dauerfrost-Gegenden Westsibiriens.

Insgesamt profitieren nicht nur die reichen Länder von diesem langen Aufschwung, sondern alle. Wieder schaffen einige den Anschluss an die industrialisierte Welt. In den 20 Jahren zwischen dem Koreakrieg 1953 und dem Ölschock 1973 produziert die Welt so viel Industriegüter wie in den anderthalb Jahrhunderten von 1800 bis zum Koreakrieg. 1980 stellt die Menschheit 30-mal mehr Industriegüter her als im Jahr 1900. Mit dem vierten Kondratieffaufschwung erwirtschaften die Entwicklungsländer Devisen, indem sie jene Rohstoffe exportieren, welche die »Erste Welt« für ihre Autos braucht. Damit können sie immer mehr Maschinen importieren und die eigene Wirtschaft industrialisieren. Das macht sie zwar nicht ebenbürtig, aber stärker. Vor diesem Hintergrund müssen die europäischen Kolonialherren ihre drängenden Kolonien mehr oder weniger freiwillig in die Unabhängigkeit entlassen. (Jetzt im Aufschwung verwenden sie das knappe Kapital auch lieber im eigenen Land.) Die Blockfreien Staaten hindern die beiden Weltmächte, die Agenda der Weltpolitik alleine zu bestimmen.

Der Welthandel macht, was er in jedem bisherigen Kondratieffaufschwung auch so gemacht hat: Er expandiert. Zunächst sinken die Zölle nur langsam, dann aber mit dem Wirtschaftswachstum in den 60ern immer schneller: Allein die Kennedy-Runde senkt sie um fast ein Drittel. Die Europäer bauen unter dem Rückenwind des Auto-Zyklus erfolgreich an einem gemeinsamen Wirtschaftsraum und beschließen 1957, alle Zölle zwischen den EG-Ländern jedes Jahr um zehn Prozentpunkte zu senken, um sie bis 1967 vollständig beseitigt zu haben (was nicht gelingt, weil die Europäer im nächsten Kondratieffabschwung wieder Handelsbarrieren errichten). Die Arbeitnehmer spüren in dieser Zeit der starken Expansion, dass sie ihre Muskeln spielen lassen können. Es kommt 1968/75 zu Streikwellen wie vor den Höhepunkten der früheren Kondratieffs

1808/20, 1868/73 und 1910/12 auch. Im Kondratieffabschwung dagegen haben zu viele Menschen Angst um ihren Arbeitsplatz, und die Angestellten spüren selber, dass der Betrieb zu wenig erwirtschaftet. Wenn es dann wie Ende der 20er Jahre zu Streiks kommt, dann aus demselben Grund – nur diesmal in umgekehrter Richtung: So wie die Arbeiter im langen Aufschwung mit dem Recht des Stärkeren höhere Löhne durchsetzen, so setzen im langen Abschwung die Unternehmer niedrigere Reallöhne durch – mit dem Recht des Stärkeren.

Zweites Vatikanisches Konzil

Aber noch beschreiben wir eine Zeit, in der das Auto die Gesellschaft immer schneller durchdringt und der Einzelne immer mehr Wahlmöglichkeiten bekommt, sein Leben zu gestalten. Er kann der Dorfgemeinschaft davonfahren, die Großfamilie verteilt sich auf einen weiten Raum, und wer will, fährt Sonntag lieber in die Kirche zwei Dörfer weiter, weil ihm da die Predigten besser gefallen. Nicht nur das Leben, auch die Religiosität innerhalb der Kirche werden individueller. Damit gerät auch die Katholische Kirche unter eine Veränderungsspannung: Der Pfarrer spricht im Auftrag des Volkes sein Gebet zu Gott und steht dabei mit dem Rücken zur Gemeinde am Altar, die nur zuschaut (oder vor sich hinschläft), wie er für sich die Messe zelebriert. Sein Latein versteht zwar sonst kaum einer, aber das macht nichts, Hauptsache, die Leute wohnen diesem heiligen Vorgang bei. Papst Johannes XXIII. reformiert die Kirche wie seit vier Jahrhunderten nicht mehr, als er zum Oktober 1962 das Zweite Vatikanische Konzil einberuft.

Unter den 2000 Bischöfen herrscht eine gemischte Stimmung. Der Papst warnt in seiner Eingangsrede davor, das gegenwärtige Zeitalter pessimistisch zu verurteilen, und mahnt, »zu unterscheiden zwischen der Substanz der alten Lehre des Glaubensgutes und der Formulierung ihrer sprachlichen Einkleidung«. Die katholische Lehre müsse »nach den Forschungsmethoden und der literarischen Formulierung des modernen Lebens« dargelegt werden. Anstatt andere Vorstellungswelten zu verurteilen, solle die Gültigkeit der eigenen Lehre nachgewiesen werden. Kardinal Lehmann erinnert sich: »Bewusst widerspricht er den Unglückspropheten, die immer nur Unheil voraussagen, als ob der Untergang der Welt unmittelbar bevorstünde. Für den Papst gibt es kein goldenes Zeitalter der Kirche in der Vergangenheit. Die Idealvorstellung ist nicht die Restauration jener angeblich goldenen Zeit.«[78]

Die ersten Bulletins des Konzils, die nach außen gereicht werden, sind wortkarg. Generalsekretär Pericle Felici empfiehlt der Presse »ehrfürchtiges Schweigen«. Doch bald wirken die Analysen und Kommentare der Medien auf die Bischöfe zurück. Sie spüren, dass sie sich in ihren Beiträgen nicht nur an ihresgleichen, sondern an die Weltöffentlichkeit wenden und von ihr beurteilt werden. Damit entstehen über Nacht ein neues Kirchenbild und ein neues Kirchenbewusstsein: Die Herde versteht, dass kein vorgefertigtes Einverständnis in allen Fragen besteht, sondern dass um Glaubensfragen ehrlich gerungen werden muss. Zu den Neuerungen gehört, dass die Messe in der Landessprache gelesen wird, damit die Leute die Vorgänge verstehen; die Gemeinde feiert zusammen mit dem Pfarrer, der in ihrer Mitte steht oder ihr vorne am Altar zugewandt ist. Die Schöpfungsgeschichte ist nicht wörtlich zu nehmen, sondern zu lesen als geistinspirierter Hymnus eines Menschen über Gottes souveränes Schöpfungswerk. Die Welt ward planvoll aus dem Nichts geschaffen, damit der Mensch sich darauf entwickle.

Immer dort, wo Gottesdienst in purer Formerfüllerei erstarrt ist, wo Riten wichtiger sind als Nächstenliebe und wo Gottesliebe bei äußeren Zeichen stehen bleibt, dort entfacht das Konzil Lebendigkeit und Begeisterung darüber, dass jeder als individueller Mensch gefragt ist, seine Gedanken, Anliegen und sein Gebet selbst auszudrücken, selbst mitverantwortlich für die Kirche zu sein, nicht nur als untergebenes Schäfchen einer Hierarchie, sondern als gleichberechtigtes Glied eines großen Leibes. Die Christen entdecken die Quellen der frühen Kirche. Neue Lieder werden gesungen. Manche Gläubige und Pfarrer dagegen, die von der Not der 20er Jahre und von der Verfolgung in der Nazizeit, also von der Stimmung des Kondratieffabschwungs, geprägt sind (und daher den Wert von Institutionentreue und standardisierter Form in schlechten Zeiten kennen gelernt haben), sind schockiert, wenn ein jüngerer Pfarrer in ziviler Kleidung statt der schwarzen Soutane in der Gemeinde unterwegs ist, um manchen Menschen näher zu sein. Oder sie empfinden Jugendliche als gar nicht mehr so »richtig« gläubig, weil sie ganz andere Formen von Got-

---

78 Kardinal Karl Lehmann: »Ein kräftiger Anfang«, SZ 11.3.02, S. 13.

tesdiensten und Andachten feiern. Und tatsächlich bricht manches aus, was nicht unbedingt dem Geist des Evangeliums entspricht – sich damit auseinander zu setzen ist kraftzehrend, aber notwendig.

Konservative meinen heute, das Konzil sei schuld daran, dass es danach immer schwerer geworden ist, die Kirche und Gemeinden einheitlich zusammenzuhalten. Papst Johannes XXIII. kritisieren sie, weil er die angeblich instabile Lage der Kirche verursacht habe. In Wirklichkeit haben sich die Kirchen nicht wegen des Zweiten Vatikanischen Konzils geleert – immerhin gehen heute zehn Prozent der formal getauften Katholiken sonntags in den Gottesdienst –, sondern weil der Einzelne weniger eingebunden ist: Die alten gesellschaftlichen, gruppenorientierten Strukturen wie Familie, Dorfgemeinschaft und lebenslange Anstellung sind durch die wirtschaftlichen Strukturänderungen angeknackst, ohne dass sie sich schon wieder neu stabilisiert hätten. Zum Beispiel zu einem kooperativen Individualismus, der in der Arbeitswelt wie im Privatleben authentisch die Balance findet zwischen den eigenen berechtigten Interessen und Ansichten und denen der Firma, der Kollegen oder der Familie.

Das zweite Vatikanum bewahrt das sakramentale Wesen der Kirche, aber passt die Umsetzung des Glaubens an die sozioökonomischen Gegebenheiten nach dem vierten Kondratieff-Strukturzyklus an. Ohne diese formalen Änderungen wäre die Kirche heute eine weitgehend gesellschaftsferne Institution, die nur noch von einer Minderheit verstanden, geschweige denn getragen würde (☛ Kirchen-Kapitel, S. 438). »Revolutionen«, also gesellschaftliche Strukturänderungen wie diese Kirchenreform, finden eben im langen Aufschwung statt, wenn der Gesellschaft ständig neue Ressourcen hinzuwachsen.

Ebenso wie Kriege, die – so beobachtete Kondratieff schon in den 20er Jahren – vor allem am Ende eines langen Aufschwungs besonders lange dauern: Nur dann ist eine Regierung bereit, immer noch mehr Soldaten in ein fremdes Land zu schicken wie die USA in den Vietnamkrieg. Als zu spüren ist, dass jeder weitere Highway-Kilometer, jedes weitere Auto nicht mehr denselben zusätzlichen Nutzen bringen wie früher, schwinden Wachstum und Staatseinnahmen. Die Produktivität wächst von Jahr zu Jahr weniger: Nach 2,4 Prozent in den Jahren 1965-1972 nur noch 1,6 Prozent zwischen 1972 und 1977.[79] Deswegen muss der amerikanische

79 Kennedy: »Mächte«, S. 644.

Staat den Vietnamkrieg zunehmend mit Schulden finanzieren. Immer mehr Dollars, die dadurch in die Weltwirtschaft gepumpt werden, schwächen die Kaufkraft der amerikanischen Währung, deren Wert seit 1944 durch das in Bretton Woods beschlossene Finanzsystem an das Gold gebunden ist. Das heißt, die US-Notenbank zahlt für einen Dollar eine festgesetzte Menge an Gold aus. Das wird durch die Kriegsausgaben immer schwieriger, aber die arabischen Staaten geben dem endgültig den Rest.

Nachdem sie 1973 Israel im Jom-Kippur-Krieg angreifen, aber wieder nicht besiegen, setzt die OPEC Öl als Waffe gegen die USA und Europa ein, die Israel unterstützt haben: Sie treibt den Preis für ein Fass Öl von 1,80 auf über 20 US-Dollar hoch. Das auf Goldparität aufgebaute Währungssystem fällt zusammen wie die Goldparität des britischen Pfund Sterlings in der Weltwirtschaftskrise 1930. Der gesellschaftliche Konsens über Ziele und Prioritäten, wohin die Reise gehen soll, zerbricht ab 1968. Studentenproteste gegen den Vietnamkrieg, Rassenunruhen in den Städten, Gerangel um gesellschaftliche Beteiligung zerstören das amerikanische Selbstvertrauen der 50er und 60er Jahre. Die USA entwickeln sich vom größten Gläubiger zum größten Schuldner der Welt.

Warum ist der Vietnamkrieg noch heute allgegenwärtig in der amerikanischen Kultur und in amerikanischen Filmen, während der Koreakrieg in der öffentlichen Wahrnehmung praktisch nie existiert hat? Im Koreakrieg 1950/53 kämpfen zwei Millionen US-Soldaten, 54.000 Soldaten fallen – fast so viele wie später in Vietnam. Korea endet wie das Hornberger Schießen an der vorherigen Grenze als unentschieden – das vergleichbare Debakel Vietnam dagegen führt zu einer innenpolitischen Krise, wie sie eine Gesellschaft eben nur dann durchzustehen hat, wenn Strukturen und Wohlstand bei sinkenden Gewinnen in einem langen Abschwung stagnieren.

4. Kondratieffabschwung
Die Grenzen des (materiellen) Wachstums

Der 1973 innerhalb weniger Wochen explodierte Ölpreis zerstört den Traum der Menschen eines jeden langen Aufschwungs, es würde immer so weitergehen. Denn mit dem (billigen) Öl scheinen auch die Voraussetzungen für den Massenkonsum auszulaufen. Davon hängen die meisten Produkte ab: Auto, Flugzeug, Traktor, synthetische Textilien, ihre Zulieferer und Infrastruktur. Vor dem Jahr 1900 haben die meisten von ihnen fast noch nicht existiert. Gründerväter, die ihren zum Technologienetz des vergangenen Kondratieffs gehörenden Betrieb in den langen Boomjahren hochgebracht haben, hadern mit ihren Kindern und Enkeln, denen sie die Firma übergeben haben, die angesichts der Stagnation in ihren Augen versagen – in Wirklichkeit hat sich die Zeit geändert, ist die Basisinnovation erschöpft, die den Familienbetrieb getragen hat. Nicht so stark wie bei den anderen Kondratieffabschwüngen, aber immerhin spürbar sind die Einbrüche an den Börsen im November 1969, im August 1972 (beide vor dem Ölschock) und im Oktober 1978 mit bis zu 37,6 Prozent Wertverlust. Wer Ende der 60er Jahre am Höhepunkt der Aktieneuphorie des vierten Kondratieffs Aktien kauft, der muss im Durchschnitt neun Jahre warten, bis dieser Höchststand wieder erreicht ist. (Die Krise wird nicht so dramatisch, weil im Gegensatz zu 1873, 1929 und wahrscheinlich im Gegensatz zu heute der nächste Strukturzyklus ausreichend schnell erschlossen wird.)

Schon im Jahr vor dem Ölschock alarmiert der Bericht an den Club of Rome über die Grenzen des Wachstums die Öffentlichkeit. Es wird klar, dass die Wirtschaft nicht so weiterwachsen kann wie bisher – zumindest nicht innerhalb dieses technologischen Systems. Also auf Wachstum verzichten? Nullwachstum? Anfang der 80er Jahre ist das eine Forderung aus den Reihen der neu entstandenen alternativen Parteien, als man noch nicht versteht, dass die Wirtschaft der bevorstehenden Informationsgesellschaft in den virtuellen, gedachten Raum hineinwachsen wird, in dem es keine Grenzen des Wachstums gibt – durch den Umgang mit Information.

Nun stottert die Wirtschaft weltweit und synchron. Die Entspannungspolitik der 70er Jahre hängt auch mit dem verlangsamten Wachstum zusammen, das es keiner Seite mehr erlaubt, die Militärausgaben zu erhöhen. Zwischen 1977 und 1982 stagniert das amerikanische Produktivitätswachstum bei nur noch 0,2 Prozent im Jahr.[80] Trotz dieser Stagnation beschleunigt sich die Inflation. Aus der Sicht der Kondratiefftheorie gibt es dafür mehrere Gründe: An jedem Kondratieffhöhepunkt, wenn sich die Konjunktur überhitzt, kommt es, auch mit Verzögerung, zur

80 Kennedy: »Mächte«, S. 644.

Geldentwertung. Dann ist da der Ölschock – für Rohöl muss ein höherer realer Gegenwert in Form von Maschinen, Autos oder Dienstleistungen ausgeführt werden. Das senkt de facto den Wohlstand ausgerechnet in einer Zeit, in der weitere Produktivitätssprünge ausbleiben. Gleichzeitig setzen Gewerkschaften mit Streiks höhere Tariflöhne durch (bis zu 14 Prozent) – auch das führt zu mehr Geld ohne mehr Wertschöpfung. Die Inflation dieser Jahre bedeutet also, dass der Wohlstand sinkt, aber die Gesellschaft nicht ehrlich genug ist, es sich einzugestehen und hinzunehmen, dass man weniger Gewinn erwirtschaftet und auch der Angestellte weniger netto verdient.

Da hilft es nicht viel, dass die höheren Ausgaben für Rohöl über den Umweg der arabischen Importe wieder zurück ins eigene Land fließen; es nützt der Wirtschaft auch nichts, dass der Ölpreis nach den Schocks von 1973 und 1979 wieder sinkt – das ist so, weil andere Länder außerhalb der OPEC mehr Öl fördern, außerdem stagniert der Verbrauch. Es ist eben nicht so, dass der Ölpreis nur wieder auf das alte Niveau zurückkehren müsste, und die Wirtschaft würde wieder florieren – es gibt keine stationäre Wirtschaft. Massenentlassungen von Stahlkochern und Werftarbeitern machen klar, dass die OPEC nicht für alles verantwortlich gemacht werden kann. Gerhard Mensch lenkt mit seinem Buch »Das Technologische Patt« die Aufmerksamkeit darauf, dass die Konjunktur schwächelt, weil es an Innovationen fehlt.[81]

Unwirksame Schönwettertheorie

In Deutschland beginnt der vierte Kondratieffzyklus 1966/67 zu stottern. Erstmals gibt es wieder Arbeitslose. Textil-, Kohle- und Stahlindustrie, die Träger der ersten drei Kondratieffs, legen als Erste den Rückwärtsgang ein, die Autoindustrie wächst langsamer. Der Star des Wirtschaftswunders Ludwig Erhard, nach Konrad Adenauer vom Wirtschaftsminister zum Bundeskanzler aufgerückt, wird nach nur drei Jahren von der eigenen Partei zum Rücktritt gezwungen (hätte man ihm damals erklärt, dass sein politisches Ansehen identisch verläuft mit der Dynamik des techno-

81 Mensch, G.: »Das technologische Patt. Innovationen überwinden die Depression«, Frankfurt/Main, 1975.

logischen Systems rund um das Auto, er wäre wohl weniger verbittert abgetreten). Die Union geht mit der SPD eine große Koalition ein, um die aus damaliger Sicht große Arbeitslosigkeit in den Griff zu bekommen. Jetzt soll sich eine Wirtschaftspolitik bewähren, deren theoretische Grundlagen inzwischen die Wirtschaftswissenschaften dominieren: So wie im zweiten Kondratieff die liberalen Klassiker meinten, sie hätten den Schlüssel zu ewigem Wohlstand und Glückseligkeit gefunden, so unterliegen im vierten Kondratieffaufschwung die Interpreten von Keynes diesem Irrtum.

Die meisten wirtschaftswissenschaftlichen Theorien sind eben Schönwettertheorien. Das heißt, sie funktionieren nur bei schönem Wetter während eines langen Kondratieffaufschwungs. Keynes erklärt Wirtschaftskrisen wie die der 20er Jahre damit, dass es an Nachfrage mangelt – also soll die Politik die Nachfrage regulieren, indem der Staat einspringt, die Notenbank an der Zinsschraube oder an der Geldmenge dreht oder die Löhne erhöht werden. Damit glauben die damaligen Ökonomen, ein für alle Mal Konjunkturschwankungen abgeschafft zu haben – das ist der Grund, warum in den 50er Jahren die produktivitätsorientierte Theorierichtung um Joseph Schumpeter, der die Kondratiefftheorie in eine breite Diskussion gebracht hat, vom Keynesianismus völlig überrollt und begraben wird.

Diese Vorstellungswelt gießen die Politiker 1967 in das Stabilitäts- und Wachstumsgesetz. Karl Schiller, SPD-Wirtschaftsminister von 1966 bis 1972, hat den Gedanken einer »globalgesteuerten Marktwirtschaft« schon vor seinem Amtsantritt als Professor für Volkswirtschaft ausgearbeitet. Er verfolgt mit diesem Konzept eine »Synthese zwischen dem Freiburger Imperativ des Wettbewerbs und der keynesianischen Botschaft der Steuerung der effektiven Gesamtnachfrage«[82] – was dem Wissenschaftsverständnis des frühen 18. Jahrhunderts entspricht, man könne die Wirklichkeit in ihre Einzelbestandteile zerlegen, um dann an der einen oder anderen makroökonomischen Schraube zu drehen, um Wachstum und Stabilität zu erreichen (☛ Kapitel zur Wirtschaftspolitik, S. 182).

Doch was in der Theorie so einleuchtend scheint, funktioniert nicht, und zwar in keiner Richtung: Nach der Mini-Krise von 1966/67 boomt

82 Schiller, Karl: »Reden zur Wirtschaftspolitik.« BMWi Texte 1, 2. Auflage, Bonn 1970, S. 49.

die Wirtschaft wieder. Damit die Menschen weniger konsumieren, erhebt die Bundesregierung einen Zuschlag ähnlich dem heutigen Solidarbeitrag. Von August 1970 bis Juni 1971 behalten die Finanzämter eine Konjunkturzulage von 10 Prozent auf Lohn-, Einkommens- und Körperschaftssteuer ein, die ab Juni 1972 wieder zurückgezahlt wird. Doch die Regierung verfehlt das Ziel, den Konsum einzuschränken, um die überhitzte Konjunktur zu kühlen. Weil der Rückzahlungstermin bekannt ist, sparen die Deutschen lediglich weniger.

Als der Ölpreis in die Höhe schnellt, reagiert der Staat auf die folgende Arbeitslosigkeit mit expansiver Finanz- und Geldpolitik (er gibt mehr Geld aus, die Bundesbank erhöht die Geldmenge). Der Staat bekämpft also einen Angebotsschock mit Instrumenten der Nachfragepolitik. Höhere Löhne und Steuererleichterungen führen nicht zu höherem Konsum, sondern lassen wegen der unsicheren Zukunftserwartung die Sparquote auf bis zu 17 Prozent anwachsen. Wirtschaftsminister Schiller sieht, dass er »die Pferde zwar zur Tränke führen« könne, sie aber schon »selber saufen müssten« – das heißt, der Professor gesteht seinen Irrtum ein, Konjunktur sei mach- und die Volkswirtschaft steuerbar.

Trotzdem gibt der Bund ab 1974 bis zum Regierungswechsel 1982 in 16 staatlichen Beschäftigungsprogrammen etwa 100 Milliarden Mark aus[83] – mit dem Effekt, dass er die Konjunktur in sowieso ausgelasteten Branchen wie der Bauindustrie nur noch mehr anheizt (und dort Inflation erzeugt), während Sektoren mit Absatzproblemen wie der Bergbau deswegen auch nicht mehr Kohle verkaufen. Anstatt wie erhofft Wirtschaftswachstum zu generieren, erzeugt die Wirtschaftspolitik keynesianischer Glaubensrichtung einen großen Schuldenberg, der nicht für den nächsten Strukturzyklus ausgegeben worden ist, sondern für Konsum und für unrentable, weil unnötige Investitionen. Daran zerbricht 1982 die sozialliberale Koalition aus SPD und FDP (so wie auch schon im vorherigen Kondratieffabschwung 1930).

Das Konzept makroökonomischer Globalsteuerung ist geniale Theorie, aber praktischer Unsinn. Am Ende des vierten Kondratieffs ist die Weltwirtschaft so miteinander verflochten, dass die Konjunkturpolitik einzelner Staaten nicht im eigenen Land wirkt, sondern auf dem Welt-

83 Müller, Richard: »Konjunktur-, Stabilisierungs- und Wachstumspolitik«, 4. Auflage, Stuttgart 1993, S. 237.

markt verpufft.[84] Schon die Diagnose der Ökonomen über die Konjunkturlage, auf der die Globalsteuerung beruht, ist meistens fehlerhaft. Hinzu kommt, dass niemand genau weiß, wie und in welcher Reihenfolge Maßnahmen wie zusätzliche Staatsausgaben wirken werden. Was als richtig erkannt wird, wird nicht unbedingt auch umgesetzt, weil politisch Handelnde sich nicht nur an ökonomischen Zielen orientieren. Dass sich – wie im Stabilitäts- und Wachstumsgesetz vorgesehen – alle staatlichen Wirtschaftsakteure von den Gebietskörperschaften bis zur Bundesbank koordinieren lassen, ist völlig unrealistisch. Und bis die Maßnahmen wirken, kann sich die konjunkturelle Tendenz schon wieder gewendet haben. Konjunkturbelebende Schritte, die eine Regierung in der Flaute unternimmt, können einen schon begonnenen Konjunkturaufschwung anheizen und die Konjunktur verstärken, anstatt sie zu glätten.

Aus der Sicht der Kondratiefftheorie hätte die sozialliberale Koalition die Schuldengelder nicht mehr wie ab den 30er Jahren in den Straßenbau oder noch frühere Branchen investieren, sondern für den Umgang mit Computern ausgeben sollen, damit die Wirtschaft produktiver wird. Für die Kondratiefftheorie ist die makroökonomische Ebene von Zinsen, Löhnen oder Staatsausgaben nur die Folge des Tempos, mit dem sich die Produktivität entwickelt, nicht die Ursache von Wohlstand – so wie der Rauch eines Lagerfeuers nur das Ergebnis des Feuers ist. Die Erfahrungen mit Wirtschaftsprognosen zeigen, dass die besten Makroökonomen des Landes es nicht schaffen, das Wirtschaftswachstum für das folgende Jahr auch nur annähernd anzugeben. Die Vorhersagen des deutschen Sachverständigenrates und die tatsächliche wirtschaftliche Entwicklung klaffen weit auseinander.[85] Offensichtlich ist es völlig unvorhersehbar, wie makroökonomische Maßnahmen wirken (Steuern und Zinsen senken, Geldmenge erhöhen).

Makroökonomen verschätzen sich vor allem deswegen meist mit ihren Prognosen, weil sie so tun, als würde die Wirtschaft mit derselben Struktur über einen längeren Zeitraum hinweg arbeiten – allein der kurze Handy-Boom zeigt, wie dynamisch einzelne Märkte innerhalb des gesamten Gefüges emporschnellen und wieder zusammenfallen, nachdem sie

84 Vgl. u. a. Andersen, Uwe: »Konjunktur- und Beschäftigungspolitik.« In: Grosser, Dieter (Hrsg.): »Soziale Marktwirtschaft – Geschichte, Konzept, Leistung.« Kohlhammer, Berlin + Köln 1990, hier S. 375 ff., besonders S. 415 ff.

85 SZ, 17.11.95, Grafik »Prognose und Wirklichkeit«.

die Qualität aller wirtschaftlichen Strukturen verbessert haben. Der große Glaubensirrtum ist, ein späterer Zeitpunkt sei mit dem Ausgangspunkt so ohne weiteres[86] vergleichbar – nur verändert durch die Wirkung makroökonomischer Maßnahmen (☛ Kapitel zur Wirtschaftswissenschaft, S. 182). Dabei wandelt sich mit der Konjunktur schon allein das politische Klima.

Dem europäischen Einigungsprozess geht die Luft aus

Der Optimismus der Nachkriegszeit ist nach der Ölkrise verflogen – mit gutem Grund: Die Europäer spüren, dass sich etwas erschöpft, sie aber bei den neuen Technologien nicht mehr vergleichbar mitspielen. Gleichzeitig lassen sie die hohen Sozialausgaben auf dem Niveau, von dem sie während des vierten Kondratieffaufschwungs gemeint haben, es sich leisten zu können (obwohl sie diese auch damals schon nur mit Schulden bezahlt haben). Mit der Arbeitslosigkeit steigen die Soziallasten sogar weiter an und lassen in den öffentlichen Kassen noch weniger Geld übrig. Geld, das dann auch noch, statt in die Zukunft investiert zu werden, aus wahltaktischen Gründen für den Erhalt von Branchen wie Kohle, Stahl und Schiffsbau verschwendet wird, die keiner mehr in diesem Umfang braucht oder die von Schwellenländern längst kostengünstiger beherrscht werden.

Einen Exportvorteil hat der Ölschock aber für die europäische Industrie: Ihre Autos sind sparsamer als die von General Motors oder Ford. Die größere Konkurrenz für die amerikanischen Autohersteller sind jedoch die Japaner: 1989 stellen sie mit über neun Millionen mehr Autos her als die knapp acht Millionen der Amerikaner. Während Europa und die USA in den 70er und 80er Jahren mit dem Abschwung des vierten Kondratieffs zu kämpfen haben, bündelt Japan seine Ressourcen, den fünften zu erschließen. Es leidet daher nicht unter deren Arbeitslosigkeit und Staatskrisen.

Gegen die Flut japanischer Werkzeugmaschinen, Motorräder, Autos und elektronischer Geräte (die alle mit dem Computer als Bauteil oder mit Hilfe von computergesteuerten Robotern hergestellt werden und damit qualitativ besser sind als die am Fließband mit menschlichen Fehlern

86 Für Ökonomen: ceteris paribus.

gefertigten Produkte) wehrt sich Europa besonders hart, weil es sich mit dem Übergang von dem Auto- in den Computer-Strukturzyklus selbst so schwer tut. Es reagiert wie in jedem Kondratieffabschwung mit Handelsbarrieren: Sie reichen von Importquoten bis hin zu bürokratischer Obstruktion wie in Frankreich, wo japanische Elektronik nur über eine unterbesetzte Zollbehörde in Poitiers importiert werden darf.

Der lange Abschwung setzt die Regierungen eben unter Druck, den Welthandel wieder egoistisch und mit härteren Bandagen zu führen: Mit Exportsubventionen wie in den 20er Jahren, Zinserleichterungen im Export und Exportversicherungen unterbieten sich die Regierungen, um eigene Produkte besser abzusetzen. Die Europäer verlieren dabei ihren Elan zur politischen und wirtschaftlichen Einigung: Obwohl sie schon 1969 eine Währungsunion beschließen, reicht in einem Kondratieffabschwung die Kraft nicht aus, sie zu verwirklichen. In der Wirtschaftskrise der 70er Jahre erfinden sie statt der gerade abgeschafften Binnenzölle andere Handelshemmnisse, um den Export des benachbarten EG-Landes zu erschweren: Gesundheitsvorschriften, komplizierte technische Normen oder schikanöse Sicherheitsauflagen. Und jeder möchte seine Währung abwerten, damit seine Waren im Export billiger sind. Während einige Länder das Wachstum mit Inflation antreiben wollen, bekämpfen andere wie Deutschland die Geldentwertung.

Kurz: Die Währungen Europas lassen sich nicht zu einem starken Block aneinander ketten. Es scheint, als ob die Einigung Europas eine geplatzte Illusion sei. EG-Ministertreffen werden zu netten Plauderrunden. Bundeskanzler Helmut Schmidt bringt das Europäische Währungssystem 1978 wieder auf die Schiene. Doch erst unter den Bedingungen des fünften Kondratieffaufschwungs kann Europa eine Währungsunion eingehen und den Euro einführen – rechtzeitig, bevor in den wirtschaftlichen Schwierigkeiten des langen Abschwungs wieder der nationale Egoismus zurückkehren wird.

Lieber unproduktiv als entmachtet

Bei allen Turbulenzen in Europa und den USA: Niemand leidet so stark unter dem nachlassenden Produktivitätswachstum des vierten Kondratieffs wie die Sowjetunion. Die Wachstumsraten der russischen Volkswirtschaft sinken dramatisch. Ausgerechnet ein Staat mit einer Ideologie, die (in diesem Fall realistisch) behauptet, die Welt werde von Technologie und neuen Produktionsmethoden angetrieben, welche alle möglichen sozialen und politischen Veränderungen nach sich ziehen, ausgerechnet so ein Staat beschränkt den freien Austausch von Wissen und bleibt im technologischen Netz der 1960er Jahre stecken. Denn eine Gesellschaft, in der Kommunikation als subversiv gilt, kann das technologische Netz rund um Computer, Telekommunikation und Roboter nicht erschließen.

Solange das Öl den Wohlstand steigert, ist das egal. Aber als seine Produktivitätsfortschritte ausbleiben, wird offensichtlich, wie haarsträubend die Informationsproduktivität des kommunistischen Systems ist. Und eine Wirtschaft zentral zu planen – das ist aufwändige Informationsarbeit. Nicht diejenigen entscheiden über Getreidesorten, Investitionen und Arbeitseinsatz, welche die Felder bestellen, sondern Manager und Bürokraten, die weder die Signale des Marktes noch das wechselnde Wetter oder den Zustand des Saatgetreides kennen. Das System gibt den Bauern keine Verantwortung, reizt nicht zur Initiative, ist damit chronisch ineffizient und führt dazu, dass ein Fünftel der Ernte beim Transport und bei der Lagerung verloren geht oder verdirbt. (Darüber braucht heute keiner zu spotten, der sieht, wie verschwenderisch oder gar destruktiv wir in unseren Betrieben mit Information umgehen und immaterielle Ressourcen verrotten lassen wie damals die Sowjets das geerntete Getreide. (☛ Management-Kapitel, S. 248)

Die Privatflächen produzieren 25 Prozent der russischen Nahrungsmittel, beanspruchen aber nur vier Prozent des Ackerlandes. 1980 ernährt ein amerikanischer Farmer 65 Menschen, ein russischer Landarbeiter nur acht. Das Politbüro nimmt den Mangel in Kauf, weil alles andere bedeuten würde, die Kontrolle über die Gesellschaft aufzugeben. Stattdessen importiert es jedes Jahr mehrere zehn Millionen Tonnen Weizen und Mais vom kapitalistischen Klassenfeind aus den USA. Die Streitkräfte saugen mit etwa 11 bis 13 Prozent des Bruttosozialproduktes zu viele Ressourcen auf – die Wissenschaftler, Maschinen und Metallfacharbeiter fehlen der Wirtschaft, um mit der explosiven, aber subtilen Computertechnologie des Westens Schritt zu halten. Gorbatschow muss auf dem 27. Parteitag der Kommunistischen Partei der SU 1986 die Rückstände in allen Bereichen eingestehen: Die materielle Basis reiche nicht mehr, Wissenschaft,

Bildung, Gesundheit, Kultur und moderne Dienstleistungen weiterzuentwickeln. Und der Schlüssel für alle Probleme liege in der sozioökonomischen Entwicklung.

Der Abschwung des vierten Kondratieffs erfasst die gesamte russische Gesellschaft: Das traditionell schlimme Alkoholproblem nimmt weiter zu, die Lebenserwartung geht zurück, die Säuglingssterblichkeit steigt. Wer neu gegründeten Familien keinen Wohnraum mehr bieten kann oder Arbeitskraft so ineffizient verschwendet, dass er auf das Arbeitspotenzial aller Frauen angewiesen ist, der verhindert, dass Menschen Nachwuchs bekommen – die Geburtenrate sinkt.

Mit der offensichtlichen wirtschaftlichen Unbrauchbarkeit verlieren Marxismus und Kommunismus auch als Wertesystem jede Relevanz. Sie sind weder wissenschaftlich noch so universell wie etwa das Christentum, und deswegen breiten sie sich auch nicht weltweit aus: Sie scheitern an lokalen Umständen, kulturellen Gegebenheiten und unterschiedlichen Stadien wirtschaftlicher Entwicklung. Der Kommunismus ist nicht in der Lage, nationalen Egoismus zu überwinden, und er bleibt eine Gruppenethik, die sich höchstens auf gerade verbündete sozialistische »Bruderländer« ausweiten lässt. Moskau hat zum Beispiel kein Interesse daran, sich einen konkurrierenden kommunistisch-ideologischen Anziehungspol heranzuziehen – und lässt China 1960 einfach im Stich. Russland zieht Ingenieure und Entwicklungshelfer ab, lässt Infrastrukturbaustellen einfach liegen und wirft den noch schwachen Giganten so in seiner Entwicklung zurück. Auch China hat sich heute, eine Generation später, inoffiziell vom Kommunismus verabschiedet: Die rote Mao-Bibel ist nur noch etwas für Touristen am Andenkenstand. Die Sowjetunion wird 1991 das erste Großreich der Geschichte, das, geschlagen vom technisch-ökonomisch-gesellschaftlichen Wandel, in Friedenszeiten zusammenbricht und sich freiwillig in etwa auf seine ethnische Basis zurückzieht. Damit muss sich ein Konstrukt wie die DDR, das nur durch Repression unter dem Schirm der Roten Armee zusammengehalten wird, in Luft auflösen.

Warum die DDR zusammenbricht[87]

Nachdem das Netz des vierten Kondratieffs nicht mehr trägt, hindern die Zwangsstrukturen die ostdeutsche Wirtschaft daran, sich qualitativ weiterzuentwickeln. Die Schere im Außenhandel geht immer weiter auseinander: Während die DDR ihre Produkte nur schwer auf dem Weltmarkt verkaufen kann, hat sie einen unerschöpflichen Bedarf an Westwaren – und Devisen. Die Politbüromitglieder wissen, dass die Bevölkerung ihre Wirtschaftspolitik auch danach beurteilt, ob es Kaffee und Südfrüchte zu kaufen gibt. Es wird eng.

Seit 1973 steigt das Handelsdefizit der DDR mit dem »Nichtsozialistischen Wirtschaftsraum« (NSW), also den Westdeutschen, den Europäern und den USA. 1973 bis 1977 importiert sie Waren im Wert von 46,7 Milliarden Valutamark aus dem Westen, kann aber nur 32,9 Milliarden Valutamark exportieren. 1978 hat sich die DDR mit 8,4 Milliarden Dollar bereits doppelt so hoch im Westen verschuldet, wie sie im Jahr in den Westen exportiert. Unvorstellbar, wie finanziell katastrophal die DDR-Wirtschaft in den 1970er und 1980er Jahren dastehen würde, hinge sie nicht am Finanztropf der Bundesrepublik: Die Transitpauschale spült 575 Millionen Mark im Jahr in die Kasse, Häftlingsfreikauf und Familienzusammenführung, von den westdeutschen Kirchen vermittelt und vom Bund finanziert, jährlich mehr als 100 Millionen. Dazu noch Geschenke von Verwandten, Unterstützungsgelder für ostdeutsche Kirchen und der Zwangsumtausch: Ohne diese einseitigen Transfers müsste die DDR ihre West-Importe schon in den 70er Jahren drastisch beschränken, die Stimmung in der DDR wäre schon lange vor 1989 umgekippt.

Sie hat es so schon schwer genug, an ausländisches, westliches Geld zu kommen. Die DDR hat keine Rohstoffe für den Export, ihre Produkte bleiben auf dem technischen Stand des vierten Kondratieffs und haben damit immer weniger Chance auf dem Weltmarkt. Sie setzt alles auf die Basisinnovation des gerade zu Ende gehenden Strukturzyklus: Von der Sowjetunion kann sie gegen ihre Maschinen Erdöl eintauschen. Aus Japan importiert sie Raffinerieanlagen, um das sowjetische Rohöl zu Ben-

87 Dieter Grosser: »Das Wagnis der Währungs-, Wirtschafts- und Sozialunion – politische Zwänge im Konflikt mit ökonomischen Regeln.« Reihe: Geschichte der deutschen Einheit in vier Bänden, Band 2. Deutsche Verlags-Anstalt, Stuttgart 1998.

zin, Diesel und Heizöl zu veredeln. Damit sie selber sowenig wie möglich davon verbraucht, werden die Ölheizungen in den Wohnungen wieder durch heimische Kohle ersetzt – der typische Braunkohlegeruch in den DDR-Städten breitet sich erst Ende der 70er Jahre aus. Damit bleibt der allergrößte Teil der Ölprodukte übrig, um devisenbringend nach Westdeutschland exportiert zu werden.

Schon die plötzliche Ölpreiserhöhung 1973/74 drückt auf die Rechnung: Zwar verlangt die Sowjetunion nur den durchschnittlichen Weltmarktpreis der vergangenen fünf Jahre, dennoch liegt der Preis 1976 weit höher als 1975. Für ihre Exporte kann die DDR dagegen kaum Preiserhöhungen durchsetzen. 1981 kürzen die Sowjets die Öllieferung an die DDR von 19 auf 17 Millionen Tonnen Rohöl. Wenn sie mehr will (was sie will), solle sie den Weltmarktpreis zahlen (was sie nicht kann). Denn wegen ihrer Missernten brauchen die Russen das Öl für sich, um es gegen Dollars verkaufen und Getreide aus den USA einführen zu können. Es ist ein Verteilungskampf unter Genossen um Schwimmwesten auf dem rapide sinkenden Schiff kommunistischer Staatswirtschaften. Honecker schimpft in Moskau: »Die Grundpfeiler der Existenz der Deutschen Demokratischen Republik werden untergraben.« Aber die Grundpfeiler der DDR sind den Russen, denen das Wasser bis zum Hals gestiegen ist, auch schon vor Gorbatschow ziemlich egal.

Wirtschaftliche Hilfe ist von der Sowjetunion nicht mehr zu erwarten. Dem SED-Politbüro ist schon 1976 klar, dass die wirtschaftliche Katastrophe so sicher kommt wie das Amen in der Kirche käme, wenn sie denn dorthin gehen würden: In einem Gutachten empfehlen führende Wirtschaftsfunktionäre, den Konsum einzuschränken. Denn der ist ja nicht in voller Höhe selbst erarbeitet: Staats- und Parteichef Erich Honecker finanziert ihn auf Pump im Westen und auf Kosten von Investitionen, um der Bevölkerung einen – wenn auch bescheiden steigenden – Wohlstand vorzugaukeln. Löhne und Sozialausgaben nehmen weiterhin schneller zu als die Produktion. Doch aus ihrer Sicht hat die Diktatur keine andere Wahl: Wenn sie den Konsum der Bevölkerung einschränkt, macht sie sich dadurch so unbeliebt, dass sie die eigene Herrschaft gefährdet. Also kürzt sie die Investitionen (diese sinken von 16,1 Prozent des Nationaleinkommens 1970 auf geschätzte 5 Prozent 1988), verschuldet sich noch weiter im Westen und hofft auf ein Wunder. Zum Beispiel, dass die DDR aus eigener Kraft den Anschluss in der Computertechnik findet.

Denn auch hier ist die DDR unter Druck: Der Westen hat ein Mikroelektronik-Embargo gegen die Staaten des Warschauer Paktes verhängt. So wie früher Lebensmittel in einer belagerten Ritterburg sind Computerbausteine nur über Schleichwege zu beziehen und sehr teuer. Die Sowjetunion leidet selbst unter dem Technologiemangel und liefert ihrem Verbündeten schließlich gar nichts mehr aus ihrer Produktion. Die DDR-Führung beschließt, eine eigene Chipfabrik in Erfurt zu bauen. Als dort 1988 die Serienfertigung des 64-KiloBit-Speichers beginnt, liegen die Produktionskosten bei 93 Mark, auf dem Weltmarkt kostet derselbe Chip einen US-Dollar. Der 256-KiloBit-Speicher, der im Sommer 1989 serienreif wird und sieben Jahre der Entwicklung im Westen hinterherhinkt, kostet in der Produktion 534 Mark, auf dem Weltmarkt 1988 vier Dollar, 1989 nur noch zwei Dollar. Der Abgabepreis für die eigene Industrie muss 1989 auf 16,80 Mark festgesetzt werden; allein 1989 sind Subventionen von 1,8 Milliarden Mark nötig. Auf dem Weltmarkt verdoppelt sich die Leistungsfähigkeit der Chips und halbiert sich ihr Preis alle anderthalb Jahre. Unmöglich für die DDR, mitzuhalten.

Um die neue Basisinnovation zu entwickeln und den fünften Kondratieffzyklus zu erschließen, dafür reichen die Ressourcen eines Landes nicht mehr aus – das war in den ersten vier Kondratieffzyklen anders. Das ist eher eine gute Nachricht für die Zukunft: Die Länder und Blöcke werden es sich nicht leisten können, sich im langen Abschwung abzuschotten – sie müssen in transnationalen Konzernen zusammenarbeiten, um die Technologien und Kompetenzen von morgen zu entwickeln.

Je mehr der fünfte Kondratieff in Schwung kommt, umso schlimmer wirkt sich für die DDR aus, dass sie sowenig in die Arbeitsteilung des Weltmarktes integriert ist. Anfang der 80er Jahre gibt kaum noch eine westliche Bank der DDR Kredit – außer japanische (Hightech-Dollars im Überfluss) und arabische Banken (immer noch Petrodollars im Überfluss), und dann nur zu sehr hohen Zinsen. Das Kriegsrecht in Polen führt zu einem Kreditembargo der Nato-Staaten gegen den Ostblock. Ohne den 1984 von Franz-Josef Strauß vermittelten Kredit über 1,95 Milliarden Mark hätte die DDR ihre Schulden schon damals nicht mehr bedienen können.

Kaum ist damit die Kreditwürdigkeit der DDR wieder hergestellt, zerfällt ab 1985 die OPEC. Die Weltmarktpreise für Rohöl sinken, die DDR erwirtschaftet mit veredeltem Rohöl immer weniger. Der Westhandel, nach 1982 durch einen gigantischen Kraftakt im Plus, rutscht ab 1987 ins

Minus. Sogar Zinsen kann die DDR nur bezahlen, indem sie sich weiter verschuldet. Im Frühjahr 1988 droht das Land an den West-Schulden zu ersticken. Der Vorsitzende der staatlichen Planungskommission, Gerhard Schürer, diskutiert mit seinem Stellvertreter Siegfried Wenzel und mit Schalck-Golodkowski über die Möglichkeit einer Konföderation mit der Bundesrepublik. Das bedeutet: Lange, bevor das Volk der DDR auf die Straße geht und die Einheit fordert, diskutieren die SED-Wirtschaftsspitzen über eine wirtschaftliche Einheit, weil sie wissen, dass die Wirtschaft der DDR sich nicht mehr aus eigener Kraft stabilisieren kann.

Die verschiedenen Empfehlungen Schürers, den privaten Konsum umgehend zu kürzen, scheitern im Politbüro. Finanzminister Ernst Höfer: »Wir leben über unsere Verhältnisse! Sonst müssten wir unsere Politik ändern, und das können wir nicht.« Vier Jahre später erklärt Günther Mittag, warum sein Vorstoß im Politbüro scheitert: »Die Leute wären auf die Straße gegangen, der Umbruch vom Herbst 1989 hätte ein Jahr früher stattgefunden.« Die Regierung entscheidet sich, nichts zu tun. Nach dem Sturz Honeckers steht sie vor der Zahlungsunfähigkeit.

Die Produktion sinkt monatlich um über sechs Prozent. Dass nach der Maueröffnung im Frühjahr 1990 niemand hungern muss, obwohl sich das Wirtschaftssystem auflöst, liegt an den zusätzlichen Konsumgüterimporten, welche die Regierung mit Devisenreserven von Schalck-Golodkowski bezahlt. »Der Protest wäre vielleicht noch heftiger gewesen, hätten die Bürger das ganze Ausmaß der wirtschaftlichen Misere gekannt«, schreibt der Wirtschaftspolitologe Dieter Grosser.[88]

So erlebt die kleine DDR-Volkswirtschaft den Abschwung des vierten Kondratieffs bis Anfang der 90er Jahre hinein. Von einem Tag auf den anderen platzt sie in einen völlig neuen Strukturzyklus. Eine Wirtschaft auf dem technischen Stand und mit der Branchenstruktur Westdeutschlands des Jahres 1961 überspringt eine Menschengeneration und erwacht in einem Wettbewerbsumfeld, das mit wachsender Geschwindigkeit vom Computer durchdrungen wird.

Wenn viele Westdeutsche in den 90er Jahren das Gefühl haben, sie leben in einer Wirtschaftskrise, die mehr oder weniger seit dem Ölschock anhält, irren sie sich. Sie leben seit Mitte der 80er Jahre in einem langen Kondratieffaufschwung, von dem sie zunächst wegen ihres Misstrauens

---

88 Dieter Grosser: »Das Wagnis der Währungs-, Wirtschafts- und Sozialunion.«

gegenüber dem Computer, dann wegen der Folgen der deutschen Teilung nur wenig profitieren.

5. Kondratieffaufschwung
Der Wohlstand aus der gedachten Welt

Auch der Computer wird wieder nicht völlig unvorhersehbar deswegen entwickelt, weil ein paar Leute gerne mit einem Gameboy spielen, sondern weil es dafür eine ökonomische Notwendigkeit gibt: Das Wissen der Menschheit explodiert. Zwischen Napoleon (1800) und Kaiser Wilhelm (1900) verdoppelt es sich, bis Konrad Adenauer (1950) noch einmal. Danach dauert es nur noch zehn Jahre, bis es sich wieder verdoppelt, und heute ist es schon nach zweieinhalb Jahren so weit. Was die Wirtschaft nach dem vierten Kondratieff am Wachsen hindert (»Realkostengrenze«), das ist der steigende Aufwand, an die Informationen zu kommen, die man gerade braucht, um etwas herzustellen: Einen Zettelkasten mit Adress-Karteikarten zu verwalten ist nämlich sehr personalintensiv. Heerscharen von Sekretärinnen schreiben denselben Brief ein paar Mal ab oder nur wegen einer Satzänderung völlig neu. Wer in der Bibliothek etwas sucht, der sollte dafür viel Zeit mitbringen. Der Lagerverwalter der Fabrik hat – wenn er es ehrlich zugibt – inzwischen selbst den Überblick verloren. Und bis der Konzern einmal im Jahr seine Bilanz vorlegt, vergehen Monate, in denen ganze Buchhalterkompanien Zahlenkolonnen zusammenaddieren und immer wieder kontrollieren, ob sie sich nicht verrechnet haben. An einem Forschungsinstitut muss für eine Menge simpler, immer wieder mit neuen Zahlen auszuführenden Standardrechnungen extra ein Student als zusätzliche Hilfskraft angeheuert werden. Darin liegen die großen Produktivitätsreserven.

Wenn Telefonieren auf dem technischen Stand der 20er Jahre geblieben wäre, dann hätten schon in den 60er Jahren alle berufstätigen Amerikaner Gespräche mit der Hand verstöpseln müssen. Dazu kommt es nicht, weil sie zuerst mechanisch, dann durch den Computer effizienter vermittelt werden. Das ist der spektakuläre Wohlstandseffekt der Informationstechnik: Mit einem Tastendruck, später mit einem Mausklick, steht die gewünschte Information sofort auf dem Bildschirm – die gesuchte Adresse, der geänderte Brief, Bücher zu einem Thema, der Lagerbestand, die tagesaktuelle Bilanz, die durchgerechneten Werte. Gehaltsabrechnungen werden jetzt vom Computer viel schneller erledigt. Roboter ersetzen Menschen dort, wo sie nicht denken, sondern immer nur denselben Handgriff ausüben müssen. Architekten und Ingenieure fangen nicht ständig neu zu zeichnen an, sondern konstruieren ihre Ideen am Bildschirm.

Die gesparte Zeit und Kraft und die geringeren Lohnkosten kommen allen zugute: Den Unternehmen, weil sie bei einem zunächst gleich gebliebenen Marktpreis weniger Kosten haben, also – nach der Durststrecke des vierten Kondratieffabschwungs – endlich mehr Gewinn machen; den Mitarbeitern, weil ihnen der Betrieb mehr zahlen kann; den Arbeitslosen, weil es sich bei höherer Produktivität (= gesunkenen Grenzkosten, also den Kosten für die zuletzt produzierte Einheit) wieder lohnt, jemanden einzustellen; und den Kunden, weil die Anbieter mit der Zeit den Preis senken, um die Konkurrenz zu schlagen, oder bessere Produkte für dasselbe Geld bieten können.

Autos zum Beispiel werden in diesen Jahren immer schneller, sparsamer und großzügiger ausgerüstet, obwohl sie kaum mehr kosten – mit Informationstechnik werden sie effizienter geplant, gefertigt und geprüft. Eine Vielzahl an Modellen und Sonderwünschen wird möglich. Auch als Bauteil macht Informationstechnik inzwischen einen großen Prozentsatz aus, bei der Satellitennavigation, dem Autotelefon, der elektronischen Direkteinspritzung, beim Airbag oder dem ABS – das Auto ist ein Computer, unter den man vier Räder geschraubt hat. Der Computer durchdringt die ganze Gesellschaft: Ob Telefonvermittlung, der PC auf dem Schreibtisch oder die eingebaute Digitaluhr im Kugelschreiber – es ist immer dasselbe technologische Prinzip, das Wohlstand und Qualität hebt. Selbst eine Küchenwaage ist nichts anderes als ein Computer mit angeschlossenem Gewichtssensor.

Ökonometrie erzeugt Arbeitslosigkeit

Wäre die Kondratiefftheorie Bestandteil des wirtschaftswissenschaftlichen und -politischen Establishments, die Konsequenzen wären zu dieser Zeit klar: Den Computer mitentwickeln, in staatlichen Stellen und in der

Wirtschaft anwenden, an Schulen und Universitäten massiv den Umgang mit Computern lehren. Und je eher das gelingt, umso schneller können neue Arbeitsplätze von gut verdienenden Spezialisten bis hinunter zu gering entlohnten Dienstleistungsjobs geschaffen werden. Doch in Deutschland stößt der Computer zunächst auf den Widerstand der Gesellschaft: »Jobkiller Computer«, »Die verkabelte Gesellschaft«, »George Orwell 1984« lauten die Irrtümer. Kein Wunder, dass deutsche Computerfirmen damals in Konkurs gehen, dass es zuwenig IT-Anwender gibt und Mittelständler sich anfangs zuwenig des Computers bedienen.

Weil sie sich so die Ressourcen, Arbeitszeiten und Kosten entgehen lassen, die ihnen der Computer einsparen würde, fallen die Europäer in der Produktivität zurück, sind ihre Produkte zunehmend teurer als vor allem die der Japaner. Nach dem Ölschock kämpfen die Europäer daher mit einer hohen Sockelarbeitslosigkeit, während in den USA die Quote wie vorher um die »natürliche« Arbeitslosigkeit von plus/minus fünf Prozent schwankt und sie in Japan unter zwei Prozent bleibt. Zwischen dem Ölschock und dem Jahr 1995 schaffen die Amerikaner per Saldo 36 Millionen neue Arbeitsplätze, die Japaner zwölf Millionen, EU-Europa nur fünf Millionen – wenn man aber weiß, dass der öffentliche Dienst in dieser Zeit um sieben Millionen Stellen zulegt, dann wird deutlich, dass die europäische Privatwirtschaft während des vierten Ab- und fünften Kondratieffaufschwungs zwei Millionen Arbeitsplätze abgebaut hat. Die Verantwortung dafür tragen weniger Gewerkschaften, Unternehmer oder Regierungen, sondern jene, welche die toten Pferde ökonometrischer Modelle ohne reellen Erklärungsgehalt unverdrossen weitergeritten haben.

Die Geschichte hätte anders verlaufen können. Denn ein Deutscher, Konrad Zuse, ein Absolvent der Technischen Hochschule Charlottenburg, hat seit 1934 an dem ersten speicherprogrammierten Rechner gebaut und den ersten Computer moderner Art 1941 erfunden. Kein Wunder: In Berlin saßen damals die führenden Köpfe ihrer Zeit in Disziplinen wie Elektronik, Elektrotechnik, Mechanik und Mathematik, die ihre Synergien nutzten. (Lange Zeit galten die Amerikaner als die Erfinder des Computers, doch nach dem Krieg stellte sich heraus, dass Zuse ein paar Monate schneller war – ohne dass beide Gruppen voneinander wussten. Das bestätigt Kondratieffs These, dass Dinge oft gleichzeitig unabhängig voneinander auf der Welt erfunden werden, aus einer Knappheit, aus einer ökonomischen Notwendigkeit heraus.) Die Henschel-Flugzeugwerft benutzt Zuses Z4 im Krieg bei der Konstruktion von Flugzeugen. An dieses Wissen knüpfen die Deutschen nach der Niederlage wieder an. Mit dem System 2002 vollbringt Siemens in den 50er Jahren eine Spitzenleistung in der zweiten Computergeneration – IBM bemühte sich um eine Lizenz.[89] Die allgemeine Ansicht Anfang der 50er Jahre ist aber, für Computer gebe es keinen Markt.

Doch dann passiert etwas: Derselbe russische Raketenantrieb, der 1957 den ersten Satelliten Sputnik ins Weltall bringt, ist auch stark genug, mit Interkontinentalraketen Atomsprengköpfe in die USA zu feuern. Die Amerikaner stellen nun Unsummen für den Bau eigener Interkontinentalraketen zur Verfügung – und für die Entwicklung des Computers, um die Datenflut in der Raumfahrt und in der Rüstung bewältigen zu können. Der Computer fällt also nicht durch die unsichtbare Hand der freien Marktkräfte plötzlich vom Himmel, sondern er wird gezielt entwickelt, mit einem massiven Aufwand staatlichen Kapitals. Erst jetzt verlieren die Deutschen den Anschluss: Der Unternehmensbereich Datenverarbeitung der Firma Siemens überlebt die 60er und 70er Jahre nur mit Unterstützung anderer Konzernbereiche und mit Hilfe der Bundesregierung. In den USA dagegen diffundiert der Computer zunächst in die Zivilverwaltung des Staates, dann in die amerikanische Wirtschaft – das ist die Quelle des Wirtschaftswachstums der 80er Jahre, vor allem in Japan.

Japan auf seinem relativen Höhepunkt

Dass Japan das Land wird, das mit dem fünften Kondratieffaufschwung am weitesten nach vorne kommt, erstaunt umso mehr, wenn man bedenkt, dass es im Krieg noch schwerer als Deutschland zerstört worden ist und danach keine Marshallplanhilfe bekommt, um Engpässe beim Wiederaufbau zu überwinden. Am Ende der alliierten Besatzung 1952 erwirtschaftet Japan ein Bruttosozialprodukt, das nur etwa einem Drittel von dem Frankreichs oder Englands entspricht. Zwischen 1950 und 1973 nimmt die japanische Wirtschaft dann aber im Durchschnitt um 10,5 Prozent im Jahr zu. In den späten 70er Jahren ist das japanische

89 Vgl. Nefiodow: Leo A.: »Der Fünfte Kondratieff – Strategien zum Strukturwandel in Wirtschaft und Gesellschaft.« Herausgegeben von Frankfurter Allgemeine Zeitung und Verlag Dr. Th. Gabler, Frankfurt 1991, S. 169 ff.

Bruttosozialprodukt so hoch wie das der Franzosen und Engländer zusammen. Selbst nach der Ölkrise wächst Japan doppelt so schnell wie seine wirtschaftlichen Konkurrenten. Innerhalb einer Generation wächst sein Anteil an der Weltindustrieproduktion von unter drei Prozent auf etwa zehn Prozent im Jahr 1980. (Nur die Sowjetunion ist bei ihrem Aufstieg nach 1928 ähnlich stark gewachsen.) Während europäische Regierungen die schrumpfenden Branchen der vorherigen Kondratieffzyklen mit Blick auf den nächsten Wahltermin mit Steuergeldern subventionieren – Kohle, Stahl, Schiffsbau –, koordiniert das japanische Ministerium für internationalen Handel und Industrie MITI die geordnete Auflösung der alten Industrien, um Geld, Material und Menschen in zukunftsträchtige Branchen investieren zu können.[90]

1969 beschließen die Japaner, die Entwicklung des Computers innerhalb ihrer Wirtschaft zu moderieren, und schaffen es bis 1980 mit an die Spitze. Zwar hat die amerikanische Firma Intel den Mikroprozessor 1971/72 erfunden: Von nun an können Computer billig auf einem Chip und in großen Mengen hergestellt werden. Doch die Japaner bauen PCs und Notebooks für den breiten Markt. Ende der 80er Jahre stammen die vier größten Halbleiterhersteller aus Japan. Der amerikanische Handelsüberschuss mit High-Tech schrumpft von 27 Milliarden Dollar im Jahr 1980 auf vier Milliarden Dollar Ende 1986. Die Europäer sind inzwischen sowieso weit abgeschlagen: Was sie an Bürotechnik verkaufen, enthält zu über die Hälfte High-Tech aus dem Ausland.[91] Mit ein paar europäischen und deutschen staatlichen Förderprogrammen wollen sie wieder Anschluss finden. Doch die Förderprogramme sind zu klein für die große Basisinnovation, sie beschränken sich einseitig auf Forschung und Entwicklung (anstatt Anwendungen in der Wirtschaft voranzutreiben und Datenverarbeitung schon an den Schulen zu lehren), und sie werden eher skeptisch als begeistert durchgeführt.[92] Das japanische MITI dagegen steckt nicht mehr Geld in die Entwicklung des Computers als die deutsche Bundesregierung – es koordiniert die Entwicklung zwischen den verschiedenen Firmen.

Ein Jahrzehnt lang stöhnen daher Europa und die USA unter der Überlegenheit japanischer Firmen. Mit Hilfe der Computerchips können

90 Kennedy: »Mächte«, S. 620.
91 Nefiodow: »Der Fünfte Kondratieff«, S. 161.
92 Nefiodow: »Der Fünfte Kondratieff«, S. 170.

sie vieles besser und billiger herstellen: Kameras, Küchengeräte, Fernseher, Musikinstrumente, Motorräder. Japan setzt Mitte der 80er Jahre so viele Industrieroboter ein wie die gesamte westliche Welt und ein Mehrfaches der USA.[93] 1984 wird fast jedes vierte Auto der Welt von Japanern gebaut. Und wenn sich die Japaner nicht freiwillig selbst beschränken würden, ihre Übermacht auf dem Weltmarkt wäre noch erdrückender.[94]

Die etablierten Ökonomen diskutieren die neue Wirtschaftsmacht in ihren Kategorien: Japaner würden eben mehr arbeiten (was nicht stimmt, sie verbringen nur mehr Zeit ratschend/klönend im Büro mit Kollegen), würden weniger verdienen oder mehr sparen.[95] Die eigentliche Ursache des japanischen Vorsprungs kommt in den monetär-ökonometrischen Nachfrage-Angebots-Vorlesungen der Wirtschaftswissenschaftler überhaupt nicht vor: Weil sie die Informationstechnik am besten beherrschen, produzieren die Japaner auch alles andere effizienter. Aber das allein erklärt den überragenden wirtschaftlichen Erfolg auch nicht vollständig – ein Kondratieffzyklus ist mehr als Hardware: Damals ist es durchaus so, dass ein deutscher Ingenieur besser und kreativer ist als ein japanischer Ingenieur. Doch sind zehn japanische Ingenieure zusammen viel produktiver als zehn deutsche Ingenieure, die sich schlecht informieren, schlecht zuhören und schlecht zusammenarbeiten. Die Europäer fallen nicht deswegen zurück, weil die Löhne zu hoch sind (worüber die etablierte Wirtschaftswissenschaft diskutiert), sondern weil sie zu langsam sind. Wenn die Japaner mit einer neuen Chipgeneration auf den Markt kommen, können sie viel mehr Dollars verlangen, als wenn dann zwei Jahre später Siemens mit derselben Generation auf den Markt kommt. Entwicklungskosten bekommt man so nie wieder herein.

Wirtschaft – das wusste schon vor 100 Jahren der deutsche Soziologe Max Weber – ist eben eine kulturelle Leistung: Die Art, wie sich die Menschen einer Gesellschaft verhalten und sich organisieren, hängt von den Wertvorstellungen ab. Auch das ist den wenigsten klar: Man wird in eine Kultur hineingeboren und hält die Maßstäbe seiner Umgebung für selbstverständlich, ohne sie zu hinterfragen. Doch selbst wenn wir in einer säkularisierten Gesellschaft leben, sind die Wurzeln der gesellschaftlichen Ethik in den Religionen zu suchen: Das, was als erwünschtes

93 Kennedy: »Mächte«, S. 684.
94 Nefiodow: »Der Sechste Kondratieff«, S. 46.
95 Nefiodow: »Der Sechste Kondratieff«, S. 49ff.

oder erstrebenswertes Verhalten gilt, ist von ihnen geprägt. Da ist es für Japan von Vorteil, dass seine religiösen Wurzeln in der Gesellschaft eine Gruppenethik schaffen, welche die Zusammenarbeit fördert, während die Menschen außerhalb der Gruppe weiterhin gnadenlos bekämpft werden dürfen.[96] Der Konfuzianismus regelt die Beziehungen in der Familie und – als Abbild davon – in der Firma, wo die Älteren den Ton angeben, weil sie mehr Erfahrung haben. Befördert wurde und wird dort daher nach Alter und nicht nach Leistung. Der Buddhist sieht die Ursache allen Übels in seinen persönlichen Begierden, die es zu überwinden gilt – auch das führt nicht dazu, dass jemand seine individuellen Interessen durchsetzt. Und der Schintoismus ist eine 10.000 Jahre alte Naturreligion mit Ahnenverehrung und Kaiserkult, welche die Nation rassistisch zusammenschweißt und die Gruppenethik weiter zementiert.

Gemessen an den Erfolgsmustern des fünften Kondratieffs, lässt sich Arbeit in diesem Paradigma so am effektivsten organisieren: Die von ihren religiösen Wurzeln geformten Wertvorstellungen betonen Hierarchie und Ehrerbietung, Arbeit und Firmenethos. Innerhalb der eigenen (Kampf-) Gruppe fließen Informationen effektiver, werden Synergien genutzt, wird die Digitaluhr eben in Japan gebaut, mit der die Japaner die schweizerische, deutsche und europäische Uhrenindustrie aufmischen (da helfen weder Lohnverhandlungen, Zinssenkungen noch Steuererleichterungen)[97]. Die Tarifparteien streben Harmonie an, Meinungsverschiedenheiten zwischen Management und Arbeitern werden kompromissbereit und in gegenseitiger Achtung beigelegt. Die Mitarbeiter machen in der Frühe gemeinsam Gymnastik, es gibt keine nachhaltig radikalisierte Studentenschaft – das alles widerspricht den traditionellen individualistischen Verhaltensnormen des Westens.

Auch dessen Normen und Werte sind keine Selbstverständlichkeit, sondern haben ihre Geschichte[98]: Schon die alten Germanen erkennen keine absolute Autorität über sich an, die Römer und Griechen achten die individuelle Leistung des Einzelnen und entwickeln die Demokratie der paar hundert oder tausend reichsten Männer. Am deutlichsten gewinnt der Wert des Einzelnen jedoch durch eine Innovation: In einer Zeit, in der es völlig normal ist, andere Menschen zu kaufen und zu besitzen, kom-

96 Vgl. Nefiodow: »Der Fünfte Kondratieff«, S. 195 ff.
97 Nefiodow: »Der Sechste Kondratieff«, S. 57.
98 Vgl. Nefiodow: »Der Fünfte Kondratieff«, S. 190 ff.

men die Juden des Alten Testamentes plötzlich daher und behaupten: Der Mensch ist das Ebenbild Gottes. Jeder Einzelne hat eine ganz besondere Würde und ist gleich vor Gott, egal, ob er reich oder arm, mächtig oder ohnmächtig, ungeboren hilflos ist oder Altersdemenz hat. Das Christentum übernimmt diese Gottesebenbildlichkeit des Einzelnen. Es hat sich vor allem deshalb weltweit ausbreiten können, weil es nicht auf eine Gruppe, sondern auf alle Menschen bezogen ist. Zwar ist der ethische Anspruch an den Einzelnen hoch, aber mit »Liebe deinen Nächsten wie dich selbst« hat das Christentum eine starke universalethische Komponente. In Europa werden die universalethischen Elemente seit der Aufklärung so in den Hintergrund gedrängt, dass es vor allem darum geht, seine individuellen Rechte, Interessen, Wahrnehmungen durchzusetzen – bis hin zu einem Überindividualismus der Sorte »Bleifuß auf der Autobahn, freie Fahrt für freie Bürger«. Dies kann nicht ohne negative Wirkung auf die Wettbewerbsfähigkeit eines Standortes bleiben. Zwar profitieren auch Deutschland und Europa vom fünften Kondratieffaufschwung, aber sie bleiben weit hinter ihren Chancen zurück.

Jetzt wird wieder in die Hände gespuckt

Dass der Staat die Wirtschaft zumindest nicht mit Hilfe makroökonomischer Gießkannengrößen steuern kann, zeigen die Staatsschulden der Regierung Schmidt und der wundersame Anfangserfolg der Regierung Helmut Kohl, den sie auch dem beginnenden neuen Kondratieffaufschwung zu verdanken hat. Als die Union 1982 an die Regierung kommt, konsolidiert sie den Haushalt, indem sie die Sozialleistungen beträchtlich kürzt – allein 18 Milliarden Mark im Jahr 1984.[99] Um die Sozialversicherung zu sanieren, erhöht sie außerdem die Beiträge. Gleichzeitig senkt die Regierung die Unternehmenssteuern – etwa 10,9 Milliarden Mark nimmt sie 1984 weniger ein (das alles erleichtert den Firmen, etwas zu produzieren). Ausgleichen sollen dies höhere Mehrwert- und Verbrauchssteuern wie die Tabaksteuer. Gebietskörperschaften sparen bei Personal und Bauinvestitionen. Auf den wichtigen

99 Vgl. Grosser, Dieter (Hrsg.): »Soziale Marktwirtschaft – Geschichte, Konzept, Leistung.« Kohlhammer, Berlin + Köln 1990, S. 110 – 115.

deutschen Auslandsmärkten herrscht noch tiefe Rezession, der Export stagniert.

Nach Keynes hätte es keinen direkteren Weg in die Rezession geben können. Das Gegenteil geschieht: Obwohl das verfügbare Einkommen der Arbeitnehmer zurückgeht, geben die Verbraucher 1983 sechs Milliarden Mark mehr für Güter und Dienste aus als im Vorjahr. Die Stimmung in der Bevölkerung – ein geistiger Faktor – schlägt ins Positive um (Top-Schlager: »Jajaja, jetzt wird wieder in die Hände gespuckt, wir steigern das Bruttosozialprodukt«). Der Export übernimmt erst 1984 die Rolle des Konjunkturmotors. »Die Bundesrepublik hat somit Glück: Negative Wirkungen der Haushaltskonsolidierung auf die Nachfrage werden anfangs durch den Inlandsverbrauch, dann durch die Exportsteigerungen teilweise kompensiert«[100], schreibt Professor Dieter Grosser in seinem Standardwerk »Soziale Marktwirtschaft«.

Aber auch der Export zieht ja nicht etwa aus purem Zufall wieder an, vor allem in die USA. Da ist es komisch, wenn manche Ökonomen behaupten, eine Volkswirtschaft würde deswegen in Fahrt kommen, weil sie so viel Geld für Rüstung ausgibt (wie Hitler-Deutschland oder die USA unter Präsident Ronald Reagan), während dasselbe Argument (hohe Militärausgaben) dann erklären soll, warum andere Länder wie die Sowjetunion wirtschaftlich zurückfallen. Zwar ist es richtig, dass Ronald Reagan seinen Verteidigungshaushalt in den fünf Jahren nach 1980 verdoppelt. Das bringt die Wirtschaft in Schwung, zieht Kapital aus dem Ausland an und verdoppelt so auch den Außenwert des Dollars. Aber Reagan hätte nicht so viel Geld ausgegeben, wenn nicht gleichzeitig die Wirtschaft wieder begonnen hätte, zu wachsen, weil die Informationstechnik ihre stärkste Dynamik entfacht (auch in Wechselwirkung mit der Aufrüstung).

Die neue, starke wirtschaftliche Expansion des Westens bringt die Sowjetunion ins Hintertreffen und verändert das Klima: Diesmal hoffen die marktwirtschaftlichen Staaten zu Recht, dass der Ostblock nicht mehr mithalten kann. Nach der Entspannung während des vierten Kondratieffabschwungs in den 70er Jahren kehren die Blöcke zum Kalten Krieg zurück wie zuvor schon im vierten Kondratieffaufschwung nach 1947. Dabei kommen sich auch die USA und ihre Verbündeten in die Haare: Die

---

100 Grosser: »Soziale Marktwirtschaft«, S. 112.

Europäer sind bestürzt über eine Logik, die ihnen verbieten will, von der UdSSR Erdgas gegen Röhren zu tauschen, aber amerikanischen Farmern erlaubt, diesem Land Getreide zu liefern.

Von der wirtschaftlichen Machtverschiebung sind die Entwicklungsländer besonders betroffen: Noch haben sie zuwenig Anschluss an die Technologienetze der vorherigen Strukturzyklen gefunden, da müssen sie auch schon mit den durchcomputerisierten Anlagen des fünften Kondratieffs in der industrialisierten Welt konkurrieren. Dazu verschlechtert sich auch noch ihre Stellung am Weltmarkt, weil sich der Dollarkurs verdoppelt. Das liegt an Reagans Aufrüstung, die er mit Schulden bezahlt. Internationales Kapital (darunter auch das zusammengeraubte Geld der korrupten Eliten in den Entwicklungsländern) fließt in die USA, erhöht die Nachfrage nach Dollars und damit auch den Kurs der amerikanischen Währung. So verdoppeln sich auch die Schulden der Dritten Welt, ohne dass sie dafür etwas kann, während sie für ihre Rohstoffe bei geringerer Nachfrage und vergrößertem Angebot weniger bekommt. Die Überschuldungskrise stürzt Millionen von Menschen ins Elend. Selbst der Ölpreis fällt in den 80er Jahren, weil der Verbrauch wenig wächst, während sich die Ölförderländer gegenseitig unterbieten – der fünfte Kondratieffzyklus hat eben eine andere Nachfragedynamik.

Der Boom der 90er Jahre

Die Informationsgesellschaft beginnt. Eine neue Stufe höherer Lebensqualität schaffen in den späten 80er Jahren grafische Benutzeroberflächen, mit denen Personalcomputer für jeden Laien leicht bedienbar werden; die Preise fallen so sehr, dass PCs für einen Normalverdiener erschwinglich sind. Während sich die Rechnerkapazität alle anderthalb Jahre verdoppelt, halbiert sich der Preis für dieselbe Rechenleistung: Der Computer mit einem 3/86er Prozessor und 275.000 Transistoren ist sogar teurer als später der Pentium4 des Jahres 2002 mit 5 Millionen Transistoren. Diese schnellere Rechenleistung kann in den 80ern bis in die 90er Jahre hinein auch noch in zusätzlichen wirtschaftlichen und gesellschaftlichen Nutzen umgesetzt werden und erzeugt dementsprechend Wirtschaftswachstum.

Auch der fünfte Kondratieff bringt wieder neue Erfolgsmuster: Produziert wird nicht mehr energie-, sondern informationsintensiv, und nicht standardisierte Massenware, sondern je nach Kundenwunsch; zu dem Paradigma gehören ein schneller Produktwechsel, Arbeiten in Netzwerken von Personen und Firmen, flache statt steiler Hierarchien, wo die Verantwortung wieder unten auf der operativen Ebene angesiedelt ist (☛ Management-Kapitel, S. 248). Die Entwicklung neuer Produkte nimmt oftmals schon allein zehn Prozent der Herstellungskosten ein.

Typisch für einen Kondratieffaufschwung ist, dass die Staatsmonopole bei Post und Telekommunikation dereguliert werden: Damit sich ein neues technologisches System entfalten kann, müssen deren Hindernisse fallen. Das zeigt auch das Tempo, mit dem sich das Telefon ausbreitet: 1991 – also zu der Zeit, als der Irak Kuwait angegriffen hat und von einer UN-Streitmacht zurückgeschlagen wird – gibt es weltweit etwa 600 Millionen Telefonapparate und nur 16 Millionen Handys; nur jeder 30. Einwohner eines Entwicklungslandes hat Zugang zu einem Telefon, in ganz Afrika gibt es weniger Telefonanschlüsse als in Tokio.[101] Als die Al-Quaida-Terroristen im Jahr 2001 zwei Jumbo-Jets in die Twin Towers des World Trade Centers in New York steuern, hat sich die Zahl der Telefone weltweit auf über 2,1 Milliarden verdreieinhalbfacht (davon mehr als die Hälfte Handys), und schon fast jeder Fünfte in der Dritten Welt hat die Möglichkeit, zu telefonieren; allein südlich der Sahara gibt es 20 Millionen Handys – der Grundstein für den Aufstand der neu entstandenen Bürgerschicht in den islamischen Ländern ab 2011. Das entspricht der These Kondratieffs, dass in einem langen Aufschwung neue Regionen in die Weltwirtschaft integriert werden: In 90 Prozent aller Länder gibt es 2001 ein Mobilfunknetz. Dieser Boom trägt wesentlich dazu bei, den Graben zwischen Industrie- und Entwicklungsländern zu verkleinern, aber beim Computer bleibt er am Anfang noch riesig: Die 400.000 Einwohner Luxemburgs verfügen 1997 über mehr und leistungsfähigere Internetzugänge als alle 800 Millionen Einwohner Afrikas zusammen.

Im selben Jahr laufen in den USA bereits 100 Millionen PCs, in Europa 50 Millionen (davon 21 Millionen in Deutschland) und in Japan 25 Millionen. Der Weltexport von Computern und Telekommunikation nimmt in den 1990ern von 299 Milliarden Dollar auf 673 Milliarden Dollar zu. Bis 2011 wird Informationstechnik die Kosten für Telekommunikation um 90 Prozent senken. Die vielen neuen Informationsdienstleistungen wer-

101 Jean-Pierre Kapp: »Zahl der Telefonbesitzer explodiert weltweit«, SZ 18.3.02, S. 19.

den angetrieben von dem Bedürfnis nach kostengünstigem Umgang mit Information und der Basisinnovation Informationstechnik, ermöglicht werden sie durch die Kombination von Computer, Telefon, Glasfaser und Mobilfunk und die weltweite Verbreitung des Internets. Dieses ist in den 60ern Jahren von einer Gruppe entwickelt worden, die vom amerikanischen Verteidigungsministerium finanziert wurde, um auch im Fall eines Atomschlages noch dezentrale Kommunikationsstrukturen aufrechtzuerhalten. Danach pflegen vor allem Universitäten das Internet und sorgen dafür, dass es am Ende von breiten Bevölkerungsschichten genutzt wird. Damit löst es zusammen mit der Software die immer billiger werdende Hardware als wichtigste Lokomotive des fünften Kondratieffs ab.

Kein Wunder, dass die Wirtschaft der USA Ende der 90er Jahre so boomt und sich die Amerikaner wieder für unschlagbar halten, als es wirtschaftlich vor allem um englischsprachige Computerprogramme und Internetseiten geht: Während 1997 von 58 Millionen Franzosen eine halbe Million das Internet benutzt, von 82 Millionen Deutschen immerhin zweieinhalb Millionen, von 1,2 Milliarden Chinesen 400.000, nutzen in den USA schon 40 der 268 Millionen Menschen das Internet[102], vergleichen Preise, suchen im Internet nach der Lösung für ein praktisches Problem, das sie gerade haben, laden sich Musik herunter oder kaufen ein.

Die USA schaffen daher im Aufschwung des fünften Kondratieffs schneller Arbeitsplätze als jemals zuvor in der Geschichte zu Friedenszeiten. Es gehört zu den verbreiteten Märchen, dieses Jobwunder beruhe auf billigen Dienstleistungs-McJobs. Die New Economy habe im Boom der 90er Jahre nur mickrige fünf Prozent der neuen Stellen geschaffen, wenn auch hoch bezahlte Jobs für qualifizierte Leute. Beruht das Jobwunder also doch nur auf niedrigen Löhnen, wie neoklassische Ökonomen meinen? Die Supermarktkette Wal Mart zum Beispiel hat in einigen Gegenden der USA die Preise um ein Fünftel gesenkt. Hat das irgendetwas mit Informationstechnik zu tun? War der Computer am Ende gar nicht die Ursache des Booms? Sehr wohl: Denn ohne Computer hätte Wal Mart seine Produktivität nicht so steigern, hätte nicht im Internet Einkaufspreise vergleichen, hätte nicht zu niedrigsten Kosten seine Organisation führen können. Außerdem zeigen Statistiken, dass neue Arbeitsplätze vor allem im mittleren und höheren Gehaltsgefüge entstehen – und das

102 Freeman / Louçã: »As Time Goes By«, S. 315 f.

sind ausschließlich Informationsarbeitsplätze. 1998 wurden in der US-Wirtschaft 2,9 Millionen neue Jobs geschaffen, und mehr als die Hälfte davon, 1,5 Millionen, stufte das Center for National Policy als gut bezahlt ein, vor allem Lehrer (93.000), Versicherungskaufleute (73.000) und Rechtsanwälte (33.000); nur 24.000 zählte es zu den McJobs.[103] Es ist gar nicht so lange her, und doch scheint es heute unvorstellbar, dass es einmal eine so glückliche Zeit gegeben hat, in der die Öffentlichkeit keine anderen Sorgen hatte, als sich mit US-Präsident Clintons Sex-Affäre zu beschäftigen.

In Deutschland erreicht der fünfte Kondratieff in den späten 90ern seine heißeste Phase: Während zwischen 1994 und 1999 die Zahl der deutschen Unternehmen um 8 Prozent wächst, nimmt in diesen fünf Jahren die Zahl der Unternehmen des Informations- und Kommunikationssektors um fast 25 Prozent zu.[104] Ihren Umsatz steigern die ITK-Firmen von 574 Milliarden Mark auf 913 Milliarden Mark – das ist ein Plus von 59 Prozent, während der Umsatz aller Unternehmen um 16,5 Prozent wächst. 1999 entfallen mit 9,7 Milliarden Mark bereits zehn Prozent aller Investitionen des verarbeitenden Gewerbes auf den Informations- und Kommunikationssektor, 34 Prozent mehr als 1995. Im Mai 2000 beschäftigen Softwarehäuser 232.000 Menschen und damit fast dreimal so viel wie 1995. 1999 werden in Deutschland 15 Millionen digitale Datenverarbeitungsgeräte produziert, doppelt so viele wie 1995. Inzwischen hat nahezu jeder zweite private Haushalt einen PC – 1993 sind es erst 21 Prozent gewesen. 1998 hat erst jeder zehnte deutsche Haushalt ein Handy oder Autotelefon, Anfang 2000 ist es schon jeder dritte.

Die deutsche Wirtschaft, die in den 80er Jahren bis 1991 jedes Jahr um 2,6 Prozent gewachsen ist, nimmt von 1991 bis 2001 dennoch im Durchschnitt nur um 1,5 Prozent zu. Schulterzuckend erklären das die Deutschen damit, dass reiche Gesellschaften eben langsamer wachsen, was nicht stimmt: Schließlich wachsen die USA in den 80er und 90er Jahren schneller als zuvor. Wieso soll die Wiedervereinigung ein Hindernis gewesen sein? Wieso haben die angeblich qualifizierten Arbeitskräfte und der enorme Investitionsbedarf im Osten zusammen mit dem großen Kapital, dem technischen und kaufmännischen Wissen und der funkti-

---

103 Peter De Thier: »Amerikas Beschäftigungswunder schafft erstmals mehr gut bezahlte Jobs«, SZ 17.2.99, S. 17.

104 Aus dem Jahrbuch 2000 des Statistischen Bundesamtes, verschiedene Stellen.

onierenden freien Rechtsordnung des Westens kein Wirtschaftswunder produziert? Der Osten ist im Jahr 2002 noch immer nur 70 Prozent so produktiv wie der Westen (und das seit fünf Jahren unverändert), obwohl zwischen 1990 und 2001 1,5 Billionen D-Mark an Ausrüstungs- und Infrastrukturinvestitionen in die ostdeutschen Bundesländer fließen – das ist das Dreifache des ostdeutschen jährlichen Bruttosozialproduktes. Trotz Milliardentransfers wachsen die neuen Bundesländer schwächer als die meisten postsozialistischen Nachbarstaaten. Die jungen und gut ausgebildeten, produktivsten Leute wandern weg in attraktivere Gebiete. Der Kern der deutschen Probleme – und daran gehen die meisten Analysen vorbei – ist die gesamtgesellschaftlich zu niedrige Informationsproduktivität (☛ Kapitel »In Zukunft viel Arbeit«, S. 226).

Mit Globalisierung, einem der virtuellen Sündenböcke, hat das nichts zu tun. Es stimmt, dass das westliche Handelssystem mit dem Zusammenbruch des Ostblocks plötzlich wieder zu einem globalen wird – so wie es vor dem Selbstmord des alten Europas 1914 schon einmal ein echtes Welthandelssystem gewesen ist. Globalisierung ist daher keine Erfindung der 90er Jahre – wie die Geschichte früherer Kondratieffzyklen zeigt. Aber sie nimmt in dieser Aufschwungszeit wieder zu: Die Handelsgrenzen werden durchlässiger, der Aufschwung erleichtert das Deregulieren von Kapital- und Gütermärkten, durch Computer, Internet und billigeres Telefonieren wird Kommunikation bedeutend billiger. Damit steigt der Preisdruck (so wie damals ab 1873, als das Eisenbahnnetz endlich die ganze Welt umfasste und jeder nun mit einer explodierenden Zahl von Konkurrenten mitbieten musste, die zuvor durch die schlechten Transportmöglichkeiten vom eigenen Markt ferngehalten worden waren). Auch Ende der 1990er Jahre haben verschiedene Gesellschaften den neuen Kondratieffzyklus rund um die Informationstechnik wieder unterschiedlich gut genützt. Deswegen spüren einige Regionen den Preisdruck umso stärker, weil sie in der Produktivität zwar insgesamt zunehmen, aber verhältnismäßig zurückfallen, wodurch mehr Menschen arbeitslos werden, der Außenwert der eigenen Währung in den Keller geht und die Reallöhne weiter abgesenkt werden müssen. Internationale Konzerne fangen an, die Länder gegeneinander auszuspielen: Der weltweite Wettlauf, die Unternehmenssteuern zu senken, zwingt auch den Staat, seine Ausgaben so effizient wie möglich einzusetzen. Kapital ist mobil, die Menschen jedoch nicht. Der Höhepunkt und Abschwung des fünften Kondratieffs – das ist der tiefere Hintergrund für die Globalisierungsdebatte.

Denn wie seine Vorgänger verläuft auch der fünfte Kondratieff nicht harmonisch, sondern nach den Schüben seiner wichtigsten Modellgenerationen. Die Großrechner, die seit den 50er und 60er Jahren Ressourcen eingespart und so das Wachstum getragen haben, werden immer billiger – allein 1995 um 40 Prozent, 1996 noch einmal um 30 Prozent.[105] Mit ihnen lässt sich kein Geld mehr verdienen, denn ihr zusätzlicher Nutzen ist gering. Auch das Umsatzwachstum mit Personalcomputern schwächt sich ab. Dass der fünfte Kondratieff zu Ende geht, hat Leo Nefiodow als Erster prognostiziert.[106] In seinem Buch »Der Sechste Kondratieff« hat er den S-förmigen Umsatz mit den verschiedenen Segmenten der Informationstechnik über die Jahre zusammengerechnet.[107] An dieser Kurve ist zu erkennen, dass sich das Nutzenwachstum des fünften Kondratieffs zur Jahrtausendwende abbremst. Eine noch schnellere Kiste auf dem Schreibtisch macht einen Informationsarbeiter nicht mehr wesentlich produktiver, der zusätzliche Grenznutzen sinkt. Die Gewinne der Hardwarebranche schmelzen dahin.

Aus der Sicht der Kondratiefftheorie ist es nur selbstverständlich, wenn zu diesem Zeitpunkt die Asienkrise ausbricht, während die etablierten wirtschaftspolitischen Kommentatoren nach monetären Erklärungen für den Einbruch suchen: Währungsspekulanten hätten die Währungen abgeschossen. Oder die Banken in Asien hätten bei der Vergabe von Krediten irgendetwas falsch gemacht. Doch die haben nichts anders gemacht als die 30 Jahre vorher auch. Nein: Wenn wir sagen, die Japaner sind im fünften Kondratieff deswegen hochgekommen, weil sie den Computer führend hergestellt und angewendet haben, während die meisten der inländischen Arbeitsplätze auf dem Weltmarkt gar nicht konkurrenzfähig waren, dann gilt jetzt umgekehrt: In dem Moment, wo die Gewinne der Hardware-Firmen dahinschmelzen und der zusätzliche Nutzen geringer wird, nehmen auch die Zulieferer und Konsumfirmen in der Umgebung weniger ein. Die in der Bubble-Boom-Zeit aufgenommenen Kredite lassen sich nicht mehr so gut bedienen wie bisher, also krachen die Banken zwangsläufig zusammen. Währungsspekulationen

105 »Andahl: Großcomputer nun konkurrenzfähiger«, SZ 23.6.97, S. 21.
106 Erik Händeler: »Deutschland hat den Anschluss verpasst«, SZ 21.2.94, S. 24.
107 Nefiodow: »Der Sechste Kondratieff«, S. 8.

können diesen realwirtschaftlichen Vorgang nur verstärken und beschleunigen, aber sie können ihn nicht auslösen, sind also keine Ursache der Asienkrise.

Das Beben beginnt am 2. Juli 1997, als Thailand als erster ostasiatischer Tigerstaat seine Währung nicht mehr an den Dollar bindet und diese frei fällt. Dem folgen Malaysia, Indonesien, Südkorea. Die Hongkonger Börse erlebt den stärksten Kurssturz seit zehn Jahren. In Japan bricht das viertgrößte Wertpapierhaus Yamaichi unter einer Schuldenlast von 23,6 Milliarden Dollar zusammen. In Ländern wie Indonesien, Malaysia, Philippinen und Thailand, die 1996 noch um 7 Prozent wachsen, bricht die Wirtschaftsleistung 1998 um 10 Prozent ein, in Japan um 2,8 Prozent. 1996 sind von den 500 größten Firmen noch 125 Japaner, zwei Jahre später noch 100. Von den 20 Unternehmen mit den größten Verlusten befinden sich 1998 14 in Japan.[108] Das Wachstum aller Entwicklungsländer geht von 6 Prozent im Jahr 1996 auf 2 Prozent 1998 zurück. Bis Ende 1998 vernichtet die Asienkrise 24 Millionen Arbeitsplätze in Asien.[109] In Indonesien entladen sich die wirtschaftlichen Probleme in gewaltsamen Demonstrationen. Im Juli schnürt Japan das historisch größte Stimulierungspaket in Höhe von 120 Milliarden Dollar. Japans Ministerpräsident Ryutaro Hashimoto stürzt wegen der Wirtschaftskrise Ende Juli. Im Oktober beschließt die Regierung ein Hilfspaket in Höhe von 238 Milliarden Dollar, um damit die Bankenwelt (erfolglos) zu sanieren.

Japans Wettbewerbsfähigkeit sinkt nach einer Erhebung des Japan Center for Economic Research unter den 30 größten Industrienationen vom dritten Platz im Jahr 1990 auf Rang 16 im Jahr 1998.[110] Die Industrieproduktion sinkt im November 2001 auf den tiefsten Stand seit 1987 und bricht mit 13,1 Prozent so stark ein wie seit Mai 1975 nicht mehr. Der erste zeitgleiche Einbruch der Volkswirtschaften in den USA, Europa und Japan seit der Ölkrise im Jahr 1974 verschärft die Krise noch. Die Gesellschaft leidet mit der Wirtschaft: Die East Japan Railway fängt damit an, große Spiegel an den Bahnsteigen zu montieren – damit die, die sich vor einen Zug stürzen wollen, darin ihr eigenes Bild sehen und »zur Besinnung« kommen. Aber nicht hauptsächlich deswegen, weil die Bahngesellschaft deren Tod so sehr bedauern würde: Ein Selbstmord

108 »Die Karten werden neu gemischt«, SZ 29.7.99, S. 22.
109 »ILO: Hohe Arbeitslosigkeit in Asien«, SZ 17.3.99, S. 26.
110 »Japan weniger wettbewerbsfähig«, SZ 16.1.01, S. 24.

kostet die Eisenbahn in den überbevölkerten Städten Japans 50 Minuten Verspätung mit entsprechendem Umsatzausfall.[111] 1998 steigt die Zahl der Selbstmorde um 35 Prozent auf 32863 Fälle – ein Höchststand. Vor allem die Gruppen der Selbstständigen und der Manager legen in dieser Statistik zu, denn Hauptgrund sind die wirtschaftlichen Probleme.[112] Offensichtlich hat sich etwas grundlegend verändert.

5. Kondratieffabschwung Kampf der Paradigmen

Wer im Mai 2002 auf dem Aid-El-Kabir-Festival in Marokko einen PC von Fujitsu Siemens ersteht, bekommt ein Schaf im Gewicht von 14 Kilo gratis dazu.[113] Seit der Markt in den Industrieländern gesättigt ist, versuchen die Computerhersteller, den Absatz in den Schwellenländern mit solchen Marketingaktionen anzukurbeln. Der PC genügt inzwischen den meisten Anwendungen, sodass nur noch Details verbessert werden können, die keine Scharen von Kunden mehr anlocken. Zuvor ist das Jahr 2000 der Höhepunkt des Booms gewesen – in Deutschland werden für 19,3 Milliarden Euro IT-Bauelemente verkauft, knapp 35 Prozent mehr als 1999. Eine derartige Massenausweitung hat es noch nie gegeben. Bis zum Jahr 2002 wird eine Milliarde PCs verkauft; allein 130 Millionen im Jahr 2000.[114] Nokia, Ericsson und die anderen Handyhersteller setzen im Jahr 2000 etwa 405 Millionen Mobiltelefone ab – ein Wachstum von 47 Prozent.[115] Zum Teil sind IT-Bauteile so knapp, dass sie von den Herstellern zugeteilt werden. Danach geht es bergab. Die Verkaufszahlen sinken in den entwickelten Ländern, schwanken dann mit großen Ausschlägen um eine kaum noch wachsende Bestandsgröße, sodass sich die Dynamik des fünften Kondratieffs zumindest dort nach unten neigt.

111 »Spiegel an Bahnsteigen sollen Suizidrate senken«, SZ 11.5.00, S.7.
112 »33.000 Selbstmorde in Japan«, SZ 3./4.7.99, S.9.
113 Walter Ludsteck: »Zum PC ein Gratis-Schaf«, SZ 7.5.02, S. 26.
114 »ZVEI sieht Flaute im Chip-Markt nur als Atempause«, SZ 15.5.01, S. 24.
115 Martin Hesse: »Das Ende der fetten Jahre«, SZ 10./11.2.01, S. 32.

Die großen, klingenden Namen des High-Tech-Booms schreiben ab 2001 Verluste und entlassen weltweit Zehntausende. Die Speicher-Branche erlebt ihren schlimmsten Einbruch seit 1985 – der Markt schrumpft 2001 unerwartet stark von 31,5 auf nur noch 14 Milliarden Dollar. Ein Endnutzer zahlt für ein 128-Megabyte-Speichermodul nur noch 20 Dollar – ein Jahr zuvor hat der noch 120 Dollar gekostet.[116] Zwischen August 2000 und August 2001 purzeln die Preise für Speicherchips gar um 90 Prozent.[117] Im Jahr 2001 ist der Halbleitermarkt bereits um 14 Prozent auf 10,5 Milliarden Euro gesunken, 2002 noch einmal um 11 Prozent. Der Handy-Markt rutscht um ein Viertel ab – jeder, der will, hat inzwischen eines. Die Industrie produziert nur noch Ersatzbedarf. Auch Handys (also diese Dinger, mit denen man vor allem telefonieren konnte), die Bilder verschicken, werden in Zukunft keinen großen zusätzlichen Nutzen bringen – Termine werden deshalb nicht besser vereinbart; die durch bildübertragende Handys eingesparten Ressourcen gehen für die breite Masse der Anwender gegen null und sind ein reines Luxusgut. Kurze Zeit später wird Siemens seine Handy-Sparte ausgliedern, an BenQ verkaufen und diese dann Insolvenz anmelden – der Markt ist konsolidiert. 2012 gibt es sechs Milliarden Handys in der Welt – damit haben mehr Menschen Zugang zu mobiler Information als zu sauberen Toiletten; fast zweieinhalb Milliarden nutzen das Internet.

Was noch weiter wächst, sind die Dienstleistungen rund um den Computer – auch das ein Zeichen für das Reifestadium der Basisinnovation.[118] Zwar ist es durchaus so, dass Computer auch in Zukunft noch leistungsfähiger und schneller werden – auch dank der Nanotechnologie, die auf der Ebene von Molekülen Strukturen bildet. Computersimulationen, die derzeit noch Wochen dauern, werden dann in Stunden oder nur noch Minuten durchgerechnet. Entwicklungszyklen in der Industrie werden sich so weiter verkürzen, Wettervorhersagen und Klimaprognosen treffsicherer. Auch im Haushalt hat Informationstechnik das Potenzial, Geräte so zu steuern, dass sie mehr Energie und Wasser einsparen. Fortschritte gibt es auch noch bei der Vernetzung von Behörden und Gesundheitsanbietern.

Aber die Ressourcen, die dadurch noch freigesetzt werden, stehen in keinem Verhältnis mehr zu der Arbeitszeit, welche die erste Textverarbei-

116 SZ 22.6.01, S. 23: »Speicher-Branche erlebt Einbruch.«
117 André Kunz: »Massenentlassungen in Japan«, SZ 27.8.01, S. 22.
118 Nefiodow: »Der Sechste Kondratieff«, S. 237f.

tung einsparte. Der Druck, sich einen neuen PC zu kaufen, nimmt ab – für die allermeisten Bedürfnisse ist der alte längst schnell genug. Verbraucher und Firmen sind mit ihren Geräten zufrieden und nutzen sie nun wie Fernseher über ihre gesamte technische Lebensdauer. Kein Wunder, dass Aussteller und Besucher bei IT-Messen deutlich weniger werden (die älteste deutsche Computermesse »Systems« in München findet 2008 zum letzten Mal statt und wird ab 2009 eingestellt). Was diese zeigen, ist nur noch eine Weiterentwicklung des Bestehenden. Mal ehrlich: Wollen Sie wirklich, wenn Sie im Urlaub sind, von zu Hause auf Ihrem Handy angerufen werden, und der Kühlschrank sagt Ihnen dann, dass er gerne mal wieder abgetaut werden will? Neue Anwendungen wie Restaurantfinder setzen keine großen Ressourcen mehr frei. Und wenn mal in einem Quartal plötzlich wieder zehn Prozent mehr PCs über den Ladentisch gehen als vorher – diese ersetzen in der Regel nur die älteren Computer auf den Schreibtischen und steigern die Produktivität gesamtwirtschaftlich nicht mehr wesentlich. Als dann das Smartphone und Tablets Computer mobiles Internet ermöglichen, brechen die Verkaufszahlen der alten Notebooks und PCs noch mal deutlich ein.

Das ist die Ursache von Ertragsdruck und Unsicherheit: Die sinkenden Impulse dafür, etwas billiger und besser herzustellen. Die Produktion von PCs bringt kaum etwas ein: Sie ist in Wirklichkeit nur die Montage von weltweit zusammenbestellten Bauteilen und kostet die Firma Maxdata im Werk Würselen bei Aachen 25 Euro[119] (das einstige Erfolgsunternehmen meldet dann im Herbst 2008 Insolvenz an). Im Jahr 2008 werden erstmals mehr als eine Milliarde PCs betrieben[120] – das Wachstum kommt in erster Linie aus den Schwellenländern. Siemens gibt sein Computergeschäft Ende 2008 ganz auf, übergibt es dem bisherigen Partner Fujitsu, der einen Teil der Fertigung schon bald weiterreichen könnte. Ende 2008 hat Infineon im abgelaufenen Geschäftsjahr einen Verlust von 3,1 Milliarden Euro angehäuft, bei gerade einmal 4,3 Milliarden Euro Umsatz und schwankt in der anschließenden Erholung so stark wie die Konjunktur in den 1920er Jahren. Das ist nur ein Symptom dafür, dass der zusätzliche Nutzen für Wirtschaft und Gesellschaft geringer wird – vorher löste der Computer zum Beispiel Investitionen dadurch aus, dass

119 SZ: »PC-Markt unter starkem Druck«, 14.12.00, (Wirtschaft).
120 »Alltagstechnik«, SZ 26.6.08, S. 16.

er die Organisation einer zusätzlichen Autovermietung wirtschaftlich machte.

Doch der Boom ist noch nicht ganz zu Ende. Denn der 5. Kondratieff senkt die Kosten strukturierter Informationen nicht nur durch Hardware, sondern auch durch immaterielle Produktivitätsfortschritte, vor allem durch die Vernetzung der PCs und Handys im Internet. Am stärksten wächst die Zahl der Internetnutzer in Deutschland im Jahr 2000. Seitdem kommen zwar jedes Jahr mehr hinzu, aber weniger als zuvor. Das Wachstum wird davon getragen, dass die vorhandenen Teilnehmer mehr Möglichkeiten als bisher und gewinnbringender nutzen. Verkaufsplattformen wie ebay sparen enorm viel Zeit und Fahrtkosten ein, senken die Preise, indem sie Waren vergleichbar machen. Wikipedia und andere frei zugängliche Wissensquellen ersparen manchen Ratgeber in Form von Spezialisten oder gekauften Büchern – die Encyclopaedia Britannica stellt deshalb 2012 ihre Druckausgabe ein –; dank Suchmaschinen kann man sich über jede Person, die im Internet oder im öffentlichen Leben Spuren hinterlässt, ein Bild machen. Youtube verbreitet Kurzfilme universal, mischt den US-Wahlkampf Obama gegen Bush auf und macht den Handyverkäufer Paul Potts zu einem gefeierten Opernstar. Im Virtuellen, in »Second Life«, erschaffen sich viele Internetnutzer einen Avatar, einen grafischen Stellvertreter als zweite Identität. Die Datenmenge, die durch Smartphones übertragen werden, wächst 2012 in Deutschland um 30 Prozent auf 130 Millionen Gigabyte. Aber auch dieses Unterkapitel des 5. Kondratieffs ist schwächer als die zuvor von IT mobilisierten Ressourcen.

Am Ende der Digitalisierung zeigt sich etwas Neues: Jeder ist zum Sender geworden, ohne schon gelernt zu haben, für seine Inhalte auch Verantwortung zu übernehmen. In der Anonymität des Internets verlieren viele Menschen alle Hemmungen. Wer öffentlich sichtbar ist, wird bekämpft, beschimpft und verspottet. Der »Troll« verstopft mit seinen meist hasserfüllten Kommentaren die Internetseiten. Die physische Entgrenzung erleichtert Missverständnisse, verroht den Umgang, aber erzeugt auch eine Verzagtheit, bloß keinen »Shitstorm« zu provozieren. Das ist erst die Pubertät der Wissensgesellschaft.

Die ganz normale, lang andauernde Krise rollt an

Sollte es nicht gelingen, Informationsarbeit ausreichend zu verbessern, dann wird der Kondratieffzyklus durch die stagnierende Produktivität den Rückwärtsgang einlegen: Wenn Gewinne nicht mehr so satt wie gewohnt ausfallen, muss der finanzielle Spielraum eben woanders herkommen. Der erste Versuch, Kosten zu sparen, ist, Personal zu entlassen, weswegen Kundenwünsche nicht mehr so gut erfüllt werden können, der Service abnimmt und manche Marktchancen eben gar nicht mehr wahrgenommen werden. Für das frei herumwabernde Geldkapital fehlt es an Anlagemöglichkeiten (☛ Börsenkapitel, 346).

Zuerst laufen deshalb im Jahr 1999/2000 die Kurse an den Börsen den Gewinnen davon wie 1929. Kurz vor dem Höhepunkt im März 2000 notieren manche Unternehmen zu Preisen, die sie nicht einmal mit steten Gewinnen über hundert Jahre würden rechtfertigen können. Die Kurse gehen in den Sinkflug. Alles kein Problem, nur eine kleine Abschwächung, beruhigen die Börsengurus. »Der in den vergangenen Monaten zu beobachtende konjunkturelle Abwärtstrend der Weltwirtschaft wird nach Einschätzung des Ifo-Institutes im nächsten halben Jahr zum Stillstand kommen«, heißt es im Februar 2001 in einem SZ-Artikel mit der Überschrift »Abwärtstrend bald beendet«, die aus der Sicht derer, welche die Zusammenhänge der Kondratiefftheorie kennen, schon damals kurzsichtig wirkt.[121] Analysten behaupten, »ein Konjunkturabschwung ist wohl schon zum Gutteil in den Kursen enthalten« (als der Dax gerade erst von über 8000 auf 6000 Punkte gerutscht ist), wegen Zinssenkungen der Notenbanken »werden die weltweiten Aktienkurse in drei bis vier Wochen abheben« – das ist unfundiertes Geschwätz – denn das sollte noch zwei Jahre dauern. Und sie werden dann auch wieder nur deshalb ansteigen, weil es an realen Investitionsmöglichkeiten fehlt. Ende 2001 meldet das Münchner Forschungsinstitut Ifo: Das weltweite Wirtschaftsklima ist im Oktober auf den niedrigsten Stand seit 20 Jahren gesunken.[122] Von seinem Höhepunkt im April 2000 ist der Index um über 40 Prozent abgestürzt.

Schon vor dem Attentat auf das World Trade Center am 11. September 2001 stottert die Wirtschaft: Die Industrieproduktion in den USA ist

---

121 »Abwärtstrend bald beendet«, SZ 21.2.01, S. 24.
122 »Schlechte Stimmung«, SZ 3.12.01, S. 23.

schon im Mai 2001 acht Monate in Folge gesunken – das war zuletzt vor 20 Jahren im Dezember 1982 der Fall, bevor sich der fünfte Kondratieff so richtig in die Höhe schwang. Die Inflation liegt in den ersten fünf Monaten bei 4 Prozent.

Trotzdem fängt die US-Notenbank schon Anfang 2001 an, die Zinsen zu senken (die damals bei 6,5 Prozent liegen), beschleunigt ihre Politik des billigen Geldes nach dem Attentatsschock und landet schließlich bei 1,00 Prozent Mitte 2003. Sie entfacht so eine schuldeninduzierte Konjunktur, für die es keinen Gegenwert gibt. Wer eine Anschaffung mit eigenem Geld finanziert statt mit geliehenem, gilt als dumm, weil Kredite so billig sind wie nie (in der Erinnerung der derzeit Lebenden). Wer weder Einkommen nachweisen kann noch Eigenkapital besitzt, erhält dennoch einen Kredit für den gesamten Kaufpreis eines Hauses, zu variablen Zinsen. Ohne Weiteres bekommt jeder fünf Kreditkarten gleichzeitig, jede mit 10.000 Dollar Kreditrahmen. Diese Schulden werden dann ebenso wie überzogene Dispokredite in »Wertpapieren« verpackt und zu hochverzinslicher Handelsware. Das Wasser fließt jedoch nicht bergauf, ebenso wenig wie die Schulden von Leuten, die keine Ersparnisse haben, mehr wert werden. Der ehemalige US-Notenbankchef Alan Greenspan, der die Zinsen zu lange zu niedrig hielt und sich gegen strengere Regulierung der neuen, komplexen Wertpapiere stemmte, sagt im Oktober 2008 im US-Kongress zwar, er habe sich geirrt, doch habe diesen »Jahrhundert-Tsunami« niemand vorhersehen können. Dabei war die Finanzkrise absehbar, mit Kondratieff sogar im Voraus erklärbar (siehe die vorherigen Auflagen dieses Buches bis zur 7. Auflage). Gleichzeitig senkt George Bush die Steuern, während reiche Amerikaner das zusätzliche Geld für Konsum oder Spekulation ausgeben (was beides nicht das Produktionspotential einer Volkswirtschaft erhöht).

Der Staat muss dafür mehr Schulden aufnehmen, aber auch der Krieg gegen die Taliban und im Irak treiben das Haushaltsdefizit. Statt Aktien sind es zunächst die Preise für Immobilien oder Rohstoffe, die in die Höhe schießen. Die Hälfte bis zwei Drittel aller Dollarbestände befinden sich außerhalb der USA, bei asiatischen Notenbanken oder arabischen Scheichs. Für dieses große freie Kapital gibt es aber weltweit kaum lohnende Investitionen, deswegen fließt es nach dem Schock dann auch wieder in Aktien zurück, ohne dass deren Kursblase bereinigt wäre. Die 2005 und 2006 wieder gestiegenen Aktienkurse sind daher keine Entwarnung

– im Gegenteil: Den Kredit auf ihre Währung werden die US-Amerikaner zurückzahlen müssen. Um die übertriebenen Immobilienpreise zu beruhigen, erhöht die US-Notenbank ab Mitte 2004 wieder die Zinsen; damit wird es für Amerikaner teurer, Häuser, Aktien oder Konsum mit Schulden zu finanzieren. Das dämpft so die Konjunktur. Die Fed ist in der Zwickmühle: Wenn sie die Zinsen wieder senken würde, gerät der Außenwert des Dollars noch schneller unter Druck, als er es sowieso schon ist, weil der Irakkrieg (so wie seinerzeit im Vietnamkrieg, bevor des Finanzsystem von Bretton Woods zusammenbrach) so viel Dollar ins Ausland schwemmt, Opec-Staaten wie Iran ihr Öl zunehmend in Euro statt in Dollar abrechnen und China seine hohen Dollarbestände loswerden will, bevor sie weiter an Wert verlieren. Dann werden sich die US-Amerikaner weniger leisten können. Das leitet jetzt den »richtigen« Abschwung des Computerkondratieffs ein.

Im Juli 2007 werden die Börsen erstmals ernsthaft erschüttert, als Hedgefonds aufgelöst werden, die sich mit faulen Hypothekenkrediten verspekulierten. Die Immobilienpreise rutschen immer schneller, immer mehr Schulden sind höher als der verbleibende Wert eines Hauses. Kredite platzen, und auf einmal trauen sich die Banken untereinander nicht mehr über den Weg. Damals wird langsam klar, dass sich der gesamte Bankensektor weltweit mit US-Hypothekenpapieren infiziert hat. Die Mittelstandsbank IKB hat billige kurzfristige Kredite aufgenommen, das Geld in langfristige, unsichere Anlagen gesteckt und das Ganze auch noch aus der Bilanz ausgegliedert. Auch andere Banken – HypoReal Estate, Bayerische Landesbank, WestLB, SachsenLB – rechnen nach und merken plötzlich, dass sie ein paar Phantastillionen Euro abschreiben müssen. (Um die Bayerische Landesbank zu sanieren, zahlt jeder Einwohner Bayerns 800 Euro Steuern.) Anleger und Finanzmanager werden von Tag zu Tag nervöser. Bisher hatte es immer geheißen, die Krise würde einen nicht betreffen, nun ist die Sprachregelung, dass Prognosen unmöglich seien.

Politiker und Konzernvorstände, die bis dahin nicht genug schwärmen konnten vom freien Spiel der Kräfte und dessen wundersamer innerer Logik, fordern plötzlich Steuergelder, um den Absturz von Unternehmen zu verhindern, deren Produkte niemand mehr so braucht. Auf einmal ist Papst Benedikt XVI. in allen Wirtschaftszeitungen abgebildet, nachdem er predigte: »Wer das Haus seines eigenen Lebens nur auf sichtbare und materielle Dinge aufbaut, der baut auf Sand.« Die Turbokapitalisten und

Finanzjongleure, die im Rhythmus der Börsenzeiten in Frankfurt, New York und Tokio leben – bevor dort die Börse öffnet, muss hier bereits gehandelt worden sein – diese müssten nun auf einmal froh sein über die angeblich so undynamische, kundenunfreundliche, dem Wirtschaftsleben so abträgliche Wochenendruhe: Alle fünf Tage tritt ein Ruhemoment ein, der es politisch Handelnden erlaubt, dem Wahnsinn auf dem Parkett hinterherzukommen.

Zug um Zug nehmen die Notenbanken die Zinsen zurück, die Akteure spekulieren über weitere drastische Zinssenkungen. Mit gigantischen Geldspritzen versuchen die Notenbanken, den Geldverleih unter den Banken aufrecht zu erhalten – noch mehr Geld schürt die Blase. Selbst faule Immobilienkredite akzeptiert der US-Notenbankchef Ben Bernanke als Sicherheit. Im April 2008 warnt der IWF vor Verlusten in Höhe von einer Billion Dollar durch faule Hauskredite und weiteren Ausfällen bei Kreditkarten und Wertpapieren. Die Investmentbank Bear Stearns muss im März vom amerikanischen Staat gerettet werden, die Banken Fannie Mae und Freddie Mac folgen im September. Die Investmentbank Lehman Brothers lässt der Staat dann eine Woche später pleite gehen, zwei Tage danach übernimmt die US-Notenbank die Kontrolle über den Versicherungskonzern AIG und Kredite für 85 Milliarden Dollar. 25 US-Banken gehen in Konkurs. Der US-Finanzminister schnürt ein Rettungspaket für faule Finanzkredite in Höhe von 700 Milliarden Dollar, doch kein Mensch weiß, ob das genügt (obendrein schütten die Institute einen Großteil des Steuergeldes an die eigenen Aktionäre aus – ein großer Skandal, die Politik schäumt). Auch die deutsche Bundesregierung legt im Oktober 2008 ein Rettungspaket über 500 Milliarden Euro für Banken auf, die im Gegenzug Managergehälter und Abfindungen begrenzen müssen.

Aktionen wie diese lassen die Börsenkurse kurzfristig steigen, doch die Wahrheit ist: Das Geld in überteuerte Anlagen und für geplatzte Kredite ist weg, der Gegenwert nicht mehr im selben Maße da. Schuld sind nicht die Banker, die weltweit alle zur selben Zeit plötzlich gierig geworden sind und beschlossen haben, unseren Wohlstand zu verzocken, was nun auf die Realwirtschaft durchschlage. Sondern es ist umgekehrt die Realwirtschaft, die wie immer nach einem Kondratieffaufschwung, wenn sich ein technologisches Netz ausgebreitet hat, eine Blase erzeugt. Anfang 2008 kehrt das Wort »Rezession« in die Wirtschaftsteile zurück. Vor allem die US-Amerikaner haben über ihre Verhältnisse gelebt und die Ersparnisse der Welt verkonsumiert. Wo Wirtschaft vorher auf Pump in Bewegung gehalten wurde (ohne durch reale Produktivität gedeckt zu sein), brechen Arbeit und Umsatz nun umso stärker weg. Jeden Tag verlieren tausende amerikanische Familien Haus und Vermögen, die nun in Wohnwagen und Zelten leben.

Der amerikanische Autohersteller General Motors kündigt im Februar 2008 an, sich im eigenen Land von 74.000 Mitarbeitern zu trennen, fast der Hälfte aller nordamerikanischen Beschäftigten. Schon Ende 2005 hatte GM mit 30.000 Mitarbeitern 22 Prozent der Belegschaft abgebaut. GM, Ford und Chrysler stehen auf wackeligen Beinen, weil sie sich gegen die Wirklichkeit zur Wehr setzten, dass die Zeit des billigen Öls (vierter Kondratieff) irgendwann zu Ende sein wird (auch die Zeit, in der man mit Hilfe von IT und Robotern Auto noch rationeller herstellen konnte). Veraltete Technik, Spritfresser sowie eine überbordende Alters- und Gesundheitsversorgung, die nur nachträglich repariert, statt in Menschen zu investieren: 60 Prozent der entlassenen Arbeiter gelten bei den Arbeitsämtern als schwer vermittelbar, weil praktisch Analphabeten. In der Autostadt Detroit herrscht Totentanz. Erstmals werden mehrere Tage in der Woche keine Zeitungen mehr ausgeliefert. Der Grund sind Sparmaßnahmen des lokalen Verlags.

Seit Jahren haben die Auto-Chefs in Detroit neue, sparsame und umweltfreundlichere Modelle versprochen, die den schwächelnden Absatz ankurbeln sollen, doch es geschieht – nichts. Statt Ingenieure haben allein Juristen und Betriebswirte das Sagen. Den in Business Schools auf der monetären Schmalspur ausgebildeten Managern fallen nur Entlassungen oder Rabatte ein, die die Substanz aufzehren, aber kein Modell verbessern. Mit 15 Milliarden Dollar will die US-Regierung Ende 2008 den ums Überleben kämpfenden Autoherstellern eine Atempause verschaffen – Geld, das eigentlich für die Entwicklung sparsamerer Autos vorgesehen war, nun aber nur das Weiterleben des Bestehenden subventioniert. Der Wirtschaftsnobelpreisträger Paul Krugman meint daher, die amerikanische Autoindustrie werde wahrscheinlich verschwinden, weil sie nicht mehr von der heutigen Wirtschaft getragen werden.

Stabilisierung durch Staatsschulden und Geld drucken

Präsident Bush legt im Januar ein erstes 145-Milliarden-Dollar Konjunkturprogramm auf. Im Herbst werden es 700 Milliarden sein. Der Nachfolger Barack Obama erhöht es auf 1,3 Billion Dollar. Letztlich stürzen die USA in die Kreditkrise, weil sie das Geld so billig machte, dass leichtfertig Kredite vergeben wurden, die nie mehr zurückgezahlt werden. Und womit wollen sie jetzt den Weg hinaus finden? Mit noch billigerem Geld! Die US-Notenbank senkt den Leitzins zum Jahresende 2008 auf 0 bis 0,25 Prozent. Und die amerikanische Regierung verkauft im Dezember kurzfristige Staatspapiere zu einem Zins von Null Prozent – genauso gut könnten Anleger Geldscheine unter der Matratze horten. Weil immer weniger Länder den USA Geld leihen, kauft die US-Notenbank zur Jahreswende 2013 jeden Monat Regierungsanleihen in Höhe von 85 Milliarden Dollar, sie druckt Geld ohne jeden Gegenwert. Der Absturz in die Realität wird fürchterlich werden. Ein riesiges Etatdefizit, milliardenschwere Konjunkturspritzen und eine Nullzinspolitik der Notenbank: Der Dollar wird unter Druck geraten – und zwar heftig. In den vergangenen 15 Jahren ist die Geldmenge in den Vereinigten Staaten doppelt so schnell gestiegen wie das Bruttoinlandsprodukt. Die Verpflichtungen der Regierung sind in der gleichen Zeit fast dreimal so schnell gewachsen. Sie hat heute mehr finanzielle Verpflichtungen als Anlagewerte. Sie ist, im Grunde genommen, pleite, ebenso wie die US-Bundesstaaten, und zwar schlimmer als die Euroländer. Da scheint der Druck, den die Finanzmärkte auf den Euro ausüben, aus dem Dollarraum Interessengeleitet zu sein.

Um die üblichen Symptome für einen Kondratieffabschwung komplett zu machen, fliegt im Dezember 2008 der voraussichtlich größte Betrugsfall in der Geschichte der Wall Street auf: Die Investmentfirma von Bernard Madoff sammelte das Geld der Anleger mit dem Versprechen hoher Renditen ein, um damit die Schein-Gewinne anderer zu bezahlen. Das System bricht zusammen, als zu viele Anleger ihr Geld gleichzeitig zurückhaben wollen. Madoff selbst beziffert den Schaden auf 50 Milliarden Dollar. Zu seinen Kunden gehören auch viele andere Hedgefonds und Banken – ein weiterer Schneeballeffekt ist losgetreten.

Anfang 2009 ist klar, dass Europa und die USA in eine Rezession rutschen. Deutschlands Wirtschaft bricht um 4,9 Prozent ein, so stark wie noch nie, während die bisher aufstrebenden Schwellenländer nur noch so wenig wachsen, dass auch sie es mit innenpolischen Problemen zu tun bekommen. Beim Konsum dagegen scheint der langfristige Abschwung zunächst nicht anzukommen – doch das ist nur ein Problem der Wahrnehmung: Gerade weil die Zinsen so niedrig sind, scheint es sich für die Menschen nicht zu lohnen, ihr Geld zu sparen. Und weil sie ihre Zukunftsaussichten noch für stabil halten, sparen sie nicht, sie geben ihr Geld aus. Gleichzeitig verleiten die extrem niedrigen Zinsen zu Konsumentenkrediten, so dass die Konsummärkte noch schneller erschlossen werden – sie rasen noch schneller auf eine Sättigung zu. Beim Lkw-Hersteller Volvo werden im dritten Quartal 2008 nur noch 115 Lastwagen neu bestellt – also fast Null im Vergleich zu den 41.970 im dritten Quartal vor einem Jahr. Danach gibt es mehr Abbestellungen als Neubestellungen. Auch die Containerschiffe – die große Welthandelsinnovation des 5. Kondratieffaufschwungs – werden deutlich weniger ausgelastet, die Frachtraten, also die Preise für den Transport, fallen. Zwischen 2007 und 2011 verlieren die Industrieländer der OECD 13 Millionen Arbeitsplätze.

Die Staaten verschulden sich, um mit Konjunkturprogrammen die Nachfrage zu stützen, etwa in der Autoindustrie (»Abwrackprämie«). Dabei gibt es ja gar keinen Mangel an Autos – das Geld wäre mal besser in die nächsten Knappheiten investiert worden. Es stammt zudem nicht von Sparern, sondern von den Notenbanken, die die Geldmenge ausweiten. Das zusätzliche Geld wird nicht von Unternehmen für Investitionen ausgegeben, sondern allein von den Staaten aufgesogen. Wenn dann noch etwas übrigbleibt, parken die Geschäftsbanken das Geld wieder als Einlage bei den Notenbanken – Geldpolitik entfaltet kaum noch eine Wirkung. Schulden und Gelddrucken dehnen lediglich die Fallhöhe aus, falls es richtig krachen sollte, aber es verändert nichts im realen Leben.

Während das viele überflüssige Geld bei spekulativen Gütern (Öl, Immobilien in guten Lagen, Rohstoffe) die Preise steigen lässt und Angst vor Inflation erzeugt, rutschen mit den Zinsen auch die Inflationsraten bei täglichen Dienstleistungen und Waren, Deflation zieht auf. Die stark erhöhte Geldmenge setzt sich aber nicht eins zu eins in höheren Preisen oder stärkerer Nachfrage um, sondern das Geld läuft lediglich langsamer durch die Wirtschaft, die Geldumlaufgeschwindigkeit sinkt. Wenn die Waren immer weniger kosten, weil sich alle unterbieten, gibt niemand mehr Geld aus – er muss ja nur warten, bis die Güter noch billiger werden. Wer Schulden hat, für den werden sie real immer größer.

Faule Kredite und ein Schuldenberg von 900 Milliarden Dollar, den US Bürger über ihre Kreditkarten angehäuft haben (anders als bei Hypotheken sind Kreditkartenschulden nicht mit Vermögen gesichert, jeder Ausfall bedeutet einen Totalverlust), drohen im Süden Chinas einen wahren Finanz-Tsunami auszulösen. Denn in der Werkbank der Welt, die alles herstellt vom Turnschuh bis zum Laptop, bleiben die Aufträge aus den USA aus. Ungarn, Mitglied der EU, braucht Nothilfe vom Internationalen Währungsfonds, ebenso die ehemalige Sowjetrepublik Ukraine. In Brasilien muss der Börsenhandel mehrmals ausgesetzt werden, in Pakistan kollabiert die Währung. Aus der Türkei flieht das Auslandskapital. In Argentinien hat Präsidentin Cristina Kirchner die Sparer enteignet, um einen Staatsbankrott abzuwenden – unter diesen Umständen will niemand mehr sparen. Laut britischer Notenbank drohen weltweite Dominoeffekte. Die Lage sei so instabil »wie seit Menschengedenken nicht«.

Das chinesische Wachstumsmodell endet, mit niedriger Währung billige Massenprodukte in die Welt zu exportieren und Devisen anzuhäufen. 80 Prozent der Bankenkredite und 65 Prozent der Stahlproduktion fließen in den Immobiliensektor, aber 80 Prozent der Menschen können sich keine Wohnung leisten, weil die Preise zu hoch sind. Auch in Deutschland steigen die Immobilienpreise, in den Ballungsräumen wie München um 20 Prozent im Jahr 2012, weil das Geld dorthin fließt, wo es sicher erscheint und wo es produktiver verwertet wird. In Südeuropa dagegen bleibt der Druck auf die Immobilienpreise bestehen, in Spanien fallen sie zwischen 2008 und 2012 um ein Drittel. 350.000 Zwangsräumungen werden dort in dieser Zeit vollstreckt.

Die Autozulassungen in Europa sinken 2012 um 8,2 Prozent. Noch nie waren so viele EU-Bürger arbeitslos wie 2012. In den südeuropäischen Ländern ist die Hälfte der jungen Menschen ohne Stelle, in Griechenland 60 Prozent. In den meisten Ländern geht das Haushaltsnettoeinkommen zwischen 2009 und 2011 zurück, in Spanien um acht und in Griechenland um 17 Prozent. In den USA sinkt das mittlere Haushaltseinkommen 2010 das dritte Jahr in Folge und erreicht den Stand des Jahres 1996. Dabei haben die USA noch gar nicht begonnen, ihre Haushalte zu konsolidieren; sollten die Amerikaner mal anfangen, zu sparen, wird die Nachfrage noch weiter sinken, und mit ihr das Preisniveau.

Mehr Arbeitslose, die ihre Kredite nicht mehr bezahlen können – das belastet die Banken, von denen einige von der Politik gerettet werden müssen. Das wiederum senkt die Kreditwürdigkeit der Staaten zusätzlich und erhöht so die Kosten für das Ausleihen von Geld. Dabei sind die Industrieländer schon so hoch verschuldet wie noch nie in Friedenszeiten – Ausdruck der Haltung, Probleme lieber in die Zukunft zu verschieben, anstatt sich und sein Verhalten zu ändern. Weil die Südeuropäer immer weniger Investoren finden, die ihr Defizit finanzieren, droht ihnen die Zahlungsunfähigkeit. Der Euro gerät 2011/2012 in eine Zerreißprobe. Immer höher werden die Milliardengarantien, die die Euroländer gemeinsam auf den Tisch legen. Ernsthaft diskutieren die Akteure, dass Länder die gemeinsame Währung aufgeben sollen.

Vordergründig geht es um gekürzte Löhne und Renten, um die zusätzlichen Staatsschulden zu verringern. Vordergründig geht es um den Konflikt zwischen den Positionen, die »Vertrauenskrise« mit noch mehr Gelddrucken zu bekämpfen (USA), oder aber das Problem in den Staatsschulden zu sehen, die sich nur durch mehr Sparen verringern lassen (das ist die deutsche Position). Realwirtschaftlich geht es aber darum, die Strukturen und das Verhalten zu ändern, um produktiver zu werden. Es geht nicht darum, ob die Griechen weniger arbeiten oder länger als die Deutschen; es geht darum, wie ein Grieche reagiert, wenn er in der Firma kritisiert wird oder jemand einen anderen Vorschlag macht, es geht um realwirtschaftlichen Umgang mit Information. Am Ende setzt sich weitgehend die Position der Deutschen und anderer Sparer durch: Die Staaten verschwenden weniger Ressourcen, machen ihre Gesellschaften produktiver, das Kapital fließt langsam zurück in die Krisenländer. Geht vielleicht doch alles gut?

Der Computer ist jedoch nicht das Ende der Entwicklung der Menschheit. Ein neues Kompetenznetz kündigt sich an. Noch ist es zu schwach, und es wird auch nicht von allein auf die Füße kommen. Zunächst haben wir mit den Begleiterscheinungen eines beginnenden langen Abschwungs zu kämpfen – das ist die Aussage des Titelbildes von diesem Buch. Wie er verläuft, hängt davon ab, wie konsequent sich die Gesellschaften auf die Strukturen des nächsten Kondratieffzyklus einstellen. In der arabischen Welt ermöglichen Internet, Facebook und Handy eine Bürgergesellschaft, die gut informiert die autokratischen Strukturen hinwegfegt und die neuen islamistischen Regierungen hinterfragt. Die Geschichte der Zukunft, die Geschichte der nächsten 10 bis 20 Jahre – das ist zunächst die Geschichte des fünften Kondratieffabschwungs, eines heftigen Strukturwandels und eines Aufbruchs hin zur Wissensgesellschaft.

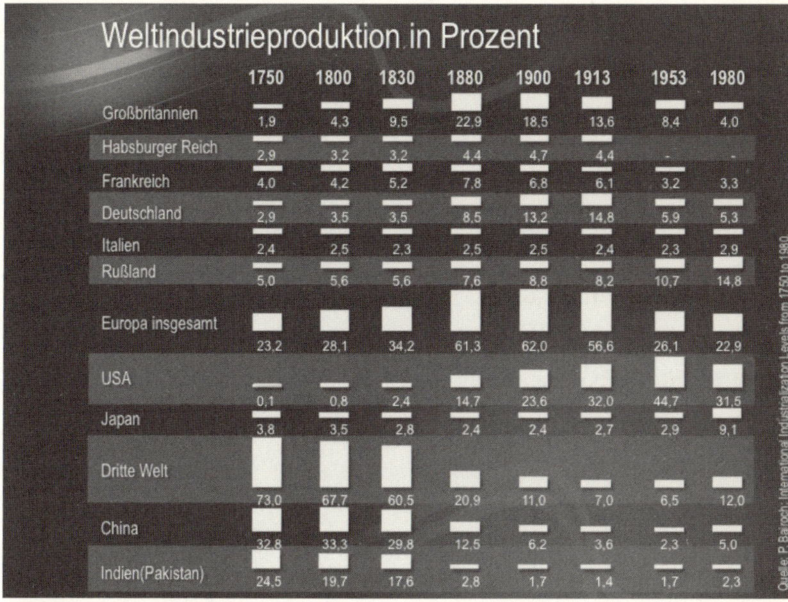

Weltindustrieproduktion in Prozent
1750 1800 1830 1880 1900 1913 1953 1980
Großbritannien 1,9 4,3 9,5 22,9 18,5 13,6 8,4 4,0
Habsburger Reich 2,9 3,2 3,2 4,4 4,7 4,4 - -
Frankreich 4,0 4,2 5,2 7,8 6,8 6,1 3,2 3,3
Deutschland 2,9 3,5 3,5 8,5 13,2 14,8 5,9 5,3
Italien 2,4 2,5 2,3 2,5 2,5 2,4 2,3 2,9
Rußland 5,0 5,6 5,6 7,6 8,8 8,2 10,7 14,8
Europa insgesamt 23,2 28,1 34,2 61,3 62,0 56,6 26,1 22,9
USA 0,1 0,8 2,4 14,7 23,6 32,0 44,7 31,5
Japan 3,8 3,5 2,8 2,4 2,4 2,7 2,9 9,1
Dritte Welt 73,0 67,7 60,5 20,9 11,0 7,0 6,5 12,0
China 32,8 33,3 29,8 12,5 6,2 3,6 2,3 5,0
Indien(Pakistan) 24,5 19,7 17,6 2,8 1,7 1,4 1,7 2,3
Quelle: P. Bairoch: International Industrialization Levels from 1750 to 1980.

Was jetzt zu tun ist:

- Geschichte und Wirtschaftswissenschaft müssen sich wieder annähern, um zu helfen, die Zukunft zu gestalten.
- Die Geschichte der langen Abschwünge kann uns dazu bewegen, heutige Verteilungskämpfe zu minimieren und freiwillig auf Konsum zu verzichten, um mehr in die Zukunft zu investieren.

Kapitel 2

Kondratieffs Globaltheorie und unsere Wirtschaftspolitik heute

Warum es nicht um Geld geht, sondern um Produktivität, und warum dabei kulturelle Faktoren stärker wirken als Löhne, Zinsen und Staatsausgaben

Wenn wir die Beiträge für die Krankenkassen um so und so viel erhöhen – wie wirkt sich das auf das Bruttosozialprodukt aus? Seriöse Wirtschaftsforschungsinstitute rechnen dann, wie die Lohnkosten und Preise steigen würden, weswegen weniger gekauft werde und das Volkseinkommen um 0,x Prozent zurückgehe. Regt sich da Widerspruch? Nein, keiner. Und das ist seltsam. Kommt es doch darauf an, wie die höheren Krankenkassenbeiträge verwendet werden: Wird damit bestehende Krankheit erträglich gemacht – oder die Gesundheit von jemandem erhalten, der dadurch weiterarbeiten kann? Wird damit nur die Verwaltung eines zusätzlichen Verteilungskampfes finanziert – oder den Menschen Spaß an gemächlicher Bewegung vermittelt und so Zivilisationskrankheiten vorgebeugt? Werden damit teurere neue Medikamente bezahlt, die nicht mehr können als ihre billigeren Vorgängerpräparate, oder wird damit eine neue Therapie finanziert, die es einem Menschen wieder ermöglicht, seinen wesentlichen Tätigkeiten nachzugehen?

Auf diese Nachfragen haben die etablierten Ökonomen keine Antwort. Sie schaffen es mit ihren vorhandenen Instrumenten nicht, auszurechnen, wie sich wirtschaftspolitische Eingriffe auswirken. Das Leben hinter den Zahlen und Geldbeträgen spielt für die etablierte Wirtschaftswissenschaft keine Rolle – sie halten monetäre Größen tatsächlich für die entscheidende Wirklichkeit. Anders Nikolai Kondratieff: Preise, Zinsen, Löhne, Wachstum, langfristige Staatsausgaben, Geldmenge – das alles ist für ihn nicht die Ursache, sondern nur die Folge der ökonomischen Entwicklung. Er sieht den Motor der Wirtschaft in den Verbesserungen des realen Lebens, die den Menschen Zeit und Kraft sparen, um damit etwas anderes anzufangen – so entstehen dann Wachstum, Arbeitsplätze und Wohlstand.

Die heutige Wirtschaftswissenschaft dagegen stammt aus einer Zeit, als man meinte, alles hänge wie ein Uhrwerk mechanisch zusammen und sei mess- oder berechenbar – und ist mit diesem Glauben ungefähr auf der Höhe der Zeit des Jahres 1720: Sie hat einfach die Gesetze der Naturwissenschaft auf ökonomische Vorgänge übertragen. Das funktioniert nicht, weil Wirtschaft nicht mit Äpfeln gleichzusetzen ist, die – wehrlos gegen die Erdanziehungskraft – vom Baum fallen. Wirtschaft ist von menschlichem Verhalten geprägt, von Kreativität, Irrationalität, von getrübter Wahrnehmung, von den individuellen Lebenszielen, letztlich von der Freiheit des Menschen. Wenn sie der Politik den Weg zu mehr Wohlstand weisen will, muss sich die Wirtschaftswissenschaft den historischen und kulturellen Bedingungen wirtschaftlichen Handelns in einer ganz konkreten, einzigartigen Situation zuwenden, anstatt ihre mathematisch-exakten Instrumente immer weiter zu verfeinern, welche die Realität nur rudimentär erfassen. Wirtschaft – das ist vor allem eine kulturelle Leistung. Die zentralen theoretischen Annahmen der Ökonomik müssen umgehend neu debattiert werden, weil sie an der Wirklichkeit vorbeigehen und wirtschaftspolitische Ressourcen sinnlos verschleudern.

Die Wirtschaftswissenschaft hat kapituliert

Bei der Vorlage ihres Sachverständigengutachtens forderten die sechs Institute im Jahr 2001, die Steuerreform vorzuziehen, also Steuern zu senken, um die Konjunktur anzukurbeln; im April 2002 dagegen sagten sie, dafür sei kein Geld da, und empfehlen im Gegenteil, Ausgaben einzusparen. Und natürlich sahen sie Deutschland wieder vor einem Aufschwung. Immer beklagten sie die hohen Sozialabgaben, bis die Regierung nun versucht, diese zu senken. Da meinen die Sachverständigen im Jahr 2003, das sei doch der falsche Weg, lieber solle die Politik das Gesundheitswesen wirtschaftlicher machen, so schlimm seien die hohen Sozialabgaben nun auch wieder nicht.[1] »Wenn schon die Empfehlungen der Wissenschaft binnen weniger Monate mal so, mal so ausfallen, dann spricht das der bekannten Forderung nach einer berechenbaren Politik Hohn, dann kann man den Spott mancher Politiker über die Praxistauglichkeit wissenschaftlicher Empfehlungen gut verstehen«, schreibt Marc Beisse.[2] Dazu kommt, dass die Wirtschaftsweisen auch untereinander zerstritten sind und sich zuletzt 2005 öffentlich fetzten.

Beim Krisengipfel kurz vor Weihnachten 2008 im Kanzleramt herrscht große Ratlosigkeit. Der damalige Vorsitzende des Sachverständigenrates, Bert Rürup, ebenso wie der Chef des Deutschen Institutes für Wirtschaftsforschung, Klaus Zimmermann, geben zu, dass sie das, was inzwischen auf den Wirtschafts- und Finanzmärkten seinen Lauf nehme, gar nicht mehr erklären könnten. In seinem Frühjahrsgutachten hatte der Sachverständigenrat noch geschrieben, er halte eine Rezession für wenig wahrscheinlich. SPD-Fraktionschef Peter Struck hat zuvor dafür plädiert, den Rat der Wirtschaftsweisen abzuschaffen, weil er schlicht inkompetent sei. »Ich glaube denen kein Wort. Wenn man frühere Prognosen mit der eingetretenen Realität vergleicht, merkt man recht schnell, dass diese sogenannten Weisen vor allem viel heiße Luft produzieren.«[3]

Wenigstens den Laien vermitteln die Sprechblasen der Ökonomen noch das beruhigende Gefühl, diese hätten in dieser unsicheren Wirtschaftslage den Durchblick und könnten wissenschaftlich herleiten, was nun zu tun sei, um ein gewünschtes Ergebnis zu erzielen. Im Grunde jedoch werfen sie nur Nebelkerzen auf hohem Niveau. Ein bekannter Unternehmensberater erklärte in einem SZ-Interview die Wachstumsschwäche mit »sinkenden Investitionen wegen vorhandener Überkapazitäten und nachlassendem Konsumentenvertrauen auf Grund von drohenden Entlassungen und Vermögensverlusten an den Aktienmärkten«[4]. (Die Bestandteile dieser Begründung lassen sich in beliebiger Reihenfolge miteinander vertauschen.) Aha: Es gibt also einen Abschwung, weil es einen Abschwung gibt. Im Grunde hat er keine Ahnung, warum die Wirtschaft kriselt und wie es weitergehen soll. Das zu sagen macht sich aber schlecht in einem Interview. Andere Professoren melden sich mit den widersprüch-

1 Andreas Hoffmann: »Hallo Politik, hier spricht Elfenbeinturm«, SZ 16.4.2003.
2 SZ 24.4.02, S.4: »Der Aufschwung kommt – wann?«
3 »Struck gegen Wirtschaftsweise«, SZ 17.11.08, S. 18.
4 SZ 22.10.01, S. 27.

lichsten Empfehlungen zu Wort, die Steuern zu senken, Staatsausgaben zu erhöhen oder zu sparen, mit Schulden die Konjunktur anzuschieben oder die Zinsen zu senken – was andeutet, dass es bei dieser Expertise eher um Glauben denn um Wissen geht. Nichts davon greift, denn das alles ignoriert die Ursachen wirtschaftlicher Entwicklung.

Anstatt nach den knappen Produktionsfaktoren im realen Leben zu fragen, entsprechen die Maßnahmen der Regierungen in der Finanzkrise dem sie beratenden Sachverstand: Die deutsche Regierung erlässt den Käufern neuer Oberklassewagen die Kfz-Steuer und zahlt Abwrackprämien – so als ob Individualverkehr heute noch die Realkostengrenze wäre wie vor 80 Jahren. Handwerkerrechnungen quer Beet durch alle Branchen können stärker von der Steuer abgezogen werden, was jeder gerne mitnimmt, aber nicht allein wegen ein paar gesparter Euro den Klempner ruft. Der Staat zahlt zusätzliches Geld in den Gesundheitsfonds, um den Krankenkassenbeitrag von 15,5 Prozent zu verringern – das ändert nichts am Gesundheitszustand, verringert nur den Druck, seinen Lebensstil zu ändern, lenkt Geld in den Konsum statt in Gesunderhaltung und in ein höheres Leistungsniveau. Und wenn die Regierung in Schulen investiert, dann in die Sanierung der Gebäude, anstatt in die immateriellen Faktoren des Lernens. Unterm Strich ein Vergangenheits-Erhaltungs-Paket. Die deutsche Wirtschaft bricht 2009 um 4,9 Prozent ein, so stark wie noch nie. Sie erholt sich zwar in den nächsten beiden Jahren, aber auf Kosten einer weltweit aufgeblähten Geldmenge und hoher Staatsschulden, während die Ursachen der Finanzkrise nicht beseitigt sind. Die zusätzlichen Ausgaben des Staates setzten nicht an den nächsten Knappheiten an. Schade, dass die Menschen so wenig aus der Geschichte lernen.

100 Milliarden Mark extra hat die deutsche Bundesregierung in den 70er Jahren per Gießkanne über die deutsche Wirtschaft ausgegossen – ohne dass das Wirtschaftswunder weitergegangen wäre (☛ Geschichts-Kapitel, S. 160). Ähnlich die japanische Regierung nach dem Boom der Computerhardware: Zwischen 1992 und Ende 2000 hat sie 135,4 Billionen Yen (1475 Milliarden Euro) an Ausgabenprogrammen aufgelegt – Bahnübergänge gebaut, die keiner braucht, Flüsse verbetoniert, Konzerthallen in 2000-Seelen-Dörfern errichtet. Der Betrag ist doppelt so viel, wie die Deutsche Einheit bis dahin gekostet hat, doch das Resultat der staatlichen Ausgabenprogramme ist frustrierend, weil ergebnislos. Nie-

mand investiert, obwohl der Zinssatz für Tagesgeld bei der Bank of Japan gerade auf null Prozent zugeht.

Die ökonomische Analyse zeigt sich davon unbeeindruckt: »Japanische Politiker haben bereits vor längerer Zeit die Notenbank als Hauptschuldigen für die Kontraktion der Wirtschaft ausgemacht. Mit der Zinserhöhung um ein viertel Prozent von faktisch Null im August habe die Bank of Japan (BoJ) die Erholung abgewürgt, monierten bereits am Dienstag konservative Politiker.«[5] Das lässt sich an Komik kaum überbieten. In Zeiten eines expandierenden technologischen Netzes wie des Computers in den 1980er Jahren wäre es völlig egal gewesen, wenn die Notenbank die Zinsen um ein Viertel Prozent angehoben hätte – die Konjunktur hängt nicht ursächlich am Zins, sondern am Tempo der gesamtgesellschaftlichen Produktivitätsentwicklung. Die weltweiten politischen Maßnahmenpakete während der Finanzkrise rund um Steuer- und Zinssenkungen ignorieren diesen Zusammenhang.

Deswegen bleibt die Geldpolitik hilflos, selbst wenn Kredite fast nichts mehr kosten: Die amerikanische Notenbank verleiht 2013 Geld für 0,3 bis 0,1 Prozent, also praktisch für umsonst. Das ist ihre Art, auszudrücken, wie groß ihre Sorgen über die Zukunft sind. Der Preis für Geld ist damit niedriger als die Inflation – theoretisch sind Investitionen nun rentabler als vorher, Hauskäufer und Kleinkonsumenten hätten mehr Geld zum Ausgeben. Aber das ist eben nur Theorie. Ob jemand investiert, hängt von den realwirtschaftlichen Umständen ab, ob es etwas gibt, wofür es sich lohnt, einen Kredit aufzunehmen. Geldpolitik allein kann sich nur bemühen, die Geldmenge möglichst passend zu halten, um den Geldwert zu stabilisieren; der Wirtschaft zu Wachstum verhelfen kann sie nicht. Mit Geldsteuerung können Notenbanken ein neues technologisches System wie das Auto oder die Elektrifizierung nur marginal bremsen oder beschleunigen. Sie werden nur entlang ihrer Kondratieffwelle reiten, ja sie werden umgekehrt eher von ihr getrieben sein – aber sie können sie nicht auslösen.

Am Ende der Dynamik einer erschöpften grundlegenden Erfindung stehen Geldpolitiker daher ohnmächtig vor dem Nichts: Niedriger als null können sie die Zinsen nominell nicht weiter zurücknehmen. Das Bild, das sich die neoklassische Synthese (aus klassischem und keynesianischem Gedankengut) von dieser Situation macht, malt sie sich im so

---

5 »Japan korrigiert Wachstumszahlen«, SZ 9.2.01, S. 27.

genannten IS-LM-Modell, welches das Gleichgewicht von Sparen, Investition, Geldnachfrage und Geldangebot darstellen soll. Niedrigere Zinsen lösen darin automatisch höhere Investitionen aus. Wenn die Zinsen gegen null gehen und trotzdem niemand mehr investiert, nennt sie das in ihrer Wissenschaftssprache die »Liquiditätsfalle«, was übersetzt so viel heißt wie ein schulterzuckendes »Schade aber auch«. Denn das Modell sagt damit ungefähr wieder nur aus, dass nicht investiert wird, weil eben nicht investiert wird. Das, von dem diese Wissenschaft eigentlich behauptet, sie wolle es erklären, nämlich warum denn niemand investieren will und was man in der Realwirtschaft unternehmen müsste, damit sich das ändert – das bleibt als unbestimmte nebulöse externe Faktoren außen vor.

Die Methoden haben sich längst verselbständigt und stehen zwischen den Ökonometrikern und der Realität. Für ihre Prognosen müssen sie so viele Faktoren ausschließen, Annahmen treffen und Sachverhalte definieren, dass es lächerlich wirkt, danach noch mathematisch exakt Daten ausrechnen zu wollen. Dem weichen inzwischen viele Wirtschaftswissenschaftler aus, indem sie innerhalb der neoklassischen Synthese völlig irrelevante Spezialfragen aufwändig erforschen, deren gesellschaftlicher Nutzen ungefähr den Versuchen gleicht, das Verständnis altägyptischer Dialekte weiter verfeinern zu wollen.

In Deutschland gibt es erst allmählich Widerspruch gegen die Modellfixiertheit, anders als etwa in Frankreich oder den USA. Im Juni 2000 schrieb eine Gruppe französischer Ökonomie-Studenten eine Internet-Petition an ihre Professoren: Sie wollten aus »den Paradigmen imaginärer Welten ausbrechen«, traten »einer ufer- und hemmungslosen Benutzung mathematischer Methoden« entgegen und forderten »Methodenpluralismus« in der Ökonomie: »Wir wünschen nicht länger, dass uns eine autistische Wissenschaft aufgezwungen wird.« (Ein Autist – das zur Erklärung – zeichnet sich dadurch aus, dass seine Beziehungen zur Welt gestört sind und er mit anderen Menschen nicht kommunizieren kann.) »Wir streben nicht nach dem Unmöglichen; doch gesunder Menschenverstand muss überleben.« Ähnlich ist das Memorandum für eine Erneuerung der Ökonomie, das 2012 104 Professoren unterschrieben haben, angestoßen von der Berliner Denkfabrik für Wirtschaftsethik und seinem Direktor Ulrich Thielemann.

Die Abstimmung über den Wert der Volkswirtschaftslehre findet bei uns eher mit den Füßen statt. Wer das Fach heute noch studiert, wollte in Wirklichkeit Betriebswirtschaft studieren, hat aber keinen Studienplatz bekommen und muss nun warten, bis er sich hinübermogeln kann. Die Lehrstühle werden mit der Zeit dann einfach gestrichen (wie in Saarbrücken, einer VWL-Hochburg der 60er und 70er Jahre) oder die Fakultät beschäftigt sich mehr mit betriebswirtschaftlichen Fragen.

Gibt es dafür eine Entschuldigung? »Die heroischen Zeiten der Ökonomie sind vorbei, die Schlacht zwischen Plan- und Marktwirtschaft ist geschlagen, die großen Fragen um Staat und Wettbewerb sind beantwortet, jedenfalls für die Fachwelt. Das Bundeswirtschaftsministerium, wo einst Ludwig Erhard oder Karl Schiller regierten, ist zu einer langweiligen Behörde geworden«, meint Nikolaus Piper.[6] Und dann wundert er sich, dass die heutigen wirtschaftlichen Debatten vor allem von Nichtökonomen geführt werden. Dabei definiert sich das Fach doch nicht über seine mechanistisch-mathematischen Methoden, sondern wie jedes andere Fach auch über seinen Forschungsgegenstand, in dem Fall also Wirtschaft. Daher haben »Soziologen« oder »Historiker«, welche die heutige Politik aus der Sicht der Kondratiefftheorie diskutieren, ein größeres Recht darauf, sich Wirtschaftswissenschaftler zu nennen, als viele Volkswirtschaftler. Dabei wäre deren Hilfe gerade wegen der Krisenjahre, die uns bevorstehen, wichtiger denn je. Aber sie lassen die Politik im Stich, weil sie den über die Jahrhunderte entstandenen theoretischen Rahmen unhinterfragt als Selbstverständlichkeit akzeptieren. »Denkmodelle gehen den Fakten immer voraus und werden nicht deshalb zur Gewohnheit, weil sie wahr sind, vielmehr weil sie geglaubt werden«[7], schreibt der Volkswirtschaftsprofessor Karl-Heinz Brodbeck, der in seinem genialen und witzig geschriebenen Buch die »fragwürdigen Grundlagen der Ökonomie« offen legt: Von welchen Annahmen gehen die etablierten Wirtschaftswissenschaftler eigentlich aus und warum sind sie falsch?

Der Mensch als berechenbare Dampfmaschine

Treffen sich zwei Moleküle im Raum. Sagt das eine zum anderen: »Von da hinten hat man eine schöne Sicht auf das Bergpanorama. Hast du nicht

6 Nikolaus Piper: »Ökonomie ohne Ökonomen«, SZ 14./15./16.4.2001, S. 21.

7 Karl-Heinz Brodbeck: »Die fragwürdigen Grundlagen der Ökonomie. Eine philosophische Kritik der modernen Wirtschaftswissenschaften.« Wissenschaftliche Buchgesellschaft; Darmstadt 1998, S. 47.

Lust, dich mit mir darüberzubewegen?« Hat es nicht. Oder vielleicht doch. Wir wissen es nicht. Natürlich ist diese Geschichte Unsinn. Denn wenn sich zwei Moleküle treffen, lässt sich in der Tat ganz genau berechnen, welche Bewegungsenergie sie abgeben und wie sie durch den Zusammenprall ihre Flugbahn ändern. Aber wenn Wirtschaftswissenschaftler physikalische Gesetze allen Ernstes auf das wirtschaftliche Verhalten der Menschen übertragen – warum können wir nicht umgekehrt einfach Studien über soziales Handeln auf die Physik übertragen? Da würde jeder zu Recht entgeistert den Kopf schütteln: Das ist ein kategorialer Fehlschluss. Denn wenn jedes Molekül tun würde, wozu es sich gerade spontan aus einer Laune heraus entscheidet, bräche die ganze materielle Welt zusammen. Warum nehmen wir es also widerspruchslos hin, dass die teuer bezahlte Elite der Wissenschaft unser wirtschaftliches Handeln wie physikalische Körper falsch berechnet?

Zugegeben: Mathematische Gesetze können das Verhalten von materiellen Gegenständen ganz gut berechnen. Der Erfolg, den die Wissenschaft damit bei komplexen mechanischen Maschinen wie Uhren und sogar meistens bei der Flugbahn von Raketen hatte, hat sie dazu verleitet, diese auf das Leben zu übertragen: Menschen sind demnach eine Art stumme Masseteilchen, die mathematischen Gesetzen gehorchen, durch einfache Gleichungen erfassbar sind und in ihrem Verhalten ein Gleichgewicht herbeiführen (das es aber in Wirklichkeit nicht gibt). Wo Menschen rein mechanisch handeln – zum Beispiel morgens schlaftrunken die Zeitung hereinholen –, handeln sie nach Gewohnheiten. »Aber sie selbst haben die Möglichkeit, diese Gewohnheiten zu ändern.«[8] Mechanik ist eben eine Theorie über tote Körper, Wirtschaft dagegen eine Wissenschaft über das Verhalten höchst lebendiger Menschen. Ein anderes Vorbild als die Physik scheint der etablierten Wirtschaftswissenschaft jedoch undenkbar. Es ist ein Skandal, dass die fauchenden Dampfmaschinen mit ihrer simplen Mechanik und das Weltbild des 19. Jahrhunderts noch heute die Grundlage sind für wirtschaftlichen Rat an die Politik.

Denn jede ihrer Kurven wird von unendlich vielen Faktoren beeinflusst, die sich gleichzeitig alle wieder gegenseitig bedingen: vom Wetter, den Moden, gesunkenen Zöllen oder Energiepreisen, neuen Marktteil-

---

8 so die Argumentation von Brodbeck

nehmern, besserer Vermarktung, Marktregulierungen, besserer Qualität, attraktiver gewordener Ausrüstung, dem Staatsbesuch eines ausländischen Präsidenten samt Gefolge oder eben einem erschöpften technologischen System, das gar keine Arbeit mehr benötigt, selbst wenn jemand für umsonst arbeiten würde. »Es gibt kein isoliertes Vorkommen jener Phänomene, die in der Theorie beschrieben werden«[9], stellt Brodbeck fest. »Was berechtigt uns, aus diesen zahllosen Einflussfaktoren einige wenige zu isolieren und in unseren Theorien zu verwenden?«[10]

Die Vorstellung klassischer Theorien und heutiger liberaler Politiker, man müsse nur weit genug mit den Löhnen runter, um Menschen in Arbeit und Brot zu bringen, ist daher nur partiell richtig und als Weg aus der Massenarbeitslosigkeit im Ganzen falsch. Das zeigt der Modellversuch der deutschen Bundesregierung, Niedriglohnjobs zu schaffen – er ist gescheitert. Denn Arbeitslose sind sehr wohl bereit, auch niedrig bezahlte Arbeitsstellen anzunehmen, doch sie finden keine: In einem Jahr wurden die staatlichen Subventionen in ganz Deutschland nur 592-mal in Anspruch genommen.[11] Die Nachfrage nach Arbeit hängt nämlich nur drittrangig vom Lohn ab. In erster Linie geht es um Qualifikationen, bestimmte Probleme zu lösen. Und neue Arbeitsplätze entstehen hauptsächlich als Informationstätigkeiten, nicht als niedrig produktive Industrie- oder Dienstleistungsarbeitsplätze.

Kritik an den mechanischen Modellen ist nicht neu, wird aber einfach weiter ignoriert. John Maynard Keynes (1883 – 1946) schrieb, die neue »mathematische Ökonomie ist nur ein Gebräu, ebenso unpräzise wie die anfänglichen Voraussetzungen, auf denen sie basiert und die dem (jeweiligen) Autor erlauben, den Blick für die Komplexität und Interdependenz der realen Welt in einer Masse überheblicher und wertloser Symbole zu verstecken.«[12] Mit seinem Werk wollte er vor allem die mechanistischen Vorstellungen der Klassiker kritisieren. Ironischerweise konnte er selbst jedoch nicht verhindern, dass die Interpreten aus der etablierten Szene seine Theorie jeglicher Brillanz beraubten und sie wieder auf mechanische Modelle reduzierten (IS-LM-Modell), mit denen sich dann heute Studenten herumschlagen müssen.

9 Brodbeck: S. 27.
10 Brodbeck: S. 29.
11 Alexander Hagelücken: »Niedriglohnjobs bisher kaum gefragt«, SZ 6.11.01, S. 23.
12 Keynes: »General Theory, Collected Writings«, Vol. VII, S. 298.

Was für ein Widerspruch in sich: Einen dynamischen Prozess wie Wirtschaft in statischen Modellen abzubilden. Da ist eine der fortgeschrittenen Ausreden der Ökonomen, ihre Gesetze seien – »öhm, na ja« – eben nur als Durchschnittswerte wahr, nicht als exakte Beziehung. Diese Imagination haben sie aus der Thermodynamik in der Physik, die auch nicht das Verhalten eines einzelnen Moleküls beschreibt, sondern das Ganze durch seinen Durchschnitt repräsentiert. Die Thermodynamik setzt allerdings geschlossene Systeme voraus. Aber Wirtschaft sei ein offenes System und offene Systeme sind nicht stabil, so Brodbeck.

Deswegen war die Wirtschaftswissenschaft nicht in der Lage, den Kapitalstock der DDR angemessen zu bewerten. Es ist eben nicht so, dass die Anlagen einer Firma nun 10 Prozent weniger wert sind, weil ein Konkurrent mit 20 Prozent produktiveren Maschinen sein Produkt 10 Prozent billiger verkaufen kann. Der gesamte Maschinenpark kann völlig wertlos werden, weil seine Produkte gar nicht mehr abgesetzt werden. Fabriken haben nun mal keine Durchschnittsproduktivität, und der Mensch lebt nicht im Durchschnitt, sondern sein individuelles Leben. Den Einzelnen ignorieren aber alle diese Wirtschaftstheorien, welche die Gesellschaft als mechanisches Uhrwerk beschreiben – und zwar über alle ideologischen Grenzen hinweg. Dabei sind es einzelne Personen wie ein Werner von Siemens, Bill Gates oder Ferdinand Porsche, die in einer geschichtlichen Zeit die Durchschnittswerte verschieben. Durchschnittswerte werden aber nichts über diese Menschen erzählen, welche die Wirtschaft fast im Alleingang auf ein neues Wohlstandsniveau heben. »Die reine Lehre der Wirtschaftsmechanik, gepredigt von orthodoxen Priestern der Rationalität, braucht sich um Widersprüche zur Alltagswelt keineswegs zu bekümmern, in der es ohnehin nur grob und ungenau zugeht und es auf Widersprüche nicht ankommt. Tatsächlich haben aber die widerstrebenden Daten einen Grund: Die Wirtschaft ist auch im Durchschnitt nicht berechenbar«[13], schreibt Brodbeck und fügt hinzu, der Spott des Ökonomen Joan Robinsons hierüber habe die Ökonomen keineswegs beunruhigt: »›K ist die Quantität Kapital‹, wird dem Studenten gesagt, und bevor er jemals fragt, wie so etwas gemessen wird, ist er schon Professor geworden.«[14]

---

13 Brodbeck: S. 61.

14 Joan Robinsons: »The production Function and The Theory of Capital«, Review of Economic Studies 21 (1953), S. 81; zitiert bei Brodbeck.

Der Wandel der Zeit wird einfach ignoriert

Die ehrliche Antwort darauf wäre: Was ein Stahl-Hochofen oder eine Autowaschanlage wert ist, hängt von der aktuellen Nachfrage der Menschen ab, also von ihren Wünschen, die sich mit jedem Wimpernschlag ändern können oder auch nicht. Damit würde ein Professor aber all seinen Gutachten und Prognosen den Boden unter den Füßen wegziehen, in denen er bei Kenntnis der Variable x berechnet, wie groß sie zu einem späteren Zeitpunkt sein werde. Denn er setzt immer voraus, dass Handlungsstrukturen und Umwelt der Menschen unverändert so bleiben, wie sie sind – genau das ist die Definition des neoklassischen Gleichgewichts. In der Mechanik ist das ja so: Wenn ein Apfel vom Baum fällt, lässt sich seine Fallgeschwindigkeit zu jeder Zeit mit mathematischen Gleichungen berechnen. Doch wie sich eine ökonomische Entwicklung beschleunigt, verzögert oder stottert, ob sich eine Gesellschaft gegen eine neue Basisinnovation wehrt oder sie begrüßt, lässt sich nie berechnen, weil niemand weiß, wie sich Menschen zu einem anderen Zeitpunkt verhalten werden.

Das hängt davon ab, was ihnen gerade als wichtig und wertvoll erscheint: Was sie in diesem Moment tun, liegt daran, was sie in Zukunft erwarten und wie sie ihre historisch einzigartige Situation interpretieren. Ihre Nutzenfunktion definiert, um wie viel ihnen ein Bier lieber ist als ein Spezi oder umgekehrt. Das Problem der Wirtschaftswissenschaft ist, dass sich ihre Präferenzen jeden Augenblick ändern. Jede Regenwolke, jeder Gedanke verändern die Bedürfnisse des Konsumenten, ob er eine Cola bestellt oder eine heiße Schokolade. Es gibt keine stabilen Präferenzen. »Der Preis für die Übernahme mechanischer Denkmodelle ist die Elimination der Zeit«[15], schreibt Brodbeck. Die Physik kennt unveränderliche Naturkonstanten, die ökonomische Dynamik nicht. »Alle Versuche, Derartiges nachzuweisen, dürfen füglich als gescheitert betrachtet werden.«[16]

Das ist für die Kondratiefftheorie eine wichtige Erkenntnis: Denn die etablierte Wirtschaftswissenschaft suchte die Kondratieffzyklen (anstatt in den realen Produktionsverhältnissen) in Zeitreihen von Löhnen, Preisen oder vom Sozialprodukt, wo sie nicht zu finden sind. 20 Dollar im Jahr 1929 haben selbst inflationsbereinigt einen anderen Wert als 20

15 Brodbeck: S. 90.
16 Brodbeck: S. 43.

Dollar 1979. 100 Radios benötigen 1950 bei niedrigerer Qualität viel mehr Produktionsressourcen als 100 High-Tech-Radios im Jahr 2000. Wer Zeitreihen untersucht, hat nicht verstanden, dass es sich bei den wirtschaftlichen Veränderungen vor allem um qualitative Veränderungen handelt. Was nützt es, den Energieverbrauch zweier Zeitperioden miteinander zu vergleichen, um etwas über den Wohlstand auszusagen, wenn diese mit Energie unterschiedlich effizient umgehen?

Es gibt kein mathematisches Zeitgesetz für eine historische Abfolge von Situationen. Dem statistischen Bundesamt ist es völlig unmöglich, einen Warenkorb zu finden, der die Preisentwicklung wiedergibt – jede Klimaänderung, jede veränderte Einkommensverteilung, Mode oder Ausbildung beeinflusst die Durchschnittsausgaben. Dass die Warenkörbe deshalb alle fünf Jahre neu angepasst werden, »ist nur Ausdruck der Tatsache, dass die wirtschaftliche Entwicklung in einer historischen, nicht in einer mechanischen Zeit verläuft«[17]. Das Wort »langfristig« fällt zwar in der Wirtschaftswissenschaft gelegentlich auch mal, gemeint ist damit aber nur eine Entwicklung entlang des mechanischen Zeitstrahls, der sich auf ein hypothetisches Gleichgewicht zu bewegt, das es im historischen Zeitverlauf gar nicht gibt. Die Gegenwart ist ein Chaos, und dem versuchen Klassiker wie Keynesianer zu entkommen, indem sie von einem langfristigen, geordneten Gleichgewicht in der Zukunft träumen, nur um in dieser Zukunft dann völlig überrascht ein ebenso großes Chaos zu finden. Das wird immer so sein, auch wenn die Wirtschaftswissenschaftler ihre mathematischen Methoden noch so toll verfeinern: Weil Menschen frei entscheiden können.

Nicht rational, sondern frei

Ein Blatt, das im Herbst vom Baum abgestoßen wird, entscheidet nicht selbst, ob es jetzt gerade Lust hat, herunterzufallen, im Raum zu schweben oder sogar gen Himmel zu fliegen – es gehorcht der Schwerkraft und fällt zu Boden. Diesen Unterschied zum Menschen ignoriert die Wirtschaftswissenschaft, er passt eben nicht ins Modell. Wenn die Theoriemechaniker überhaupt mal von menschlicher »Freiheit« reden, dann meinen sie damit gerade mal so viel wie die »Bewegungsfreiheit« eines mechanischen Pen-

17 Brodbeck: S. 107.

dels[18], das ungehindert seinen Naturgesetzen folgen kann (das ist der tiefere Glaubenszusammenhang des wirtschaftspolitischen Mantras, man müsse nur den Markt von lästigen Einschränkungen befreien, und dann komme der große Aufschwung von allein, so wie damals bei Onkel Erhard).

Menschen sind aber nicht das Werkzeug einer unsichtbaren Macht. Ihr Leben ist eine Fülle verbundener, offener Situationen, in denen sie sich frei entscheiden können: Sie können sich einer fundamentalistischen Bewegung anschließen oder eine Gemeinde mit einer breiten spirituellen Vielfalt bereichern, sie können Partei A wählen oder Partei B, fremdgehen oder treu bleiben, Kinder kriegen oder abtreiben, jemanden anrufen und ihn um Verzeihung bitten oder nicht, sie können endlich schlafen gehen oder doch noch zwischen verschiedenen Fernsehprogrammen herumzappen, eine Kaffeepause einlegen oder konzentriert weiterarbeiten. Nicht jeder Mensch, der als Kind geschlagen wird, schlägt später als Erwachsener seine eigenen Kinder – die Freiheit des Menschen steht über allen materiellen Gesetzen mechanistischer Wissenschaft. »Außerhalb des wissenschaftlichen Zirkels der ökonomischen Neoklassik scheint das bekannt zu sein«[19], frotzelt Brodbeck.

Die Kondratiefftheorie sieht zwar eine Knappheit, die bestimmte Innovationen notwendig macht. Aber ob Eisenbahn oder Computer von den Institutionen, letztlich von der Gesellschaft, unterstützt oder behindert werden, dafür gibt es keine Zwangsläufigkeit: Das bestimmen die Menschen selbst aufgrunddessen, was ihnen wichtig erscheint. Um auch das in mathematische Gleichungen verpacken zu können, hat die etablierte Wirtschaftswissenschaft einen Menschen erschaffen: Den rational handelnden »Homo economicus«, der sich im alten Rom nach denselben Kriterien verhält wie an der Hongkonger Börse. Freeman und Louçã halten sich die Bäuche vor Lachen: Den habe es in Tausenden von Jahren nie gegeben, er sei »at least a delightful joke«[20].

Denn die Vorstellung von dem, was wir in unserem Leben für wichtig und für wünschenswert halten, bestimmt unser Handeln. Alles, was wir unternehmen oder unterlassen, hat mit dem Ziel zu tun, auf das unser Tun hinausläuft. Und dabei berücksichtigt auch schon Adam Smith nicht nur das Diesseits: »Die Menschen sind an dem, was den Unterhalt ihres

18 Brodbeck: S. 50.
19 Brodbeck: S. 70.
20 So Freeman / Louçã in: »As Time Goes By«, S. 21.

Lebens betrifft, ebenso interessiert wie an ihrem Glück in einem Leben danach.«[21] Deswegen halten verschiedene Menschen verschiedene Dinge für erstrebenswert. Aber für unsere Lebensziele selbst gibt es keine rationale Begründung. Nur das daraus abgeleitete Handeln kann rational sein. Für den rational handelnden Skinhead ist es vernünftig, Obdachlose zu jagen, während die Nutzenfunktion des rational handelnden Franziskanermönches über seine eigene Person hinausreicht, sodass er Obdachlose aufnehmen und verarzten wird. Daran ist die etablierte Wirtschaftsethik gescheitert (☛ Reserven-Kapitel, S. 277): Die Entscheidung, was wir als Wert anerkennen, bestimmt unser Handeln, aber sie ist nicht rational.

Selbst wenn der Mensch wirklich so wie der »Homo economicus« wäre, könnte er sich nicht rational entscheiden, weil ihm dafür die nötigen Informationen fehlen. Sein Problem ist, dass er eines Tages stirbt, aber keine verlässlichen Informationen über seine individuelle Lebensspanne hat. Eine rationale, zeitübergreifende Wahl, wie er heutigen und künftigen Konsum gegeneinander abwägt, ist logisch unmöglich. Wer weiß, dass er nur noch ein Jahr zu leben hat, hört auf, für ein Häuschen zu sparen, sondern unternimmt noch eine überschwängliche Weltreise oder verbringt die Zeit betend in einem Kloster. Wirtschaftliches Handeln ist nur marginal von Geld abhängig, es ist vor allem eine Funktion unserer chaotischen Gedankenwelt, also mathematisch nicht zu beschreiben.

Denn ob mir etwas als gut und nützlich erscheint, ist eine Frage meiner Interpretation. In den 80er Jahren gab es eine Zeit, in welcher der italienische Schnaps Grappa in der Münchener Schickeria absolut »in« war. Nachdem die Süddeutsche Zeitung darüber aufgeklärt hatte, dass es sich bei Grappa um ein widerliches Gebräu aus den Abfallprodukten der Beerenlese handelt, senkten die Kaufhäuser den Preis pro Flasche von 80 auf immer noch unverschämte 50 Mark pro Flasche. Trotz des gesunkenen Preises ging die Nachfrage dennoch weiter zurück. Die Nachfrage ist eine Funktion der Information und nur ein wenig eine Funktion des Geldes. Und selbst, welche Informationen ich lese oder nicht, unterliegt der menschlichen Freiheit. Ein fundamentalistischer Grappa-Trinker wird sich weigern, einen Artikel zu lesen, der Negatives über Grappa schreibt, und wird weiterhin 80 Mark für eine Flasche hinblättern. Der Mensch entscheidet sich oft emotional und begründet es hinterher rational. Wie

21 Zitiert bei Brodbeck: S. 111.

sehr der Mensch sich selbst hinterfragt oder seiner jeweiligen Laune und seinem Hormonspiegel folgt, ist jedem selbst überlassen. Freiheit ist unbestimmt und keinen Gesetzen unterworfen. Mit dem Fall des Rationalitätspostulats liegt fast die gesamte traditionelle Ökonomie in Schutt und Asche und damit die Existenzgrundlage der Ökonomie als physikalisch-mathematischer Wissenschaft.

Schöpferische Zerstörung

Bisher drehte sich die etablierte Wirtschaftswissenschaft um die Faktoren Arbeit und Kapital und deren Preise. Im heiligen Ernst stellen sich Volkswirtschaftsprofessoren vor ihre Studenten und malen an die Tafel, das Volkseinkommen Y sei ein Produkt aus dem Faktor Arbeit A mal Kapital K. Wie kommt es dann, dass das Bruttosozialprodukt in den vergangenen Jahrzehnten viel stärker zugenommen hat als diese beiden Einzelfaktoren? Weil der Wohlstand nicht von numerisch erfassbaren Bestandsgrößen abhängt, sondern von der Kreativität, diese einzusetzen. Aus der Sicht der Etablierten ist das eine Kriegserklärung an ihre »Wissenschaftlichkeit«, weil sie Arbeit und Kapital als mechanische Ursache für Wachstum hinstellen.

Dicke Lehrbücher beschreiben kausale Produktionsstrukturen, deren zentrale Aussage es ist, es komme auf die materiellen Faktoren an. Zwei Schreiner haben dasselbe Werkzeug und dasselbe Holz, aber sie bauen zwei unterschiedlich gute Tische. Das mechanische Denkmodell betrachtet dieses Buch materialistisch als bedrucktes Papier. In der Natur sind Ursache und Wirkung äquivalent: Nur eine Kraft wirkt auf eine andere Kraft, nur Masse auf Masse; geistige Prozesse dagegen schaffen etwas qualitativ Neues. Dass sich die Produktionsfunktion ständig verschiebt, wird dem nebulösen »technischen Fortschritt« zugeschrieben (was letztlich nur ein Eingeständnis ist, dass die mechanische Beschreibung der Wirklichkeit gescheitert ist). Dabei wird so getan, als ob der technische Fortschritt in gleichmäßigen Raten und geografisch gleichmäßig verteilt vom Himmel falle. Und es wird verschwiegen, dass technischer Fortschritt nicht nur mit Technik, sondern mit menschlichen, unscharfen Verhaltensweisen und den Kompetenzen zu tun hat, diese bessere Technik anzuwenden. Mit nebulösen Schattenfaktoren, die nur durch das erklärt werden können, was sie selbst erklären sollen, »lässt sich die Neoklassik nur in ihrem Siechtum verlängern, nicht aber wissenschaftlich verteidigen«[22].

Die Gedankenblasen der Theoriemechaniker zerplatzen: Wirtschaft ist eine gesamtgesellschaftliche Realität mit allen Unschärfen menschlichen Handelns. Wer den Begriff »Humankapital« in die mechanischen Modelle zu integrieren versucht, revidiert nicht seinen Irrtum, sondern setzt ihn eben mit anderen Mitteln fort: Zwei Schüler, die denselben Unterricht besucht haben, werden mit dem vom Staat finanzierten Wissen eine unterschiedliche Wertschöpfung erreichen – es gibt eben keinen kausalen Zusammenhang von Bildung und wertschöpfenden Ideen. Auch kann einem Entwickler die gute Idee schon nach drei Stunden kommen, in einem anderen Fall ist er jedoch nach einem Monat noch nicht weitergekommen – es gibt keine Mechanik von Forschungsinvestitionen und Kreativität.

Deswegen sind Berechnungen auch völlig falsch, dass Arbeit immer mehr von Kapital ersetzt würde und Maschinen Mitarbeiter unnötig machen. Das ist in der Informationsgesellschaft schon deshalb Unfug, weil es keine Maschinen gibt, die menschliches Denken, also unscharfe Informationsarbeit, ersetzen und Verantwortung übernehmen können. Produktivität im gedachten Raum folgt in Zukunft anderen Erfolgsmustern (☛ Management-Kapitel, S. 248). Sie macht die Grundlagen der ökonomischen Denkmodelle aus der mechanistischen Industriegesellschaft obsolet: Soziale Stabilität und Wohlstand sind gerade durch das exakte Gegenteil egoistischer Konkurrenz zu erreichen, von dem die Ökonomen behaupten, es sei die Triebfeder der Wirtschaft. Das wusste übrigens auch schon Keynes, der betonte, dass Ökonomie eine Moralwissenschaft ist, und hoffte, dass die Menschen eines utopischen Tages »zu einigen der am meisten sicheren und gewissen Prinzipien der Religion und traditionellen Tugenden«[23] zurückkehren werden. Dann würden die Ziele wieder höher gestellt werden als die Mittel und das Gute dem Nützlichen vorgezogen werden.

---

22 Brodbeck: S. 168.

23 Keynes: »Essays in Persuasion, Collected Writings«, Vol. IX, S. 330, zitiert bei Brodbeck.

Die »inneren Gesetze sozialökonomischer Entwicklung«

Gibt es nach dem Sturz der mechanistischen Modelle andere verlässliche Grundlagen, auf denen wir Wirtschaftspolitik aufbauen können? Wie nahe können wir der Wirklichkeit kommen, um die Ursachen für Wirtschaftswachstum zu beeinflussen? Am Anfang seiner Theorie steht für den russischen Ökonomen Nikolai Kondratieff (1892 – 1938) die Frage, warum »die Dynamik des Wirtschaftslebens in der kapitalistischen Gesellschaftsordnung nicht einfachen und linearen, sondern komplexen und zyklischen Charakters«[24] ist, kurz: warum sie so stark schwankt. Denn als er untersuchte, wie sich die Wachstumsraten von Mengen und Preisen von mehreren Gütern in England, Frankreich und den USA seit dem ausgehenden 18. Jahrhundert veränderten, fand er Anfang der 1920er Jahre zweieinhalb etwa 47 bis 60 Jahre lange Konjunkturwellen, darunter im Kohleverbrauch, im Zins, in den Löhnen, Bankeinlagen oder der Produktion einzelner Industriezweige. Die Zeitreihen aller industrialisierten Länder liefen weitgehend parallel, aber eben nur weitgehend: In den USA erreichte die zweite lange Welle ihren oberen Wendepunkt 1866 kurz nach dem Bürgerkrieg viel früher als in Europa 1873.[25] Das Datenmaterial war eben nur eine Art Rauch, wusste Kondratieff, nicht das Feuer selbst: Die Ursachen der Konjunktur müssten »in den inneren Gesetzmäßigkeiten sozialökonomischer Entwicklungen«[26] gesucht werden.

Seine Kritiker dagegen sahen in den gleichlaufenden Wellen nur äußere Zufälle, Kriege, Revolutionen oder neue Goldfunde. Kondratieff konterte, sie verwechselten Ursache und Wirkung: Nein, nicht Kriege beeinflussen zuerst die lange Konjunktur, sondern weil es in der Zeit von »Hochspannung im Wachstum des Wirtschaftslebens« zu (ökonomischer) Machtverschiebung kommt, werden Kriege vor allem kurz vor dem Höhepunkt eines langfristigen Aufschwunges (auch um die knapper werdenden Ressourcen) ausgetragen – so wie zum Beispiel die napoleonischen Kriege im ersten Kondratieff, der amerikanische Bürgerkrieg und

24 Kondratieff, N. D.: »Die langen Wellen der Konjunktur.« In: Archiv für Sozialwissenschaft und Sozialpolitik, 56 (1926), S. 573.

25 Kondratieff: »Lange Wellen«, S. 578.

26 Kondratieff, N. D.: »Die Preisdynamik der industriellen und landwirtschaftlichen Waren (Zum Problem der relativen Dynamik und Konjunktur).« In: Archiv für Sozialwissenschaft und Sozialpolitik, 60 (1928), S. 1-85, hier S. 36.

die europäischen Einigungskriege im zweiten Kondratieff sowie der Erste Weltkrieg im dritten Kondratieffzyklus. Auch soziale Erschütterungen, also Revolutionen, entstünden »am leichtesten gerade unter dem Druck neuer wirtschaftlicher Kräfte«[27]. Und neue Goldfelder würden keine lange Welle antreiben, sondern umgekehrt verstärke ein boomender Aufschwung die Goldnachfrage, erhöhe den Goldpreis und mache es damit wieder wirtschaftlich, neue Minen zu erschließen.

Schwankungen der Goldgewinnung, Kriege und Revolutionen, Integration zusätzlicher Länder in die Weltwirtschaft und Veränderungen der Technik nach mageren Wachstumsjahren seien also nicht von außen zufällig hinzutretende neue Verhältnisse und Ereignisse; sie seien keine Kräfte, von denen erste Bewegungen ausgehen. Sondern sie seien charakteristische Merkmale des langfristigen Aufschwungs – die aber, wenn sie einmal Wirklichkeit geworden sind, auf Tempo und Richtung der ökonomischen Dynamik einen starken Einfluss ausüben. Von Anfang an bettet Kondratieff seine Theorie in gesamtgesellschaftliche Zusammenhänge ein und schreibt, die lange Welle sei eine Tatsache, »deren Auswirkungen in allen Hauptgebieten des sozialen und ökonomischen Lebens zu finden sind«[28]. Das bestätigt der Blick in die reale Geschichte: Auch der Zeitgeist folgt in seinen konservativen (Abschwung) oder liberaleren Strömungen (Aufschwung) mehrheitlich den langen Wellen der Konjunktur – in der Kunstgeschichte, in der Religiosität, im Wahlverhalten, sogar in der Geburtenrate (zumindest in der industrialisierten Ersten Welt).

Die Grafik von Bryan Berry[29] zeigt die Zahl der Lebendgeborenen in den USA. Die Kurve bildet die Dynamik der Kondratieffzyklen ab. Noch nicht einmal die beiden Weltkriege waren in der Lage, sie nennenswert zu stören. Das leuchtet ein: Wer sich halbjahresvertragsmäßig durchs Leben hangeln muss, ist nicht so leicht bereit, zu heiraten und drei oder fünf Kinder zu bekommen. Wenn es dagegen als selbstverständlich erscheint, dass man immer unter mehreren gut bezahlten Arbeitsstellen wählen kann, dann ist man eher bereit, zu heiraten und eine Familie zu gründen. Lange Wellen sind also nicht nur ein ökonomischer, sondern ein gesamtgesellschaftlicher Umorganisationsprozess: Die Wirklichkeit ist etwas Ganzes.

---

27 Kondratieff: »Lange Wellen«, S. 594.
28 Kondratieff: »Lange Wellen«, S. 599.
29 Brian J. L. Berry: »Long Waves and Geography in the 21st Century.« In: Futures, Vol. 29, No. 4/5, pp. 301 – 310, 1997; vgl. Nefiodow, S. 9.

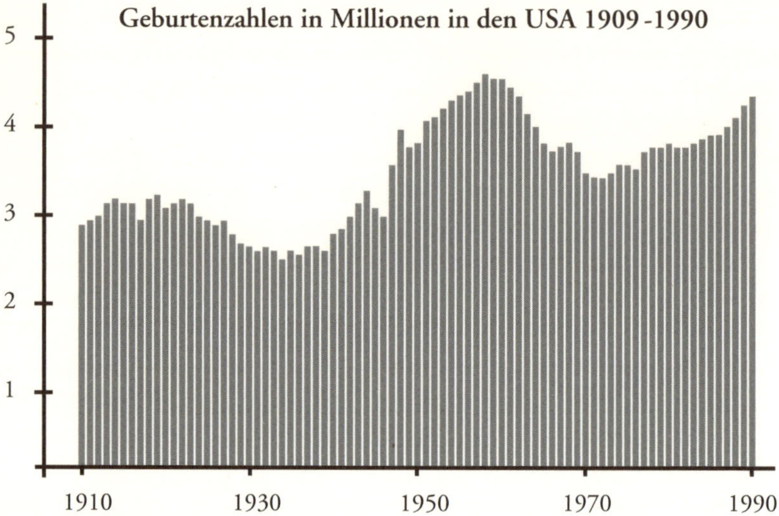

Es ist undenkbar, dass die technische Entwicklung stehen bleibt, während die Wirtschaft boomt und in Kunst und Politik gleichzeitig eine vorsichtige, kärgliche Lebensweise vorherrscht. Steigender Wohlstand wirkt sich auf das Verhalten aus. Wer sich seines Arbeitsplatzes sicher wähnt, ist eher bereit, einen langfristigen Kredit für das Haus oder das Auto aufzunehmen. Je leichter das Einkommen verdient ist, umso weniger notwendig ist es, sich anzustrengen, und umso leichter ist das Lebensgefühl, das sich in allen Bereichen widerspiegelt.

Die Ursachen dafür liegen tiefer, schrieb Kondratieff. Revolutionäre neue Techniken tragen zwar letztlich lange Wellen. Aber auch sie seien nicht zufällig. Denn zum einen fänden Entdeckungen und Erfindungen in einer Richtung und in einer Intensität statt, die den Anforderungen der praktischen Wirklichkeit entsprächen[30] – schließlich seien dieselben Entdeckungen oft gleichzeitig an verschiedenen Orten unabhängig voneinander gemacht worden (wie zum Beispiel später der Computer). Solange zum anderen aber die ökonomischen Vorbedingungen fehlten, reiche es nicht, dass die wissenschaftlichen und technischen Voraussetzungen für eine neue Produktionstechnik vorliegen. Eine Innovation kann sich eben

30 Kondratieff: »Lange Wellen«, S. 593.

erst auswirken, wenn sie einen größeren Nutzen bietet und für immer mehr Menschen bezahlbar wird. Nein: Lange Wellen entspringen »dem Wesen der kapitalistischen Wirtschaft«, wie Kondratieff es in einem anderen Aufsatz 1928 beschrieb[31]: Das Geld fließt dorthin, wo sich am meisten verdienen lässt, wo die »Produktionskosten in ihrem real-physischen Ausdruck« sinken, weil dort ein neuer »Fonds langfristiger Kapitalgüter« die Produktivität erhöht und für Arbeit und neuen Wohlstand sorgt.

Aber der Reihe nach: Alle Wirtschaftszweige hängen zusammen, jeder ist direkt oder indirekt ein Absatzmarkt für den anderen. Löhne und Gewinne, die in dem einen Sektor erwirtschaftet werden, werden in anderen wieder ausgegeben. Nun stellt Kondratieff zwar fest, dass die verschiedenen Preisreihen ähnlich schwanken, aber sie steigen in unterschiedlich starken Winkeln an, fallen unterschiedlich stark aus, manche sind zeitlich verschoben. »Das bedeutet, dass es keine völlige Übereinstimmung in der Veränderung der einzelnen Zweige und Elemente der Volkswirtschaft gibt.«[32] Nicht nur die allgemeine Konjunktur, sondern auch Umfang und Preisverhältnis verschiedener Wirtschaftszweige zueinander verändern sich.

Wie viele Güter eine Branche produziert und wie stark sie wächst, hänge davon ab, wie viele Produktionsfaktoren ihr zur Verfügung stünden, was wiederum von der dort möglichen Rendite abhängt. Wenn die Kosten in einer Sparte stärker sinken als in anderen Wirtschaftssektoren, wird sie für Investoren rentabler. Mit dem Ergebnis, »dass (dieser Sektor) eine verhältnismäßig größere Kapitalmenge heranzieht und dass die Produktion in ihm absolut und relativ zunimmt«[33]. Das Kapital wird in diesen Sektor fließen, bis die Profitrate wieder zwischen allen Wirtschaftssektoren ausgeglichen ist. Das zusätzliche Kapital jedoch sorgt in diesem einen Sektor für eine höhere Produktion. Dies gelte auch für den Handel.

Wie rentabel eine Branche aber gerade ist, hängt davon ab, wie sehr sie produktiver wird – denn dann wachsen dementsprechend auch die Gewinne: durch bessere Produktionsmethoden, Verkehrsmittel und Organisationsabläufe. Die ständig steigende Arbeitsproduktivität – »ein weltweiter Prozess« – sei der wichtigste Faktor, den realen Produktions-

31 Kondratieff, N. D.: »Die Preisdynamik der industriellen und landwirtschaftlichen Waren (Zum Problem der relativen Dynamik und Konjunktur).« In: Archiv für Sozialwissenschaft und Sozialpolitik, 60 (1928), S. 1-85.

32 Kondratieff: »Preisdynamik«, S. 7.

33 Kondratieff: »Preisdynamik«, S. 8.

und Transportaufwand zu verringern und die Strukturen zu verändern: Ein Unternehmen, das eine Innovation durchsetzt, zwingt die übrigen, sich anzupassen – nicht nur die konkurrierenden Unternehmen, sondern auch die Umgebung, etwa durch den Zuzug von Arbeitern, auf deren Bedürfnisse sich andere Wirtschaftszweige einstellen. Mit den Innovationen schafft dieselbe Arbeit mehr Output und senkt die Kosten bei der in- und ausländischen Konkurrenz. Dies drückt sich schließlich auch aus in sinkenden Geldpreisen für die Güter.

Nun wächst die Produktivität aber nicht gleichmäßig, sondern dynamisch. Und irgendwann ist Schluss: Die Produktivität stagniert, die Unternehmer konkurrieren sich gegenseitig die Gewinne weg und haben immer weniger Spielraum. Der Grund: Produktionsfaktoren, sagt Kondratieff, sind zwar langfristig vermehrbar, kurzfristig aber begrenzt, besonders Realkapital. Damit meint Kondratieff nicht »die Produktionskosten in ihrem Geldausdruck«, sondern »die Produktionskosten in ihrem realphysischen Ausdruck«[34], kurz: die Realkostengrenze, die dem weiteren Wachstum den Atem abschnürt. Anschauliches Beispiel dafür ist wieder der Mangel an Transportmöglichkeiten, der sich durch zusätzliche Kutschen auch nicht beheben lässt, sondern nur durch grundlegende Erfindungen wie die Eisenbahn (später Basisinnovationen genannt), die das Problem mit höherer Qualität lösen.

Aber diese »Güter langfristiger Brauchbarkeit«[35] entstehen nicht von heute auf morgen. Denn um sie zu produzieren, benötigt die Gesellschaft längere Zeitperioden, die über den Rahmen der gewöhnlichen kommerziellen und industriellen Zyklen hinausragen: Bis eine Technik ausgereift ist, bis die breite Öffentlichkeit davon überzeugt wurde, bis endlich ausreichend in die Infrastruktur investiert wird und allmählich genug ausgebildete Fachleute in der neuen Basistechnologie zur Verfügung stehen – das dauert Jahrzehnte. Nach ihrer Etablierung kommt es zu Anschlussinnovationen, welche die Konjunktur noch weiter anheizen. Das ist der Grund, warum die von Kondratieff beschriebenen Zyklen 40 bis 60 Jahre lang sind. Das Tempo und das Volumen, mit dem das neue technologische Netz die Gesellschaft durchdringt, einzelne Branchen produktiver

34 Kondratieff: »Preisdynamik«, S. 20. Die realen Produktionskosten sinken, wenn die in Geld ausgedrückten Kosten der Produktion langsamer steigen als die gesamtwirtschaftliche Inflation.

35 Kondratieff: »Preisdynamik«, S. 36.

macht und somit Einkommen schafft, das auch in anderen Branchen das Wirtschaftswachstum anregt, bestimmen den Verlauf der langen Welle. Sie entstehen also durch Investition in eine Infrastruktur rund um einen neuen »Fonds langlebiger Kapitalgüter«. Dieser wachse nicht stetig und nicht gleichmäßig, stellt Kondratieff fest – das ist ein wesentlicher Grund, weswegen die Konjunktur schwankt und selbst in der Zeit des explosivsten Wachstums auch mal schwächelt (wie im Eisenbahn-Aufschwung 1844, bei der Elektrifizierung 1904, beim Computer 1987 und 1993).

Diese Art von Kapitalgütern zu erzeugen erfordere »einen ungeheuren Aufwand an Kapital« auf sehr lange Sicht – man denke an die großen Investitionen, die für den flächendeckenden Bau der Eisenbahn nötig waren. Deswegen benötige die lange Welle im Aufschwung ausreichend viel und ausreichend billiges Leihkapital und ein niedriges Preisniveau, um langfristige Kapitalanlagen anzuregen. Die langen Krisenzeiten mit beinahe Null-Zinsen und geringsten Gewinnen haben daher auch etwas Gutes: Nur unter diesem Druck rafft sich die Gesellschaft auf, ihre Strukturen zu ändern. In dieser Situation, so Kondratieff, werde »früher oder später« immer stärker in die neuen, grundlegenden Kapitalgüter investiert, daraus erwachse eine lang ansteigende Konjunkturwelle. In ihrem Verlauf werde Kapital immer knapper und teurer. Diese Tendenz verschärfe sich, wenn innen- oder außenpolitische Konflikte ausbrechen, Ressourcen unproduktiv verbraucht, Wirtschaftspotenzial zerstört wird. All dies zusammen bringt die Welle zum Stillstand und schaltet den Rückwärtsgang ein: Die Zinsen sinken, das Produktions- und Handelstempo verlangsamt sich, die Preise fallen. In der folgenden Zeit der wirtschaftlichen Stagnation würden außenpolitische und innersoziale Beziehungen befriedet. Gleichzeitig steige die Spartätigkeit, würden wieder die Voraussetzungen für einen neuen langfristigen Anstieg geschaffen.[36]

Warum Nikolai Kondratieff umgebracht wurde

Im Gegensatz zu seinen marxistischen Kritikern wie Leo Trotzki oder Eugen Varga nahm Kondratieff daher nicht an, dass der wirtschaftliche Abschwung nach dem Ersten Weltkrieg die »Periode des allgemeinen Verfalls

36 Kondratieff: »Preisdynamik«, S. 38.

und des Untergangs des Kapitalismus« eingeleitet habe, sondern die Folge einer zu Ende gehenden langen Welle der Konjunktur war. Dafür sollte er mit seinem Leben bezahlen. Denn für Stalin war ein Konzept, nach dem im Kapitalismus auf eine Depression Prosperität folgen könnte, ohnehin von vornherein konterrevolutionär.[37] Den Marxisten galt der Imperialismus als die höchste Stufe des Kapitalismus, bevor er zusammenbricht und die Gesellschaft in den Sozialismus und Kommunismus übergeht. Schade um die schöne Karriere, die so vielversprechend begonnen hatte. Vielleicht wären der Welt viele wirtschaftspolitische Fehler erspart geblieben, hätte Nikolai Kondratieff die Stalinzeit überlebt.

Er wird am 17. März 1892[38] in dem Dorf Galuevskaja der zentralrussischen Provinz Kostroma, etwa 320 Kilometer nordöstlich von Moskau, als Sohn einer Familie von Bauern und Handwerkern geboren. Nach der Grundschule fehlt das Geld für höhere Bildung – so liest er sich den Stoff

37 Siehe dazu den Aufsatz von Maier, Harry: »Wellen des Fortschritts«. In: Zeit-Punkte 3/1993, Zeit der Ökonomen. Hamburg 1993.

38 Der 4. März nach Gregorianischem Kalender ist der 21. Februar im Julianischen Kalender – so die Geburtsangaben bisher im Westen. Die englischen Gesamtausgabe »The Works of Nikolai D. Kondratiev« gibt jedoch den 17. März als Geburtstag an.

selber an und besteht 1911 die Abiturprüfung, ohne jemals im Unterricht gesessen zu haben. Noch als Teenager engagiert er sich für Demokratie und die sozialistische Partei, wird 1905 und 1906 von der Polizei des Zarenreiches festgenommen. Als Student an der juristischen Fakultät der Universität St. Petersburg unterrichtet er nebenher Arbeiter, um sie auch politisch zu emanzipieren. Als das Fürstenhaus der Romanows 1913 seine 300-jährige Thronbesteigung feiert, demonstriert er gegen die Monarchie – und wird wieder verhaftet.

Nach dem 1915 erfolgreich abgeschlossenen Studium arbeitet Kondratieff in der Verwaltung in einem Petersburger Distrikt. Als 25-Jähriger beteiligt er sich an der Februarrevolution 1917, die den Zaren absetzt, analysiert in Artikeln die Nahrungsmittelsituation, wird zum Mitglied der Verfassungsgebenden Versammlung gewählt und dient der Regierung Kerenski als Vize-Ernährungsminister. In der Oktoberrevolution wird diese von den Bolschewiken gewaltsam aufgelöst – wieder landet Kondratieff für kurze Zeit im Gefängnis. Danach geht er nach Moskau und gründet dort 1920 sein Konjunkturinstitut, wo er den Fünfjahresplan für die Landwirtschaft ausarbeitet.

Er plädiert für Marktstrukturen und dafür, die Landwirtschaft erst später zu kollektivieren, wenn ausreichend Kapital für Maschinen vorhanden sein wird. Bis dahin müsse es der Staat dem einzelnen Bauern erlauben, für seinen eigenen wirtschaftlichen Vorteil zu arbeiten. Obwohl seine Ideen im Zentralkomitee der Partei zunehmend auf Ablehnung stoßen, äußert er weiterhin Kritik am Kurs der Regierung. Schon 1928, als die eher marktwirtschaftlich orientierte «Neue ökonomische Politik« (NEP) Lenins wieder durch Planwirtschaft ersetzt wird, muss Kondratieff seinen Posten als Direktor des Moskauer Konjunkturinstitutes räumen, das Institut wird geschlossen.

Doch er bleibt für die Kommunisten ein Konkurrent um die Interpretation von Wirklichkeit. Das ist wohl der Hauptgrund dafür, dass er 1930 festgenommen und in Suzdal, 180 Kilometer östlich von Moskau, in Einzelhaft kommt. Nicht nur sein Leben wird er vor dem Exekutionskommando verlieren – er verzweifelt auch als Wissenschaftler daran, dass sein Werk verloren scheint, das so einen völlig neuen, umfassenderen Blick auf Wirtschaft wirft. »All die neuen und möglicherweise objektiv nicht uninteressanten Gedanken, die ich hatte und die mir aufgingen, werden Stück für Stück dem Grab übergeben«, schreibt Kondratieff in einem Brief am 28. März 1934 an seine Frau Evgeniya. »Die Haft hat meine wissenschaftliche Arbeit beendet, und – was noch schwerer wiegt – hat sie zur entscheidendsten und – subjektiv – interessantesten Zeit beendet; die Jahre vergehen und meine wissenschaftlichen Pläne zerrinnen und werden zerstreut wie Sand (26. Mai 1932).« Die Bücher, die er noch schreiben, die Theorien, die er noch entwickeln wollte – aus und vorbei. Abgeschottet vom internationalen Wissenschaftsbetrieb, in den er gerade erst so gut eingebettet war, und stickiger Eintönigkeit ausgeliefert, verfällt er intellektuell und körperlich. In der Stille wird er fast taub, verliert zunehmend sein Augenlicht, Schlaflosigkeit und Kopfschmerzen plagen ihn. »Man sollte nie auch nur für einen Augenblick vergessen, dass die Lebenszeiten unserer Generation ... apokalyptische Zeiten sind (28. Februar 1934).« Nach acht Jahren Haft verurteilen ihn die Kommunisten am 17. September 1938 zum Tode, er wird noch am selben Tag erschossen. Was von Kondratieff im Westen bekannt wurde, sind nur Übersetzungen unvollständiger Teilversionen der Originaltexte (die jene oftmals noch nicht einmal gelesen haben, welche die langen Wellen undurchdacht wiedergeben oder ablehnen), während sein umfangreiches Gesamtwerk[39] seit acht Jahrzehnten unbeachtet bleibt. »Deswegen wurden Kondratieffwellen seitdem von Autoren diskutiert, welche die wichtigsten Aspekte von Kondratieffs Texten gar nicht kannten«, so Louçã und Freeman.[40]

Später nannte die »Große sowjetische Enzyklopädie« die Theorie der langen Wellen eine »gewöhnliche bourgeoise Theorie über Krisen und Wirtschaftszyklen«: »Das Konzept der langen Wellen widerspricht der grundlegenden marxistischen These über die Unvermeidbarkeit von Wirtschaftskrisen im Kapitalismus, und sie verschweigt die unlösbaren Widersprüche der kapitalistischen Gesellschaft.«[41] Rund eine Kondratieff-Welle nach seinem Tod, im Oktober 1987, ließ die Sowjetunion schließlich den Wirtschaftsforscher öffentlich rehabilitieren. Wahrscheinlich wäre er im Westen längst vergessen, hätte nicht der Ökonom Joseph Schumpeter 1936 die langen Zyklen nach Kondratieff benannt.[42] Auch Schumpeter

---

39 »The Works of Nikolai D. Kondratiev«, zwei Bände, London 1998, Pickering & Chatto; über 650 Seiten, ziemlich teuer, so etwa 600 Euro.

40 »As Time Goes By«, S. 70.

41 Zitiert bei Brian Berry, S. 37.

42 Schumpeter, Joseph A.: »Business Cycles.« New York 1939. Deutsche Übersetzung: Konjunkturzyklen. Zwei Bände. Göttingen 1961.

schaute sich die Wirklichkeit nicht durch makroökonomische Statistiken an. Wichtiger als der von Wirtschaftswissenschaftlern diskutierte Preiswettbewerb sei die Konkurrenz in Qualität und Produktionsverfahren.

Fast nie, schreibt Schumpeter, seien Veränderungen in der Produktion oder bei Waren von den Verbrauchern erzwungen worden, etwa weil sie ihren Geschmack und ihre Bedürfnisse geändert hätten. Innovationen fänden statt, weil es schöpferische und dynamische Unternehmer gibt – damit meint er nicht die bloß verwaltenden »Wirte« etablierter, eingefahrener Branchen, sondern innovative Persönlichkeiten.[43] Diese »Unternehmer« im echten Sinne des Wortes konkurrieren die weniger innovativen Firmen nieder. Veränderungen haben ihre Auslöser somit auf der Produktionsseite.[44] Zwar lobte Schumpeter die mathematischen Methoden, die Leon Walras in der Ökonomie durchgesetzt hatte, wegen ihres »silberklaren Gedankenganges«. Doch sie seien nur ein Knochengerüst, eine Grundlage für die wirtschaftliche Analyse. Ursachen für Wachstum und Konjunkturschwankungen erfassten sie nicht.

Obwohl Schumpeter damit Anerkennung fand, verlor er den Wettbewerb mit dem gleichaltrigen Keynes. Als dieser 1936 seine »General Theory« veröffentlichte, begegnete Schumpeter dessen Konzept der Nachfragesteuerung mit der Geschichte des französischen Königs Ludwig XV., der seine Mätresse Madame Pompadour bat, so viel Geld wie möglich auszugeben, um die effektive Nachfrage zu erhöhen und eine Depression zu vermeiden. Der Spott half nicht gegen die viel versprechende, gleichwohl unwahre Botschaft der Keynesianer: Diese behaupteten, sie hätten lange Konjunkturwellen abgeschafft, schließlich ließe sich Konjunktur mit Nachfragepolitik und Geldmenge so technokratisch »gestalten«, wie man ein Auto baut. Kondratieffs Theorie – grundlegender als alle anderen – verschwand so mit dem Sieg des Keynesianismus. Recht hat eben, wer erfolgreich erscheint. In Wirklichkeit taugte der Keynesianismus nur so lange, wie sich der Auto-Zyklus im Aufschwung befand.

Auch der Mainstream der neoklassischen Synthese eliminierte die meisten Alternativen und verbreitete den Glauben, die Wirtschaft könnte exponentiell und unbegrenzt weiterwachsen, wenn man nur ausreichend schlaue Ökonometriker habe. Kondratieffzyklen oder Wechsel von Struk-

---

43 Schumpeter: »Business Cycles«, S. 93 – 101.

44 Schumpeter, J. A.: »Theorie der wirtschaftlichen Entwicklung.« 6. Auflage, Berlin 1964, S. 100 f.

turen galten damit als esoterisch angehaucht und ziemlicher Unsinn. Als nach dem Ölschock 1974 die Kondratiefftheorie wieder als Erklärungsmodell interessant erschien, zog eine Vielzahl junger Doktoranden (sie sitzen heute auf Lehrstühlen oder beraten Politiker) enthusiastisch aus, die Theorie der langen Wellen nachzuweisen. Sie mussten enttäuscht feststellen, dass es eine lange Welle, die sinusförmig durch die Weltgeschichte gleitet, so nicht gibt. So wurde aus der Kondratiefftheorie, die ja niemand mehr im Original gelesen hatte, ein nettes Denkmodell am Rande, von dem sich die meisten Wissenschaftler distanzierten, ähnlich dem Ungeheuer von Loch Ness: Man rede darüber, aber sie sei nicht zu beweisen. Das liegt daran, dass man lange Wellen dort gesucht hat, wo sie kaum zu finden sind: Mit komplizierten mathematischen Verfahren versuchte man, sie in makroökonomischen Zahlenreihen von Preisen, Zinsen oder Sozialprodukt zu finden, was nicht durchgehend gelang.

Doch diese Verfahren sind letztlich eine Überspitzung der derzeitigen, auf die mathematische Schmalspur reduzierten Ökonomie. Sie sind so aufwändig und nutzbringend wie das Auswendiglernen des Telefonbuches: Wenn die Baubranche in einem Jahr X Milliarden Euro weniger umsetzt, der Gesundheitsmarkt aber denselben Betrag mehr – am Bruttosozialprodukt ist das nicht abzulesen. Mitte der 90er Jahre mag ein PC 4/86 noch 3000 Mark gekostet haben, heute gibt es den Pentium XY mit einem Vielfachen an Möglichkeiten und Rechenleistung im Lebensmittel-Discounter für 499 Euro. Die etablierte Makroökonomie ist hervorragend in der Lage, Modelle einer Volkswirtschaft realitätsnah zu beschreiben, in der man einen VW-Käfer jahrzehntelang ohne große Veränderungen zusammenschraubt. Doch strukturelle und qualitative Variablen für die heutige mehrdimensionale, dynamische Entwicklung in der Zeit fehlen. Eine Wirtschaftswissenschaft, welche die Welt vornehmlich aus der Perspektive makroökonomischer Gießkannenvariablen betrachtet, wird für Politiker auch nur Rezepte entwickeln, die allein auf der Makro-Ebene ansetzen – und dort verpuffen. Der Wirklichkeit näher kommt der Blick der Kondratiefftheorie auf die Innovationsebene – auf die realen Trends in Gesellschaft und Wirtschaft, mit ihrer Produktivitätsentwicklung und Verschiebung der Kostengrenzen.

Der Innovationsforscher Christopher Freeman, Sussex[45], erhielt internationale Anerkennung, als er sich von der Suche nach langen Wellen in Zahlenreihen verabschiedete – diese seien über einen längeren Zeitraum nicht vergleichbar: Von der großen Arbeitslosigkeit am Ende langer Wellen wie etwa in den 1830ern sei im britischen Sozialprodukt nichts herauszulesen, während das Massenelend dieser Zeit literarisch anschaulich überliefert ist. Freeman knüpfte an Schumpeter und das Konzept der Basisinnovation an. Damals, Anfang der 80er Jahre, warf er den westlichen Industrieländern vor, die wahre Natur der Herausforderungen nicht zu erkennen: Mit der Informationstechnik würde es außergewöhnlich billig, Informationen zu speichern, zu verarbeiten und zu übertragen. Dies äußere sich nicht nur in neuen Maschinen, sondern in einem völlig neuen technisch-ökonomischen Paradigma. Damit war Kondratieffs verschütteter Ansatz von der sozio-ökonomischen Wirklichkeit wieder ausgegraben, den vor allem Carlota Perez, Caracas, ins Heute übersetzte[46]: Lange Zyklen sind ein gesamtgesellschaftlicher Vorgang. Nun ist die Wirklichkeit zwar etwas Ganzes, doch ihre Subsysteme verändern sich mit unterschiedlichen Geschwindigkeiten. Die neue, problemlösende Technik ist schneller entwickelt, als sich die Strukturen der Gesellschaft darauf einstellen: Dieser »Mismatch«, die Disharmonie zwischen dem technisch-ökonomischen und dem sozio-institutionellen System, verursacht demnach den Produktivitätsstau, der das Wirtschaftswachstum lange Jahre tief hält, bis sich ein gesellschaftlicher Konsens darüber herausgebildet hat, wohin die Reise gehen wird.

Auch das hat Kondratieff mit anderen Worten schon beschrieben: Lange Zyklen lassen sich nicht über historische Datenreihen umfassend messen, sondern auf der Innovationsebene. Die Basisinnovation, die den Produktivitätsfortschritt und damit die Wirtschaft trägt und die Strukturen der Gesellschaft auf den Kopf stellt, lässt sich am Markt verfolgen. Sie entwickelt sich über die Jahrzehnte in der Form, wie wir sie von den gewöhnlichen Produktlebenszyklen kennen. Auch ihr Lebenszyklus nimmt mit Markteinführung, starkem, dann langsamerem Wachstum

45 Wirtschaftswoche Nr. 25 / 17.6.1988; und: Freeman, Christopher: »Die Computerrevolution in den langen Zyklen der ökonomischen Entwicklung.« Broschüre zum Mentorenabend der Carl Friedrich von Siemens-Stiftung am 8.11.1984.

46 Perez, Carlota: »Structural change and assimilation of new technologies in the economic and social systems.« In: Futures Oktober 1983, S. 357 – 375.

und Sättigung eine lang gezogene S-Kurve ein. Immer dann, wenn sich die Wachstumsraten abschwächten, begannen die Krisenjahre. Cesare Marchetti und andere Forscher am Internationalen Institut für angewandte Systemanalyse (IIASA) in Laxenburg/Österreich haben das an zahlreichen Beispielen demonstriert, etwa wie sich das Auto im vierten Kondratieff S-förmig in Italien ausbreitete.[47]

Diese Ergebnisse bleiben in Deutschland bisher weitgehend unbeachtet, und daher ist es kein Wunder, wenn nach wie vor die Meinung vorherrscht, die Entwicklung des Marktes sei absolut unvorhersagbar. Denn S-Kurven lassen sich mit Differenzialgleichungen beschreiben, etwa der Lotka-Volterra-Gleichung. Wenn es gelingt, einige Ist-Werte von Kurven einer Basisinnovation am Markt empirisch zu ermitteln, dann kann der weitere Verlauf einschließlich des Sättigungswertes geschätzt werden.[48] Denn wenn sich eine Gesellschaft entschieden hat, eine neue Technik oder ein neues Produkt zu nutzen, erschließt sich der Markt entlang der S-förmigen Kurve.

Wirtschaftliche Entwicklung und Strukturwandel lassen sich mit der Kondratiefftheorie also ganzheitlich betrachten. Doch sie wird in der etablierten Wirtschaftswissenschaft verschlafen. Zwar wird sie schon mal am Rande erwähnt – wie ein exotisches, praktisch schon ausgestorbenes Tier. Vielleicht hört man da und dort einen Vortrag. Aber die Theorie der langen Zyklen wird nicht in die bestehenden Denkmodelle integriert. Denn sie würde die etablierten Theorien – Neoklassiker, Monetaristen oder Keynesianer – gleichermaßen durcheinander schütteln. Würde die Politik Kondratieffs Globalsicht entdecken, sie würde sich im realen Leben um eine bessere Arbeitskultur und um Gesunderhaltung auch der Gesunden kümmern. Damit hätte dann Kondratieffs Theorie 70 Jahre nach seinem Tod noch etwas bewiesen: dass Ideen langfristig doch stärker sind als Bajonette und Repression.

47 Marchetti, Cesare: »The Automobile in a System Context. The past 80 Years and the next 20 Years.« Technological Forecasting and Social Change (1983). Vol. 23, S. 3-23. Vgl. Nefiodow: »Der Sechste Kondratieff«, S. 78.

48 Modis, Theodore: »Die Berechenbarkeit der Zukunft. Warum wir Vorhersagen machen können.« Basel, Boston, Berlin, 1994, zitiert bei Nefiodow: »Der Sechste Kondratieff«, S. 77f.

Wenn Nikolai Kondratieff und Ludwig Erhard ein Bier zusammen trinken würden

Nach 1996 habe ich versucht, einen Professor zu finden, der mich eine Doktorarbeit über die Kondratiefftheorie schreiben lässt: Die einen lehnten das Thema ab, weil sie spürten, dass es alles in die zweite Reihe verweist, was sie die vergangenen 30 Jahre gelehrt hatten; die intellektuell Redlichen unter ihnen lehnten es ab, weil sie bei einem so breiten Blick in die Wirklichkeit inklusive Geschichte, Soziologie und Technik nicht in der Lage seien, mich angemessen zu betreuen. Ebenso erfolglos waren zunächst Versuche, in wirtschaftswissenschaftlichen Fachzeitschriften Aufsätze zur Kondratiefftheorie zu veröffentlichen.[49] Da die Gutachter, in der Regel Professoren der etablierten Szene, die Aufsätze anhand der geltenden Theorien und nicht anhand der realen Ereignisse prüfen, wurde ich am Telefon in einem Ton abgewürgt, in dem man mit einem Kind spricht, das behauptet, Außerirdische gesehen zu haben. Sogar einige der Wirtschaftsjournalisten, denen ich Artikel anbot, sagten, sie »glauben« einfach nicht, dass es lange Zyklen gebe, und ließen sich gar nicht erst auf eine Diskussion ein.

Alle diese Leute sollten doch wenigstens einmal die Fragen beantworten: Hatte das Aufkommen des Computers eine Wirkung auf die Wirtschaft? Und wenn ja, welche? Hatte er eine Wirkung dadurch, dass wir Leute bezahlten, die Halbleiter montieren, oder wirkte der Computer dadurch, dass er Arbeitszeit und Kosten einsparte, weswegen die Gewinne stiegen, weswegen mehr investiert, mehr ausgegeben und mehr konsumiert werden konnte? Wenn sie sich an ihre eigenen Werkzeuge halten, dann müssen sie konsequent sagen: Nein, der Computer hatte keine direkten Auswirkungen auf die Wirtschaft (so wie manche es von der Eisenbahn behaupten). Weil diese Antwort jedoch zu offensichtlich neben der Wirklichkeit ist, würden sie es vielleicht so darstellen: Der Computer hat die Wirtschaft angetrieben, weil die Leute, die ihn zusammengebaut ha-

49 Beachtung findet meine Veröffentlichung bei Springer Science, dem weltweit führenden Verlag für Wirtschaftswissenschaften. Erik Händeler: On the Reality behind Money. In Stefan Mann(editor): Sectors Matter! Exploring Mesoeconomics. Springer-Verlag Berlin Heidelberg London New York, 2011. Außerdem hat die russische Akademie der Wissenschaften meine Arbeit 2010 mit einer Bronzemedaille ausgezeichnet

ben, Geld verdienten, das sie in den anderen Branchen ausgeben konnten. Das ist richtig, aber nur zu einem sehr kleinen Teil und daher insgesamt irreführend: Der Blick in die Firmen zeigt, dass der Computer Ressourcen eingespart und so die Produktivität gesteigert hat.

Wenn man dank einer besseren Maschine oder geschickterer Arbeit für ein Teil nicht mehr eine Stunde, sondern nur noch fünf Minuten braucht, dann ist klar, dass die gesparte Zeit den Wohlstand erhöht: Der Preis für das Produkt kann sinken, die Mitarbeiter können besser bezahlt werden, die Gewinne steigen, es werden wieder mehr Steuern abgeführt. In der gewonnenen Zeit kann etwas anderes gemacht, zum Beispiel noch mehr von demselben oder etwas völlig Neues produziert werden. Das Handy, mit dem man sich auf der Geschäftsreise effizienter organisiert, bringt den Menschen mehr geldwerte zusätzliche Arbeitszeit, als das Handy mit seinem Umsatz das Bruttosozialprodukt erhöht. Das Wirtschaftswachstum sagt dann nichts darüber aus, wie sehr der Nutzen für den Einzelnen gewachsen ist. 1950 arbeitete ein Deutscher drei Wochen, um sich das Geld zu verdienen, ein Radio zu kaufen. Heute kostet ein Radio zehn Euro, also netto unter einer Stunde Arbeit. Das heißt: Der Wohlstand hat stärker zugenommen, als es die in Geld gemessenen Statistiken ausdrücken. Demnach muss wirksame Wirtschaftspolitik vor allem helfen, Ressourcen effizienter einzusetzen. Doch dabei melden sich warnend Markttheoretiker zu Wort.

Kondratieff war Marktwirtschaftler und hat dafür mit seinem Leben bezahlt. Da ist es eine unendliche Ironie der Geschichte, wenn selbst ernannte Verteidiger der reinen Markt-Lehre heute zu verhindern suchen, dass die Zusammenhänge langer Konjunkturzyklen thematisiert werden – sie seien mit dem Konzept der Sozialen Marktwirtschaft nicht vereinbar: Denn wenn laut Kondratieff die Märkte von morgen an der »Realkostengrenze« von heute zu erkennen sind, dann kann man ja etwas über die Zukunft sagen und gezielt Erschließungsinvestitionen in die erkannten Wachstumsmärkte lenken. Pfui Teufel – Staatseingriff! Anmaßung, es besser zu wissen als das freie Spiel der Kräfte! Investitionslenkung! Darüber lohnt es sich, couragiert zu streiten: Wenn wir Ressourcen – Entwicklungsbudgets von Unternehmen, Wagniskapital, staatliche Forschungsgelder – in einem bestimmten Bereich gezielt ausgeben, werden dabei ja nicht die Marktkräfte außer Kraft gesetzt – die Preise und Löhne signalisieren weiterhin die Knappheit von Material und Wissensarbeit.

Rufen wir uns doch noch einmal in Erinnerung, was die vielen Väter der Sozialen Marktwirtschaft, des ordnungspolitischen Konzepts der jungen Bundesrepublik Deutschland, wirklich geschrieben und gedacht haben: Markt- und Gewinnstreben seien ja recht nützliche Instrumente. Sie aber obenan zu stellen hieße, einen Autoreifen für das Wichtigste in einem Auto zu halten, nicht etwa den Fahrer, der das Auto für einen Zweck benutzt. Markt – das sei den Ludwig-Erhard-Monopolinterpreten gesagt – hat eine dienende Funktion. »Nicht allein die Güterversorgung als vielmehr die sinnvolle und lebensgemäße Gestaltung der gesellschaftlichen Umwelt« müsse in den Vordergrund treten, schreibt Alfred Müller-Armack (1901 - 1978), der den Begriff Soziale Marktwirtschaft in seinem Buch »Wirtschaftslenkung und Marktwirtschaft« 1946 prägte. Bei stagnierender Produktivität ist der Markt genau wie beim Handel mit Drogen, Waffen und Kinderpornografie eben überfordert, wenn man ihm Aufgaben zuteilt, die er nicht erfüllen kann.

Auch Müller-Armack gehörte nicht zu den Technokraten, die meinen, der Markt allein würde Wohlstand schaffen: In seinem Buch »Genealogie der Wirtschaftsstile« beschreibt er 1940 geistige und religiöse Prägungen als die wesentlichen konstituierenden Elemente einer Wirtschaftsordnung. Soziale Marktwirtschaft, schrieb er, sei ein Konzept sozialen Friedens, das auf christlichen Werten basiere und über Fragen der Wirtschaft hinausgehe. Es ist kein starres Konzept, sondern ein flexibles System, das auf neue Anforderungen reagieren kann. Die Prinzipien, welche die Ökonomen rund um Ludwig Erhard als Spielregeln für eine freie Marktwirtschaft festsetzten, sollten eine funktionierende Wirtschaft garantieren. Aus der Sicht der Kondratiefftheorie ist eine stagnierende Produktivität eine erhebliche Störung, die nur durch einen gezielten Kraftakt der gesamten Gesellschaft behoben werden kann.

Das setzt eine Marktwirtschaft voraus: Technologien, die einen neuen Kondratieffzyklus antreiben, können sich nur durchsetzen, wenn es freie, flexible Märkte für Produktionsfaktoren gibt, einschließlich des Faktors Arbeit. Ludwig Erhard kann die Bremsen lösen und Markthindernisse beseitigen, damit sich das neue technologische Netz entfalten kann. Doch ein Wirtschaftswunder schafft er damit nur im langen Aufschwung wie in der Nachkriegszeit. In einem langen Abschwung dagegen kann der freie Markt noch so frei sein – die Konjunktur kommt damit von alleine nicht mehr hoch. Es braucht Menschen wie Friedrich List, welche die Gesellschaft davon überzeugen, die Eisenbahn zu bauen. Ob die Unternehmer die Eisenbahn bauen oder der Staat, ist dabei völlig egal – Hauptsache, die Transportkosten der Gesellschaft sinken.

Deswegen ist der Eingriff des Staates nicht grundsätzlich schlecht, sondern nur dann, wenn er durch Marktverfälschungen oder Subventionen unproduktiverer Branchen die Weiterentwicklung behindert. Die Vorstellung, die Wirtschaft gehorche natürlichen Gesetzen, vorausgesetzt, der Staat greife nicht ein, ist deswegen absurd, weil nicht einzusehen ist, dass Personen der Staatsgewalt nach anderen Naturgesetzen handeln würden als andere Akteure. (Im Gegenteil ist es so, dass der Staat eingreifen muss, um einen relativ freien Markt zu gewährleisten.) Wenn Ludwig Erhard und Nikolai Kondratieff zusammen ein Bier trinken würden, sie wären einer Meinung. Und die Wirtschaftsressortleiter, die um 1997 und danach unter Hinweis auf Ludwig Erhard die öffentliche Diskussion der Kondratieffwellen in ihrer Zeitung unterbanden und damit heute einen Wohlstandsverlust mitverantworten, denen wird Ludwig Erhard vielleicht noch einmal was erzählen.

Die Zukunft der Wirtschaftswissenschaften

Dabei galt in der ersten Hälfte des 20. Jahrhunderts die Vorstellung von kürzeren und längeren Zyklen als allgemein akzeptiert. Zu stark waren die Erinnerungen an tiefe Krisen und heiße Boomzeiten. Doch nach dem Zweiten Weltkrieg wurde Geschichte aus der wirtschaftswissenschaftlichen Diskussion verdrängt. Auch unter den Wirtschaftshistorikern gewannen nun jene die Oberhand, die versuchten, das Geschehene mit autistisch-mathematisch-statistischen Methoden zu erklären: Die heute den Mainstream dominierenden Modelle erzählen die Industrielle Revolution anhand des akkumulierten Betrags der Investitionen (dabei ist doch entscheidend, wie sehr Investitionen die Produktivität steigern). Sie behaupten sogar, die Eisenbahn hätte kaum einen Effekt auf die Wirtschaft gehabt und nur zwei Prozent zum Bruttosozialprodukt beigetragen. Wortlos stehen sie jedoch vor den technischen Veränderungen und sozialen Revolutionen der vergangenen zwei Jahrhunderte. Sie geben keine Antwort auf die Fragen, warum eine Erfindung ausgerechnet in dieser Region entwickelt und angewendet wird. Lange Krisen suchen sie allein in statistischen Größen, während viele Zeitgenossen früherer Perioden berichteten, wie sie von Unruhe, wirtschaftlicher Turbulenz und Hunger inmitten von Überproduktion geplagt wurden.

Wirtschaft ist aber keine Natur-, sondern eine Gesellschaftswissenschaft, weil sich das, was sie diskutiert, nicht allein abstrakt, sondern immer nur im historischen Zusammenhang verstehen lässt. Kein Tag gleicht dem anderen, kein Strukturzyklus dem nächsten. Ein technisches System dominiert eine Zeit lang die Dynamik und wird dann vom nächsten überholt. Jeder Zyklus ist dabei einzigartig: Innovationen können nur als historischer Prozess verstanden werden, wie sie sich als Teil der Gesellschaft durchsetzen, zusammen mit neuen Organisationsformen und Institutionen. Die Zyklen bauen dabei aufeinander auf[50]: Kleidung ist ein wichtigeres Bedürfnis als zum Beispiel, seine Adressen ohne großen Zeitaufwand mit dem Computer zu verwalten. Was die Kondratieffs vorantreibt, ist die Höhe der Profitrate, wie es ausführlich im Geschichts-Kapitel durchdekliniert ist: Technische Innovationen und produktivere Verhaltensweisen überwinden knappe Produktionsfaktoren, über die Gewinnspanne der Unternehmer und die frei gewordenen Ressourcen kommt die Konjunktur in Schwung.

Die Zukunft der Wirtschaftswissenschaft sind daher komplexere Modelle – nicht im Sinne von komplizierter, denn man kann mathematische Modelle endlos (und vor allem völlig sinnlos) komplizieren. Sondern komplexer im Sinne mehrerer integrierter Subsysteme der Wirklichkeit. Louçã und Freeman, jahrzehntealte Hasen der Lange-Wellen-Diskussion, beschreiben fünf Subsysteme, die sich wechselseitig beeinflussen, während sie sich nebeneinander entwickeln: Wissenschaft, Technik, Wirtschaft, Politik und gesellschaftliche Kultur.[51] Jedes davon ist relativ autonom, überlappt sich aber im wirklichen Leben mit den anderen. Wirtschaft wird damit eine realistische Wissenschaft vom realen Leben, von einem evolutionären, unwiderrufbaren und komplexen Prozess.

Denn wie sich eine Gesellschaft politisch und rechtlich organisiert, ist in keiner monetären Statistik nachzulesen. Es reicht nicht, viel Geldkapital und das theoretische Wissen über Dampfmaschinen zu haben, wie im Russland der Zarenzeit. Solange die Bauern als Leibeigene ihrem Guts-

50 Vgl. Nefiodow: »Der Sechste Kondratieff«, S. 132.
51 »As Time Goes By«, S. 123 ff.

herrn unterstanden, konnten sie gar nicht produktiver werden, indem sie in die Städte abwandern und Arbeiter werden. Von religiösen Wertvorstellungen und ihrer Wirkung auf den materiellen Wohlstand ganz zu schweigen: Dass Diplomarbeiten, die neben Zinsen und Bruttosozialprodukt auch menschliches Verhalten, geschichtlich einmalige Situationen und gesellschaftliche Konflikte (die mit technischen Veränderungen zu tun haben, welche die Wirtschaft beeinflussen) berücksichtigen, eher in Soziologie, Psychologie und – aus der Sicht eines Volkswirtschaftsprofessors – andere esoterische Dampfplauderfächer abgeschoben werden, spricht für den dringenden Reformbedarf der Wirtschaftswissenschaft und der Erneuerung ihres Lehrpersonals. Die Wissenschaft der Zukunft hört auf, mit ihrer Überspezialisierung die Spezialisierung des Fließbandarbeiters abzubilden, weil sie das daran hindert, Probleme, die sich zunehmend nicht mehr an akademische Fachgrenzen halten wollen, zu lösen. Das Ganze ist nie die Summe, sondern das Zusammenwirken seiner Teile.

Seit dem Sieg der »wissenschaftlicheren Wirtschaftsgeschichte« sind Historiker und Ökonomen voneinander geschieden. Geschichte war bisher die Geschichte von Königen, Staatsmännern, Generälen und Institutionen; sie ist immer noch zuwenig die Geschichte von den kleinen Leuten, ihren Lebensumständen, den technischen Veränderungen, den Unternehmern, die sie umsetzten, und wie das die Welt veränderte. Mit der Kondratiefftheorie haben beide die Chance, sich wieder zu vereinigen und so der Gesellschaft Nutzen zu stiften, denn sie erleuchten sich gegenseitig. Kein Schüler sollte den Geschichtsunterricht, kein Historiker sollte die Universität verlassen, ohne grundlegende wirtschaftliche Zusammenhänge verstanden zu haben; vor allem aber sollte künftig kein Ökonom mehr ohne historische Erfahrungen auf die Menschheit losgelassen werden.

Unternehmer wissen das ja alles, die Wirtschaftswissenschaftler nicht; Politiker handeln aber danach, was ihnen Wirtschaftswissenschaftler mit ihren Methoden raten. Eine schnelle Gesundung der Wirtschaftswissenschaft ist jedoch eine Illusion. In der Szene hackt keine Krähe der anderen ein Auge aus. Lehrstühle sind oft sich selbst reproduzierende Systeme, die nur Nachfolger zulassen, die ins Raster passen. Auch die fünf Wirtschaftsweisen sind durch die Bank Ökonometriker. Wie wird man Wirtschaftsweiser? Durch einen Anruf aus dem Bundesfinanz- oder Wirtschaftsministerium, je nach dem, wem die wirtschaftswissenschaftliche Grundsatzabteilung gerade zugeordnet ist. Und wer arbeitet da? Wieder

Menschen, die Wirtschaft lediglich als Ökonometrie studiert haben. Sogar der Nobelpreis für Wirtschaftswissenschaft, den Kondratieff längst posthum verdient hätte, wird ja wieder nur vergeben nach Gutachten der ökonometrischen Elite. Jedes Paradigma lebt eben mit den Wissenschaftlern, die von diesem Paradigma leben – und die gerade mit ihrem Festhalten an überholten Denkmodellen viele gut dotierte Preise, Anstellungen, Vortragseinladungen, Gutachteraufträge etc. erhalten. »Allerdings bleibt die Hoffnung, dass durch die immer unübersehbareren Probleme der globalen Marktwirtschaft die Bereitschaft, weltfremde Theorien weiter als Leistung zu honorieren, abnehmen wird«, schreibt Brodbeck.[52] Man trennt sich erst von seinen Vorstellungen, wenn die Gründe dafür überwältigend sind, zum Beispiel durch ökonomischen Druck. Der müsste von den Universitätsleitungen oder von der Politik ausgeübt werden – wir haben zwar die Glaubensfreiheit und die Freiheit der Wissenschaft, zu forschen und zu lehren, was man will, aber bitte nicht auf Kosten der Steuerzahler. Oder der Druck kommt von Studenten, die anfangen, in den Vorlesungen zu widersprechen, oder von Studenten, die nur Veranstaltungen von Professoren besuchen, die nicht an der Realität vorbeidozieren.

Die Macht der etablierten Denkmodelle beruht auf ihrer Gewohnheit. Schlechte Gewohnheiten sollte man ändern. Das tägliche Füttern festigt im Truthahn ein Weltbild, das an Weihnachten plötzlich revidiert werden muss, sagte der Philosoph Bertrand Russel. Wenn die Wirtschaftswissenschaft Kondratieffs Globaltheorie nicht einbezieht, wird sie nicht in der Lage sein, die langen Krisenzeiten zu erklären und der realen Wirtschaft auf die Beine zu helfen. Nichts wird im langen Abschwung helfen: keine Staatsausgabenprogramme, keine Niedrigzinsen, nicht das Quälen von Arbeitslosen und Sozialhilfeempfängern, keine Zentralbankschelte und kein gespielter Optimismus.

Worum sich der nächste Wahlkampf drehen sollte

Im langen Aufschwung ist das ja alles ganz anders: Die Wirtschaft läuft von alleine, und gegenüber den Wählern kann man so tun, als ob das mit den eigenen genialen Taten zusammenhinge. Im langen Kondratief-

52 Brodbeck: »Die fragwürdigen Grundlagen der Ökonomie«, S. 21.

fabschwung dagegen macht es keinen Spaß, Politiker zu sein. Man muss wachsende Probleme mit immer weniger Ressourcen lösen, man verzettelt sich in mehr oder weniger erfolglosen Verteilungskämpfen oder schmeißt die Verantwortung schließlich ganz hin wie die demokratischen Parteien am Ende der Weimarer Republik. Um in der andauernden Stagnation das berechtigte Gefühl wirtschaftlicher Unsicherheit wieder loszuwerden, ist es nötig, die Vergangenheit zu besuchen. Nehmen wir also an, wir, eine Gruppe von Wirtschaftswissenschaftlern, würden eine Zeitreise machen und den Habsburger Fürst von Metternich 1830, Reichskanzler Otto von Bismarck 1880, Reichskanzler Brüning 1930 und Helmut Schmidt 1980 besuchen. Alle vier haben nach ehedem besseren Zeiten mit Arbeitslosigkeit, knappen Ressourcen und Verteilungsgezerre zu kämpfen. Überprüfen wir doch mal die verschiedenen Denkmodelle daran, ob und wie stark ihre wirtschaftspolitischen Rezepte weiterhelfen, und machen uns dann auf in das heutige Bundeskanzleramt in Berlin.

Nehmen wir an, Fürst von Metternich ließe sich 1830 von keynesianischen Denkern überzeugen, sich zu verschulden und die Staatsausgaben zu erhöhen, und zwar quer Beet über alle Branchen und Schichten hinweg, damit die Konjunktur durch die geschaffene Nachfrage anspringe. Nach einem kurzen Strohfeuer, bei dem die vielen Bauern ihre Schulden zurückzahlen, Metternich-Denkmäler errichten oder Zirkusbesuche florieren, wird die schuldengetriebene Konjunktur wieder zusammenfallen. Hätte er doch auf den Kondratieff-Ökonom gehört: Seine Wirtschaft komme deshalb nicht in Gang, hatte der nämlich gesagt, weil der Transport so aufwändig ist. Metternich solle gezielt eingreifen und Eisenbahnen bauen; wenn Bauern und Unternehmer ihre Waren billiger und in einem größeren Umkreis verkaufen könnten, rege das die Konjunktur an; außerdem würden größere Stückzahlen lohnenswert, was die Preise senke. Ob er das neue technologische Netz mit Schulden finanziert, mit überflüssigem privaten Kapital (Aktien, Anleihen) oder ob er die Steuern erhöht und den Konsum kürzt (Renten, privater Luxus, entbehrliche staatliche Ausgaben), ist dabei völlig egal; ob die Konjunktur anzieht, hängt allein davon ab, ob und in welchem Ausmaß er sich um den nächsten Strukturzyklus kümmert, also Eisenbahnen baut und die dazugehörende Bildung, Infrastruktur, Denkmuster und marktreife Endprodukte unterstützt.

Deswegen war auch die vergleichbare Diskussion der vergangenen Bundestagswahlkämpfe, ob wir die Steuern senken und Schulden aufnehmen sollen oder nicht, völlig irrelevant. Denn ob wir die Infrastruktur und die Ausbildung für den sechsten Kondratieff mit Privatkapital finanzieren, das die Bürger dank niedrigerer Steuern ansparen, oder ob wir es mit Staatsschulden oder mit höheren Steuern finanzieren, ist völlig egal. Das Einzige, was zählt, ist, ob überhaupt und wie stark eine Gesellschaft in den nächsten Strukturzyklus investiert.

Deswegen gibt es aus der Sicht der Kondratiefftheorie einen Grund, eine Ausnahme für den Stabilitätspakt der EU zu beschließen: Im Abschwung werden Preise, Gewinne und Löhne sowieso tendenziell sinken, die Inflationsgefahr ist gleich null. Damit entfällt der Grund, weswegen die EU-Länder vereinbart haben, in einem Jahr nicht mehr als drei Prozent ihres Bruttosozialproduktes neue Schulden zu machen.

Das ist sinnvoll in Zeiten des langen Kondratieffaufschwungs, in denen der Staat mit der Wirtschaft um das freie Geld konkurriert und hohe Staatsschulden die Zinsen so weit hochtreiben, dass sich die Wirtschaft das neue technologische Netz nur langsam kaufen kann. Unter den ökonomischen Bedingungen der 90er Jahre ist der Stabilitätspakt der EU notwendig, denn er verhindert, dass (im langen Aufschwung) die Kredite noch teurer werden und Geld nicht entwertet wird. Diese Situation ist im langen Abschwung nicht gegeben. Die Zinsen bleiben selbst dann tief, wenn sich die Länder höher verschulden – Geld bleibt auch weiterhin zum Niedrigstzins ausleihbar. Aus der Sicht der Kondratiefftheorie ist es deswegen gerechtfertigt, die Drei-Prozent-Verschuldungsgrenze auszusetzen, bis sich die Weltwirtschaft in einem neuen langen Kondratieffaufschwung befindet. Allerdings nur dann, wenn die Regierungen das Geld nicht für den Konsum ausgeben, um ihre Wähler ruhig und uninformiert zu halten, sondern nur, um mit dem geliehenen Geld in die Infrastruktur und Kompetenzen des nächsten Strukturzyklus zu investieren.

Niedrigere Steuern, wie es die FDP immer wieder mal fordert, sind dagegen nur selten dazu geeignet, ein neues Technologienetz aufzubauen. Die Theorie, die dahintersteckt: Wer fremdes Geld für fremde Dinge ausgibt, wird leicht verschwenderisch umgehen, am effektivsten wird Geld ausgegeben, wenn es eigenes Geld ist für eigene Belange. Der Gesamtnutzen sei also größer, wenn die Bürger ihr Geld selbst ausgäben. Doch ist es wahrscheinlicher, dass sich die Wohlhabenden eher ein zweites Auto, ein Ferienhaus in Südfrankreich oder eine Jacht in Kiel zulegen (was die Wirtschaft nicht im Sinne der Kondratiefftheorie effektiver macht), als in die Biotech-Forschung, in die Qualität der Bildung und in soziale Strukturen zu investieren.

Wer für etwas ist (zum Beispiel niedrigere Steuern), der ist auch immer gegen etwas (zum Beispiel gegen einen Staat, der Schulen und Umweltschutz bezahlen kann). Wollen wir Kindergärten, in denen der Putz bröckelt? Oder Straßenkriminalität, weil Streifenpolizisten fehlen? Wollen wir, dass es dem Staat an Instrumenten mangelt, neue Technologien mit anzustoßen? Einen armen Staat können sich nur reiche Leute leisten. Dass die USA einen viel niedrigeren Abgabenprozentsatz haben als Deutschland, ist ein fragwürdiges Vorbild: Inzwischen gehen in den USA Bürger für höhere Steuern auf die Straßen, weil sie es leid sind, über kaputte Straßen zu fahren und ihre Kinder in schlechte Schulen schicken zu müssen.[53] Steuersenkung ist nicht mehr als eine temporäre Umverteilung auf Kosten späterer Jahre. Politik auf Pump ist immer unmoralisch, außer, das gepumpte Geld wird rentabel in die mittelfristige Zukunft investiert.

Der Neoklassiker in unserer Runde schlägt daher vor, Anreize dafür zu schaffen, dass mehr investiert wird. Der Helmut Schmidt des Jahres 1980 kennt das von den wirkungslosen Appellen seiner Regierung an die Unternehmer, doch bitte wieder mehr zu investieren. Nur: Wenn es nichts gibt, wofür es sich lohnt, Geld auszugeben und zu investieren, dann wird sich auch niemand Geld leihen und investieren, selbst wenn das Geld kostenlos zu haben ist. Wenn die Kapazitäten ausreichen, braucht niemand mehr ein zusätzliches Stahlwerk oder eine weitere Autofabrik hinzustellen – Investitionen an sich kurbeln die Wirtschaft nämlich überhaupt nicht an. Ob sie Arbeitsplätze vernichten oder schaffen, hängt nicht von der Höhe der Geldsumme, sondern von der Art der Anlage ab, argumentiert 1980 der Vertreter der Kondratiefftheorie: Wenn eine Regierung Investitionen fördern will, dann muss sie den neuen Strukturzyklus rund um den Computer erschließen helfen, durch Ausbildung, Infrastruktur und eigenes gutes Beispiel. Wer nur Steuergesetze oder Rahmenbedingungen für Investition an sich ändert, verteilt nur um zwischen Staat und Unternehmensgewinnen, aber er schafft kein höheres Produktivitätsniveau.

Auch das belegt die Vergangenheit: Volkswirtschaften investieren im langen Kondratieffaufschwung am meisten – Deutschland 15,3 Prozent des Bruttosozialproduktes im dritten Kondratieff vor dem Ersten Welt-

53 Marc Hujer: »US-Firmen wollen höhere Steuern erzwingen«, SZ 13.2.01, S.22.

krieg und 19,6 Prozent in der Zeit zwischen 1957 und 1966. In den langen Abschwüngen dagegen liegen die Investitionsquoten bei unter 10 Prozent – nicht, weil die Unternehmer, der Staat und die Privatleute nicht wollen, sondern weil es keine rentablen Anlagen gibt. Da ist es eine ernste Warnung, wenn heute 40 Prozent der deutschen Investitionen ins Ausland gehen (das ist schon die Größenordnung, in der die Briten bei ihrem relativen Abstieg vor dem Ersten Weltkrieg im Ausland investierten).

Unvermeidbar wären in dieser Elefantenrunde ein paar monetäre Ratschläge: Die Regierungschefs sollten schauen, dass die Geldmenge erhöht werde. Hilft alles nichts, warnt der Kondratieff-Ökonom, Geld sei nur ein Transmissionsriemen zwischen verschiedenen Branchen, die unterschiedlich schnell produktiver werden und Kapital unterschiedlich gut verwerten. Mehr Geld mache die Wirtschaft daher nicht produktiver, nur Brüning habe es mit der Geldverknappung um 1930 doch etwas übertrieben, sodass sich die Preise nicht schnell genug einpendelten.

Einer der Klassiker wird Brüning 1930 raten, die Reichsmark abzuwerten, damit er mehr exportieren kann. Der Kondratieffexperte wird widersprechen, die Effekte seien wegen der Reaktion des Auslandes nur kurzfristig; langfristig sei im Export nur das Land erfolgreich, das die anstehende Basisinnovation Auto besser nutzt als andere. Wahrscheinlich zieht dieses dann auch Kapital von außen an, weil es dort mehr und Lohnenderes zu investieren gibt. Deswegen steigt seine Außenwährung, anstatt – wie gewünscht – zu sinken, und wird dennoch Exportweltmeister (wie Deutschland in den 50er und 60er Jahren).

Jene, die unter den Zeitgeistbedingungen der 70er Jahre politisch sozialisiert wurden, werden den Herren Metternich, Bismarck, Brüning oder Schmidt empfehlen, sie sollten die Löhne drastisch erhöhen, um die Wirtschaft anzukurbeln. Das ist eine wirtschaftspolitische Maßnahme, die wir exemplarisch für viele andere der etablierten Wirtschaftswissenschaftsrichtungen aus der Sicht der Kondratiefftheorie mal genauer untersuchen sollten.

Wirkung? Kommt darauf an!

In der Tarifrunde 1999 stachelte der damalige Bundesfinanzminister Oskar Lafontaine (SPD) die Gewerkschaften zu hohen Lohnsteigerungen an – in seiner Glaubenswelt hätten die Beschäftigten dann mehr Geld in der Tasche, würden mehr ausgeben, und deswegen würde die Wirtschaft wachsen. Wie sich erzwungene höhere Löhne aus der Sicht der Kondratiefftheorie auswirken, dafür gibt es mehrere Möglichkeiten, eben je nachdem: Zunächst steigen die Produktionskosten. Der Gewinn des Unternehmers schmilzt.

Jetzt kommt es auf seine Reaktion und die des Marktes an: Er gibt die höheren Kosten über höhere Preise an die Kunden weiter. In einer Expansionszeit wie den frühen 1960er Jahren wäre das den Kunden egal, sie würden das Produkt auch zu einem höheren Preis kaufen, schließlich ist ihr Wohlstand dank besserer Produktionsverfahren ebenfalls real gestiegen. In diesem Fall hätten die Beschäftigten mit ihren erstreikten höheren Tariflöhnen das Einkommen abgeschöpft, das andere Branchen durch Produktivitätssteigerungen zusätzlich geschaffen haben. Auf diese Weise profitieren auch Berufe mit vermutlich etwa gleich bleibender Produktivität, zum Beispiel Taxifahrer oder Lehrer, von der steigenden Produktivität anderer Sektoren. (Ein(e) Grundschullehrer(in) des Jahres 2013 verdient real mehr als der/die des Jahres 1981, die Schüler lernen aber etwa genauso gut Lesen und Schreiben wie vor 30 Jahren.)

Anders in einem langen Abschwung, wenn die Gesellschaft nicht mehr produktiver wird: Dann werden Produkte, die plötzlich mehr kosten, eben weniger gekauft. Der Unternehmer hat nicht nur höhere Ausgaben, er setzt auch noch weniger um. Deswegen wird er unrentable Produktion stilllegen und Arbeiter entlassen. Oder aber er lässt den Preis, wie er ist, weil sich ein höherer Preis am Markt nicht durchsetzen lässt; dann verzichtet er mehr oder weniger freiwillig auf Gewinn, wird also langfristig weniger Geld für Investitionen haben, seine Schulden langsamer zurückzahlen, seine Produktion zurücknehmen. Das Ergebnis ist dasselbe: weniger Beschäftigte.

Andere Möglichkeit: Wegen der höheren Löhne investiert er in arbeitssparende Maschinen, welche die Produktivität heben. So hieß es auf einem SPD-Parteitag der 70er Jahre, man wolle mit hohen Lohnforderungen mal die Leistungsfähigkeit der deutschen Wirtschaft testen. Folge: Das kommt darauf an. In einem boomenden Markt wie der Autobranche der 60er Jahre führt der Einsatz von mehr Maschinen nicht zu Arbeitslosigkeit, sondern dazu, dass das Bedürfnis nach individueller Mobilität endlich schneller erschlossen werden kann. Wenn ein Bedürfnis aber befriedigt ist oder wenn in einem langen Abschwung immer mehr Menschen gemeinsam ein Auto teilen und das vorhandene so lange fahren, bis es wegen technischer Mängel aus dem Verkehr gezogen werden muss, dann führt ein höherer Maschineneinsatz nur dazu, dass man weniger Mitarbeiter braucht und welche entlässt.

Führt das in einer Volkswirtschaft zu Massenarbeitslosigkeit? Das kommt darauf an. Auch in den 50er und 60er Jahren wurde die Kohleförderung technisch verbessert, sodass immer weniger Bergleute gebraucht wurden. Das war kein Problem, solange sie in boomenden Branchen wie dem Straßenbau oder der Autobranche eingesetzt werden konnten. Nachdem sich der vierte Strukturzyklus erschöpft hatte, gab es niemand, der sie aufnahm – wer als Bergmann arbeitslos wurde, der blieb es mit hoher Wahrscheinlichkeit auch, und als der fünfte Kondratieffaufschwung einen neuen Typus von Fachkräften brauchte, ließen sie sich nur schwer dazu umschulen.

Dann ist da auch noch die Möglichkeit, dass die Löhne und die Preise steigen, aber deswegen gesamtwirtschaftlich auch nicht mehr produziert wird. Dann ist die einzige Folge, dass das Geld weniger wert ist und die Menschen dasselbe zu höheren Preisen kaufen, wie es in der Stagflation der 70er Jahre der Fall war.

Kurz: Man kann keinen zwingenden Zusammenhang konstruieren zwischen dem Durchsetzen höherer Löhne und einem Wohlfahrtsgewinn für die Gesellschaft, wie es Lafontaine und andere zu glauben meinten. Ob das die Nachfrage erhöhe, wie Keynesianer behaupten, oder die Konjunktur schädige, weil die Preise steigen, wie es angebotsorientierte Ökonomen sehen, hängt von der Phase des jeweiligen Kondratieffzyklus ab. Wenn man also mit keiner der beiden wirtschaftspolitischen Richtungen auf der sicheren Seite ist, ist es ebenso wirkungslos, es mit beiden gleichzeitig zu probieren (davon sprach Gerhard Schröder). Die Kondratiefftheorie beendet die jahrzehntelange Auseinandersetzung in der Wirtschaftswissenschaft, ob Politik angebots- oder nachfrageorientiert handeln soll: Sie steht darüber, denn eine Basisinnovation wirkt auf beide Seiten positiv.

Wer die neue Technik samt Organisationsmustern und Verhaltensweisen umsetzt, kann billiger und mehr produzieren – da fühlen sich dann die Anhänger klassischer Theorien bestätigt, die Wachstum mit Kapitalakkumulation und niedrigeren Preisen erklären. Andererseits regt die Basisinnovation ebenso die Nachfrageseite an: Wenn das verbesserte Produkt billiger ist, habe ich mehr Geld in der Brieftasche, um vom selben mehr zu kaufen oder das eingesparte Geld anderweitig auszugeben. Und wenn die Branche, die dank Innovationen Dinge billiger und besser herstellen kann, auch mehr Menschen beschäftigt, entsteht ebenfalls neues Einkommen, welches das gesamtvolkswirtschaftliche Nachfrageniveau erhöht. Aber beide, sowohl angebots- als auch nachfrageorientierte Theorien, gehen an den Ursachen für wirtschaftliche Weiterentwicklung vorbei und haben sich ihren festen Platz in der Mottenkiste redlich verdient.

Die Realkostengrenzen von heute

Halten wir also fest: Die Briten sind im 19. Jahrhundert nicht deswegen reich und mächtig, weil die Zinsen niedrig sind oder die Löhne hoch oder niedrig oder die Nachfrage groß ist – wie es die etablierte Wirtschaftswissenschaft diskutiert –, sondern weil die Briten die damaligen Basisinnovationen und die gesellschaftlichen Strukturen am besten nutzten und umsetzten. Sie hatten rechtzeitig die »Realkostengrenze« beseitigt, welche die Gesellschaft an ihrer Weiterentwicklung hinderte. Das Problem ist keine monetäre, sondern eine reale Größe: Wenn es an Programmierern fehlt und sich ihre Zahl kurzfristig nicht vermehren lässt, dann kann man den vorhandenen, die schon sieben Tage die Woche rund um die Uhr arbeiten, noch so viel Geld zahlen – sie werden dennoch nicht mehr Wertschöpfung generieren.

Wirtschaftspolitik muss daher vorausschauend am Engpass ansetzen, nicht im makroökonomischen Einheitsbrei virtueller Variablen. In einer Wirtschaftspolitik, die ihren Namen verdient, geht es um technische und soziale Innovationen, die Knappheit überwinden, und darum, dass sich jemand die Mühe macht, diese Möglichkeiten zu finden; dass es genug Menschen gibt, welche die Kompetenz erwerben, damit umzugehen, und zwar schon dann, wenn sie noch nicht so Erfolg zu versprechen scheinen; es geht um die Frage, ob eine Gesellschaft eine neue radikale Erfindung akzeptiert und bereit ist, ihr altes Verhalten abzulegen und nach den neuen Erfolgsregeln zu wirtschaften; all das hat nichts mit Lohnhöhe zu tun oder mit Zinsen. Mit ihrem ökonomischen Instrumentarium werden so manche etablierte Akteure die Situation kaum vollständig verstehen, geschweige denn gestalten können.

Es wird nur dann eine wirksame Wirtschaftspolitik geben, wenn die heutigen Realkostengrenzen überwunden werden. Ihr Ziel wird sein, die gesamtgesellschaftliche Produktivität zu steigern. Wir werden sehen, dass destruktive Verhaltensweisen erhebliche Ressourcen auffressen und so zu den größten Produktivitätsreserven des sechsten Kondratieffs gehören.[54] Ökonomen werden sich dann verwundert die Augen reiben, wenn sie hier lesen, dass Familienqualität, Wertvorstellungen und Verhaltensweisen wie Kooperationsfähigkeit etwas mit wirtschaftlichem Wohlstand zu tun haben. Mehr noch: Langfristig sind sie die entscheidenden Standortfaktoren in der Informationsgesellschaft. Das ist ungewohnt für jene, welche die Grenzen des Wirtschaftswachstums bei Zinsen, Geldmenge oder Löhnen, vielleicht auch im Umwelt- und Energieverbrauch suchen.

Die Entscheidung, ob sich die meisten in einer Gesellschaft kooperativ organisieren oder nicht, kann die Politik niemandem aufzwingen. Aber der Staat kann das Knappheitsfeld Kooperationsfähigkeit thematisieren, vorleben und Rahmenbedingungen dafür schaffen, um die gesamtgesellschaftliche Produktivität zu erhöhen. Wir werden die Erwartungen der Menschen nicht mit gespieltem und völlig unfundiertem »Der Aufschwung kommt« positiv beeinflussen. Sie werden sich erst dann verbessern, wenn es einen gesellschaftlichen Konsens darüber gibt, wohin die Reise gehen soll. Dann werden alle Ressourcen wieder gebündelt, anstatt gegeneinander verwendet oder in sinnlosen Projekten verpulvert zu werden. Dann gibt es wieder ein Ziel, worauf wir unsere Kraft effektiv verwenden können. Die Erwartungen der Menschen werden sich aufhellen, wenn sie in ihrem realen wirtschaftlichen Alltag den Beginn effizienterer Verhältnisse spüren.

Was jetzt zu tun ist:

- Weg von den rein monetären Themen (Lohndebatten, Zentralbankschelte, Steuerreform vorziehen).
- Hin zu den realwirtschaftlichen Themen (Investition in Humankapital in Form von Bildung, Gesunderhaltung und Verringerung von destruktivem Denken).
- Schaffung von kreativen Informationsarbeitsplätzen, anstatt niedrigproduktive materielle Arbeitsplätze zu subventionieren.

54 Das war schon bei Prof. Millendorfer Thema bei seinen Vorträgen in den 80er Jahren, ebenso bei Nefiodow: »Der Sechste Kondratieff«, S. 104f.

Kapitel 3

In Zukunft viel Arbeit

Die Qualität der zwischenmenschlichen Beziehungen wird zur wichtigsten Quelle der Wertschöpfung

Als wenn es so einfach wäre: Man holt ein paar tausend Inder als Programmierer ins Land und die Softwareprobleme der Deutschen sind gelöst. Was für ein Irrtum: Der Bedarf der Wirtschaft nach individuell geschriebenen Programmen wird so stark zunehmen, dass Millionen Inder nicht reichen werden, die klaffende Lücke zu decken. Das hindert die Wirtschaft am Wachsen. Wenn es nicht gelingt, Software viel rationeller zu schreiben als bisher, dann werden irgendwann alle Deutschen programmieren müssen. So weit wird es aber nicht kommen: In Zukunft schreiben Softwareprogramme nach menschlichen Vorgaben Software schneller, in höherer Qualität und – wegen der geringeren Fehleranfälligkeit – zu weit geringeren Kosten als die heutige, eher künstlerische Handarbeit, prognostiziert der Pionier-Unternehmer Helmuth Seidel in Unterhaching bei München. Die meiste Arbeit leisten dann nicht mehr die Programmierer, sondern jene, die sich zusammen mit dem Kunden überlegen müssen, was ein Programm eigentlich können soll. Das bedeutet: Die Qualität der zwischenmenschlichen Beziehungen bestimmt, wie wertvoll das ist, was am Ende programmiert wird.

Der Software-Branche steht die industrielle Revolution erst noch bevor

Dafür gibt es wieder eine ökonomische Notwendigkeit im Sinne der Kondratiefftheorie: Längst haben Standardprogramme die Bedürfnisse abgedeckt, die sie abdecken können. Die Abläufe der Firmen dagegen werden immer stärker abteilungsübergreifend und damit individueller. Unternehmen brauchen weltweit einzigartige Programmfunktionen, um ihren Wettbewerbsunterschied auszuspielen. Ständig müssen sie auf neue Ideen und Gesetze reagieren. Und seit die Informationsflut dazu zwingt, die Entscheidungskompetenz dezentral an den Ort des Geschehens zu verlagern, müssen Manager sehen, wie sie die notwendigen Daten und Analysen den zuständigen Ebenen zur Verfügung stellen. Der Bedarf an Computerprogrammen wächst in Zukunft also ins Ungeheuerliche. Sich aber eine eigene Software von Informatikern per Hand schreiben zu lassen gilt heute als zu teuer. Programmierer schreiben immer noch Zeile für Zeile per Hand, zeitraubend und lohnintensiv wie vor 40 Jahren. Nach wie vor werden die großen Fortschritte in höheren Programmiersprachen oder in noch schnelleren und mehr Strom fressenden Computern gesucht. Die Produktivitätsreserven der Informationstechnik liegen aber woanders.

Wer heute eigene Programm-Unikate in Auftrag gibt, dem schadet die ebenso verbreitete wie unrealistische Vorstellung, Software-Entwicklung sei vor allem ein technisches Problem. Da soll ein angeheuerter Informatiker eine passende »Geschäftslösung« programmieren, ohne dass vorher jemand im Unternehmen ausreichend Details bestimmt hat. Dabei können die Kunden am Anfang gar nicht vollständig wissen, was sie eigentlich alles brauchen: Je länger sie über das Programm nachdenken, umso mehr werden sie neue Anforderungen erfinden sowie vorhandene anders bewerten und gewichten. Der Programmierer wiederum hat keine Ahnung von dem komplexen Unternehmen, hat daher kein Konzept und keinen Bauplan – kein Häuslebauer würde so planlos vorgehen. Das Ganze endet in einem Fiasko gesprengter Budgets, weil das mühsame Schreiben per Hand viel zu lange dauert, und mit ständig neuen Computerabstürzen, weil die vielen Fehler nie gefunden werden. Schuld ist dann eben der Programmierer oder die Software schlechthin, weil sie nie richtig fertig wird, nicht jedoch der Auftraggeber mit seinen mehrdeutigen, unscharfen Vorgaben. Am Ende wird an den Tests und der Qualitätssicherung gespart, was die Lust der Mitarbeiter auf das einfach so vor die Nase gesetzte Programm völlig untergräbt. Dass die Branche ihre Kommunikationsschwierigkeiten noch nicht gelöst hat, davon zeugen Millionengräber von »Schrankware« – bis zu 80 Prozent aller Softwareprojekte werden niemals abgeschlossen oder kommen nie zum Einsatz.

Stattdessen werden chaotische Zustände als normal hingenommen, wenn sich die Firma nach einer neu eingeführten Standardsoftware umorganisieren muss (und nicht umgekehrt), mit der sie überflüssige Programmteile und den nächsten Versionswechsel gleich mitbezahlt, ob sie nötig sind oder nicht. Oder das Anpassen eines fertigen Programmpaketes ist so aufwändig, wie wenn die Software gleich nach den Bedürfnissen eines Unternehmens maßgeschneidert worden wäre. Denn dabei schleichen sich Fehler ein, die durch aufwändige Tests erst einmal wieder gefunden und ausgemerzt werden müssen. Kein Wunder, dass die Testabteilung einer Standard-Softwarefirma heute fast so groß ist wie die eigentliche Entwicklungsabteilung.

Auch deswegen gehört den Softwarerobotern die Zukunft: Bei einem ausreichend formalisierten Bauplan schreibt der Computer umgehend 1000 Software-Statements fehlerfrei (vorausgesetzt, die Daten sind korrekt eingegeben worden) und ist damit weit besser als ein Mensch. Denn ein Programmierer überschaut nur eine Seite von vielleicht 40 Statements, vertut sich mit hoher Wahrscheinlichkeit in einer Syntax aus Kommas und Strichen, schreibt statt des Befehls »repeat« ein »repaet« oder vergisst bei einem »größer als 30« die Null. Bei komplexen Programmen gibt es eine Fehlerrate von 0,25 bis 10 Fehlern pro 1000 Anweisungen, also 125 bis 5000 Fehler bei einem fertiggestellten Programmsystem mit 500.000 Anweisungen, die in zahlreichen Tests erst einmal aufgespürt werden müssen. Und selbst nach den Tests hat noch niemand die Abwesenheit weiterer Fehler bewiesen – was Bill Gates bei der Vorstellung neuer Software zu spüren bekam. Auch die europäische Ariane-Rakete stürzte nach dem Start als Feuerball ab, weil ein Handprogrammierer vergessen hatte, Zoll in Zentimeter umzurechnen. Wenn man bedenkt, dass Software Gepäckförderbänder am Flughafen, Girokonten oder Atomkraftwerke steuert, muss man sich wundern, dass nicht mehr passiert. Die teure Fehlersuche rechnet sich bei Programmen mit zig Millionen Auflage, aber bei einer individuell angepassten Standardsoftware? Oder gar einer handgeschriebenen Sonderanfertigung?

Fragensteller statt Programmierer

Die explodierten Softwarekosten sind ein Engpassfaktor und drücken der Wirtschaft auf Dauer den Atem ab. Was sich dort an Problemen abzeichnet, lässt sich weder mit höheren Programmiersprachen noch mit zusätzlichen Programmierern bewältigen. So wie die Dampfmaschine im ersten Kondratieff einen Quantensprung brachte in der Nutzung mechanischer Bewegungsenergie, so wird die Softwarebranche künftig durch »Tools« produktiver gemacht, die Software nach einem erarbeiteten Bauplan generieren, den Informationsarbeiter zuvor entworfen haben. Die Produktivitätssteigerung automatisierter Softwareerstellung gegenüber dem Anpassen von Standardsoftware schätzt Seidel – je nach Fall – auf den Faktor zwei bis zehn.

Das Thema ist nicht neu: Computer Aided Software Engineering war schon in den 70er Jahren im Gespräch. Ein aufgeblähtes Marketing hatte so viel versprochen, wie die damaligen Werkzeuge dann enttäuschten. Deswegen ist das Thema in der Versenkung verschwunden, obwohl heute ganz andere Werkzeuge zur Verfügung stehen und maßgeschneiderte Software wieder wettbewerbsfähig machen: Grafische Masken müssen nicht mehr tagelang gebastelt werden. Vorlagen und Formulare können inzwischen einfach eingescannt werden. Der Computer verknüpft sie zu Daten- und Programmbeziehungen und generiert Masken für moderne Anwendungen. Seit der Unternehmensgründung 1983 hat Seidel einen Softwareroboter zusammengebastelt aus einem Konglomerat am Markt schon erhältlicher Tools und selbst entwickelten Komponenten. Dieser gleicht aber eher noch der Benzindroschke des Herrn Daimler als den heute üblichen Autos.

Dennoch: Die eigentliche Arbeit, Software zu schreiben, ist die Arbeit mit Menschen, die darüber nachdenken und diskutieren, was ihre Computer wissen sollen. Denn kein Elektronikrechner kann den Menschen Entscheidungen abnehmen, wie sie ihre Informationsflüsse, Strukturen und Beziehungen gestalten, wer auf welche Informationen zugreifen kann und in welchem Ausmaß, wer für was verantwortlich ist, wer Daten sammelt, aufbereitet, auswertet und wem präsentiert, wessen Interessen berührt werden, wenn die Strukturen der virtuellen Welt dann auch die Abläufe in der realen Welt bestimmen. Deswegen wird die Wirkung jeder Greencard bescheiden bleiben: Keiner, der aus einer fremden Kultur und mit einer fremden Sprache eingeflogen wird, kann die Informationsstrukturen in einem deutschen Unternehmen erarbeiten und im Wechselspiel mit den Mitarbeitern neu verknüpfen. Diesen Bauplan zu entwerfen – das ist der wirklich aufwändige Teil der Softwareerstellung, den aber die

Entscheider und die späteren Benutzer zusammen mit Modellierern allein leisten können. Das spart Zeit und die üblichen Kommunikationsprobleme mit den Programmierern, die dann mit dem Softwareroboter nur noch den letzten einer langen Kette von Arbeitsschritten erledigen. Anstatt Entwicklungsländer ihrer besten Köpfe zu berauben, sollte die Politik die Entwicklung automatisierter Softwareerstellung fördern.

Softwareroboter werden auch das Selbstverständnis der Informatiker und die Lehrpläne an den Universitäten verändern, die heute noch so aussehen wie vor 30 Jahren. Wer heute von der Informatik-Fakultät kommt, hat sich vor allem mit der Frage der »richtigen« Programmierung und mit Korrektheitsbeweisen beschäftigt. Doch die Anforderungen an den künftigen Informatiker gehen weit über algorithmisches Denken hinaus. Für generierte Software muss er vor allem Anwendungsarchitekt und Modellierer sein, einen Hauch von Betriebserfahrung und ein Auftreten haben, das Kunden zugemutet werden kann. Außerdem fehle es vor allem an Kommunikationstraining und sozialer Kompetenz.

»Wem es als Erstes gelingt, mit einem automatisierten Vorgehensmodell breit einsetzbar in die industrielle Softwareproduktion einzusteigen, der wird sehr schnell zu den größten weltweit gehören«, sagt Seidel. Das neue Verfahren wird viele neue Arbeitsplätze schaffen und den Wohlstand bis hin zum Konsum anregen. Doch wieder erweist sich die Gesellschaft als zäh, wenn es darum geht, Innovationen aufzunehmen und voranzutreiben.

Auch die Banken stehen vor einem Qualitätssprung. Im fünften Kondratieff konnten sie mit Hilfe des Computers ihre Geschäfte effizienter verwalten. Sie entließen im Privatkundengeschäft Zehntausende, anstatt den nächsten Strukturzyklus zu erschließen, während gleichzeitig Zehntausende mehr oder weniger seriöse Finanzberater an ihrer Stelle das Geschäft übernehmen.

Finanzberatung ist Lebensberatung

Die veröffentlichte Kritik hat offenbar nichts bewirkt: Die Kunden werden sogar noch schlechter beraten als bei der Prüfung zuvor, stellte *Finanztest* fest, als nur zwei von 25 Banken verantwortungsvoll auf die gestellte Vermögenssituation der Prüfer eingingen. Ähnlich war zuvor ein

Test von Redakteuren der ZDF-Sendung WiSo unter den sechs führenden Vermögensberatungsfirmen ausgefallen. Dass der Großteil von ihnen Risiko und Kosten der Anlage verschleierte, war ja nur fachliche Kritik. Am schwersten wog: »Die meisten Vertreter hat es schlichtweg nicht interessiert, welche Persönlichkeiten mit welchen Anlageerfahrungen und menschlichen Lebenszielen vor ihnen saßen«, schreibt die WiSo-Redaktion. Während die Finanzprodukte weitgehend austauschbar geworden sind, mangelt es an Finanzberatung, die über Verbalbeteuerungen hinaus kundenorientiert arbeitet.

Die Zahl der Vermögensberater und ähnlicher Berufe wird daher weiter stark zunehmen. Denn kundenorientierte Beratung war noch nie so nötig wie jetzt: Laut einer Emnid-Umfrage ist jeder Dritte ohne private Altersvorsorge, zwei Drittel halten ihre für unzureichend. Die Erbengeneration bekommt in den nächsten zehn Jahren 2200 Milliarden Euro, die es zu erhalten gilt. Viele von ihnen sehen ihr Geld gar nicht mehr wieder, wenn sie märchenhaften Renditeversprechern auf dem grauen Markt folgen.

Die Menschen haben also das Problem, dass sie dringend Hilfe brauchen, ihre Vermögensverhältnisse zu ordnen, Risiken abzusichern, Steuern zu sparen oder die Vermögensrendite zu erhöhen; andererseits finden sie aber nur schwer jemanden, dem sie sich anvertrauen können. Sie wollen zunächst einmal als Person wahrgenommen werden, nicht als eine Liste von Anlagen; sie wollen ergebnisoffen, fachlich qualifiziert und umfassend beraten werden. Das Problem ist, dass sich die Banken noch nicht auf die Erfolgsmuster des sechsten Kondratieffs eingestellt haben: Es sind die Rahmenbedingungen, die den Kundenberater zwischen den Interessen seiner Kunden und denen seiner Bank so einzwängen, dass er in erster Linie zum Wohl seines Arbeitgebers beraten muss – und somit den möglichen Wohlstand gar nicht entfalten kann.

Sein Arbeitgeber schreibt ihm vor, welche Produkte er verkaufen soll. Verstärkt bekommt er Druck, zum Beispiel einen bestimmten Fonds zu puschen, der am meisten Provision verspricht. Wer die Sollzahlen nicht erfüllt, riskiert, seine Stelle zu verlieren. Dazu frustrieren ihn noch angekündigte Filialschließungen mit Arbeitsplatzabbau, sorgen Fusionsgerüchte gerade dort für Verunsicherung, wo Berater nicht mit der eigenen, sondern mit der geliehenen Autorität ihres Institutes arbeiten. Aus Karriere- oder organisatorischen Gründen rotiert das Personalkarussell und verbaut dem Kundenberater die Chance, über die Jahre hinweg das Vertrauen der Kunden zu erwerben. Dann bleiben nur Sachthemen – Produkte, Fachkompetenz –, um einen Zugang zum Gegenüber zu finden, aber keine Zeit, die Motive, Lebensziele, Befürchtungen, die den Umgang mit Geld prägenden Erfahrungen und andere emotionale Grundlagen der Beratung zu erarbeiten.

Der Markt reagiert auf das Defizit der Banken, aber leider erst unzureichend: Pyramidenförmig aufgebaute Strukturvertriebe wachsen rasant. Unten schleppen Einsteiger und Nebenerwerbsvertreter Kunden an, oben verdienen Führungskräfte an den Provisionen mit. Druck machen Ranglisten der Berater mit den meisten Provisionen. Und wer wenig Umsatz macht, bekommt unangenehme Fragen oder Seminare, wie man ein Nein des Kunden in ein Ja umdreht. Je mehr Vertragsabschlüsse ohne Storno ein Berater abliefert, desto schneller der Aufstieg in der Hierarchieleiter und desto höher die Provisionen. Bis er schließlich vor der Wahl steht, seinen Chef abzusägen oder die Firma zu verlassen. Ein System, das einseitige Verkaufswettbewerbe unter den Beratern abhält, wird nie den Kundenbedarf berücksichtigen, sondern eben eine weitere Lebensversicherung oder Anlage verkaufen – kein Wunder, dass nach einer Untersuchung der Gesellschaft für Konsumforschung (GfK) ein Kunde heute 15 Verträge bei sieben verschiedenen Finanzdienstleistern besitzt.

Ob die hierarchischen Strukturbetriebe zur großen Konkurrenz der Banken werden, ja die Zukunft des Finanzdienstleistungsmarktes bestimmen, muss daher bezweifelt werden. Mit der Unabhängigkeit, die sie sich auf die Fahne schreiben, ist es meist nicht weit her: Der Gang an die Börse hat vor allem den Gründer reich gemacht und verpflichtet die Berater bei ihrer Arbeit, auf Kurse und Dividende zu achten. Einige sind in die Negativschlagzeilen gerutscht, weil sie Bilanzen gefälscht oder unrentable Anlagen verramscht haben. Eher werden die steuer- und rechtsberatenden Berufe in der systematischen Vermögensplanung ein neues Geschäftsfeld für sich erschließen – schließlich besitzen sie das Vertrauen ihrer Mandanten.

Je mehr es anderen Firmen gelingt, ihre Rahmenbedingungen so zu verändern, dass ein Berater wirklich die Interessen der Kunden in den Mittelpunkt stellen kann (denn das hängt letztlich von dessen persönlichen Integrität ab), umso stärker wird der Veränderungsdruck auf die

Banken. Kein Shareholder, keine Bank und kein Produktgeber sollte Druck auf den Berater ausüben können; nicht der Vorgesetzte die Ziele vorgeben, sondern jeder Berater sich selbst. Ein Beispiel unter anderen für ein solches Firmenmodell ist die Firma Plansecur in Kassel. Hier können Berater Teilhaber werden, sie sind dann sowohl Selbständige als auch Miteigentümer des Unternehmens. So können sie Produktpolitik und Firmenentscheidungen mitbestimmen. In einem solchen Konzept bilden die Praktiker den Nachwuchs selber aus und zwar nicht nur verkaufsorientiert, sondern wissensorientiert (also nicht »Wie zwinge ich den Kunden am Telefon zum Beratungsgespräch«). Im Team unterschiedlicher Spezialisten können anonymisierte Vermögenssituationen eines Menschen analysiert und optimiert werden. Niemand muss dann mit der Fassade herumlaufen, alles zu wissen, sondern kann von der kollegialen Erfahrung und der Stärke anderer profitieren. Ob ein solcher Rahmen aber auch wirklich zum Wohl des Kunden genutzt wird, hängt letztlich aber allein von der Persönlichkeit des Beraters ab.

Ein Berater muss die Beweggründe seines Kunden wissen, muss über die finanzielle Situation hinaus die seelischen Faktoren kennen: Welche Emotionen kleben am ererbten Geld? Will der Partner noch ein Kind? Sind die finanziellen Familienverhältnisse durch Streit getrübt? Und auch die Entscheidung, ob ein Haus gekauft werden kann oder nicht, greift weit in die persönliche Lebensplanung hinein. Gerade an den Lebenseinschnitten – Ehe, Kinder, Rente, Todesfall –, zu Beginn eines neuen Lebensabschnitts müssen finanzielle Weichen solide gestellt werden – mit Blick auf die ganze Komplexität des Lebens eines Kunden. Vermögensberatung ist so immer auch Lebensberatung.

Das ist der künftig entscheidende Wettbewerbsfaktor auf dem Finanzdienstleistungsmarkt, auf den die Branche noch nicht vorbereitet ist: Sozialkompetenz entwickeln, zuhören können, sich selbst kennen und die individuelle Persönlichkeit des anderen akzeptieren. Wer als Berater dem Kunden authentisch zuerst als Mensch begegnet, sich nicht nur für seine Anlagen, sondern auch für sein Wohl interessiert, verabschiedet sich vom nur kurzfristig erfolgsbezogenen und gewinnorientierten Arbeiten. Gute Geschäfte folgen daraus, schon weil zufriedene Kunden einen Berater weiterempfehlen werden. Das eigentliche Produkt der »Private Banker« sind nicht ihre Fonds und Versicherungen, sondern die umfassende, vor allem soziale Qualität ihrer Beratung. Der Bedarf ist groß.

Informationsarbeit ohne Ende

Und das zieht sich durch alle Branchen: Ausgebildet werden Jurastudenten noch immer für den Richterberuf. Der Jurist der Zukunft ist jedoch vor allem Berater – in Steuerfragen, in Rentenfragen, in allen Lebensbereichen. Auch hier gilt: Rechtsberatung ist Lebensberatung. Eine Baufirma mit einer Belegschaft von 100 Mann kam bis in die 70er Jahre hinein mit einem Bauingenieur aus. Heute beschäftigt dieselbe Baufirma bei unveränderter Mitarbeiterzahl acht Bauingenieure, weil die zu bearbeitende Informationsmenge so zugenommen hat, dass sie nur noch von vielen ausgebildeten Bau-Informationsarbeitern gemeinsam bewältigt werden kann: neue Baustoffe, mehr Gestaltungsmöglichkeiten, Umweltauflagen, kompliziertere Technik und mehr Gesetze. Mit der Informationsflut steigt auch in allen Lebensbereichen der Bedarf an journalistisch versierten Schreibern, die einen Sachverhalt so darstellen können, dass ein Leser/ Mitarbeiter/Kunde wenig Energie und Zeit aufzuwenden braucht, um den Inhalt zu verstehen. Ärzte müssen immer mehr den Menschen und seine Geschichte hinter der Krankheit erkennen, anstatt nur die Symptome zu behandeln (☛ Gesundheitskapitel, S. 299). In einem Fachartikel, der die ersten Messergebnisse des Teilchenbeschleunigers LHC beschreibt, stehen 1968 Autorennamen – so sehr ist Wissensarbeit inzwischen eine kollektive Leistung.[1]

Die immer wieder aufflammenden Diskussionen um Arbeitszeitverkürzungen sind daher Relikte aus Zeiten der Schwerindustrie. Im Gegenteil: Wir haben in Zukunft mehr Arbeit, als wir überhaupt erledigen können. Neue Arbeitsplätze entstehen nur noch als Informationsarbeiten, und nur dort, wo sie ausreichend effektiv gelöst werden. In der Einleitung ist beschrieben, dass mehr Ressourcen nur geschaffen werden können, wenn wir produktiver werden. Damit stehen wir vor dem größten Zukunftsproblem der Politik und des Managements: Wissen wir, wovon in der Wirtschaft der Informationsgesellschaft Produktivität abhängt?

In der alten Industriegesellschaft waren die Spielregeln jedem klar: Damals konnte man einen VW-Käfer konstruieren, der anschließend lief und lief und lief – jahrzehntelang. Der Preis entschied den Wettbewerb. Für die Produktion war das vorrangige Problem, den Rohstoff- und Ener-

1 »Die Zahl«, SZ 11.3.10, S. 16.

giefluss zu optimieren.[2] Die Wirtschaft wuchs, je mehr Material sie verbrauchte. Investitionen flossen in Maschinen und Anlagen. An den hierarchischen Strukturen der Fabrik orientierten sich alle Institutionen der Gesellschaft – von der Schule über die Behörde bis hin zum Krankenhaus. Die Menschen – austauschbar, spezialisiert – waren ein Teil der Maschine. Die meisten von ihnen waren damit beschäftigt, in der Fabrik zu fräsen, zu schrauben, zu montieren. Wenn sich die Arbeiter am Fließband gegenseitig mobbten, bekämpften, einige innerlich kündigten, dann war das zwar auch unerfreulich, fiel aber letztlich nicht entscheidend ins Gewicht. Die Menge der Güter, die am Ende vom Band rollte, hing hauptsächlich davon ab, wie technisch effizient die Maschinen mit Rohstoffen und Energie umgingen. Nur ganz wenige Menschen organisierten, planten, entwickelten; nur wenige arbeiteten mit Information.

Die Rezession kommt, weil Informationsarbeit nicht produktiv genug ist

Das Verhältnis hat sich umgedreht: In einer Welt, die ihr Wissen alle zweieinhalb Jahre verdoppelt, kommt es darauf an, über die richtigen Informationen im richtigen Augenblick zu verfügen und sie produktiv anzuwenden. Während Landwirtschaft und Industrie wegen der hohen Produktivitätsschübe Arbeitsplätze abbauen und die Zahl derer, die anderen die Haare schneiden oder Taxi fahren, im Wesentlichen gleich bleibt, entsteht neue Arbeit nur als Informationstätigkeit. Wer reale Güter wie Autos herstellt, benötigt immer mehr Informationsarbeit – also Informationen sammeln, sortieren, gewichten, organisieren, aufbereiten, darstellen, beobachten, zusammenführen. Auch der Facharbeiter an der Maschine verbringt immer mehr Zeit damit, sich oder andere zum Beispiel zu fragen, wie jenes neue Material in dem bisherigen Prozess mit anderen Stoffen reagieren wird. Und auch die Landwirte sind nicht mehr die altbekannten Bauern in Gummistiefel und mit Mistgabeln. Ihre Traktoren sind längst eine Art Raumschiff mit großen Bildschirmen geworden, deren Bordcomputer über GPS mit Satelliten verbunden sind, sodass sie immer wissen, auf welchem Feldquadrat sie sich gerade bewegen, wie groß dort

2 Nefiodow: »Der Sechste Kondratieff«, S. 13f. und S. 23.

im vergangenen Jahr die Ernte war und wie viel von welchem Dünger sie nun gerade ausbringen müssen. Knapp ist dabei nicht so sehr, neues Wissen zu schaffen. Selbst Spezialisten können die veröffentlichten Aufsätze und Publikationen zu ihrem Spezialgebiet nicht mehr überblicken. Während sich die Informationsflut mit Hilfe des Computers technisch noch bewältigen lässt, fehlt es künftig an kompetenten Leuten, die die Daten bewerten und in Erkenntnisse und Problemlösungen umwandeln. Das größte wirtschaftliche Problem besteht darin, die Informationsflut zu vertretbaren Kosten zu kanalisieren, um das relevante Wissen zu finden und produktiv anzuwenden.

Produkte werden passgenau auf den Kunden zugeschnitten – »Sonderwunsch« ist heute ein lustiges Wort-Relikt aus dem Industriezeitalter. Die nötige kleinteilige, kundenindividuelle Arbeit ist der Grund, warum die große Massenproduktion weniger gefragt ist, und der Mittelstand in Deutschland mehr neue Stellen schafft als die großen Industriebetriebe Leute entlassen. Den Wettbewerb zwischen Firmen und Ländern entscheidet in Zukunft weniger der Preis (von standardisierter Massenware wie früher), sondern der Umgang mit Information: Die Produktlebenszyklen haben sich so beschleunigt, dass nur der seine Entwicklungskosten wieder hereinbekommt, der als Erster damit auf den Markt kommt. Auch Qualität und Kundenorientierung geben den Ausschlag – und auch die werden über den Umgang mit Information entschieden.[3] Längst ist Investition nicht mehr so sehr, sich eine neue Maschine zu kaufen, sondern lebenslang zu lernen und mit einem anderen einen Kaffee trinken zu gehen, um Vertrauen, gegenseitiges Verstehen und Informationsflüsse aufzubauen.

Nun wissen wir aus der Geschichte der vorherigen Kondratieffzyklen, dass wir nur dann mehr zu verteilen haben, wenn wir produktiver werden. Wie ein Betrieb dieses Problem löst, war in der alten Industriegesellschaft jedem klar: Wir steigern die Leistungsfähigkeit einer Stanzmaschine um 20 Prozent, das ergibt 20 Prozent mehr Output. Den kann man dann über höhere Löhne, niedrigere Preise, Gewinne oder Investitionen verteilen. Aber Maschinen leisten immer weniger für die Wertschöpfung. Jeder, der heute mit Informationen arbeitet, weiß, dass seine Ergebnisse nicht in dieses Raster passen: Manchmal schafft man in einer Stunde so viel wie an einem Tag – und umgekehrt. Ob ein Ingenieur sich mit aller

---

3 Nefiodow: »Der Sechste Kondratieff«, S. 32 ff.

Geisteskraft konzentrieren kann oder stundenlang an einem Problem ergebnislos herumprobiert, ob ein Softwareentwickler eine ganze Sequenz selber schreibt oder von seinem Kollegen den Tipp erhält, dass sie schon in einem anderen Programm existiert, ob Meinungsverschiedenheiten im Team zu Machtkämpfen ausarten, die sich bis zur Rente nicht mehr beilegen lassen und damit gegenseitige Information verhindern – das sind fundamental andere Kriterien für Produktivität als in der alten Industriegesellschaft.

So war eigentlich nur erstaunlich, wie überrascht alle waren, als diese Zahlen auf den Tisch kamen: Schlank und schnittig umgebaut, erwirtschafteten deutsche Unternehmen Mitte der 90er Jahre je Lohneinheit kaum höhere Erträge als zuvor. Ähnlich das Phänomen, dass die Arbeitsproduktivität immer weniger zunahm: Während sie in den 60er Jahren um 5,4 Prozent und in 70er Jahren noch um 4 Prozent im Jahr wuchs, so stieg sie seit 1980 jährlich nur noch um etwa 2 Prozent. Das ist eine ernste Warnung: Denn je langsamer die Unternehmensproduktivität wächst, umso geringer ist der Spielraum der Unternehmen für Gewinne, die darüber entscheiden, wie viel sie produzieren, und damit, wie viele Güter einer Gesellschaft zur Verfügung stehen. Kein früheres Rezept scheint mehr durchschlagend zu funktionieren, um die Produktivität deutlich zu heben. Der Grund dafür ist erstens: Produktivitätsfortschritte werden hauptsächlich in technischen und organisatorischen Rationalisierungen gesucht. Und zweitens wird der bisher langsame, aber nun beschleunigte Übergang in die Informationsgesellschaft nicht ausreichend berücksichtigt, in der die größten Produktivitätsreserven in geistiger Informationsarbeit liegen.[4] Anstelle der Maschinen rückt das, was den Menschen ausmacht, in den Mittelpunkt der Wirtschaft. Doch von dieser Erkenntnis sind wir noch eine teure und schmerzhafte Versuchsstrecke weit entfernt.

Als die Wirtschaft spürte, dass sie mit besserer Hardware insgesamt nicht mehr wesentlich produktiver wurde, machte sie als Nächstes ihre Arbeitsorganisation produktiver: Die Unternehmen speckten einige Hierarchieebenen aus dem Taylorschen Koloss ab, weil viele Schreibtische den Informationsweg verlängern – das ist im Zeit-Wettbewerb ganz schlecht.[5] Die Vorgesetzten waren sowieso immer weniger in der Lage, ein Projekt

4 Nefiodow: »Der Sechste Kondratieff«, S. 149.
5 a.a.O., S. 26 ff.

zu beurteilen, und störten mit ihren Eingriffen nur die damit direkt befassten Mitarbeiter, die in allem einen Wissensvorsprung haben.

Doch die organisatorischen Rationalisierungsmöglichkeiten haben ihre Grenzen: Dass in den vergangenen Jahren eine betriebswirtschaftliche Methode die nächste jagte, um bald danach wieder abgelöst zu werden, weil ihr Nutzen hinter den Erwartungen zurückblieb, ist kein Wunder, wenn man bedenkt, an welchen Hebeln sie ansetzen. Konzepte wie Qualitätszirkel, Profitcenter, Just-in-Time, Lean Production, Business Reengineering, Workflow Systems werden weltweit angewandt und bieten keine komparativen Vorteile mehr. Das Produktivitätspotenzial, das in ihnen lag, ist größtenteils ausgeschöpft. Sie haben eine wichtige Funktion, ja sie sind die Voraussetzung dafür, dass sich die Informationsarbeiter entfalten können. Aber Organisationsformen können nur den Rahmen für produktive Informationsarbeit vorbereiten, Gedankenleistungen erzeugen können sie nicht.

Was bleibt, um Lebensqualität zu steigern und neue Arbeitsplätze zu schaffen, liegt allein in der Kompetenz der Informationsarbeiter. Damit hängt Wohlstand erstmals vom effizienten Umgang mit Information zwischen Menschen ab.[6]

Als zu Ludwig Erhards Zeiten Informationsarbeiter nicht produktiver wurden, war das so ziemlich egal. Denn damals hing wohl die Hälfte des Bruttosozialproduktes von der Produktivität der Maschinen ab. Bisher haben die großen Produktivitätsfortschritte der Technik uns vor einer tiefer gehenden Krise bewahrt.[7] Wenn die Industrie heute jubelt, sie habe die Produktivität ihrer Maschinen und Anlagen um 10 Prozent im Jahr gesteigert, dann fällt das in einer Zeit, in der diese – größenordnungsmäßig – nur noch 15 Prozent zur Wertschöpfung beisteuern, eben nur mit 1 bis 2 Prozent Wirtschaftswachstum ins Gewicht. »Sollte es in den nächsten Jahren nicht gelingen, auch die Produktivität des Informationssektors deutlich zu steigern, dann bestehen keine Aussichten, die Massenarbeitslosigkeit in den Griff zu bekommen«, schreibt Nefiodow.[8] Schlimmer noch: Dann werden uns die Ressourcen fehlen, die wir brauchen, um neue Arbeitsplätze anzubieten, um die Renten zu bezahlen, die Krankenkassen zu finanzieren und um unsere Schulen und Universitäten einigermaßen

---

6 a.a.O., S. 144.
7 a.a.O., S. 143.
8 Nefiodow: »Der Sechste Kondratieff«, 3. Aufl, S. 35.

anständig auszustatten; dann werden Staat und Gesellschaft erst richtig mit ernsten Problemen konfrontiert – und mittendrin: die Unternehmen, die immer sorgenvoller nach neuen Rezepten suchen.

Die meisten reagieren mit den Methoden der Industriegesellschaft auf die neue Qualität der Probleme. Die mathematische Betrachtungsweise der etablierten Betriebswirtschaft empfiehlt dem Management eben nur die bekannten Hebel: Kosten senken durch Entlassungen – kurzfristig. Arbeit umverteilen – als wären die Beschäftigten heute noch so austauschbar wie früher die Fließbandarbeiter. Umstrukturierungen misslingen, weil, von ein paar Kostenkoordinaten abgesehen, die Orientierung fehlt. Der Rationalismus zahlengläubiger Unternehmensberater, auf amerikanischen Business-Schools ausgebildet, sieht die Firma als Maschine zum Geldmachen und hinterlässt demotivierte, verärgerte und frustrierte Mitarbeiter. Sie sind blind für das Beziehungs- und Wissenskapital, das sie vergeuden, und für die Motivationsschäden, die sie der Firma über die verbleibenden Kollegen zufügen.

Das liegt unter anderem auch daran, dass in der Berufsausbildung vor allem jene Fähigkeiten geschult werden, die im Maschinenzeitalter gefordert waren: Die rationale Verarbeitung von Wissen. Zwar wird allgemein zunehmend erkannt und öffentlich gefordert, fachübergreifend an Probleme heranzugehen. Doch allen Verbalbeteuerungen zum Trotz entspricht das vorherrschende akademische Denken nicht diesem ganzheitlichen Wirklichkeitsbegriff – viele verteidigen ihr Fachgebiet so vehement, als wollte ihnen jemand ihr Fürstentum wegnehmen. Die vielfachen, wechselseitigen Zusammenhänge zwischen Produktivität, Markterfolg, umfassender Gesundheit der Informationsarbeiter, Ethik, Wirtschaftswachstum, Lebensqualität, geistiger und materieller Welt wird nur nachvollziehen können, wer über die Grenzen seines Fachgebietes hinaussieht und anerkennt: Die Wirklichkeit ist etwas Ganzes.

Da liefert die Globalsicht der Kondratiefftheorie die plausibelste Erklärung für die derzeitigen weltwirtschaftlichen Ereignisse, begründet künftige Entwicklungen und gibt damit Unternehmen Strategien für die Zukunft: Was kommt nach der Informationstechnik? Wo liegen die neuen großen Produktivitätspotenziale? Mit welchen Spielregeln werden Unternehmen im Wettbewerb des nächsten Strukturzyklus am Markt bestehen? Damit bekommen die unsichtbaren Vorgänge am Markt ein Gesicht und die zunächst so unsichere Zukunft verliert ihre Schrecken.

»I'll work harder«

Nun wissen wir aus der Kondratiefftheorie, dass die Wirtschaft am Ende eines langen Strukturzyklus nur weiterwächst, wenn wir den limitierenden, zu teuren Produktionsfaktor ausreichend effizienter machen und verbilligen, also die Realkostengrenze überwinden. Wenn das größte Problem also ist, dass wir insgesamt nicht ausreichend produktiv mit Information umgehen, dann müssen wir darüber nachdenken: Wovon hängt die Produktivität der Informationsarbeiter ab? Und wenn wir das wissen: Wie können wir sie steigern?[9]

In George Orwell's »Animal Farm« kennt das Pferd auf alle neuen und immer größeren Schwierigkeiten nur eine Antwort: I'll work harder. Viele reagieren heute ebenso auf Probleme. Die Menschen sind ja bereit, »die Ärmel hochzukrempeln«, »früh aufzustehen«, »hart zu arbeiten« – doch diese Paradigmen der 50er Jahre helfen jetzt nicht wesentlich weiter. Im Gegenteil: Dass in vielen Firmen an der Schraube Leistungsdruck gedreht wird, hat inzwischen sogar kontraproduktive Folgen, wie Burnout und innere Kündigung. Mehr Druck funktioniert vielleicht bei Galeerensträflingen, nicht jedoch bei Wissensarbeitern. Wer zu hoch gesteckte Ziele vorgibt und nicht Hilfe und Aufbruchsstimmung mitliefert, löst mit unerfüllbaren Vorgaben nur Druck und Angst aus. Der Vorstandsvorsitzende eines großen deutschen Unternehmens hat zwar behauptet: »Bei dem vielen Geld, das meine Manager verdienen, können sie sich keine Ängste leisten.« Doch das ist eine schlimme Selbsttäuschung, wahrscheinlich sogar eine Lüge. Existenzängste, soziale Ängste, Leistungs- und Versagensängste sind in Unternehmen an der Tagesordnung. 90 Prozent der Beschäftigten gaben bei Befragungen an, dass sie schon einmal in ihrer Arbeit Angst gehabt hätten – der jetzige Umbruch zwischen zwei langen Strukturzyklen gibt das Gefühl, das eigene Schicksal nicht mehr in der Hand zu haben.

Angst – um die eigene berufliche Existenz, die Gesundheit, den Ruf – zehrt an der Motivation und schädigt damit die deutsche Wirtschaft einschlägigen Untersuchungen des Kölner Wirtschaftsprofessors Winfried Panse zufolge um 75 Milliarden Euro im Jahr – durch Fehlzeiten, Beruhi-

9 Nefiodow sieht vor allem drei Faktoren: Wissen/Fachkompetenz, Motivation und die Fähigkeit, die Ergebnisse der Arbeitsteilung zusammenzuführen, also zusammenzuarbeiten. In: Nefiodow: »Der Sechste Kondratieff«, 3. Auflage, S. 141 ff.

gungsmittel und Leistungseinbußen. Allein die Trinkerei zur Bekämpfung von Angst kostet nach Angaben der Deutschen Hauptstelle für Suchtfragen im Jahr 2008 rund 24 Milliarden Euro.

An Wissen und Kompetenzen fehlt es uns zwar in einigen Berufen, aber im Großen und Ganzen ist die Mehrheit lern- und leistungsbereit: Schließlich leben wir in einer Gesellschaft, in welcher der Selbstwert des Einzelnen in hohem Maße von der Leistungsfähigkeit abhängt. Und mit betrieblicher Weiterbildung und lebenslangem Lernen haben wir das aktuell benötigte Wissen einigermaßen im Griff – das ist nicht wirklich der derzeit limitierende Faktor. Was die Informationseffektivität stärker beeinträchtigt, ist die Motivation: Nach einer Studie des Dresdener Psychologen Dieter Frey hat jeder zweite Arbeitnehmer innerlich gekündigt.[10] Weil sie sich von ihrer Umgebung und ihren Chefs schlecht behandelt und informiert fühlen, setzen sie resigniert ihre Arbeit nur noch automatisch fort. Sie seien häufig krank, arbeiteten unmotiviert und ließen alles liegen, sobald die offizielle Arbeitszeit vorüber sei. Wenn man auch noch jene hinzuzählt, die eben nur das machen, was man ihnen sagt, dann bleiben nach einer Gallup-Untersuchung des Jahres 2011 nur noch 14 Prozent übrig, die ihre Arbeit engagiert erledigen.[11] 20 Prozent haben sich innerlich völlig verabschiedet, verbringen ihre Zeit möglichst unproduktiv, glänzen durch gedankliche Abwesenheit oder betreiben allerhand Störmanöver. Den Schaden schätzt Gallup auf bis zu 124 Milliarden Euro im Jahr.

Sieben von zehn Facharbeitern sind heute unter ihrer Qualifikation eingesetzt und fühlen sich unterfordert, was langfristig die Motivation untergräbt. Bei einer Umfrage unter den Beschäftigten von 90 deutschen Firmen unterschiedlicher Größe quer durch alle Branchen sagte mehr als die Hälfte, dass wohl nur 20 bis 40 Prozent des internen Wissens tatsächlich genützt würden. Gleichzeitig gaben sie dem Produktionsfaktor Wissen einen Anteil von 60 bis 80 Prozent an der Wertschöpfung. Das heißt: Ein großer Teil ihres Potenzials liegt brach. Die Beschäftigten setzen es nicht für den Erfolg und für das Wachstum des Unternehmens ein, sondern erst nach Feierabend, wenn sie Vereine managen, sich Häuser bauen oder Weiterbildungskurse leiten. Solche Arbeitnehmer sind nicht nur unter dem Kostenaspekt tatsächlich insofern »zu teuer«, als sie nicht tun

10 SZ 19./20.9.98, S. 12: »Psychologe: Jeder zweite hat innerlich gekündigt.«
11 SZ, 17.412., S. 19 „Job egal“.

dürfen, was sie können. Nichts demotiviert mehr, als wenn Menschen ihre Ressourcen nicht einsetzen dürfen. Kein Wunder, dass sie ihre Arbeit oft als motivationstötende Belastung erleben. Entgegen allen Beteuerungen zeigt die Praxis, dass sofort aussortiert wird, wer sich im Bewerbungsgespräch als Querdenker erweist, dessen Aktivitäten das Unternehmen erst voranbringen würden.

Motivation hängt zunehmend auch davon ab, ob jemand als Mensch wahrgenommen wird – mit seiner gesamten Persönlichkeit, mit seinen Stärken, die eingesetzt, und seinen Schwächen, die geschont werden sollten. Firmen, in denen Mitarbeiter mit ihrer Arbeit wenig zufrieden sind, haben 24 Prozent höhere Fehlzeiten als Unternehmen mit hoher Arbeitszufriedenheit.[12] 60 Prozent der Mitarbeiter in Unternehmen mit hohen Fehlzeiten sind unzufrieden mit dem Führungsstil, und 80 Prozent halten ihren Chef für unfähig, sie zu motivieren. Während sich Manager ihrer positiven Wirkung sicher sind, ist das Urteil der Mitarbeiter oft vernichtend. 52,9 Prozent der befragten Führungskräfte glauben, dass sie Sorgen und Probleme ihrer Mitarbeiter erkennen und darauf reagieren, was aber nur 29,8 Prozent der Mitarbeiter bestätigen. Dabei ist das Führungsverhalten am entscheidendsten für die Arbeitszufriedenheit. Ein attraktiver Arbeitsplatz, eine qualitativ hochwertige Arbeit, ja selbst die Vergütung spielen für die Motivation in der Realität bei weitem nicht die Rolle, die diesen Faktoren in der öffentlichen Diskussion beigemessen wird. Bei einer Umfrage unter 1500 Studenten verschiedener Wirtschafts- und Business-Akademien in Europa ermittelten norwegische Professoren, dass das Einkommen erst an siebter Stelle steht.[13]

Motivation ist aber auch ein Problem des Privatlebens. Bei vielen ist es so aufreibend und strapaziös geworden, dass sie am Montag nicht mehr erholt, geschweige denn motiviert zur Arbeit kommen. Gesellschaftliche Störungen beeinträchtigen so die wirtschaftliche Leistungsfähigkeit. Denn die Arbeitsmotivation reicht weit in die Lebensmotivation hinein: Wenn in der Frühe der Wecker klingelt und man dann nicht weiß, wofür man eigentlich aufstehen soll, dann hat man ein Problem. Wer das in den Griff bekommen will, indem er sein Geld zu den YipeeYaiYeah-»Motivationstrainern« trägt, der hätte es genauso gut verbrennen kön-

12 Das ermittelte die Münchner Geva-Gesellschaft für Verhaltensanalyse und Evaluation mbH in 250 deutschen und Schweizer Unternehmen.

13 SZ 21./22.7.01, S. V1/23: »Jungmanager: Geld spielt keine Rolle.«

nen: Die bekanntesten unter ihnen machen längst als Pleitiers und mutmaßliche Betrüger Schlagzeilen.

Schade für so viele zahlenorientierte Manager ist, dass Motivationsprobleme weder mit einem Schraubenzieher zu beheben sind noch in ein herkömmliches Kontrollschema passen. Kostensenkung heißt für die meisten Manager zunächst immer noch: an der Gehaltsschraube drehen, betriebliche Sozialleistungen kürzen, schließlich »verschlanken«. Viele haben es dabei übertrieben, Beratung und Service leiden. Es gäbe zunächst ergiebigere Quellen, Kosten einzusparen: Rund 18 Milliarden Euro Schaden entstehen deutschen Firmen jedes Jahr durch ihre eigenen Mitarbeiter. Sabotage macht damit rund 40 Prozent aller Schäden aus, die sie zu tragen haben.[14] Nach einer Untersuchung des Versicherungskonzerns Allianz erhöhte sich allein die Zahl der bekannt gewordenen Fälle zwischen 1992 und 1997 um 60 Prozent auf etwa 800.000 Fälle[15] – genau in jener Zeit, als flachere Hierarchien geschaffen wurden.

Keine Frage: Mit diesem Geld ließe sich Produktiveres unternehmen, als den Ärger des Personals zu kompensieren. Gründe für die Rachedynamik gibt es viele – Unmut über Ungerechtigkeit, ohnmächtige Auflehnung gegen die bestehende Ordnung – aber die Ursache ist im Wesentlichen immer dieselbe: Führung, die gegen Gebote verstoßen hat, wie zum Beispiel: klare Ziele und verbindliche Regeln festlegen, Sinn vermitteln, Vorbild sein und fair entlohnen. Motivation – »Leadership« – ist an die Spitze der Managementaufgaben gerückt. Experten schätzen, dass 70 Prozent aller Fehler am Arbeitsplatz auf mangelhafte Kommunikation zurückzuführen sind.

Den Informationsfluss zwischen Menschen optimieren

Je mehr die Informationsgesellschaft voranschreitet, umso deutlicher wird, wie begrenzt der einzelne Mensch ist. Allein richtet er immer weniger aus, und doch kann sein Beitrag über Erfolg oder Misserfolg eines ganzen Projektes entscheiden: Jeder ist der einzige Spezialist für einen komplizier-

14 Birte Siedenburg: »Jeder nimmt sich, was er kann. Diebstahl, Betrug und Unterschlagungen in Unternehmen.« Campus Verlag 1998. Und: Michael Gestmann: »Sabotage am Arbeitsplatz. Warum Mitarbeiter ihrem Unternehmen bewusst schaden und wie Sie es verhindern können.« MVG 1998.

15 SZ 28.12.1998, S. 19: »Mitarbeiter sind ein großes Schadenspotenzial.«

ten Zwischenschritt oder für eine problemlösende Information. Das gilt für alle Qualifikationsstufen: Jede Sekretärin hat die Macht, ihren Chef darauf hinzuweisen, dass er gleich ohne eine wichtige Akte nach Berlin fliegt – oder es zu unterlassen. Jeder Pförtner hat die Macht, einem das Leben zu erschweren (das Parken zu verbieten, Nachricht weiterzugeben oder nicht, etwas zu beobachten); jeder Azubi hat die Macht, auf den Verschleiß einer sündteuren Maschine aufmerksam zu machen – oder eben nicht. Deswegen sind wir heute auf das gesamte Wissen in der Firma/Organisation angewiesen; die innere Kündigung eines Einzelnen kann einen großen Auftrag versieben. Sein Wert für die Gemeinschaft/Firma ist in der Informationsgesellschaft unabhängig von formaler Hierarchie, sondern richtet sich tagesaktuell nach den gerade anstehenden Problemen.[16]

Weil viele Schreibtische den Informationsfluss verlängern und unnötig Zeit kosten, haben wir Hierarchien abgebaut. Anstatt Entwicklungs-, Produktions-, und Marketingabteilung getrennt voneinander arbeiten zu lassen, haben wir die Firmen umorganisiert in projektbezogene Teams, in denen die Entwickler, Produktfachleute und die Vertriebsleute, die den Kunden kennen, zusammensitzen. Doch wer in der Blütezeit der alten Industriegesellschaft groß geworden ist, hat nicht gelernt, auf derselben Augenhöhe partnerschaftlich zusammenzuarbeiten. Weil in den flacheren Hierarchien nicht immer klar ist, wer das Sagen hat, haut einer dem anderen schon mal verbal eine drauf und schüchtert ihn ein, damit die Machtfrage im Vorfeld geklärt ist. Oder: Ein Platzhirsch macht seinen eigenen Selbstwert davon abhängig, im Team die ganze Zeit zu reden; und der, der etwas Problemlösendes zu sagen hat, kommt überhaupt nicht zu Wort. Anderer Fall: Jemand sagt etwas, und das ist auch gar nicht so blöd – aber er hat zu fünf Prozent Unrecht. Und was machen wir? Wir nageln ihn fest bei den fünf Prozent, wo er Unrecht hat, anstatt dass wir den guten Gedanken aufnehmen, den er da gebracht hat.

Das alles stört den Informationsfluss: Wo Mobbing das Klima bestimmt, innerbetriebliche Partisanenkämpfe das Handeln lähmen, die Mehrheit für den eigenen Status arbeitet, Synergien unterbleiben, weil Mitarbeiter ihr Herrschaftswissen für sich behalten – dort stagniert die Produktivität der Informationsarbeiter. Ressourcen werden vergeudet im

16 vgl. Millendorfer/Baaske: »Aufbruch zum Leben«, S. 51f.: Die Führungskultur bestimmt die Effizienz.

allgegenwärtigen Käsekästchendenken verschiedener Unternehmensabteilungen, von denen manchmal die eine der anderen nicht die Butter aufs Brot gönnt und alles daransetzt, ihr eigenes Wissens- und Machtpotenzial zu horten: Vom technikverliebten Ingenieur, der Produkte kühn am Kunden vorbeientwickelt; durch die ungenutzten Fähigkeiten der Mitarbeiter, seien es Begabungen zum Querdenken, zum Motivieren (auch als einfaches Mitglied) von Gruppen oder zum Streitschlichten – die aber vom positions- und weisungsfixierten Vorgesetzten im Keim erstickt werden. Keine noch so verbesserte »Hardware« wird wie bisher diese gigantischen Verluste ausgleichen können.

Prominentestes Beispiel ist das Attentat auf das World Trade Center am 11. September 2001. Anfang August hatte der US-Geheimdienst CIA seinen Präsidenten George Bush darüber informiert, dass Bin Laden die Entführung amerikanischer Flugzeuge plane. »Terror im alten Stil mithin, und außerdem wurde generell ein Anschlag irgendwo im Ausland vermutet, nicht aber auf US-Territorium.«[17] Wochen zuvor warnte ein Agent der Bundespolizei FBI, dass viele mutmaßliche Al-Quaida-Kader Flugunterricht nähmen. Selbst als der Franko-Marokkaner Zacarias Moussaoui verhaftet wurde, weil er in einer Flugschule angegeben hatte, nur geradeaus fliegen, nicht aber starten und landen lernen zu wollen, fiel der Groschen noch immer nicht. Das Attentat mit über 3000 Toten und einem zwei- bis dreistelligen Milliarden Dollar Schaden hätte vermieden werden können, wenn FBI und CIA mal miteinander geredet hätten: Beide Behörden sind einander traditionell nicht wohlgesonnen und vermeiden es gerne, Informationen mit dem »Konkurrenten« auszutauschen. Auch die deutsche Polizei versagte dabei, die Morde der Zwickauer Terrorzelle an Türken in Deutschland aufzuklären, weil sie um Kompetenzen stritt oder Informationen intern nicht weitergab.

Kurz: Im nächsten Strukturzyklus werden diejenigen Firmen und Regionen produktiver sein, die ein kooperatives Klima haben.[18] Damit werden sie auch über ausreichende Ressourcen verfügen, Probleme zu lösen. Dafür müssen Unternehmen nicht mehr wie im fünften Kondratieff die Informa-

17 Wolfgang Koydl: »Pannen beim Indizien-Puzzle«, SZ 18./19./20.5.02, S. 2.

18 Nefiodow: »Der Sechste Kondratieff«, S. 183. Um es mit Prof. Millendorfers Worten zu umschreiben: also Regionen, die Dank ihrer geistigen Werte und Organisation besser miteinander umgehen und weniger von Faktoren gehemmt werden wie: dem Verlust an zwischenmenschlichen Beziehungen und Lebenssinn, dem Vorrang der Mächtigen über die Fähigen, Überlastung der Informationsbahnen durch Hierarchie und Bürokratie, vgl. Millendorfer/Baaske: »Aufbruch zum Leben«, S. 56ff.

tionsflüsse zwischen Mensch und Maschine optimieren – Gehaltsabrechnung, Datenbanken, Robotersteuerung –, sondern zwischen Menschen.[19] Es geht darum, mit anderen – Kollegen, Kunden, Lieferanten, ständig wechselnden Partnern – weltweit vertrauensvoll und effektiv zu kooperieren, damit Informationen reibungslos fließen. Firmen mit unkooperativem Betriebsklima werden mit der Zeit vom Markt verdrängt werden, der Wohlstand ihres Umfeldes wird zurückfallen. Dort, wo ein Team sowohl auf der Fach- als auch auf der Beziehungsebene reflektieren kann, was gut läuft und wo man noch zulegen kann, kommt es zu Höchstleistungen. Studien zeigen, dass drei mittelmäßige Mitarbeiter, die gut zusammenarbeiten, schon bedeutend produktiver sind als die jeweils besten Einzelkämpfer.[20]

Die Zuhörer der Vorträge reagieren oft enttäuscht, wenn sie als Basisinnovation für den nächsten Strukturzyklus keine Dampfmaschine zum Anfassen präsentiert bekommen: Nur eine bessere seelische Gesundheit[21] schafft mehr Wohlstand – das ist etwas Immaterielles in einer zunehmend

---

19 Nefiodow: »Der Sechste Kondratieff«, S. 103.

20 Journal of Personality and Psychology, Band 90, 2006, zitiert in SZ, 25.4.06 »Teamarbeit«

21 Nefiodow identifizierte psycho-soziale Gesundheit als Träger des 6. Kondratieffs.

immateriellen Wirtschaft. Denn es gibt keine Maschine, die unsere Gedanken produktiver macht. Seelische Gesundheit wird destruktive Verhaltensweisen verringern, die Produktivität im Umgang mit Information erhöhen, die Kooperationsfähigkeit steigern und auch die körperliche Gesundheit und das Wohlbefinden stärken. Die Kostengrenzen der Unternehmen sind überall dort zu finden, wo Körper und Seele des Menschen geschwächt und aus dem Gleichgewicht gebracht werden.

Was jetzt zu tun ist:

- Es muss in unsere Köpfe: Wir haben in Zukunft mehr (Informations) Arbeit, als wir überhaupt bewältigen können.
- Übergeordnete Probleme lassen sich erst dann wirksam lösen, wenn sich die Mehrheit nicht nur für den eigenen Bereich verantwortlich fühlt.
- Informationsarbeit effizienter machen durch ständige Weiterbildung, authentische Motivation und bessere Zusammenarbeit.

Kapitel 4

Die neuen Spielregeln im Management

Künftig überleben nur jene Firmen am Markt, in denen Menschen produktiver mit Informationen umgehen
www.neuearbeitskultur.de

Damals, in den dynamischen 90ern, saß Beinahe-Wirtschaftsminister Jost Stollmann als Chef der Firma CompuNet mitten in einem Großraumbüro.[22] Auch auf eine Sekretärin konnte er gut verzichten. Er wollte seine Leute nicht bevormunden, sondern forderte Eigenverantwortung, Kreativität und »transparente Solidarität«. Den alten Industriekonzern – an dessen Spitze ein schlauer Mensch steuert, plant und kontrolliert, und vielleicht von oben nach unten delegiert – hatte er in Rente geschickt. Das »Kulturexperiment CompuNet« sollte die neuen Strukturen verwirklichen, die zu den wirtschaftlichen Spielregeln der Informationsgesellschaft passen: Flache Hierarchien, flexible Arbeitszeiten, Gewinnbeteiligung als Leistungsanreiz, direkte Kommunikation, Beschäftigte als Mitunternehmer. In seiner Vision von Unternehmen sagen die Mitarbeiter den Hierarchen, welche Ressourcen sie brauchen – Delegation funktioniert von unten nach oben. Wer eine Idee hat, wendet sich nicht an ein Vorschlagswesen, sondern setzt es selbstverantwortlich im Team um, meinte Stollmann.

Doch diese Zeiten sind vorbei: Mit dem Crash der Börse und dem Niedergang des Wachstums bleiben keine Ressourcen mehr übrig für Experimente und inflationäre Besprechungen, bei denen die eigentliche Arbeit liegen bleibt. Die veröffentlichte Meinung rudert zurück: Abbau von Unternehmenshierarchien – alles Mythen, denn am Ende entscheidet nur einer. Innovation von unten – Illusion. »Jeder Gekündigte weiß

22 Erik Händeler: »Ein Boss im Großraumbüro«. In: Deutsches Allgemeines Sonntagsblatt, 4.9.98, S. 18.

doch, dass Arbeit keine Ersatzheimat ist«, sagt Judith Mair, die mit ihrem Buch (»Schluss mit lustig! Warum Leistung und Disziplin mehr bringen als emotionale Intelligenz, Teamgeist und Soft Skills.«) jegliche »Selbstbestimmungs-Exzesse« verbannt. Ihr Missverständnis, das dahinter steht: Emotionale Intelligenz und Soft Skills allein bringen zwar noch keine Leistung. Aber Leistung kann sich künftig erst dann entfalten, wenn sie dank emotionaler Intelligenz, Soft Skills und überindividuellem Verantwortungsgefühl zusammengeführt wird. Mair irrt – es gibt kein Zurück: In der Informationsgesellschaft gehört das entscheidende Produktionsmittel nicht mehr der Firma, sondern den Mitarbeitern. Mit Befehlen und Strafen kann man Wissensträger einschüchtern, »aber sie werden ihr Bestes dann schön für sich behalten«.[1] »Wer geistig beweglich bleiben will, braucht keine Manager, die ihm sinnlose Vorgaben machen und ihm den Spaß an der Arbeit verderben«, schreibt Dagmar Deckstein.[2]

Zwischen zwei Strukturzyklen

Das ist der Grund, warum die Menschen im Unternehmen derzeit so verunsichert sind und die Organisation so instabil ist: Wir befinden uns im Umbruch zwischen zwei Kondratieff-Strukturzyklen, in denen verschiedene Erfolgsmuster gelten. Was in dem einen half, kann in dem anderen kontraproduktiv werden. Unsere alten Unternehmensstrukturen lösen sich auf. Doch die neuen sind noch nicht gefunden. Wir wissen zwar, wie wir Mitarbeiter technisch vernetzen, aber wir sind schlecht auf die Anforderung vorbereitet, Beziehungen produktiv zu gestalten.[3] Gruppenarbeit funktioniert selten. Unsere kulturellen Verhaltensweisen sind nicht so, dass wir unberechnend den Nutzen der anderen und der Firma fördern und dann erst sehen, was davon zu uns zurückkommt.

Die Suche nach Konzepten für die Unternehmensführung in der Informationsgesellschaft hat begonnen. Mit Kosten hat das zunächst nur vordergründig zu tun: Hinter den Preisunterschieden gleicher Produkte verschiedener Firmen stecken Produktivitätsunterschiede – und das sind künftig in erster Line Verhaltensunterschiede. Die Menschen werden sich

1 Dagmar Deckstein: »Die Erosion der Macht«, SZ 3.12.01.
2 Dagmar Deckstein: »Schluss mit frustig!«, SZ 9.12.02, S. 24.
3 Vgl. Nefiodow: »Der Sechste Kondratieff«, S. 27ff.

aber noch lange schwer damit tun, die notwendige Freiheit des Informationsarbeiters konstruktiv einzusetzen: Videoauswertungen des Kölner Professors Winfried Panse haben gemessen, dass die Teilnehmer 80 Prozent der Gesprächszeit benutzen, um die eigene Position zu verteidigen.[4] Was sie erzeugen, ist heiße Luft. Meetings sind Bühnen für Selbstdarsteller, die mit langen Sätzen fast nichts sagen. Vielredner reißen das Wort gekonnt an sich, während jene, die Wichtigeres beizusteuern hätten, aber weniger gewandt sind, keine Aufmerksamkeit erstreiten. Vorgesetzte, so ein häufiger Vorwurf, sprechen zu viel (je höher der Rang, umso länger) und hören schlecht zu; sach- und ergebnisorientierte Arbeiten verhindern sie, weil sie Selbstdarstellungen Einzelner herausfordern. Nebengespräche, in denen Lieblingsthemen erörtert oder Beziehungskisten bearbeitet werden, stören. Themenfremdes führt vom Ziel ab. Dem guten Vorschlag begegnet das Sperrfeuer der Neider. Wer eine gute Idee vorbringt, aber zu fünf Prozent irrt, der wird an den fünf Prozent festgenagelt, ohne dass seine gute Idee weitergeführt wird. Oft gewinnt der mit der lautesten Stimme, der Redegewandteste oder im Zweifelsfall der Vorgesetzte. Manche, so das firmeninterne geflügelte Wort, meeten sich zu Tode.

Die zahlreichen Debatten über die Ressource »Mensch« haben demnach bislang nichts bewirkt. Was längst theoretisch in den Führungsleitbildern steht, wird nicht gelebt. Fehler dürfen auch weiterhin nicht gemacht werden. Daher bleiben alle vorsichtig und warten auf einen Pionier, der mutig Neues wagt, um sich dann seine Idee selbst an die Fahne zu stecken. Eine Studie der Freien Universität Berlin zerstört den Glauben, die kompetenteren Bewerber würden Karriere machen: Bei Einstellungsgesprächen zählt weniger die fachliche Qualifikation als das Auftreten. Je länger ein Bewerber über sich spricht, umso erfolgreicher wird er oder sie beurteilt – unabhängig von den Inhalten.[5] Nach wie vor bestaunen wir die Stärke der Ellenbogen.

Kein Wunder: Die Menschen der Industriegesellschaft sind dieselben geblieben. Sie ändern ihr eingefahrenes soziales Verhalten langsamer, als man ihre Betriebsorganisation samt offizieller Spielregeln verändert. Zahl und Komplexität der Schnittstellen haben sich enorm vergrößert, die psychischen Schichten der Mitarbeiter sind stärker berührt: In der Arbeits-

4 Rita Mohr: »Die Sehnsucht der Job-Hopper«, SZ 24./25.8.02, S. V1/3.
5 SZ »Selbstdarsteller gelten als erfolgreich«, 12./13.5.01, S. V1/25.

welt der Informationsgesellschaft bricht das uralte Problem auf, dass sich Männer und Frauen wegen ihrer unterschiedlichen Kommunikation oft nicht verstehen, dass sich Junge und Alte überwerfen und dass wir keine wirklich demokratische Umgangskultur haben. So führen die nötigen flachen Strukturen in vielen Firmen zu vermeintlich fehlenden Karriereperspektiven und zu einem Machtvakuum, das Machtkämpfe unter den Beschäftigten auslöst, Orientierungsverlust erzeugt und Führungskräfte frustriert, die sich – zumindest nach alten Kriterien – entmachtet fühlen. Die Menschen sind im Moment noch schlecht darauf vorbereitet, gleichberechtigt zusammenzuarbeiten, anstatt um Hackordnungen und für Ihre Stellung im Team zu kämpfen[6]. Die Managementthemen der nächsten 20 Jahre kreisen daher um die Frage, wie Mitarbeiter künftig effizienter mit Informationen umgehen können.

Sprache und Gesprächsorganisation

Wer sich bei Meetings nicht effizient ausdrückt, kurz gefasst auf den Punkt kommt, ohne oberflächlich zu sein, der verursacht Kosten. Das alles wäre nicht gravierend, wenn sich die modernen Info-Arbeiter nur ab und zu mal besprechen und Maschinen auch weiterhin für Produktivitätsfortschritte sorgen würden. So ist es aber nicht: Führungskräfte zum Beispiel verbringen zwei Drittel ihrer Arbeitszeit in Meetings. Und etwa jeder Zweite unter 850 befragten Managern vermisst konkrete Ergebnisse, Systematik und eine klare Zieldefinition.[7] Schuld an der Misere ist demnach die schlechte Gesprächsleitung. Aber es sind auch die Kollegen selber, die unvorbereitet und zu spät kommen, nebenher Akten bearbeiten und dann etwas nicht verstanden haben; Kollegen, deren Handy klingelt und die deshalb rausgehen. Was uns fehlt, ist eine angemessene Besprechungskultur mit festen Spielregeln, persönlichen Verantwortungen, aktivem Zuhören und ein Wandel hin zu einer Beratungskultur, in der die Kollegen den Vortragenden eines Tagesordnungspunktes mit ihrem Wissen unterstützen.[8]

6 Vgl. Nefiodow: »Der Sechste Kondratieff«, S. 29.

7 So eine Studie des Beratungs- und Strategie-Forums, Hannover. In: Michael Gestmann: »Meetings: Die modernen Zeitkiller«, SZ 19.4.99, S 26.

8 Ferdinand van Koolwijk: »Außer reden nichts gewesen? Spielregeln für eine erfolgreiche Zusammenarbeit in Besprechungen«, Bertelsmann Verlag.

Einige Großfirmen haben mit der Universität München Verfahren entwickelt, schwierige Besprechungen effizient zu meistern. Dazu gehört zum Beispiel, zu Beginn von jedem eine kurze Erklärung zu verlangen, was er von diesem Treffen erwartet. Der Gesprächsleiter – jeder soll diese Aufgabe einmal im Laufe der Zeit übernehmen – stoppt Vielredner, ohne sich dabei von Gefühlen und Missmut leiten zu lassen, kommt auch deren Bedürfnissen entgegen, dankt ihnen für ihren Beitrag, fasst zusammen und erteilt dem Nächsten das Wort. Eine schriftliche Abfrage empfiehlt sich, um auch die Stillen aus dem Schneckenhaus zu holen; Schwafler haben nun keinen Vorsprung mehr. Bricht inhaltliches Chaos aus, sammelt ein Flipchart die Gedanken, verdeutlicht Wiederholungen. Was nicht zum heute brennenden Thema gehört, wandert in einen Themenspeicher.

Bisher war es ein Statussymbol, sich abgehoben auszudrücken, mit unerklärten Fachbegriffen und komplizierten, mit Hauptwörtern geladenen Sätzen – denn dass sich die anderen furchtbar anstrengen müssen, um einem folgen zu können, das können sich nur »Machthaber« leisten. Nicht sie bemühen sich, viel Energie in ihre Sprache zu stecken, um für andere leicht verständlich zu sein. Nein, wer etwas von ihnen will, der muss sich schon sehr konzentrieren, diesen Text oder Monolog zu verstehen. Ja, es ist sogar ein Zeichen von minderem Status, etwas kurz und prägnant so zu formulieren, dass der andere, ohne warten zu müssen, den Sinnzusammenhang sofort erfasst – denn das ist der Zwang, dem niedere Mitarbeiter ausgesetzt sind, die ihren Vorstandschef nicht lange beanspruchen dürfen. In Deutschland ist »populärwissenschaftlich« (also verständlich geschrieben, aber ebenso wissenschaftlich wahr) sogar ein abwertender Begriff. Einen echten Anreiz, mit der Zeit und Konzentration des anderen schonend umzugehen, wird es erst dann geben, wenn in unserer Kultur derjenige als Vorbild gilt, der sich schnörkellos einfach und kurzweilig auszudrücken vermag.

Eine effizientere Sprache schöpft so schon einmal große Produktivitätsverluste ab, führt Informationen besser zusammen und spart Zeit.

Zeitmanagement: Von der Diktatur des Terminkalenders

Der Wettbewerb drückt weiter aufs Tempo. Produktlebenszyklen werden immer kürzer; viele Erzeugnisse benötigen mehr Entwicklungsmonate, als sie hinterher am Markt präsent sind. Etliche Modellgenerationen müssen in unterschiedlichen Stadien parallel entwickelt werden. Das Zeitfenster wird immer kleiner, in dem sich die anwachsenden Forschungs- und Entwicklungsausgaben amortisieren können. Und weil auf den globalisierten Märkten immer irgendwo Tag ist, fallen auch nonstop Entscheidungen, die das eigene Unternehmen beeinflussen und es notwendig machen, zu reagieren. Das Management ist also unter immer stärkerem Druck, Zeit ökonomisch sinnvoll zu nutzen.

Knappe Zeit resultiert nicht aus zu geringer Zeitplanung, meint der Wirtschaftspädagoge Karlheinz Geißler von der Bundeswehruniversität München,[9] sondern ist im Gegenteil sogar Effekt erfolgreichen Speed-Managements des knappen Produktionsfaktors Zeit. Denn es führt dazu, dass nicht mehr der Mensch die Zeit, sondern umgekehrt die Zeit den Menschen im Griff hat. Nicht die große Freiheit wartet nach erfolgreich bewirtschafteter Zeit, sondern die Diktatur des Terminkalenders. Wer sich konsequent zeitmanaged, ist an jeder Ecke selbst verhaftet. Durch die gestiegene Geschwindigkeit bleibt keine Zeit für Denkpausen und für distanzierte Reflexion. Dabei wird oft schneller gehandelt als gedacht, schneller geändert als stabilisiert, schneller getrennt als verbunden. Oft drängt die Zeit, aber je mehr sie drängt, umso bedächtiger will sie genutzt werden.

Terminkalender organisieren Zeit pur, die sich so an Geld koppeln lässt. Sie erzeugen den Anschein, Zeit ließe sich gewinnen, verplempern, sparen oder verschleudern, meint Geißler.[10] Wenn aber Zeit gespart werden soll, weil sie wertvoll ist, dann muss immer mehr davon gespart werden. Immer weniger darf sie verplempert werden, so kommt es zur Zeithetze. Die zahlreichen Neuerscheinungen zum Zeitmanagement basieren für ihn auf einigen Irrtümern: Zeit ist kein begrenzter, sondern ein »nachwachsender« Rohstoff. Zeit ist kein Optimierungsproblem, denn es gibt kein Optimum der Zeit. Es gibt nur den richtigen Augenblick, und der ist immer situations-, personen- und inhaltsorientiert, also konkret. Und Zeitmanagement brauche zu viel Zeit, häufig sogar mehr, als es gewinnt.

Ständige Beschleunigung ist sogar ein geborener Feind der entscheidenden Faktoren, die die Produktivität der Informationsgesellschaft be-

9 Karlheinz A. Geißler: »Tempolimit für die Nonstop-Gesellschaft«. In: Natur+Umwelt, Bund Naturschutz Magazin 4/98, S. 6 – 14.

10 Karlheinz A. Geißler: »Zeit! ‚Verweile doch, Du bist so schön!'«, Beltz-Quadriga, 1996.

einflussen: Kreativität, Innovation, Qualität, Liebe zur Arbeit. Wenn bei allem Tun immer sofort etwas unter dem Strich herauskommen muss, ist das schlecht für die Kreativität. Wenn es um Informationsqualität geht, frisst nicht mehr der Schnellere den Langsameren, sondern der Langsamere, Bessere frisst den Schnelleren, Oberflächlicheren, Schlechteren. Das Überraschende finden wir erst, wenn wir nicht nur das machen, was wir uns im Terminkalender vornehmen. Wer Zeit nur als ausbeutbare Ressource und nicht als Geschenk versteht, wird immer unter einer nicht endenden Zeitnot leiden. Jene Zeit aber, in der wir nicht an Zeit denken, in der wir nicht mit ihr kalkulieren, sie nicht managen und verplanen, ist der Nährboden für das, was sich nicht durch strukturierte Arbeitsabläufe erzeugen lässt.

Den Ausweg aus dem herkömmlichen Zeitmanagement liefert Geißler gleich mit: Es gibt nicht nur eine produktive Weise, Zeit zu nutzen – Schnelligkeit –, sondern mehrere, die es zu entwickeln gilt. Nicht immer ist die schnelle Informationsarbeit notwendigerweise besser und produktiver als die langsame. Warten kann mehr Geld und Energie sparen als beschleunigter Aktivismus, der einen übermüdet, der einen schlecht gelaunt und mäßig effizient hinterlässt. Für den richtigen Augenblick muss man warten können – was für herkömmliches Zeitmanagement verlorene Zeit ist. Pausen markieren Zäsuren und geben Zeit für Orientierung. Viele der umstrukturierten, zeitoptimierten atemlosen Unternehmen haben ihre Stabilität verloren und sind zum Opfer der eigenen Fliehkraft geworden. Fehlt die notwendige ergänzende Langsamkeit, fehlen damit auch die nötige Sicherheit und Orientierung.

Das macht es so schwierig, die Leistung der Informationsarbeiter, die den sechsten Kondratieff bestimmen werden, in Stundenlöhnen und Tagessätzen zu bewerten. Deren Produktivkraft benötigt andere Zeitmuster als die Kostenkonzepte der Industriegesellschaft. Ein technisch gesteuerter Informationsaustausch Mensch-Maschine lässt sich finanziell quantifizieren, ein Mitarbeitergespräch dagegen nicht. Wo Beschleunigung Zeit gespart hat, sollte sie dort investiert werden, wo mehr Zeit nötig ist. »Wer die gesparte Zeit immer nur dazu nutzt, um noch mehr Zeit zu sparen, erzeugt im Betrieb Widerstand, der wiederum viel Zeit kostet«, schreibt Geißler.

Qualitativ hochwertige Informationsarbeit dagegen braucht viel Zeit, bringt aber dann auch mehr, als die investierte Zeit kostet. Diese Zeit nehmen wir uns aber nicht, weil sie als vertane Arbeitszeit gilt. Wir sollten daher die Wochenarbeitszeit erhöhen – und mit mehr Kollegengesprächen und Pausen füllen. Reflexion und Innehalten muss zur Arbeitszeit gehören. Für den Erlanger Medizinpsychologen Siegfried Lehrl legt der Mensch seine größte Kreativität in Entspannungsphasen an den Tag. »Da stellt man Verbindungen her, lässt Bilder entstehen.«[11] Unter Anspannung arbeite der Mensch zwar konsequent und zielorientiert, verliere aber an Kreativität. »Wer sich selbst chronisch unter Stress setzt, wird spätestens mit 40 Jahren geistig abbauen.«

Kein Wunder, dass die Anfragen auf ein paar Tage Ruhe im Kloster ansteigen. »Die Stille, das Alleinsein, die Wendung zum Selbst können ernüchternd sein. Viele merken erst hier, dass sie den falschen Job, den falschen Partner, das falsche Leben haben. ... Spüren, dass sie Nonsens konsumieren«, schreibt Sebastian Poliwoda[12]. Das Bedürfnis wird jetzt nach der Industriegesellschaft wieder stärker: Der Heilige Franz von Sales riet im frühen 17. Jahrhundert, man solle jeden Tag eine halbe Stunde für Gott Zeit haben. Außer, man habe sehr viel zu tun. Dann soll man eine Stunde für Kontemplation verwenden.

Einige Firmen haben deshalb z. B. einen »Raum der Stille« eingerichtet, eine Mischung aus Schlafsaal und Kirchenkapelle. Das macht Sinn: Eine Studie mit Piloten der NASA ergab, dass diese nach einem halbstündigen Nickerchen um 16 Prozent schneller reagierten und ihre Aufmerksamkeit um 34 Prozent weniger ausfiel.[13] Stattdessen stopfen wir das individuelle biologische Leistungsloch meistens noch mit Kaffee und Schokoriegeln, anstatt im Büro die Hängematte aufzuspannen – das wird Teil des Gesundheits-Kondratieffzyklus (☛ Gesundheitspolitik, S. 299). Nach einer Emnid-Umfrage würde ja jeder dritte Deutsche gerne einen Mittagsschlaf machen, aber nur sechs Prozent haben in ihrem Arbeitsumfeld die Möglichkeit dazu. In 20 Jahren wird man sich kopfschüttelnd die Geschichten der altgedienten Kollegen anhören, wie man sich als Info-Arbeiter durch den Tag kämpfen musste, damals, als es noch keinen geschlossenen Schlafraum im Büro gab.

---

11 SZ 26.8.98, Vermischtes, »Büroarbeit organisieren«.
12 Sebastian Poliwoda: »Einmal raus aus der Knetmaschine«, SZ 30./31.10./1.11.99, S. V1/1.
13 Kathrin Komerell: »Hinlegen zum Leistungsschlaf«, SZ 13./14.10.01, S. V1/21.

Die Frau, das unbekannte Wesen

Ob sie nicht den Job als Rathauskorrespondentin übernehmen wolle, fragte der Lokalchef eine Redakteurin. »Na ja«, zögerte Sabine Asgodom, „ich glaube, ich kann das nicht." Sie drückte damit aber eher ihre Überraschung aus und die Erwartung, nun ermutigt zu werden. Der Chef hat aber nicht gesagt: »Dann gehen Sie doch mal los und versuchen es." Denn das kann sich kein Lokalchef leisten. Er hat einen Kollegen gefragt, der sofort gesagt hat, »ja klar mache ich das«, auch wenn der eigentlich weniger Erfahrung hatte. Schließlich berichtete die Redakteurin aus dem Rathaus und machte dieselbe Arbeit wie der Kollege, aber unter ihm, ohne Meriten und mit geringerem Status. Typisch Frau. »Männer sprechen direkt aus, was sie wollen, während Frauen es mehr durch die Blume sagen«, erklärt Christine Borneff, Geschäftsführerin einer Personalberatung.[14] »Frauen wollen gemocht werden, Männern geht es dagegen ausschließlich darum, respektiert zu werden oder als ›Sieger‹ hervorzugehen.« Weibliche Sprache sei auf Konsens und Harmonie ausgerichtet, deswegen fehle ihr manchmal die Durchsetzungskraft. Sie fordern nicht oder zu wenig, verlassen sich auf den offiziellen Dienstweg. »Sie gehen mit der Devise ran, jemand wird schon meine Qualitäten entdecken.« Da können sie dann lange warten. So lag der Frauenanteil in den Vorständen der größten 200 Unternehmen in Deutschland im Jahr 2010 bei 3,2 Prozent, bei den DAX-Unternehmen sogar nur bei 2,2 Prozent.[15]

Aber auch die Männer tun sich schwer mit Frauen: als Chef mit Mitarbeiterinnen wie auf derselben Ebene mit Kolleginnen. Sie stehen hilflos vor den unerwarteten Reaktionen der »Aliens«; laufend kommt es zu Missverständnissen. Umstritten sind Studien wie die im Auftrag des französischen Wirtschaftsmagazins Entreprise (ermittelt in 22.000 Betrieben), dass Unternehmen mit weiblichen Chefs doppelt so rentabel sind und doppelt so stark wachsen wie die mit Männern an der Spitze.[16] Die Erklärung dafür ist, dass es Frauen schwerer haben, an die Spitze zu kommen, was nicht nur an Männern liegt: Wenn eine Gruppe von vier Frauen und einem Mann etwas zu besprechen hat, gönnt keine Frau der anderen den

14 Dagmar Deckstein: »Noch weibliches Potenzial im Dax«, SZ 7.5.01, S. 24.
15 »Wenig Chefinnen«, SZ 19.1.11, S. 19.
16 Doris Bischof-Köhler: »Von Natur aus anders?«, Piper-Verlag 1997. Und: »Frauen sind die besseren Chefs«, SZ 31.10.96, S. 31.

Status, die Sitzung zu leiten – aus diesem Grund macht das dann (wieder) der Kollege mit dem verkümmerten Y-Chromosom. Die wenigen Frauen, die bis in die Vorstandsetage durchkommen, sind dann eben Menschen mit weit überdurchschnittlichen Fähigkeiten.

Der ganzen Wahrheit ist die Entwicklungspsychologin Doris Bischof-Köhler an der Uni Zürich nachgegangen. Sie begründet das unterschiedliche Verhalten von Männern und Frauen in der Wirtschaft mit der Evolution:[17] Frauen seien in Führungspositionen unterrepräsentiert, weil sie sich bei Konkurrenz anders verhalten – nicht, weil sie so sozialisiert, sondern weil sie anders veranlagt sind. Der Fortbestand einer Art hängt davon ab, wie gut sie sich den Lebensbedingungen anpasst; Mann und Frau passten sich an ihre unterschiedlichen biologischen Aufgaben geschlechtsgebunden an. Männer mussten um die wenigen verfügbaren »Weibchen« konkurrieren. Daraus entwickelten sie ihre typischen Dispositionen wie Wettkampfmotivation, Unternehmungslust und das Demonstrieren von Stärke, also ihr Imponiergehabe.

Die prächtige Erscheinung der Männchen in der Natur ersetzen die Menschen heute durch Statussymbole. Frauen dagegen mussten andere Fähigkeiten herausbilden: Fürsorglichkeit, Vorsicht und eine reaktive Aggression zur Verteidigung der Jungen. Sie brauchten weder mit Imponiergehabe um Männer zu konkurrieren noch eine große Misserfolgstoleranz. Diese Verhaltensunterschiede entsprachen dem Lebensstil des halbnomadischen Wildbeuters, der für den Menschen zwei Millionen Jahre lang typisch war. Da er sich erst vor 10.000 Jahren niederließ, hatten seine genetischen Codes noch nicht genügend Zeit, sich anzupassen. »Männer prägen ein rigoroseres Durchsetzungsvermögen aus und sind Spezialisten in der Selbstdarstellung«, sagt Bischof-Köhler. Mit ihrer Tendenz zur Selbstüberschätzung haben sie den Frauen einen individuellen Vorteil voraus, den diese im Berufsleben nur schwer kompensieren können. Männer verlangen bei den Gehaltsverhandlungen deutlich mehr. Frauen tun sich dagegen schwer, einen Zusammenhang zwischen Geld und Status zu sehen, weswegen sie weniger verdienen und am Ende auch einen niedrigeren Status haben, unabhängig von der Leistung, die sie auch kaum kommunizieren.

Denn in den Führungsetagen zählen noch immer die Eigenschaften der steinzeitlichen Wildbeutermänner – mit inzwischen kostentreibenden Fol-

17 SZ 23./24.8.97, S. 48, »Männer haben steinzeitliche Vorzüge«.

gen für die Allgemeinheit. Dass manche Frauen männliche Verhaltensweisen da und dort kopieren, wird den Gesamtnutzen eines Unternehmens wenig vermehren. Die Wirtschaft der Informationsgesellschaft braucht jedoch keine Frauen, die die besseren Männer sein wollen, sondern ihre positiven Eigenschaften, und sie braucht in mancher Hinsicht ein bisschen weniger von dem, was eine Armee schlagkräftig macht. Führungskräfte werden lernen müssen, mehr hinter die Selbstdarstellung auf die Substanz von Mitarbeitern zu schauen. Dass sich in der Informationsgesellschaft die Spielregeln für Produktivität ändern, kommt den Frauen zumindest entgegen.

Das soll nicht heißen, dass sie grundsätzlich bessere oder sozial kompetentere Info-Arbeiter seien als Männer: Bei einer Umfrage des Wirtschaftsmagazins Bizz galten Chefinnen zwar als emotionaler, offener und partnerschaftlicher, gleichzeitig aber auch als verbissener (das sagten 48 Prozent der Befragten), intriganter (28 Prozent), autoritärer (28 Prozent) und eher als Besserwisser (19 Prozent).[18] Und Frauen beurteilten Chefinnen sogar etwas kritischer als Männer. Nein, Frauen sind nicht besser. Sie sind anders, haben eine andere Lebensrealität, eine andere Kommunikation, eine andere Art, sich auseinander zu setzen. Ein Team, das Produkte für Kunden entwickelt, sollte verschiedene Generationen, Erfahrungen und eben beide Geschlechter umfassen, wenn es wirklich gut sein will. Was für eine Verschwendung, auch in Zukunft so wie bisher brachliegendes weibliches Potenzial nicht zu nutzen. Statt einen Wettkampf der Geschlechter zu veranstalten, wird es zur Führungsaufgabe, die spezifischen guten Eigenschaften sowohl von Männern als auch von Frauen für das Team und die Firma erfolgreich zu entfalten und ihre spezifischen wie individuellen Schwachstellen möglichst wenig zum Zuge kommen zu lassen. Das gilt ebenso für Menschen mit unterschiedlichem kulturellem Hintergrund wie für Menschen unterschiedlicher Generationen.

Erfahrungsschatz der Älteren[19]

Die demografische Zeitbombe tickt nicht nur in den Sozialversicherungen, sondern vor allem in der Wirtschaft: Das Durchschnittsalter der

18 »Die meisten haben nichts gegen Chefinnen«, SZ 24.1.01, S. 24.

19 Christian Rauch/Erik Händeler: Silberne Revolution. Zukunftsinstitut, Kelkheim (Taunus), 92 Seiten. 2008.

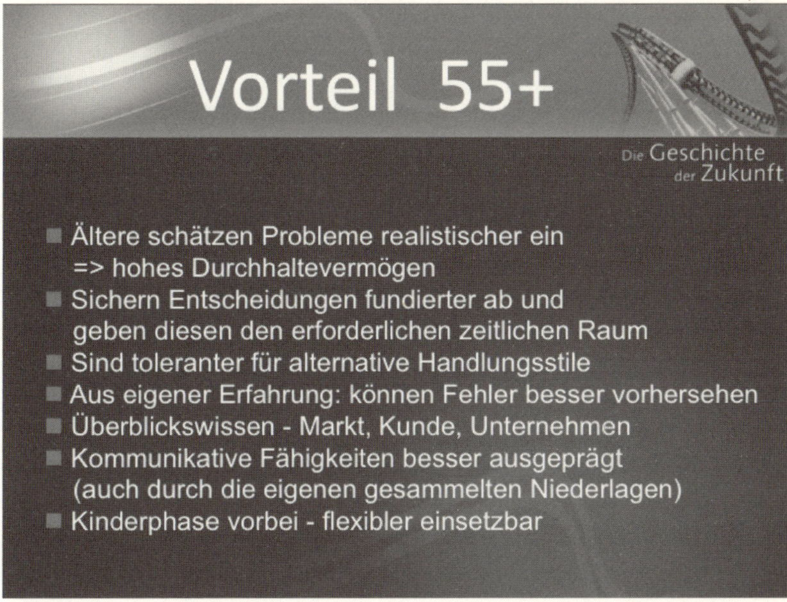

Vorteil 55+
Die Geschichte der Zukunft
Ältere schätzen Probleme realistischer ein
=> hohes Durchhaltevermögen
Sichern Entscheidungen fundierter ab und
geben diesen den erforderlichen zeitlichen Raum
Sind toleranter für alternative Handlungsstile
Aus eigener Erfahrung: können Fehler besser vorhersehen
Überblickswissen - Markt, Kunde, Unternehmen
Kommunikative Fähigkeiten besser ausgeprägt
(auch durch die eigenen gesammelten Niederlagen)
Kinderphase vorbei - flexibler einsetzbar

Arbeitnehmer in Deutschland ist von 36,4 Jahren (1980) auf 41,4 Jahren (2010) gestiegen. Nur jeder zweite erreicht die Regelaltersgrenze, die Hälfte geht aus meist gesundheitlichen Gründen in den Vorruhestand, obwohl sie dafür zum Teil hohe Einbußen hinnehmen müssen.[20] In der Altersgruppe der 60- bis 64-Jährigen stehen im Jahr 2011 29,3 Prozent im Berufsleben, immerhin doppelt so viele wie zehn Jahre zuvor (wobei der DGB diese Zahl relativiert, dabei seien viele Ältere in Teilzeitverhältnissen und als Mini-Jobber miteingerechnet). Inzwischen verbringen die Deutschen zweieinhalb Jahre länger mit Arbeit (2010) als im Jahr 2000. Die Lebensarbeitszeit wuchs von 34,3 auf 36,8 Jahre. Das ist deutlich mehr als Italiener (29,6 Jahre), Griechen (32,3) und Franzosen (34,2 Jahre). Spitzenreiter sind die Schweden mit 40,1 Jahren."[21] Seit 2002 gibt es in Deutschland mehr Arbeitnehmer über 40 Jahre als solche, die jünger sind. 1984 kamen noch eineinhalb Erwerbstätige unter 30 auf einen über 50. Heute ist das Verhältnis grob eins zu eins. Ab 2007 sinkt die Zahl der Auszubildenden, ab 2008 generell das Angebot an Arbeitskräften. Be-

20 »Trend zur Frührente – trotz Einbußen", SZ 31.1.13, S. 1.
21 „Deutsche arbeiten länger", SZ 8.2.12, S. 19.

reits seit dem Jahre 2010 ist nur noch jeder fünfte Berufstätige unter 30 Jahre alt, während jeder dritte jenseits der 50 ist. Und im Jahr 2020 wird das Verhältnis bei 0,58 zu eins liegen. Die Unternehmen klagen schon jetzt über Fachkräftemangel, schicken aber noch immer ihre 58-Jährigen in Frührente, anstatt ihre Hausaufgaben zu machen: Wie motiviert man ältere Mitarbeiter, die sich nicht mehr verbessern können? Wie hält man sie im Betrieb? Wie sorgt man für geringere Krankheitszeiten? Wie nutzt man ihr Wissen, wenn sie ausgeschieden sind? Und wie bringen wir Altgediente dazu, in derselben Augenhöhe partnerschaftlich mit dynamisch-ehrgeizigen Anfängern zusammenzuarbeiten? In diesen Problemen schlummern Info-Produktivitätsreserven, die den Wettbewerb mit entscheiden. Studien zeigen außerdem: Wer länger arbeitet, bleibt länger gesund.

Die Firma sollte nie aufhören, in jemanden zu investieren: Gerade in den Umstrukturierungen der 00er-Jahre machte sich unter den über 55-Jährigen die Panik vor dem plötzlichen Absturz breit – was die Unternehmen durch innere Kündigung, Burn-out und Angst zusätzlich schädigte. Wenn Ältere am Zenit ihrer Schaffenskraft frühpensioniert werden, gehen dem Unternehmen aber Wissen und wertvolle persönliche Beziehungen verloren.[22] Mit ihrer Erfahrung verhindern die »Senioren«, dass Jüngere das Team in eine Sackgasse hineinmanövrieren. Außerdem haben Ältere schon häufiger Niederlagen einstecken müssen – sie können Rückschläge ihrer Abteilung, bei Kunden oder in der Entwicklung produktiver verarbeiten, denn im Alter ist die emotionale Intelligenz am höchsten. Ältere kennen Markt und Mitbewerber seit Jahrzehnten, können in der Regel besser verhandeln, ihre kommunikativen Fähigkeiten sind ausgeprägter, ihr Wortschatz ist größer. Sie sind flexibler einsetzbar, weil sie ihre Kinderphase hinter sich haben, sie arbeiten langsamer, dafür aber genauer, sichern Entscheidungen besser ab.

Anstatt also die Alten loswerden zu wollen, sollte man die Ursachen beseitigen, derentwegen lang gediente Mitarbeiter in den Ruhestand geschickt werden: Deren Demotivation mangels Perspektiven, ihre gesundheitlichen Probleme, die zu teure Entlohnung nach Alter statt nach Leistung, in einigen Fällen mangelnde Kooperationsfähigkeit.

---

22 Eugen Schmalenbach (1873 – 1955), einer der Begründer der Betriebswirtschaftslehre in Deutschland, stand nach den Jahren der Nazi-Schikanen in der Aufbauzeit wieder zur Verfügung und emeritierte erst 1950 im 77. Lebensjahr.

Ältere Mitarbeiter, die sich in der beruflichen Sackgasse sehen, resignieren: Auf der Karriereleiter geht nichts mehr, neue Perspektiven fehlen. Menschen im mittleren Lebensalter werden nicht mehr gefördert – und das frustriert sie. Die Älteren selbst sind aber nur dann bereit, sich weiter einzubringen, wenn es ihnen die Arbeit, die Firma oder die Kollegen wert sind: Wer heute in Frührente gehen will, der sehnt sich danach, weil er seine Arbeitsbedingungen als so unbefriedigend empfindet. Viele wären einverstanden, weniger zu verdienen, wenn sie dafür auch wieder weniger leisten müssten. Jemand ist nur dann bereit, den Umgang mit der neuen Software zu lernen, wenn er weiß, dass er in zwei Jahren nach der Pensionierung als Freiberufler nach eigener Lust und Laune weiter mithelfen kann. Ob die älteren Mitarbeiter sich einbringen und an Bord bleiben, ob sie auf Status verzichten und ständig weiter dazulernen, das hängt vom Klima und vom Führungsverhalten ab.

Die frühere Unternehmenshierarchie kannte nur den Weg nach oben oder ins Rentnerdasein. Das ist in der Informationsgesellschaft anders. Karriere misst sich künftig zum Beispiel an der Frage, wie interessant eine Aufgabe ist. Die schönste Belohnung ist daher, mehr Verantwortung zu bekommen, also nicht mehr den Mittelständler zu betreuen, sondern den Millionenauftrag von BMW oder der Deutschen Bank. Strukturen werden flexibel; die »Wichtigkeit« des Einzelnen innerhalb eines Teams ändert sich je nachdem, wie stark seine jeweiligen Kompetenzen für ein Projekt gebraucht werden. Jemand ist für den Betrieb also nicht jeden Tag gleich viel wert, sondern nach aktuellem Bedarf seiner Fähigkeiten.

Wer dieses Schwanken der eigenen Machtposition/Wichtigkeit nicht mehr als lebensbedrohlich, sondern schlicht als normal erlebt, für den ist es selbstverständlich, einmal besonders exponiert, dann aber wieder ein gleichgewichtiges Glied in einem flexiblen, projektbezogenen, koordinierten Team zu sein. Das erfordert eine andere Unternehmenskultur: Die Personalpolitik muss alle Mitarbeiter von Anfang an daran gewöhnen, ihre Aufgaben und Positionen regelmäßig zu verändern, damit niemand an Posten und Privilegien klebt.[23] Flache Hierarchien und wechselnde Wichtigkeit bergen auch für Ältere die Chance, ohne Gesichtsverlust weniger Verantwortung als bisher zu tragen, aber dennoch immer wieder

23 F. Kayser/H. Uepping (Hrsg.): »Kompetenz der Erfahrung. Personalmanagement im Zeichen demographischen Wandels«, Luchterhand Verlag, 1997.

neu wertgeschätzt und gebraucht zu werden. Das sorgt für Auftrieb. Wer eine Perspektive bekommt, ist motiviert. Junge und Alte ergänzen sich, und gutes Management weiß die Fähigkeiten beider zu nutzen: Die älteren Manager bleiben als wertvolle Erfahrungsträger erhalten, gleichzeitig kann das Unternehmen junge, innovative Leute in verantwortungsvolle Posten einsetzen. Ob das gut geht, hängt von der Unternehmenskultur ab, auf der gleichen Augenhöhe zusammenzuarbeiten.

Umgang auf derselben Ebene oder: Warum Mobbing zum Thema wurde

Der natürliche Feind des Forschungsleiters in der Industrie ist der kaufmännische Direktor. Eine gute Innovation geht zugrunde, wenn sich der Kaufmann zu früh durchsetzt; dafür geht die Firma zugrunde, wenn der Forschungsleiter zu spät an die Kosten denkt. Das ist ein Konflikt, der ausgetragen werden muss, und zwar ständig.[24] Noch sind wir aber weit davon entfernt, Konflikte als ganz normale, ja notwendige Erscheinungen zu begrüßen. Jenseits verbaler Beteuerungen oder papierner Firmenleitbilder reagieren die meisten auf Kritik mit einer aggressiven Gegenreaktion, indem sie denjenigen, der sie kritisiert, dafür abstrafen: Sie kündigen die eigene Kooperationsoffenheit auf, reden nicht mehr mit ihm, suchen ihn an einer Schwachstelle zu treffen, werten ihn mit sorgsam formulierten Beleidigungen ab – weil es ihnen an sozialer Kompetenz und vor allem an kompromissloser Ehrlichkeit gegenüber sich selbst mangelt.

Wer dagegen den Mut hat und die Mühe auf sich nimmt, die Spannungen und Unstimmigkeiten offen zu legen, der wird als verquerer Streithansel wahrgenommen. Doch die Dinge sind meist anders, als sie nach außen aussehen: Stattdessen sollte er als jemand gelten, dem es auf Wahrhaftigkeit ankommt und der sich damit für die Gruppe einsetzt, um ein gesundes Firmenklima und eine redliche Entscheidungsbasis zu schaffen. Man schlägt sich auf die Seite dessen, von dem man glaubt, dass er einem persönlich nützlicher sein wird, aber nicht auf die Seite dessen, der sich im Interesse der gesamten Firmenproduktivität für eine gerechte Sache und

24 Dieses Beispiel verwendete Prof. Hans Millendorfer (= 2001), der zu den geistigen Vätern dieses Buches gehört, bei seinen Vorträgen.

faire Verhältnisse einsetzt. Konflikte werden hintenherum ausgetragen oder frontal zur Vernichtung des anderen. Und weil das die meisten nicht so schnell ändern können oder wollen, wird der Aufschwung des sechsten Kondratieffs dementsprechend lange auf sich warten lassen.

Nun nehmen zwar zu viele und zu große Konflikte die Sicherheit, die für jede Art des Zusammenlebens notwendig ist.[25] Arbeit braucht ein Mindestmaß an Stabilität. Werden Konflikte aber nur als Störung empfunden, fehlt die Chance einer Weiterentwicklung, die in jedem Konflikt steckt. Wer nicht anfängt, sich um eine redliche Streitkultur zu kümmern, der wird vom Markt verschwinden. Denn nur wer eine innerbetriebliche Meinungsvielfalt ermöglicht, wird das gesamte Organisationswissen und die unterschiedlichen Sichtweisen für das Überleben des Betriebes nutzen.[26] Im Christentum hat das – entgegen mancher heutiger, fundamentalistischer Auslegung – eine lange praxiserprobte Tradition: »In den alten Orden wurden und werden wichtige Entscheidungen immer unter Beteiligung aller gefällt – im Rat der Brüder, dem Konvent-Kapitel, der gewissermaßen wie ein Aufsichtsrat funktioniert«, erklärt Benediktinerpater Josef Kastner vom Kloster Ettal die Benediktinerregel.[27]

Für die Wirtschaft ist das ein neues Problem: Früher war klar, wer in der Hierarchie das Sagen hat. Was der Chef anschaffte, wurde so gemacht, auch wenn man es nicht für sinnvoll hielt. Damals konnten die Hierarchien auch eher dafür sorgen, dass jeder zu seinem Recht gegenüber Gleichrangigen kam. Mit den flacheren Hierarchien, die für den schnelleren Umgang mit Information notwendig sind, arbeiten aber auf einmal viele Beschäftigte auf derselben Ebene zusammen. Ob sie wirklich zusammenarbeiten oder erst im Kampf gegeneinander die realen Machtverhältnisse herausbilden, das entscheidet über ihre Gesamtproduktivität.

Genau hier entsteht der größte Schaden: Zwei Drittel alle Mobbingfälle treten zwischen gleichgestellten Angestellten auf. Es fängt damit an, dass man jemanden nicht zum Kaffeetrinken mitnimmt. Leute werden mit gezielten Gerüchten und dummen Bemerkungen in die Enge getrieben und am Arbeitsplatz geschnitten, einer Krankenschwester von den Kol-

25 Gerhard Schwarz: »Konfliktmanagement«, Gabler Verlag, Wiesbaden 1997.

26 Mit diesem Argument plädiert der Machtphilosoph Niccolo Machiavelli (1469 – 1528) für eine demokratische Republik mit Gewaltenteilung und – nach Beendigung instabiler politischer Verhältnisse – gegen Formen der Alleinherrschaft.

27 Hans-Herbert Holzamer: »Der Stein des Anstoßes«, 28./29.9.02, S. V1/ 15.

legen die Medikamente versteckt. Anderen wird der Computer umprogrammiert. Ständige Kritik zermürbt, jene mit weniger Selbstbewusstsein umso eher. Unter dem Begriff »Mobbing« bringt die öffentliche Diskussion das Bündel von Quälereien am Arbeitsplatz auf den Punkt: Schikanen, Machtmissbrauch, unsoziales Verhalten, Partisanenkämpfe.

Meist beginnt das Mobbing mit einem ungeklärten Konflikt, bei dem es versäumt wurde, rechtzeitig die Positionen zu klären. Es ist ein Angriff auf die gesamte Persönlichkeit mit dem Ziel, das Opfer loszuwerden. Der Mobbing-Berater Otto Berg schätzt, dass davon jeder vierte Arbeitnehmer betroffen ist. Laut IG Medien leiden sechs Millionen Beschäftigte nach eigenen Angaben unter körperlichen Beschwerden infolge eines schlechten Betriebsklimas. Subtile Psychoschikanen haben in den zurückliegenden paar Jahren zumindest als Medien- und Managementthema massiv zugenommen (und zahlreiche Giftbücher geben Ratschläge, wie man andere wegmobbt). Ist der zwischenmenschliche Umgang in den Betrieben heute wirklich schlechter geworden als früher? Ist Mobbing nur eine Modeerscheinung? Der Psychologe Heinz Leymann veröffentlichte Mitte der 90er Jahre sein Buch »Der Mobbing-Bericht« – und schon fühlen sich alle gemobbt?[28]

Einige Faktoren haben den interpersonalen Umgang tatsächlich problematisch verschärft: Weil sich im jetzigen Übergang der Kondratieffzyklen die Arbeitswelt ändert, breitet sich Verunsicherung unter den Beschäftigten aus; Prognosen und Planungen sind oftmals weitab der späteren Realität; Umstrukturierungen, veränderte Arbeitsabläufe, neue Zuständigkeiten, Altbewährtes auf dem Prüfstand, striktes Sparen – das alles erzeugt Stress; bisher gültige Verhaltens- und Umgangsnormen sind verloren gegangen. Da schleicht sich leicht das Gefühl ein, die Kontrolle über das eigene Leben zu verlieren. Und weil jeder seine eigene Haut retten will, entsteht Hochspannung zwischen den Menschen am Arbeitsplatz. Wer kann, klammert sich an Altbekanntem fest, belebt autoritäre Strukturen neu, buckelt und lässt Aggressionen an anderen ab.

»Neu ist auch die Brutalität, mit der Mobbing inzwischen betrieben wird«, sagt Gisbert Jutz, Gründer der Wuppertaler Selbsthilfegruppe »No mobbing«.[29] Er weiß von regelrechten Mobbing-Fahrplänen im Bank-

28 SZ 5.12.97, S. 45, »Mobbing ist ein Phänomen unserer Zeit«.

29 Barbara Dreifert: »Kollegen kennen kein Erbarmen«, Rheinischer Merkur Nr. 31/2001, S. 13.

und Kreditgewerbe als Strategie, um Personal loszuwerden. »Bei Fusionen und Umstrukturierungen gehört es zur Firmenpolitik, Zwietracht unter den Mitarbeitern zu säen«, sagt Jutz. Vorgesetzte streuen über einen Mitarbeiter intime Informationen aus, die andere in dessen privatem Umfeld gesammelt haben, oder er wird in ein separates Büro abgeschoben und so vom Informationsfluss abgeschnitten, dass er von seinen Aufgaben entweder unter- oder überfordert wird. Wo Mobbing unter Gleichrangigen vorkommt, halten sich die Vorgesetzten lieber heraus. Sie tun es als Kinderkram ab oder sagen, die Mitarbeiter sollten es unter sich ausmachen – was zeigt, wie sehr es uns auch in den Führungsetagen an Konflikt- und Beziehungsmanagement fehlt.

Bei heute ständig neuen Rationalisierungsmaßnahmen und drohender Arbeitslosigkeit kann man Konfliktsituationen schwerer aus dem Weg gehen. Gemobbt wird, wer anders ist. Und anders ist man schnell. Die Münchner Mobbing-Beratungsstelle unterscheidet vier Phasen: Zunächst wird das Opfer angegriffen. Wenn es dann zweitens irgendwann nervös wird, macht es wirkliche Fehler. In der dritten Phase gibt es seinen Widerstand auf, während das Mobbing weitergeht. Am Ende beginnt das Opfer zu glauben, die Mobber hätten Recht. Es wird krank oder verliert die Arbeit. Geschädigt wird dabei auch das Privatleben. Gemobbte werden nicht verstanden und können nicht aufhören, über ihr Problem zu reden, erklären es immer wieder, nerven damit Familie und Freunde.

Die Lage der Gemobbten ist ernst. Es geht um ihre Würde, ihre berufliche und familiäre Existenz und um die Beeinträchtigung ihrer Gesundheit: körperliche Erschöpfung, Depression, Infektanfälligkeit. Was dies Unternehmen und Krankenkassen wirklich kostet, weiß keiner. Die AOK, die Mittel für Mobbingberatung zur Verfügung gestellt hatte, musste ihr Engagement drastisch reduzieren – Präventionsmaßnahmen sind bei den Gesundheitsreformen auf der Strecke geblieben. Nur ein Teil der Beschäftigten hat die Kraft und die Persönlichkeit, sich selbst aus der Situation zu befreien. Weil Gespräche oft nichts helfen, hat Gegenwehr oberste Priorität. Mobbing-Ratgeber empfehlen, bei Vorwürfen nachzuhaken, den anderen konkret werden zu lassen, sachlich zu argumentieren, Gegenfragen zu stellen, Ich-Botschaften zu senden. Andere raten, die Mobber auflaufen zu lassen; sie sollen spüren, dass sie nichts mehr bewirken können. Das Verhalten des anderen kann man kaum ändern, dagegen aber die eigene Einstellung. Nicht ärgern, sondern ändern heißt der Ausweg. Wer tiefer in der Falle sitzt, braucht Selbstbeherrschung, analytische Fähigkeit – und vor allem die Bereitschaft der Gegenpartei, sich auf die Ebene der Vernunft zu begeben.

Aber kaum ein Mobber gesteht seine versteckten Angriffe ein, sondern präsentiert sich vielleicht selbst als Opfer seines vermeintlich labilen Kollegen, diesem Feind und Störenfried, vor dem man sich schützen muss. Mobber haben Unterstützung, haben Paragraphen, verbündete Kollegen, die im Fahrwasser des Stärkeren mitschwimmen, vielleicht auch aus Angst, die nächste Zielscheibe zu sein. Krank, so Professor Claus H. Bick von der European Society of Medical Hynopsis, seien die Mobber selbst. Nach seinen Recherchen waren die Familienverhältnisse der Leute, die ihre Aggressionen an Wehrlosen abreagierten, nicht in Ordnung. Bick zitiert Untersuchungen, nach denen Aktivitäten der linken Gehirnhälfte, wie psychotherapeutische Gespräche, nichts bringen. Er empfiehlt autogenes Training, also einen Lösungsweg, der ähnlich des Meditierens oder Betens nicht auf der Verstandesebene vorgeht: Das Opfer stellt sich ein Ruhebild vor, hat plötzlich etwas ganz anderes vor Augen, etwa eine Situation, in der es mit seinem Gegnern fertig wird.

Mobbingsituationen zu klären – also die gezielte persönliche Herabsetzung und Schwächung eines Mitarbeiters offen zu legen –, ist damit eine Hauptaufgabe der Unternehmensführung. Wie können Firmen den Mobbern das Handwerk legen? Ein Gespräch zwischen den Beteiligten, vom Vorgesetzten moderiert, kann sogar zum Nachteil des Gemobbten gereichen – noch dazu ist es eine zusätzliche Ohrfeige für das Opfer, mit den Mobbern auf eine Stufe gestellt zu werden, anstatt Schuld und Ursache eindeutig zu benennen. Im Betriebsklima muss die Gewissheit verankert sein, dass Konflikte objektiv gelöst werden. Festverankerte Beschwerderegeln machen sensibler für Spannungen.

Unternehmensführung im sechsten Kondratieff bedeutet, die Mitarbeiter zu einer Betriebsgemeinschaft zu machen, in der es keiner zulässt, dass jemand von einem Dritten geschädigt wird – zum Schaden der Firma und des gesamten Klimas. Wo Mitarbeiter lernen, selber frühzeitig für andere einzugreifen, bleiben Attacken nicht geheim, das Opfer nicht allein, sondern Teil des Ganzen, der oder die Täter nicht anonym. Wer den Anfängen wehrt, verliert nicht nur kein Kapital der kostbaren Informationsarbeit, er braucht auch hinterher keine Ressourcen aufzuwenden, um Mobbing und seine Schadensketten einzudämmen.

Die Wirtschaft reagiert auf die gewachsene Bedeutung zwischenmenschlicher Beziehungen. VW hat schon im Sommer 1996 – anfangs von einigen belächelt – Mobbing zum offiziellen Betriebsthema gemacht. Eine Betriebsvereinbarung regelt den Umgang mit Mobbing, sexueller Belästigung und Diskriminierung von Mitarbeitern wegen Herkunft, Hautfarbe oder Religion. VW will solche Verhaltensweisen nicht nur unterbinden, sondern auch ein partnerschaftliches Klima fördern. Bei Verstößen drohen Maßnahmen von der Belehrung bis hin zu arbeitsrechtlichen Konsequenzen. Und der Konzern bietet Therapien an, berät Betroffene. Gegenseitiger Umgang ist ein Thema der Fortbildungskurse.

Das wird noch aus einem anderen Grund wichtiger: Aus einer ökonomischen Notwendigkeit heraus wird es normal, mit ständig wechselnden Freiberuflern zusammenzuarbeiten (nicht nur als Sündenböcke für unlösbare Aufgaben). Je weiter die Informationsgesellschaft mit ihrer Wissensflut voranschreitet, umso weniger sind Unternehmen in der Lage, jede Kompetenz bereitzustellen, schon weil davon viele nicht durchgängig gebraucht werden. Sie produzieren Ideen und Problemlösungen, die am Markt gefragt sind, und stellen dafür aus den eigenen Reihen und mit Hilfe einer Kompetenz-Datenbank Fachleute für Teams zusammen. Gefragt ist nicht mehr der Strategieberater, sondern jemand, der mit seiner Fachkompetenz und langjährigen Berufserfahrung bei der praktischen Umsetzung hilft. Dadurch macht nicht mehr das eigene organisatorische Wachstum ein Unternehmen groß; es wächst durch das Internet und den Zugriff auf weltweite Informationsressourcen. Monolithische Großunternehmen lösen sich in kleine, dezentralisierte Einheiten auf und entwickeln sich schließlich zu netzwerkgestützten Unternehmen.

Nun sind aber im Zuge der alten Managementphilosophien viele Unternehmen beim »Outsourcen« zu weit gegangen: Viele lagern Sparten wie EDV wieder ein und haben nun das Problem, ebenso qualifizierte Mitarbeiter zu finden wie die ehemaligen, teilweise seit Jahren im Unternehmen beschäftigten. Was sich zielgerichtet auslagern lässt, sind differenzierte Dienstleistungen, welche die technologische Kompetenz nicht berühren. Produktivitätsreserven liegen dabei auch in der Motivation: Auch ein auswärtiger Spezialist, der nur gelegentlich mitarbeitet, dafür aber eine exklusive Qualifikation einbringt, sollte sich als Teil der Firma fühlen, sich mit der Arbeit identifizieren und eines stabilen Verhältnisses mit dem Auftraggeber versichert sein. In einem Projekt sitzen dann alle in

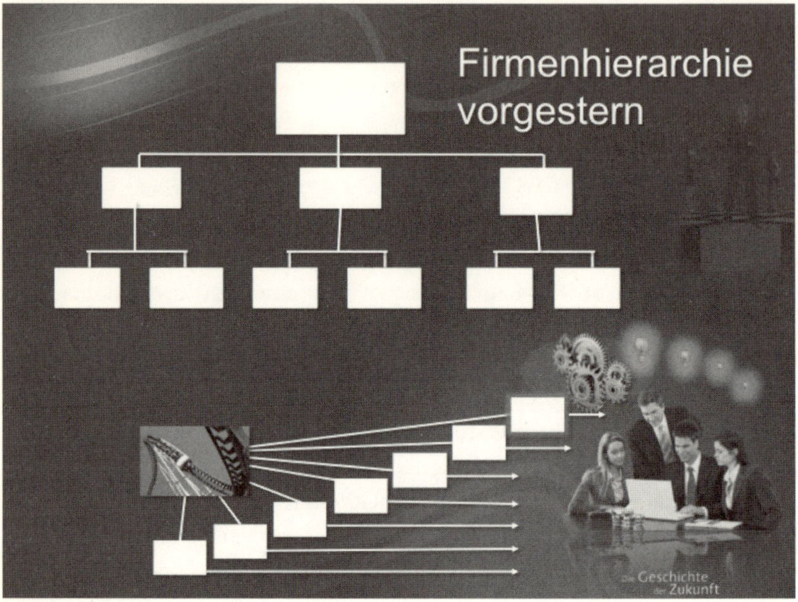

einem Boot, egal ob als interner oder als externer Mitarbeiter – wenn das Beziehungs-Management gelingt.

Führung als Beziehungs-Management

Verunsichert sind nicht nur die Mitarbeiter, sondern gerade jene, die den Kurs angeben sollen. Umstellt von Zukunftsängsten und den Ansprüchen der Shareholder, von der Globalisierung um die Welt gejagt und vom Kostendruck in die Knie gezwungen, mit miserablen Imagewerten geschlagen und der eigenen Familie entfremdet, in einer Atmosphäre arbeitend, in welcher der Ehrliche der Dumme ist, sind die Chefetagen vielfach selbst irritiert durch funktionale Neubeschreibungen, in denen sie das Beziehungs-Management am meisten fordert. Nach wie vor sollen sie ein messbares Betriebsergebnis erzielen, Leistung erhöhen, die betrieblich beeinflussbaren Kosten senken, sensibel auf Kundenwünsche und Marktentwicklungen reagieren, Vorbild sein, Erkenntnisse schnell umsetzen und allen Kollegen das unberechenbar gewordene und daher verunsichernde kräftezehrende Berufsleben ertragbar machen. Die herkömmlichen Leistungserwartungen sind geblieben. Doch das geforderte Kompetenzspektrum hat sich erweitert.

Durch die Globalisierung gründen oder übernehmen deutsche Firmen immer mehr ausländische Gesellschaften, deren Führung sie mit Einheimischen besetzen, um Spannungen mit der Mentalität der Belegschaft zu vermeiden. Damit sie mit der Tochterfirma zusammenarbeiten können, müssen deutsche Manager auch interkulturell kompetent sein. Sozialkompetenz entscheidet ebenfalls den Wettbewerb im Umgang mit dem Kunden. Der Kunde tritt aus der anonymen Masse des Industriezeitalters, wird zum Partner im Team, ja zum Freund, der persönlich angesprochen werden möchte, dessen eigene Wünsche und Bedürfnisse individuell erfüllt werden wollen, um so dem Unternehmen treu zu bleiben. Die neu benötigte Flexibilität bedeutet auch den Verlust von lebensstabilisierenden festen Regeln, sodass sich die Anlässe für Konflikte vermehren – ein vertrauensvolles Verhältnis zwischen Geschäftsführung und Betriebsrat wird noch wichtiger als in der alten Industriegesellschaft. Arbeitszeit wird so flexibel, wie sie gebraucht wird, variierbar in Menge und auf den Tag verteilt.

Wenn der Arbeitsablauf nicht mehr dem Räderwerk des Maschinenzeitalters entspricht, das Charlie Chaplin im Stummfilm »Moderne Zeiten« karikierte, muss auch das Unternehmen atmen können wie der lebendige Organismus des Marktes. Das Führerprinzip der alten Industriegesellschaft hat dabei ausgedient, in dem die Arbeiter nach Befehl und Gehorsam »angeleitet« werden mussten, reduziert nur auf ein paar wenige spezialisierte Fertigkeiten. Die Menschen sind keine Rädchen mehr in Organisationsmaschinen, sondern – im günstigen Fall – mehrfachqualifiziert, mobil, mitgestaltend und menschlich. Aber wie mit Mitarbeitern umgehen, denen es an Teamfähigkeit, Eigenverantwortung, Engagement und Fairness mangelt?

Die Mitarbeiter sind besser informiert und kompetenter, die fachliche Weisungsbefugnis der Manager hat an Bedeutung verloren. Teams übernehmen Verantwortung auf allen Ebenen von der Produktion bis zum Marketing. Der Informationsfluss läuft nicht ständig über den Chefschreibtisch, sondern direkt. Führung heißt nun, den Informationsfluss zu moderieren, die informationelle Wertschöpfung zu koordinieren, Sinn zu stiften, Neugier und Fantasie, Ziele und Visionen für die Gruppe zu vitalisieren, die Geister zu motivieren und nicht konsensfähige Fälle zu entscheiden. Doch diese nötigen, flacheren Strukturen funktionieren noch nicht richtig, weil sich die Menschen nicht so schnell ändern wie die formalen Organisationsstrukturen.

Das »altbewährte« machtorientierte Top-Down-Management erschwert den Aufbau einer zweckmäßigen aufgabenorientierten Kommunikationsstruktur. Es hortet Herrschaftswissen, klammert sich eifersüchtig an Führungsverantwortung und hierarchische Entscheidungsabläufe. So entmündigt das Management seine Mitarbeiter und verschwendet Kreativitäts- und Innovationspotenzial. Der Ruf nach dem kritisch denkenden (weil produktiveren) Mitarbeiter ist eine Floskel, die an den realen Strukturen abprallt. Diese verlangen in der Praxis noch Befehlsempfänger. Die Mitarbeiter haben zwar Ideen, aber sie werden zu selten danach gefragt. Manager sind nicht dazu ausgebildet, nachzufragen – und sie fragen auch nicht nach, aus Angst, widerlegt zu werden.

Bisher war Autorität, etwas zu behaupten, ohne mit Rückfragen rechnen zu müssen. Doch jetzt ist jeder Mitarbeiter Experte seines hochempfindlichen Zwischenschritts, was ihn zur Rückfrage berechtigt und verpflichtet. Eine Hierarchie im alten Sinne blockt das ab, sogar wider besseres Wissen. Sei es auch nur, damit die »Organisation« ihr Gesicht wahren kann. Doch das ist riskant: Die Mitarbeiter gewöhnen sich an die Notwendigkeit der Gesichtswahrung, glauben ebenfalls wider besseres Wissen an die höhere Vernunft der Verhältnisse, machen ihre Witze und passen sich dem Lauf der Dinge an, solange es noch läuft. Der Schmalenbach-Preisträger Uwe Renald Müller hat das Ränkespiel um Einfluss, Macht und Selbsterhalt hinter den Kulissen analysiert.[30] Engagierte Mitarbeiter werden nicht gefördert, sondern aus Angst um die eigene Position ausgebremst. Seine Diagnose: Das hierarchische Denken in Unternehmen verhindert eine Kultur des Lernens. Es provoziert aggressive und opportunistische Verhaltensweisen und destabilisiert die mentale Basis des Unternehmens. Betriebliche Vorgänge basierten nur zu oft auf emotionalen, sachlich kaum begründbaren Motiven; statt des Marktes steuern Machtanspruch und persönliche Vorteile das Denken. Nicht Entwicklung, sondern Verharren prägt das Verhalten.[31]

---

30 Uwe Renald Müller: »Machtwechsel im Management – Drama, Chance«, Rudolf Haufe Verlag, Freiburg 1997.

31 Peter Scott Morgan: »Die heimlichen Spielregeln: Die Macht der ungeschriebenen Gesetze im Unternehmen«, Frankfurt/Main, Campus Verlag, 1995.

Dem muss der Manager eine Kommunikationskultur entgegensetzen, die gegen die bisherige hierarchische Unterordnung zur Kommunikation motiviert. Bisher galt: Je höher die Position, umso geringer die Bereitschaft, Probleme jenseits der fachlichen Ebene zu betrachten. Im sechsten Kondratieff ist es genau umgekehrt: Je höher die Position, umso entscheidender wird das Beziehungs-Management. Viele müssen erst einmal mit neuen Kommunikationsformen experimentieren. Die Pflege einer Unternehmenskultur kostet viel Zeit und muss sich rechnen, ist aber selten Teil der betriebswirtschaftlichen Prüfung. Herkömmliche Methoden sind nur bedingt tauglich, was nicht ausschließt, dass man mit sozialwissenschaftlichen Methoden weiterkommt.

Ein partnerschaftlicher Führungsstil könnte aber nach früheren Sichtweisen als schwache Führung missinterpretiert werden, denn er braucht im Gegenzug auch mündige Mitarbeiter, die bereit sind, Verantwortung zu übernehmen, und die es in Masse so heute auch noch nicht gibt. So muss man akzeptieren, dass sich die Unternehmenskultur langsamer wandelt als gewünscht und nötig. Die Praxis zeigt, dass die neue Kommunikationskultur vielfach weder funktioniert noch die Mitarbeiter überzeugt hat. Nach einer Umfrage für das Magazin Elle[32] halten 61 Prozent das »Wir«-Gefühl in den Betrieben für einen Trick, um noch mehr Leistung aus den Angestellten herauszuholen. In den neuen Bundesländern halten sogar 70 Prozent die moderne Unternehmenskultur für aufgesetzt. Zu viel Offenheit kann sogar schaden: 49 Prozent der Berufstätigen verlieren den Respekt vor ihrem Chef, wenn sie zu viel Privates von ihm wissen. Mitarbeiter machen dicht, weil sie fürchten, der Chef wolle ihre Psyche manipulieren.

Zwar sind viele Chefs heute sozial kompetenter als früher, doch reicht das noch immer nicht aus für die gestiegenen neuen Anforderungen. Viele Betroffene stecken den Kopf in den Sand und diskutieren lieber abstrakt als auf der Beziehungsebene. Würden tatsächlich einmal soziale Prozesse im Unternehmen angegangen, schreckten die meisten Entscheider zurück, meint Psychologe Dieter Zapf von der Universität Frankfurt. Viele Vorgesetzte schätzen es völlig falsch ein, wie ihr Ansehen durch kleine Schnitzer und grobe Verletzungen im Team sinkt. Im Gegensatz zu früher, als man sich ein neues Stoffgebiet – Computerbedienung, vielleicht eine

32 SZ 15.1.98, S. 23, »Moderner Führungsstil kommt nicht an.«

Fremdsprache – in einem Crashkurs aneignen konnte, sind »Soft Skills« von einer anderen Qualität. Sozialkompetenz – das sind sehr individuelle Persönlichkeitsmerkmale, in denen man niemandem zu nahe treten will. Manager müssen sich intensiv mit sich selbst beschäftigen, ihr Verhalten analysieren, ihre sozialen Schwächen erkennen, neue Verhaltensweisen trainieren. Dazu gehört eine echte, innere Bereitschaft, das von früher verinnerlichte Rollenverhalten unvoreingenommen zu überprüfen. Ein fairer Umgang mit anderen fällt nicht vom Himmel, sondern ist Ergebnis des ständigen Bemühens, mit sich selbst klarzukommen und umgehen zu können.

Das macht Arbeit: Kann man Kritik zulassen, mit Kritik umgehen, kann man kritisieren, ohne zu verletzen, kann man zuhören, loben und ermutigen? Kann man Fehler zugeben, ohne mit dem Recht des Stärkeren zu reagieren? Wer nicht mehr offen kritisiert wird, den haben die Kollegen aufgegeben und dem wird künftig das Potenzial entgehen, das in kritischen Hinweisen liegt. Und spricht man selber Missstände an oder wartet man ab, deutet an, schiebt ab? Verkraftet man nicht nur intelligente Kollegen, sondern ist man auch so schlau, schlaue Leute einzustellen, die noch viel schlauer sind als man selbst? Gibt man Ziele vor und sagt, dafür brauche man die Hilfe jedes Einzelnen? Oder umgibt man sich mit der Aura des Geheimnisvollen und hält die Betroffenen mit kleinen Andeutungen auf Distanz, bis das Problem gelöst ist und man sich selbst als den großen Retter feiern kann? Hält man den Laden durch Zwang zusammen oder durch Vertrauen?

Wer nicht wegen persönlicher Probleme um Rat gefragt wird, mit wem nicht gelacht wird, der ist ein einsamer Chef. Weil also viele Manager an ihrer Persönlichkeit arbeiten wollen und sich um mehr Lebensqualität, Glück, Glanz und Ruhm bemühen, suchen sie entsprechende »Crashkurse für die Psyche« auf. Das treibt viele aber auch in die Hände umstrittener Psychotrainer. Manche bedienen sich ähnlicher Methoden wie Sekten (etwa die Scientologen): Bewusstseinskontrolle, Manipulation oder umstrittene Verfahren aus Randbereichen der Psychotherapie. Dubiose Trainer zielen stets darauf ab, das Selbstkonzept einer Person zu destabilisieren, um sie dann dazu zu bringen, eine fremde Sicht der Wirklichkeit zu akzeptieren. In den Trainings werden Teilnehmer oft mit mehr Gefühlen und Konflikten konfrontiert, als sie ertragen können. Fast alles wird in Frage gestellt. Die Betroffenen sind so verunsichert, dass sie dankbar nach jedem Strohhalm greifen, den ihnen der Trainer hinhält. Danach müssen sich manche in psychiatrische Behandlung begeben. Die windigsten Psycho-Gurus verheimlichen nach außen ihre Praktiken (Schlaf- und Essensentzug, Drill), mit denen sie Menschen mürbe machen.

Die wachsende Nachfrage für »Persönlichkeitsseminare« ist Ausdruck der »Bedürfnisse, Sehnsüchte und Gefahren einer zunehmend orientierungslosen Gesellschaft, in der traditionelle Werte immer unwichtiger werden«, schreibt die Psychologin Bärbel Schwertfeger.[33] »Das Heil, das Menschen früher (kostenlos) aus Religionen schöpften, suchen sie heute in oft zweifelhaften, immens teuren Seminaren, um danach häufig mit einer maßlosen Selbstüberschätzung oder noch größeren Konfusionen fertig werden zu müssen.«

Die »Alles-ist-möglich«-Seminare können noch tiefer in die Depression reißen. Sie machen einen glauben, wenn man nur wolle, könne man alles erreichen. Wer nach der Teilnahme dennoch scheitert, der ist selber schuld, hat eben nicht positiv genug gedacht. »Die Menschen zweifeln an sich selbst: Warum klappt es bei mir nicht? Bin ich nicht normal?«, sagt der Psychotherapeut Günter Scheich.[34] Statt die gesamte Palette der Negativgefühle zu verdrängen, rät Scheich zu akzeptieren, dass das Leben nicht ohne Schattenseiten ist. Religion vermittelte früher auch, dass das Leben immer unvollständig bleiben wird; erst die Ideologien, die sich an ihre Stelle setzten, meinten, einen »Herrenmenschen« (Nietzsche, Nationalsozialismus) schaffen zu können. Problematisch sind Seminare, die dem Teilnehmer für jede Situation ein ideales Verhalten antrainieren. Bei Kurzseminaren ist es nur eine Frage der Zeit, wann die Teilnehmer wieder in die alte Rolle fallen. Das neue Verhalten wirkt oft aufgesetzt, passt nicht zur Person. Nötig sind Freunde, Bekannte und Kollegen, die einem den Spiegel vorhalten.

Gesundheit als Managementaufgabe

Etwa fünf Prozent der Beschäftigten in Deutschland sind alkoholabhängig, schätzt die Deutsche Hauptstelle gegen Suchtgefahren. Wer trinkt,

33 Bärbel Schwertfeger: »Der Griff nach der Psyche«, Campus Verlag 1998.
34 Günter Scheich: »Positives Denken macht krank«, Eichborn Verlag 1997.

fehlt öfters und leistet ein Viertel weniger. Gründe für die Flucht in den Rausch gibt es heute mehr denn je: Hohe Anforderungen, Arbeitstempo, Isolation. Manager, die ständig umdisponieren, umstrukturieren und leichtfertig entlassen, haben einen bis zu dreimal so hohen Krankenstand und Fehlzeiten wie langfristig planende Manager, haben der Wirtschaftspsychologe Dieter Frey und der Unternehmensberater Markus Wendt in einer Studie festgestellt.[35] Die Tuttlinger Gesellschaft für Arbeitsmedizin (GFA) schätzt, dass Beschäftigte nur jeden dritten Fehltag im Jahr aus Krankheit an ihrem Arbeitsplatz fehlen. Der Rest sei »motivationsbedingt«. Bei schlechtem Klima werden schon leichte Befindlichkeitsstörungen wie eine Erkältung zum Grund, zu Hause zu bleiben.

Betriebsärzte weisen immer wieder darauf hin, dass das mittlere Management erheblich gesundheitsgefährdeter ist als seine Mitarbeiter oder die Leute der Topetage: Sie sind die direkt ausführenden Organe, welche die detaillierten Tagesaufgaben erfüllen, und sie sind dabei sowohl nach oben als auch nach unten verantwortlich. Führungskräfte ignorieren Vorsorge und Heilmöglichkeiten. Acht von zehn Managern leiden unter Schlafstörungen, Magenschmerzen und Herz-Rhythmus-Störungen, fanden Forscher der Fachhochschule Köln heraus.

Mit Gesundheitsvorsorge und institutionalisierten Rückkehrergesprächen hat VW seinen Krankenstand von über acht Prozent 1988 auf gut vier Prozent im Jahr 1999 halbiert und spart damit rund 180 Millionen Euro ein.[36] Die Kosten des Programms, das sich auf Information und Kommunikation stützt, sind dagegen sehr gering. Ein in die Vorsorge gesteckter Euro zahlt sich zwei- bis siebenfach aus. US-Konzerne gehen sogar so weit, ihre Angestellten ökonomisch zu zwingen, auf ihr Gewicht zu achten, zu joggen und nicht zu rauchen. Wer nicht mitmacht, muss mehr für die Krankenkasse zahlen. Ob das der richtige Weg ist, Lohnnebenkosten zu sparen, scheint zumindest von gemischten Gefühlen begleitet. Insgesamt steht bei diesem Zukunftsthema viel Arbeit bevor: Noch kein betriebliches Gesundheitsmanagement haben zwei Drittel der deutschen Betriebe bis 200 Beschäftigte und die Hälfte der Firmen bis 500 Beschäftigte, so eine Studie der Initiative Gesundheit und Arbeit (GA) von gesetzlichen Kranken- und Unfallversicherungen im Jahr 2012.

---

35 SZ 4./5. Mai 02, S. V1/17: »Planloses Management macht Mitarbeiter krank«.

36 »Stress macht immer mehr Angestellte krank«, SZ 12.9.00, S. 16.

Ist Gesundheit heute ein wichtigeres Managementthema als vor 10 oder 30 Jahren? Das hängt, wie Nikolai Kondratieff schrieb, mit den realen Anforderungen des Wirtschaftens zusammen. Die zunehmende Sensibilität der Unternehmen für Gesundheit hat mehrere Gründe: Die einzusparenden Kosten, die wachsenden Beeinträchtigungen der Gesundheit, der doppelt so hohe Krankenstand von über 50-Jährigen, vor allem aber der Zusammenhang zwischen psychosozialer Gesundheit und der Produktivität von Informationsarbeitern.

Die Voraussetzungen für Gesundheit liegen aber meist außerhalb des Gesundheitswesens: in den Lebensverhältnissen, Lebensweisen, Lebenseinstellungen. So wie die Informationstechnik im fünften Kondratieff eine Querschnittstechnologie war (der Chip war überall zu finden: in der Uhr, in der Telefonvermittlung, bei der Maschinensteuerung, selbst die Küchenwaage war nur noch ein Computer mit angeschlossenem Gewichtssensor), so ist umfassende Gesundheit eine Querschnittsaufgabe für den sechsten Kondratieff, welche die Unternehmensführung in allen Bereichen betrifft, so wie heute fast jeder Berufstätige mit Informationstechnik zu tun hat. Der Marktmechanismus wird all jene benachteiligen, die diese Basisinnovation nicht erschließen. Doch Unternehmen sind keine Insel im Meer ihrer sie umgebenden Gesellschaft. Je weniger Produktivität von Materie und Maschinen abhängt, umso wichtiger wird das geistig-immaterielle Umfeld. Was dort an Verhaltensweisen überwiegt und was dort an Ressourcen verschwendet wird, wirkt auf ihre Wettbewerbsfähigkeit zurück.

Auf der Webseite www.neuearbeitskultur.de sammele ich die nötigen Regeln der Informationsgesellschaft zusammen – Mitwirkende sind willkommen.

Was jetzt zu tun ist:

- Mehr Reflexion und Ruhe für kreative und produktivere Informationsarbeit.
- Statusorientierung entgegentreten.
- Konflikte aufspüren und lösen.
- Nicht den Chef, sondern die Wirklichkeit zum Chef machen.
- In die Gesundheit der Mitarbeiter investieren, z. B. durch kostenlose Schwimmbadbesuche und gesunde Ernährung.
- Gesundheitsprodukte entwickeln.

Kapitel 5

Was wir uns künftig ersparen könnten

Die größten Produktivitätsreserven liegen in der Überwindung destruktiver Verhaltensweisen

Was für lange Umwege gehen wir, nur um etwas ein paar Cents billiger einzukaufen. Wie sehr strengen sich Unternehmen an, ihre Kosten um einige Tausend Euro zu senken. Viele Ingenieurmannjahre werden investiert, um eine weitgehend ausgereifte Maschine noch ein kleines bisschen effizienter zu machen. Wegen Zehntelprozentpunkten Lohnerhöhungen kommt es zu Tarifkonflikten. Doch das Ergebnis dieser Mühen ist verschwindend gering im Vergleich zu den destruktiven Verhaltensweisen in unserem Leben und in unserem Umfeld, die den Zuwachs an Ressourcen wieder zunichte machen: Es sind die wachsenden Innenweltprobleme, die die Außenweltprobleme verursachen.[1] Nefiodow sieht hier die größte Wachstumsbarriere am Ende des fünften Kondratieffs, also seelische und soziale Störungen und Erkrankungen und ihre Folgen.[2]

Wofür wir Steuern und Sozialabgaben zahlen

Ein Blick in die Tageszeitung genügt, um zu klären, wo die großen Produktivitätsreserven der Zukunft liegen: Alkohol tötet laut WHO weltweit jährlich 2,5 Millionen Menschen. Etwa 1,3 Millionen Deutsche sind laut Bundeszentrale für gesundheitliche Aufklärung alkoholabhängig. 9,5 Millionen trinken mehr, als es ihrer Gesundheit guttut.[3] Alkoholbedingte Schä-

---

1 So sinngemäß ein Vortragszitat von Professor Hans Millendorfer, Gründer der SPES-Akademie und des STUDIA-Institutes in Schlierbach, Österreich, um 1990.
2 Nefiodow: »Der Sechste Kondratieff«, S. 137.
3 „Unter Druck und an der Flasche“, SZ 14.7.11, S. 5.

den kosten Europas Volkswirtschaften jährlich zwischen zwei und vier Prozentpunkte ihres Wachstums. Ein Fünftel aller Todesfälle in Deutschland zwischen 35 und 65 Jahren sind alkoholbedingt, bei Männern sogar ein Viertel. Laut der Hauptstelle für Suchtfragen ist die Anzahl an Alkoholvergiftungen zwischen 2000 und 2009 um fast 112 Prozent gestiegen. Die Forscher weisen zudem darauf hin, dass rund 35 Prozent aller Tatverdächtigen bei gefährlicher und schwerer Körperverletzung zum Tatzeitpunkt unter Alkoholeinfluss standen. Vor allem die zunehmende Vereinsamung Älterer führt dort zu mehr Alkoholismus. Mehr als 1,4 Millionen Menschen sind in unserem Land von Medikamenten abhängig, von harten Drogen wie Heroin sind es 250.000 bis 300.000, von Nikotin etwa neun Millionen Männer und sechs Millionen Frauen. Jeder zweite Raucher ist Opfer seiner Sucht, macht den Konsum von Tabak verantwortlich für 15 Prozent der Tode von Männern und sieben Prozent von Frauen. Die durch Rauchen verursachten Krankheitskosten belaufen sich in Deutschland jährlich auf über 20 Milliarden Euro. 110.000 bis 140.000 Deutsche sterben im Jahr an den Folgen des Rauchens, europaweit sind es 500.000 und weltweit waren es im Jahr 2011 fast sechs Millionen und damit eine Million mehr als noch zehn Jahre zuvor. (Da steht die öffentliche Aufmerksamkeit über europaweit 150 BSE-Toten in keinem Verhältnis zum relativ geringen Widerstand gegen das Rauchen.) Die WHO rechnet im Jahr 2020 mit 8,4 Millionen Nikotintoten. In den entwickelten Ländern geht die Zahl der Raucher jedoch schon zurück. 2010 wurden in Deutschland täglich 229 Millionen Zigaretten abgebrannt – 40 Prozent weniger als im Jahr 2000.

Der schnellste Weg, die weiter steigenden Beiträge zur gesetzlichen Krankenkasse wieder zu verringern, wäre, Manipulation, Abrechnungsbetrug und Intransparenz einzudämmen, denn dadurch gehen im Gesundheitswesen Milliarden verloren: Dass bestimmte Ärzte die Beitragszahler mit überhöhten Abrechnungen betrügen, wurde im Jahr 2011 rund 27.000-mal aufgedeckt – 50 Prozent häufiger als zehn Jahre zuvor. mehr als im Jahr zuvor. Insgesamt versickern nach Angaben einer Schätzung von Transparency International (TI) zwischen sechs und 20 Milliarden Euro in dunklen Kanälen des deutschen Gesundheitswesens – Korruption, professorale »Mietmäuler«, Software, die Ärzten immer die Medikamente einer bestimmten Pharmafirma empfiehlt. Dass auf diesem Markt nicht alles in Ordnung ist, zeigt sich auch daran, dass die Pharmaindustrie laut TI über fünf Milliarden Euro für Marketing ausgibt, aber nur 1,5

Milliarden Euro für direkte Forschung. Von 400 Medikamenten, die seit 1990 auf den Markt gekommen sind, seien nur sieben »echte« Innovationen gewesen, während die anderen »Me-Too-Präparate« bei gleichem Behandlungserfolg oft mehr als 60-mal so teuer seien.[4] Jedes Jahr werden in Deutschland 200.000 Menschen in Kliniken eingeliefert – wegen unerwünschter Nebenwirkungen von Arzneien, 5000 bis 8000 würden daran sterben; andere Studien sehen sogar jeden vierten Todesfall im Zusammenhang mit Nebenwirkungen von Medikamenten (☛ Gesundheits-Kapitel, S. 299).[5] Manche erkranken aber auch angepanschter Medizin: Mit völlig unwirksamen, gefälschten oder gar giftigen Billig-Imitaten von Medikamenten werden im Jahr 2010 58 Milliarden Euro umgesetzt, doppelt so viel wie 2005.[6]

Dabei ist das Gesundheitswesen nur ein kleiner Ausschnitt der gesellschaftlichen Wirklichkeit. Kreditkartenbetrug kostet die deutsche Volkswirtschaft jährlich 75 Millionen Euro, davon 29 Millionen Euro durch räuberische Benutzung im Ausland. Zwischen 20 und 25 Milliarden Euro im Jahr versickern in Deutschland am grauen Kapitalmarkt bei dubiosen Anlagebetrügern. Jährlich schleppen sich Mieter und Vermieter 300.000-mal vor Gericht; 600.000 Prozesse werden wegen Schwarzarbeit geführt. In Deutschland kostet ein Haftplatz in einem Gefängnisneubau rund 150.000 Euro, bei Erweiterung einer vorhandenen Vollzugsanstalt etwa 60.000 Euro.[7] (Man stelle sich vor, man könnte dieses Geld stattdessen für Ausbildung oder Familienqualität ausgeben.) Sicherheit ist längst kein öffentliches Gut mehr, das der Staat für alle Bürger garantiert, sondern wird ein Gut, das man sich privat kaufen muss. In den 90er Jahren hat sich die Zahl der Sicherheitsfirmen in Deutschland auf 2700 mehr als verdoppelt, die Zahl der beschäftigten Wachleute ist von 97.000 auf 145.000 geklettert und würde darüber hinaus noch viel höher liegen, wenn die verzweifelt suchenden Firmen denn geeignetes Personal fänden.[8]

Was im Kleinen grassiert, erreicht im Großen volkswirtschaftliche Dimensionen: Durch Bestechungen und Preisabsprachen verliert der deut-

---

4 Steffen Uhlmann: Streit um Korruptionsvorwurf. SZ 13./14.11.04, S. 19. TI bestätigt die Zahlen 2008.

5 »Teurer Betrug in der Medizin«, SZ 29./30.9.01, S. 21.

6 »Sicher wie Banknoten«, SZ18.6.10, S. 17.

7 Ute Semkat: »Im Kittchen wird es immer enger«, SZ 23.3.01, S VP2/7.

8 »Job-Maschine Wachdienst«, SZ 15.5.02, S. 27.

sche Staat etwa fünf Milliarden Euro im Jahr.[9] Bei Siemens verschwinden bis zur Aufarbeitung der Affäre 2008 1,3 Milliarden Euro in fragwürdigen Kanälen. Bei einer Umfrage gab jeder siebte Unternehmer an, schon einmal einen möglichen Auftraggeber bestochen zu haben; das wären auf ganz Deutschland hochgerechnet 150.000 Unternehmen. Sie haben jedoch kaum Alternativen: 54 Prozent der Befragten gaben an, schon einmal deshalb einen Auftrag nicht bekommen zu haben, weil sie kein Schmiergeld zahlten.[10] Fast jede Großstadt hat derzeit ihren Bestechungsskandal. Die Volkswirtschaften würden um vier Prozentpunkte mehr wachsen, wenn allein die Bestechung verhindert werden könnte.[11]

Wirtschaftskriminalität im Jahr 2011 kostet in Deutschland – je nach Definition – 6,7 bis 20 Milliarden Euro, und ohne den Einsatz von Detektiven läge der Schaden wohl noch fünf bis zehn Milliarden Euro höher. Obwohl Wirtschaftskriminalität nur 1,7 Prozent der registrierten Straftaten ausmacht, verursacht sie laut Bundesinnenministerium mehr als die Hälfte der entstandenen Schäden. Vor allem hat sich die Fallzahl von Konkurs- und Kapitalanlagedelikten, Steuerhinterziehung, Subventionsbetrug und fingierten Warenbestellungen deutlich erhöht. Das Bundeskriminalamt hat im Jahr 2011 insgesamt 101.340 Fälle von Wirtschaftskriminalität registriert. Das IT Sicherheitsunternehmen Symantek schätzt den direkten Schaden durch Internetkriminalität in Deutschland auf 16,4 Milliarden Euro, weltweit auf 114 Milliarden Euro – durch Datendiebstahl, Computerviren und Web-Attacken. Das Bundeskriminalamt verzeichnet 2011 mit 225.000 Fällen acht Prozent mehr als im Vorjahr.

Der Hauptverband des Deutschen Einzelhandels (HDE) schätzt den Schaden durch Ladendiebstähle (den wir über höhere Preise bezahlen) im Jahr 2008 auf zwei Milliarden Euro, dazu kommen noch Waren im Wert von etwa eine Milliarde Euro, die die Mitarbeiter mitgehen lassen. Weitere 1,25 Milliarden Euro gehen für Schutzmaßnahmen wie Kameras und elektronische Artikelsicherungen drauf.[12] Jeder dritte Ladendieb ist unter 18 Jahren. Dabei geht die Zahl der Straftaten zwar insgesamt zurück (das mag mit unserer Alterspyramide zusammenhängen), doch die Zahl der jugendlichen Straftäter steigt. Zwischen 1993 und 1998 ist die Zahl

9 Hans Leyendecker: »Die Herde der schwarzen Schafe«, SZ 15.3.02, S. 2.
10 »Bestechung ohne Alternative«, SZ 23.5.02, S. 26.
11 »Staatsanwaltschaften schlafen nicht«, SZ 14.5.02, S. 24.
12 Ladendiebe nicht zu stoppen, SZ 13./14.11.10

der Jugendlichen, die einer Straftat verdächtigt wurden, um 45 Prozent gestiegen; bei Kindern stieg sie um 73 Prozent. Rund 600.000 Kinder in Deutschland gelten laut einer Studie als »ausgeprägt aggressiv«.[13] Wieso eigentlich?

Standortfaktor Familienqualität

Für drei Millionen Kinder ist der Vater nicht nur vorübergehend abwesend, sondern dauerhaft fern. Sie wachsen mit nur einem Elternteil auf, und das ist in der Regel die Mutter. Mehr als jede dritte Ehe – 38 Prozent – wird geschieden, das waren im Jahr 2010 rund 187.000 Paare. Damit ist jede fünfte seit 1991 geschlossenen Ehe zerbrochen. Ursachen: überzogene Glückserwartungen, überlange Arbeitszeiten und bei einer halben Million Familien steht der Gerichtsvollzieher vor der Tür, so das statistische Bundesamt. Bei der Hälfte der Scheidungen waren minderjährige Kinder betroffen. Obwohl das Abbild in den Fernsehserien ein ungefähr umgekehrtes Verhältnis wiedergibt, wurden 2012 sieben von zehn Kindern innerhalb einer Ehe geboren. Alleinerziehende machen 18 Prozent aller Familien aus, in denen mindestens ein Kind lebt. In acht Prozent aller Familien leben die Partner ohne Trauschein. In Ostdeutschland verliert die Ehe an Bedeutung: Dort wachsen nur noch 54 Prozent der Kinder mit ihren verheirateten Eltern auf – 1996 lag dieser Anteil noch bei 72 Prozent. Im Westen waren die Eltern in 75 Prozent der Familien verheiratet, 1996 waren es noch 84 Prozent. In Berlin lebt jedes zweites Kind mit alleinerziehenden oder unverheirateten Eltern zusammen. Aus immer unverbindlicheren Lebensformen entsteht oft eine Überforderung, der auf die Sozialetats zurückwirkt. Nun gibt es viele Kinder, für die es besser ist, bei nur einem Elternteil aufzuwachsen als in einer zerrütteten Familie. Sicher ist aber auch, dass es für Kinder einen hohen Wert hat, in einer intakten Familie aufzuwachsen. Das Leitbild der Familie hat an Bedeutung, nicht aber an Wert verloren. Die Patchwork-Familie ist kein gesellschaftlicher Idealzustand. Allen Abgesängen zum Trotz sagen heute 79 Prozent der Deutschen, dass man eine Familie brauche, um glücklich zu sein. Erstaunlich ist dabei vor allem die Entwicklung bei den bis-

13 SZ 12.11.96, S. 12.

30-Jährigen. Ende der 80er Jahre fanden nur gut 40 Prozent von ihnen, dass eine Familie Voraussetzung für Glück ist – jetzt sind es fast 80. [14]

Nachhaltiges Wirtschaften ist in der Ökologie inzwischen anerkannt, nicht jedoch beim Humankapital. Die Zahl der Ein-Personen-Haushalte (im Jahr 2001 waren es 37 Prozent aller Haushalte) hat seit 1961 (damals 21 Prozent) stark zugenommen, übrigens am stärksten in den 60er Jahren während des vierten Kondratieffs, parallel zur dynamischsten Verbreitung des Autos, auf 27 Prozent. Im Jahr 2011 wurden rund 109.000 Abtreibungen amtlich gemeldet. Das sind zwar 25.000 weniger als zehn Jahre zuvor, aber nur deshalb, weil auch die Gruppe der potentiellen Mütter geschrumpft ist. Fast die Hälfte der Frauen waren verheiratet; 7600 minderjährige Mütter brachen ihre Schwangerschaft ab. Die Zahl der Eheschließungen sank 2011 auf 378.000, die Zahl der Geburten lag 2009 bei 665.000. Die Jahrgänge sind damit nur noch halb so stark wie die in den geburtenstarken Jahrgängen der frühen 60er Jahre. Vielleicht auch, weil Vater und Mutter zu sein, keine delegierbare Babysitterfunktion ist. Das ist eine der großen Zukunftsreformen einer Gesellschaft, die kinderfreundlicher werden muss, wenn sie überleben will: dass arbeitende Eltern ihre Kinder auch mit ins Büro nehmen dürfen und dafür vielleicht eine halbe Stunde weniger bezahlt bekommen – schließlich sucht sich der Informationsarbeiter auch sonst allerhand Ablenkungen, wenn er mal nicht weiterkommt. Kinder, die dagegen früh in Horte abgegeben werden, entwickeln sich langsamer – weil nur die Eltern ihr eigenes Kind in der Regel am besten fördern und ihm besser Vertrauen vermitteln. Wer meint, Familie sei da, wo Kinder sind, der tut so, als ob jeder Ort, wo Kinder sind, gleich gut wäre.

Sexueller Missbrauch von Kindern wird in Deutschland 21500-mal im Jahr angezeigt – die Dunkelziffer schätzt der Direktor der Kriminologischen Zentralstelle in Wiesbaden auf das Fünf- bis Zehnfache, also auf 100.000 bis 200.000 Fälle.[15] Jede fünfte Frau in Deutschland ist Opfer sexueller Gewalt geworden, und zwar meist schon als Kind oder Jugendliche, so das Ergebnis zweier Studien mit über 4300 Fällen, die Professor Günther Kindermann vorstellte. Das Bundesfamilienministerium war bislang davon ausgegangen, dass jede siebte Frau vergewaltigt oder sexuell

14 »Glücklich nur in der Familie«, SZ 17.1.13, S. 6.

15 Sybille Steinkohl: »Sexueller Missbrauch – in der Grundschule kein Thema«, SZ 26.2.02, S. 41.

missbraucht worden war.[16] Weltweit würden etwa 250 Milliarden Euro durch Kinderpornografie und Kinderprostitution umgesetzt.[17] Ein bis zwei Millionen Jungen und Mädchen werden laut Unicef jedes Jahr in den Entwicklungsländern neu zur Prostitution gezwungen.[18] Mindestens 12,3 Millionen Menschen werden in irgendeiner Form der Sklaverei gehalten – als Prostituierte, Kamel-Jockey in arabischen Ländern, als einfacher Feldsklave, Zwangsarbeiter, Kindersoldaten. Die meisten sind unter 18 Jahren alt. Das sind mehr als die zehn bis zwölf Millionen Afrikaner, die in den 400 Jahren des transatlantischen Sklavenhandels insgesamt nach Amerika verschifft wurden.[19] Das US-Außenministerium geht sogar von bis zu 27 Millionen Menschen weltweit aus, die in Sklavenähnlichen Verhältnissen leben.“[20]

Der Wert des Lebens ist aber auch bei uns nicht immer besonders hoch. Neben knapp 4000 Toten verletzen sich in Deutschland jedes Jahr über 300.000 Menschen bei Unfällen im Straßenverkehr, darunter 75.000 schwer. In Deutschland sterben mehr Menschen durch Selbstmord als im Straßenverkehr oder durch Drogen umkommen, berichtet der Arbeitskreis Leben Stuttgart: 2007 wählten 9402 Menschen den Freitod, darunter nur ein Viertel Frauen, wohl weil sie scheinbar ausweglose Situationen kommunikativ besser bewältigen können (in Ostdeutschland ist die Selbstmordquote deutlich höher als im Westen). Bei den Selbstmordversuchen ist die Telefonseelsorge der Kirchen die einzige überregionale Initiative, Suizidgefährdeten zu helfen.

Noch mehr Seelenballast: 20.000 Deutsche dürfen wegen ihrer Spielsucht nicht mehr in Kasinos, insgesamt wird die Zahl der Spielsüchtigen auf 120.000 geschätzt.[21] Der Lübecker Psychiater Hans-Jürgen Rumpf kommt in seiner Pinta-Studie aus dem Jahre 2012 auf 560.000 Internet-Süchtige in Deutschland. Besonders Arbeitslose, Männer, Ledige und Migranten haben ein Risiko, die Kontrolle zu verlieren und die Kontakte zur realen Welt zu vernachlässigen.[22] Zwei Millionen Menschen soll es in Deutschland geben, die unter Zwangsstörungen wie zum Beispiel

---

16 SZ 16.6.00, S. 16.
17 »Flut von Kinderpornos im Internet«, dpa-Meldung in SZ.
18 »Kinderprostitution Boden entziehen«, SZ 13.12.01, S. 8.
19 »Der Sog des Geldes«, SZ 31.12.2006/1.1.2007, S. 2.
20 »Millionen leben wie Sklaven«, SZ 21.6.12, S. 7.
21 »20.000 Deutsche dürfen nicht mehr in Kasinos«, SZ 11./12.3.00, S. 16.
22 »Suchtgefährdete Männer«, SZ 10.10.12, S. 6.

den Waschzwang leiden.[23] Die Fachhochschule des Bundes in Münster schätzt, es gebe in Deutschland mindestens eine halbe Million krankhaft Kaufsüchtiger. Im Durchschnitt ist jeder deutsche Haushalt mit 40.000 Euro verschuldet, über zwei Millionen Haushalte können ihre Kredite gar nicht mehr bezahlen – auch dahinter steckt innere Informationsverarbeitung, mit Lebensgütern umzugehen.[24]

Wirtschaftsspirale zurück

Je mehr uns destruktive Verhaltensweisen Ressourcen nehmen, desto weniger stehen uns davon zur Verfügung, Probleme zu lösen. Je mehr die Gesellschaft aufwenden muss, um ein gewisses Maß an öffentlicher Sicherheit und Rechtsordnung aufrechtzuerhalten, umso weniger bleibt für die Bildungsgrundlagen der Zukunft. Je korrupter es in einem Land zugeht, um so höher ist bei einem Kondratieffabschwung das Risiko eines Staatsbankrottes. Wenn wir meinen, wir könnten uns das leisten, irren wir uns. Dazu reicht ein Blick auf Länder, wo destruktive Verhaltensweisen inzwischen die Wirtschaft zum Erliegen gebracht haben. Denn es gibt eine Spirale zurück: Die zunehmende Kriminalität hemmt die wirtschaftliche Entwicklung in Lateinamerika – in manchen Ländern um mindestens zwei Prozentpunkte. Die Argentinier haben zwei Drittel ihrer Ersparnisse, rund 120 Milliarden Dollar, im Ausland angelegt, weil sie ihrem eigenen System nicht vertrauen. Bliebe das Kapital im Lande, hätten die argentinischen Banken kein Liquiditätsproblem. Allein die argentinischen Abgeordneten und ihre riesigen Stäbe verschlingen fünf Prozent des Staatshaushaltes, und sie lassen zudem noch rund acht Milliarden Dollar im Jahr in ihren Taschen verschwinden. Würde nicht so viel geklaut, hätte Argentinien kein Haushaltsdefizit. Die Korruptheit ihrer Politiker dient der Bevölkerung zudem als Vorwand, selber keine Steuern mehr zu zahlen. Kein Argentinier käme wohl auf die Idee der Südkoreaner während der Asienkrise, ihrem Staat Geld zu schenken. Griechen haben für 50.000 verstorbene Angehörige weiter Rente bezogen.[25]

---

23 Markus Feldenkirchen: »Waschen bis zum Wahnsinn«, SZ 27./28.5.00, S. VI.
24 »Private Haushalte verschuldet wie noch nie«, SZ 22.11.02, S. 19.
25 »50.000 Griechen auferstanden«, SZ 15.1.13, S. 19.

Je weniger ein Staat funktioniert, umso mehr werden die Bürger ihre Konflikte selber zu lösen versuchen, und zwar gewaltsam.

Je mehr aber der Mensch des Menschen Wolf wird, umso schneller sinkt der Lebensstandard. Das gilt auch nach außen: Der Terroranschlag am 11. September 2001 hat einen weltweiten Schaden von 90 Milliarden Dollar verursacht, schätzt der Versicherungskonzern Swiss Re.[26] Die Militärausgaben weltweit liegen im Jahr 2011 bei etwa 1740 Milliarden Dollar, das ist um die Hälfte mehr als vor zehn Jahren und mehr als zu Zeiten des Kalten Krieges, sagt das Stockholmer Friedensforschungsinstitut Sipri[27]. Der historische Höchstwert war kurz vor dem Zusammenbruch des Ostblocks 1987. Präsident Bush hat den US-Militäretat auf 400 Milliarden Dollar erhöht. Und diese enorme Summe wird nicht ausreichen, den Frieden zu sichern, denn Militär allein beseitigt nicht die Ursache von Armut, Ungerechtigkeit und ungelösten Konflikten.

Auch nach innen ist die Sicherheitslast für die USA erdrückend geworden: Der Semi-Wohlfahrtsstaat wurde in den vergangenen 30 Jahren in einen Straf- und Polizeistaat umgewandelt, der die Kriminalisierung von Randgruppen und sozial Benachteiligten zu einem zentralen Bestandteil seiner Sozialpolitik macht, so die Kritik des Berkeley-Professors Loic Wacquant. Die Zahlen geben ihm Recht: Binnen 20 Jahren haben sich die Häftlingszahlen vervierfacht.[28] 2,32 Millionen Menschen (in der Regel Männer, also mehr als 2,8 Prozent der Männer im erwerbsfähigen Alter) sitzen in US-amerikanischen Gefängnissen, das ist ein Viertel aller Häftlinge der Welt (wer sagt, in Amerika sei alles so toll, der soll diese Zahl zu denen der Arbeitslosen summieren). Da die Haftanstalten so überfüllt sind und die Amerikaner mit dem Bau von neuen Gefängnissen nicht mehr hinterherkommen, werden die meisten Delinquenten vorzeitig entlassen: Weitere 3,7 Millionen sind gegen Kaution oder auf Bewährung frei oder warten auf ein Verfahren; das heißt, weitere sieben Prozent der Männer im erwerbsfähigen Alter stehen unter Bewährungsaufsicht. Mit über 600.000 Beschäftigten sind daher die staatlichen und privaten Gefängnisse nach General Motors und Wal Mart der drittgrößte Arbeitgeber der Vereinigten Staaten, rechnet Loic Waquant in seinem Buch »Elend hinter Gittern« vor.

26 »Terror kostet Wirtschaft rund 90 Milliarden Dollar«, SZ 21.12.01, S. 21.
27 »Westen spart beim Militär«, SZ 18.4.12, S. 9.
28 Heribert Prantl: »Gefängnis-Baupläne: zerreißen!«, SZ 5.5.00, S.4.

Nicht (nur) die Menschen sind krimineller, sondern vor allem die Gesetze sind schärfer geworden. 59 Prozent der Gefangenen sitzen heute wegen Drogendelikten. Die durchschnittliche Strafdauer in den USA für den Verkauf von Crack beträgt elf Jahre, bei einem Mord sind es sechs.[29] 60 Prozent der Insassen gehören ethnischen Minderheiten an. Statt Gefängnis bräuchten die meisten vor allem Hilfe: 70 Prozent der Gefangenen in den USA sind Analphabeten. 13 Prozent der männlichen afroamerikanischen Bevölkerung sind von den Wahlen ausgeschlossen, weil sie im Gefängnis sitzen. Das Geld für die Haftanstalten wäre in der Prävention besser aufgehoben. Gerade fünf Prozent des kalifornischen Strafvollzugbudgets werden für Wiedereingliederungsmaßnahmen ausgegeben. Auch das hängt trotz oder gerade wegen der vielen christlichen Kirchen und Sekten in den USA mit der Glaubenswelt zusammen: Ob die Mehrheit einer (gläubigen) Bevölkerung eher dem alttestamentarischen Bild eines strafenden Gottes huldigt oder an den guten Gott glaubt, der den Menschen nachgeht und sie aus ihrer selbstverschuldeten Not befreit, das entscheidet auch darüber, welche Politiker mit welchen Gesetzen sie wählt und wie sie mit den sozial Benachteiligten umgeht.

Und Nachwuchs gibt es genug: Psychologen stellen fest, dass die Gewaltbereitschaft unter Jungen in demselben Maße zunimmt, wie die Fähigkeit zur Konfliktbewältigung abnimmt. In den USA arbeiten mehr als in allen anderen Industrienationen beide Eltern – der Kontakt zu den Kindern und die Sensibilität für deren Probleme lassen nach. Während sich Mädchen mit ihren Problemen eher zurückziehen, werden Jungen gewalttätig. Ein durchschnittlicher 13-Jähriger in den USA hat etwa 100.000 Gewaltszenen am Bildschirm gesehen – da muss es ihm als nicht besonders außergewöhnlich vorkommen, seine Probleme mit Waffen zu bewältigen. Amerikanische Kinder unter 15 Jahren haben im Vergleich mit anderen Industrieländern das höchste Risiko, Opfer von Mord, Schusswaffen oder Selbstmord zu werden.[30] Mit 2,57 von 100.000 Kindern unter 15 Jahren ist die Rate gewaltsamer Tode dort fünfmal so hoch wie im Rest der industrialisierten Welt, mit 0,51 ist die Selbstmordrate doppelt so hoch. Von 1950 bis 1993 hat sich die Rate der Kindermorde in den USA verdreifacht und die der Selbstmorde vervierfacht. Allein im

29 Konrad Lischka: »Wo die Strafen keinen Namen haben«, SZ 24.4.01, S. 15.
30 »Kinder in den USA leben gefährlich«, 8./9.2.97, S. 16.

Jahr 1994 hat die Behandlung aller Schussverletzungen in den USA etwa zwei Milliarden Dollar gekostet.[31] Ebenso viel geben die US-Bürger jedes Jahr für Pistolen und Gewehre aus. Seit der Ex-Beatle John Lennon 1980 erschossen wurde, sind in den USA 676.000 Menschen erschossen worden (also etwa 200-mal so viele wie beim Terrorangriff auf das World Trade Center 2001 ums Leben kamen), sagte seine Witwe Yoko Ono an seinem 20. Todestag.[32]

Wo Probleme nicht gewaltsam gelöst werden, werden sie ersäuft. Jeder sechste erwachsene Amerikaner gilt offiziell als alkoholabhängig.[33] Alkohol ist in den USA der größte Killer noch vor Herzinfarkt und Krebs; jedes Jahr verschlingt der Kampf gegen den Alkoholismus knapp 200 Milliarden Dollar und jeder dritte Verkehrstote ist ein Opfer betrunkener Fahrer. Nur noch das verarmte, chaotische Russland kann damit konkurrieren. Mit nur 60 Jahren haben russische Männer auch deshalb die niedrigste Lebenserwartung in Europa, weil Alkohol quer durch alle Schichten bei den meisten Todesfällen eine Rolle spielt. 23.000 Russen sterben jedes Jahr an Alkoholvergiftung, weitere 75.000 an alkoholbedingten Krankheiten. 40 Prozent der verstorbenen Männer im Alter zwischen 30 und 54 haben sich totgesoffen. Etwa 80 Prozent aller Schwerverbrechen ereignen sich unter Alkoholeinfluss. Mit 18 Litern Alkohol pro Kopf und Jahr sind sie Weltmeister – vor der Revolution lag der Pro-Kopf-Verbrauch bei nur 0,83 Liter, stieg dann moderat an, wallte zu Breschnews Zeiten auf, sank bei Gorbatschow, und explodierte unter den Schwierigkeiten der wirtschaftlichen Transformation.[34] Und Tschernobyl, der Super-GAU im Atomreaktor April 1986 – wissen Sie, wie es dazu gekommen ist? Weil das Personal, das eine Fehlbedienung noch hätte korrigieren können, betrunken war. Tschernobyl war ein Alkohol-Problem. Wir können uns natürlich auch über Atomphysik unterhalten. Aber letztlich sind es die Innenweltprobleme, welche die Außenweltprobleme verursachen, sagte Professor Millendorfer. Und das gilt für diesen gesamten »Markt« destruktiver Verhaltensweisen, in dem die meisten Bereiche zweistellig wachsen. Nefiodow schätzt den von ihm so genannten »entropischen Sektor« der Wirtschaft in seiner

31 »Weltweit 250 Millionen illegale Schusswaffen«, SZ 5.8.99, S. 7.
32 SZ »Leute«, 7.12.00, S. 14.
33 Wolfgang Koydl: »Zwischen Tugend und Trunksucht«, SZ 22./23.12.01, S. 3.
34 Sonja Zekri »Ende des Rausches«, SZ 19.1.10, S. 10.

Aufstellung[35] größenordnungsmäßig auf etwa ein Drittel des Weltbruttosozialprodukts. Dieser Bereich frisst die Wirtschaftsressourcen auf, die wir eigentlich dafür bräuchten, um neue Märkte zu erschließen, in Infrastruktur, Bildung und neue Produkte zu investieren. Sie fehlen uns.

Unsere größten Produktivitätsreserven

Nikolai Kondratieff sieht die Wirtschaft dann lange Krisenzeiten durchleben, wenn es einen limitierenden Faktor gibt, der das Produktivitätswachstum niedrig hält: Und den identifiziert Nefiodow nach dem fünften Kondratieffzyklus im seelischen und sozialen Bereich. Hier schlummern die größten Produktivitätsreserven. Denn was an Geld, Ressourcen und Lebenszeit für Destruktives verkonsumiert wird, das ist letztlich ein Informationsproblem. Hier geht es um die Frage, wie jemand sich und seine Umwelt einordnet, wofür und nach welchen Maßstäben jemand seine Kraft einsetzt oder nicht.

In Europa wurde dieser Maßstab vor allem durch das Christentum geprägt. Seit der Aufklärung sind die universalethischen[36] Elemente der europäischen Geistesgeschichte in den Hintergrund gerückt. Mit den technischen und materiellen Voraussetzungen, dass sich der Einzelne individuell entfalten kann, sind manche der christlich geprägten Institutionen zunächst auf dem Rückzug. Doch sie hinterlassen kein Vakuum – in diesen Raum drängen nun andere Anbieter: Vor allem das Fernsehen setzt Normen für Verhaltensweisen, Gesprächsthemen, bietet Lebensstile zur Nachahmung an. Der Esoterik-Markt ist riesig. Nun mag es da viel Harmloses geben, nur kommt der Mitmensch dabei nicht vor. Es geht immer nur um die eigene Bewusstseinserweiterung, um das eigene Eindringen in höhere Sphären, um das Wecken der eigenen verborgenen Potenziale, um die eigene Glückseligkeit – mit der Folge, dass die Verantwortung bei der eigenen Person stehen bleibt, sich jeder weiter nur um sich selbst dreht, was, wie oben beschrieben, den destruktiven Ressourcenverbrauch nur weiter nährt und nicht zu dem Paradigma produktiver Informations-

---

35 Vgl. Nefiodow: »Der Sechste Kondratieff«, S. 105.

36 Eine Universalethik bezieht jeden Menschen und die Schöpfung mit ein, im Gegensatz zu einer Gruppenethik, die nur die Mitglieder der eigenen Gruppe fair behandelt.

arbeit passt. Was für ein Irrtum: Es gibt kein eigenes Glück. Zum Glück gehören immer auch die anderen und die eigene Umwelt.

Auch Wahrsager transportieren keine wertfreien Informationen. Ein entfernter Bekannter von mir ist arbeitslos und auch sozial isoliert. Die ständigen Misserfolge trieben ihn zum Wahrsager. Und der sagte ihm: »Die Sterne sagen, das ist so gewollt, dass du arbeitslos bist und isoliert.« Das hat ihn noch tiefer in die Verzweiflung gedrückt und ihm jede Energie genommen, wieder aufzustehen. Dabei sollte er nicht darauf hören. Das Forum Parawissenschaft zog Ende 2001 eine ernüchternde Bilanz: Kein Wahrsager habe den Krieg in Afghanistan oder die Terroranschläge auf das World Trade Center vorhergesehen, stattdessen wurden ein Erdbeben in Rumänien, eine Zeit des Friedens oder andere nicht eingetroffene Dinge angekündigt.[37] Der Bundesgerichtshof hat dem lukrativen Treiben der Esoteriker 2011 einen empfindlichen Schlag versetzt: Haben Opfer leichtgläubig oder in einer schwierigen Lebenssituation Honorarverträge geschlossen, können sie die Gelder nun wegen Sittenwidrigkeit zurückfordern.[38]

Die Psychotherapie bekommt ebenfalls ein Problem, wenn sie anfängt, Werte vorzugeben. Weil sie von sich behauptet, sie sei eine Wissenschaft, und Wissenschaften an sich sind immer wertfrei. Medizin zum Beispiel ist eine Wissenschaft: Ein Gentechniker weiß, wie er einen Menschen klont, aber diese Entscheidung, es zu tun, ist eine ethische. Das ist nicht Teil seiner Wissenschaft, das liegt außerhalb des gentechnischen Fachgebietes. Angeblich muss nun aber jeder dritte Deutsche in seinem Leben irgendwann einmal zum Psychiater und zum Psychotherapeuten.[39] Aus guten Gründen: Um mit ihm über Ängste aus der Kindheit, über Schuld oder Probleme mit dem Partner zu sprechen. Und der konfrontiert den Hilfe suchenden Patienten mit seinem Weltbild und Zielvorstellungen vom Leben, im günstigsten Fall zwischen den Zeilen und unbeabsichtigt. Wie und woran will eine Psychologie festmachen, was gut und was böse ist? Der selbstbezogene, egoistische und rücksichtslose Lebensstil, den so manche Therapie-Gurus privat pflegten, lässt nicht darauf hoffen, dass die Psychotherapie das Kernproblem destruktiver Verhaltensweisen auch nur annähernd lösen wird.[40]

---

37 »Das Pech der Wahrsager«, SZ 28.12.01., S. 14.
38 »Schlechte Karten für Wahrsager«, SZ 14.1.11., S. 19.
39 SZ 20.9.96, S. 5, »Jeder dritte Deutsche muss irgendwann zum Psychiater«.
40 Nefiodow: »Der Sechste Kondratieff«, S. 199.

Zwar gibt es längst keinen Konsens mehr über Ethik und Lebensziele. Wirtschaftlich prosperieren werden künftig aber nur die Firmen und Regionen, in denen Menschen auch dann fair zusammenarbeiten und sich gegenseitig fördern, wenn sie sich nicht mögen oder wenn sie sogar durch Vergangenes belastet sind. Unterschiedliche ethische Wertvorstellungen sind also nicht nebeneinander gleichrangig, wenn es darum geht, das Zusammenleben der Gesellschaft oder das Zusammenwirken in der Wirtschaft zu ermöglichen. Dass bei Stellenausschreibungen »soziale Kompetenz« oder »Kooperationsfähigkeit« am häufigsten genannt wird, zeigt, dass es einen Engpass an ethischer Qualität gibt, der über den Nutzen der eigenen Person hinausgeht. Und weil Verhaltensweisen immer auch mit den am meisten erstrebenswerten Zielen eines Menschen zu tun haben, wurde Gertrud Höhlers Buch »Sinn-Macher« ein Management-Bestseller. Scharen von Unternehmensberatern verdienen sich eine goldene Nase damit, Sinn zu vermitteln: Die Wirtschaft hat verstanden, dass der Mensch nicht allein nach Eigennutz handelt, sondern einen Sinnzusammenhang braucht, in dem er handelt. Der Mensch will wissen, wofür er arbeitet, Geld verdient oder ausgibt, für welches Ziel er sich anstrengt.

Von der Hoffnung, die Wissenschaft könne Ethik herstellen

So ist ausgerechnet die Wirtschaft zum Motor dafür geworden, nach verbindlichen ethischen Umgangsregeln (und ihrer Begründung) zu suchen. Anfang der 90er Jahre fing man an, sich verstärkt für Orientierungsfragen zu interessieren und lud immer häufiger Wirtschaftsethik-Professoren zu Vorträgen ein, gab ihnen gut dotierte Beraterverträge (und schmückte sich nach außen damit) oder stiftete Wirtschaftsethik-Lehrstühle. Es schien doch eine verlockende Perspektive, die Glaubenskriege und Weltanschauungsdebatten hinter sich zu lassen und nun wissenschaftlich nachvollziehbar seine ethischen Probleme sozusagen wertsteril gelöst zu bekommen.

Da saßen also die Manager, vielleicht sogar die Mitarbeiter und ein paar Honoratioren und hörten, was etwa der Münchner Professor Karl Homann zur Wirtschaftsethik zu sagen hatte, der zu den renommiertesten der Zunft gehört: Da gebe es einen rational handelnden Wirtschaftsakteur, und der verfolge sein Eigeninteresse nach den Anreizen des ihm vorgegebenen Rahmensystems (☛ zerpflückt im Kapitel zur Wirtschaftspolitik, S. 182). »Moral ist in und durch ein Unternehmen nur zu praktizieren, wenn sie, zumindest langfristig, auch Erträge bringt ... Keine Ethik, am wenigsten eine christliche, kann vom Einzelnen verlangen, dass er dauerhaft und systematisch gegen seine Interessen verstößt«, sagte Homann. »Keines der Prinzipien abendländisch christlicher Ethik verbietet das individuelle Vorteilsstreben als solches ... Ökonomik ist Ethik mit anderen, besseren Mitteln.«[41] Einerseits sagt Homann, dass es seit den Religionskriegen keine gemeinsame Wertebasis mehr gebe – was stimmt. Nur ersetzt er diese durch sein angeblich rationales (in Wirklichkeit auf Wertvorgaben beruhendes) Weltbild, in dem der Einzelne seinen Nutzen entlang der Rahmenbedingungen optimiert – was zum Beispiel ausschließt, dass jemand gegen diese Rahmenbedingungen nach dem lebt, was er für die Gesetze Gottes hält. Der Professor meint aber, es fehle nicht an Moral, sondern an wirtschaftlichen Anreizen. Vertreter einer an bestimmte Werte gebundenen Wirtschaftsethik bezeichnet Homann als wirkungslose oder gar als schädliche Appellmoralisten, und wer allgemein gültige übergreifende Werte beansprucht, dem gibt er einen totalitären Anstrich.

Da waren die Leute aber platt: Ethisch ist, was Geld bringt, und bloß nicht von Gewissenszweifeln quälen lassen. Vor dem Vortrag hatten alle noch geglaubt, Ethik sei an sich etwas Gutes. Doch welche Ethik? Himmler oder Stalin haben ja auch eine Ethik. Eigentlich wollten sie von dem Wirtschaftsethiker Antworten auf ihre vielen Fragen haben, wie sie ihre innerbetrieblichen Konflikte und ihr eigenes Leben erträglicher gestalten können. Und sie bekommen zu hören, das regle das Eigeninteresse des Einzelnen am Markt, das regeln die Rahmenbedingungen (ohne allerdings beantwortet zu bekommen, wer diese Rahmenbedingungen setze und nach welchen Grundsätzen). Ernüchterung hat sich in der Szene breit gemacht.

Niemand wunderte sich also wirklich, als er in der Zeitung las: Allen Ernstes hat der amerikanische Konzern Philipp Morris der tschechischen Regierung eine ökonomische Expertise vorgelegt, wie wirtschaftlich günstig für den Staat das Rauchen sei, weil die Menschen früher stürben:[42] Wenn Gott einen Raucher zu sich holt, spart der Staat 1227 Dollar. Tote müssen nicht mehr medizinisch versorgt werden (spart 968

41 Erik Händeler: »Was ist Interesse des Wirtschaftsbürgers?«, Die Tagespost, 15.3.01, S. 7.
42 SZ 31.7.01, S. 13.

Millionen tschechische Kronen), der Staat kann ihre Renten sparen (196 Millionen Kronen) und muss ihnen nichts zur Miete zuschießen (28 Millionen). Zieht man von diesem Bruttogewinn all die durch das Nikotin verursachten Kollateralschäden ab (Lungenverteerung, Krankheit durch Passivrauchen, die Einkommensteuer, welche die Toten ja leider nicht mehr zahlen), so bleiben immer noch 20 Millionen Euro Reingewinn: »Das vorzeitige Ableben der Raucher brachte Tschechien 1998 ungefähr sechs Milliarden Kronen.«

Das ist rein rational und konsequent nach manchen Wirtschaftethikschulen gehandelt, deren mit Steuergeldern subventionierte Professoren ein wertfreies Weltbild behaupten, aber in Wirklichkeit ein materialistisches, egozentrisches Menschenbild voraussetzen und als Maßeinheit in Geld rechnen. Der Mensch ist nur wertvoll, wenn er Geld bringt, nicht jedoch, wenn er Geld kostet: »Ökonomik ist Ethik mit anderen, besseren Mitteln.« Für eine Ethik, die das Leben an sich für wertvoll erachtet, und zwar auch das Leben des anderen, ist eine solche Studie, erstellt von der PR-Firma Arthur D. Little International, zuerst ziemlich lustig, dann aber erschreckend, weil sie zeigt, wohin eine angeblich wertfreie Wirtschaftsethik führen kann.

Dabei haben wir gar keinen Anlass, uns über die Amis und Osteuropäer lustig zu machen: Auch die deutsche Regierung vertritt lieber die Interessen der Tabakindustrie als die ihrer Bevölkerung – immerhin ist die Tabaksteuer mit elf Milliarden Euro der viertgrößte Einnahmeposten des Bundeshaushaltes (die durch Tabakkonsum verursachten Schäden werden dagegen auf über 40 Milliarden Euro geschätzt). Scheinheilig war, dass sich die Bundesregierung 2002 von der Tabakindustrie eine 11,8 Millionen Euro teure Kampagne finanzieren ließ, die Jugendliche vom Rauchen abhalten soll – denn in Wirklichkeit wird damit Rauchen für Kinder noch attraktiver gemacht.[43]

Längst ist die überzogene Orientierung am Eigennutz zum größten innerbetrieblichen Wachstumshemmnis geworden für die Wirtschaft der Informationsgesellschaft, wo Platzhirsche und Egomanen einen produktiven, wertschöpfenden Umgang mit Information verhindern. Längst dreht sich die Ethik-Diskussion der Wirtschaft um die Frage, wie in einer Firma die Balance zwischen Eigennutz und einem echten Interesse am gleichbe-

43 Christina Berndt: »Schall und Rauch«, SZ 23.10.02, S. 1.

rechtigten Wohlergehen des anderen/der Firma begünstigt werden kann – jenseits von Nützlichkeit und Eigeninteresse. Diese seelischen Schichten oberhalb rein rationaler Berechnung sind sogar der einzige entscheidende Wettbewerbsfaktor in der Wirtschaft der Informationsgesellschaft.[44] Anstatt Eigeninteresse nur vorauszusetzen, wäre das eigentlich spannende Thema ethischer Auseinandersetzung, wie weit Eigeninteresse zu fassen ist – bis hin zu dem Willen, andere Menschen auch bei eigenen Nachteilen gerecht zu behandeln. Aufgrund welcher Vorstellungswelt handelt ein Akteur? Welches Eigeninteresse entsteht aus welchen Werthaltungen? Und ist das dann alles gleich-gültig?

Seit Max Weber vor über 100 Jahren feststellte, dass Protestanten mit ihrem Geld anders umgehen als Katholiken, ist klar: Den rational handelnden Akteur gibt es nicht, weil jedes Handeln aufgrund von Wertvorstellungen entsteht. Wenn es ein SS-Mann als sein Eigeninteresse sieht, vom Wachturm Gefangene zu erschießen, während es Maximilian Kolbe als sein Eigeninteresse sieht, für einen anderen Menschen in den Tod zu gehen, ist klar, dass man nicht mit wissenschaftlich-objektiven Methoden bestimmen kann, was das Eigeninteresse eines Menschen ist. Sagte Homann nicht, auch die christliche Ethik könne nicht verlangen, gegen sein Interesse zu verstoßen? Hat Kolbe gegen sein Interesse verstoßen? Oder definiert Homann den Begriff des Eigeninteresses so lange um, bis jenseits wirtschaftswissenschaftlichen Sprachgestrüpps als Substrat nur noch übrig bleibt, dass jeder irgendwie das macht, was er für sich für richtig hält – was sich an Banalität kaum noch überbieten lässt?

Homanns Denke (und die gilt bis hinein in die Spitzenverbände der deutschen Wirtschaft als allgemein anerkannt), ungerechte Verhältnisse liegen eben daran, dass die Rahmenbedingungen so sind, entlastet den Einzelnen von dem ethischen Anspruch, den zumindest eine wertgebundene Sicht wie die christliche Ethik an ihn stellt. Bei Homann und seinen sich selbst reproduzierenden Nachfolgern kann der Einzelne die Verantwortung für sein Tun bequem nach »oben/außen« loswerden: Kriegsverbrecher können sich auf einen Befehlsnotstand berufen. Natürlich ist der Rahmen wichtig, einem potenziellen Vergewaltiger, Erpresser oder Wirtschaftskriminellen sein ethisch nicht gewünschtes Verhalten zu erschweren.

44 Vgl. Nefiodow: »Der Sechste Kondratieff«, Kap. 8, S. 185ff.

Die Realität zeigt, dass Rahmenbedingungen nur bis zu einem gewissen Punkt wirken. Wären die äußeren Anreiz-Rahmenbedingungen so entscheidend wie in Homanns Ansatz, es hätte im Dritten Reich niemand Juden versteckt. Längst geht es vielen Unternehmen auch darum, die Umwelt zu erhalten und den sozialen Nutzen zu mehren – ohne dass von außen gesetzte Rahmenbedingungen sie zwingen oder das Ganze nur eine PR-Aktion sein soll. Grundfalsch auch Homanns These, der Markt stelle Gerechtigkeit her. Denn der real existierende Markt ist ohne Eingriffe[45] von außen nur so gerecht, wie es den Interessen der Reichen und Stärkeren dient. Wer Regulierung ablehnt, äußert damit nur seine politische Meinung, dass er die Rechte derer, die durch ein Gesetz geschützt werden sollen, nicht achtet.

Die einzige Praxisrelevanz solcher Wirtschaftsethik-Denkmodelle ist, dass sie rücksichtslos handelnden, ökonomisch Machtvollen zu einem ruhigen Einschlafen verhelfen – und großen Lobbyverbänden bei Vorträgen vor einem ahnungslosen Publikum zu einem ethischen Mäntelchen, weil sie zwar wenig verstanden haben, aber irgendwie mal das Wort »Ethik« gefallen ist. Vielleicht ist es ein Symptom bestimmter geschlossener akademischer Zirkel in einer überalternden Gesellschaft, dass diese Art von Wirtschaftsethik, obwohl längst ausdiskutiert, auf Honoratioren-Veranstaltungen unverdrossen wiedergekäut wird. Nein: Welches Handeln als wünschenswert gilt, bei welchem Thema man ein Tabu bricht und mit welchem Verhalten man zu den Bewunderten gehört, das ist ganz gewiss nicht wissenschaftlich-wertfrei zu entscheiden, sondern eine Auseinandersetzung, die in der Gesellschaft ständig geführt werden muss.

Werbung schafft Normen

Dass Wanderwege in den Alpen von Menschen in roten Strümpfen bevölkert sind, hat mit Werbung zu tun. Als in den 50er Jahren die Farbfotografie aufkam, warben dafür farbige Panoramabilder. Doch weil ein kräftiges Rot in der Natur selten vorkommt, zogen die Werbefotografen dem Wanderer im Vordergrund zu den Kniebundhosen noch rote Strümp-

45 Das wussten schon die Väter der Sozialen Marktwirtschaft, die aus dieser Einsicht heraus Regeln für das Funktionieren und Bestehen des Marktes festlegten (Kartellrecht, Wettbewerbsrecht, kein unlauterer Wettbewerb etc.).

fe an. Die Textilindustrie erkannte ihre Chance und stellte rote Strümpfe in großer Zahl her. Seitdem richtet sich die Wirklichkeit der Berge nach ihrer Darstellung in der Werbung. Doch das weist Volker Nickel weit von sich – was nicht wundert, denn er ist Sprecher der deutschen Werbewirtschaft.[46] »Nicht die Werbung steuert den Menschen, sondern sie spiegelt nur gesellschaftliche Realität wider – mit den Wünschen, Ideen und Hoffnungen der heute lebenden Menschen«, sagt Nickel. Und er hat ja Recht: Durch Computer, Handy und Internet hat sich das Arbeitsleben so stark beschleunigt, dass eine Brauerei für ihr Bier mit sekundenlanger Ruhe wirbt – die ist knapp geworden. Ob aber der coole Marlboro-Cowboy von früher sich in Haltung und Gesten an pubertierenden 15-jährigen Mofa-Rockern orientierte, oder nicht vielleicht doch umgekehrt? Dann könnte man ja auf die Idee kommen, zum Beispiel Alkoholwerbung noch strenger zu regulieren, oder manchen Spots vorwerfen, sie könnten dazu beitragen, menschliches Fehlverhalten zu provozieren. Dabei geht es um richtig viel Geld (nebenbei auch um das Geld, das die Allgemeinheit an ihre Krankenkassen abdrückt).

Die Medienwirkungsforschung liefert widersprüchliche Ergebnisse und stark ist die Fraktion, die Medien für wirkungslos erklären. Werberatsvorsitzender Jürgen Schrader meint, ob jemand Waren destruktiv verwendet, liege nicht am Einfluss der Werbung, sondern ist im Menschen und seiner Mitwelt begründet. Nein, Werbung ist nicht (allein) Schuld an Sucht, Gewalt oder Verhaltensstörungen. Sportive Elemente in der Autowerbung machen niemanden zum Verkehrsrowdy, Erotik im TV-Spot noch niemanden zum Vergewaltiger. Richtig ist auch, dass im redaktionellen Teil von Zeitungen und im Fernsehen weitaus mehr menschenverachtende Haltungen gezeigt werden als in der Werbung. Aber zusammen können medial veröffentlichte Lebenseinstellungen vorhandene Werthaltungen zementieren oder – steter Tropfen höhlt den Stein – eine Strömung unterstützen, die in der pluralen Gesellschaft mit anderen ständig im Kampf um allgemeine Anerkennung steht.

Bei der Soldatenausbildung aber führen Medien zu ausgezeichneten Ergebnissen und erhöhen den Killreflex: Lag er bis zum Zweiten Weltkrieg bei 20 Prozent der Soldaten, erreicht er bei einer durchtrainierten Truppe heute 90 Prozent. Die künstlich aufgepeitschten Aggressionstriebe

46 Erik Händeler: »Bitte nicht hinsehen«, Rheinischer Merkur Nr. 17/2000, S. 16.

der Soldaten werden kontrolliert durch ritualisierte Formen der Disziplin, Befehl und Gehorsam, Ordnung von Spind und Bügelfalte. Das fehlt bei Kindern, die durch Film und Kampfspiel aufgepeitscht sind. Dave Grossman liefert in seinem Buch »Stop Teaching Our Kids to kill« Munition: Wenn die Medien das Verhalten angeblich nicht beeinflussen, wieso pumpt die Wirtschaft solche hohen Summen in Werbung?

Seltsamerweise haben sich amerikanische Fernsehsender verpflichtet, nicht oder nicht ausführlich über Selbstmorde von Jugendlichen zu berichten – und damit zugegeben, dass sie sehr wohl das Verhalten ihrer Zuschauer beeinflussen. Warum, so fragt Grossman, soll das nicht generell für die Gewaltexzesse gelten, die das Fernsehprogramm bestimmen? Mit Gewalt ins Fernsehen zu kommen ist bei der zentralen Rolle, die das Fernsehen spielt, das höchste Gut. Grossmann führt auch eine Studie an, der zufolge in jeder Region der USA, wo das Fernsehen sich verbreitete, sich nach 15 Jahren die Mordrate verdoppelte – so lange brauchen Fernseh-Kids, um waffenreif zu werden. »Dabei ist diese Rechnung noch geschönt. Denn dank des Fortschritts in der Medizin überleben immer mehr Gewaltopfer. Neun von zehn Schussverletzungen, die vor einem halben Jahrhundert tödlich waren, können heute geheilt werden.«[47]

Offensichtlich gehen die Interessen der Wirtschaft daher weit darüber hinaus, nur für ein Produkt werben zu dürfen, um es verkaufen zu können. Sie braucht ein gesundes gesellschaftliches Umfeld: Denn Kriminalität, Alkohol und Drogen, Scheidungen und zerbrochene Familien wirken über höhere Steuern und Sozialabgaben auf die Betriebe zurück. Die Kooperationsbereitschaft der eigenen Mitarbeiter ist wettbewerbsentscheidend. Dafür müssten in der Gesellschaft gemeinschaftsfördernde Werte vermittelt werden. Und was stellen Werbungen als gesellschaftliche Norm dar?

Volvo überschrieb eine Anzeige, die einen Volvo-Fahrer zeigt, mit »8 Jobs, 7 Präsidenten, 3 Ehefrauen, 1 Volvo«. Daimler warb in einem TV-Spot für die Zuverlässigkeit ihrer allradgetriebenen E-Klasse, indem sie im Gegensatz dazu – so die Unternehmenskommunikation von DaimlerChrysler – »die Geschichte von Untreue in einer Partnerbeziehung als Symbol für Unzuverlässigkeit« erzählte: Während sich die Ehefrau

47 Burkhard Müller-Ullrich: »Mit 15 bist du waffenreif«, SZ am Wochenende, 15./16.6.02, S. IV.

mit dem Liebhaber vergnügt, weil sie ihren Mann wegen des schlechten Wetters nicht erwartet, fährt er ebenfalls zur Geliebten – weil ihn seine Frau bei diesem Wetter nicht erwartet. Gesellschaftliche Realität ist dies in vielen Fällen allemal – aber wünschenswert? Klaus Dieter Trayser von der Plansecur-Stiftung in Kassel bat die Unternehmen, nicht dazu beizutragen, dass die Auflösung von Ehen als »normal« und üblich angesehen wird. Kinder bräuchten das Vorbild und die Geborgenheit intakter Familien und Vertrauen in ihre Eltern. Volvo zog diese Anzeige daraufhin aus dem Verkehr; DaimlerChrysler verteidigte seinen Spot, schrieb aber auch, nicht dazu beitragen zu wollen, »dass menschliche Verfehlung gesellschaftsfähig« oder »gar verherrlicht« würde.

Die Geschichte geht aber jetzt erst so richtig los: Jene, für die das Bild dieser Werbungen Alltag ist, reagieren aggressiv auf das ausgesprochene Tabu, dass das vielleicht doch nicht normal sein könnte. In der Tageszeitung »Die Welt« wurde Trayser daraufhin als »Heuchler und Moralapostel« tituliert,[48] die Hanauer Zeitung kommentierte: »Nicht nur von Humor keine Spur, sondern auch von der heutigen Wirklichkeit noch einige Lichtjahre entfernt ... Böse Menschen kennen keine netten Witze.« Leserbriefe dankten Trayser, etwa eine Sozialarbeiterin, die schrieb, sie sei täglich mit den destruktiven Auswirkungen werteverachtender und häufig frauenfeindlicher Werbung konfrontiert.

Die gesellschaftlichen Realitäten – ja, die muss man sehen. Aber muss man sie gut finden? Es geht bei der Kritik am Werbespot nicht gegen eine Personengruppe, sondern gegen wechselseitige Verlogenheit und Betrug – und dass Unehrlichkeit als völlig normal dargestellt wird. Hat die steigende Kinderkriminalität vielleicht mit dem Verlust an stabilen familiären Beziehungen zu tun? Und wer die gesellschaftlichen Realitäten zwar sieht, aber nicht hinnehmen will – ist der dann ein Moralapostel? Das zeigt: Auch in der Werbung wird der gesellschaftliche Kampf geführt, welche Vorstellungen sich durchsetzen, was in unserem Leben akzeptiert sein soll. Jeder versucht die Verhaltensweisen zur Geltung zu bringen, die er leben möchte, während er jene Werthaltungen mundtot machen oder angreifen wird, die er verhindern will. Es ist ein Machtkampf um die gesellschaftliche Lufthoheit. In Zukunft wird es keine allgemein gültigen Werte geben, die den Menschen sagen, was sie anstreben sollen. Die Bürde der

48 Lars Rauscher: »Heuchler und Moralapostel«, Die Welt, 17.2.00, S. 16.

eigenen Verantwortung trägt jeder selbst. Die Gesellschaft ist frei, selber zu entscheiden, nach welchen Regeln und Maßstäben sie leben will – das ist der Grund, warum sich die Rechtsprechung mit der Werthaltung der Gesellschaft laufend wandelt.

Doch diese Sicht enthält einen Irrtum: Dass jede Denkweise und jedes Lebensziel gleichermaßen Sozialkapital bildet und zu einem produktiveren Umgang mit Information führt, dass also damit alle Wertvorstellungen gleich wertvoll seien. Produktivität ist nun aber kaum noch von Maschinen, sondern vorrangig von der Kooperationsfähigkeit der Informationsarbeiter abhängig. In der Informationsgesellschaft entscheiden die Wertvorstellungen über den Wohlstand: Kapital, Wissen, Maschinen kann sich weltweit jeder zu denselben Bedingungen besorgen. Der entscheidende Standortfaktor wird die Fähigkeit, produktiv mit Wissen umzugehen – und das ist nicht nur eine kognitive, sondern eine soziale Fähigkeit. Der Informationsfluss zwischen Menschen entscheidet den Zeit- und Qualitätswettbewerb, letztlich über den Wohlstand (☛ Kapitel zur Informationsgesellschaft, S. 362). Bei jedem der bisherigen Kondratieffzyklen entschied die Akzeptanz einer neuen Basisinnovation und die Adaption der Erfolgsmuster über den relativen Wohlstand eines Landes. Auch das kommende sozioökonomische Paradigma rund um gesundheitsfördernde Strukturen und Märkte konfrontiert uns mit der Realität bestimmter Erfolgsmuster. Wenn es um die Frage geht, was das Zusammenleben erleichtert und was das Leben mehrt, gibt es durchaus ein klares »richtig« und »falsch«.

Kapitel 6

Der Weg aus der Zahlungsunfähigkeit

Wie Gesundheits-Innovationen und gesunderhaltende Strukturen zum Wachstumsmotor werden

Als ich Anfang 1997 journalistisch loszog, um die Kondratiefftheorie und die Grundthese Nefiodows bekannt zu machen, dass Gesundheit Wachstumsmotor des nächsten Strukturzyklus wird, bin ich zunächst gegen viele Wände gestoßen. Denn in den Köpfen der meisten Wirtschaftsredakteure kommt Gesundheit nur unter der Überschrift »Kosten, Kürzen, Umverteilen« vor. Es dauerte am Telefon immer eine Weile, um klar zu machen, dass es nicht um den real existierenden Krankheitsmarkt geht, in dem alle Akteure ein Interesse daran haben, dass es möglichst viele Kranke gibt, damit man noch mehr Medikamente verkaufen und noch mehr Behandlungen abrechnen kann, sondern um den Gesundheitsmarkt, auf dem ein wachsender Teil unserer Ressourcen auf viel effizientere Weise als bisher dazu verwendet wird, Gesundheit zu erhalten, um eben nicht krank zu werden.

Sehr schnell aufgenommen dagegen haben das Thema verschiedene Berufsgruppen und Verbände der Gesundheitspolitik. Endlich kam da mal jemand daher, der nicht schon wieder sagte, dass sie gefälligst noch mehr sparen sollten, sondern dass sie sogar zum Wachstumsmotor der Wirtschaft werden würden. Doch auch sie stellten sich vor, dass sie so wie bisher weitermachen könnten und noch mehr vom bestehenden leisten würden. Dabei werden sich alle Akteure und potenziellen Patienten ändern müssen. Ob sie zu den Opfern oder zu den Gewinnern gehören, hängt vor allem von ihrem eigenen Verhalten ab. Ohne politischen Resonanzboden und ohne kompetente Diskussion in den Medien bleibt das Thema bislang auf der Ebene von Festvorträgen bei Ärztetagungen und Klinikjubiläen stecken, während das Feld der Gesundheitspolitik den

Kopffallpauschalenbürgerversicherungsprivatkrankenstrukturausgleichsspezialisten überlassen bleibt.

Gesund bleiben und länger leben

Die Begründung, warum Gesundheit zum Wachstumsmotor wird, liefert die Kondratiefftheorie – endlich hat ein handfester wirtschaftstheoretischer Streit und ein Rückblick auf die Geschichte einen realen Nutzen (☛ Kapitel zur Wirtschaftswissenschaft, S. 182). Aus der tiefen, langanhaltenden Wirtschaftskrise der 1820er/1830er haben uns nicht die zusätzlichen Eselskarren gezogen, die wir den bestehenden hinzufügten, sondern die völlige technische, soziale und organisatorische Erneuerung des Transportwesens durch die Eisenbahn, die viel mehr Menschen und Güter als bisher zu weit geringeren Kosten transportierte. Nicht das zusätzlich zirkulierende Geld hat die Wirtschaft angetrieben – die Löhne für die Gleisarbeiter und Bahnhofsvorsteher, der Umsatz mit Eisenschienen, die Ausgaben für Lokomotiv-Fabriken –, sondern die eingesparten Ressourcen (☛ Geschichts-Kapitel, S. 46): Anstatt drei Wochen mit dem Pferd von New York nach Chicago zu reiten, kostete diese Reise einen Geschäftsmann mit der Bahn nun nur noch drei Tage. In den eingesparten zweieinhalb Wochen konnte er etwas anderes machen als auf dem Pferderücken zu sitzen. Seine zusätzlich erbrachte Leistung ist der Wachstumseffekt für die Wirtschaft.

Auch der künftige Gesundheitsmarkt wird vor allem Ressourcen einsparen: Nicht die zusätzlichen Ausgaben für Gentechnik oder Medikamente treiben die Wirtschaft an. Sondern wenn man mit Hilfe der Gentechnik einem Dialyse-Patienten Schweine-Nieren transplantieren kann, muss dieser nicht mehr alle zwei Tage an eine Maschine, die sein Blut reinigt. Er kann wieder Vollzeit arbeiten oder Kinder hüten oder der Gesellschaft sonst wie dienen und er wird viele Jahre länger leben. Nicht die Ausgaben für Gesundheitsaufklärung und Prävention treiben die Wirtschaft. Sondern eine wachsende Selbstbeteiligung wird die meisten dazu bringen, sich mehr zu bewegen und gesundheitsverträglicher zu essen, so dass sie weniger von Zivilisationskrankheiten betroffen sind.

Wir haben das Arbeitsleben noch nicht an die Strukturen der Wissensgesellschaft angepasst und leiden daher an einer unproduktiven Verdichtung und Beschleunigung, die einen solchen Druck auf den Organismus ausübt, dass die Leute mit 55 Jahren halbtot frühverrentet werden müssen und mit 70 ein Pflegefall werden, bevor sie mit 80 sterben. In Zukunft werden wir so in ihre Gesunderhaltung investieren, dass sie – bei weniger Arbeitslast, flexibler, bei vielleicht weniger Einkommen (weil man im Alter auch kein Haus mehr abbezahlen und Kinder finanzieren muss) und ohne Gesichtsverlust zwei Hierarchiestufen tiefer als früher – aber mit Freude bis 68 oder 70 mitarbeiten werden. Und am Ende nicht nach langer aufwändiger Pflegebedürftigkeit, sondern gesund sterben werden. (Denn sterben werden wir übrigens auch weiterhin.) Diese angenommenen 13 zusätzlichen Jahre Lebensarbeitszeit, in denen sich das Bildungskapital besser amortisiert und Werte geschöpft werden, deren Gegenleistung in allen anderen Branchen ausgegeben wird – diese machen Gesundheit zum Wachstumsmotor.[1]

Ein Kondratieffzyklus ist jedoch keine Sache einer einzelnen Branche, sondern eine gesamtgesellschaftliche Erscheinung. Wie die Eisenbahn, das Auto und der Computer die gesamte Gesellschaft neu strukturiert haben, so wird auch das Knappheitsfeld Gesundheit alle Bereiche des Lebens verändern: Von der Schulbildung, der Arbeitsorganisation, über eine neuformierte Sozialversicherung bis hin zu neuen Gesundheitsberufen und Industrien wie der Gentechnik. Nicht noch mehr von demselben ist die Zukunft, sondern völlig anders müssen das System, die Verhaltensweisen und zum Teil auch die Technologien sein, mit denen wir Gesundheit vor allem erhalten und erst dann reparieren. Verschiedene Ärzte und Gesundheitsanbieter werden sich vernetzen, um daran zu verdienen, mit ihren unterschiedlichen Kompetenzen gemeinsam die Gesundheit eines Menschen zu optimieren. Übergänge zwischen zwei Strukturzyklen waren bisher immer von Unruhe und Auseinandersetzungen geprägt. Aber nur dann, wenn wir die Probleme ungeschminkt angehen, werden wir die Arbeitslosigkeit verringern, die Krankheitskosten in eine ausgewogene Relation zu unserer Leistungsfähigkeit bringen und die Produktivität unserer Volkswirtschaft so steigern, dass wir auch wieder die Ressourcen

---

1 Erik Händeler: Gesundheit wird zum Wachstumsmotor – Die Ressourcen für Krankheitsreparatur werden immer knapper und der Innovationsdruck löst einen neuen Kondratieffzyklus aus. In: Friedrich Merz: Wachstumsmotor Gesundheit – Die Zukunft unseres Gesundheitssystems. Carl Hanser Verlag, München 2008, S. 29-60.

erwirtschaften, die wir brauchen, um die Renten zu finanzieren, die Krankenkassen zu stabilisieren und Schulen und Universitäten ausreichend auszustatten.

Die Erklärung der Kondratiefftheorie ist für das Gesundheitswesen noch aus einem anderen Grund relevant. In der Vergangenheit war es immer so, dass es ein Knappheitsfeld gab, dass das Wachstum der Gesellschaft niedrig hielt: Das Antreiben von Spinnrädern mit der Hand war zu aufwändig; später waren dann der Transport von Gütern auf Eselkarren verhältnismäßig zu teuer, die Produktion größerer Stückzahlen, die individuelle Mobilität oder der Aufwand, Informationen zu speichern und zu verarbeiten. Nachdem diese Probleme alle gelöst sind, aber sich die Menschen inzwischen von einem natürlichen Lebensstil entfernt haben, krankmachender leben und dabei krank älter werden, ist das Gesundheitswesen zur »Realkostengrenze« geworden, die der Wirtschaft den Atem abdrückt.

Die Sozialversicherung vor dem Zusammenbruch

Die Nachrichtenlage im Gesundheitswesen ist grauenvoll, eine Schreckensmeldung jagt über die Jahre die nächste. Die Krankenkassen gaben im Jahr 2001 2,8 Milliarden Euro mehr aus als sie einnahmen, im Jahr 2002 waren sie mit etwa drei Milliarden Euro in den roten Zahlen. Und das, obwohl die Mitgliedsbeiträge im Januar um bis zu 0,8 Prozentpunkte gestiegen waren, zum Teil auf über 14 Prozent des Bruttolohnes. Die Einnahmen stiegen wieder und erreichten in den Jahren danach Überschüsse, aber auch durch mehr Zuzahlung und weniger Leistungen, um rechtzeitig zur Einführung des Gesundheitsfonds ab 2009 die insgesamt aufgelaufenen Schulden der Krankenkasse in Höhe von acht Milliarden Euro zu tilgen. Auch bei den privaten Krankenversicherungen steigen die Beiträge um rund fünf Prozent im Jahr, deutlich stärker als bei der gesetzlichen Krankenversicherung. Den Nachbarn geht es nicht anders. In Frankreich liegt das Defizit 2002 gar bei 6,1 Milliarden Euro[2], im Jahr 2004 bei zwölf Milliarden Euro (die Zeche begleichen alle, indem sie in den nächsten Jahren weniger bekommen und mehr bezahlen müssen). Der

2 Gerhard Bläske: »Paris sagt Kostenexplosion den Kampf an«, SZ 26.9.02, S. 9.

Gesundheitsfonds startete gar mit einem Einheitssatz von 15,5 Prozent. Weil Deutschland schon sehr viel richtig macht, was für den nächsten Strukturzyklus wichtig ist, hat es auch eine weit höhere Beschäftigung als die Volkswirtschaften, deren gesellschaftliche Strukturen noch im 4. oder 5. Kondratieff steckengeblieben sind. Deswegen sind die Sozialkassen derzeit gut gepolstert. Aber auch in dem Gesundheitsfond sind die neuen Kosten die alten: höhere Honorare für Ärzte, überfällige Investitionen in Krankenhäuser, Mehrausgaben für Medikamente. Die Kosten werden weiter explodieren, weil steigende Krankheitsreparaturzahlungen alleine noch keinen Menschen gesünder machen.

Die deutsche Volkswirtschaft hat nach einer Studie des Münchner Ifo-Institutes die weltweit dritthöchsten Krankheitskosten: 14,7 Prozent des Bruttosozialproduktes werden den Menschen durch (manchmal selbst verschuldete) Krankheiten entzogen; nur die USA geben mit 15,7 und die Österreicher mit 14,8 Prozent relativ mehr Geld aus.[3] Dass ein so großer Teil unseres Einkommens in den Gesundheitssektor fließt, ist neu. 1869 gab eine durchschnittliche Arbeiterfamilie in Hamburg bei 175,8 Talern Jahreseinkommen 60 Taler für Brot aus, 50,3 Taler für Kartoffeln, 30 für Miete und 20 für Kleidung – Arzneimittel erscheinen erst unter Sonstiges mit 3,5 Talern. Die Kosten des Krankheitswesens steigen schon lange schneller als Löhne und Produktivität. 1970 lag der Beitragssatz in Deutschland noch bei 8,2 Prozent, 1990 bei 12,5 Prozent. Von 1985 bis 1997 ist die Nachfrage nach Gesundheitsleistungen um 63,5 Prozent gestiegen – weit mehr als die Wirtschaft. Während diese in diesem Zeitraum im Durchschnitt zwischen ein und zwei Prozent wuchs, stiegen zum Beispiel die Arzneikosten jedes Jahr um acht Prozent.

Und der Kostendruck im Gesundheitswesen nimmt noch weiter zu (müssen eben zwei anstatt wie bisher drei Krankenschwestern auf einer Station zusehen, wie sie mit der Arbeit zurecht kommen). Kein Wunder, dass Beschäftigte im Gesundheitswesen den höchsten Krankenstand aller Branchen haben.[4] Gemessen an der realen Kaufkraft hat sich das Honorar der Ärzte seit 1990 halbiert – auch wenn sie mit 6400 Euro monatlichem Durchschnittseinkommen natürlich immer noch zu den Spitzenverdienern gehören.[5] Beim Personal kann man aber nur bis zu einem gewissen Punkt

3 »Weltweit dritthöchste Krankheitskosten«, SZ 20.11.01, S. 23.
4 »Klinik-Mitarbeiter sind häufig krank«, SZ 14.2.07, S. 20.
5 »Ärzte-Einkommen halbiert«, SZ 7.1.10, S. 17.

sparen: Denn irgendwann bekommt man keine Pfleger mehr. In vielen Krankenhäusern fehlen bereits Ärzte, weil immer weniger bereit sind, zu diesen Bedingungen zu arbeiten – ein geregelter Acht-Stunden-Tag beim medizinischen Dienst der Krankenkassen ist attraktiver. Ein Viertel der Ärzte geht nach ihrem Studienabschluss in einen anderen Beruf – oder ins Ausland. 2007 arbeiten etwa 16.000 Mediziner im Ausland, gut ein Viertel mehr als noch vor drei Jahren (wobei das Bundesgesundheitsministerium dagegenhält, es würden mehr ausländische Ärzte nach Deutschland kommen als inländische auswandern). Dass Ärzte knapp werden, zeigt sich auch an ihrer Altersstruktur: Das Durchschnittsalter der niedergelassenen Ärzte mit Kassenzulassung ist von 46,6 Jahren 1993 auf 51,1 in 2005 gestiegen.

Die Politik behauptet, die heutigen Leistungen des Gesundheitswesens für den Einzelnen würden so bleiben, während sie gleichzeitig das Gesamtsystem deckelt und Nullrunden verordnet. Das eine hängt aber mit dem anderen zusammen: Schon kurzfristig wird der Einzelne schlechter versorgt werden, wenn nicht auch dem Gesamtsystem mehr Ressourcen zugeführt werden. Stattdessen liefern sich die Akteure einen immer härteren Verteilungskampf. Ärzte verweigern Medikamente mit fadenscheinigen Hinweisen auf die Politik. Sie halten den Krankenkassen ihre exorbitanten Verwaltungskosten in Höhe von etwa sieben Milliarden Euro vor, umgekehrt zeigen die Kassen auf den Abrechnungsbetrug mancher Ärzte in Höhe von jährlich etwa einer Milliarde Euro. Und alle bejammern die politischen Vorstöße des jeweils anderen als zu Lasten der Patienten. Manche wurden schon von Krankenhäusern weg- und weitergeschickt, weil ihr Krankheitszustand für die gezahlte Fallpauschale (DRG) zu aufwändig und daher zu teuer war. Mit immer noch mehr Hektik schleichen sich Behandlungsfehler ein, was die Kosten weiter erhöht. Korruption, ärztliche Kunstfehler und Selbstbedienung fliegen öfter auf, Arztpraxen stehen kurz vor dem Konkurs, und trotzdem werden immer mehr Menschen immer kränker und können manchmal nicht so versorgt werden, wie sie es bräuchten.

Der große Befreiungsschlag findet nicht statt. Die Politik diskutiert nur Einzelmaßnahmen, die ein kleines bisschen Luft verschaffen, aber ansonsten ein »Weiter so« erlauben: Sie erschwert den Wechsel zur privaten Krankenkasse, sie denkt laut darüber nach, auch auf Zins- und Mieteinnahmen Beiträge zu erheben, oder ob die Beitragsbemessungsgrenze, also der Höchstbetrag angehoben werden soll. Dabei sind heute erst ein Drittel aller Krankheiten therapierbar und in Zukunft werden es zwei Drittel sein, aber immer weniger von allen bezahlbar. Wenn die Schlangen in den Arbeitsämtern während des fünften Kondratieffabschwungs länger werden, wird die Krankenversicherung noch weiter in die Enge getrieben.

Die Gesundheitspolitik von heute löst diese Probleme nicht, sondern verschiebt sie in die Zukunft. Sie gaukelt den Menschen vor, man müsse nur die Verteilungsgesetze verfeinern oder die Beiträge ein bisschen erhöhen, aber ansonsten könne man in dem bisherigen System so bleiben wie bisher. Noch traut sich kaum ein Politiker die Wahrheit zu sagen: Das jetzige Krankheitssystem ist nicht mehr in der Lage, die gewaltig ansteigende Nachfrage nach Gesundheit zu befriedigen. Und es ist so nicht mehr finanzierbar, weder durch Kopfpauschale noch durch Bürgerversicherung (oder in Kombination als Gesundheitsfonds), weil beide nur an ein paar Schrauben der Finanzierung drehen, aber nichts am realen Lebensstil und Gesundheitszustand ändern. Eher kümmert sich die Verbraucherschutzministerin um dicke Teenager, die Bundeswehr warnt vor Kürzungen des Schulsports, weil die Rekruten immer weniger fit sind, und die freie Wirtschaft investiert in die Gesunderhaltung ihrer Mitarbeiter, aber die Gesundheitspolitik? Daran sind nicht einmal die Politiker wirklich schuld: Wie bei den wirtschaftlichen Folgen der deutschen Einheit werden die Wähler auch jetzt belogen, weil diese zum heutigen Zeitpunkt noch jeden abwählen würden, der die Situation ungeschminkt offen legt.

Doch was passiert, wenn alles bleibt, wie es ist? Die Bewahrer des heutigen Systems verkennen, dass das System ohne drastischen Umbau einstürzen wird. Wenn den Ärzten immer weniger gezahlt wird, werden diese irgendwann von ihren Patienten verlangen, sie direkt bar zu bezahlen und selber zu sehen, wie sie das Geld von ihren Krankenkassen bekommen – so wird die Wirklichkeit eine größere Zuzahlung erzwingen als wir sie je durch geregelte Zuzahlung bestimmen würden. Und was ist, wenn die gesunden Gutverdiener zu den Krankenkassen wechseln, die keinen Zusatzbeitrag erheben, während die Rentner, Familien und Sozialfälle bei den Ortskrankenkassen bleiben – was passiert, wenn diese Krankenkassen Pleite gehen? Wer wird die Versicherten übernehmen, wer die Schulden? Die Krankenkassenbeiträge werden weiter steigen – aber bis zu welchem Prozentsatz? Werden wir in ein paar Jahrzehnten die Hälfte des Bruttolohnes an die Krankenkasse abführen? Die Probleme werden bleiben: Die Gesundheitsanbieter werden immer weniger wirtschaftlich arbeiten, die Kranken immer schlechter versorgt werden. Was für eine absurde Situation: Einerseits könnte die Arbeitslosigkeit ansteigen, weil wir inzwischen die Probleme ganz gut gelöst haben, wie wir eine Waschmaschine herstellen oder Briefe ausdrucken (und es normalerweise länger dauert, in den neuen Branchen Beschäftigung aufzubauen). Andererseits ist die Nachfrage nach Gesundheit längst größer, als es das reglementierte staatliche System finanzieren kann. Wessen Gesundheitspolitik sich aber nur um Verteilungskämpfe und Leistungskürzungen dreht, der verkennt, das es sich ein Land mit sieben Millionen Arbeitslosen und potenziell Erwerbstätigen nicht leisten kann, die Nachfrage nach Gesundheitsdiensten künstlich klein zu halten. Die Probleme um Arbeitslosigkeit und Konjunktur werden wir nur lösen, wenn wir die Probleme im öffentlichen Krankheitswesen lösen. Dabei geht es gar nicht in erster Linie um Geld.

Gesundheitsreform jenseits des Geldes

Während sich also Gesundheitsministerin, Krankenkassen und Ärzte um die Beiträge der Bürger streiten, bleiben die größten Reserven von zig Milliarden Euro schlicht unberührt – weil daran niemand verdienen würde außer die Patienten selbst:[6] Bewegungsmangel verursacht 80 Prozent aller Zivilisationskrankheiten samt Todesfolgen.[7] Nur wenig mehr moderate, tägliche Bewegung könnte die Lohnnebenkosten in Deutschland stark entlasten, sagt der Gesundheitstrainer Gert von Kunhardt. Stattdessen übernehmen Maschinen die Hausarbeit, Versandfirmen den Einkauf, Fernsehen und Computer bringen Unterhaltung ins Haus. Wir verbrauchen heute 900 Kilokalorien am Tag (und damit ein Viertel) weniger als vor 30 Jahren, wir gehen im Durchschnitt nur noch zwei Kilometer am Tag statt 20 Kilometer vor 50 Jahren. Allein das schnurlose Telefon spart uns 20 Kilometer Weg im Jahr. 17.000 Stunden unseres Berufslebens verbringen wir genervt sitzend im Stau. Die normale Muskelspannung im Ruhezustand ist in den vergangenen 20 Jahren deutlich angestiegen – dabei verhindert ein Muskel, der nur zu einem Drittel angespannt ist,

6 Erik Händeler: »Spitze im Sitzen«, Rheinischer Merkur, 22/02, S. 30.
7 Sämtliche Daten aus den Seminarunterlagen des Gesundheitstrainers Gert von Kunhardt, Bad Malente.

jede weitere Durchblutung. Über 80 Prozent der Kopfschmerzen sind von verspannter Nackenmuskulatur verursacht. Die 37,5-Stunden-Woche hat nicht die Arbeit verringert, sondern die nötigen, entspannenden Leerlaufzeiten beseitigt. Schon die 40-Jährigen leiden an Knorpeldeformationen – weil Gelenke, die kaum bewegt werden, vom Organismus auch nicht versorgt werden.

Der Körper leidet darunter, dass er nicht in Schwung kommt: Herz-Kreislauf-Störungen, Krebs, Diabetes, Übergewicht, Rückenschmerzen, Schlaflosigkeit oder Kopfschmerzen sind nicht naturgegeben, sondern schlicht die Folge einer rein sitzenden Lebensweise, für die wir nicht konstruiert sind. Nun sind wir innerhalb eines Menschenalters vom Muskel- zum Nervenarbeiter mutiert. Den tagtäglichen Stress körperlich zu verarbeiten, wie wir es als Savannenläufer in der Jungsteinzeit gewohnt waren – angreifen und den Kunden verprügeln, weglaufen und einfach aus dem Besprechungszimmer flüchten –, gilt heute im Büro nicht mehr für angebracht. Geblieben sind die archaischen Körperreflexe bei Anspannung: Adrenalin wird ausgeschüttet, Adern verengen sich, das überschüssige Cholesterin lagert sich infarktgefährlich an den Arterien ab, weil es nicht verbrannt wird, weil wir eben doch auf dem Bürostuhl sitzen bleiben, den Aufzug benutzen, im Auto nach Hause fahren.

Die Zahl der Herzinfarkte hat sich auch deshalb in den vergangenen 25 Jahren verdoppelt. Neun von zehn Herzinfarkten entstehen durch mangelnde Bewegung zusammen mit falscher Ernährung. Dabei haben körperlich inaktive ein doppelt so hohes Herzinfarktrisiko, untrainierte Frauen haben ein 16-mal höheres Krebsrisiko als trainierte. Und dass die Allergieanfälligkeit der Bundesbürger alle zehn Jahre um 30 Prozent steigt, hängt auch damit zusammen, dass das Immunsystem eines körperlich Unbewegten gar nicht mehr genug Gelegenheit bekommt, zwischen körpereigenen und fremden Stoffen zu unterscheiden. Vom Diätenwahn ganz zu schweigen: Wer seinen Körper auf Magerkost setzt, zwingt ihn lediglich, danach umso mehr Fettreserven anzulegen. Moderate Bewegung ist damit auch das beste Mittel gegen die Volkskrankheit Übergewicht.

Das Gesundheitssystem kuriert nur an Symptomen und klagt, Medikamente und Arztbesuche seien nicht mehr zu bezahlen. Dabei hat Gesundheitspolitik, die sich auf die Gestaltung von Geldströmen beschränkt, ihren Namen nicht verdient. Muskeln sind ja nicht nur zur Fortbewegung da – sie sind d a s Stoffwechsel-Organ: Sie können, wenn sie benutzt werden, jeden Stoff selber herstellen, den der Körper gerade braucht. Unbewegte müssen den benötigten Stoff mal eben schnell als Medikament schlucken. Die Beweislage ist erdrückend. Mitarbeiter, die zu Fuß oder mit dem Rad zur Arbeit kommen, sind insgesamt gesünder und haben weniger Fehltage, so der Verkehrsclub Deutschland (VCD), der Verkehrspolitik und Stadtplanung auch in die Kompetenz der Gesundheitspolitik verweist. Doch ändert sich durch diese Erkenntnis bislang weder die Situation noch die politische Debatte. Offensichtlich haben Trimm-Angebote in der Bevölkerung keine echte Breitenwirkung. Warum, fragt von Kunhardt, nennen 74 Prozent der Deutschen Gesundheit als erstrebenswertes Ziel, doch nur jeder Fünfte treibt in irgendeiner Weise Sport? Warum haben nur fünf Prozent von denen, die eine Kur besucht haben, auch ein Jahr danach noch ihr Verhalten geändert? Warum werden Rückenschulen von jedem Fünften vorzeitig abgebrochen und nach einem Jahr von nicht einmal mehr jedem Dritten befolgt?

Das Problem ist: Gesundheit und Ausdauer haben nichts mit den Vorstellungswelten zu tun, die uns Werbespots vermitteln oder den neonbunten, ewig jungen Fitness-Clowns, die den Arbeitsstress in den Feierabend verlängern. Neue geschäftstüchtige Fitness-Angebote kommen wöchentlich auf den Markt und signalisieren damit selber, wie wirkungslos, ja gesundheitsschädigend diese übersäuernde Schinderei ist. Im Gegenteil: Es dauert eine Viertelstunde, bis sich der Körper auf den neuen Sauerstoffbedarf eingestellt hat. Schnelles Joggen und Leistungssport produzieren freie Radikale, also Abfallprodukte des Stoffwechsels, die das Immunsystem und die Zellen schädigen und das Altern beschleunigen (siehe den früheren grünen Bundesaußenminister). Der falsche, überfordernde Sportbegriff entmutigt, vermiest den Spaß an Bewegung. So geben die meisten schnell wieder auf. Denn sie wissen nicht, warum sie sich moderat bewegen sollten.

»Nur stressfrei optimiert der bewegte Körper seinen Organismus«, sagt Gert von Kunhardt, Bad Malente, ehemaliger Fünfkampf-Vizeweltmeister und Sportdezernent der Bundeswehr, der heute bei Managern gegen falsche Fitnessvorstellungen ankämpft. »Nur moderate Bewegung baut das Immunsystem auf, nur dann produziert der Körper Fett verbrennende Enzyme.« Nicht der Marathonlauf sei also das Ziel, sondern ein durchweg bewegtes Leben: »Jedes Dehnen, jedes Fingerschnippen erhöht den Stoffwechsel in den Muskeln und damit den körpereigenen Zellen-

Reparaturbetrieb.« Kunhardt empfiehlt[8] eine ganze Reihe von Übungen, die weder zusätzliche Zeit, Geld oder Mühe kosten und unabhängig sind von Trainern, Geräten und Sportstätten: Im Stehen telefonieren, Schulter rückwärts rollen, Kopfbewegungen, Zähneputzen in der Abfahrtshocke – »jedes Minutentraining bringt Gewinn, Lebensenergie, Gesundheit.« Dreimal in der Woche 15 Minuten langsames Joggeln – »so langsam, dass man sich subjektiv unterfordert fühlt« – ist demnach besser als sich wöchentlich einmal bis an die Grenze der Belastbarkeit auszupowern. Fünf je fünf Sekunden lange Übungen am Tag reichten aus, den altersbedingten Muskelschwund zu verhindern, also Muskeln anzuspannen gegen einen Gegenstand, der nicht nachgibt – das Lenkrad, der Griff am Supermarktwagen.

Alle leichten Bewegungen zusammengenommen setzen genau die Ressourcen frei, die wir brauchen, um länger frisch zu bleiben, tiefer zu schlafen, entspannter zu reagieren, zufriedener und gesünder zu leben. Auch Gedächtnistraining oder nur Bewegungsübungen sind bei alten Menschen nicht so effektiv wie beides zusammen kombiniert. Forschungen zum Krafttraining zeigen, dass auch 90-Jährige wieder lernen können, Treppen zu steigen oder selbstständig aus dem Sessel hochzukommen. Der Mensch kann sich bis ins hohe Alter an seine Umwelt anpassen – wenn er sich bewegt. Arthrosekopie am Knie ist oft überflüssig, weil Bewegung ebenso gut hilft. Auch in der Pflege ließen sich große Beträge sparen, die durch Stürze entstehen – denn regelmäßige Bewegung ist auch dafür die beste Prävention. Zig Milliarden Euro, sagt von Kunhardt, würden die Beitragszahler einsparen. Die Politik ignoriert, dass »Bewegungsmangel« (ein euphemistischer Begriff für »körperliche Faulheit«) die meisten Krankheiten mitverursacht. Er wird in Zukunft zum Politikum, weil alle Gesellschaften im Durchschnitt älter werden – und Ältere im Durchschnitt kränker sind. Damit steigt die ökonomische Notwendigkeit, eine Antwort auf die Frage zu finden: Wie können wir möglichst alt werden, ohne durch Krankheit und Siechtum unnötig geplagt zu werden? Ziel ist es, nicht nach jahrzehntelanger Pflegebedürftigkeit, sondern, so lustig das klingt, möglichst gesund zu sterben.

---

8 Gert von Kunhardt: »Keine Zeit und trotzdem fit«, Campus-Verlag, Frankfurt.

Alt und gesund sterben

Wir gehen immer davon aus, dass das in der Vergangenheit normal war und das, was kommt, irgendwie unnormal ist. Aber eine Gesellschaft, in der kaum einer 40 Jahre alt wird, weil die meisten an Seuchen, Krankheiten oder Kriegen sterben, ist eben nicht normal. Die genetische Ausstattung des Menschen taugt für 120 Jahre – es ist daher nicht gottgegeben, schon im mittleren Alter chronisch zu erkranken und mit 70 oder 80 Jahren zu sterben. Deswegen ist es auch keine Katastrophe, sondern wünschenswerte Normalität, dass die Bevölkerung in Deutschland im Durchschnitt jedes Jahr um 57 Tage älter wird. Die weltweite Lebenserwartung liegt derzeit bei 66 Jahren, das sind 20 Jahre mehr als noch vor 50 Jahren, in Deutschland ist sie seitdem um zehn Jahre auf Mitte/Ende 70 gestiegen. Nach einer Studie der Vereinten Nationen wird im Jahr 2050 jeder fünfte Erdenbewohner 60 Jahre oder älter sein, noch mal 100 Jahre später jeder dritte.[9] Auch die Bevölkerung in den Entwicklungsländern wird bei drastisch sinkenden Geburtenraten altern. Diese sind von um die sechs oder sieben Kinder pro Frau in den 1960ern inzwischen meist auf 2,3 gefallen – im Iran lag die Geburtenrate 2007 bei 1,7 Kindern. Die demografische »Realkostengrenze«, mit denen die Gesellschaften der hoch entwickelten Welt als erste konfrontiert werden, wird auch auf die Menschen der Südhalbkugel zukommen. Allerdings hatten die Europäer die Chance, reich zu werden, bevor sie alterten; die meisten Entwicklungsländer dagegen nicht.

Der Präsident der Bundesärztekammer, Jörg-Dietrich Hoppe, sieht die durchschnittliche Lebenserwartung in diesem Jahrhundert auf 100 Jahre ansteigen, durch die Erfolge in der Transplantation und was sonst noch so alles auf uns zukommen wird.[10] In den USA leben schon heute mehr als 52.000 Menschen mit über 100 Jahren. (Ganz nebenbei: Die Perspektive, im Durchschnitt 100 Jahre alt zu werden und mit Anfang 80 endgültig in Rente zu gehen, bewertet die Mütterjahre völlig neu. Früher reichte ein Frauenleben gerade dazu aus, entweder Kinder zu kriegen oder beruflich etwas auf die Beine zu stellen. Wer sieben Jahre lang aussetzt, um zwei oder drei Menschen den Start ins Leben zu ermöglichen und mit Ende 30

---

9 SZ: »Lebenserwartung liegt bei 66 Jahren«, 1.3.02, S. 14.
10 »Lebenserwartung von 100 Jahren möglich«, SZ 4.1.0, S. 13.

wieder auswärts zur Arbeit zu gehen, hat künftig noch über 40 Berufsjahre vor sich, ganze Welten zu bewegen (was als Informationsheimarbeiter auch schon während der Babyjahre eingeschränkt von zu Hause aus geht). Da wird die früher abqualifizierte Rolle als »Heimchen am Herd« für eine Frau zu einer angenehmen Kurzzeit-Lebensphase am Ende des ersten Lebensdrittels, an die man sich später einmal gerne erinnert.)

Wir haben schon heute beim Renteneintritt statistisch noch mehr Lebensjahre vor uns als die durchschnittliche Lebenszeit der Menschen in der Antike. Im Jahr 1900 verbrachten Männer etwa drei Prozent ihres Lebens im Ruhestand, heute umfasst er schon beinahe das letzte Lebensviertel. 1960 überlebten die Menschen ihr Berufsleben im Durchschnitt noch 9,9 Jahre, im Jahr 2001 waren es 16,2 Jahre. Gleichzeitig hat sich die Kinderzahl pro Kopf seit den 60er Jahren halbiert. Lange lehnte die Bundesergierung die Rente mit 67 ab, jetzt ist diese beschlossen – und sie wird nur ein erster Schritt zu einer weit höheren Lebensarbeitszeit bleiben. Schon jetzt ziehen sich 150.000 bis 200.000 Menschen jedes Jahr vom deutschen Arbeitsmarkt zurück. 2006 gab es erstmals mehr Arbeitnehmer über 50 als unter 30 Jahren. Von 2010 geht es dann rapide abwärts: Wenn sich die geburtenstarken Jahrgänge, die Anfang der 60er Jahre geboren wurden, zur Ruhe setzen, verschwinden 600.000 Arbeitskräfte im Jahr. Heute gelten 44 Millionen Menschen in Deutschland als erwerbsfähig – im Jahr 2030 werden es gerade noch 30 Millionen sein, vorausgesetzt, an Ausbildungszeiten und Renteneintrittsalter ändert sich nichts. Selbst einige hunderttausend Einwanderer im Jahr können nicht verhindern, dass hier dann die durchschnittlich älteste Bevölkerung der Welt lebt. Wer wissen will, wie es dann in Deutschland aussieht, der soll in entlegene Dörfer Mecklenburg-Vorpommerns fahren, wo die Jungen zur Ausbildung oder zur Arbeit weggezogen sind und nur Alte und ein paar Ehefrauen mit Kindern geblieben sind.

Ein Irrtum ist, zu glauben, eine alternde Gesellschaft würde unsere Arbeitslosigkeit senken. Das Baseler Prognos Institut schätzt, dass die Arbeitslosigkeit noch auf Jahrzehnte auf hohem Stand bleiben wird. Denn Arbeit gibt es nur für Qualifizierte. Und schon jetzt fehlen der Wirtschaft Fachkräfte. Wer seine Altersvorsorge auf Geld aufgebaut hat, der wird sich wundern, wie die Verhandlungsposition der Gewerkschaften zum Beispiel bei den Pflegeberufen wächst. Eine stark sinkende Bevölkerung bedeutet auch, dass die Wohnungsmieten abseits der Ballungsräume und die Renditen des Ersparten sinken werden und die Bürger auch deswegen überproportional mehr als bisher für ihr Alter werden sparen müssen. Seit die Zahl der Pflegebedürftigen 1999 zum ersten Mal gezählt wurde, hat sich ihre Zahl bis 2012 um 24 Prozent erhöht, auf 2,5 Millionen. Mehr als zwei Drittel werden zu Hause versorgt – bei in Zukunft instabileren Familien könnte dies schwieriger werden. Nach einer Modellrechnung des statistischen Bundesamtes werden bis 2030 um die Hälfte mehr Menschen auf Pflege angewiesen sein, etwa 3,4 Millionen.[11] Die Sozialversicherungen alleine können das nicht schultern.

Denn deren Umlageverfahren geht davon aus, dass genug vergleichbar produktive Menschen nachkommen. Das ist nicht der Fall: Entscheidender für den Bevölkerungsschwund ist, dass vor allem immer weniger überhaupt Kinder haben. Jede dritte Frau des Jahrgangs 1965 ist kinderlos, das Dreifache des Jahrgangs 1940. Eine statistische Schlüsselrolle kommt innerhalb der demografischen Prognosen einer Bevölkerungsgruppe zu, die es gar nicht gibt: den Nichtgeborenen. Sie fallen nicht nur als Kinder aus, sondern vor allem auch als künftige Eltern. Natürlich haben auch viele Menschen Pech bei der Partnersuche. Aber Kinderarmut individualistischer Wohlstandsgesellschaften ist keine unbeabsichtigte Fehlentwicklung, die sich mit Geld, also mit höherem Kindergeld, Ganztagsbetreuung oder steuerlichen Freibeträgen korrigieren ließe. Es geht bei vielen nicht wirklich um die Opportunitätskosten von Kindern, also was sie mich kosten und worauf man wegen Kindern verzichten muss (»Ich will keine Kinder, weil ich dann abends nicht mehr weggehen könnte«). Sondern es geht darum, wie ich die kostenverursachenden Kinder und den damit verbundenen »Konsumverzicht« im Vergleich mit dem Nutzen bewerte. Dass Deutschland ein kinderunfreundliches Land ist, ist hauptsächlich eine Werte-Frage. Zum Beispiel ist es ein hoher Wert für viele, sich ständig neu entscheiden zu können. Dahinter steckt ein Verständnis von Freiheit, dass man frei sei, wenn man sich nicht festlegt, sondern sich heute so und morgen anders entscheiden kann. Frei ist jedoch nicht der Esel, der zwischen zwei Futterhaufen verhungert, weil er sich nicht entscheidet; sondern frei ist, wer seine Freiheit dazu genutzt hat, sich für einen Weg zu entscheiden und ihn bis zum Ziel zu gehen. Freiheit ist, sich entschieden

---

11 »Mehr Pflegebedürftige«, SZ 22.2.11, S. 7; »Zahl der Pflegebedürftigen steigt drastisch«, SZ 23.11.10, S. 6.

zu haben. Das zeigen Umfragen: Nur 14 Prozent aller 18- bis 44-Jährigen zögern mit dem Kinderkriegen, weil sie sich um Betreuungsangebote Sorgen machen (worum sich bei uns die Diskussion meistens dreht).[12] In der Regel fehlt aber der passende Partner, man will sich nicht finanziell einschränken oder berufliche Pläne sind wichtiger – alles eine Wertefrage.

Das demografische Problem europäischer Länder lässt sich mit Zuwanderung von ausgebildeten Fachkräften (was Diebstahl an deren Heimatländern ist) nur abmildern, weil komplexe Volkswirtschaften der Informationsgesellschaft hauptsächlich hoch qualifizierte Arbeitsplätze anbieten, auf denen man sprachlich und kulturell gewandt Informationen verarbeiten muss – für angelernte Arbeitskräfte gibt es schon heute zu wenig Stellen. Bei einer Geburtenrate von 1,3 halbiert sich die Bevölkerung Deutschlands innerhalb einer Generation (rechnet man die heutigen »Ausländer« heraus, hat die einheimische Bevölkerung eine Geburtenrate von leicht unter eins). Ohne Zuwanderung wird die Bevölkerung von derzeit rund 82 Millionen auf etwa 50 Millionen bis zum Jahr 2050 sinken – die unter 40-Jährigen fangen dann an, nur noch eine Minderheit zu werden. Nicht nur aus Gründen der Konjunktur, sondern auch aus rein biologischen Gründen werden weniger Menschen Beiträge zahlen. Das System wird kollabieren. Das Ungleichgewicht zwischen jungen und älteren Menschen könnte ausgerechnet mit den Jahren sinkender Gewinnspannen während des fünften Kondratieffabschwungs zusammentreffen. Die so genannte Nachhaltigkeitslücke wächst: Beim heutigen Status Quo von Leistungen und Beiträgen müssten die Deutschen der nächsten Generation zwei Jahre und vier Monate arbeiten, um in einem Jahr dieselben Leistungen wie heute zu bekommen.«[13] Deswegen ist es ein schlimmer Irrtum, wenn jemand meint, der Staat könne so weiter machen wie heute.

Denn die auf 19,9 Prozent des Bruttolohnes angehobenen Rentenbeiträge reichen schon heute nicht aus. Laut Bundesregierung bezuschusst sie die Renten im Jahr 2010 mit 59 Milliarden Euro aus Steuergeldern. Damit ist das Fiasko der Staatsfinanzen noch gar nicht vollständig beschrieben: Durch den starken Aufbau der Staatsdienerschaft seit den 70er Jahren rollt nun eine unvorstellbare Pensionswelle auf die weniger werdenden, arbeitenden und Steuer zahlenden Bürger zu, die, wenn alles so

12 »Kinderlose befürchten materielle Belastung«, SZ 5.10.04, S. 6.
13 SZ 27.8.03, S. 22, »Kompromiss ohne Gewinner«

bleiben würde wie heute, den gesamten Staatshaushalt verschlingen wird. Wie wir es drehen und wenden, es wird so oder so ein großer Krach: Entweder, die Pensionszahlungen für Beamte aus der Zeit, als die Deutschen krass über ihre Verhältnisse lebten, machen den Staat völlig zahlungsunfähig, oder in der gesetzlichen Rentenkasse bleibt nur noch so viel, jedem anspruchsberechtigten Rentner den Sozialhilfesatz zu zahlen. Wenn man sieht, wie eine Nullrunde bei den Tarifverhandlungen des öffentlichen Dienstes für Streiks sorgt, erkennt man, wie weit die Menschen noch von den realen Verhältnissen entfernt sind, die ihnen eben nicht eine Nullrunde verordnen, sondern sie zwingen werden, größenordnungsmäßig mit einem Drittel weniger verfügbarem Einkommen zu leben. (Natürlich wird es nicht so schlimm wie in Russland, wo Rentner kaum eine Rente bekommen und auf die auch noch ein halbes Jahr warten müssen.)

Denn die gesetzliche Rentenversicherung funktioniert nicht wie eine Kapitallebensversicherung, in der Geld angespart und am Ende verzinst ausgezahlt wird. Die monatlichen Beiträge finanzieren nur die Rente der heutigen Alten. Aus der Perspektive der 25-Jährigen ist es Zeit für eine Rebellion gegen dieses Alterssystem. Auch die 45-Jährigen müssen fürchten, viel zu zahlen, ohne im Alter viel zu bekommen. Aber auch die 65-Jährigen haben allen Grund, dafür einzutreten, dass sich sofort etwas ändert, obwohl sie Geld verlieren würden: Je mehr Rentner, umso höher die Steuer- und Abgabenquote der arbeitenden, vielleicht sogar Kinder erziehenden Bevölkerung; je überdehnter die öffentliche Steuer- und Abgabenlast wird, umso desintegrierender: Jeder betrügt dann den Staat. Je mehr aus der gesetzlichen Rentenversicherung flüchten, weil sie aus Mangel an Wahrhaftigkeit nicht an die realen demografischen Verhältnisse angepasst wird, umso abrupter wird sie zusammenkrachen. Die Vision für die Zukunft kann also nicht sein, dass ein paar Junge sehr viele Alte vom 60. bis zum 90. Lebensjahr finanzieren (und nebenbei ihre Kinder erziehen, Steuern zahlen, ihre Wohnung tilgen und eine eigene Alterssicherung aufbauen). Sondern die Vision wird sein, dass es eine gleichbleibende Zahl oder einen gleichbleibenden Anteil von Rentnern in dieser Gesellschaft gibt, deren Mitglieder gesünder länger arbeiten.

Heutige Hochrechnungen, die sich allein am Alter orientieren, sind damit Makulatur: Denn es kommt nicht allein auf die Altersstruktur, sondern auf die Zahl der sozialversicherungspflichtigen Arbeitsplätze an. Da bietet sich Politikern an, die Probleme in der Rentenversicherung, die durch Erfolglosigkeit im Kampf gegen die Arbeitslosigkeit entstehen, der Demografie aufzubürden. Nein: Zuerst geht es in der Gesellschaft darum, möglichst viele Arbeitsplätze zu schaffen. Auf diesen können dann noch selbst 70-Jährige, die ihr Leben lang gewohnt waren, dazuzulernen, in den neuen Strukturen der Wissensgesellschaft flexibel mitarbeiten. Wenn ein superproduktiver 30-jähriger Informationsarbeiter 20 Jahre gebraucht hat, um seine Kompetenzen zu erarbeiten (also viel länger als die Ausbildungszeiten in früheren Strukturzyklen), ist klar, dass sich seine Wissensinvestition auch über eine längere Zeit hinweg auszahlen muss.

Damit werden wir uns von der Lüge trennen müssen, die spätere Rente hinge von den Beiträgen des Einzelnen ab. Die Rentenbeiträge waren schon immer eine Sondersteuer zur Sozialversorgung älterer Menschen, die eben keine Möglichkeit hatten, zu sparen. Der epochale Systemwechsel der Rentenversicherung wird sein, nicht mehr als Erstes von den geltenden Rentenansprüchen der Rentner auszugehen und danach den Staatszuschuss aus den Steuertöpfen und die Höhe des Sozialversicherungsbeitrages der Arbeitenden festzulegen. Die Rentenversicherung der Zukunft wird von der aktuellen Leistungsfähigkeit der Volkswirtschaft ausgehen: Der Rentenbeitrag wird in der heutigen Höhe eingefroren. Der zusätzliche Staatszuschuss, der mit Verschuldung finanziert wird und auf Kosten von Investitionen in Bildung, Forschung und sonstiger Zukunftsfähigkeit, wird reduziert.

Die bestehenden Renten sind nicht mehr unantastbar, sondern berechnen sich aus zwei Komponenten: Zunächst wird für jeden Rentner eine Sockelrente in Höhe der Sozialhilfe berechnet, unabhängig von seinen Lebensbeiträgen. Nachdem die Summe dieser Sockelrenten aus dem Topf der zur Verfügung stehenden aktuellen Rentenbeiträge abgezogen worden ist, bleibt noch ein Rest übrig, der jedes Jahr schwankt, abhängig von Konjunktur und Beitragszahlern in Abhängigkeit von Demografie und Gesundheit. Dieser Rest deckt nur einen Teil der Renten ab, auf welche die Rentner nach heutigem Recht Anspruch hätten, zum Beispiel zu 60 Prozent. Also bekommt jeder Rentner noch 60 Prozent auf die Differenz ausgezahlt, die zwischen Sockelrente und theoretisch beanspruchbarer Rente besteht.

Das heißt: Je höher die heutige Rente ist, umso mehr muss jemand zurückstecken; allerdings haben diejenigen, die eine hohe Rente beziehen, auch vorher so viel verdient, dass sie sich genug nebenbei ansparen konnten, was ein einfacher Arbeiter nicht kann, der zur Miete wohnt und sein Geld immer aufbraucht. Statt eines festen Rentenalters sollte es künftig einen Korridor zwischen 62 und 72 Jahren geben. Je früher jemand in Rente geht, desto überproportional geringer wird seine Rente ausfallen, wobei Kopfarbeiter länger arbeiten müssen als Handarbeiter, die eher physisch ausgelaugt sind. Um ältere Menschen im Berufsleben zu halten, wird es nötig sein, sie bei weniger Lohn auch weniger Wochenstunden zu beschäftigen oder Teilzeitrenten auszubauen. Wer über das gesetzliche Rentenalter hinaus arbeitet, soll von den Beiträgen zur Renten- und Arbeitslosenversicherung freigestellt werden. Senioren werden in der Gesellschaft künftig auch stärker dazu benötigt, Hochbetagte zu versorgen und bei jungen Familien einzuspringen. Die Rente sollte künftig stärker nach der Zahl der Kinder gestaffelt werden. Denn was kinderlose, eventuell doppelverdienende Paare privat ansparen können, erreichen kinderreiche und materiell Arme nicht. Auf diese Weise werden alle wieder mit der Wirklichkeit konfrontiert. Der ökonomische Zwang, dass jeder länger arbeitet, schlägt so auf den Einzelnen durch. Die einzige Wahl, die wir dabei haben, ist nicht, ob es so kommt, sondern wie lange wir brauchen, unsere Arbeitsstrukturen und Lebensstile so zu ändern, dass sie Gesundheit erhalten. Drei Viertel des Alterungsprozesses ist umweltbedingt, hängt also vom Lebensstil ab, nur ein Viertel ist genetisch verursacht. Nicht der Anteil der Alten an der Bevölkerung zerdrückt also die heutige Rentenversicherung, sondern der Gesundheitszustand vieler älterer, die schon lange vor dem 65. Geburtstag zu arbeiten aufhören. Deswegen werden alle Verhaltensweisen, Branchen und Dienstleistungen Wachstumsmotor, die Gesundheit im weitesten Sinne erhalten.

Vom Kostenfaktor zur wirtschaftlichen Macht

Die heutige monokausale, labor-, apparate- und symptomorientierte Fünf-Minuten-Medizin wird jedoch den Anforderungen, die Wachstumsgrenzen des sechsten Kondratieffs zu verschieben, allein nicht gerecht werden. Denn informationstechnische, optische und biotechnische Komponenten in der Medizintechnik helfen zwar, einfacher und minimaler zu operieren (etwa mit der Endoskopie). Ärzte erkennen Krankheiten nun früher und besser. Kosten lassen sich mit elektronischen Patientenakten deutlich senken. Von der Medizin- und Biotechnik ist ein großer Produktivitätsschub für den sechsten Kondratieff zu erwarten. Doch den Erfolg unseres Gesundheitswesens behindert vor allem, dass wir die Seele vernachlässigen. Die großen Reserven liegen in der Tatsache verborgen, dass Gesundheit nicht auf den Körper allein beschränkt ist. Das etablierte Gesundheitswesen ist biologisch-chemisch-technisch orientiert, mit vielen internen Problemen belastet.[14] Für die Erschließung psychosozialer Gesundheit ist es derzeit nicht positioniert. Noch immer gibt das Bundesgesundheitsministerium seinen Forschungsetat für Hardware aus – Biotechnik, Medizintechnik. Um die seelischen Probleme besser in den Griff zu bekommen, müssen wir Medizin und Psychologie vernetzen[15] – das ist eine der großen Auseinandersetzungen der nächsten 20 Jahre.

Nicht mehr so sehr die akuten Krankheiten sind nun das Problem – wir wissen, wie wir ein Herz verpflanzen oder ein Magengeschwür entfernen. Mit noch mehr Apparatemedizin ist der limitierende Faktor im Gesundheitswesen nicht mehr in den Griff zu bekommen: Chronische Komplexkrankheiten fressen Gesundheitsbudgets. Allergien, vegetative Störungen, vor allem aber psychisch bedingte Leiden beeinträchtigen die kreativen und produktiven Beziehungen des Menschen zu seinem sozialen Umfeld – privat und in der Arbeit.[16] Die Schäden für die gesamte Volkswirtschaft verdeutlichen: Der vermeintliche Kostenfaktor Gesundheit wird der künftig entscheidende Produktionsfaktor für Unternehmen in der Informationsgesellschaft, eine wirtschaftliche Macht.

Die WHO warnt wegen des starken Anstiegs der chronischen Krankheiten vor einer globalen »Krise des Leidens« durch Krebs, Diabetes, Herzkrankheiten und Schlaganfälle. Während die Weltgesundheitsprogramme heute noch mit bis zu 90 Prozent ihrer Ressourcen Infektionskrankheiten bekämpfen, sind in den Ländern der »aufstrebenden Märkte« gerade jene Krankheiten auf dem Vormarsch, die bisher als Kennzeichen des industrialisierten Westens galten. Rauchen, zu fettreiches Essen, sitzende Tätigkeit und fehlende Bewegung führen vor allem in Asien zu immer mehr Fällen von Brust-, Dickdarm- und Prostatakrebs. Nicht mehr Infektionskrankheiten werden künftig die häufigste Todesursache sein, sondern Herzkrankheiten – und Depressionen. Schmerzmittel und Anti-

14 Nefiodow: »Der Sechste Kondratieff«, S. 125 + S. 137.
15 Nefiodow: »Der Sechste Kondratieff«, S. 121.
16 Nefiodow: »Der Sechste Kondratieff«, S. 119.

biotika können zwar einige Symptome kurzfristig beseitigen, aber nicht beheben. Im Gegenteil: Tödliche Nebenwirkungen von Arzneimitteln, die korrekt verschrieben und korrekt eingenommen wurden, müssten nach einer Studie an der Universität Toronto auf Platz vier unter den Todesursachen in den USA verzeichnet sein – direkt nach Herz-Kreislauf-Erkrankungen, Krebs und Schlaganfall.[17] Wechselwirkungen wundern kaum, wenn man bedenkt, dass zwei Drittel aller Patienten im Durchschnitt vier verschiedene Pillen am Tag schlucken.[18]

Dass in unserem Land die Gesundheitskosten kaum noch finanzierbar seien, nur weil die Alten immer älter werden – das ist eine faule Selbstbeschwichtigung. Mehr als 20 Prozent der Kinder eines Jahrgangs sind nicht gesund: Sie haben Übergewicht, leiden an psychosomatischen Erkrankungen wie Asthma und Neurodermitis oder zeigen Bewegungsstörungen.[19] Die Häufigkeit von Allergien und Asthma bei Kindern hat sich von 1986 bis 1996 verdoppelt.[20] Die Kleinen, sagen Kinderärzte, leiden schon an denselben »Managerkrankheiten« wie Erwachsene. Rückenschmerzen in der Grundschule, Herz-Kreislauf-Schwächen bei Heranwachsenden, überhöhte Cholesterinwerte bei Jugendlichen sind nicht die Ausnahme, sondern die Regel. Jedes vierte Kind hat Essstörungen, jedes siebte ernährt sich einseitig oder isst unregelmäßig, jedes zehnte hat Drogenerfahrung. Die Zahl der Schüler, die regelmäßig Psychopharmaka einnehmen, ist dramatisch auf etwa 1,5 Millionen gestiegen. Fast die Hälfte aller Kinder im Alter zwischen 12 und 14 gaben bei einer Umfrage an, im Halbjahr zuvor Kopfschmerztabletten genommen zu haben – als Folge von Stress und Anspannung, Konzentrationsstörungen, Schlaflosigkeit oder Prüfungsangst.[21]

»Auf kleinste Anforderungen reagieren sie vielfach mit Rückenschmerzen oder Verdauungsstörungen, Hyperaktivität, Aggressivität oder Depressivität«, meint der Bielefelder Erziehungswissenschaftler Klaus Hurrelmann, der ein eigenständiges Schulfach Gesundheitserziehung

---

17 Titelseite der SZ vom 24.04.1998, »Todesursache: Nebenwirkungen – Gefahren durch unerwünschte Effekte von Arzneien unterschätzt«.

18 Birgit Huber: »Ahnungslos im Irrgarten«, SZ 19./20.10.02, S.11.

19 »Forscher: Jedes fünfte Schulkind ist nicht gesund«, 22.7.99, S. 10.

20 Natur+Umwelt, Bund Naturschutz Magazin 1/97, S. 8, »Umweltopfer Nummer eins«.

21 SZ 2./3.8.97 S. 12, »Wenn Kinder Pillen schlucken«. Und: Hubertus Gärtner: »Psychopharmaka – die neue Schülerdroge«, SZ 28.12.01, S.6.

fordert. Anstatt zappeligen, hyperaktiven Kindern Psychopharmaka zu verabreichen, wäre Zuwendung die bessere Therapie, um die Ursachen zu bearbeiten: Reizüberflutung, gestörte familiäre Beziehungen, wenig Bewegungsspielraum. Kinder sitzen heute ihr ganzes Leben – im Auto, im Bus, in der Schule, bei den Hausaufgaben, vor dem Computer, beim Fernsehen. Sie bewegen sich im Durchschnitt nur noch 30 Minuten am Tag – das ist eine gesundheitspolitische Katastrophe. Rund ein Fünftel aller Kinder und Jugendlichen sind auffällig übergewichtig, ergab eine Analyse der Hamburg-Münchner-Krankenkasse, mit allen Folgeschäden von Gelenk- bis Herz-Kreislauf-Beschwerden. 44 Prozent der Viertklässler aus einer Studie des Sportwissenschaftlers Klaus Bös klagen über gelegentliche und acht Prozent über ständige Rückenschmerzen.[22] Und jeder dritte Patient, der an »Altersdiabetes« erkrankt, ist ein Jugendlicher.

Gleichzeitig waren noch nie so viele Kinder motorisch auffällig wie heute. Liefen zehnjährige Jungen 1976 in sechs Minuten durchschnittlich 1024 Meter, so schafften sie 1996 nur noch 876 Meter, hat Bös festgestellt. Die Kinder sind größer und schwerer als früher, aber schneiden bei Ausdauer, Beweglichkeit und Koordination deutlich schlechter ab. Unfälle passieren häufiger als früher, weil Kinder ihre Körper schlechter beherrschen. Dicke Kinder müssen erst mal wieder lernen, sich zu bewegen, und das hilft nicht nur gegen Übergewicht: Seit in einer Grundschule in Bad Homburg die tägliche Sportstunde eingeführt wurde, wechseln 15 Prozent mehr Kinder ins Gymnasium.[23]

Der Sportunterricht der Zukunft darf sich nicht am Leistungssport orientieren, sondern sollte die Bewegungsfreude der Kinder motivieren, seine individuellen Bewegungsmöglichkeiten berücksichtigt, aufzeigen, was sie leisten können (☛ Kapitel zur Bildungspolitik, S. 362). Kinder sollen Sportarten auswählen können, die ihrer körperlichen Statur entgegenkommen. Denn ob sie im Alter an Osteoporose (Knochenschwund) erkranken, hängt sehr stark damit zusammen, wie viel Knochenmasse sie in der Jugend durch Bewegung aufbauen – Osteoporose ist eine Kinderkrankheit mit Auswirkungen im Alter. Noch heute sterben 20 Prozent der Patienten mit Oberschenkelhals-Frakturen direkt an den Folgen, weitere 30 Prozent werden zum Pflegefall und somit sozial isoliert.[24]

---

22 Simon Ehlers: »Generation Grobmotorik«, SZ 2.7.02, S. V2/7.
23 Heidrun Graupner: »Fonds gegen Pfunde«, SZ 22.1.04, S. 1.
24 So Prof. Rainer Bartl in einem Leserbrief, SZ 5.7.02, S. 13.

Die klassische Medizin und die Umweltbewegung bekämpften die Symptome und meinten, damit auf Dauer Gesundheit und Wohlbefinden zu erlangen. Wir haben also Medikamente verabreicht, Pestizide verboten, Amalgam aus den Zahnarztpraxen vertrieben, den Katalysator erfunden, Filter in die Industrieschornsteine eingesetzt. Die Hauptursache für Krankheit haben wir übersehen, meint die Journalistin Petra Thorbrietz:[25] Es ist die Struktur des Lebens selbst, unter der viele Menschen leiden. »Wir haben nichts an unserer eigenen Ökologie verbessert, am Gleichgewicht von äußeren Anforderungen und inneren Ressourcen, an unserem Verhältnis zur Zeit, an der Stärkung unserer eigenen Kreativität und Kraft.« Etwa 60 Prozent aller zum Tode führenden Erkrankungen gehen vermutlich auf eigenes gesundheitsschädigendes Verhalten zurück. Nicht die Technik, nicht der Arzt, sondern der Einzelne hat mit seiner Lebensweise den größten Einfluss auf das Wohlbefinden.

Dass Krankheit viel weniger mit einzelnen Schadstoffen zu tun habe als mit der Art zu leben, beweist die Wiedervereinigung. Trotz einer ziemlich haarsträubenden Umweltsituation hatten DDR-Kinder viel seltener Allergien, kannten kaum Magersucht und zeigten weniger Stresssymptome. Heute dagegen hat sich die Zahl der Allergiker in Städten wie Erfurt vervielfacht, Essstörungen und andere Formen der Sucht gehören zum Ost-Alltag. Denn die psychische Belastung wächst: Neben dem zunehmenden Verkehr fordern vor allem die Arbeitslosigkeit der Eltern und der Werteverfall ihren Tribut – die Enttäuschung über die Konsumgesellschaft, die zwar schicke Autos, schicke Klamotten und Videos bietet, aber keine Zukunft.[26]

Gesundheit, Umwelt und soziale Bedingungen sind also nicht voneinander isoliert. Mehr noch: Gesundheit ist auch nicht allein auf Umwelteinflüsse und Lebensweise beschränkt. Seelische Phänomene wie Streit, fehlende Anerkennung, Mobbing, übermäßiger Leistungsdruck, Arbeitslosigkeit und Scheidung erzeugen Negativgefühle.[27] Wer damit nicht umgehen kann, der ist körperlich wie auch geistig, privat wie auch in der Arbeit beeinträchtigt, kann somatisch erkranken. Mobbing macht auf

25 Petra Thorbrietz: »Lügen, Lobbies, Lebensmittel. Wer bestimmt, was wir essen müssen«, Reinecke, Verlag Kunstmann.

26 Zitiert nach: Natur+Umwelt, Bund Naturschutz Magazin 1/97, S. 7f, »Krank nach Leben«.

27 Vgl. Nefiodow: »Der Sechste Kondratieff«, S. 121.

Dauer seelisch und körperlich krank.[28] Als Ursache für Berufsunfähigkeit werden Nerven und Psyche häufiger genannt: 1974 gingen erst sieben Prozent aus diesen Gründen eher in Rente, 2011 waren es mit 41 Prozent sechsmal so viel.[29] Mindestens jeder vierte Patient, der wegen körperlichen Beschwerden zum Arzt geht, hat in Wirklichkeit seelische Probleme:[30] Sie klagen über Muskelverspannungen, Schlafprobleme und Schmerzen; dass dahinter psychische Erkrankungen stecken, wird zu wenig beachtet. Schon 2006 haben psychische Störungen die Herz-Kreislauferkrankungen als häufigsten Anlass für einen Klinikaufenthalt abgelöst – mittlerweile haben sie einen Anteil von 17 Prozent an allen Behandlungstagen. Bei der AOK haben sich die Anzahl der psychischen Erkrankungen zwischen 1994 und 2011 verdoppelt, die wegen Burn-Out verlorenen Arbeitstage sind elfmal so hoch.[31] Vor allem die 15- bis 29-jährigen Mitglieder stellten drastisch häufiger fest, dass etwas mit ihrem Seelenleben nicht stimmt.[32] Anfang 2011 meldet der BKK Bundesverband, dass zwar die Krankheitstage insgesamt zurückgehen (weil es weniger Beschäftigte am Bau, Bergmänner oder Arbeiter an lauten und gefährlichen Maschinen gibt, dafür umso mehr flexible, daher gesündere Büroarbeitsplätze), dass aber psychische Störungen inzwischen die vierthäufigste Ursache für Krankmeldungen am Arbeitsplatz sind. Ihre Zahl wächst mit 13 Prozent am stärksten. Drei Viertel von ihnen litten unter Depressionen, auf Platz zwei folgten neurotische Erkrankungen wie Essstörungen, Angsterkrankungen oder psychosomatische Leiden. An dritter Stelle stehen Suchterkrankungen. Angst, Deprimiertheit, Schlaflosigkeit, Kopfschmerzen, Beziehungskonflikte und Essstörungen fallen zunehmend in den Zuständigkeitsbereich einer Medizin, die mit quasireligiösen Erlösungserwartungen überfrachtet wird. Bei der AOK meldeten sich fast doppelt so viele Mitglieder wegen seelischer Probleme krank wie zehn Jahre zuvor.[33]

Nicht nur die Wirtschaft ist daher zunehmend eine immaterielle Erscheinung. Auch der limitierende Faktor für die Gesundheit der Menschen in der Wirtschaft ist keine Frage mehr von Technik und Chemie.

28 Winfried Pause, Wolfgang Stegmann: »Kostenfaktor Angst«, Verlag moderne Industrie, Landsberg 1996.
29 »Wenn die Psyche leidet«, SZ 31.12.12/1.1.13, S. 21.
30 Sibylle Steinkohl: »Gefangene ihrer Furcht«, SZ 26.6.01, S. 43.
31 »Fleißig, flexibel – und krank«, SZ 17.8.12, S. 19.
32 Christina Berndt: »Krankheitsursache: Seele«, SZ 14.6.02. S. 14.
33 »Stress lass nach!«, SZ 12./13.3.11, V2/9.

Welche Gesellschaft und welche Firmen es schaffen, diese Realkostengrenze zu verschieben, werden in einer wohlhabenden Region leben. Das etablierte Gesundheitswesen sowohl in den Betrieben als auch im Umfeld ist auf seelische Gesundheit noch nicht vorbereitet. Das ist die große Reorganisation, vor der sie steht.

Was ist Gesundheit?

Zum Beispiel in der Streitkultur: Am weitesten ist verbreitet, den anderen mit Vorwürfen und Beschuldigungen zu bombardieren, zu versuchen, ihn einzuschüchtern und Macht zu demonstrieren. Wer sich im Streit angegriffen fühlt, dessen Körper reagiert mit einem Engegefühl in der Brust, im Kiefer, im Rücken, im Bauch. Die Muskeln und Arterien ziehen sich zusammen und schalten auf Verteidigung. Für einen Informationsarbeiter ist das lebensgefährlich. Seine Beziehungen haben sich verhundertfacht und damit auch die Gründe, mit anderen zu kollidieren: unterschiedlich interpretierte Vertragstexte, Missverständnisse, sich überschneidende Interessen. Ein Streit vor Gericht kostet eine Firma etwa 25.000 bis 50.000 Euro, der volkswirtschaftliche Schaden wird auf 45 Milliarden Euro im Jahr geschätzt, von gestohlener Lebensenergie einmal ganz abgesehen. Bei Gericht geht mindestens einer als Verlierer davon. Persönliche Belange hinter dem Konflikt interessieren in einer öffentlichen Verhandlung nicht – damit würde man sein Gesicht verlieren. Nicht immer ist juristisches Recht auch moralisches Recht. Das Ergebnis gestaltet ein anderer über die Köpfe der Streitenden hinweg und beide bleiben unversöhnt, sagt die Mediatorin Irmgard Grünberg-Ostner.[34]

Schade um die entgangenen Synergien und zusätzlichen Ressourcen, die mobilisiert worden wären, wenn sie sich einen Mediator gesucht hätten. Denn auch wenn jeder von seinem Recht absolut überzeugt ist, so ist die Rechtslage meistens keineswegs eindeutig. Von beiden gewollt, mit dem nötigen Abstand und Respekt zu beiden, locken Mediatoren in vertraulicher Atmosphäre die Interessen hinter den verhärteten Positionen

34 Der Text folgt mit Einverständnis der Autorin einer SZ-Managementkolumne von Irmgard Grünberg-Ostner, Starnberg. Sie arbeitet heute als Wirtschaftsmediatorin und ist Mitglied bei der Deutschen Gesellschaft für Mediation in der Wirtschaft (DGMW).

hervor, damit die Streitparteien sie so kombinieren, dass beide zu Gewinnern werden. Sie etablieren schon zu Beginn ein Klima des gegenseitigen Respekts, der Fairness und der Sachlichkeit. Dies stoppt die drohende unsachliche Auseinandersetzung schon im Keim und sichert ein Verhandlungsklima, in dem jeder seine Interessen darlegen, Empfindungen und Ärger endlich einmal aussprechen kann – ohne gleich befürchten zu müssen, dass die Gesprächsbasis verloren geht.

Im anschließenden Brainstorming werden mögliche Lösungen benannt, ohne sie gleich zu bewerten und jemanden festzunageln. Die Mediatorin leitet kaum merklich, interveniert rechtzeitig, strukturiert. Am Ende protokolliert sie die von beiden rechtsverbindlich festgeschriebene Lösung. Was dem einen nicht spürbar fehlt, steigert den Ertrag des anderen: Zwei Firmen, die um das Recht auf ein Grundstück streiten, merken, dass dem Ersten ein bestimmter Teil schon ausreicht, den der andere gar nicht braucht. Der Führungskonflikt zwischen Vater und Sohn im Familienbetrieb entspannt sich, als sie sich einigen, sowohl weiterhin Etagenheizungen zu bauen, aber mit einer kleinen Tochterfirma parallel in Solaranlagen einzusteigen. Zwei Gesellschafter können ohne Groll ihre Kanzlei auflösen, als deutlich wird, dass es dem einen nur um die Altersvorsorge geht und er künftig schon als stiller Teilhaber zufrieden ist. Dadurch bleibt die Beziehung nicht nur erhalten, künftig kann man sich besser aufeinander einstellen. Mediation eignet sich jedoch nicht überall – etwa wenn Streit von der Geschäftsleitung auf den Abteilungsleiter delegiert wird, sich mit dem Mitarbeiter auseinander zu setzen.

Passgenaue und individuelle Lösungen, bei denen die Konfliktpartner auch nach außen hin ihr Gesicht wahren, sind das Ziel von Mediationen. Noch werden sie missverstanden als eine andere Art von Verfahren. Doch Mediation ist mehr eine Haltung, die zu Frieden beiträgt, in und zwischen Firmen: Verantwortung über sich hinaus zu übernehmen, die eigene Wahrnehmung nicht zu verabsolutieren, das Problem auch mit den Augen des anderen zu sehen, ihn nicht zu verteufeln, sondern ihm das Recht zuzugestehen, andere Interessen zu haben, und sie mit den eigenen fair auszugleichen. Das ist Teil des wachsenden Gesundheitsmarktes und hat weniger mit Technik als mit einer bestimmten, verbindlichen, nicht nutzenorientierten Ethik zu tun.

Psychologie dagegen hat nichts mit Werten zu tun, sondern mit Methoden und Techniken zur Formbarkeit des menschlichen Nervenkostüms. Nicht umsonst ist das US-Verteidigungsministerium der weltweit größte Auftraggeber psychologischer Forschung.[35] Für Spitzensportler ist es völlig selbstverständlich, Psychologen einzusetzen, die Leistung, vor allem auch das Selbstbewusstsein steigern. Gefährlich wird es, wenn sich jemand die stimmunghebende Psychopharmaka verschreiben lässt, anstatt zu lieben oder seine Konflikte anzugehen. Mit der ganzen Palette an Psychopharmaka kann man Symptome beseitigen – Schlafstörungen, Phobien, suizidäre Schübe. Dabei spielt es keine Rolle, ob das Symptom tief sitzende Ängste, Melancholie oder innere Unruhe ausdrückt. Nur: Wenn jemand unruhig ist, weil er spürt, dass er dabei ist, seine Berufung zu verpassen, dann helfen keine Beruhigungspillen.

Seit das Psychotherapeutengesetz 1999 die Seelendoktoren an die Kassenkrippe lässt, sind sie den Medizinern gleichgestellt, die ihr Heilbehandlungsmonopol schon aus Einkommensgründen zäh verteidigten. Damit geht die kritische Auseinandersetzung mit den über 600 verschiedenen Psychotherapieschulen, die zum Teil heftig jeweils das Gegenteil behaupten, erst so richtig los. Wissenschaftlich anerkannt, behauptet der Psychologe Rolf Degen, sei auf dem weiten und zerklüfteten Feld der Seelenkunde so gut wie gar nichts. Wer im Riesenlabyrinth der Psycho-Theorien und –Praktiken nach einem roten Faden suche, verirre sich unweigerlich in einem Gestrüpp von Mythen, Lügen und Irrtümern.[36] »Keine einzige psychotherapeutische Schule kann Heilwirkungen vorweisen, die größer sind als der Effekt einer wirkstofflosen Zuckerpille (Placebo).«

So gerät der massenhafte Rückzug in die Innerlichkeit in eine Sackgasse. Das allgegenwärtige Psychologisieren hat weniger die zwischenmenschlichen Beziehungen verbessert, so der New Yorker Psychologe Peter Vitz, sondern zur »Selbstvergötterung«, einer »Verherrlichung des individuellen Selbst« geführt.[37] Dazu kommt das Problem, als Wissenschaft kaum Normen setzen zu können, was denn eigentlich erstrebenswert normal und richtig ist. Ein Normalmensch des Mittelalters mit seinem Hexen- und Teufelsglauben würde heute in der geschlossenen Anstalt landen. Andererseits heiraten heute gleichgeschlechtliche Paare in aller

35 Burkhard Müller-Ullrich: »Mit 15 bist du waffenreif«, SZ am Wochenende, 15./16.6.02, S. IV.

36 Rolf Degen: »Lexikon der Psycho-Irrtümer«, Eichborn Verlag, Frankfurt 2000.

37 Klaus Franke, Hans Halter: »Seelenheiler im Labyrinth«, Der Spiegel, 36/2000, S. 113.

Öffentlichkeit, die vor einem Jahrhundert auf Grund ihrer »Normabweichung« ein Fall für die Psychiatrie waren.

Nicht, dass hier Psychotherapie, Psychiatrie und andere Methoden an sich schlecht gemacht werden sollen. Da der Wohlstand der Zukunft und der wirtschaftliche Engpassfaktor von seelischer Gesundheit abhängen, stehen sie im Zentrum der anstehenden gesellschaftlichen Auseinandersetzungen. Das Problem ist, dass die Sprechzimmer von Scharen überschwemmt sind, die vor allem nach größerem Glück suchen. Dogmatische Psycho-Theorien transportieren Bilder vom psychisch gesunden Menschen, die in dieser idealen Form für niemanden wirklich erreichbar sind. Und produzieren so die ewigen Patienten, die unendliche Therapien absolvieren müssen. Psychologische Einsichten sind aber keine Wahrheiten, sondern mehr oder weniger nützliche, unterschiedliche Sichtweisen auf eine Realität, der man das letzte Geheimnis nicht entreißen kann, meint der Kölner Psychotherapeut Manfred Lütz.[38] Die Psychotherapie der Zukunft wird sich also weiterentwickeln, sich mit anderen Wissenschaften vernetzen, aber vor allem ihre Grenzen anerkennen.

Dass fehlende Liebe einen Menschen krank machen kann, hat die Psychologie erkannt. Mit wissenschaftlichen Methoden lassen sich zwar die Auswirkungen beschreiben, aber nicht die Ursache beheben: Und wenn der Psychotherapeut mit seinem Klienten eine Liebesbeziehung eingeht, dann ist etwas schief gelaufen. Auch die Opfer von Massenunfällen und Gewaltakten brauchen nicht, wie es in den Medien immer stereotyp heißt, psychologische Betreuung, sondern echte menschliche Zuwendung, die zwar auch von Psychologen geleistet werden kann, aber nichts mit wissenschaftlichen Techniken zu tun hat. Auch bei der Frage nach dem Ziel des Lebens, bei der Sinnfrage, hat sie als Wissenschaft keine Antworten. Gescheitert ist auch eine Persilscheinpsychologie, die versuchte, alles Versagen mit der Erziehung der Eltern zu erklären, alles abzuleiten, zu ent-schulden. Doch der Mensch ist frei: Auch der schlimmste Bösewicht kann sich so oder auch anders entscheiden.

Was also kann Psychologie? Keine Therapie der Welt kann einen wirklich ändern. Aber sie kann die Hindernisse beseitigen, die einen daran hindern, Zwänge, Süchte und Ängste wahrzunehmen; sie vermag

38 Manfred Lütz: »Lebenslust. Wider die Diät-Sadisten, den Gesundheitswahn und den Fitness-Kult«, Pattloch-Verlag, München 2002.

sogar Selbsthass aufzulösen. Sie kann die Fähigkeit stärken, sich selbst zu steuern, ebenso Niederlagen und Demütigungen zu ertragen. Wenn es gut geht, öffnet sie Tore und ebnet Wege – wenn es schlecht geht, kann alles nur schlimmer werden.[39] Gemeinhin erforschten Neurobiologen, wie das Gehirn die Seele macht. Bei den 51. Psychotherapiewochen in Lindau erklärte der Göttinger Hirnforscher Gerald Hüther, dass die Seele die Materie des Gehirns gestaltet. Für die Psychotherapie wäre das ein Paradigmenwechsel. Man kennt jetzt einen anderen Einflussfaktor auf die Botenstoffe im Gehirn: Soziale Kontakte. Je fester und vielfältiger sie seien, desto stärker sei das dopaminergene System. Phänomene der Seele sagen also viel mehr über den Menschen aus als die Gene. Das Hirn ist plastisch, lebenslang entwicklungsfähig. »Das Menschenhirn ist so wenig wie möglich genetisch geprägt, damit wir so viel wie möglich lernen können.«[40]

Je eher wir die Schnittstelle zwischen Körper und Seele besser verstehen, umso besser können wir das Markt- und Wohlstandspotenzial des sechsten Kondratieffs erschließen. Die Seele allein kann weder Krebs auslösen noch ihn heilen. Aber es gibt seelisch bedingte Wechselwirkungen etwa mit dem Immunsystem, die den Verlauf der Erkrankungen beeinflussen. Wer positiv in die Zukunft schaut, trägt bei Herzkrankheiten ein nur halb so großes Risiko, fanden Forscher des John-Hopkins-Zentrums heraus. Versuche zeigen, dass Menschen, die jeden Tag zweimal 20 Minuten meditieren, ein geringeres Risiko hatten, Opfer von Schlaganfall oder Herzinfarkt zu werden.[41] Mit der Lüge zu leben, belastet den Organismus. Beichten gibt es daher nicht nur in der Katholischen Kirche, sondern auch im Judentum, im Islam oder indianischen Religionen. Sich durch Beichten von Schuldgefühlen zu befreien, hilft demnach dem Immunsystem.

Studien entdecken als Ursache psychischer Leiden weniger Außenfaktoren als soziale Bindungen und familiäre Verhältnisse. Menschen, die in intakten Gruppen leben – Familie, Freundeskreis, Gemeinde, Vereinszirkel –, wehren Krankheiten besser ab. Eine vertrauensvolle Beziehung lässt die Anzahl unserer Abwehrzellen im Blut in die Höhe schießen – sogar Hundebesitzer leben im Alter gesünder als Alleinstehende, wenn sie ihr

---

39 Hans Heigert: »Das Böse – zwischen Thserapie und Religion«, SZ 1./2.4.00, SZ-Beilage S. III.

40 Badische Zeitung, 2.5.01.

41 »Fachblatt: Meditation senkt Herzinfarktrisiko«, SZ 21.3.00, S. 14.

Tier lieben und ihm regelmäßig Streicheleinheiten zukommen lassen. So wie chronischer Stress die Immunfunktion unterdrückt, kurbeln Altruismus, Liebe und Mitgefühl die körpereigene Abwehr an. Forscher der amerikanischen Cornell-Universität beobachteten 30 Jahre lang 427 Frauen: Entscheidender Faktor für langes Leben war Engagement für andere. Bei ihrer Definition von Gesundheit hat die WHO 1986 schon immaterielle Faktoren miteinbezogen: Selbstachtung, soziales Umfeld, gesundes Verhältnis zum Körper. Seelische Gesundheit – das ist Geborgenheit, Vertrauen, Liebe, Nächstenliebe. Kein Wunder, dass Heilung immer Thema der Religionen ist, während umgekehrt die noch rein naturwissenschaftliche Medizin den Zusammenhang bislang ignorierte.

Gesunde und krankmachende Spiritualität

Für Psychotherapie war Religion lange Zeit Aberglaube, eine Art primitivere, engstirnige Bewusstseinsstufe, auf die man sich zurückzog, um sich nicht dem realen Leben stellen zu müssen. Die realitätsferne Tröstung sei erkauft – mit Angst und Schuldgefühl. Sigmund Freud, der sich selbst als Naturwissenschaftler sah, setzte an die Stelle der religiösen Geborgenheit Analyse und Einsicht – Elemente der Verstandesebene. Doch die säkulare Ersatzreligion stößt an ihre Grenze. »Jede Psychotherapie beschäftigt sich damit, wie ein Mensch leben sollte, wie er sein Familien- und Sexualleben ordnet, mit dem Sinn des Lebens – und all das ist auch das Thema von Religion. Freud war ein getarnter Rabbi«, schreibt der Psychiatrie-Kritiker Thomas Szasz.[42] Nur widerstrebend und sehr skeptisch nehmen Psychologen nun eine wachsende Zahl von Untersuchungen zur Kenntnis, die einen positiven Zusammenhang zwischen Religion und Gesundheit herstellen. Ja: Es gibt zwar die neurotisierenden Formen des Glaubens, unter denen Menschen leiden. Unter dem Begriff »ekklesiogene Neurosen« geistern sie durch die Literatur. Aber wer an einen gütigen Gott als eine positive transzendente Kraft glaubt, für den überwiegt die salutogenetische Wirkung. »Wer sein Leben als sinnvoll erlebt, als eingebettet in ein größeres Ganzes, ist psychisch und körperlich resistenter«, schreibt der

42 In: Psychologie Heute, Juni 1997, S. 3: »Religion – die Rückkehr des Verdrängten?«.

Gesundheitsforscher Aaron Antonovsky[43], der den Begriff der »Saluto-Genese« prägte.

David Larson, Klinischer Psychologe am National Institute for Healthcare Research (Rockville, Maryland, USA) hat die zum Thema Glauben und psychische Gesundheit publizierten Studien gesammelt und ausgewertet: Religiosität wirkte sich in 84 Prozent der Fälle positiv aus, nur in drei Prozent negativ. Gläubige konsumieren weitaus weniger Drogen und Alkohol, begehen weniger Selbstmorde, haben eine niedrigere Scheidungsquote – und haben erfüllteren Sex. Gläubige bewältigen Lebenskrisen, Stress und psychosoziale Konflikte leichter, sind daher weniger anfällig für stressbedingte und psychosomatische Krankheiten. Der gesündere Lebensstil wirkt präventiv. 40 Prozent von ihnen haben einen geringeren Bluthochdruck und ein mit doppelt so hoher Wahrscheinlichkeit besseres Immunsystem.[44] Sie leiden deutlich weniger unter Depressionen und Neurosen, was umso deutlicher wurde, je älter die Befragten waren. Bei Krankheit wirkt sich Glaube günstig auf die Genesung aus, weil man mehr Vertrauen in die Heilung aufbringt.

Einen Automatismus gibt es jedoch nicht. Kenneth Pargament, Psychologie-Professor an der Bowling Green State University in Ohio, differenziert da sehr genau[45]: Ob sich Glaube gut oder schlecht auf die Gesundheit auswirkt, hängt von der Spiritualität ab. Menschen, die in ständiger Furcht leben, für ihre Sünden von einem strengen Gott bestraft zu werden (und die diese Strenge auch in ihrer Glaubensgemeinschaft als emotionales Klima erleben), neigen sogar stärker zu Depressionen, Ängsten und psychosomatischen Störungen als Nicht-Religiöse. Bestimmte Glaubensformen – etwa in Sekten oder eigensinnigen, überheblichen Splittergruppen innerhalb der etablierten Kirchen – die sich nach außen abschotten, Inhalt mit Formel verwechseln oder Glauben mit Konformismus, können den Menschen niederdrücken. Wenn jemand Gutes etwa nicht aus Liebe tut (zum Nächsten, zu Gott), sondern weil er damit sicher seinen eigenen Lohn im Himmel mehrt (egoistische Bedürfnisebene) oder der Höllenstrafe entkommen kann (angstgetriebenes Wohlverhalten), dann ist das Ausdruck eines berechnenden, nutzenorientierten, extrinsisch motivierten und auf Wirkung kalkulierten Glaubens, der keine positiven Gesund-

43 Psychologie Heute, Juni 1997, S. 3.
44 Nefiodow: »Der Sechste Kondratieff«, S. 123.
45 Psychologie Heute, Juni 1997, S. 21.

heitseffekte auslöst.[46] Das entspricht dem Evangelium: »Nicht jeder, der zu mir sagt: Herr, Herr! wird in das Himmelreich eingehen, sondern wer den Willen des Vaters tut.«[47]

Umgekehrt fördert der überzeugungsgeleitete Glaube an einen wohlwollenden, freundlichen Gott, der menschliche Schwächen nachsichtig beurteilt und einem Gutes will, in Verbindung mit emotionaler Geborgenheit in einer (Glaubens-)Gemeinschaft das psychische und körperliche Wohlbefinden deutlich. Nur wer loslassen und sein Schicksal vertrauensvoll in die Hand Gottes legen kann (»Dein Wille geschehe«), profitiert von der gesundheitsfördernden Kraft des Glaubens – »als Anstoß zur Selbstachtung, als Unterstützung von Trauerprozessen, als Sinnerfüllung bei sozialem Engagement und als Anleitung zu positivem Denken in Dank und Lobpreis«, so der Münchner Religionspsychologe Bernhard Grom.[48] Die wohltuende Wirkung des Glaubens beruht mit hoher Wahrscheinlichkeit auf einer Kombination vieler Umstände – sozialer Unterstützung, Lebenssinn, Stress reduzierendem Gebet und dem Gefühl, mit einer höheren Macht verbunden zu sein. Die Daten sind deutlich: Wer im Alter an Gott und die göttliche Liebe im Menschen glauben kann, lebt insgesamt sehr viel gesünder und glücklicher. Religiosität hat einen stärkeren Einfluss als Einkommen, Bildung oder die Anzahl der Lebensjahre. Das heißt nicht, man solle fromm sein, um möglichst spät und möglichst gesund in den Himmel zu kommen, wie besonders Gläubige über diese Studien spotten (obwohl diese doch eigentlich auch glauben, das Reich Gottes – Gerechtigkeit, Friede, Freude im Heiligen Geist – beginne schon in dieser Welt). Sondern: Das Verdrängte und heute von Teilen der Gesellschaft Bekämpfte muss aus der privatisierten Tabuzone zurückkehren, wenn wir eine neue Qualität von Gesundheit erreichen wollen, die wir brauchen, um die ökonomischen Probleme des sechsten Kondratieffs lösen zu können. Die Wirklichkeit reagiert langsam auf diese Anforderung: Die Universität München richtete 2010 den ersten Lehrstuhl für Spiritualität in der Medizin ein.

---

46 Anselm Grün OSB/Meinrad Dufner OSB: »Gesundheit als Geistliche Aufgabe«, Münsterschwarzach, Vier-Türme Verlag, 1989, S. 77 ff.

47 Matthäus 7,21.

48 Bernhard Grom, Professor für Religionspsychologie und -pädagogik an der Hochschule für Philosophie in München. In: Psychologie Heute, Juni 1997, S. 3: »Religion – die Rückkehr des Verdrängten?«

Die Zukunft des Gesundheitswesens

Aus der drohenden Zahlungsunfähigkeit des Gesundheitswesens führen uns drei Wege: Innovationen, Selbstverantwortung und Prävention. Da sind einmal die vielen Innovationen der Medizintechnik und der Gentechnik, die heutige Heilverfahren billiger oder effizienter machen. In manchen Fällen werden sie Kosten senken, in vielen anderen aber werden sie zunächst mehr kosten, obwohl sie – rein ökonomisch gedacht – das Geld auch wieder erwirtschaften, wenn der Patient entsprechend länger gesund lebt. Kann sein, dass manche dieser neuen Verfahren sogar so teuer sind, das sich die Krankenkassen weigern, sie zu zahlen. Nach Ansicht vieler sollten solche Operationen oder Medikamente gar nicht erst angeboten werden – weil dann der Gleichheitsgrundsatz verletzt sei. Dabei kann schon heute nicht jeder im feinen Restaurant essen gehen, nicht jeder kann sich einen Wellness-Urlaub leisten, nicht jeder eine gesündere Wohnlage bezahlen, ganz zu schweigen von Kranken in der Dritten Welt, denen oft schon mit einem minimalen Bruchteil unserer Krankenkosten mehr als uns geholfen wäre. Nein: Wer die neuen, eventuell sehr teuren Verfahren nicht zulassen will, hat nicht verstanden, woher in Zukunft die meisten neuen Arbeitsplätze kommen.[49]

Auch in der Vergangenheit war es so, dass eine neue Basisinnovation nicht für jeden erschwinglich war. So wird es auch mit den vielen neuen Gesundheitsinnovationen sein: Nur sehr Reiche können sie anfangs selber bezahlen. Doch je öfter sie angewendet wurden, je mehr Erfahrungen die Ärzte damit sammeln, je mehr Personal daran ausgebildet wird, je größer die Stückzahlen von Apparaten, neuartigen dritten Zähnen und Arzneien werden, umso billiger werden diese und umso mehr Menschen werden sie sich leisten können. Dafür müssen sie dann aber in ihre eigene Tasche greifen, und sei es auch nur für einen Anteil der Behandlungskosten. Die Herzoperation für den Kettenraucher mit Bluthochdruck oder das künstliche Hüftgelenk für die 160-Kilo-Patientin gehören heute zum teuren Klinikalltag. Praxisärzte können ein Lied singen von den kostspieligen Folgeerkrankungen von Typ-II-Diabetikern, die sich partout nicht an ihre Diät halten (Typ-II-Diabetes, das zur Information, macht 90 Prozent aller Diabetesfälle aus und ist die durch den Lebensstil erworbene Variante). Die Erfahrung

49 Nefiodow: »Der Sechste Kondratieff«, S. 127ff. + S. 96.

zeigt, dass Patienten Ratschläge für ein gesünderes Leben selbst dann nicht schätzen, wenn sie gerade mit Glück einen Infarkt überstanden haben. Jedes fünfte Infarkt-Opfer raucht weiter, jedes Dritte behält sein Übergewicht. Wunderpillen schlucken ist das Einzige, wozu die meisten Patienten bereit sind. Wer wider besseren Wissens seine Gesundheit ruiniert und sich grundlegendsten Therapien verweigert, sollte dies wenigstens nicht zu Lasten der Solidargemeinschaft tun dürfen – beziehungsweise durch hohen Eigenbetrag angemessen an den Kosten beteiligt werden. Doch die Bevölkerung will im Moment noch keine höhere Selbstbeteiligung: 59 Prozent lehnen sie klar ab, je älter die Befragten waren, umso entschiedener das Nein.[50] Es entspricht der Widersprüchlichkeit des Menschen, dass 61 Prozent aber auch meinen, die Kassenbeiträge seien schon heute zu hoch.[51]

Beides zusammen – keine Selbstbeteiligung, Beiträge weiter stabil halten – funktioniert aber nicht. Es sei denn, die Kosten würden sinken – weil wir Lebensstil und Arbeitskultur so umstellen, dass die Menschen weniger krank werden. Doch da sich Menschen nicht so schnell ändern und die nötige Prävention anfangs auch Geld kostet, werden die finanziellen Lasten erst noch steigen. Die Frage, die die Öffentlichkeit daher zu diskutieren hat: Sollen in Zukunft höhere Kosten durch höhere Krankenkassenbeiträge getragen werden oder durch eine höhere individuelle Zuzahlung im Krankheitsfall? Volkswirtschaftlich, aus der Sicht Kondratieffs betrachtet, ist der Effekt gleich: Die zusätzlichen Kosten gehen in jedem Fall zu Lasten des frei verfügbaren Einkommens. Damit wird jetzt der Druck des Lebensstils auf den Geldbeutel für den Einzelnen stärker spürbar. Das erhöht die Chance, Krankheitskosten im Lebensstil einzusparen. Eine Ausnahme sollte es geben: Kinder und Jugendliche bis zu einem gewissen Alter sollten dieselben Leistungen ohne Zuzahlung von den Krankenkassen bekommen. So bleiben Kinder aus armen Familien, die auch häufiger krank sind, ebenso gut versorgt wie Wohlhabende. Zu den Leistungen der Solidargemeinschaft gehört auch, dass Kinder in den Schulen lernen, wie sie mit sich und ihrem Körper umgehen, um eigenverantwortlich ihre Gesundheit zu erhalten.

Bisher wird das Freiheitsprinzip nicht konsequent eingehalten. Wie jemand mit seiner Gesundheit umgeht, das ist allein seine Privatsache und

---

50 Andreas Hoffmann: »Bürger lehnen höhere Selbstbeteiligung ab«, SZ 3.6.02, S. 21.
51 Andreas Hoffmann: »Mediziner üben Selbstkritik«, SZ 11.7.02, S. 20.

geht die anderen überhaupt nichts an. Niemandem kann verboten werden, unbeweglich und chipsfressenderweise die Abende vor dem Fernseher zu verbringen, nachdem er den ganzen Tag auf einem Bürosessel klebte. Aber wer sich in seiner Freiheit so entscheidet, der kann künftig nicht mehr so wie bisher von den anderen verlangen, sie sollten sich die Konsequenzen seines Verhaltens aufbürden lassen. Gegen eine höhere Selbstbeteiligung wird eingewendet, dass es nur wenige Kranke sind, welche die meisten Kosten verursachen: 20 Prozent der Versicherten verursachen 80 Prozent der Kosten, fünf Prozent der Patienten die Hälfte der Arzneikosten. Deswegen würden vor allem chronisch Kranke und alte, oft mittellose Menschen davon getroffen werden. Es mag ja stimmen, dass der Mensch in seinen letzten Jahren die höchsten Krankheitskosten verursacht. Nur: Bei einer Politik der Selbstbeteiligung geht es weniger um die Kranken von heute als um die vielen, die übermorgen lieber nicht krank werden sollen.

Ob und wie sehr er im Alter krank oder sogar pflegebedürftig ist, hängt vor allem von seinem Lebensstil in den vorangegangenen Jahrzehnten ab. Altern alleine kostet die Krankenversicherten nämlich kein zusätzliches Geld, sondern die Nähe zum Tod. Denn am teuersten ist ein Patient in den letzten Wochen vor seinem Ableben. Allerdings sind Hochbetagte »billiger«: Die Behandlung im letzten Lebensmonat eines Über-85-Jährigen kostet fast ein Drittel weniger als die eines sterbenden 65- oder 70-Jährigen. Mit 90 ist der Organismus nicht mehr so belastbar wie mit 60 – mit dem Alter wollen viele nicht mehr jeden Therapieversuch mitmachen. Die sinkenden Kosten des Sterbens für Menschen jenseits der 70 wird den Anstieg der Krankheitskosten abschwächen. Investition in Lebensstil und Gesunderhaltung erhöht also nicht nur die Leistungsfähigkeit einer Volkswirtschaft, sie senkt auch die Krankheitskosten, vor allem auch am Ende eines Lebens. In den Lebensstil des Einzelnen kann man aber nicht eingreifen, ohne die persönliche Freiheit zu verletzen. Deswegen wird die neue Gesundheitspolitik einen öffentlichen Rahmen schaffen, in dem der Einzelne die Verantwortung für seine Gesundheit nicht an die Ärzte oder an den Staat delegiert, sondern selber wahrnimmt, und in dem der Einzelne die Konsequenzen seines Handelns spürt. Wer sich alkoholisiert ans Steuer setzt und einen Unfall verursacht, soll für die Verletzungen selber zahlen. Nur jeder sechste Mann und jede dritte Frau nutzen heute die Krebsvorsorge-Programme der Krankenkassen. Das wird sich ändern, wenn es finanzielle Anreize gibt, gesund zu leben.

Weil es schier unmöglich ist, genau auseinander zu dividieren, welche Krankheiten genetisch, welche vom normalen Alterungsverschleiß und welche vom Lebensstil verursacht sind, wird die Selbstbeteiligung oft auf eines hinauslaufen: Statt lange zu verhandeln, ob eine Operation nötig ist, weil derjenige sich kaum körperlich bewegte, wird es eben bei jeder Operation eine feste Zuzahlung geben. Wenn Patienten anfangen, die Leistungen der Ärzte und Kliniken besser zu vergleichen und selber zu entscheiden, kommt langsam auch ein Kosten- und Qualitätswettbewerb in Gang. Es wirkt: Seit dem Skandal um überteuerte Herzklappen (bei denen Ärzte die Hand aufhielten) sanken deren Preise kräftig – von 3200 Euro auf 1800 Euro. Viele Natur-Heilmethoden werden dann für mehr Menschen attraktiv, wenn die Behandlung der Schulmedizin auch nicht mehr vollkommen kostenlos ist.

Schon heute müssen die Deutschen 14 Prozent aller Gesundheitsausgaben (gut 250 Milliarden Euro im Jahr 2012) selbst bezahlen, das sind etwa 35 Milliarden Euro Zuzahlung im Jahr. Dazu kommen im Jahr 2007 nach einer Studie der Unternehmensberatung Roland Berger weitere 60 Milliarden Euro privater Gesundheitsausgaben. Dieser »zweite Gesundheitsmarkt« wird demnach bis 2020 auf 75 Milliarden Euro ansteigen – die Wirklichkeit wird die Prognosen noch überholen. Eine höhere Selbstbeteiligung wird kommen, aber sie lässt sich nicht bis ins Letzte durchdeklinieren. Wer ein Leben lang in Gesundheit lebt und am Ende nach kurzer Krankheit stirbt, der sollte Gott dafür danken, aber trotzdem seinen Beitrag leisten, jenen ein Leben in Würde und ohne Schmerzen zu ermöglichen, die mit einer schlechteren Konstitution in einer ungesunden Umgebung geboren werden. Die solidarische Krankenversicherung bleibt bestehen. Aber sie wandelt sich von einer Vollkasko- zu einer Teilkaskoversicherung – wie bei der Autoversicherung, wo man einen Teil des Schadens selber tragen muss.

Was die Gesundheitspolitik dabei nimmt, gibt sie den Versicherten an anderer Stelle wieder – und das ist der dritte Weg aus der Zahlungsunfähigkeit: Sie wird sie befähigen, ihren Lebensstil selbstverantwortlich zu reformieren. Zum Beispiel, indem sie Information nicht den Fitness-Gauklern mit hohem Unterhaltungswert und fragwürdigem Nutzen überlässt, sondern über Hintergründe des eigenen Körpers aufklärt, damit die Menschen mit Hilfe von seriösen Fachleuten selbst zum Regisseur ihrer Gesundheit werden. Ärzte verdienen heute nur an Kranken. Und wenn Sie dem Patienten raten, sich mehr zu bewegen, dann tun sie es nur aus Nächstenliebe, aber nicht aus beruflich-monetären Gründen. Künftig sollten sie an Gesundheit verdienen. Dazu gehört – wie übrigens schon vor der rein naturwissenschaftlichen Medizin üblich, bei Hippokrates im alten Griechenland oder bei den Visionen, welche die Heilige Hildegard von Bingen niederschrieb – moderates körperliches Training und der Mut zur Langsamkeit, Ernährung, Gedankenhygiene, persönliche Beziehungen, Werthaltung.

Pauschale Behauptungen, Prävention würde nichts bringen, sind falsch oder von Interessen geleitet. Verschiedene Studien, die das Verhältnis von Präventionsausgaben und eingesparten Ressourcen untersucht haben, schwanken zwischen dem doppelten und dem 20-fachen an Gewinn. Bisher dreht sich Prävention vor allem um Vorsorgeuntersuchungen, die in der Tat teuer sein können und wenig nutzen, vor allem, wenn Krankheiten nicht mehr zu heilen sind. Außerdem setzt bei den meisten Menschen Prävention erst ein, wenn sie krank werden – also ein paar Jahrzehnte zu spät. Die Art von Prävention, die Kosten senken wird, die setzt beim Lebensstil an.

Mit den 2,74 Euro pro Versicherten, die die Kassen im Jahr für Prävention ausgeben sollen, ist das nicht zu leisten. Ein Präventionsgesetz ist längst vorbereitet, dann sollen ab 2014 pro Versicherten und Jahr sechs Euro für Gesunderhaltung ausgegeben werden. Doch wurde es bisher noch von den politischen Vertretern jener Interessen abgeblockt, die an der Krankheitsreparatur verdienen. Angeblich würde die Prävention die Krankenkassen zu stark belasten und zu viel Bürokratie einführen – dieselben Abgeordneten machen aber keine Vorschläge zur Prävention und hatten kein Problem damit, die zusätzliche Bürokratie des Gesundheitsfonds einzuführen, dessen Umsetzung alle Kassen zusammen 1,3 Milliarden Euro gekostet hat. Irgendwann jedoch wird der ökonomische Druck so stark werden, dass an einem Umbau hin zu einem präventiven System kein Weg mehr vorbeiführt.

Dazu wird es nötig, die medizinischen Fachgrenzen zu verlassen. In Gesundheitszentren – die können sich neu bilden, können aber auch eine Weiterentwicklung heutiger Kreiskrankenhäuser sein – arbeiten alle medizinischen Berufe künftig im Team zusammen. Das gehört zu den Querschnittsstrukturen des sechsten Kondratieff, wie heute ansatzweise in der Finanzberatung. Dort optimieren verschiedene Spezialisten die

Vermögenssituation eines Kunden aus ihrer fachlichen Sicht (☛ Kapitel über Zukunft der Arbeit, S. 226). Auch in den Wissenschaften nehmen fachübergreifende Projektgruppen zu. Ebenso werden die Gesundheitsberatungsberufe arbeiten: Ein Ernährungsberater, zusammen mit einem Fitnessberater, einem Homöopathen, einem Psychotherapeuten, einem Allgemeinmediziner. Bisher wurden Ärzte dafür ausgebildet, allein zu entscheiden. Sie sind Einzelkämpfer, die sich schwer zusammenschließen lassen, um ihre unterschiedlichen Fachkenntnisse auf einen Patienten gemeinsam anzuwenden. Die Ärzte der Zukunft sind vor allem Teamplayer.

So wie sich die Wirtschaft von der Massenproduktion verabschiedet, so wird auch die Medizin auf den einzelnen Kunden/Patienten eingehen. Schon heute wissen Ärzte, dass, wenn sie fünf Patienten mit derselben Krankheit vor sich haben, fünf verschiedene Ursachen und Krankheitsgeschichten dahinter stecken. Krankheiten zu behandeln ist eben ein anderer Vorgang als Akten zu bearbeiten. Es gibt nicht einen Hypertonus, wie er im Lehrbuch steht. Sondern von jeder Erkrankung gibt es ein Spektrum von ganz leicht bis sehr schwer, mit vielen Wechselwirkungen sowohl mit anderen Gesundheitsstörungen als auch mit der psychosozialen Situation des Patienten. Deswegen ist es so schwer, nach Fallpauschalen abzurechnen – zu unterschiedlich sind eben die Fälle ein und derselben Krankheit. Je individueller die Behandlungen aber werden, umso wichtiger wird das Arzt-Patienten-Verhältnis. Die »sprechende Medizin« spart ebenso viel Geld ein wie mündige, mitdenkende Patienten, die sich selber informieren und sogar bessere Heilmethoden recherchieren.

Vom Aberglauben der Gesundheitsreligion

In dem persönlichen Bemühen um einen gesünderen Lebensstil liegt aber die Gefahr, erstens zu übertreiben, zweitens von der Medizin, vom Fitness-Guru und von der Kosmetik alles zu erwarten und drittens Gesundheit zum höchsten Gut zu erheben. Während dies nämlich jeder Festredner unwidersprochen behaupten darf, ist es politischer Selbstmord, die Wahrheit zu sagen: dass es andere Aufgaben im Leben gibt und dass es im Gesundheitswesen wie in anderen Bereichen der Gesellschaft Grenzen der Finanzierbarkeit gibt. Längst geht es beim Joggen, bei Ernährung und Heilmethoden ja gar nicht mehr um das Kurieren von Krankheiten und den Erhalt der Gesundheit, sondern um Fragen nach dem Glück eines ganzen Lebens, meint der Kölner Psychotherapeut und Chefarzt Manfred Lütz in seinem Buch »Lebenslust«.[52] Zwar bemüht sich der Mensch schon seit den ersten Höhlenzeichnungen um das ewige Leben. Doch mit der Säkularisierung erwarten die Menschen das Heil nicht mehr im Jenseits, sondern im Hier und Jetzt. Plötzlich sehen sich die Ärzte zuständig erklärt für das ewige Leben auf Erden, die Psychotherapeuten für die ewige Glückseligkeit. Die Kostensteigerung im Gesundheitswesen habe daher auch religiöse Gründe, schreibt Lütz und öffnet ein Überdruckventil im medizinischen Dampfkessel: Gesundheit ist ein hohes Gut, ja, aber nicht das höchste Gut. Denn es ist utopisch zu glauben, man könne völlige »körperliche, seelische und soziale Gesundheit«, wie es die WHO definiert, erreichen und herstellen – das programmiert den direktesten Weg zum Frust. Krebs ist eben nicht besiegbar, denn er ist eine Art des Alterns von Zellen. Der Jugendkult ist eine erfolgreiche Massenveranstaltung zur Herstellung einer unglücklichen Gesellschaft – denn jung ist man nur ganz kurze Zeit, sagt Lütz.

Das ehemalige Spicegirl, Sängerin Geri Halliwell, die drei Stunden am Tag trainierte und in »Fitness-Videos« für eine rigorose Diät Werbung machte, wurde wiederholt als gefährliches Vorbild für junge Frauen angegriffen – jetzt wurde sie selbst wegen Bulimie behandelt.[53] An Ess-Brechsucht leiden drei Millionen Menschen in Deutschland, vor allem Frauen; 60.000 sind magersüchtig.[54] Viele von ihnen fürchten um ihre Figur oder kommen nicht mit den Schönheitsidealen zurecht, welche die Werbung vorgaukelt. Nicht wenige hungern sich schließlich zu Tode. Die US-Schauspielerin Sharon Stone musste nach ihrem dauerhaften harten Training wegen einer lebensgefährlichen Gehirnblutung ins Krankenhaus eingeliefert werden. Nordkalifornische Ärzte wollen den Begriff »Stone-Syndrom« für einen Schlaganfall einführen, bei dem Menschen über 40 durch übertriebenes Fitnesstraining dem Altern entkommen wollen.[55] Offensichtlich macht der Gesundheits(Jugend)kult keine Freude. »Man hat den ganzen Tag gearbeitet und muss immer so aussehen, als würde es

52 Manfred Lütz: »Lebenslust. Wider die Diät-Sadisten, den Gesundheitswahn und den Fitness-Kult«, Pattloch-Verlag, München 2002.
53 »Gefährliches Vorbild für junge Frauen«, SZ 14.5.02, S. 12.
54 »Bulimie wird Volkskrankheit«, SZ 5./6.2.00, S. 16.
55 SZ, Leute, 28.11.01, S. 14.

einem Spaß machen«, erklärte das Supermodel Kate Moss ihre Drogenprobleme.

Zwar versichern Jogger atemlos und ungefragt, das alles mache ihnen wahnsinnig Spaß, doch die pralle Lebenslust strahlen sie nicht aus. Der Genuss der ausgeschütteten Morphine, die nur den Schmerz der Überbeanspruchung übertünchen, haben nichts mit Lebensfreude zu tun, sondern sind allenfalls mit dem Vollrausch eines Alkoholikers vergleichbar. Das Weglaufen vor Alter, Leiden und Tod birgt einige Risiken und Nebenwirkungen.[56] Was ist mit den Menschen, die den Idealzustand der Gesundheitsreligion nicht erreichen? Wenn Gesundheit als Wert ganz nach oben rutscht, sind sie minderen Werts. Die Frage, ob man sich alt und krank der Gesellschaft und den Angehörigen noch zumuten kann, fördert nicht gerade die Lebenslust. Behinderte sind in Deutschland de facto bis zur Geburt zur Tötung freigegeben, wobei einige Frauenärzte auch schon dafür plädierten, das behinderte Kind erst nach der Geburt totzuspritzen, weil das vor der Geburt technisch kompliziert sei und nachher mit mehr Ruhe gemacht werden könnte. Das Alter ist rentenunterstützt in Heime aus dem Gesichtsfeld geschafft. Krankheit gehört aber zur Unvollkommenheit des Menschen. Eine alte Frau sagte, wenn sie in der Früh aufwache und es würde ihr nichts mehr wehtun, dann würde sie erschrecken, denn dann wäre etwas nicht in Ordnung: Dann wäre sie tot. Symptome sind nicht nur schlecht, sondern Signale des Körpers, etwas zu ändern, und sie sind eine Chance, sich besser kennen zu lernen. Menschen mit gesundheitlichen Einschränkungen sind ja nicht nur krank, sondern in Teilbereichen des Lebens auch gesund. Der Gesundheitsmarkt der Zukunft braucht diese realistische Bescheidenheit als Korrektur zu den albernen, teuren und anstrengenden Gesundheitskultübungen: Gesundheit, schrieb Nietzsche, ist das Maß an Gesundheit, das es mir erlaubt, meinen wesentlichen Tätigkeiten nachzugehen.

Mit diesem Verständnis von Gesundheit können wir unsere Befindlichkeitsstörungen eher ertragen. Gesundheit ist eben doch nicht das höchste Gut. Es ist vor allem eine Ressource, mitzuwirken an der Schöpfung. Diese ist jetzt nach dem Industriezeitalter in ein Ungleichgewicht geraten.

56 So zusammenfassend die Argumentation von Manfred Lütz.

Grenzenlose Umweltaufgaben

Als Placido Domingo Anfang August 1997 nach nur zwei Arien sein Konzert in Santiago de Chile abbrach, war es den Klatschspalten der Zeitungen eine Meldung wert: Bronchitis raubt Startenor die Stimme. Dass vermutlich der Smog in der Stadt dafür verantwortlich war, erschien, wenn überhaupt, nur am Rande: Der Mann konnte nicht singen, weil die Luft so verschmutzt war. Ähnlich die Meldung aus dem Ressort Vermischtes, als Pendler in der indischen Hauptstadt Neu-Delhi sechs Busse anzündeten – aus Wut über das Verkehrschaos. Wegen der extremen Luftverschmutzung hat die Regierung drei Viertel der 13.000 Busse von den Straßen verbannt. Deswegen waren sie so überfüllt, dass Passagiere sogar auf den Dächern mitfuhren und Menschen, die an den Haltestellen warteten, einfach nicht mehr mitgenommen wurden.[57]

Die Umwelt sendet ihre Signale aus. Sogar die Vorfahren tauchen aus dem Eis wieder auf, um zu sagen, dass die Erde wärmer wird. Stürme, Entwaldung und Wassermangel sind die Folgen. Landwirtschaft und Gesundheit leiden. Überschwemmungen und andere Umweltkatastrophen verursachen immer höhere materielle Schäden. Von 1980 bis 1995 nahm die Weltbevölkerung um 1,8 Milliarden Menschen zu (vor allem in den Städten der Dritten Welt), die alle ein kleines Stückchen der natürlichen Ressourcen verbrauchen. (Wobei die Zahl der überernährten Menschen mit 1,2 Milliarden genauso hoch ist wie die Zahl der Unterernährten,[58] sagt das Worldwatch-Institut. Laut WHO sterben in Nordamerika und Westeuropa eine halbe Million Menschen an den Folgen ihrer Fettleibigkeit.[59]) Der Gehalt an Kohlendioxid ist rund 500.000 Jahre lang nicht so hoch gewesen wie heute.[60] Die UN schätzt, dass sich die Erde bis zum Jahr 2100 um 5,8 Grad Celsius aufheizen wird (und mit einer Wahrscheinlichkeit von 40 Prozent kann es sogar noch wärmer werden); das ist so viel wie seit der letzten Eiszeit.

Was das bedeutet, können wir uns heute gar nicht vorstellen: Die Meeresspiegel sollen demnach um bis zu 88 Zentimeter steigen.[61] Ein um

57 SZ 4.4.01, S.16.
58 SZ 17.1.00, S. 12.
59 »Fünf bis zehn Jahre länger leben«, SZ 31.10./1.11.02, S. 12.
60 Martin Urban: »Zündeln mit dem Lebensraum«, SZ 20.8.02, S. 17.
61 SZ 23.1.01, S. 1.

einen Meter höherer Meeresspiegel bedroht 60 Prozent der Bevölkerung von Bangladesch. Nach Aufzeichnungen des Deutschen Wetterdienstes auf der oberbayerischen Station Hohenpeißenberg ist dort die durchschnittliche Temperatur seit 1879 um 0,9 Grad gestiegen, aber heftige Regengüsse mit mehr als 30 Millimeter pro Quadratmeter haben sich verdoppelt (weil eine aufgewärmte Atmosphäre mehr Wasserdampf aufnehmen kann). Durch den menschengemachten Treibhauseffekt schmilzt die Eisdecke an den Polen der Erde: Die Fläche reduziert sich seit den 70er Jahren jedes Jahr um eine Fläche, die mit 34.000 Quadratkilometern etwa so groß ist wie das deutsche Bundesland Nordrhein-Westfalen.[62] Die vergangenen Jahre auf der Nordhalbkugel waren die wärmsten der vergangenen tausend Jahre. Bei einer höheren Temperatur sind die Bakterien im Boden aktiver und setzen mehr Kohlendioxid frei; Korallen in wärmeren Meeren haben kaum eine Überlebenschance. Krankheiten breiten sich schneller aus, besonders in den übervölkerten Städten. Verschmutzte Böden, Wasser und Luft schwächen den menschlichen Organismus und machen ihn anfälliger für Krankheiten. Viele verlassen ihre Heimat als Umweltflüchtlinge. In den ärmsten Ländern stirbt jedes fünfte Kind vor seinem fünften Lebensjahr – meist an umweltbedingten Krankheiten.

Ein Drittel der Weltbevölkerung wird in den nächsten 25 Jahren von Wasserknappheit bedroht. Die Geschichte des 21. Jahrhunderts wird wohl einige Konflikte um Wasser erzählen. Schon heute müssen 2,4 Milliarden Menschen ohne Latrinen und Abwasserentsorgung auskommen, 1,2 Milliarden ohne sauberes Wasser. Weil sie eben kein anderes Wasser haben, trinken sie die verseuchte Brühe. An den Folgen sterben jährlich etwa fünf Millionen Menschen. Das sind zehnmal so viele, wie durch Kriege umkommen.[63] Vor einem Jahrzehnt oder mehr lachten uns China und die asiatischen Tigerstaaten aus: Ihr Deutschen mit eurem Umweltfimmel! Heute liegen 13 der 15 dreckigsten Städte der Welt in Asien. Nur jeder dritte Asiate hat Zugang zu sauberem Wasser. In den Flüssen schwimmt so viel Müll, dass die Grenzwerte der Weltgesundheitsorganisation WHO um das 50fache übertroffen werden. In Städten wie Peking, Mexico City, Teheran oder Kalkutta atmet jeder Jugendliche täglich die Schadstoffmenge ein, die zwei Schachteln Zigaretten entspricht.[64] In

62 »Arktisches Eis wird immer dünner«, SZ 8.3.00, S. 13.
63 SZ »Trinkwasser als Gefahren-Quelle«, 22.3.02, S.6.
64 SZ-Magazin 13/2000, S. 8.

Hongkong treibt die schlechte Luft bereits qualifizierte Arbeitskräfte davon – schon befürchten Investoren Einbrüche bei den Immobilienpreisen.[65] Allein in Bombay sterben 2800 Menschen im Jahr an den Folgen der Umweltverschmutzung. Zwischen 1990 und 1997 hat sich dort die Bleibelastung verdoppelt. Eine halbe Milliarde Dollar jährlich kostet es allein in der zweitgrößten Stadt Indiens, die von der vergifteten Luft ausgelösten Krankheiten zu behandeln. Opfer ist auch die Tierwelt, die bis zu 90 Prozent ihrer Lebensfläche verloren hat.

Die Erfolge der Vergangenheit machen Mut

Die Liste lässt sich endlos so weiterführen; die Richtung ist klar: Schleichend bedroht die Umweltbelastung die Gesundheit des Menschen, der immer mehr Geld ausgeben muss, sich zu schützen. Der Naturverbrauch setzt dem Weltwirtschaftswachstum eine Realkostengrenze. Hier ist eine große neue Nachfrage entstanden, ein dynamisch steigender Weltmarkt. Frei werdende Ressourcen werden daher auch in Schutz und Reparatur der Umwelt fließen – um die Gesundheit zu schützen. Umwelttechnik spart nicht nur spätere Reparaturkosten, in ihr liegen auch erhebliche Produktivitätsreserven, Rohstoffe und Energie im Wert von Milliarden Dollar einzusparen.[66] Inzwischen arbeiten in Deutschland mehr Menschen im Umweltschutz als in der Automobilindustrie – der Umweltmarkt bietet die nötige arbeitsintensive Beschäftigung. Nicht aus moralischen Imperativen, sondern aus ökonomischen Gründen werden sich Politik und Wirtschaft früher oder später auf nachhaltige Strukturen umstellen – hoffentlich früher.

Denn das Klimasystem ist etwa so träge wie eine heiße Herdplatte, die noch eine Weile nachheizt, nachdem man sie abgeschaltet hat. So wie der Ozean die globale Erwärmung verzögert, so greift Klimaschutz erst nach Jahrzehnten. Deswegen brauchen wir beides: uns an die bestehende Klimaänderung anzupassen und künftige Umweltschäden abzuwehren. Auch das ist nicht allein ein technisches Problem, sondern hat etwas mit der Balance zwischen Eigennutz und den berechtigten Interessen

65 »Umweltverschmutzung wird zum Standortnachteil«, SZ 3.1.07, S. 20.
66 Mehr dazu siehe Nefiodows Abschnitt zum Umweltmarkt, »Der Sechste Kondratieff«, S. 107ff.

der anderen zu tun. Die Anstrengungen lohnen sich: Der Ausstieg aus der Produktion des Ozonkillers FCKW hat den Abbau des Ozons in der Stratosphäre verzögert; wenn weiterhin so konsequent FCKW vermieden wird, schätzen die Weltmeteorologen der UN, dass sich die Ozonschicht ab 2020 wieder aufbauen wird.[67]

In Deutschland war die Umweltverschmutzung noch nie so gering wie heute. Ein »Elbbadetag«, wie er im Sommer 2002 stattfand, war vor zehn Jahren noch Utopie. Die Schwefeldioxid-Emissionen von Kohlekraftwerken sind massiv zurückgegangen, mit den höheren Wirkungsgraden auch die Kohlendioxid-Emissionen. Die Bleikonzentration ist gemäß der Umweltprobenbank in Jülich und Münster seit 1986 bis heute um mehr als 60 Prozent gesunken. Die Dioxinbelastung ist in den letzten zehn Jahren nach Aussagen des Landesumweltamtes von NRW um zwei Drittel zurückgegangen. Die Luft war seit dem Zweiten Weltkrieg hier noch nie so gut wie heute. Und das vermeiden und Recyceln von Abfällen führte aus der Wegwerfgesellschaft – allen Schwarzmalereien zum Trotz.

Die Erde kann sich und ihre Ressourcen regenerieren, wenn man ihr nicht zu viel zumutet. Doch seit Anfang der 80er Jahre verbraucht die Weltbevölkerung mehr, als die Erde nachliefern kann. Im Jahr 1961 lag der weltweite Ressourcenverbrauch bei 70 Prozent der globalen Biokapazität, heute bei über 120 Prozent. Vom Massenaussterben von Tier- und Pflanzenarten, deren Lebensraum verschwunden ist, ganz zu schweigen. Während sich die Weltbevölkerung seit 1870 auf sieben Milliarden Menschen vervierfacht hat, wird zur Jahrtausendwende 60-mal so viel Energie verbraucht, pro Kopf 15-mal so viel wie damals.[68] Den weltweiten Energiebedarf sieht die Internationale Energie-Agentur bis 2030 um weitere 70 Prozent steigen.[69] Die Industrieländer haben kein Recht, sich gegen den Aufholprozess der Dritten Welt zu stellen: Erstens verbrauchen sie auch heute noch 70 Prozent der Energie. Und zweitens subventionieren sie nach Angaben von Greenpeace fossile Energien mit bis zu 300 Milliarden Dollar im Jahr – genug, um für zwei Milliarden Menschen in den armen Weltregionen saubere Energien bereitzustellen. »Entwicklung ist der neue Name für Frieden«, sagte der Papst im März 2002.

---

67 »Verringerung von Ozonkillern zeigt Wirkung«, SZ 23.6.98, S. 12.
68 Manfred Fischedick: »Der Klimakollaps ist vermeidbar«, SZ 25.6.01, S. 8.
69 Gerd Zitzelsberger: »Energieverbrauch steigt bis 2030 um zwei Drittel«, 23.9.02, S. 18.

Die Märkte der Zukunft

Ist nicht vielleicht die Knappheit an Energie die nächste Realkostengrenze, die den nächsten Kondratieffzyklus bestimmen wird? Gegen diese Sichtweise spricht ein gewichtiges Argument: Wenn Öl, Gas und andere herkömmliche Energieträger knapp werden und daher kaum noch zu bezahlen sind, dann haben wir zunächst einen großen Wohlstandsverlust zu verkraften. Denn es ist billiges Öl, das uns Straßen teeren und das Angebot im Supermarkt so breit fächern lässt. Mit großen Chancen stehen aber besonders wir Deutsche in den Startlöchern, diesen Rückschritt wieder gut zu machen durch regenerative Energiequellen von der Geothermie über Windkraft, Biomasse und einer höheren Energieeffizienz bis hin zu Solarzellenfelder in Nordafrika, deren Energie in dicken Stromkabeln nach Europa geleitet wird. Es geht bei der Überwindung der Energieknappheit also nicht um eine Wirtschaftsleistung, die zu der bisherigen zusätzlich dazu gewonnen wird, sondern es geht darum, einen Wohlstandsverlust auszugleichen. Mangel an Wissen und zu große Verluste in der Zusammenarbeit werden durch neue Energiequellen aber nicht ausgeglichen.

Der nächste Strukturzyklus im Sinne Kondratieffs erschließt daher vor allem die Knappheit an produktiver Lebensarbeitszeit in den Strukturen der Wissensgesellschaft. Regenerative Energien und Umweltschutz haben darin ihren Platz als Teil eines größeren innovativen Netzes, Gesundheit zu erhalten. Dazu gehören Biomasse-Anlagen, die Holzreste und Durchforstungsholz verbrennen und daraus Energie gewinnen. (Das Kohlendioxid, das dabei frei wird, ist in den Jahren zuvor aus der Atmosphäre in die Pflanze gelangt und würde beim Vermodern in der Natur ebenso abgegeben werden, ohne dass dabei die Energie genutzt würde.) Als Querschnittstechnologie wirkt hier wieder die Biotechnik, wenn es gelingt, mit ihrer Hilfe schnell wachsende Pflanzen zu züchten, die als Biomasse geerntet und verbrannt werden können. Dazu gehört auch die Windkraft, die derzeit in Deutschland immerhin elf Prozent des Stromverbrauchs liefert. Dieser Markt wuchs jährlich um 40 Prozent, bei stetig sinkenden Kosten, bis nun die Standorte für Windparks immer knapper werden. Es gibt gute Argumente, sie weiter zu forcieren: Strom aus Wind- und Wasserenergie hat die geringsten Folgekosten für Umwelt und Gesundheit, so eine in zehn Jahren erstellte EU-Studie. Die Kosten für Strom aus Kohle und Erdöl würden sich verdoppeln, wenn die Folgekosten auf den Strompreis aufgeschlagen würden, die ja von der gesamten Gesellschaft zu tragen sind. Weil Steuererhöhungen für umweltschädliche Energieerzeugung schwer durchzusetzen sind, fördert die EU die Infrastruktur erneuerbarer Energie.

Vor allem die Solartechnik spart fossile Energien ein. Forscher des Fraunhofer-Institutes für Solar-Energiesysteme in Freiburg erreichen Anfang 2009 bei Mehrfachsolarzellen einen Wirkungsgrad von 41,1 Prozent – so viel Energie des Sonnenlichts wandeln sie in Elektrizität um. Ein Kilowatt Strom aus Solarzellen zu erzeugen, kostete 1987 umgerechnet einen Euro. Im Jahr 2000 war der Preis auf 70 Cents gesunken, 2012 lag er bei 16 bis 18 Cents, und er wird in den folgenden zehn Jahren auf acht bis zehn Cents rutschen. Immer mehr Ideen zur Energiegewinnung setzen sich durch: Häuserfassaden oder Autoauspuffanlagen erzeugen Strom aus Wärme. Kommunale Gartenabfälle und der früher so lästige Klärschlamm werden zu Biogas, aus Küchenresten kann hochwertige Kohle hergestellt werden. Japan züchtet Algen im Meer, aus denen es Treibstoff gewinnt – das beansprucht weder Ackerland noch Süßwasser. Dazu kommen ständig neue Ideen, Energie effizienter zu verwenden. Neue Schiffssegel verringern die Treibstoffkosten von Containerschiffen. Mit 250.000 Mitarbeitern hat die Branche der regenerativen Energien schon ein Viertel der Beschäftigten in der Autoindustrie erreicht; bis 2020 könnten sich die Zahl verdoppeln. Obwohl Deutschland Atomkraftwerke abgeschaltet hat, baut es regenerative Energiequellen so erfolgreich auf, dass es Strom in die Nachbarländer exportieren kann. Die Welt ist doch noch zu retten.

Die Impulse auf dem gigantischen Markt für Gesunderhaltung werden sich gegenseitig verstärken:[70] Zum Beispiel in der Laserindustrie, die in der Medizintechnik ein Bündel eng vernetzter neuer Technologien ermöglicht, deren Innovationen die Solarindustrie vorantreiben und die Möglichkeiten der Informationstechnik weiter verbessern. Mit Glasfaser und optischen Technologien arbeitende Computer wirken wiederum auf die Entwicklungsmöglichkeiten der Biotechnik zurück (die ein Markt des sechsten Kondratieffs sein wird, aber noch Jahrzehnte brauchen wird, um ein Marktvolumen auf die Waage zu bekommen, das die Weltwirtschaft trägt). Das Geschäft der 400 Biotechnikfirmen in Deutschland stagniert

---

70 Vgl. Nefiodow: »Der Sechste Kondratieff«, S. 116.

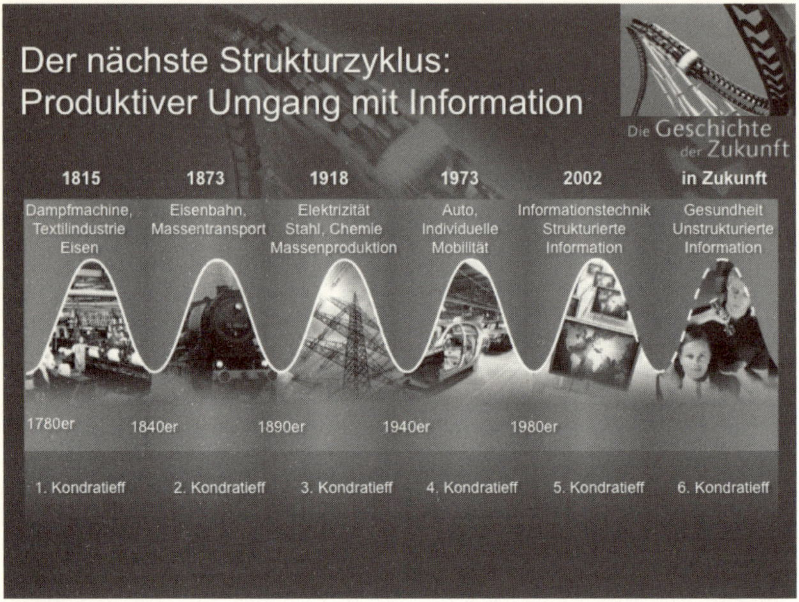

seit Jahren bei einer Milliarde Euro, die meisten arbeiten mit Verlust. Craig Venter, der das Erbgut entzifferte und nach der Jahrtausendwende noch eine »Revolution in der Medizin« ankündigte, sagt heute: »Wir wissen gar nichts.«[71] Die Wissenschaftler kennen zwar die Reihenfolge der DNS-Bausteine, haben aber keine Ahnung, wie sie zusammenwirken. Gentechnik ist also nicht die neue Dampfmaschine des nächsten Kondratieffs, wie manche meinten; auch im Gesundheitswesen kommt der stärkere Impuls von immateriellen Faktoren.

Wir müssen heute handeln und den Gesundheitsmarkt erschließen. Sonst verlieren wir die Zukunft, die nicht uns allein gehört. Man kann aus der Geschichte lernen, dass sich die Vergangenheit nicht einfach fortsetzen lässt, und dass die Zukunft schon immer einen langen Atem brauchte. Doch belohnt wird jetzt in der Zeit des langen Abschwungs, in der wir mühsam das Fundament für den nächsten Strukturzyklus legen, nur, wer aus der Geschichte lernt und langfristig investiert. Die Informationen dazu laufen an den Börsen zusammen.

---

71 »Das vertrackte Genom«, SZ 12./13.2.11, S. 24.

Was jetzt zu tun ist:

- Eine völlige Reorganisation des Gesundheitssystems.
- Krankenkassen zahlen für Gesunderhaltung, dagegen beteiligen sich Patienten im Krankheitsfall – sozial abgefedert und existenziell abgesichert – an den Krankheitskosten.
- Das führt zu mehr Gesunderhaltung, damit zu niedrigeren Lohnnebenkosten und zu längerer, produktiver Lebensarbeitszeit sowie zu einer Marktdynamik zwischen Anbietern des heutigen Krankheitswesens.
- Investition in neue Produkte und Dienstleistungen zur Gesunderhaltung.
- Energieeffizienz steigern und den Weg fortführen, in Umweltinfrastruktur und regenerative Energiequellen zu investieren (beides hat mit Menschenschutz zu tun und gehört im weiteren Sinne zum Gesundheitsmarkt).

Kapitel 7

Börsenausblick

Immaterielle Faktoren entscheiden, welche Aktien künftig Gewinn abwerfen

Täglich überschlagen sich die Blätter mit Meldungen, wie leicht es ist, an der Börse reich zu werden. Sie profitieren ja selber kräftig vom Aktienboom durch die Werbeanzeigen, deren Preise sie ständig raufsetzen. Gerüchte über märchenhafte Spekulationsgewinne machen die Runde, immer mehr outen sich als Aktienbesitzer und bringen die anderen dazu, auch noch etwas von diesem mühelosen Reichtum abzubekommen. Selbst am Stammtisch haben die Börsenkurse alle anderen Themen verdrängt. Bei so viel Kauflust fühlen sich Banker und Börsianer geradezu von ihren Kunden gedrängt, ständig neue Kaufempfehlungen zu geben.

Welche Zeit das beschreibt? Das ist völlig austauschbar. In ähnlichen Worten schildert Günter Ogger[1] das Börsenfieber von 1873. Genauso könnte jemand von 1928/29 oder über 1999/2000 erzählen. Für die Wirtschaftshistoriker ist der große Crash von 1873 ein einmaliger Betriebsunfall der Geschichte, der noch nicht richtig aufgearbeitet ist; auch der von 1929 erscheint ihnen unerklärlich. Schade für die, die in den Jahren 2000/2002 und 2007/2008 ihr Geld verloren haben – es hätte die große Stunde der Wirtschaftshistoriker werden können. Bemerkenswert dabei ist, dass sich die Menschen – egal welcher Generation – unter denselben wirtschaftlichen Bedingungen über Jahrhunderte praktisch identisch verhalten. Aus der Sicht der Kondratiefftheorie steht den Aktionären nun eine längere Durststrecke bevor – so lange, bis sich die meisten Akteure auf dem Börsenparkett, auf Aktionärsversammlungen und in den Firmen selbst an den neuen Spielregeln für Produktivität in der Informationsgesellschaft orientieren.

1 Ogger: »Gründerjahre«, S. 177 ff.

Große Börsencrashs sind die Wendepunkte der Kondratieffzyklen

Der Mechanismus ist immer derselbe: Vor einem großen Börsencrash gibt es einen langen Wirtschaftsaufschwung, weil ein neues technologisches Netz die Produktivität steigert, Gewinne erhöht, Investitionen rentabler macht. Alle brauchen sie zu Beginn eines Kondratieffzyklus Geld, um sich die Dampfmaschine, das Auto oder den computergesteuerten Roboter zu kaufen: die Unternehmer für ihre Produktion, der Staat für die neue Infrastruktur und mit zunehmendem Verlauf des Zyklus auch immer mehr Privatleute. Die Zinsen ziehen an, weil Finanzkapital schneller entliehen wird, als es gespart oder zurückgezahlt werden kann. Das macht aber nichts: Schließlich verdienen die Unternehmer mit der produktiveren Anlage auch besser als vorher und können die gestiegenen (Real-)Zinsen gut bezahlen. In der Regel bewegen sich in dieser Zeit die Aktien gemächlich zur Seite und sind nur für eine Minderheit ein Thema. Wenn Aktienkurse leicht steigen, dann deshalb, weil die neue grundlegende Erfindung die Firmen wertvoller macht.

Wie wir aus der Geschichte wissen, werden am Ende alle Zeitgenossen enttäuscht, die glauben wollen, es wäre ein neues Zeitalter angebrochen und der Aufschwung würde immer so weiter gehen. Denn irgendwann ist das neue technologische System erschlossen, jeder Betrieb hat seine Dampfmaschine, das Eisenbahnnetz ist weitgehend fertig gebaut, Investitionen in dasselbe rentieren sich immer weniger. Der zusätzliche Kapitalbedarf nimmt nicht mehr zu, sondern die Kreditnachfrage wächst langsamer – oder geht sogar zurück: Die Zinsen sinken. Natürlich wird diese langfristige Entwicklung von vielen anderen Faktoren überlagert, so wie es in jedem langen Aufschwung ein paar schlechte Jahre gibt und im langen Abschwung ein paar gute.

Am Ende tendiert der Zinssatz aber gegen Null: Das ist vor der Börsenhausse 1929 in New York so, das ist während und nach dem Gründerkrach von 1873 so. Und das beginnt Mitte der 90er Jahre in Japan, dann in den USA und tendenziell auch bei uns in Europa. Was soll ein Anleger in dieser Situation mit seinem Geld machen, das er geerbt, aus einem Hausverkauf oder von der Lebensversicherung bekommen hat? Da sich feste Anlagen wegen der tiefen Zinsen nicht lohnen, fließt das Geld in den Spekulationsmarkt – ein Vorgang, den schon Kondratieff beschrieben hat, damals für die Spekulation mit Rohstoffen im 19. Jahrhundert nach dem ersten und zweiten langen Zyklus. Das ist der Grund, warum – für eine kurze Zeit – die Aktienkurse explodieren.[2]

Nichts scheint den Markt dann aufzuhalten. In den USA gibt es 1997 ein Amtsenthebungsverfahren gegen Präsident Bill Clinton, der außerdem Bomben auf den Irak wirft, und trotzdem steigen die Aktien. In Asien gibt es eine Rezession, der Gewinn amerikanischer Unternehmen geht zurück – aber die Kurse klettern. Die Anleger suchen vor allem nach Möglichkeiten, ihr Geld an der Börse auszugeben, nicht etwa nach guten Unternehmen. Um die erlahmende Konjunktur in Schwung zu bringen, halten die Notenbanken die Zinsen niedrig. Deswegen lohnen sich festverzinsliche Papiere kaum. Die Folge: Das Geld geht nicht in reale Neuinvestitionen, sondern weiter in bestehende Firmenanteile. Kursgewinne entfachen erst recht den Hunger auf noch mehr Profite.

Nur in diesem Umfeld ist es dem Staat möglich, den Bürgern die Aktien der Deutschen Telekom mit großem Gewinn zu verkaufen. Was in der Börsenhausse Ende der 1990er Jahre passiert, wiederholt nur die Geschichte: dass plötzlich alle möglichen Leute Finanzmakler werden, dass es angeblich eine neue Aktienkultur gibt, dass eine Reihe von neuen Anlegermagazinen auf den Markt kommt und Tageszeitungen plötzlich ihren sonst drögen Wirtschaftsteil aufmotzen, dass alle Medien so gut an den Inseraten verdienen und die Banken an den Börsengängen. Die große Illusion dabei ist, die Käufer der Aktien hätten in die Wirtschaft investiert – das haben sie nur, wenn sie Neuemissionen kaufen, mit denen eine Firma neues Geldkapital bekommt. Wenn aber Banken und Aktionäre untereinander Papiere handeln – und das ist in der Regel der Fall –, dann hat das keinen realen Effekt auf die Wirtschaft, sondern verschiebt nur virtuelle Werte von einem Besitzer zum anderen. Die Kurse steigen dann nur deswegen, weil der andere bereit ist, für dasselbe Wertpapier mehr zu zahlen.

Eine Bank wirbt 1999 mit einem Spot im Fernsehen, in dem ein Opa seiner etwa 20-jährigen neunmalklugen Enkelin ein Sparbuch über 1000 Mark schenkt, die sich zwar artig bedankt, aber – »ach, Opa« – dem Ängstlich-Verunsicherten am Notebook zeigt – »so macht man das heute« –, wie sich die Aktienkurse im Vergleich zum Sparbuch entwickeln.

2 Ich habe diesen Zusammenhang 1998/99 in einigen Artikeln dargestellt, die in der Fülle des börsenbegeisterten Blätterwaldes untergegangen sind, z. B. Erik Händeler: »Wachstumsmotoren des nächsten Zyklus«, Optionsschein-Magazin 03/99, S. 86f.

Leider hat Opa ihr nichts von den langen Zyklen der Wirtschaftsgeschichte erzählt – je nach Einstiegskurs am Neuen Markt oder bei der T-Aktie wird sie wohl von dem Tausender bis zu 900 Mark verschleudert haben.

Denn die Aktien sind ja nicht deshalb gestiegen, weil die Unternehmen plötzlich so viel mehr wert geworden wären, sondern sie sind unrealistisch aufgeblasen, weil es in der realen Wirtschaft keine lohnenden Investitionen mehr gibt: Ein noch schnellerer PC auf dem Schreibtisch macht uns nicht mehr nennenswert produktiver, der fünfte Kondratieffzyklus ist zu Ende – auch an der Börse. Am Anfang heißt es noch: alles nur eine technische Korrektur von Überbewertungen. Niemand will den Absturz wahrhaben: Bei der Umfrage der Süddeutschen Zeitung Ende 2000 unter 35 Banken und Investmentfirmen erwartet der Durchschnitt für das nächste Jahr einen Dax-Stand zwischen 6317 und 8100 (das sind ziemlich genau die Werte des Jahres 2000, das heißt, sie projizieren einfach die Gegenwart in die Zukunft).[3]

Schade um das schöne Geld: Die Seifenblase an der Wall Street kostet bis September 2002 sieben Billionen virtuelle Dollar, gut dreimal so viel, wie Deutschland in einem Jahr erwirtschaften kann. (Natürlich kann man nicht die zuletzt zum Höchstpreis gehandelte einzelne Aktie einfach mit der Zahl aller Unternehmensaktien multiplizieren, aber das ist der Wert, von dem die Aktionäre glaubten, dass sie ihn besitzen.) Die Nerven liegen blank. Schon vage Vermutungen reichen aus, um eine Aktie kräftig zu drücken. Der Neue-Markt-Index in Deutschland fällt von über 9000 Punkten auf wenige hundert (und wird schließlich ganz abgeschafft), viele Kurse gehen gegen Null. Manche Privatanleger sehen horrenden Kursverlusten von 90 Prozent hinterher und haben insgesamt mehrere 100 Milliarden Euro verloren. Ihre Funktion, Firmen mit Geld zu versorgen, können die Börsen jetzt nicht mehr erfüllen: Viele Start-Ups können ihr Geschäft nicht ausweiten. Geplante Börsengänge – wie der der Telekom-Mobilfunktochter T-Mobile – werden auf den Sankt Nimmerleins-Tag hinausgeschoben. Die Neuemissionen am Neuen Markt gehen von 132 in den Jahren 1999 und 2000 auf nur noch ein Dutzend im Jahr 2001 zurück.

Von den 240 Milliarden Euro, die in Deutschland in den Jahren 2000/01 gespart werden, gehen 160 Milliarden an der Börse verloren.[4]

---

3 SZ, 20.12.00, S. 29.

4 Helga Einecke: »Neuanleger verloren 70 Prozent«, SZ 18.6.02, S. 22.

Damit verringert sich das verfügbare Geldvermögen in Relation zum Einkommen, stellt die Bundesbank fest. Das trifft auch die Lebensversicherungen: Der harte Konkurrenzkampf hatte auch sie in die Aktienanlage getrieben. Nicht nur, dass die ganze Branche die prognostizierte Verzinsung der Beiträge herabgesetzt hat: nun steht das Überleben mancher Kleiner auf dem Spiel, die Dank der Aktienspekulation weniger Gegenwert besitzen, als sie für die Policen zu zahlen haben. Um deren Zusammenbruch zu verhindern und das Produkt Lebensversicherung nicht zu diskreditieren, werden die Großen finanziell helfen – was die Ertragskraft und damit den Wert der Lebensversicherungen ihrer Kunden weiter mindert.

Die Banken machen in dieser Baisse Verluste und entlassen Zehntausende von Mitarbeitern, weil sie sowohl Geld verloren haben als auch weniger Umsatz machen, nachdem niemand mehr Aktien kauft. Das setzt eine Spirale nach unten in Gang: Sie vergeben weniger Kredite an mittelständische Firmen, die sich in Deutschland traditionell über geliehenes Geld finanzieren; die gehen nun eher Pleite, was die Bilanzen der Banken verschlechtert, die noch restriktiver Kredite vergeben – und so weiter. Der Konsum der Aktionäre, die vorher geglaubt haben, sie seien reich, weil die Kurse so weit oben waren, geht zurück – er war schon vorher nur auf Pump finanziert. Im Rückblick ist der kleine Aufschwung zwischen 2004 und 2007 nur eine kurze Pause vom Abschwung des fünften Kondratieffs, getragen von der Ausbreitung des Computers in den Schwellenländern. Und auch die (instabile) Erholung danach ist nur eine Rückkehr zu dem Niveau der Preisblase, die sich speist aus mangelnden realen Anlagemöglichkeiten und zu viel freiem Geld. Die meisten Privatanleger in Deutschland haben den Aktien längst den Rücken gekehrt. Es waren vor allem institutionelle Anleger und Anleger aus dem Ausland, die deutsche Aktien kauften.

Zu den Verlierern gehören auch die zahlreichen neuen Börsenzeitungen, die immer nur über den schnellen Weg zum Reichtum geschrieben haben. Das wird unglaubwürdig, sobald alle Aktien den stetigen Sinkflug antreten. Weil es aber keinen Sinn macht, Anlegermagazine zu drucken, die über die Kondratiefftheorie aufklären und wegen einer Preisblase vor dem Kauf von Aktien warnen, sinken zuerst die Auflagen, dann die Werbeeinnahmen, dann die Zahl der Börsenzeitungen. Im März 2002 stirbt das Springer-Blatt Aktien & Co, im Juni die Telebörse (mit dem Titel »Biotech lebt«). Börse online, vor 15 Jahren als Branchenpionier gegründet, hat seine Auflage mehr als halbiert. Dass sich dabei ausgerechnet im Absturzjahr 2002 manche AG-Vorstände ihr Gehalt noch einmal verdreifacht haben, ist nicht mit gestiegener Produktivität und Gewinnen zu erklären, sondern mit dem Verhalten von Ratten, die sich auf das Verlassen des sinkenden Schiffes vorbereiten.

Die Suche nach den Schuldigen

Nun sucht die Öffentlichkeit nach Schuldigen: Zahlreiche Insidergeschäfte, betrügerische Pleiten wie bei Enron, Bilanzfälschungen wie bei dem amerikanischen Telefonriesen Worldcom und andere Verfehlungen hätten das Vertrauen der Anleger zerstört und die Kurse in die Tiefe gerissen (auch das ist ein alter Hut und war 1873 mit Eisenbahnkönig Bethel Henry Strousberg auch nicht anders, der beim Bau der Pommerschen Centralbahn und der Berliner Nordbahn geschwindelt hatte). Dabei sind gefälschte Bilanzen völlig irrelevant: Solange die Kurse die Illusion vom mühelosen Reichtum am Leben erhalten, feiert jede Bank und jeder Kleinaktionär die getürkten[5] Bilanzen freudig (und unkritisch). Nicht Bilanzfälschungen sind also am Verfall der Kurse schuld, sondern umgekehrt: Weil es in der Hitze der Börsenhausse niemand mehr so genau nimmt, was an einem Geschäftsbericht stimmt und was nicht, fällt Betrügen zu diesem Zeitpunkt leicht. Wenn der ganze Markt zusammenbricht, erscheint manchem Betrug als der letzte Ausweg – aber eben in dieser Reihenfolge. 2009/10 waren es dann die Banker, die weltweit plötzlich alle beschlossen hätten, gierig zu werden und unseren Wohlstand zu verzocken, weswegen Bruttosozialprodukt und Börsenkurse einbrachen – anstatt die Börsenblase mit niedrigen Zinsen zu erklären und die niedrigen Zinsen wiederum damit, dass die Zeit vorbei ist, in der der Computer uns stark produktiver machte. Anfang 2013 kauft die US Notenbank jeden Monat Staatsanleihen für 85 Milliarden US-Dollar, und auch das zusätzlich aus-

5 »Getürkt« hat nichts mit den Türken zu tun, sondern mit Deutschen, die sich zu helfen wissen: Als im Kaiserreich der Kanal zwischen Ost- und Nordsee eingeweiht wurde, lief auch ein türkisches Schiff mit Halbmond ein. Da die deutsche Militärkapelle keine Ahnung hatte, wie die Nationalhymne des Osmanischen Reiches zu spielen sei, hat sie eben »Guter Mond, du gehst so stille …« intoniert – daher der Begriff, etwas zu »türken«.

gegebene Geld der EZB geht nicht an Unternehmen, sondern allein in die Finanzierung europäischer Staaten – das Geld ohne jeden Gegenwert hält die Aktienkurse künstlich hoch und sorgt für Inflation, vor allem in den Schwellenländern.

Ein anderer Sündenbock ist der Präsident der amerikanischen Notenbank, Alan Greenspan, den sie während der jahrelangen Hausse gefeiert haben. Greenspan selbst hat schon im Dezember 1996 von einer »irrationalen Übertreibung« an den amerikanischen Börsen gesprochen. Nachdem die Märkte auf diese Rede mit Verlusten reagierten, sprach er nicht mehr von der Seifenblase, sondern stattdessen vom neuen »Produktivitätswunder« – so als ob es in der New Economy neue Grundrechenarten gäbe. Die Leute wollten an ein Wunder glauben, an die Möglichkeit explodierenden Reichtums, und zu viele verdienten mit, als dass Warnungen gehört wurden. Seine Kritiker sagen, Greenspan habe zwar 1999 die Zinsen erhöht, als die Kurse wahnwitzige Höhen erreichten, aber offensichtlich war dies schon zu spät. Greenspan sagt heute rückblickend, erstens könne man niemals mit Sicherheit sagen, dass die Kurse an den Aktienmärkten nicht gerechtfertigt seien, und zweitens seien die Möglichkeiten der Notenbanken beschränkt, auf die Spekulationsblase zu reagieren.

Er hat Recht: Dass die amerikanische Notenbank nach dem Attentat vom 11. September die Zinsen auf ein Prozent gesenkt hat, beeindruckt die Aktienkurse nur kurz. Der Plan von US-Präsident Bush, mit Steuersenkungen die Börse wieder zu stimulieren, scheitert ebenso. (Wahrscheinlich wird sich auch nicht vermeiden lassen, dass später einmal Leute schreiben werden, das Attentat am 11. September hätte den Aktiencrash und die Wirtschaftskrise ausgelöst – so wie auch immer wieder geschrieben wird, der Börsencrash 1929 habe die Weltwirtschaftskrise ausgelöst. In Wahrheit konnte das Attentat vom 11. September den Verlauf nur kurzfristig bremsen oder beschleunigen, die Kurse wären auch ohne Attentat in den Landeanflug übergegangen.)

Auch in der Vergangenheit sind externe Einflüsse langfristig wirkungslos geblieben. Bei militärischen Konflikten wie beim Überraschungsangriff der Japaner auf Pearl Harbor 1941 wie bei der Kuba-Krise 1962 oder dem Überfall Saddam Husseins auf Kuwait 1990 fielen die Kurse erst drastisch, aber erreichten meist binnen Jahresfrist wieder den vorherigen Stand. Zu kurzen Aktiencrashs kommt es auch, wenn die Basisinnovation eine Wachstumspause einlegt oder wenn es innerhalb des neuen technologischen Systems zu einem internen Generationswechsel kommt, so wie 1987.

Damals stagnierte und schrumpfte der Markt für Groß- und Universalrechner, die PCs gingen auf die Überholspur. Japanische Firmen konnten den PC besser herstellen als IBM. Der Devisenkurs des Dollar bröckelte, die amerikanische Notenbank versuchte ihn zu stabilisieren, indem sie die Zinsen erhöhte. Die Anleger verkauften dann erst recht ihre Aktien und tauschten dafür festverzinsliche Anleihen ein. Im Oktober 1987 fiel der Dow Jones an einem Tag um 22,6 Prozent, weltweit fielen die Kurse um mehr als ein Viertel. Eine Rezession blieb in dieser Zeit des Kondratieffaufschwungs aus, und am Jahresende hatte der Index den Stand vom Jahresanfang wieder erreicht, nach zwei Jahren den von vor dem Absturz. Das heißt: Äußere Schocks oder staatliche Eingriffe können den Börsenverlauf zwar kurzfristig verändern, aber nicht wirklich aus seiner Bahn werfen. Die Börse folgt mit einer leichten Verzögerung dem Verlauf der langen Kondratieffwellen: Stetiger, leichter Anstieg, solange das wirkliche Leben eine höhere Produktivität erreicht, und Boom-Blasen mit anschließendem Katzenjammer, wenn die Basisinnovation die Gesellschaft weitgehend durchdrungen hat.

Wie es weitergeht

Vielleicht haben Sie ja noch Aktien oder kennen zumindest jemanden, der sein Geld kurzfristig braucht und seine Papiere nicht rechtzeitig verkaufen konnte, und wollen jetzt einen Rat, was Sie nun mit dem Depot machen sollen. Von Börsenanalysten ist dabei soviel zu halten wie von Wahrsagern – beide liefern gleich schlechte Prognosen. Die fünfjährige Britin Tia Roberts hat beide in einem Anleger-Wettbewerb geschlagen. Alle drei investierten imaginäre 5000 Pfund in Aktien. Während Tia ihre Aktien nach dem Zufallsprinzip auswählte, entschied Börsenmakler Mark Goodson auf Grund sorgfältiger Analyse, Christeen Skinner befragte die Sterne. Nach einem Jahr hatte Tias Portfolio gegen den Markttrend um 5,8 Prozent zugelegt, Cristeens Aktien dagegen hatten 6,2 Prozent und Marks Auswahl um 46,2 Prozent an Wert eingebüßt.[6]

---

6 SZ 16./17.3.02, S. 12, Klatschspalte.

Aus der Sicht der Kondratiefftheorie werden sich die Kurse nach dem endgültigen Platzen der Blase viele Jahre seitwärts bewegen. Das hängt davon ab, wie lange es dauert, bis sich die Gesellschaften nach den Erfolgsmustern des nächsten Strukturzyklus umorganisiert haben. Dann werden die Kurse im langen Aufschwung wieder gemächlich steigen, weil ein neues Netz an Kompetenzen den realen Wert und die Produktivität eines Unternehmens steigert (die Kurse steigen also nicht so rasant wie am Ende des Kondratieffs, wenn der Realzins mangels Investitionsmöglichkeiten so niedrig ist).

Unklar ist nach dem Platzen der New-Economy-Blase, wo der Börsenabsturz des fünften Kondratieffs stehen bleiben wird. Betrachtet man das Kurs-Gewinn-Verhältnis der Aktien, dann sind sie in den Kondratieffumschwüngen wie 1929, 1966 und 2000 sehr hoch (25 - 44), in den langen Abschwungjahren bei etwa 10 - 25. Tatsächlich war sie nur ein Vorbeben. Die Baisse dauert bis 2003, dann fangen sich die Kurse wieder, bis der Dow-Jones-Index im September 2006 und wieder Anfang 2013 den Höchststand aus dem Jahr 2000 erreicht. Aber auch nur, weil wie vorher schon das freie Kapital zu wenig realwirtschaftliche Anlage findet. Es sammelt sich bei Pensionsfonds und Beteiligungsgesellschaften, die damit (und mit billigen Krediten) weiter Firmenanteile in Form von Aktien aufkaufen – Zahl und Wert-Umfang der Übernahmen übertreffen im Jahr 2006 schon wieder die der New-Economy-Blase im Jahr 2000. Dazu stapeln sich Petrodollars, die reiche Ölstaaten anlegen wollen, und das viele zusätzlich in den Markt geliehene Geld der Notenbanken. Das alles wirkt wie eine Inflation spekulativer Werte statt einer realen Wertsteigerung.

Im Gegenteil: Die Gefahren nehmen zu. Die langfristigen Zinsen sind in den USA unter die kurzfristigen Zinsen gefallen – ein Zeichen dafür, wie wenig die Anleger dort von der Zukunft erwarten. Als im März 2007 die Immobilienpreise in den USA in den Sinkflug gehen, versuchen die Notenbanken und Regierungen alles, um die Banken zu stützen – mit noch mehr, noch billigerem Geld. Das Geschehen an den Börsen wird durch die Serie staatlicher Eingriffe dermaßen verzerrt, dass die Finanzmärkte diesen Namen kaum noch verdienen. Durch das billige Geld kaufen Spekulanten Öl, das erst in Monaten geliefert wird. Damit haben sie einen großen Anteil daran, dass der Ölpreis im Sommer 2008 auf 145 Dollar steigt. Bis sie plötzlich Geld für ihre rutschenden Hedgefonds und Immobilienfonds brauchen, dann fällt der Ölpreis wieder auf ein Drittel des Höchstwertes. Die meisten Rohstoffmärkte verlaufen ähnlich, entweder weil die Spekulationsblase platzt, oder weil sie tatsächlich weniger nachgefragt werden, etwa in der Autoindustrie.

Die Schaukelbörsen machen den Anlegern Angst. Im Laufe des Jahres 2008 verlieren die im Aktienindex Dax gelisteten Kurse 40 Prozent, die Banken etwa drei Viertel ihres Wertes. In anderen Ländern schlägt der weltweite Bärenmarkt stärker zu, wie etwa in Argentinien (-50 Prozent), Indien (-52 Prozent), China (-65 Prozent) und Russland (-72 Prozent). Die USA kommen mit -34 Prozent noch glimpflich davon. Die US-Amerikaner werden für die weltweit in Anspruch genommenen Güter und Dienstleistungen eines Tages zahlen müssen. Je mehr Öl nicht mehr in Dollar, sondern in Euro abgerechnet wird, je mehr China seine Währung aufwertet, je mehr die Kriegsausgaben die US-Volkswirtschaft belasten, umso weniger Kraft wird in dem Dollar nach außen noch stecken. Die USA werden die Zinsen anheben müssen, um ihre Schuldverschreibungen überhaupt noch verkaufen zu können. Das wird die Krise verschärfen. Die Geldmenge wird sich dann verringern, weil Firmen ihre Kredite nicht mehr zurückzahlen können, sie lösen sich in Nichts auf, was Bankbilanzen reduziert oder ganz auflöst. Inzwischen ignorieren die Börsianer schlechte Nachrichten aus der Realwirtschaft. Sie haben ja keine andere Möglichkeit, Geld zu parken.

Dabei sind Dax oder Dow Jones nur bedingt ein Spiegel der Wirklichkeit: Diese Aktienindices messen die in Währung bewerteten Aktien, aber nicht den Realwert – denn eine Aktie, die einen Wert von zehn Dollar hat, hat im Jahr 1920 eine andere Kaufkraft als im Jahr 1999. Wenn man die Seitwärtsbewegung der Kurse in den 70er Jahren sieht, muss man sich die Inflation dazudenken – in Wirklichkeit gehen die Aktien auch in den 70er Jahren stärker bergab. Außerdem setzen sich die Aktienindices ständig neu zusammen: Aktien, die besonders stark an Wert verlieren, werden herausgenommen, andere, die gut zulegen, werden aus kosmetischen Gründen stärker gewichtet. Auch deswegen ist der Kursrutsch seit dem Jahr 2000 dramatischer, als es Dax und Dow Jones widerspiegeln.

Daran zerbricht die derzeitige Top-Management-Kultur. Ihre Shareholder – Großinvestoren wie Versicherungen und Banken, aber auch Kleinanleger – zwingen die Geschäftsführung, sich in Quartalszahlen zu verantworten. Das ist übrigens der Hintergrund, warum die USA 2003 versuchten, 30 Prozent Strafzoll auf ausländischen Stahl zu erheben (was sowieso eine typische Erscheinung des Kondratieffabschwungs ist, aber hier noch eine weitere Ursache hat): Um mit guten Gewinnen vor den Aktionären bestehen zu können, haben die Manager der US-Stahlwerke nicht mehr genug investiert. Deswegen sind ihre europäischen Konkurrenten heute produktiver und deswegen brauchten sie zeitweilig den Schutz des Staates. Aus demselben Grund steigt der Ölpreis nach dem Wirbelsturm Katrina in New Orleans: Die kurzfristig orientierten US-Manager haben so wenig investiert, dass die Schäden an den Raffinerien das Angebot an Benzin verknappt. Die US-Amerikaner kauften in Europa die Kapazitäten der Erdölraffinerien leer, mit Folgen für den deutschen Autofahrer.

Nicht weniger kurzsichtig agieren deutsche oder europäische Unternehmen: Obwohl sich die Rendite der im Dax notierten Unternehmen von 2001 auf 2002 mehr als halbiert hat, haben selbst Firmen, die wie DaimlerChrysler oder die Deutsche Telekom Verluste schrieben, noch eine Dividende ausgezahlt, damit sie die Aktionäre nicht vergraulen. So schädigen sie im allgemeinen Einvernehmen die Zukunft des Unternehmens. Ein anderer »Trick«, kurzfristige Gewinne auf Kosten der Firmensubstanz auszuweisen, ist, am Kundenservice zu sparen. Anstatt Menschen zu bezahlen, die Kunden am Telefon beraten, werden Computer eingerichtet, die die Anrufer durch lange Telefonschleifen lotsen. Mit Hilfe von Spracherkennung oder Zifferneingabe müssen sie sich durch mehrere Menüs steuern, um dann doch an der falschen Endstelle herauszukommen; dem Kunden wird also reichlich Mühe gemacht statt abgenommen. Oder die Mitarbeiter werden so unter Druck gesetzt, dass sie gar keine Zeit haben, dem Kunden lange genug zuzuhören, bis sie wirklich verstanden haben, was sein Problem ist, mit einem langen Rattenschwanz an Folgeproblemen – das vertreibt Kunden und demotiviert die Mitarbeiter, die sich eine andere Stelle suchen, was immaterielles Firmenkapital vernichtet. Das Denken in Quartalszahlen mag in einer Börsenblase am Ende des Kondratieffzyklus angesichts der Gier aller Beteiligten unvermeidbar sein – kaum ein vorausschauender, langfristig investierender Manager hat in dieser Zeit eine Chance. Im langen Kondratieffabschwung dagegen werden auch große Aktiengesellschaften von der Realität eingeholt und gezwungen, in Quartalsjahrhunderten zu denken.

Denken in Quartalsjahrhunderten

Anfang 2001 schrieb die deutsche Börse den 30 Dax und 70 Mdax-Unternehmen vor, Quartalsberichte zu veröffentlichen. Doch Porsche weigerte sich und flog prompt aus dem Index. »Der Zwang zur Vorlage vierteljährlicher Berichte behindert Unternehmen in der Verfolgung langfristig angelegter Strategien«, sagte der damalige Porsche-Chef Wendelin Wiedeking, und prozessiert Ende 2004 gegen die Bestimmung vor dem Kasseler Verwaltungsgerichtshof (er verliert den Prozess im März 2007). Unternehmen entwickeln sich eben normalerweise nicht in Quartalszyklen. Die einzigen, die ein Interesse an Quartalsberichten haben, sind die Börsianer selbst: Denn mit jedem Quartalsbericht werden Aktien gekauft oder verkauft, steigen oder fallen die Kurse, bleiben Provisionen bei ihnen hängen. Das Quartalszahlenunwesen ist einzig eine Geldschneiderei für die Börsenbetreiber und unnötig wie ein Kropf: Kursrelevante Ereignisse müssen Firmen sowieso ad hoc veröffentlichen.[7]

Bei manchen Investitionen ist es dagegen ganz normal, dass sie sich erst nach 20 Jahren auszahlen – und das sind die entscheidenden Investitionen. Nie käme der Besitzer eines mittelständischen Familienunternehmens auf die Idee, große Geldsummen aus dem Unternehmen zu ziehen – für seinen eigenen Konsum. Nie würde er das Unternehmen als Melkkuh sehen, um es seinem Nachfolger marode zu übergeben. Erst wenn er das Unternehmen an einen Käufer übergibt, wird er dafür eine finanzielle Gegenleistung verlangen.

Immer mehr vorausschauende Unternehmer gehen den Weg, Verfügungsrechte über ihr betriebliches Eigentum auf Dauer einer Stiftung zu übertragen. In den letzten 10 Jahren hat sich die Zahl der Stiftungen vervielfacht, damit ist Deutschland unter den Spitzenreitern in Europa. So ist es möglich, dauerhaft einen Beitrag für die Gesellschaft zu leisten und dabei eigene Akzente zu setzen. Klaus Dieter Trayser zum Beispiel, Gründer der Plansecur in Kassel, hat mit seinem Stiftungs-Konzept sichergestellt, dass ausscheidende Gesellschafter nur den Nennwert ihrer Einlage zurück bekommen – der Mehrwert verbleibt im Unternehmen und kommt späteren Gesellschafter-Generationen zu gute. Mit diesem Konzept folgt er dem biblischen Rat, ein guter Haushalter zu sein, »der mit den ihm

7 Dagmar Deckstein: Diskussion um Quartalszahlen. SZ 12.11.04, S. 34.

anvertrauten Menschen und Werten verantwortungsvoll umgeht«. Es gibt inzwischen viele solcher Beispiele für die langfristige Bindung von Unternehmenswerten für gemeinnützige Zwecke durch Stiftungsgründungen.

Die Aktionärskultur der letzten Jahre gleicht dagegen einem Freizeit-Winzer, der ein Stück Weinberg pachtet, um den gut gehegten Boden auszulaugen und ihn nach kurzer Zeit wieder ungepflegt zurückzugeben. Bestraft wird dagegen, wer in Forschung, Entwicklung und Beziehungskapital investiert – weil die heutige Bilanzierung Immaterielles nicht erfasst, sieht die Bilanz dann schlechter aus, obwohl die Wettbewerbsfähigkeit langfristig gestiegen ist. Dass viele Großaktionäre Versicherungen oder Banken sind, deren Vorstände wiederum nur überleben in Abhängigkeit von ihren Quartalszahlen, macht es schwerer, das bisherige, kurzfristig ausgerichtete Shareholder-Value-Konzept schnell zu ändern. Dieses gerät unter Druck, wenn die Luft aus den Aktienkursen so entweicht, dass sie sich weder mit noch so großen Entlassungen noch mit Investitionsstopps retten lassen. Wenn den meisten klar geworden ist, dass sie es mit einem Kondratieff-Börsenabschwung zu tun haben und die Situation im nächsten Jahr auch nicht viel besser sein wird, besteht eine Chance, die Maßstäbe zu ändern, mit denen Anleger Unternehmen und ihre Aktien beurteilen. Dann werden in einem langweiligen Börsenumfeld vor sich hin siechender Kurse nur diejenigen interessant, deren Unternehmenswert langfristig gepflegt wird – auf Kosten von kurzfristigen Gewinnen. Das ist nur dort möglich, wo die Aktionärsmehrheit das Management nicht mehr zwingt, Kosmetik zu betreiben. Dafür muss man die Unternehmensform Aktiengesellschaft nicht neu erfinden: Nicht das Konzept des Shareholder Value (also alles zu tun, was den Wert der Aktie und den Besitz der Aktionäre steigert) ist verkehrt, sondern das einseitige Konzept des kurzfristigen Shareholder Value, das nicht versteht, dass es langfristig keinen Unterschied gibt zwischen dem Wohl der Kunden, der Mitarbeiter, des gesellschaftlichen Umfelds und der Besitzer.

Welche Kurse sich fangen, hängt davon ab, in welcher Firma es genug Leute gibt, die daran interessiert sind, dass es dem Unternehmen langfristig gut geht. Und wo bei Aktionärsversammlungen jene die Oberhand gewinnen, welche die Dividenden in das Überleben der Firma investieren. Firmen sollten Investoren, die ihre Aktien länger als zwei Jahre halten, höhere Dividenden ausschütten. Vielleicht braucht es auch den einen oder anderen mutigen Aufsichtsrat, der sich dort hinstellt und für alles wirbt, was solche Aktionäre verschreckt, die ihre Papiere zur schnellen Mehrung ihres Besitzes gekauft haben, um sie bei der nächsten günstigen Gelegenheit wieder loszuwerden. Je weniger es davon gibt, umso besser für die, die mit den Aktien einmal die Ausbildung ihrer Kinder oder Enkel bezahlen wollen oder den eigenen Lebensabend (den man nicht nur für ein Alter von 65 Jahren, sondern angesichts der bevorstehenden Gesundheitsrevolution ruhig auch für ein Alter von 90 Jahren planen sollte).

Woran lässt sich messen, ob es einem Unternehmen langfristig gut gehen wird? Geld wandert dorthin, wo es Gewinn abwirft, wo es besser verwertet wird – also in die Länder, Branchen und Unternehmen, die mehr oder bessere Waren zu einem günstigeren Preis anbieten können. Das jedoch kann nur, wer **produktiver** ist als früher oder als seine Konkurrenten. In den bisherigen Strukturzyklen haben technisch-materielle Innovationen die Produktivität auf eine neue Ebene gestellt und neue Arbeit lohnenswert gemacht: Die Dampfmaschine etwa, elektrischer Strom oder Informationstechnik. Immer waren jene Unternehmen und Länder wirtschaftlich erfolgreich, welche die jeweils produktivere Technik nutzten. Hier schließt sich der Kreis mit dem Kapitel zur Unternehmensführung: Im sechsten Kondratieff werden die Länder oder Firmen erfolgreich sein, die in der Informationsgesellschaft am effizientesten mit Information umgehen, also weniger Ressourcen verlieren durch destruktive Streitereien, Statuskämpfe, Wichtigtuerei, fehlende soziale Kompetenz; Firmen, in denen ein belastbares gegenseitiges Vertrauen gewachsen ist durch Transparenz, Integrität und Verlässlichkeit, Qualität, soziale Verantwortung und Nachhaltigkeit; Firmen, in denen Auseinandersetzungen nicht nach dem Recht des Stärkeren, sondern fair ausgetragen werden; Firmen, die Jahre in ihre Mitarbeiter investieren, bis diese die Erfahrung haben, die Firma bahnbrechend weiterzubringen. Den immateriellen Werten folgen dann die materiellen Werte, und Firmen ohne diese immateriellen Werte werden vom Markt verschwinden.

Beim Blick in die Bilanzen zählen dann neue Kriterien, welche die bisherigen nicht verdrängen, aber das größere Gewicht bekommen: Wie hat sich der Krankenstand entwickelt? Wie hoch ist die interne Fluktuation? Wie lange bleibt ein Mitarbeiter durchschnittlich in der Firma, und was sind die Gründe für den Wechsel? Gibt es ein Feed-Back-System? Was enthüllt es und wie hat das Management darauf reagiert? Gibt es Trainer, Seelsorger, Psychologen, die Mitarbeiter und Führungskräfte bei beruflichen und privaten Krisen begleiten? Was hat das Management unternommen, um auf das Verhalten der Menschen, die in der alten Industriegesellschaft groß geworden sind, so einzuwirken, dass sie zu produktiveren Informationsarbeitern werden? Gibt es qualitative Daten über die Zufriedenheit von Kunden und Mitarbeitern? Wie hoch ist der Anteil von Forschung und Entwicklung am Umsatz? Gibt es verbindliche Spielregeln für Auseinandersetzungen im Team oder zwischen Führungskraft und Mannschaft? Oder Kurse, die vermitteln, wie man sich schnörkellos und ohne Wichtigtuerei kurz und leicht verständlich ausdrückt? Zwar ist der Geldbetrag in einer Bilanz interessant, der für Weiterbildung ausgegeben worden ist, aber interessanter ist, wofür. Der Wettbewerb, Bilanzen für die Produktivität der Informationsgesellschaft zu erstellen, ist hiermit eröffnet.

Investieren in Menschen

Fondsmanager, die sich an der Kondratiefftheorie orientieren möchten, laufen Gefahr, sie gründlich misszuverstehen. Sie wollen meist nur kurz wissen, was denn die nächsten Wachstumsmärkte seien, um dann eben Aktien aus dem Gesundheitswesen, dem Umweltschutz, von Weiterbildern und erneuerbaren Energien etc. zu einem Fonds zusammenzustellen und dem dann auch noch ein Etikett mit sechstem Kondratieff zu verpassen. Dabei vergessen sie, dass ein Strukturzyklus alle Teile der Gesellschaft betrifft. Ein etabliertes Industrieunternehmen, das die neuen Erfolgsmuster rund um Informationsproduktivität, Kooperationsfähigkeit und Gesundheit umsetzt, dessen Wert kann stärker wachsen und mehr Gewinn abwerfen, als die durchschnittliche, völlig überbewertete Gentechnikfirma (von denen dann eine von mehreren nach 25 Jahren doch Traumrenditen bringt).

Vielleicht sind Aktien aber keine attraktive Anlage mehr (außer, man will sein Geld wirklich über einen sehr langen Zeitraum binden). Da es an Kapital die nächsten Jahre nicht mangeln wird, werden die Realzinsen (also die gezahlten Zinsen abzüglich der Inflation) niedrig oder sogar negativ bleiben, bis sich Anlagen in die Märkte des sechsten Kondratieffs lohnen. Aktien notieren dabei in der Regel noch lange weit unter den Preisen, zu denen sie in der Hausse gekauft wurden – 1929 dauerte es auch 25 Jahre, bis die Kurse wieder den Wert von vor dem Crash erreicht hatten. Vielleicht doch besser Immobilien? Wenn in Deutschland tendenziell immer weniger Menschen wohnen, wird in Zukunft außerhalb der Zentren weniger neu gebaut, bestehende Gebäude genutzt und saniert. Je weniger Menschen sich um die vorhandenen Wohnungen bewerben, desto öfter werden sie in manchen Regionen leer stehen und desto geringer werden die erzielten Mieten sein. Das einzige, was knapp sein wird, sind Menschen: Menschen in Form von fachlich versierten Mitarbeitern, in Form von Problemlösungs-Wertschöpfung, in Form von Nachbarschaftshilfe und in Form von Rentenbeitrags- und Steuerzahlern. Die gewinnträchtigste Investition ist die Investition in Menschen. Man stelle sich vor, das Geld, das man in den vergangenen Jahren an der Börse ausgegeben und vielleicht zum Teil verloren hat, hätte man für den Unterhalt und die Ausbildung (s)eines Kindes ausgegeben, für Teamentwicklung oder eigenes Lernen. Das Problem dabei ist nur: Wir können Menschen nicht besitzen, so wie wir früher materielle Wertgegenstände wie ein Auto oder eine Immobilie besessen haben, nicht als Mitarbeiter, nicht als Kinder und nicht als Ehepartner. Wir können andere Menschen nur anständig behandeln und hoffen, dass sie das Gute, das sie empfangen haben, an andere weitergeben.

Die Aufgabe der Börse wird es sein, Unternehmen zu belohnen, die sich am ehesten auf die weichen Faktoren hin reorganisieren, die vor allem in Menschen investieren. Kapital zu mobilisieren für die neuen Wachstumsmärkte – das steht erst an zweiter Stelle. Aus der Sicht der Kondratiefftheorie geht es darum, den nächsten Strukturzyklus zu erschließen – und da ist es völlig egal, ob das Kapital dafür aus der Börse, aus privater Hand oder vom Staat kommt, ob es mit Schulden oder aus höheren Steuern finanziert wird.

Was jetzt zu tun ist:

- Eine Geschäftsleitung darf nicht mehr vorrangig nach kurzfristigen Renditekriterien beurteilt werden.
- Eine Sozialbilanz wird Teil der Gesamtbewertung.
- Investition in Menschen (Bildung, Gesundheit, Beziehungen).

Kapitel 8

Wissen für die Zukunft

Wie wir lernen, effizient mit Informationen umzugehen

Arbeit ist, Probleme zu lösen. Und weil wir immer Probleme haben werden, wird uns die Arbeit nie ausgehen, trotz anders lautender, gut vermarkteter Buchtitel. Wenn also Länder wie Bangladesch oder das Deutschland der 1920er Jahre (oder des Jahres 20xx) eine hohe Arbeitslosigkeit haben, dann drückt das nicht aus, dass die Löhne zu hoch sind oder dass es an Arbeit fehlt. Sondern dass es nicht genug Menschen gibt, die das effizient können, was gerade nötig ist, um die aktuellen Probleme zu lösen. Ob wir also in 20 Jahren ausreichend Arbeitsplätze anbieten und besetzen können, um die Renten, Sozialhilfe oder die Krankenkassen zu finanzieren, ob wir genug erwirtschaften werden, um die Umwelt weltweit zu schützen, den Vereinten Nationen zu politischem Gewicht zu verhelfen und auch den sozial Schwächeren öffentliche Sicherheit zu gewährleisten – all das hängt davon ab, wie, was und wofür wir heute lernen und lehren.

Der Schlüssel zu den langfristigen Problemen der Volkswirtschaft

Was geht das den Einzelnen an? Die Leute glauben immer noch, ihre Altersversorgung hinge allein davon ab, ob sie genug Geld eingezahlt oder gespart hätten – in Wirklichkeit hängt ihre Altersversorgung davon ab, ob es in unserer Gesellschaft genug Menschen geben wird, welche die Probleme lösen können, die sie haben werden, wenn sie alt sind (Gesundheit reparieren, Treppenlift einbauen, Hörgerät konstruieren, altengerechtes Essen zubereiten). Die Leute glauben immer noch, die immense Staatsverschuldung sei ein großes Problem. Dabei ist das eigentliche Problem dahinter die Frage, ob wir in 20 Jahren noch Menschen in unserer Gesellschaft haben werden, die leistungsstark genug sind, die Zinsen dafür zu erwirtschaften – oder ob wir überschuldet sein werden, weil wir wegen Kinderarmut und Wohlstandsindividualismus in Relation zu anderen Ländern abgestiegen sind. Die eigentlichen Staatsschulden sind also nicht das geliehene Geld, sondern das nicht oder falsch investierte Bildungskapital, mit dem wir uns im nächsten Strukturzyklus wiederfinden werden. Unsere künftige Haushaltslage hängt davon ab, ob wir es versäumen, die Kinder ausreichend neugierig, verantwortlich, kooperativ, rechtsverbunden, effizient und kreativ auszubilden.

Im Moment sieht es nicht danach aus. Zwei Drittel aller Unternehmen haben schon jetzt Schwierigkeiten, geeignetes Personal zu finden (trotz Arbeitslosigkeit) – weil den Bewerbern die Qualifikationen fehlen. Bei einer Eignungsprüfung der Düsseldorfer Innung bekam jeder Zweite ein Ungenügend, weil er keine einzige mathematische Aufgabe richtig gelöst hatte. Allgemeinbildung und Rechtschreiben würden abnehmen, zwei von fünf Firmen beklagen ein zu geringes Verantwortungsbewusstsein. Die Schüler selbst fühlen sich heute schlecht für das Berufsleben ausgebildet.[1] Qualifizierte Leute werden uns in Zukunft immer stärker fehlen – dieser Mangel wird zu einer echten Wohlstandsbremse im Sinne der Kondratiefftheorie. Was tun?

Nachdem die Deutschen in der internationalen Bildungsstudie Pisa so schlecht abgeschnitten hatten, forderten viele bessere Wissensvermittlung und strengere Erziehung. Nach dem Amoklauf am 26. April 2002 im Erfurter Gutenberg-Gymnasium warnten Stimmen vor zu viel Leistungsdruck und forderten, Sitzenbleiben und Noten abzuschaffen. Hüh und Hott: So treibt die bildungspolitische Diskussion durch den wirtschaftlichen Paradigmenwechsel. Das System stammt aus der Industriegesellschaft und orientierte sich bis vor kurzem an den Anforderungen der hierarchischen Fabrikfirmen; es hat gerade erst begonnen, sich auf den fünften Kondratieffzyklus einzustellen und zu verstehen, dass es nicht allein damit getan ist, mehr Computer aufzustellen, sondern dass in der Informationsgesellschaft ganz andere Kriterien für Verhalten, Effizienz und Leistung gelten. Das entspricht der am Kern der Probleme vorbeigehenden Standortdebatte, die sich um Löhne und Steuern dreht, aber nicht um Bildung (als Teil eines gesamtgesellschaftlichen Produktivitätsproblems).

1 Jeannette Goldar: »Alles andere als reif«, SZ 19.2.02, S. V2/13.

Die Erfolgsmuster der alten Industriegesellschaft helfen in der Wirtschaft der Informationsgesellschaft so wenig weiter wie in der Schule. Noch hat sich nicht wieder ein gesellschaftlicher Konsens darüber herausgebildet, wie wir lernen und lehren sollen. Die meisten sind sich zumindest in dem einen Punkt einig, dass es so wie bisher nicht weitergehen kann. Keine der Parteien sagte im vergangenen Bundestagswahlkampf: Wir haben eine prima Bildungspolitik gemacht und wollen alles so beibehalten. Alle sprachen sie von tief greifenden Reformen. Doch der Wind des Wechsels, der direkt nach der für Deutschland so blamablen Pisa-Studie durch die Öffentlichkeit stürmte, ist abgeflaut.

Statt um Inhalte streiten Bund und Länder über Kompetenzen. Die Politik redet von Modernisierung, ohne zu wissen, was das denn eigentlich sein soll, beschließt da oder dort mehr Unterricht oder – Hüh und Hott – die Lehrpläne zu verschlanken, während im Unterricht weiterhin frontal gelehrt und gelernt wird wie bisher auch. Das gleicht dem Versuch, das Transportproblem nach dem ersten Kondratieff mit noch mehr Eselskarren bewältigen zu wollen (statt mit der effizienteren Eisenbahn) und die Informationsflut nach dem vierten Kondratieff mit noch mehr Karteikästen zu kanalisieren (statt mit dem effizienteren Computer). Es geht gar nicht um noch mehr Stunden von diesem oder jenem Kernfach, es geht nicht um längeren Unterricht – der Terminkalender der Schüler ist schon jetzt so voll, dass sich kaum mehr als zwei auf einen Nachmittag einigen können. Es geht nicht um Strukturen und um Geld, sondern um Dinge, die man nicht einfach kaufen und auch nicht organisieren kann: Wertschätzung von Bildung, Lern- und Leistungskultur. Kurz: Es geht um einen produktiveren Umgang mit Information, um ein produktiveres Bildungswesen, um eine produktivere Gesellschaft.

Das ist schon deswegen bitter nötig, weil europaweit die Zahl der unter 65-Jährigen abnimmt, der Anteil der Senioren dagegen steigt. Deswegen muss zwar die Zahl der Berufstätigen nicht unbedingt im selben Verhältnis sinken – weil künftig auch noch 75-Jährige als Dolmetscher arbeiten (wollen oder müssen), als Gutachter oder als Rechtsanwalt. Dennoch ist es wahrscheinlich, dass ein wachsender Teil dessen, was die Berufstätigen aktuell erarbeiten, konsumiert wird vom Unterhalt der Senioren. Bei gleich bleibender Effizienz würden Investitionskraft und Lebensstandard der Arbeitenden also sinken. Ein Grund mehr, den Ausweg in höherer Wirtschaftlichkeit zu suchen: Bei sinkender Bevölkerung mit steigendem

Senioren-Prozentsatz können wir uns eine stagnierende Produktivität und eine gleich bleibend hohe Arbeitslosigkeit nicht leisten. Aus- und Weiterbildung ist daher nicht nur der Schlüssel für die Probleme des Rentensystems, der Krankenversicherung, der Staatsverschuldung und der Arbeitslosigkeit, sondern auch für unsere demografischen Probleme.

Jeder der bisherigen Strukturzyklen brachte neue Schultypen und Bildungsinhalte hervor, um den neuen gesellschaftlichen Bedarf zu erschließen. Das Knappheitsfeld nach dem Ende des fünften Kondratieffs ist, dass wir nicht effizient genug mit Informationen umgehen, weil wir zu wenig wissen, um ein Problem zu lösen, weil wir nicht motiviert sind, unser Wissen einzubringen, oder weil schlechte soziale Beziehungen verhindern, dass wir die arbeitsteiligen Ergebnisse der Informationstätigkeit zusammenführen.[2] Nötig ist eine Reform des Bildungswesens, die sich um jene neuen Verhaltensweisen, Unterrichtsmethoden und Erfolgsmuster dreht, welche die Informationsproduktivität beeinflussen – und erst daraus abgeleitet kann dann die Organisation da und dort leicht verändert werden. Am Ende des schulischen Strukturwandels steht nicht der gehorsame, dressierte Industriearbeiter (vierter Kondratieff), auch nicht der sich selbst verwirklichende Individualist, der nach der Aufhebung allgemeingültiger gesellschaftlicher Konventionen hauptsächlich seine Interessen verfolgt (fünfter Kondratieff), sondern die selbstständige, verantwortliche Persönlichkeit, die sowohl strukturierte Arbeit effizient erledigt als auch mit anderen kooperativ und kreativ zusammenarbeitet (sechster Strukturzyklus).

Hurra, die Schule brennt

Auch wenn sich in Deutschland nach dem ersten Schock sehr vieles verbessert hat, gibt es viel zu tun: Die internationale Schulstudie Pisa zerstörte im Dezember 2001 so manche Selbstzufriedenheit (und die nachfolgenden Pisastudien bestätigen den Zustandsbericht). Zunächst lagen deutsche Schüler unter dem Durchschnitt der Industrienationen, sowohl beim Lesen als auch in Mathematik und Naturwissenschaften. Beim Lese-

2 Das entspricht Nefiodows drei Säulen der Produktivität in der Informationsgesellschaft: »Der Sechste Kondratieff«, 4. Auflage, S. 147.

verständnis kamen sie unter 31 Nationen nur auf Platz 21 (wobei, wie im Sommer 2002 bekannt wurde, das Bundesland Bayern allein auf Platz zehn gekommen wäre; hier gaben 67 Prozent der Schüler an, dass sie zum Vergnügen lesen). Und dass in Deutschland 42 Prozent der befragten Schüler angeben, sie würden nicht in ihrer Freizeit lesen, ist bei Pisa der höchste gemessene internationale Wert. (Seit 2010 gibt es kein Pisa-Ranking mehr für die Bundesländer, stattdessen gibt es in Zukunft einen Test zu Bildungsstandards.)

Die Deutschen sind als notorische Schwarzmaler bekannt, die sich ihren Problemen jedoch akribisch stellen – sonst würden sie ja auch nicht so viele Autos und Maschinen in die Welt exportieren. Bei der vierten Pisastudie, die 2009 erhoben wurde, und deren Ergebnisse Ende 2010 vorgestellt wurden, hat Deutschland aufgeholt: Unter jetzt 50 teilnehmenden Ländern rangiert es mit durchschnittlicher Leistung beim Lesen auf Platz 17, in Mathematik ist es auf Platz 13 in die Gruppe der Überdurchschnittlichen vorgerückt, aber in Naturwissenschaften ist Deutschland auf einem stolzen Platz 12. Doch das Leistungsspektrum der deutschen Länder ist weit gefächert. Zum Teil unter OECD-Durchschnitt sind Nordrhein-Westfalen, Niedersachen, Mecklenburg-Vorpommern und vor allem die Stadtstaaten. An den Hauptschulen in Hamburg und Bremen scheitern bis zu 75 Prozent der Jugendlichen an einfachsten Lese- und Rechenaufgaben, die sich kaum vom Niveau der Grundschule unterscheiden.

Das ist ein Symptom dafür, dass sich in Deutschland mehr als in anderen Ländern die soziale Herkunft auf die schulische Leistung auswirkt, obwohl sich auch das stark gebessert hat: Waren die Chancen für ein Arbeiterkind im Jahr 2000 beim ersten Pisa-Test 10,5 mal geringer als für ein Kind aus der Oberschicht, ein Gymnasium zu besuchen, liegt der Wert jetzt schon bei 4,3. Dennoch sind die Möglichkeiten begrenzt, den Wohlstand unserer Volkswirtschaft aufrechtzuerhalten, indem wir die geburtenschwachen Jahrgänge mit Zuwanderern auffüllen. Sie machen einen überproportionalen Anteil jener Schüler aus, die in der ersten Pisa-Studie noch nicht einmal die unterste Kompetenzstufe erreichen (zehn Prozent aller getesteten Schüler), weitere 13 Prozent aller Schüler können nur auf einfachem Niveau lesen. Während man früher auch ohne nennenswerte Bildung durchs Leben kam, ist das Leben in der Informationsgesellschaft so kompliziert geworden, dass eine geringe Bildung arm macht: Armut ist, nicht effizient genug mit Information umgehen zu können, um seine Probleme zu lösen.

Die Rate der Totgeburten und der Säuglingssterblichkeit ist umso höher, je niedriger die Schulbildung und der Berufsstatus der Eltern ist. Schlechtere Zahngesundheit, erhöhte Infektionsgefahren, erhöhte Gefährdung durch Gewalt der Eltern, geringeres Gesundheitsbewusstsein – all das ist in armen Familien ebenso häufiger zu finden wie Jugendliche, die durch Misserfolge und Familienkrisen schulmüde sind: Von den gut zwölf Millionen Schülern in Deutschland schwänzen rund eine halbe Million regelmäßig den Unterricht.[3] 53.000 Jugendliche – das sind etwa 6,5 Prozent eines Jahrgangs – verlassen in Deutschland jedes Jahr die Schule ohne Abschluss,[4] an der Hauptschule sind es 16 Prozent.[5] Nach einer Studie des Bundesbildungsministeriums können 7,5 Millionen Menschen in Deutschland zwischen 18 und 64 nicht richtig lesen und schreiben, das sind 14 Prozent in dieser Altersgruppe. Weitere 25 Prozent können selbst gebräuchliche Worte nur fehlerhaft oder langsam lesen und schreiben.[6]

Das wäre keine Katastrophe, wenn wir noch so wie früher auch für Ungelernte genug Arbeitsplätze hätten. Haben wir aber nicht. Vielleicht könnten wir mehr von ihnen beschäftigen, wenn wir genug Ausgebildete hätten, die eine so hohe Wertschöpfung generieren, dass wir auch viele bezahlen können, die wenig produktiv sind. An Akademikern mangelt es uns aber auch: Nur jeder vierte Deutsche studiert. Im Durchschnitt der Industrieländer ist es – wenn auch nicht immer auf vergleichbarem Niveau – jeder Dritte, in den USA jeder Zweite. Nur 16 Prozent eines Jahrgangs machen bei uns einen Hochschulabschluss. Das heutige Bildungsniveau wird sich mit einer Verzögerung von einer Generation auf den Wohlstand unserer Gesellschaft auswirken. Das bedeutet: Unter den wenig ausgebildeten Menschen werden wir trotz Überalterung eine hohe Arbeitslosigkeit haben, während es an qualifizierten Informationsarbeitern dramatisch mangeln wird, die nach Ausbildung und Berufserfahrungen die nötige Kompetenz erreichen, um die Probleme der Gesellschaft zu lösen. Das schließt die guten Leistungen der Hauptschule mit ein, die viele hervorragende Handwerker und erfolgreiche Existenzgründer hervorbringt. Nicht umsonst steht Deutschland in der Krise deshalb so gut

3 Marco Finetti: »Eine halbe Million Schüler schwänzt regelmäßig den Unterricht«, SZ 1.10.02, S.6.

4 Spiegel online, 29.3.2012.

5 Marco Finetti: »Rau warnt vor Mangel an Akademikern«, SZ 9.4.02, S. 6.

6 »Mehr Analphabeten«, SZ 1.3.11, S. 6.

da, weil das duale Ausbildungssystem auch jene höher qualifiziert, die für eine rein theoretische Tätigkeit nicht geeignet sind. Vorbildlich auch die Möglichkeit in Deutschland, mit dem Meisterbrief an der Universität zu studieren – manch einer wacht erst in der Pubertät oder als junger Erwachsener auf und entdeckt seinen Ehrgeiz, viel zu lernen. Den Mangel an guten Leuten können wir nur dann verhindern oder abmildern, wenn wir den Zehnjährigen heute ehrlich sagen, dass sie sich über eine lange Zeit hinweg zur Decke strecken müssen. Bildungsanstrengungen bedeuten Konsumverzicht, und zwar weniger in Form von Geld, sondern in Form von Zeit, Lebenskraft und Gedankenenergie. (Und wir verschwenden davon zu viel und investieren zu wenig.)

Das ist so noch nicht in der Öffentlichkeit angekommen. Viele Eltern schulen ihr Kind oft deshalb spät ein, weil sie es nicht zu früh dem »Druck der Leistungsgesellschaft« aussetzen wollen. Das Bild, das dahinter steckt, kostet unserer Gesellschaft zig Millionen Euro entgangener Ressourcen: Schule als Übel, Lernleistung und Freude als Gegensätze. Das Gegenteil ist doch richtig: Kinder freuen sich, etwas Neues zu erfahren, sind stolz, wenn sie beim Fernsehabend mit den Eltern kompetent mitreden können, werden von ihren eigenen Wissenseroberungen angespornt. Selbst kleine Kinder sind viel klüger, als wir lange dachten. Das Gehirn, das zwischen Geburt und drittem Lebensjahr enorm wächst, will beschäftigt werden – und nicht befriedet. Die Kinder sind nie mehr so aufnahmefähig wie im Kindergartenalter – wo wir manche Chance verpassen, ihnen ihr selbst entdeckendes Lernen zu fördern, gerade in den Naturwissenschaften. Diese Haltung setzt sich fort: Laut Pisa-Studie fühlen sich Deutschlands Schüler unterfordert. Leistung wird aber nur erbracht, wenn sie auch verlangt wird. Es ist wie in der Wirtschaft: So wie im Unternehmen die Mitarbeiter bereit wären, unendlich viel mehr zu leisten, wenn man sie nur ließe, sind auch Kinder bereit, sich erheblich anzustrengen.

Das beweist die Shell-Jugendstudie des Jahres 2002: Jugendliche zeigen »in erhöhtem Maße persönliche Leistungsbereitschaft«[7]. Während in den 80er Jahren nur 62 Prozent der Heranwachsenden »Fleiß und Ehrgeiz« für bedeutsam hielten, sind es nun 75 Prozent. Der Co-Autor der Studie, der Politologe Mathias Albert, meint: »Die Pisa-Ergebnisse sind eher auf das Bildungssystem zurückzuführen als auf die Motivati-

7 Joachim Käppner, Christiane Wirtz: »Meine Suppe ess ich doch«, SZ 20.8.02, S. 9.

on der Schüler.« Also: Nicht die Schüler sind faul, sondern das System vermiest ihnen das Lernen. Dabei tut man ihnen keinen Gefallen, wenn man Abschlüsse billiger hergibt. Bremen war so stolz, mit 31,5 Prozent eines Jahrgangs die meisten Abiturienten zu haben. Dahinter steht aber keine Leistung, sondern ein Trick: Während in Bremen 1970 Englischarbeiten mit einem bestimmten Fehlerquotient als »ausreichend« bewertet wurden, galten sie 1990 damit als »gut«.[8] Bremen stand bei der Pisa-Studie durchgängig auf der untersten Niveaustufe (Hamburg und Berlin wurden mangels Teilnehmer nicht ausgewertet), und das, obwohl es mit 5829 Euro pro Schüler und Jahr mehr ausgibt als andere Bundesländer[9] – es ist eben nicht das Geld, welches das Niveau der Bildung ausmacht, sondern ethisch-kulturelle Verhaltensweisen in einer Region, die darüber entscheiden, wie effizient das Geld in Bildung umgesetzt wird. Dabei fällt auf, dass es Gegenden gibt, die laut Pisa schlechtere Bildungsergebnisse vorweisen, eine höhere Arbeitslosigkeit, weniger Wirtschaftskraft und geringere Kirchenbindung haben, und umgekehrt Regionen, die ein höheres Bildungsniveau, weniger Arbeitslosigkeit, eine überdurchschnittliche Wirtschaftskraft und eine höhere Kirchenbindung haben. Unter diesem Gesichtspunkt hat die Bildungs- und Wirtschaftsdiskussion noch gar nicht stattgefunden.

Zuerst muss die Gesellschaft ihre Hausaufgaben machen

Die Qualität von Bildung ist eben eine kulturelle Leistung wie die Wirtschaft als Ganzes auch. Deswegen sind die Pisa-Ergebnisse kein schulisches Problem, sondern eine gesamtgesellschaftliche Angelegenheit. Das hat die Öffentlichkeit bisher noch nicht verstanden: Wenn Jugendliche als Rechtsradikale randalieren, kriminell werden oder verwahrlosen, dann ruft sie nach der Schule. Sie entsetzt sich darüber, dass auf dem Schulhof vor allem psychische Beschädigungen wie Beleidigungen, Erpressung und Mobbing zugenommen haben. Aber nicht über die Schule sollte man dabei erschrecken, sondern über die Gesellschaft. Unflätigste Schimpfwörter der Fäkalsprache und aus dem sexuellen Bereich zählen schon bei Grund-

8 Wolfgang Zimmermann: »Aus ›ausreichend‹ wird ›gut‹«, SZ 8.7.02, S. 15.
9 Christine Burtscheidt, Wulf Reimer: »Knatsch um Konsequenzen«, 25.6.02, S. 6.

schülern zum Umgangston, hat der Bielefelder Jugendforscher Klaus Hurrelmann festgestellt. Die Hemmschwelle sinkt, auf solche Beleidigungen mit den Fäusten zu reagieren. Dass Gewalt zwischen Jugendlichen in der offiziellen Statistik kaum zu Buche schlägt, liegt daran, dass die betroffenen Schüler wie Lehrer die Ereignisse nicht an die große Glocke hängen – aus Angst vor befürchtetem Prestigeverlust, meint Hurrelmann. Sicher ist, dass die Schwierigkeiten zunehmen: Der Bayerische Schulfördertag meldete 2002, dass die Zahl der Schüler mit Lernbeeinträchtigungen und Verhaltensauffälligkeiten in Bayern in den zehn Jahren zuvor um 50 Prozent auf 64.000 gestiegen ist.[10] Die Zahl der Kinder und Jugendlichen, die laut Ärzten an ADHS leiden (die Krankenkassen halten die Zahl der Diagnosen für übertrieben), sind zwischen 2006 und 2011 um 42 Prozent auf 620.000 gestiegen.[11]

Wenn ein Schüler gewalttätig ist, dann nicht, weil ihn die Schule dazu bringt, sondern weil er unter familiären Problemen oder unter einem gestörten Selbstwertgefühl leidet. Die Öffentlichkeit sieht allmählich ein, dass Schule nicht Defizite in den Familien reparieren kann. Keine Schule kann Zielstrebigkeit, Disziplin und soziale Kompetenzen beibringen oder sogar gute Manieren, wenn das Elternhaus das für überholte Werte hält. Keine Schule kann besser sein als die Gesellschaft, deren Kinder sie erziehen soll.

Gewalt an Schulen und das schlechte Abschneiden bei der Pisa-Studie hängen vielleicht auch mit der körperlichen Verfassung der Schüler zusammen, die bei der Untersuchung gar nicht beachtet wurde: Über die Hälfte der 8- bis 18-Jährigen haben Haltungsschwächen, Übergewicht, Bluthochdruck, Kreislaufprobleme. Wenn sie den ganzen Tag vorwiegend sitzend verbringen, dann ist die Antwort auf Pisa nicht noch mehr Unterricht und Lernen (wie manche Verbandsvertreter und Politiker fordern, die den Sportunterricht zusammengestrichen haben), sondern mehr Bewegung: Kinder müssen so viel wie möglich in der Nicht-Unterrichtszeit laufen, spielen, reden. Wer noch nie auf einen Baum geklettert ist – wie viel nützt es ihm, dafür die englische Vokabel zu kennen? Rein intellektualistisch ausgerichtet, vernachlässigt die Bildungspolitik wie die gesamte Gesellschaft das gesunde Verhältnis von Verstand und Körper,

---

10 Ingo Fischer: »Schlechte Zeiten für Förderschulen«, SZ 27.2.02, S. 57.
11 „Sprunghafter Anstieg“, SZ 30.1.13, S. 6.

motorischen Fähigkeiten und Intelligenz. Sie verabreicht Psychopharmaka, anstatt den Bewegungsdrang zu kanalisieren. Also: Ohne mehr Bewegung werden wir nicht mehr als bisher lernen können (☛ Gesundheitskapitel, S. 299). Zuerst müssen wir wieder Sauerstoff in die kleinen Körper pumpen, und dann können wir uns darüber unterhalten, was wir künftig lernen sollen. Außerdem vermeidet Bewegung Gewalt. Dabei muss niemand auf einen Erlass aus dem Kultusministerium oder darauf warten, dass wieder eine zweite oder gar dritte Sportstunde bereitgestellt wird – Lehrer geben einfach selber zehn Minuten ihres Unterrichts für Bewegungsübungen im Klassenzimmer her und erhöhen so die Lernleistung ihrer Klasse.

Die Forderung nach mehr Unterricht ist ein ebenso großer Irrtum wie der Vorschlag, mit Ganztagsschulen das Bildungsniveau heben zu wollen. Bayerische Halbtagsschüler haben in der Pisa-Studie wesentlich besser abgeschnitten als nordrhein-westfälische Ganztagsschüler. Ganztagsschulen sind das Outsourcen von elterlicher Erziehungsmühe und -verantwortung an den Staat und damit ein Instrument der Familienpolitik. Sie ermöglichen Eltern, beide berufstätig zu sein, und entlasten Alleinerziehende. Aber als Modell für alle Schüler taugen sie nicht. »Wann sollen Halbwüchsige in einer Ganztagsschule eigentlich jene Leseerfahrungen machen, die einem nur in diesem Lebensalter möglich sind? Was wird die Ganztagsschule … hervorbringen? Vielleicht Schüler, die nicht nur in jedem Quiz brillieren, sondern auch geniale Problemlöser sind, die aber ansonsten nichts erlebt haben,« warnt Gustav Seibt.[12] Ganz zu schweigen von berufsvorbereitenden Tätigkeiten wie eine Schülerzeitung, einen Verein, Jugendorganisation der Parteien oder einen Faschingsball zu organisieren. Wenn Kinder genötigt werden, den ganzen Tag in der Schule zu bleiben, dankt die Familie ab. Für besonders förderbedürftige Schüler aus schwierigeren Familienverhältnissen oder für Hochbegabte mag es zusätzliche Betreuungsangebote geben – aber nicht generell für alle.

Die Verkürzung des Gymnasiums auf zwölf Jahre und die Bachelor-Studiengänge beschleunigen den Tempo-Wahn im Bildungssystem und schaffen eine Generation von Getriebenen. Sie haben gar keine Zeit, sich mal links oder rechts des Weges umzusehen. Ihnen fehlt der Raum, um andere Länder kennenzulernen oder sich tiefer für Inhalte zu interessie-

---

12 Gustav Seibt: »Unterm Rad«, SZ 18.6.02 S. 15.

ren. Sie folgen den streng vorgeschriebenen Bahnen, ohne ihre Energie mit Widerspruch und eigener Kreativität zu verschwenden – so entstehen akademische Pauschaltouristen.

Auch das Konsumniveau und das Markenbewusstsein von Grundschülern ist kein Schulproblem: Erwachsene, die darüber lamentieren, sollten mal über ihren eigenen Wertekanon nachdenken. In der Regel leben die Kinder nur die Werte ihrer Eltern nach. Kinder funktionieren genau so, wie es die Konsumgesellschaft der Erwachsenen von ihren jungen Mitgliedern erwartet. Oder können Sie sich Produktwerbung vorstellen, die für Konsumverzicht wirbt? Schon wurden nach Pisa Stimmen laut, die das Ergebnis mit Konsumzwang in Verbindung bringen: In der 10. Klasse fangen viele Schüler zu jobben an, bis zur 12. Klasse werden es immer mehr. Dagegen ist nichts einzuwenden, wenn man erstens bedenkt, dass niemand jeden Tag nur büffeln kann und dass gerade die Oberschüler, die zu rein theoretischem Wissenserwerb verdammt sind, hier eine Chance haben, praktische Berufserfahrung zu sammeln – und sei es auch nur zu lernen, wie man sich zu organisieren hat, wenn man im Supermarkt Regale auffüllt, wie das Klima unter den Angestellten ist oder wie man damit umgeht, dass einen der Chef erst zwei Stunden später Pause machen lässt. Sehr viel einzuwenden dagegen ist allerdings, wenn die Schule dabei nur noch Nebenbeschäftigung wird. Oder wenn das verdiente Geld vor allem dazu dient, einen Lebensstandard mit hoher Handy-Rechnung, Shoppen und oft essen gehen aufrechtzuerhalten. Auf das gesamte Arbeitsleben eines Menschen gesehen, ist die Zeit, die übertriebenes Jobben kostet, völlig unproduktiv und falsch investiert: Was der Schüler in dieser Zeit gelernt hätte, hätte ihm einen qualifizierteren Beruf mit langfristig höherer Wertschöpfung eingebracht. Aber was genau hätte er in dieser Zeit lernen sollen?

Fachkompetenz: Fragen lernen

Die Informationsarbeiter der Zukunft müssen in der Lage sein, die Wissensflut zu bewältigen – mit breitem Weltwissen, hoher Sprachkompetenz, raschem Verstehen von Texten. Die Analysefähigkeit nimmt aber derzeit auch wegen der Informationsflut ab: Wer viel fernsieht, liest seltener, drückt sich schlechter aus und hat daher in Deutsch schlechtere

Noten. Im Durchschnitt verbringen Kinder zwei Stunden am Tag vor dem Fernseher, bei Vielsehern ist es oft das Doppelte.[13] (Auch hier gibt es geografisch-kulturelle Unterschiede, wie das Kriminologische Forschungsinstitut Niedersachen feststellt. Norddeutsche Viertklässler haben häufiger einen Fernseher im Kinderzimmer als Gleichaltrige im Süden. So haben im Jahr 2006 zum Beispiel 63,5 Prozent der Dortmunder Jungen der vierten Klasse einen eigenen Fernseher, im Vergleich zu 27,9 Prozent in München. Bei den Mädchen sind es 49,5 Prozent in Dortmund und 17,6 Prozent in München.) Das bringt einen neuen Typus von Jugendlichen hervor, die praktisch ohne Bücher aufwachsen: Wenn sie später in einer Fremdsprache eine Kurzgeschichte nicht verstehen, dann nicht deswegen, weil ihnen Vokabeln unbekannt sind, sondern weil sie keine schöngeistige Literatur kennen. Ihr geringes Lesetempo führt dann dazu, dass sie längere Texte meiden. Wo es an literarischer Leseerfahrung mangelt, bleibt auch die Kompetenz auf der Strecke, einem Text so genannte verschlüsselte Informationen oder Nebenbotschaften zu entnehmen – das ist eine wesentliche Voraussetzung dafür, etwas zu hinterfragen. Auch denken lernt man allein durch kritisches, verarbeitendes Lesen. Lust am Lesen lässt sich jedoch nicht verordnen, sondern nur fördern: Gutenachtgeschichten vorlesen, Bücher schenken, über Bücher reden, in der Buchhandlung oder Bücherei stöbern. Und Tageszeitung lesen. Eine Zukunftsaufgabe ist, zum Lesen zu animieren – das hat im Jahr 2000 nur noch jedes vierte Elternhaus getan.[14] Die verschlechterte Familienqualität, die Sprachlosigkeit im Elternhaus verschlechtert die Lesefähigkeit.[15] Dabei vermittelt Lesen alles Grundlagenwissen.

Die Wissensgesellschaft entwertet ja nicht generell jedes alte Wissen – es gibt verschiedene Arten von Wissen, darunter auch zeitloses Wissen, Orientierungswissen. Nur ganz neues Wissen, das schnell überholt ist (zum Beispiel schon wieder eine neue Firmensoftware), hat eine niedrige Halbwertszeit. Deswegen ist die Basisinnovation des fünften Kondratieffs, der Computer, zwar ein neues Medium. Wer krank ist, kann per Web-Kamera vom Notebook zu Hause aus den Unterricht verfolgen, er kann – statt aus einem Buch – am PC genau das lernen, was ihm fehlt,

13 »Fernsehen schadet den Deutsch-Kenntnissen«, SZ 27.9.00, S. 16 (Studie des Psychologie-Institutes der Uni Freiburg).
14 Ulrich Wechsler: »Erst laufen, dann Rad fahren«, SZ 6./7.4.02, Seite I.
15 »Mit drei Wörtern durch die Kindheit«, Rheinische Post 28.10.02, S. 2247.

und in dem Tempo, in dem er den Stoff begreift. Aber das war's dann auch schon: Der Computer ersetzt kein Zuhören, nicht die eigene freie Rede, nicht das kritische Denken – er ist nur ein weiteres Werkzeug wie das Geodreieck, der Tageslichtprojektor oder der Tafelschwamm. Die wirklich neue Anforderung an das Bildungssystem ist, dem Menschen beizubringen, viel mehr Informationen effizienter zu verarbeiten – was heute reine Glückssache ist: Das Wissen der Menschheit ist explodiert, aber unsere Lehr- und Lernmethoden sind nicht so viel besser, um mehr Wissen aufzunehmen und zu behalten.

Dafür muss Schule künftig neben fachlichem Grundlagenwissen die nötigen Methodenkompetenzen vermitteln: ökonomisch zu arbeiten, sich rationell zu organisieren und so genügend Freizeit »herauszuwirtschaften«; einen Sachverhalt auszuformulieren, eine Diskussion zu führen, einen Vortrag aus dem Stegreif zu halten, das Ganze am besten nicht mehr in einer hauptwortgeladenen Behörden- oder Professoren-Sprache, die nur mit hohem Aufwand zu verstehen ist, sondern journalistisch, für andere schnell verständlich. Im üblichen Unterricht werden diese Methoden zu wenig gefördert, denn der besteht zu 80 Prozent aus frontal gehaltenen Monologen des Lehrers. Dabei strampelt er sich vergeblich ab, die träge Masse in Bewegung zu bringen. Der Stoff wird vorgelegt, geschluckt, abgehakt, vergessen. Am meisten lernt der Mensch jedoch, wenn er etwas macht: Pflanzen sammeln und einordnen, Theater spielen, Texte zitieren, selber mitdenken und zu eigenen Fragen kommen – am wenigsten lernt er aber durch sechs Stunden körperlich gefesseltes Zuhören.

Dabei werden die Lehrer kaum von den Schülern gebeten, sie sollen doch über den Stoff ein bisschen mehr erzählen – da sie schon genug lernen müssen, tun sie gut daran, nicht auch noch allzu viel zu fragen. So lernen sie fraglos viel Detailwissen, unsystematisch vernetzt, ohne Sinnzusammenhang und damit unzureichend im Gedächtnis verankert. Warum nicht anders: Auf dem Pausenhof oder in der Freizeit (»Wer wird Millionär?«) sind Quiz, Rätsel und Krimis beliebt – man schildert eine Szene und der andere soll die Vorgeschichte erraten. Wenn die Frage der Kitt ist, der die Wissenstrümmer zum Bild befestigt, dann hat der Lehrer Trichter für Fragen zu sein. Sein Bildungs- und Erfahrungsvorteil sollte den Schülern die Spannung liefern, auf Entdeckungsreise zu gehen. Er führt kurz ein, dann sollen die Schüler Fragen stellen – und der Lehrer benotet die intelligentesten Fragen.

Nur so können Schüler einen größeren Wissensberg aufnehmen als früher – nicht mit noch mehr Druck und noch mehr Unterricht. Im Management hat man längst erkannt, dass noch mehr Druck auf die Mitarbeiter nicht noch mehr Leistung bringt. Viele Bundesländer dagegen reagieren auf das unbefriedigende Niveau der Schulen mit mehr Druck und mehr Kernfächern und spielen mit dem Gedanken, »unnötige« Stunden in Musik, Sport, Kunst oder Religion zu streichen. Wie fatal das ist, zeigt schon der weiter oben beschriebene Zusammenhang von Bewegung und Konzentrationsfähigkeit. Musikunterricht stärkt das soziale Verhalten und fördert die Intelligenz, Kunst die Kreativität: In anderen Fächern ist das Resultat 33 gleiche Arbeiten, im Kunstunterricht sind es 33 individuelle originäre Lösungen. Das Fach Geschichte ist die Lehre über die Konsequenzen menschlichen Verhaltens, in Religion geht es um den größeren Sinnzusammenhang der eigenen Existenz, aus dem der einzelne seine Verhaltensmaßstäbe ableitet. Bundestagspräsident Wolfgang Thierse (SPD), der als Schüler in der DDR keinen Religionsunterricht besuchen konnte, sieht in dessen Fehlen eine Ursache für den Rechtsradikalismus im Osten. »Begreift die Gesellschaft die Gefahr des Rechtsradikalismus, dann begreift sie wohl auch den Wert der Erziehung. Die Jugend braucht Orientierungswissen.«[16] Das Fach bekommt unerwartet gute Noten: Nach einer empirischen Untersuchung »Religionsunterricht zwischen Lernfach und Lebenshilfe« des Salzburger Religionspädagogen Anton Bucher unter bundesweit 7200 Schülern weckt es auch bei jedem zweiten Jugendlichen Interesse an Glaubensfragen, der nicht in einem religiösen Elternhaus erzogen wird. Bei der Shell-Jugendstudie des Jahres 2002 gaben 38 Prozent an, der Glaube sei ihnen wichtig – darunter sind allerdings viele Jugendliche ausländischer Herkunft.

Angesichts der geringer gewordenen religiösen Sozialisation in Familien und Gemeinden vermittelt längst die Schule kulturelles Basiswissen. Jeder dritte Schüler bescheinigt dem Lehrfach Religion, dazu beizutragen, selbstständig über den Glauben nachzudenken. Damit beugt es auch Gefahren durch Sekten oder andere extremistische religiöse Gruppen/Bewegungen vor. Denn es vermittelt ein breites Spektrum an christlichem Gedankengut und damit die Fähigkeit, sich in redlicher Intellektualität Rechenschaft über seinen Glauben zu geben. Das ist neu: Früher waren Schulen der Ort, in

---

16 Rüdiger Durth: »Besser als sein Ruf«, Rheinischer Merkur, Nr. 37/2000, S. 26.

dem man Pünktlichkeit, durch Strafen erzwungenen Gehorsam und Anpassung an die Bedürfnisse der Maschinenorganisation lernte.

Der standardisierte Mitarbeiter für standardisierte Aufgaben – den brauchen wir so nicht mehr. Ziel ist der selbstständige Informationsarbeiter, der seinen eigenen Standpunkt sachlich und ethisch überprüfen und nach außen vertreten kann. In einer Volkswirtschaft, in der immer weniger nur die Anweisungen des Chefs ausführen, sondern immer mehr selber gestalten, unternehmerisch denken und handeln müssen, gehört das zu den Basiskompetenzen. Nur dann, wenn sie mit ihrem Chef und den Kollegen um die bessere Lösung ringen, werden die Potenziale aller genutzt. Wie jeder Abteilungsleiter oder Behördenchef der Zukunft muss der Lehrer daher seine Autorität jeden Tag neu erwerben. Das Problem ist doch längst, dass viele Jugendliche zwar undiszipliniert, aber in der Sache nicht aufmüpfig, sondern zu anpassungsbereit sind. Es gehört Mut dazu, dem Lehrer sachlich und fair zu widersprechen, wenn er Unrecht hat oder sein Verhalten zu kritisieren ist. Sie sind kaum in der Lage, einen eigenen selbstbewussten Standpunkt zu entwickeln und sich selber dessen sachlich so zu versichern, dass sie ihn selbst gegen die Fachautorität des Lehrers oder der Klassenöffentlichkeit vertreten. Lehrer sollten im Unterricht bewusst Fehler einbauen und den belohnen, der ihn korrigiert – nur wer kritisch mitdenkt, verarbeitet den Stoff und behält ihn über die nächste Prüfung hinaus. Aufgabe könnte auch sein, in einem Text oder in einer Rechnung Fehler zu identifizieren. Hinderlich sind da Mütter, die mit ihrem »Ich tue doch alles für mein Kind« dafür sorgen, dass das Kind keine Chance hat, sich selbst zu organisieren. Das lernt man nicht, indem es einem jemand abnimmt oder erklärt, sondern im Selbstversuch.

Sich seinen Standpunkt erarbeiten zu können ist deshalb so wichtig, weil es in Zukunft kaum noch Menschen mit identischen Qualifikationen geben wird, sie also immer weniger austauschbar werden. Die Ausbildung der Informationsarbeiter orientierte sich bis in den fünften Kondratieff an der Spezialisierung der Fabrikarbeiter. Weil die Wirklichkeit aber etwas Ganzes ist, müssen Probleme künftig fachübergreifend gelöst werden. Die Wirtschaft der Zukunft braucht daher Mitarbeiter, die an den Schnittstellen bislang getrennter Wissens-Fürstentümer arbeiten können: zwischen Biologie und Informatik, zwischen Finanzwelt und Öffentlichkeitsarbeit, Gesundheit und Management, Internet und Gebäudetechnik, Mechanik und Elektronik. Informatiker sollen sich auch mit Darstellungsformen auskennen, Kommunikationsexperten etwas von Technik verstehen. Vielseitige Berufe wie der Wirtschaftsingenieur haben Aufwind. Der Generalist kann besser als der reine Spezialist Zusammenhänge erkennen, Wissen vernetzen und in der Praxis bestehen. Das größte Problem dabei für die Wirtschaft ist, dass das niemand so lernt.

Kooperationsfähigkeit: Vom Lernstoff-Konsumenten zum Macher

Je weiter die Informationsgesellschaft voranschreitet, um so mehr sind wir darauf angewiesen, die unterschiedlichen Wissensgebiete zu einer Lösung zusammenzuführen. Das Problem: Umgang mit Information ist in der Regel Umgang mit anderen Menschen, die man unterschiedlich gut kennt, unterschiedlich gerne mag und unterschiedlich gut versteht. Das wirklich Neue an der Informationsgesellschaft ist die Notwendigkeit, unabhängig von der hierarchischen Ebene sachbezogen in derselben Augenhöhe zusammenzuarbeiten. Teamarbeit – mit den Fähigkeiten, kritisch mitzudenken, bessere Vorschläge zu machen, sich in den Gesamtprozess einzufügen – ist ein totaler Paradigmenwechsel, wenn man sich vorstellt, wie langsam sich Gesellschaften ändern und woher das deutsche Erziehungswesen kommt. Daniel Gottlieb Moritz Schreber (1808 – 1861), bekannt als der Erfinder der Schrebergärten, prägte mit seinen Schriften Generationen von Eltern. Er schrieb, man müsse schreiende Säuglinge durch »körperlich fühlbare Ermahnungen« zur Ruhe zwingen, und versicherte: »Eine solche Prozedur ist nur ein- oder höchstens zweimal nötig, und man ist Herr des Kindes für immer. Von nun an genügt ein Blick, eine einzige drohende Gebärde, um das Kind zu regieren.« Das Neugeborene sollte vor allem vom ersten Tag an um jeden Preis dazu dressiert werden, nicht zu schreien, zu gehorchen und einzuüben, sich zu versagen.

Alice Miller sieht darin einen Grund für den Holocaust: Der deutsche Antisemitismus war vorher genauso stark gewesen, und Armut und Verzweiflung der 30er Jahre hat es in anderen Ländern genauso gegeben. Nur war um die Jahrhundertwende die Erziehung der kleinen Kinder nirgends so destruktiv wie in weiten Teilen Deutschlands.[17] Henkern, Folterern und

17 Alice Miller: »Schrebers mörderische Kinder«, SZ 14./15.3.98, S. III.

Massenmördern wurde die Fähigkeit, Erbarmen und Mitgefühl zu erleben, abdressiert. Wer sich mit Kindesmisshandlung beschäftigt, sieht sich mit dem verblüffenden Phänomen konfrontiert, dass Eltern ihre Kinder auf dieselbe Art misshandeln, wie sie es als Kind selbst erduldet haben. Oder ihre tief sitzende erlebte Ohnmacht auf Sündenböcke projizieren.

Das ist der Grund, warum in Deutschland seit der finsteren Zeit der Nazi-Diktatur Begriffe wie Fleiß, Pflichtbewusstsein und Disziplin vergiftet sind. Als der ehemalige Bundeskanzler Helmut Schmidt an einige dieser Tugenden erinnerte, watschte ihn Oskar Lafontaine ab, diese seien Sekundärtugenden, mit denen man auch ein Konzentrationslager leiten könne. Manche sahen es nach der Erfahrung des Nationalsozialismus sogar als Wert an sich an, »Sand ins Getriebe zu streuen«. Der Lehrer sollte »politisch korrekt«, sprich absolut wertneutral sein und nur noch reines Wissen vermitteln. Doch wenn alle Wertorientierungen nebeneinander gleich gültig sind, dann darf man sich nicht wundern, wenn den Leuten alles gleich-gültig wird.

Jetzt haben wir den Einzelnen befreit von der Diktatur staatlicher, religiöser oder familiärer Zwangsvorgaben, aber tun uns schwer, einen gemeinsamen Konsens zu finden. Das ist wie bei der Geschichte vom Turmbau zu Babel: Wenn jeder eine andere Sprache, und zwar seine eigene Sprache spricht, ist es nicht mehr möglich, sich mit anderen zu verständigen. Das Gemeinwesen bricht auseinander. Das Defizit ist erkannt, aber es fehlt an einem verbindlichen Konzept, es abzustellen: Heute wird wieder vom Lehrer erwartet, über das Lehren hinaus auch zu erziehen, wobei sich der weltanschaulich weitgehend neutrale Staat mit einem verbindlichen Leitbild schwer tut. Das ist die schwierige Aufgabe, vor der die Gesellschaft zu Beginn des sechsten Kondratieffs steht: die Balance zu finden zwischen den eigenen und den fremden berechtigten Interessen und ein echtes Interesse am gleichberechtigten Wohlergehen des anderen[18] zu haben.

Denn für immer mehr Berufe ist ein bestimmtes soziales Verhalten Voraussetzung, dazu die Bereitschaft, sich in eine Gemeinschaft einzufügen, mitzuarbeiten, zu leisten. Eine der Kernfragen der Bildungsreform lautet daher: Wie schaffen wir es, unsere Kinder so auf das Berufsleben vorzubereiten, dass sie in der Lage sind, im Team zu arbeiten (womit sich

18 Nefiodow: »Der Sechste Kondratieff«, S. 155.

ihre Eltern noch schwer tun)? Verhaltensnoten sind keine alten Zöpfe, sondern werden wieder modern und für die Wirtschaft aktueller denn je. Noch besser ist, Teamarbeit schon in der Schule praktisch zu trainieren. Ein Schuldirektor hat Teamarbeiten in der Klasse abgelehnt mit der Begründung, dann würde immer ein Schüler in der Gruppe gar nichts tun. Das ist richtig. Nur: Genau dieses Problem taucht jetzt in der Berufswelt auf – dort gehen die Konflikte in Teams gerade erst los, weil ein Teil des Lohnes von der Teamproduktivität abhängt, während manche auf Kosten aller nur das Nötigste tun. Wenn wir nicht schon in der Schule lernen, wie wir gemeinsam leisten, Reibungen austragen und Verantwortung übernehmen, dann werden wir es in der Wirtschaft auch nicht schaffen.

Es gibt schon positive Beispiele: In Baden-Württemberg etwa besteht am Gymnasium die Möglichkeit, eine Note zu vergeben, die der Schüler zusammen mit anderen im Team erwirbt. Damit nicht nur einer arbeitet und die anderen Trittbrett fahren, gelten ein paar Regeln: Die Gruppe wird per Losverfahren zusammengestellt. Das verhindert, dass nicht wieder verschworene Freundeskreise zusammen kungeln, sondern es führt zu Zwangsgemeinschaften wie draußen in der realen Arbeitswelt. Jeder muss sich in heftiger Diskussion mit anderen arrangieren, mit denen er sonst nie reden würde, weil sie zu einer anderen Clique gehören. Das Ergebnis jeder Gruppe wird am Ende präsentiert – von einem Schüler, der dafür vom Los bestimmt wird.

Das bildet den wirtschaftlichen Paradigmenwechsel ab: Verantwortung wird nach unten delegiert, und dort müssen sie sehen, wie sie miteinander zurechtkommen. Wahrscheinlich haben Konflikte in der Wirtschaft nach Einführung flacherer Hierarchien viel mehr zugenommen als in der Schule, in der Jugendliche schon immer ihre Rangkämpfe ausgefochten oder ihre Wut an anderen ausgelassen haben, weil diese verhaltensauffällig, sensibel oder von den Eltern überbehütet waren. Wie in der Wirtschaft (☛ Gesundheits-Kapitel, Mediation, S. 299) werden Jugendliche an einigen Schulen zum Streit-Mediator ausgebildet, die erst sachlich und fair die Vorgeschichte und die Interessen aufdecken und dann eine einvernehmliche Lösung finden – mit guten Erfolgen. Damit lernen Schüler ab dem zehnten Lebensjahr, eine Gruppe pragmatisch zu organisieren und Konflikte fruchtbar auszutragen. Das ist sechster Kondratieff pur, weil gesamtgesellschaftlich: Hinterher kommen Eltern in die Schule und wollen ebenfalls als Konfliktschlichter trainiert werden. Was erst noch im Versuchsstadium ist, muss in Zukunft zur Grundausbildung gehören.

Nachdem es keine allgemeingültigen Verhaltensregeln mehr gibt, müssen Firmen ihre eigenen internen Verhaltensregeln festlegen – das kommt auch auf die Schulen zu. Je multikultureller eine Gesellschaft ist, desto wichtiger werden unverzichtbare Grundregeln und ihre Gültigkeit für alle. Wichtig ist, dass den Schülern kein Regelwerk vorgegeben, sondern dass dieses von allen Betroffenen gemeinsam entwickelt wird. Sie selbst legen fest, wie sie miteinander umgehen wollen, welche Sanktionen bei Verstößen gelten. Wer sich bewusst für bestimmte Werte und Regeln entscheidet, wird sie auch freiwillig befolgen. Außerdem nimmt das den Wind aus den Segeln der Mobber, weil sie durch ihr Verhalten keine Macht mehr gewinnen, sondern an Prestige verlieren. Beim Aufstellen der Regeln muss aber niemand von vorne anfangen: Der Religionsunterricht vermittelt ein Bild vom Menschen und vom menschlichen Zusammenleben, »das niemanden als vermeintlich minderwertig ausschließt. Mit der Botschaft, dass alle Menschen gleichermaßen von Gott angenommen und geliebt sind, leistet der Religionsunterricht einen wichtigen Beitrag – neben seinen anderen Aufgaben – für ein gesellschaftliches Miteinander. Wo jeder den anderen achtet und respektiert, wo Fremdenhass, Missachtung von Behinderung und Andersartigkeit keinen Platz haben,« schreibt Kardinal Lehmann.[19]

Diese Fähigkeit, mit anderen effektiv und mit wenig Reibungsverlusten Probleme zu lösen, umfasst nicht nur Gruppenmitglieder, sondern alle Beteiligten – sogar Lehrer. Diese geben jedoch noch ein schlechtes Beispiel ab: Deutsche Lehrer wurden traditionell zum Einzelkämpfer ausgebildet, zu Beamten, die an einer staatlichen Anstalt dienen. Fachvertreter äußern sich negativ über die Kollegen anderer Fächer, Lehrer desselben Fachs streiten um die Rangordnung in ihrer Fachschaft, im Lehrerkollegium gilt die alte Hackordnung. Eine Bildungsreform, die das größte wirtschaftliche Knappheitsfeld Kooperationsfähigkeit erschließt, bleibt nicht bei den Schülern stehen: Auch die Lehrer müssen sich umorientieren, an einem Strang ziehen.

Wie in der Wirtschaft läuft es auch in der Schule darauf hinaus, dass der Einzelne mehr Verantwortung für die Lösung von Problemen und

19 K. Rüdiger Durth: »Besser als sein Ruf«, Rheinischer Merkur 37/00, S. 26.

für die Organisation sozialer Prozesse bekommt. Der Schüler wird vom Konsumenten zum Macher und Gestalter. Und dafür bietet die Schule die beste Spielwiese. Schüler können sich zu Firmen zusammenschließen und der Schule Dienstleistungen anbieten: Vermutlich ist es billiger, einem 16-jährigen PC-Fachmann die Wartung des Computerraumes zu übertragen, als dafür einem Lehrer (der aber die Oberaufsicht führt) Unterrichtsstunden gutschreiben zu müssen. Vermutlich sind sie auch beim Rasenmähen auf dem Sportplatz, beim Sortieren der Schulbibliothek und sogar beim Schneeräumen kostengünstiger als das sonst dort eingesetzte Personal. Wer mit 15 Jahren eine Firma betreibt, der hat davon mehr Nutzen als von den Details eines Faches, in dessen Sphären er sich später nicht mehr bewegt: Er übernimmt Verantwortung, muss sich mit anderen einigen, hat einen anderen Bezug zu seinem Lernumfeld. (Solche Leute gründen dann später eine eigene Firma und schaffen Arbeitsplätze.)

Effizienter einsetzen lässt sich das Geld auch, wenn man denselben theoretischen Stoff, der in drei Parallelklassen zum Beispiel in Mathematik vermittelt werden muss, in einer gemeinsamen Vorlesung abhandelt, die Übungsaufgaben aber in den Klassen gemeinsam mit den Lehrern durchgerechnet werden, wo dann mehr Zeit für individuelle Fragen bleibt. Und warum sollten dabei nicht Schüler der oberen Jahrgangsstufen Übungsgruppen der Unter- und Mittelstufen ergänzend betreuen – gegen Bezahlung (aus den gesparten, teureren Lehrerstunden). Erstens ist es oft so, dass ältere Schüler den Stoff besser erklären können als jemand über 30, zweitens wäre die Betreuung der übenden jüngeren Schüler intensiver, drittens lernt man nie mehr als dann, wenn man einem anderen etwas erklären muss, und viertens schafft das eine Kultur, in der man andere fördert und unterstützt. Es schafft eine Atmosphäre der Gemeinschaft an einer Schule, ein Umfeld, in dem man gerne lernt und in dem sich der Geist auf eine Sache konzentrieren kann, ohne sich ständig um seine Selbstbehauptung kümmern zu müssen (auch das eine Parallele zum Paradigmenwechsel in der Arbeitswelt). Die Absolventen dieser Schule könnten in der Wirtschaft vom ersten Tag an Leistung bringen. Leistung jedoch bezieht sich immer auf ein Ziel (hat also mit Sinn zu tun), das einen motiviert, sich über längere Zeit auf ein Problem zu konzentrieren und dicke Bretter zu bohren.

Motivation: sinnorientiert lernen

Auch Motivation ist kein Schulproblem: Die größten Probleme, sich zu motivieren, haben die Erwachsenen. Nicht umsonst lebt eine ganze Reihe dubioser Motivationstrainer von dieser Knappheit, und der Anteil der Mitarbeiter, die innerlich gekündigt haben, wird in der Wirtschaft auf über 40 Prozent geschätzt. Bevor sie sich also um die Schule sorgt, sollte die Gesellschaft zugeben, dass sie selbst ein Sinnproblem hat. Sie liefert den Schülern keine Antwort mehr auf die Frage, was wertvoller sein sollte als der jetzige Konsum meiner Zeit und meiner Kraft: Die besten Schüler lernen dafür, hinterher unter den denkbar meisten Alternativen wählen zu können, also sich selbst zu verwirklichen und Karriere zu machen; die breite Mehrheit der Mittelmäßigen lernt für den Konsum, und dazu bedarf es (bislang noch) keiner Anstrengung. Das aber lehrt die Psychologie, darunter die Logotherapie von Viktor E. Frankl: Dass der Mensch keinen Sinn in sich selber findet, der ihn zum Leben motiviert, sondern nur außerhalb seiner selbst in Aufgaben und Personen.[20]

Die Strukturen der alten Industriegesellschaft motivierten nicht zum Lernen (außer durch Befehl und Gehorsam). Denn dort schien der kleine Angestellte keine Chance zu haben, etwas zu verändern, sondern nur der, der es in die Führungsetage schaffte. Das ist jetzt in der Informationsgesellschaft anders: Jedes Detailwissen eines Einzelnen entscheidet, ob das Gesamtprojekt gelingt oder nicht, jeder ist wichtig, und das motiviert künftig auch die große Mehrheit derer, die nicht Vorstandschef werden. Dadurch dreht sich das Führungsverhalten in der Wirtschaft völlig um: Je mehr sich die Fachkompetenz auf die Ebene der Projektbearbeiter verlagert, umso weniger führen Manager durch Anweisungen, denn durch das Formulieren klarer Ziele: Unser Auto soll dieses oder jenes können, die Software bis Januar fertig werden, der Kunde an uns gebunden werden.

In der Schule hat man bisher gelernt, was der Lehrer durchgenommen hat, damit man die nächste Prüfung besteht, und nicht, weil das etwas mit den eigenen praktischen Lebenszielen zu tun hat; das reduziert den real gelernten Stoff. Das sinnorientierte Führen, das die Wirtschaft der Informationsgesellschaft künftig praktiziert, braucht einen Spiegel in der

20 Viktor E. Frankl: »Der Mensch vor der Frage nach dem Sinn«, Piper-Verlag, München 1979.

Schule: Sinnorientiertes Lernen. Der 15-Jährige soll vor Augen haben, dass er sich bis zum Schüleraustausch nächstes Jahr mit einer englischen Familie über sein Leben unterhalten können soll, dass er diese Gleichungen deswegen lösen muss, weil es in der Betriebswirtschaft oder in den Naturwissenschaften diese oder jene Anwendung gibt, und er sollte diesen Zusammenhang in der Biologie verstanden haben, weil es da um seine eigene Gesundheit geht. In dem Moment, wo man den Lernstoff in sein reales Leben einbinden kann, steigt die Motivation, sich den Stoff reinzuziehen.

Dabei wird sich jeder durch andere Sinnzusammenhänge motivieren, je nach seinen Lebenszielen und Begabungen. Auch in der Wirtschaft der Informationsgesellschaft ist der Einzelne nicht mehr das austauschbare Rädchen an der Maschine. Es kommt darauf an, dass die verborgenen Begabungen jedes Menschen sichtbar werden – und für das ganze Unternehmen nutzbar. Das entspricht dem, was sich parallel in den ressourcenorientierten neuen Therapierichtungen in der Psychotherapie entwickelt: Anstatt darauf zu schauen, was einem fehlt und wo man versagt, lenkt sie ihre Aufmerksamkeit darauf, was man hat und kann. Auch die verlorenen Potenziale von Schülern sind ein Verlust. Lehrer bekommen damit im sechsten Kondratieff die Aufgabe, viel intensiver hin- und in Schüler hineinzuschauen, um ihnen zu helfen, ihre Begabungen zu entdecken, die wichtig sind für die Fähigkeit der Gesellschaft, Probleme zu lösen. So wie die Wirtschaft Personalgespräche führt, sollten auch Schüler mit ihren Defiziten und Talenten von ihrem Schulleiter oder erfahrenen Lehrer durchgecheckt werden (wie in einem vorgezogenen Bewerbungsgespräch) – das senkt auch die Quote derer, die durchfallen, und legt mehr Hochbegabungen frei. Außerhalb der Neid-Gesellschaft wird man sich an deren Leistung freuen, anstatt sie als Beleidigung des eigenen Selbstwertes zu empfinden. Hochbegabtenförderung bekommt dann einen ganz anderen Stellenwert: Sie ist völlig normal, weil nur eine andere Form von etwas, was jedem zuteil wird.

Das Zeugnis sollte daher mehr wiedergeben als Kriterien, wie gut jemand in ein Raster passt. Verhalten, Teamfähigkeit und Begabungen müssen stärker berücksichtigt werden. Sie würdigen einen Schüler gerechter und stärken seinen Selbstwert. Wo das Zeugnis die Ressourcen nicht widerspiegelt, müssen Eltern signalisieren, dass die Kinder unabhängig vom Zeugnis bedingungslos geliebt werden – dieses Grundvertrauen ist

Voraussetzung von Lern- und Leistungsmotivation. Kinder sind in erster Linie Kinder und erst in zweiter Linie Schüler. Von ihren Eltern geliebt zu werden, bedeutet nicht, dass keine Regeln gelten: Familien, die das emotionale Wohlergehen ihrer Mitglieder fördern, verbinden vielmehr »Disziplin mit Spontaneität, Regeln mit persönlicher Freiheit, hohe Erwartungen mit uneingeschränkter Liebe. ... Regeln und Disziplin sind vonnöten, um die übermäßige Verschwendung psychischer Energie zu vermeiden, wenn ausgehandelt wird, was man tun darf oder nicht«.[21]

Eltern erfolgreicher Schüler nehmen Anteil an deren Entdeckungen und sprechen über das Gelernte – das hilft, es zu strukturieren und zu verarbeiten. Außerdem ist es ein Stück Wertschätzung meiner Person und dessen, was ich tue, wenn meine Eltern mit mir über das reden, was wir in der Schule gemacht haben. Eltern erfolgreicher Schüler schalten sich nicht immer ein, reißen keine Antwort an sich, wenn eine Frage an das Kind gerichtet ist; sie sind selber bildungshungrig, und handeln nicht nach dem Recht des Stärkeren, sondern achten in ihrem Handeln das Recht des anderen, der Putzfrau, des Nachbarn, der depressiven Alten oder der Lehrer, die immer mehr Kraft aufwenden müssen, um sich zu behaupten.

Löwenbändiger ohne Peitsche

Wer weiß, wie geschafft manche Eltern nach einer Stunde Einkauf mit ihrem Jüngsten sind, der ahnt, was es bedeuten kann, davon 30 Exemplare sechs volle Unterrichtsstunden lang zu betreuen. Nach einer Untersuchung der Universität Potsdam fühlt sich jeder dritte Lehrer ausgebrannt, ein weiteres Drittel fühlt sich verkannt, nicht anerkannt oder überfordert; gesund und glücklich ist nur jeder vierte Lehrer. Dabei zeigt sich ein Nord-Süd-Gefälle: Während für mehr Kollegen im Süden die Welt noch in Ordnung ist, nehmen die Klagen im Norden und Osten erheblich zu. Dort beklagen Lehrer das »Fehlen elementarer Verhaltensnormen« bei ihren Schülern, fühlen sich angegriffen und beleidigt. Viele Lehrer sehen sich nur noch als »Löwenbändiger« vor der Klasse, die sich abmühen, überhaupt Gehör zu finden – wobei die Kollegen aus dem Zoo ihren Wil-

21 Mihaly Csikszentmihaly: »Lebe gut! Wie Sie das Beste aus Ihrem Leben machen«, München, dtv 2001, S. 118.

len wenigstens mit Futter und Peitsche durchsetzen können. Die Hälfte der Lehrer gab bei einer Allensbach-Studie 2012 an, dass sich die Disziplin der Schüler in den vergangenen zehn Jahren verschlechtert hat und der Unterricht anstrengender geworden ist.[22]

Eine Gesellschaft, die mit juristischen Fallstricken und mangelnder Loyalität den Pädagogen immer mehr Möglichkeiten aus der Hand nimmt, für Aufmerksamkeit und eine disziplinierte Arbeitsatmosphäre im Klassenzimmer zu sorgen, darf sich nicht wundern, wenn das Leistungsniveau der Schüler sinkt und genervte Lehrer das Handtuch werfen, weil sie es mit Methoden des Infotainments allein nicht schaffen, sechs Schulstunden am Tag die Schüler bei Laune zu halten. Im Durchschnitt gehen Lehrer mit unter 58 Jahren in Pension, fast zwei Drittel von ihnen vor der gesetzlichen Altersgrenze – mit medizinisch attestierter Dienstunfähigkeit. Zwischen 1996 und 2002 ist das Durchschnittsalter der Lehrer von 45,9 auf 47,3 Jahre gestiegen[23] – schon bald rollt eine Pensionierungswelle durch die Schulen (und die öffentlichen Haushalte). Denn derzeit sind mit 49 Prozent fast die Hälfte aller Lehrer 50 Jahre oder älter. Damit bekommen wir in der Schule demografische Probleme. Die Bildungspolitik steht also erstens vor dem Problem, die vorhandenen Lehrer so zu stärken, dass sie gesund bleiben und motiviert länger arbeiten, und zweitens das Ansehen dieses Berufes so zu steigern, dass sich geeigneter Nachwuchs findet.

Aber der Rückhalt in der Politik ist gering. Als sich ein späterer Bundeskanzler bei Schülerzeitungsredakteuren lieb Kind machen wollte, nannte er Lehrer »faule Säcke«. Anders als Feuerwehrleute und Pflegekräfte, die auch hoch beansprucht sind, vermissen Lehrer Anerkennung für eingebrachtes Engagement. Prämien von 1000 Euro vor Steuern machen nicht reich, aber signalisieren, dass ein Vorgesetzter besonderes Engagement oder Belastungen registriert hat. Doch noch immer sind Schulen staatliche Behörden, die im Industriezeitalter nach dem Vorbild der Fabrik konzipiert worden sind und Herrschaft hierarchisch ausüben. Schulleiter sollen die Vorgaben der Ämter nach unten durchsetzen und nach oben möglichst wenig Widerstand leisten. Die Administration ist gegen Kritik von unten abgeschirmt – das demotiviert die Lehrer.

---

22 »Die Last mit den Schülern«, SZ 25.4.12, S. 7.
23 Peter Hacker: »Einsamkeit im Lehrerzimmer«, 14./15.8.02, S. 9.

Auch auf die Lehrer wird abfärben, was sich in der Wirtschaft aus ökonomischer Notwendigkeit heraus umstrukturiert: Manager werden zum Dienstleister ihrer Mitarbeiter. Bei der Auswahl neuer Schulleiter sollten solche berufen werden, die sich gegenüber dem Ministerium, den Schülern und Lehrern gleichermaßen verantwortlich fühlen. Wie in der Wirtschaft müssen Schulleiter künftig ihre Lehrer fordern und fördern. Das Schulamt wird die Schule als Ganzes bewerten, nicht den einzelnen Lehrer. Die Regierung zieht sich aus der operativen Verantwortung zurück und verlagert diese Kompetenzen nach unten. Nach dem Motto: »Wir messen euch am Ergebnis, aber wir überlassen euch, wie ihr das Ergebnis erreicht«, so der Koordinator der Pisa-Studie, Karl-Heinz Heinemann.[24]

Denn die neuen Strukturen des sechsten Kondratieffs müssen von oben ermöglicht werden: Teamarbeit in den Klassen, fachübergreifend in Sinnzusammenhängen lernen, Vorlesungen und intensive Betreuung, Konflikt-Mediation durch Schüler, unternehmerische Betätigung, Selbstgestaltung von Verhaltensregeln, ein insgesamt kollegialeres Verhältnis. Das ist keine erneute zusätzliche Forderung an die Lehrer – wie in der Wirtschaft kann man nicht einfach nur von Mitarbeitern fordern, ohne ihnen die nötigen Ressourcen zu geben und ihnen Hürden aus dem Weg zu räumen. Dafür haben alle zu sorgen, die Eltern, die Schüler, die Politik, eben eine reorganisierte Gesellschaft.

Dann gibt es auch wieder mehr glückliche Lehrer. Das sind Menschen, die das Interesse der Schüler wecken, ihre Lernbereitschaft mobilisieren, ihnen dauerhaft etwas beibringen, sie für etwas begeistern; sie kümmern sich um problembeladene Schüler, die wie Blumen aufgehen, sobald man sich ihnen zuwendet; sie animieren sie, weiterzukommen, sie fördern sie, stärken ihr Selbstwertgefühl – für all das gibt es keinen Grund rationalen Eigennutzens (wie ihn die Wirtschaftsethik diskutiert), und weder Beamtensold noch staatliche Pflicht können von einem Lehrer verlangen, sich jenseits des vorgeschriebenen Dienstes für die Schüler zu engagieren. Nur ein größeres Verantwortungsgefühl und größere Liebe geben die Kraft, über den Horizont des eigenen Wohlergehens hinauszugehen – kurz: für »Gotteslohn« (der Begriff wird zu reinem Spott, wenn es im Weltbild eines Menschen keinen Gott gibt).

---

24 »Wer seine Probleme nicht kennt, sackt ab«, Frankfurter Rundschau 24.10.02.

Globaler Zukunftsmarkt Bildung

Was die Arbeit der Lehrer wert ist, wird erst deutlich, wenn der Bildungsmarkt in der fortgeschrittenen Informationsgesellschaft zu einer der größten Wirtschaftsbranchen wird. Noch immer erkennen viele den Wert von Bildung nicht an. Sie ist für die meisten eine kostenlose Selbstverständlichkeit wie Straßen und leuchtende Straßenlaternen, die man in Anspruch nimmt, ohne sich dafür anzustrengen (deswegen ist der gesellschaftliche Druck auf das bestehende System im Moment noch so gering, Schule nach den Produktivitätskriterien in der Informationsgesellschaft zu verändern). An den Universitäten wird schon offensichtlich, wie knapp problemlösungsrelevante Bildung ist. Nicht Studiengebühren nach Zeit werden sich schließlich etablieren, sondern Bildungssparbücher: Jeder Student erhält ein Studienkonto mit Semesterwochenstunden, je nach Fach unterschiedlich viele. Der Student verbraucht sein Konto in einem Zeitraum bis zum Doppelten der Regelstudienzeit – damit können auch Leute studieren, die halbtags einer Erwerbsarbeit nachgehen und nebenbei studieren müssen. Damit werden sich die Universitäten (und die verbeamteten Professoren mit bis zu fünf Monaten vorlesungsfreier Zeit, acht Semesterwochenstunden Unterricht und Mitarbeiterstab) echtem Wettbewerb stellen – denn ihre Ressourcen bemessen sich dann nach ihrer Ausbildungsleistung und Studentenzahl. Das bekommt eine weltweite Dimension: Die WTO verhandelt derzeit, den Markt für Dienstleistungen zu liberalisieren – auch die Bildungsangebote. Die Unternehmensberatung Merrill Lynch schätzt den weltweiten Markt auf 2,2 Billionen Dollar im Jahr – das ist einer der großen Zukunftsmärkte.

Davon ausgeschlossen sind mehr als 860 Millionen Menschen (2011), die als Analphabeten zusammen wohl nicht produktiver sind als die paar tausend produktivsten Informationsarbeiter der Welt. In vielen Ländern wird ein Teil eines Jahrgangs gar nicht erst eingeschult, weil es keine Schulen gibt oder die paar wenigen zu viel Geld kosten – das sind derzeit 113 Millionen Kinder, davon 65 Millionen Mädchen.[25] Und selbst wer eine Schule besucht, lernt nur, das auswendig nachzusagen, was der Lehrer sagt. In Bangladesch zum Beispiel können vier von fünf Kindern nach fünf Grundschuljahren weder einen Text lesen noch einen Brief schrei-

25 „7 Milliarden", SZ 29./30.10.11, S. V2/2.

ben oder gar selbstständig eine einfache Kopfrechenaufgabe lösen. Auch in manchen Republiken der ehemaligen Sowjetunion, in der früher jedes Kind in die Schule ging, ist die Einschulungsrate auf 85 Prozent gefallen, etwa im Kaukasus oder in Zentralasien. Im Übergang zur Informationsgesellschaft ist Schulbildung ein Weltproblem vom Rang der globalen Klimakatastrophe geworden. Denn anders als über Bildung werden die schwächeren Länder nicht auf die Beine kommen.

Kapitel 9

Chancen und Perspektiven

Welche Regionen der Welt in den nächsten 20 Jahren prosperieren werden

Als Paul Kennedy Mitte der 1980er Jahre sein Buch über den »Aufstieg und Fall der großen Mächte« schrieb, erwartete er, dass die pazifische Region mit Japan und China weiter emporsteigen werde.[1] Er zitierte Wirtschaftsexperten, die voraussagten, sie würde im Jahr 2000 die Hälfte des Weltbruttosozialproduktes herstellen. Japans politische Ökonomie sei »von allen Staaten am besten für das 21. Jahrhundert gerüstet«[2], prognostizierte er damals. Kennedy sah die japanische Ära gerade erst beginnen, denn in jeder bisherigen Phase weltwirtschaftlicher Expansion habe die jeweilige Gläubigernation das Wachstum angeführt.[3] Und selbst wenn Japan in Relation zu anderen Wirtschaftsblöcken wieder absteige, dann werde dies nur ein sehr langsamer Prozess sein. Europa dagegen sei der weitere relative Abstieg vorherbestimmt, nachdem es ja unwahrscheinlich sei, dass die Europäer besser zusammenarbeiteten.

Ab jetzt gelten neue Spielregeln

Seine Vorhersagen sind so nicht eingetroffen: Japans Wirtschaft schrumpfte jetzt jahrelang und hat erst in letzter Zeit wieder ein bisschen vom Aufholprozess in China mitprofitiert, die Europäer haben eine gemeinsame Währung eingeführt. Wie viele Zukunftspropheten machte auch Kennedy den Fehler, seine Gegenwart Mitte der 80er Jahre, als der Computer

1 Kennedy: »Mächte«, S. 652.
2 Kennedy: »Mächte«, S. 678.
3 Kennedy: »Mächte«, S. 688.

die treibende Kraft war, in die Zukunft hochzurechnen, anstatt von einem neuen Paradigma auszugehen. Damals war das ja alles so, wie er es beschreibt: Die Japaner kauften das Rockefeller-Center in den USA und schluckten große Teile Hollywoods; bald würden sie den ganzen Globus dominieren. Die zweitgrößte Industrienation der Welt, die sich um 1980 anschickte, die USA zu überholen, ist in den vergangenen Jahren zurückgefallen.

Das ganze Land hat in den furiosen späten 80er Jahren gigantische Beträge geliehen und muss jetzt feststellen, dass das, was sich die Japaner dafür gekauft haben, niemals wieder den dafür gezahlten Preis erreichen wird. An der Börse hat eine unvorstellbare Geldvernichtung stattgefunden.

Mit mehr als 240 Prozent des Bruttosozialproduktes ist Japan das am höchsten verschuldete Industrieland. Die Leitzinsen liegen seit Jahren unter einem halben Prozent, Geld ist quasi umsonst. Das Hinterland, bis in die 70er Jahre voll erschlossen, verfällt; es gibt wieder Dörfer ohne Läden und ohne Arbeit – außer in der Pflege der verbliebenen Alten. Das minimale Wachstum der vergangenen Jahre verdankt das Land dem Export nach China und der zunehmenden wirtschaftlichen Integration mit seinen Nachbarn. Nun wird es von der Weltrezession mitgerissen – nach dem Tsunami und Atom-GAU umso mehr. Die Regierung von Ministerpräsident Koizumi (2001 bis 2006) dachte anfangs noch, sie müssten eben nur die IT-Revolution in Japan weiter forcieren, um die Stellenverluste der Industrie auszugleichen – dasselbe Rezept, das in den 70ern und 80ern funktionierte, wirkt aber heute nicht mehr. Offensichtlich ist nach der Jahrtausendwende etwas grundlegend anders als Mitte der 80er Jahre. Gerade die Länder, die dank der Informationstechnik aufgestiegen sind, fallen seit den späten 90ern in ihrer internationalen Wettbewerbsfähigkeit zurück.

Ursache: Die Antriebskraft des Computers für die gesamte Weltwirtschaft ist schwach geworden. Das entzieht jenen Ländern die Grundlage ihres Erfolges, die besonders von seiner Produktion, seiner Anwendung und seinem Export profitiert haben, während die meisten anderen inländischen Arbeitsplätze auf dem Weltmarkt nicht konkurrenzfähig sind. Es geht im Kern nicht mehr um Autos oder Computer. Die Karten werden wieder neu gemischt: Künftig werden die Länder ihre Probleme am besten lösen und wohlhabend sein, die am effizientesten mit Informationen umgehen (☛ Kapitel zur Informationsgesellschaft, S. 362). Es geht jetzt um die Fähigkeit einer Gesellschaft, sich sozial zu vernetzen. Was in Zukunft zählt, ist Sozialkapital: Dazu gehören eine legitime Regierung, ein funktionierendes Rechts- und Sozialsystem, Vereine und Initiativen, Nachbarschaftshilfen, Familienqualität.

Weil Firmen in ihr Umfeld eingebettet sind, werden sie künftig dort erfolgreich sein, wo die gesellschaftlichen Verluste – destruktive Verhaltensweisen, Kriminalität, Suchtprobleme, kaputte Beziehungen – am geringsten sind.[4] Das gesellschaftliche Klima kann eine Firma nicht gestalten, dem ist sie ausgeliefert: Firmen können zwar ihre Mitarbeiter mit Gehaltszulagen motivieren, mit Statussymbolen den Selbstwert steigern, ihre kognitive Ebene auf Weiterbildungen stärken, über Corporate Identity die Gruppeninstinkte ansprechen.[5] Aber das gegenseitige Wohlwollen, mit dem Mitarbeiter ihren Kollegen, Kunden und vorübergehenden Partnern begegnen, den Kredit, den sie sich geben – das hat mit der Ethik einer Gesellschaft zu tun. Die Fähigkeiten, welche die Wirtschaft künftig antreiben – Fantasie, zusammenarbeiten können, innere Kraft schöpfen, Konfliktgegner bejahen –, entfalten ihr volles Potenzial erst auf den psychischen Schichten, die sich oberhalb der rein selbstbezogenen Bedürfnisse und oberhalb der rein rationalen Verstandesebene bewegen. Dann erst können Informationsströme effizient fließen, wird es möglich, weltweit mit vorübergehenden Partnern, Kollegen, Zulieferern und Kunden partnerschaftlich, vertrauensvoll und produktiv zusammenzuarbeiten.

Damit stehen die Vorstellungen von dem, was wir in unserem Leben für wichtig und für wünschenswert halten, plötzlich im Zentrum der Wirtschaftswissenschaft. Denn eine lange Kondratieffwelle ist ein gesamtgesellschaftlicher Strukturzyklus, in dem derjenige erfolgreich ist, der mit seiner Art zu denken zu den neuen Anforderungen passt. Der deutsche Soziologe Max Weber hat schon um 1900 nachgewiesen, dass die Leistungsfähigkeit einer Gesellschaft von ihrer vorherrschenden Religion bestimmt wird: Damals waren die evangelischen Gebiete des Deutschen Reiches industrialisiert, die katholischen dagegen kaum. Und selbst in Mischgebieten wie in Baden hatten Protestanten im Durchschnitt um die Hälfte mehr Einkommen zu versteuern als ihre katholischen Nachbarn, die ja

4 Vgl. Kapitel »Reserven« und Nefiodow: »Der Sechste Kondratieff«, S. 104ff.

5 Nefiodow: »Der Sechste Kondratieff«, S. 170 ff. Dort beschreibt Leo Nefiodow Möglichkeiten der Motivation auf den verschiedenen Schichten der Psyche.

schließlich nicht dümmer waren. Webers Erklärung: Durch die Reformation war Arbeit für den Protestanten eine Art Gottesdienst geworden, ein Weg, mitzuwirken an der Schöpfung Gottes. (Wirtschaftlicher) Erfolg im Leben wurde für Protestanten das deutlichste Zeichen göttlicher Gnade. Was macht aber nun so ein Puritaner, wenn er wieder eine Hand voll Geld verdient hat? Luxus ist Sünde, also investiert er seinen Gewinn wieder – so entwickelte sich die Industrialisierung in den protestantisch geprägten Landstrichen Europas. Wo dagegen Reichtum fast als Sünde gilt (»Eher geht ein Kamel durchs Nadelöhr als ein Reicher in den Himmel«), wo vor allem Gebet und der »Schatz im Himmel« wichtig sind, dort entstand der Kapitalismus mühsamer. Heute betont die Forschung vor allem den Einfluss auf die Bildung: Da die Protestanten die Bibel selber lesen und verstehen wollten, konnten mehr von ihnen lesen und waren so produktiver.

Denn Religion vermittelt Werte; Werte bestimmen, wie Menschen miteinander umgehen, Waren austauschen oder welchen Leistungswillen sie haben. Werte schaffen eine stabile Verhaltenserwartung, helfen der Gesellschaft zu funktionieren. Religion produziert so ein öffentliches Gut, sagt der amerikanische Ökonom Robert Tollison: Ein Gut, von dem alle Gesellschaftsmitglieder profitieren, auch wenn sie selbst mangels Frömmigkeit nicht an seiner Produktion beteiligt waren.[6] Je stärker der Einfluss der Religion auf das Denken der Menschen, desto weniger staatlicher Zwang ist nötig, um in einer Gesellschaft ein erwünschtes soziales Verhalten herbeizuführen – Korrelationen konnten die Forscher herstellen zwischen dem Anteil von Kirchenmitgliedern in einem US-Bundesstaat und der Kriminalitätsrate oder den Staatsausgaben. Der Grund: Mit ihrer Transzendenz produziert Religion Vertrauen effizienter als der Staat: Geschäftsleute, die nicht ständig Angst haben müssen, über den Tisch gezogen zu werden, brauchen nicht jede Unwägbarkeit absichern. Arbeitgeber, die ihren Mitarbeitern vertrauen, müssen nicht jeden Arbeitsschritt überwachen. Der Markt kann ohne ethische Elemente nicht funktionieren. Die Wohlfahrt einer Nation und ihre Wettbewerbsfähigkeit, glaubt der US-Politikwissenschaftler Francis Fukuyama, hänge davon ab, wie in einer Kultur Vertrauen ausgeprägt sei[7]. Die Nationen sind aber unterschiedlich gut in der Lage, sich einem neuen Paradigma anzupassen.

6 In: Titelgeschichte »Macht Glaube reich?«, Wirtschaftswoche Nr. 23 / 29.5.1997 S. 33-41, hier S. 35.

7 Wirtschaftswoche Nr. 23 / 29.5.1997.

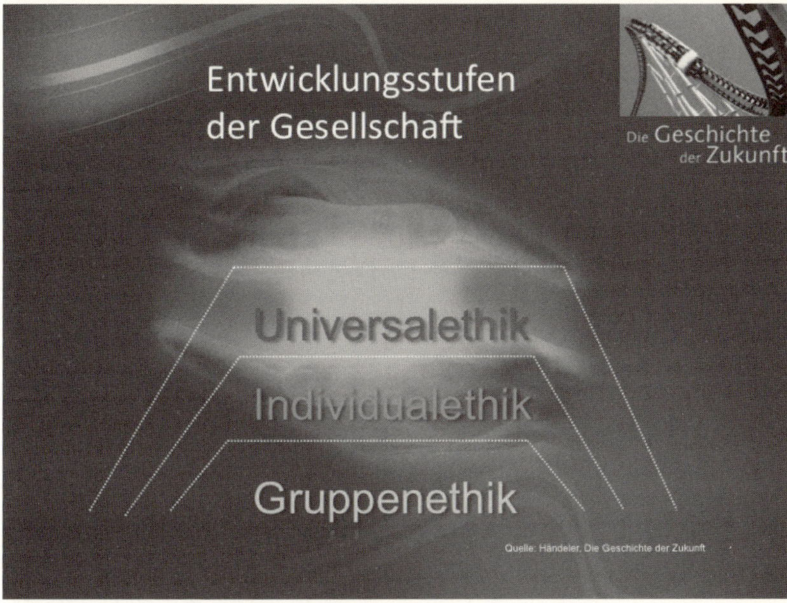

Nicht jede real praktizierte Religiosität schafft im gleichen Maße Kooperationsfähigkeit und Vertrauen.

Nur jene Länder, die ein kooperatives gesellschaftliches Klima haben, werden in der Informationsgesellschaft auch wirtschaftlich entspannter leben. Dieses Paradigma wird alle Staaten benachteiligen, deren dominierende Religion eine Gruppenethik hervorbringt, die andere (»Ungläubige« außerhalb der eigenen Gruppe, Frauen, niedere Kaste) ausschließt. Das heißt nicht, dass eine bestimmte Religion automatisch Vor- oder Nachteile bringt: Es kommt auf die real gelebte Umsetzung religiöser Theorie an. Die zunehmende Demokratisierung und redliche Intellektualität iranischer (islamischer) Jugendlicher erzeugt eine andere Fähigkeit, produktiv mit Information umzugehen, als der Steinzeit-Islam fundamentalistischer Koran-Schulen. Südafrikaner können es kaum fassen, wenn sie hören, dass die Mehrheit in Europa nicht mehr zur Kirche geht – für sie ist das selbstverständlich. Dennoch schauen in dieser Gesellschaft weißere Mischlinge auf schwärzere Mischlinge herunter – Christentum hin oder her. Und so wie sich in den ehemals christlich geprägten Regionen Europa und den USA andere Religionen und Weltanschauungen ausbreiten – Buddhismus, Islam, Esoterik-Schulen –, so sind auch die anderen Teile der

Welt dem religiösen Wettbewerb ausgesetzt (so sie ihn nicht blutig oder mit staatlicher Gewalt unterdrücken). Gerade die intellektuellen Eliten Asiens beschäftigen sich mit christlicher Ethik, und auch in islamischen Ländern gibt es zum Teil prägende christliche Gemeinden (die derzeit eher abnehmen oder wie im Irak stark zusammenschmelzen).

Deswegen muss man die These aus dem Buch »The Clash of Civilizations« von Samuel Huntington relativieren, dass Konflikte vor allem dort entstehen, wo unterschiedliche (religiöse) Kulturen aufeinander prallen. Die Schlachtfelder der Zukunft seien entlang der kulturellen Fronten: Zwischen kulturell andersartigen Staaten, die während des Kalten Krieges auf der gleichen Seite standen, leben alte Gegensätze heute wieder auf. Auf lokaler Ebene beschwören Kriege an alten Bruchlinien – vor allem zwischen muslimischen und nicht-muslimischen Gruppen – die Gefahr einer Ausweitung und Eskalation herauf. Binnenkulturell gelingt die Integration wie in der EU mit dem Euro, multikulturelle Versuche wie bei der Nordamerikanischen Freihandelszone Nafta und bei der asiatisch-pazifischen wirtschaftlichen Zusammenarbeit Apec dagegen stocken. »In den 25 Ländern des ehemaligen Sowjetimperiums verläuft die unterschiedliche Entwicklung zu Wirtschaftsreform wie Wirtschaftswachstum und zur politischen Demokratisierung genau entlang kultureller Grenzlinien«, schreibt Huntington.[8] »Die Länder des westlichen Christentums haben erhebliche Fortschritte gemacht; in den russisch-orthodoxen Ländern ist das Ergebnis jedoch durchwachsen; die muslimischen Länder sind noch weiter zurück.« Wer unter den mittel- und osteuropäischen Staaten Bestandteil des westlichen Christentums war, wird – im Gegensatz zur Türkei – ermutigt, der EU beizutreten.

Wenn wir uns fragen, welche Regionen künftig stärker prosperieren werden, geht es dabei aber vor allem um die Frage, wie sehr die vorherrschenden, religiös geprägten Wertvorstellungen eine Gruppenethik, eine individualistische Selbstbezogenheit oder eine unbegrenzt kooperative Universalethik erzeugen. Offen ist dabei immer, ob und wie schnell es Gesellschaften gelingt, Traditionen zu brechen und ihr Verhalten zu ändern – zum Beispiel unter dem Wettbewerb der verschiedenen religiösen Einflüsse. Deswegen werden die wichtigen Konflikte nicht (allein) zwischen

8 Samuel P. Huntington: »Wohin die Macht driftet. Weltpolitik an den Bruchlinien der Kulturen – ein Szenario für das 21. Jahrhundert«, SZ 20./21. März 1999, Wochenendbeilage S. I.

kulturellen Blöcken ausgetragen, wie es Huntington prophezeit, sondern vor allem innerhalb der Gesellschaften. Damit entscheiden diese selbst über ihren wirtschaftlichen Erfolg im sechsten Kondratieff.

Japan und der Ausstieg aus der Gruppenethik

Während Japans Regierung schrumpfende Branchen früher gezielt still legte und die Ressourcen in wachsende Märkte umleitete, fehlen ihr heute die neuen Arbeitsplätze. Deswegen versuchten die Regierungen schon seit den 90er Jahren, mit großen Ausgabenprogrammen in den alten Branchen die Konjunktur anzukurbeln und marode Betriebe zu stützen. Baufirmen garantieren in Japan rund sechs Millionen oder zehn Prozent aller Jobs, die so eigentlich keiner mehr braucht. Dabei gäbe es statt Brücken und Straßen viel Dringenderes auf Pump zu finanzieren: Die Infrastruktur und die Kompetenzen des nächsten Zyklus.

Für den Schuldendienst braucht die Zentralregierung schon heute zwei Drittel der Einkünfte, die übrig bleiben, wenn sie die Pflichtbeiträge an die lokalen Körperschaften ausgezahlt hat; insgesamt geht ein Fünftel des Jahreshaushaltes dafür drauf. Von 1990 bis 2010 haben sich die Steuereinnahmen halbiert. 2010 muss Japan mit 360 Milliarden Euro erstmals mehr Geld auf dem Kapitalmarkt aufnehmen, als es durch Steuern einnehmen wird. Die Katastrophe in Fukushima mit ihren zusätzlichen Ausgaben öffnet die Schere noch weiter. Dabei kommen die Pensionsverpflichtungen des Staates erst noch auf ihn zu. 2011 rutscht die Handelsbilanz ins Minus. Außerdem wächst die gesellschaftliche Armut, die in keiner Statistik auftaucht: Die dürftige Alters- und Arbeitslosenversicherung, die standardisierte Erziehung, die Berufstätigen, die zwei Stunden zur Arbeit fahren müssen. Die Regierung zögert die Krise nur hinaus. Sie ist wie ein Pilot, der mit seinem Flugzeug so lange Schleifen über dem Flugplatz zieht, bis das Kerosin verbraucht ist.

Die nahe Zukunft lässt sich in Japan schon einigermaßen klar umreißen: Der Staat wird viel weniger für seine Bürger leisten können. Er wird die Renten kürzen, Konsumsteuern erhöhen und Staatsanleihen zum Leidwesen der Kleinsparer zwangsweise in Nullzinspapiere umwandeln. Anfang 2013 zwingt die Regierung die Notenbank, Geld zu drucken, mit dem Ziel zwei Prozent Inflation zu erzeugen, um sich durch eine künstlich aufgeblähte Inflation die Schulden vom Hals zu schaffen wie Deutschland nach dem Ersten Weltkrieg. Kurz: Konflikte sind zu erwarten, an denen die Gruppenethik zerbricht, mit der die Japaner im sozioökonomischen Paradigma des fünften Kondratieffs so erfolgreich waren. Dieser Umbruch wird vor allem in der Wirtschaft für Turbulenzen sorgen.

Denn trotz Technisierung ist Japan in mancher Hinsicht noch eine archaische Gesellschaft. Die Treue zum Lehnsherrn und zum Samurai ging fast fließend in die lebenslange Treue zum Betrieb über. Mit ihren gruppen- und teamzentrierten Arbeitsstrukturen waren japanische Firmen im fünften Kondratieff erfolgreicher als westliche Konkurrenten, die das erst einmal lernen mussten (☛ Geschichts-Kapitel S. 29). Aber der sozioökonomische Systemwechsel verlangt einen neuen Typ von Teamarbeit: Nicht mehr nach dem Gefolgschaftsprinzip, sondern funktionierende Gruppen von Individuen. Diese benötigen eine Kommunikationskultur, die es dem Einzelnen erlaubt, seine Rechte und Ansprüche geltend zu machen und seine Ideen offen mitzuteilen – nur dann können individuelle Leistungen wesentlich besser werden. Die weit verbreitete Neigung, direkte Konfrontation zu vermeiden, lässt jedoch nicht erwarten, dass die japanische Gruppenethik bald von einem kooperativen Individualismus ersetzt wird. Als der ausländische Manager Howard Stringer den Chefposten der japanischen Firma Olympus antrat, deckte er 2011 Bilanzfälschungen auf, und wurde entlassen – wegen »mangelnder Loyalität«. Selbst wenn das Kollektiv kriminell handelt, bleiben japanische Samurais in Nadelstreifenanzügen loyal – das ist die Definition einer Gruppenethik. Die japanische Mafia-Organisation Yakuza hat Einfluss auch auf die größten Konzerne des Landes. Sie wird von der Polizei nicht wirksam verfolgt. Auch bei Fehlern und Skandalen agiert das japanische Spitzenmanagement noch wie früher: Es ist erst am Anfang zu lernen, dass Transparenz auf Dauer mehr bringt als Vertuschen. Schuld am GAU in Fukushima war die Verfilzung von Betreibern und Aufsichtsbehörden, weswegen die Kühlsysteme nicht ordnungsgemäß gewartet wurden. Das verändert den Ton der Medien, die über »Presseclubs« bislang an der kurzen Leine geführt wurden. Ihre Fragen werden aggressiver, sie lassen sich nicht mehr mit Floskeln abspeisen – das Ende der formalisierten Höflichkeit ist angebrochen.

Mit den bisher gültigen Führungsmethoden und Entlohnungssystemen ist Japan dem sechsten Kondratieff daher nicht optimal gewachsen. Auch werden sich in Zukunft junge Informationsarbeiter schwer motivieren lassen, wenn der Lohn nach Alter und Dauer der Betriebszugehörigkeit bezahlt wird – und nicht nach individuellem Beitrag zum Unternehmenserfolg. Wenn die Betriebe nun in schwierigen Zeiten das Treueverhältnis aufkündigen, fangen auch die Beschäftigten an, ihre eigenen Interessen über die Geschicke der Firma zu stellen. Denn wer in jungen Jahren viel arbeitete und wenig verdiente, um damit später Karriere zu machen und mehr zu verdienen, fühlt sich nun mit 40 oder 50 Jahren betrogen. Entlassene oder in tiefere Stellungen Versetzte rächen sich mit passivem Widerstand oder anonymen Tipps über Fehlleistungen. Um das unausgesprochene Versprechen einer lebenslänglichen Anstellung auch künftig noch einlösen zu können, haben große Firmen seit den 90ern immer weniger Leute eingestellt und die Lücken mit sogenannten Teilzeitkräften aufgefüllt. Diese arbeiten in Wirklichkeit Vollzeit, ja Überzeit, sind im Schnitt 40 Prozent billiger, bekommen weder Prämien noch Sozialleistungen. Firmen zählen sie nicht zu *ihren* Leuten. Diese neue Schicht von Arbeitern zweiter Klasse umfasst inzwischen ein Drittel der japanischen, meist jüngeren Beschäftigten. Sie verdienen kaum mehr als das Existenzminimum. Ein Teil von ihnen verliert derzeit seine Stelle. Eine Welle firmeninterner Konflikte ist daher vorprogrammiert, ebenso in den Schulen und Universitäten, die künftig einen völlig neuen Typ von Mitarbeiter bereitstellen müssen.

Eine Gesellschaft, die in der Informationsgesellschaft wohlhabend sein will, deren Bürger müssen flexibel, kreativ, weltoffen und sowohl individualistisch als auch kooperationsfähig sein. Das alles sind Eigenschaften, die das konfuzianische Erziehungsmodell mit seinem sturen Büffeln und unbedingten Gehorsam verkümmern lässt oder gar unterdrückt. Zwar hat Bildung in der konfuzianischen Tradition einen hohen eigenen Wert. Japan glaubt aber nicht an Begabung, sondern an Mühe und Aufrichtigkeit, weswegen individuelle Begabungen auch nicht gefördert werden. Sitzenbleiben gibt es nicht, die Kinder sollen ihre Klassengemeinschaft behalten. Selbst kleinste Lernschritte werden ständig wiederholt, damit auch der Schwächste mitkommt. Japanische Schüler sind in prüfbaren Fächern wie Mathematik ihren europäischen Altersgenossen überlegen. Das Land bringt wesentlich mehr Ingenieure hervor als alle westlichen Länder. Aber in höheren Bereichen des Wissens hat das Land nichts mehr zu bieten: Es gibt fast keine japanischen Nobelpreisträger.

Der gnadenlose Formalismus zwingt die Menschen schon im Kindesalter zur völligen Selbstaufgabe: Pauken, gehorchen, anpassen – das sind die drei Grundgesetze des japanischen Weges zu Beruf und Erfolg. Vor allem die Eltern, die noch im alten System groß geworden sind, setzen ihre Kinder nach wie vor unter Druck und schicken sie nach dem regulären Unterricht noch in Paukschulen, die einem bis spät in die Nacht systematisch abfragbares Wissen eintrichtern. Für die Erziehung zur Menschlichkeit ist da gar kein Platz. Klar, dass Japan dann bei Pisa-Aufgaben gut abschneidet, wo sie von Erwachsenen errichtete Hürden überspringen sollen. Aber Spaß macht ihnen das nicht. Und bei unvorhergesehenen Aufgaben bekommen japanische Schüler Probleme. Auch das Pisa-Ergebnis, dass 53 Prozent aller japanischen Schüler Lesen als Freizeitvergnügen aufgegeben haben (im Durchschnitt aller ausgewerteten Länder sind es 31 Prozent), beunruhigt die Japaner. Außerdem registrieren sie, dass zwar das Mittelfeld der Durchschnittsschüler in der Pisa-Studie glänzte, dass aber die besten fünf Prozent schlechter abschnitten als die Musterschüler anderer Industrieländer – das bedeutet, dass Japans Führungsnachwuchs schlechter sein wird als in vergleichbaren Ländern. Querköpfe und Selbstdenker waren in Japan noch nie erwünscht, hatten zumindest bislang keine Karrierechancen. Zur Konformität gedrillt, sind die eigenen Mitschüler die schlimmsten Feinde all jener, die sich trauen, anders zu sein. Zunehmende Selbstmorde von Schülern stellen das gesamte Erziehungssystem in Frage.

Die Wirtschaft weiß längst, dass sie eigenständig denkende und handelnde Mitarbeiter braucht, und übt Druck auf das Bildungssystem aus. Doch Individualität ist schwer zu lernen, wenn man in einer Kultur der Gemeinsamkeit aufgewachsen ist. Japan steht davor, die Schule stärker auf die Bedürfnisse der Einzelnen auszurichten. Wie im Firmenalltag werden auch in den Klassen Konflikte aufbrechen, weil die Jugendlichen den Individualismus entdecken und damit eher europäischen und US-amerikanischen Altersgenossen gleichen als ihren Vorgängergenerationen: Die Absentenrate hat sich in den 1990er Jahren verdoppelt. Eltern beschweren sich über den Zerfall der Autorität der Schule, zu dem sie selber aber auch dadurch beitragen, dass sie die Autorität des Lehrers nicht mehr automatisch anerkennen. Beide Seiten klagen über eine neue Generation unbeherrschter Kinder, die den Zusammenhalt der Klasse gefährden, und darüber, dass dadurch der Umgang von Lehrern und Eltern schwieriger geworden ist. All das deutet auf bevorstehende innere Auseinandersetzungen hin, welche die Wettbewerbsfähigkeit Japans verringern können. Aber die Japaner sind nicht zum Abstieg verdammt. Es liegt wie bei jedem bisherigen Kondratieffzyklus an ihnen selbst, einen neuen innergesellschaftlichen Konsens zu finden, der über Gruppen-Klüngelei und die Betonung der eigenen Nation hinausgeht.

Das bedarf auch einer Reorganisation des politischen Systems. Was im fünften Kondratieff als ein vorbildliches Beziehungsgeflecht zwischen Regierung und Wirtschaft galt, um die Informationstechnik zu erschließen und in der Wirtschaft anzuwenden, wird heute unter dem beginnenden sozioökonomischen Paradigma des sechsten Kondratieff zu einer korrupten Seilschaft, die den Wettbewerb und damit innovative Impulse verhindert. Selbst die Oppositionspolitiker stammen aus immer demselben Milieu und bieten keine echte Alternative. Premierminister Yoshiro Mori war eine politische Marionette, die nur vom Blatt ablesen konnte. Einerseits spüren die Japaner, dass sie das System dringend ändern müssen. Weder die Medien noch die Wähler haben die Regierung bisher wirksam kontrolliert. Die Zustimmungsraten für den damaligen Ministerpräsidenten Koizumi hatten deshalb im Jahr 2001 über 80 Prozent erreicht, als er ankündigte, die öffentlichen Ausgaben empfindlich zu kürzen, Problemkredite der Banken abzuschreiben und die Binnenindustrie zu deregulieren.

Doch gegen das politische Establishment kam er nicht an. Sinnlose Flussbetonierungen wurden fortgeführt. Politiker der Regierungspartei LDP sichern ihre Macht traditionell damit, Steuergelder zu nehmen und an Infrastrukturprojekte in ihrem Wahlkreis zu verteilen. Die Rekordverschuldung wächst daher weiter. Eine Bankreform wurde verhindert, als regionale Geldinstitute bankrott zu gehen drohten. Als die Wähler merkten, dass Koizumi dieses System nicht zerstören kann, sank sein Ansehen, bis er von seiner Partei gegen weitere inzwischen mehrfach wechselnde Gesichter ausgetauscht wurde, die alle weder ein Konzept hatten noch das System antasteten. Der Wahlsieg der Demokratischen Partei 2009 unter Premier Naato Kahn konnte daran ebenso wenig etwas ändern wie die Rückkehr von Shinzo Abe Ende 2012. Skandale um korrupte Staatsdiener untergraben das öffentliche Vertrauen noch weiter. Beamte des Finanzministeriums besuchten auf Kosten der Steuerzahler Striplokale, Diplomaten finanzierten mit gefälschten Rechnungen einen Reitstall oder eine Liebeshöhle für die Freundin. »Es handelt sich hier nicht um Einzelfälle, sondern um eine systematische Funktionsstörung des Außenministeriums«, sagt der Politologe Tomoaki Iwai von der Hihon-Universität in Tokio.

Nachdem Reformen nicht sofort gelingen und viel Mühe kosten, stärkt die Rezession wieder jene politische Kräfte, die nach traditionellen Stimulierungspaketen rufen. Die Japaner brauchen ihren Ministerpräsidenten gar nicht zu beschuldigen, wenn sich nichts ändert – sie würden im Moment noch niemanden wählen, der Staat und Gesellschaft wirklich reorganisiert. Sie waren es gewohnt, nur bedingt handlungsfähige Regierungen zu haben. Zu lange hat das Superministerium MITI die Politik gemacht. Als die Wirtschaft in den 90ern plötzlich kränkelte, war auf einmal die Politik gefragt. Außer Machterhalt hatte die Regierungspartei LDP jedoch keine Konzepte. Dass Unter- und Oberhaus im Parlament neuerdings unterschiedliche Mehrheiten haben, ist so ungewohnt, dass es die Politik lähmt; schon Routinevorgänge arten in wüsten Streit aus. Vielleicht geht es Japan noch nicht schlecht genug. Und deswegen könnte es gerade für Japan erst noch eine halbe Generation lang kräftig nach unten gehen. Erst dann wird die Gesellschaft zu den notwendigen Reformen bereit sein, mit denen sie den sechsten Kondratieff erschließen wird. Bis dahin führt die Unsicherheit – wie bisher überall in der Weltgeschichte – nicht zu Reformen, sondern zur Rückkehr zu vermeintlich bewährten Rezepten und zu wachsender Ausländerfeindlichkeit. Im Jahr 2006 erlassene Gesetze schreiben wieder vor, in den Schulen die Nationalhymne zu singen (die wegen ihres Missbrauchs während des Krieges umstritten ist) und die Flagge zu hissen.

Das verstört die Nachbarn, die allesamt Opfer des japanischen Kaiserreichs sind. Nach dem Krieg empfanden sie vor allem Neid auf Japans Wirtschaftswunder. Japans Erwähltheitsfantasien sind dort noch in Erinnerung. Der frühere Ministerpräsident Koizumi hat im Sommer 2001 den Yasukuni-Schrein besucht, ein Zentrum des Kaiserkultes, Ruhestätte der Seelen für 2,5 Millionen gefallene japanische Soldaten, die im Krieg auf die Nachbarländer gehetzt wurden, darunter auch 14 hingerichtete Hauptkriegsverbrecher wie der Kriegs-Premierminister Hideki Tojo. Damit hat sich Koizumi bewusst über die Proteste Chinas und Südkoreas hinweggesetzt.

Geschichtsbücher schönen historische Gräuel der Japaner, etwa die Zwangsprostitution koreanischer Frauen in japanischen Soldatenbordellen (oder sie lassen sie gleich ganz weg). Mitglieder der »Einheit 731«

spritzten – ähnlich den medizinischen Versuchen in deutschen Konzentrationslagern – chinesischen Gefangenen Cholera- oder Typhuserreger ins Blut, sezierten sie bei lebendigem Leibe und ohne Betäubung oder führten Buch darüber, wie menschliche Arme oder Beine im Eiswasser bei Minus 27 Grad steif froren. An anderen Opfern probierten die Japaner aus, wie viel Blut man einem Menschen abzapfen kann, bevor er stirbt. 180 chinesische Angehörige der Opfer haben die japanische Regierung 1997 verklagt, im August 2002 kam das Urteil: Die Opfer werden nicht entschädigt, eine Entschuldigung gibt es nicht. Bis vor einem Jahrzehnt hatte Tokio sogar die Existenz dieser Einheit geleugnet, die bis zu einer Viertel Millionen Menschen tötete. Hinter der Maske eines modernen Landes zeigt sich das Gesicht eines dumpfen, von Kriegerverehrung befallenen Nationalismus. In ihrer Geschichtsblindheit kennen die Japaner nur das eigene Leiden und träumen von einem Japan der Vergangenheit.

Auch die Mehrheit der Deutschen hat sich in den 50er Jahren ihre Schuld noch nicht eingestanden, und auch das historische Schuldbewusstsein der USA und Englands wegen der zwölf Millionen Todesopfer während des Sklavenhandels, die gebrochenen Verträge mit Indianern und deren »ethnischen Säuberung«, der Krieg Englands gegen die freie Burenrepublik Anfang des 20. Jahrhunderts in Südafrika mit 25.000 toten Frauen und Kindern in den damals erfundenen Konzentrationslagern, der bewusste Bombenkrieg gegen Frauen, Kinder und Alte im Zweiten Weltkrieg (die Splitterbomben sollten die Dächer abdecken und die Fensterscheiben zerstören, damit die nachfolgenden Brandbomben möglichst viel Nahrung finden), der sinnlose Bombenangriff auf Zigtausende von Flüchtlingen in Dresden, hat sich sehr langsam entwickelt. Nur: Die Japaner verharren noch heute in dieser Haltung. Keine Nation kann erfolgreich sein, wenn sie keine Lehren aus der Vergangenheit zieht. Ihre Informationsproduktivität nach außen wie nach innen wird nicht gut genug sein, wenn sie nicht ehrlich ist und eher verstorbenen oder lebenden Personen die Treue hält als objektiven Gesetzen der Gerechtigkeit. Ob es in dieser Frage in Japan zum Zusammenprall der Generationen kommt wie in Deutschland ab 1968, ist offen, aber wahrscheinlich.

Seine Hoffnungen setzt Japan wie in der Vergangenheit auf Technologie: Nur zwölf Prozent des Landes sind landwirtschaftlich nutzbar. Japan ist von Nahrungsmittelimporten abhängig. Daher steht das Land unter Druck, seine Ernteerträge deutlich zu erhöhen – mit Hilfe der Zukunftstechnologie Gentechnik. Die Japaner haben außerdem in den vergangenen beiden Generationen das Familienleben der beruflichen Leistung stark untergeordnet. Sie leiden besonders an Überalterung und fehlendem Nachwuchs, was ebenfalls eine hohe Nachfrage nach Gentechnik erzeugen könnte. (Die Japaner leben unter anderem deshalb so lange, weil sie fettarm essen und nur wenig rauchen.)

Die schnelle Überalterung führt aber auch zu einem Loch in den Krankenkassen. Die Bevölkerung schrumpft von 127,5 Millionen im Jahr 2013 auf nur noch 87 Millionen im Jahr 2060. Besonders gravierend ist, wie die Erwerbsbevölkerung sinkt: Von den 87,2 Millionen des Jahres 1995 bleiben bis 2050 noch 57,1 Millionen. Ausländer – in der Regel aus Asien – machen in Japan nur ein Prozent der Bevölkerung aus. Die homogene, nationalistische bis rassistische Mehrheit der Japaner lehnt jedoch eine Zuwanderung von Ausländern ab – Europa mit seinen großen Integrationsschwierigkeiten wirkt auf sie abschreckend. Lediglich von Gastarbeitern ist inzwischen die Rede. Je mehr Japan jedoch den Ausweg aus der demografischen Krise in noch höherer Produktivität sucht, umso mehr verstärkt sich dabei der Druck auf sein bestehendes Wertesystem.

So wie heute Buddhismus und andere fernöstliche Religionen mit westlichen Elementen zu neuen Plastikkonglomeraten verschmelzen und sich in Europa ausbreiten, so breitet sich umgekehrt auch das Christentum in Asien aus. In Japan missionierte Franz Xavier zwar nicht sehr erfolgreich, aber doch so, dass es eine blutige Christenverfolgung gab: mit allein 37.000 Toten 1638 nach dem Aufstand von Shimbara, einer Halbinsel südöstlich von Nagasaki. Unter der Führung eines christlichen Samurais erhob sich die Bevölkerung gegen den örtlichen Fürsten, der den Shogun in Kyoto zur Hilfe rief. Für Japan lieferte der Aufstand damals die Begründung, sich 200 Jahre lang von der Außenwelt abzuschotten. Von den heute 126 Millionen Japanern bekennen sich drei Millionen zum Christentum, das einen größeren Einfluss ausübt, als es die bloße Zahl nahe legt. Unter Japans Intellektuellen bekennen sich acht Prozent zum Christentum, meist Leute, die aus »philosophischer Einsicht nach christlichen Prinzipien zu leben versuchen«.

Führende Politiker Japans waren Christen, zum Beispiel der erste sozialistische Regierungschef Tetsu Katayama oder der konservative Premier Masayoshi Ohira. »Japans Adenauer« Shigeru Yoshida ließ sich auf dem Sterbebett taufen.[9] Auch die heutige Kaiserin Michiko hat vor über vier Jahrzehnten an der katholischen Frauenuniversität studiert – ob sie getauft ist, gehört zu den bestgehüteten Geheimnissen am japanischen Kaiserhof. Das heißt: Auch Japan ist eben nicht nur nationalistisch-shintoistisch oder buddhistisch. Unter dem ökonomischen Druck der Informationsgesellschaft wird das traditionelle japanische Wertesystem aufbrechen. Es ist wahrscheinlich, dass Japan schwer zu kämpfen haben wird, sich auf eine Ethik einzustellen, in der man sich nicht nach Personen und nach der Gruppe richtet, sondern sich an abstrakten Prinzipien orientiert. Dabei läge hier der Wettbewerbsvorsprung Japans, dessen Industrieproduktion zunehmend in Nachbarstaaten verlagert wird. Der Wiederaufbau nach dem Tsunami 2011 wird Japan zwingen, seine immer noch weitgehend abgeschotteten Märkte stärker in die Weltwirtschaft zu integrieren.

Schwergewicht Asien

Die sieben Milliarden Menschen auf der Erde werden nach UN-Schätzung bis 2050 um weitere drei Milliarden wachsen – davon allein über zwei Milliarden mehr in Asien. Ob die Weltwirtschaft ihre Probleme in Zukunft effizienter lösen kann, entscheidet sich daher zu einem sehr großen Teil am Pazifik und am Indischen Ozean. Nirgends treffen mehr religiöse Traditionen aufeinander: Buddhismus, Hinduismus, Islam, Konfuzianismus. Das Christentum ist dort heute eine expandierende Minderheitenreligion oder eine Ethik intellektueller Eliten. Der ökonomische Druck auf die religiös geprägten gesellschaftlichen Strukturen wird in dieser Region besonders groß sein, weil einige Länder sich erst entwickeln, andere sich zu sehr auf Computerhardware konzentriert haben.

Mit Hardware lässt sich kaum mehr Geld verdienen. Die Abhängigkeit von den Produkten des fünften Kondratieffs ist hoch. Die meisten Exporte gehen in die USA, und damit liegen diese Länder doppelt falsch: Der lange Abschwung in den USA wird Südostasien hart treffen, der Hardwaremarkt stagnieren. Kein Land wird zu den hohen Wachstumsraten zurückkehren.

---

9 Gebhard Hielscher: »Kreuz unter aufgehender Sonne«, SZ 20.10.99, S. 12.

Erst wenn Bildungsinvestitionen und ein kooperatives Klima, das niemanden ausschließt, eine hohe Informationsproduktivität erzeugen, wird sich der asiatische Aufstieg fortsetzen. Das könnte schwer werden, denn die dort praktizierten Religionen fördern eher eine Gruppenethik denn eine Universalethik und lassen dem Einzelnen noch wenig Spielraum, seinen eigenen Weg zu gehen. Und wo in Asien der Individualismus stärker durchbricht, überwiegen noch die Probleme: Gerade in den demokratischsten und weltoffensten Gegenden Asiens ist die Kriminalitätsrate am höchsten – dort ist zwar schon der Übergang von einer Gruppen- zu einer Individualethik vollzogen, aber noch kein kooperativer Individualismus mit einer Universalethik erreicht. Mehrere Länder werden von blutigen Auseinandersetzungen mit religiösem Hintergrund geplagt: Wo Moslems Christen verfolgen wie in Indonesien, wo Hindus Moscheen anzünden wie in Indien und Moslems Hindu-Tempel oder wo religiöse Bewegung als Gefahr für den säkularen Staat empfunden werden (Falung Gong in China), geht es letztlich um einen inneren ethischen Richtungskampf der Gesellschaften.

Der Konfuzianismus hat Ostasien so durchdrungen und geformt wie das Christentum Europa. Er ist keine Religion im engeren Sinne, sondern eine Ethik, die Regeln und Werte für das Zusammenleben liefert: rechtschaffen sein, lernen und gehorchen. Konfuzius konnte zu seinen Lebzeiten (551 – 479 v. Chr.) den Fürsten zwar den Buckel runterrutschen, dafür benutzten ihn die Kaiser von China, um ihr Volk zu beherrschen, wofür sich seine Lehre ganz gut eignet, denn er hatte unbedingten Gehorsam gepredigt: Der Untertan gehorche dem Herrscher, der Sohn dem Vater und die Frau dem Manne. Der Ältere hat immer Recht und darf über den Jüngeren bestimmen, muss ihm aber dafür weiterhelfen. Was für eine Verschwendung in der Informationsgesellschaft: Weil der Ältere wohl kaum immer Recht hat, gehen bei dieser ethischen Prägung die wichtigen Hinweise der Jüngeren auf Defizite und ihre gute Ideen verloren. Auch ist es angesichts der gigantischen, ständig verändernden Informationsflut eine Zukunftsfähigkeit, zugeben zu können, dass man etwas nicht weiß. In vielen asiatischen Ländern gilt es schon als Gesichtsverlust, in eine Bedienungsanleitung zu sehen, wenn man sich mit seinem neuen Handy nicht auskennt. Asiaten werden einen eher in die völlig falsche Richtung schicken, als zuzugeben, dass sie den Weg leider auch nicht kennen. Umgekehrt ist es auch verpönt, andere auf Fehler hinzuweisen. Für die Wirtschaft der Informationsgesellschaft ist so ein Verhalten fatal. Unter diesem ökonomischen Druck wird sich der Konfuzianismus wandeln oder an Einfluss verlieren. Bei der Fußball-Weltmeisterschaft im Jahr 2002 war es eine Revolution, als in der Koreanischen Mannschaft die Regel abgeschafft wurde, dass jüngere Spieler die älteren Kollegen siezen müssen.

Auch viele Traditionen des Hinduismus sind für die Wirtschaft eher hinderlich: In Indien sind alle 300 Einwohner eines Dorfes Wahrsager geworden, weil sie keinen anderen Job gefunden haben – sie gehören zu einer niedrigen Kaste. Selbst die 100 College-Absolventen erhalten keinen Arbeitsplatz. »Die Bewohner des Dorfes im Bundesstaat Tamil Nadu ... wollen jetzt im ganzen Land umherreisen und die Zukunft voraussagen. Sie gelobten, dabei nicht zu betrügen.«[10] Buddhismus in seiner Reinform (also nicht nach westlichem Gutdünken verwässert) ist zwar nicht konfliktträchtig, steuert mit seiner Weltabgewandtheit aber kaum Impulse zum Wirtschaftsleben bei. Der Buddhist meditiert, um sein eigenes Karma zu verringern (das er lästigerweise auch durch gute Taten vermehrt), nicht um das Karma eines anderen auf sich zu nehmen (und wo das neuerdings doch passiert, geschieht das wohl unter dem Einfluss des Christentums).[11] Weil es keinen Gott gibt, der in das Leben eingreift, begegnet der buddhistische Mystiker vor allem sich selbst – was kaum Voraussetzungen schafft, sich für bessere reale Lebensverhältnisse (anderer) einzusetzen. Kein Wunder, dass Mutter Theresa von Kalkutta Christin war.

Das Ganze vermischt sich dann wie bei uns mit zahlreichen Stammestraditionen und rein materialistischen Interessen. Wegen der starren religiösen Hierarchie bleiben zwei Drittel, also rund 800 Millionen Menschen, von Aufklärung, Bildung und Wachstum ausgeschlossen und verharren in Armut. Der gesellschaftliche Fortschritt hinkt der Wirtschaft meilenweit hinterher. Die Folge sind eine grassierende Korruption, für ein Schwellenland niedriges Wachstum, Handelsbilanzdefizit, eine schwache Infrastruktur. Eine kaum funktionierende Kühlkette lässt einen großen Teil der Lebensmittel verrotten. Staatlicher Protektionismus schreckt fremde Investoren ab. Sieben Millionen Mädchen unter sieben Jahren fehlen in Indien, weil die aufstrebende Mittelschicht weibliche Föten abtreiben lässt. Der öffentliche Aufschrei nach der tödlichen Vergewaltigung einer Inderin

10 SZ 4.7.02, S. 12.
11 Nefiodow: »Der Sechste Kondratieff«, S. 246 ff.

Ende 2012 ist ein Anfang, Frauenrechte zu stärken und die traditionellen Strukturen der Hindus aufzubrechen. Mit Schweigen und Wegsehen kommt die Regierung nicht mehr davon, eine neue kritische Öffentlichkeit ist entstanden. Die bisherigen Ethiken haben im sozioökonomischen Paradigma des sechsten Kondratieff keine Zukunft: Familiendominierte, patriarchalische Konglomerate müssen in Konzerne mit institutionellen Besitzern umgewandelt werden, damit sie fair und transparent, also effizienter geführt werden. Die Länder mit gruppenethischen Traditionen müssen Staatsmonopole reduzieren, eine starke und unabhängige Rechtssprechung aufbauen und Kredite nicht mehr auf Grund von Beziehungen, sondern nach klar nachvollziehbaren Fakten vergeben. Asiens Regierungen versuchen, kollektivistisch-autoritäre Herrschaftsformen als traditions- und kulturgemäß zu rechtfertigen; Wohlstand könne es nur unter einem autoritären Staat geben. Diese Vorstellung wird unter den realen Produktivitätsbedingungen der Wissensgesellschaft unter Druck geraten.

Die chinesische Regierung hat in den vergangenen Jahren ebenfalls massiv in Informationstechnik investiert, um so die Wirtschaft anzukurbeln – auch dort funktioniert das nicht ewig. Unter der glitzernden Oberfläche von Chinas Wirtschaftswunder gärt ein Sumpf von Problemen. Die alte Staatsindustrie ist am Ende. Anfang 2003 löste sie für 30 Millionen Menschen die Garantie lebenslanger Beschäftigung auf – schon wieder rollt eine Kündigungswelle durch das Land. Kranken-, Arbeitslosen- und Rentenversicherung sind für die überwältigende Mehrheit der Chinesen auf Jahre hinaus ein Traum. Millionen von Wanderarbeitern werden rücksichtslos ausgebeutet, bekommen bei 90 Stunden in der Woche noch nicht einmal den Mindestlohn von 59 Euro im Monat ausbezahlt, und ihre Kinder wachsen bei den Großeltern auf. Die Flüsse sind verseucht und der Grundwasserspiegel sinkt. Die Luft ist verpestet. Anfang 2013 erreicht die Feinstaub-Konzentration in Peking das 23-fache des Wertes, den die WHO als gesundheitsgefährdend einstuft. Die Anbauflächen für Nahrung schrumpfen.

Bürokraten und Parteikader bereichern sich, ignorieren Gesetze und schaffen ihre eigenen. China zerfällt in Arme und Reiche. Im Jahr 2010 besitzen ein Prozent der Chinesen 41,4 Prozent des privaten Vermögens.[12] »Nicht der Wettbewerb, sondern Beziehungen haben die neuen

12 »Chinesischer Luxus«, SZ 1.9.10, S.4.

Millionäre reich gemacht. In China herrscht Kaderkapitalismus, kein freier Markt: Von einer gewissen Ebene an gehören die Geschäfte den Beziehungs-Mächtigen. Entscheidend sind die Kontakte zur politischen Macht. Die Korruption wuchert.«[13] Chinas wirtschaftlicher Erfolg basiert vor allem auf der Ausbeutung der rechtlosen Arbeiter, die nun immer mehr aufbegehren. Während die einen Fett ansetzen und hemmungslos konsumieren – jeder fünfte Chinese hat Übergewicht, doppelt so viele wie vor zehn Jahren gelten als fettleibig, Wohlstandskrankheiten breiten sich aus –, haben die anderen weder Geld für Bildung noch für Gesundheit. Wenn Shanghai boomt, boomt deswegen noch lange nicht ganz China: Etwa zwei Drittel der 1,3 Milliarden Chinesen leben auf dem Land und in vielen Familien müssen die Kinder aus Armut noch auf dem Feld mitarbeiten. Gesetze verhindern, dass sie in die Stadt ziehen – sie müssen wie bei uns im 18. Jahrhundert in ihrem Dorf bleiben. Der Unmut wächst. Meldungen häufen sich, dass Bauern Steuereintreiber oder Parteikader verprügeln. Denn sie zahlen insgesamt noch immer höhere Steuern als die Städter, aber ihnen kommen nur 15 Prozent der Staatsausgaben zugute. Je höher die Position, um so seltener werden Amtsinhaber kontrolliert. Korrupte Beamte bringen ihr Geld und ihre Familie heimlich ins Ausland und tauchen dann in Kanada und Südfrankreich unter. Die grenzenlose Gier nach materiellem Reichtum hat sich breitgemacht. Es gibt nichts, das nicht gefälscht wird – selbst Milchpulver für Babys, mit tödlichen Folgen. Eltern, die ihre Kinder beim Erdbeben am 12. Mai 2008 verloren haben, klagen gegen Baubehörden, deren Korruption Schuld sein soll für den Einsturz. Die Klage ist ein Beispiel dafür, dass das Rechtsbewusstsein der Bürger erstarkt. Sie wird scheitern wie viele andere, denn Regierung und Partei stehen noch immer über dem Gesetz. Inzwischen erlebt China jedes Jahr Tausende gewaltsame Proteste – 180.000 Massenproteste gab es 2010, doppelt so viele wie fünf Jahre zuvor.[14] Ende 2008 fordern 303 chinesische Bürger in einer »Charta 08« Freiheit und Demokratie für ihr Land. Damit machen sie deutlich, dass dies keine kulturelle Frage ist, wie von der Führung und wirtschaftlich Interessierten aus dem Ausland behauptet werden, sondern dass Menschenrechte tatsächlich universell sind. Die Verleihung des Friedensnobelpreises an den Literaten und Re-

13 Kai Strittmacher: »Die Kader-Kapitalisten«, 6.3.02, S. 4.
14 »Chinas Angst«, SZ 7.3.11, S.4.

gimekritiker Liu Xiaobo und die Reaktion der Regierung wirft ein Licht auf die kompromisslose Unterdrückung politisch Andersdenkender. Das Internet gilt als Bedrohung und wird zensiert, Berichte über die Volksaufstände in der arabischen Welt werden ausgeblendet. Gegen ausländische Journalisten werden neuerdings Prügel eingesetzt. Wenn China eine Herausforderung ist, dann vor allem für sich selbst. Arbeiter und Angestellte fühlen sich nicht wirklich für ihr Produkt verantwortlich, Pünktlichkeit und Konzentration am Arbeitsplatz sind nach Jahrzehnten sozialistischer Klüngelei auch heute noch eher selten.

Das Land, das zwischen den Zeiten taumelt, hat eine immer noch autoritäre Regierung mit einer zunehmend kapitalistischen Ökonomie. Aber wie soll die Wirtschaft in Zukunft ohne Informationsfreiheit wachsen können, ohne dass die Bürger das Recht haben, ihre politische Führung in Frage zu stellen, und ohne Gesetze, die durch einen breiten demokratischen Konsens legitimiert sind? Die Korruption kann nur eingedämmt werden mit einer freien Presse und einer unabhängigen Justiz, aber beide zusammen würden die Kommunistische Partei entmachten, die das Land als Geisel nimmt. Muss man Schriftseller ins Gefängnis werfen und Richter zu Befehlsempfängern machen, damit China stark wird? Nein, man muss es machen, damit die Partei stark bleibt. Muss man Journalisten gängeln, damit China stark wird? Nein, man muss es machen, damit zum Beispiel die Nachricht von den unredlich erworbenen Millionen in den Taschen der höchsten Familien nicht das Volk erreicht.[15]

Wie bei früheren wirtschaftlichen Strukturbrüchen kann auch das politische System in China irgendwann nicht mehr allein durch Macht stabilisiert werden, sondern nur durch einen innergesellschaftlichen Wertekonsens. Der aber ist mit dem Glauben an den Kommunismus verloren gegangen. Die rote Mao-Bibel ist heute vor allem etwas für Touristen am Andenkenstand. Das alte kommunistische System ist von Kontrollen befreit, doch es fehlen die neuen Regeln, und deswegen nimmt die Kriminalität so stark zu. Während in Deutschland auf einen Polizisten 400 Einwohner kommen, sind es in China 1700. Ratlos steht die Partei vor ihrer Herrschaft, für die sie eine Begründung und ein Korsett braucht. Nationalismus allein macht die Volksseele nicht satt, also sprießen überall konfuzianische Schulen im Land oder neureligiöse Bewegungen wie Fa-

15 Kai Strittmacher: »Zwei Welten«, SZ 30.8.12, S. 4.

lung Gong. Ende 2011 wurde ein zweijähriges Mädchen in Peking überfahren und lag sieben Minuten auf der Straße, bis ihr jemand half. 18 Passanten waren achtlos an der Schwerverletzten vorübergegangen. Die anschließende öffentliche Debatte machte den Zusammenbruch jeglicher moralischer Standards in der Gesellschaft dafür verantwortlich.

Auch das Christentum profitiert von dem Bedürfnis nach sinnstiftenden Antworten: 12 Millionen Chinesen sind katholisch, vielleicht doppelt so viele gehören zu anderen christlichen Kirchen. Schon 1650 bauten Jesuiten die erste Kirche in Peking und der Jesuit Adam Schall aus Köln brachte es als Astronom sogar zum Minister am chinesischen Kaiserhof. Kaiser Shun Zhi wäre beinahe konvertiert, hätte ihn nicht der Verzicht auf Hunderte von Konkubinen geschreckt. Ein Dekret stellte 1692 den christlichen Glauben mit Buddhismus und Taoismus gleich – allein in Peking soll es eine viertel Million Katholiken gegeben haben. Doch dann machte der Vatikan einen Fehler: Er verbot 1742 die traditionelle Ahnenverehrung und die konfuzianische Ethik als »Götzendienst«. Von da an war das Christentum für den Kaiserhof eine intolerante Religion und wurde verboten. (Man stelle sich vor, wie die Geschichte weitergegangen wäre – es gäbe heute vielleicht Hunderte Millionen Christen in China und einen chinesischen Papst in Rom.) Erst im Gefolge der imperialistischen Mächte, die China im 19. Jahrhundert Handelsverträge aufzwangen, kamen wieder Missionare unterschiedlicher Konfessionen nach China. Mao verbot 1949 christliche Schulen und Sozialeinrichtungen und wies die Missionare aus. Die Christenverfolgung in der Kulturrevolution 1966 war blutig, Kirchen und Klöster wurden geschlossen, Priester und Nonnen umgebracht oder zwangsverheiratet. Im Westen war das Erstaunen groß, als man um 1980 merkte, dass es in China überhaupt noch Christen gab. Seitdem hat sich ihre Zahl vervielfacht und ist zwar immer noch relativ klein, aber groß genug, um die These zu stützen, dass die Weltreligionen überall präsent und der globale Ethik-Wettbewerb innerhalb der Länder ausgetragen wird.

Neben dem Aufbau einer kooperativen demokratischen Gesellschaft hat China das Problem, mit nur sieben Prozent der weltweiten landwirtschaftlich nutzbaren Fläche fast ein Viertel der Weltbevölkerung ernähren zu müssen – Konflikte mit den Nachbarländern um Bodenschätze im chinesischen Meer sind vorprogrammiert. Diese werden nur dann friedlich gelöst, wenn sich auch auf internationaler Ebene nicht das Recht des

Stärkeren, sondern Gerechtigkeit durchsetzt. Dafür hat es bis zu den von Obama geweckten Hoffnungen wenig Vorbilder gegeben.

USA: Mit dem Recht des Stärkeren?

Nur eine einzige Nation ist übrig geblieben, die allen anderen in vielen Dingen um viele Längen voraus ist – und sich damit auch noch ungeniert brüstete. Mit dem neuen Präsidenten sollte sich der auftrumpfende Stil der acht Bush-Jahre ändern, doch die Mehrheit der US-Amerikaner will Barack Obama nicht in allem folgen. Die US-Politik galt als arrogant (Internationaler Gerichtshof), parteiisch (Nahost-Konflikt), unilateral (je länger, desto mehr). Mit seinem Verhalten stärkte Amerika den Verdacht, nur die eigenen Interessen als Weltordnung anzuerkennen. Bush Senior sprach beim ersten Krieg gegen den Irak 1991 noch von »einer Welt, in der die Herrschaft des Gesetzes das Verhalten von Nationen leitet«. Bush Junior dagegen sagte unumwunden: »Ich bin gewählt worden, um die Interessen meines Landes zu vertreten« – nach dem Motto: Staaten haben keine Freunde, nur Interessen (das entspricht gängigen Politik- und Wirtschaftsethik-Theorien in den USA). Und nach seinem zweiten Wahlsieg im November 2004 machte er noch mal klar, wer hier das Sagen hat: »Ich arbeite mit allen zusammen, die unsere Ziele teilen« – was impliziert, dass er mit den anderen eben nicht zusammenarbeitet. Das Problem dabei war eigentlich gar nicht Bush, sondern seine Wähler: Deren Mehrheit vertritt eben nicht universalethische, sondern eher gruppen- und individualethische Werte. Da ist es wenig verwunderlich, wenn die Wählerschichten von George W. Bush im Jahr 2004 – Männer, Gutverdiener; Leute, denen »moralische Werte« wichtig sind – soziologisch gesehen denen im Iran ähneln, die dort die Mullahs wählen.

Beim UN-Weltstrafgerichtshof hatte Bill Clinton schon unterschrieben, die Regierung Bush zog die Unterschrift wieder zurück – ein diplomatiegeschichtlich unerhörter Vorgang, der Deutschland (das sich schon unter Bundeskanzler Helmut Kohl dafür eingesetzt hatte) und die EU düpierte. Die US-Amerikaner wollen nicht, dass sich ihre Soldaten, wenn sie gegen das Völkerrecht verstoßen, vor dem Weltstrafgerichtshof verantworten müssen, vor dem gleiches Recht für alle gilt. Der Gipfel der Rechtlosigkeit war die Folter in den Militärgefängnissen im Irak und in

Guantanamo, geplant und genehmigt von Verteidigungsminister Donald Rumsfeld.

Auch im weltweiten Umweltschutz zogen sich die Amerikaner vor Obama auf ihre kurzfristigen Interessen zurück. Zwar haben sie den sauren Regen eher verringert als Europa. EU-Länder wie Griechenland, Italien und Portugal werfen riesige Mengen Müll einfach ins Meer, eine Praxis, die in den USA verboten ist. Die Smog-Belastung ist in Paris höher als in Houston, bleifreies Benzin gab es in den USA zehn Jahre früher als in Europa, von den Vorzügen der Geschwindigkeitsbegrenzung auf der Autobahn ganz zu schweigen. Und doch hat das Land für die Klimakatastrophe eine besondere Verantwortung, denn es stößt am meisten Kohlendioxid aus. Im Jahr 2001 stieg Bush aus dem Kyoto-Protokoll zum Schutz des Erdklimas aus – trotz weltweiter Kritik. Er behauptete, die Forschungen seien noch nicht weit genug, um festzustellen, welchen Einfluss der Mensch auf das Erdklima habe. Ein Jahr später hat die damalige US-Regierung die Position in einem Memorandum an die Uno revidiert: Ja, das Erdklima werde durch menschliche Eingriffe dramatisch verändert, auch in den USA werden Wasserquellen versiegen, Hitzewellen zunehmen, Wiesenlandschaften in den Rocky Mountains und Sumpfgebiete an den Küsten für immer verschwinden. Konsequenzen? Nein: Unabhängig von allen möglichen Maßnahmen seien die Auswirkungen des Treibhauseffektes sowieso nicht mehr zu verhindern. Mit diesem Argument boykottierten die USA die Umsetzung des Kyoto-Abkommens von 1997, um das sich Deutschland besonders bemüht.

Mit etwa neun Milliarden Dollar geben die USA zwar mehr für Entwicklungshilfe aus als alle anderen Länder. Gemessen am Bruttosozialprodukt liegen sie aber mit 0,1 Prozent weit unter der Hilfe anderer Industriestaaten. Und Kritik an einer rein interessengeleiteten Politik, die in rohstoffreichen zentralafrikanischen Ländern über Leichen geht, wird lauter. Dazu verletzen die USA geltendes Welthandelsrecht und noch häufiger den Geist internationaler Handelskonventionen. Die Landwirtschaft wird in Rekordhöhe subventioniert, marode Stahlkocher mit Schutzzöllen bedacht. Über militärische Abhöranlagen auf dem Territorium eigentlich verbündeter Staaten spioniert die US-Regierung Wirtschaftsinformationen aus und gibt sie an die eigene Industrie weiter. Die USA sehen sich offenbar nur als Teil der Weltgemeinschaft, solange sie Vorrechte und Vorteile daraus ziehen. Die neue Rücksichtslosigkeit der Ära Bush vergiftet das Klima. Was die Europäer verstört, ist der harsche Ton und die Kompromisslosigkeit, mit der die einzige Weltmacht heute ihre Vorstellungen durchsetzt und sich internationalen Verträgen entzieht. Wenn sich im sechsten Kondratieff ein faires, kooperatives Verhalten in der Wirtschaft durchsetzt, wird das nicht ohne Folgen für Verhaltensmuster von Staaten bleiben.

In einer bipolaren Welt waren die USA als Beschützer gegen den Kommunismus erwünscht. Als einzige Großmacht, die dem Staatengefüge ihren interessengeleiteten Willen diktiert, werden sie als Bedrohung empfunden. Die Statistik zeigt, warum die USA nach der Jahrtausendwende zunächst das Sagen haben: »Ein Volk, das vier Prozent der Weltbevölkerung ausmacht, erwirtschaftet 31,2 Prozent des weltweiten Bruttosozialproduktes, wendet 36,3 Prozent der globalen Verteidigungsausgaben auf, bestreitet 40,6 Prozent aller Ausgaben für Forschung und Entwicklung und streicht, nicht zu vergessen, 83,1 Prozent aller Einspielergebnisse an den Kinokassen ein.«[16] Ein Amerikaner isst 45-mal mehr und besser als ein Afrikaner. Weil 90 Prozent aller Beschwerden bei US-Fluggesellschaften sich darum drehen, dass ein monströser Sitznachbar einen schlanken Fluggast an die Kabinenwand drückt, verlangt die Billig-Fluglinie SouthWest von den »Leuten mit Umfang«, zwei Sitze zu bezahlen, wenn sie diese auch physisch besetzen.[17]

In der Vergangenheit dachten irgendwann alle Gesellschaften, die einen Strukturzyklus anführten, den Erfolg für immer gepachtet zu haben. Dabei haben die USA nur eben mehr als andere vom fünften Kondratieff profitiert, als es jetzt am Ende um Internet-Inhalte und Software ging, die in Englisch geschrieben werden.[18] Mit der Finanzkrise werden die Amerikaner nun davon eingeholt, über ihre Verhältnisse gelebt zu haben. Mit einem neuen Präsidenten an der Spitze werden sie sich daran erinnern, dass sie keine Nutzenoptimierer, sondern Freunde brauchen.

Die überhöhten Aktienkurse am Gipfel des fünften Kondratieffs gaukelten vielen Amerikanern vor, sie seien reich. Dabei wurde die Wall Street mit Kapitalzufluss aus dem Ausland finanziert. Dadurch blieb der Dollar im Vergleich mit anderen wichtigen Währungen weiter stark, und die Amerikaner konnten im Ausland noch billiger einkaufen und noch

16 Petra Steinberger: »Wir, Amerikaner, Kaiser und Götter«, SZ 25.7.02, S. 11.
17 Wolfgang Koydl: »Bei Mehrumfang zwei Tickets«, SZ 22./23.6.02, S. 14.
18 Nefiodow: »Der Sechste Kondratieff«, S. 102.

mehr verbrauchen. Die Wettbewerbsfähigkeit der US-Unternehmen hat aber unter dem hohen Kurs gelitten – ihre Produkte sind außerhalb der USA zu teuer. Der US-Außenhandel, der 1991 noch ausgeglichen war, erreichte im Jahr 2000 ein Defizit von fast 450 Milliarden Dollar und sank danach leicht auf 420 Milliarden Dollar. Die Leistungsbilanz mit dem Ausland (also Außenhandel plus Übertragungen, etwa an die UN, oder Gebühren für Patente) erreicht 2005 ein Rekordminus von 6,5 Prozent. Die Reallöhne sinken, während der Konsum steigt – das ist auf Dauer nicht durchzuhalten. In den Jahren unter Bush müssen jeden Tag zwei Milliarden Dollar in die USA fließen, um das Konsumniveau zu halten. George Bush hat insgesamt 6100 Milliarden Dollar neue Schulden hinterlassen. Für jeden Euro, den Obama 2013 ausgibt, muss er 30 Cent neue Schulden aufnehmen. Der Schuldenstand hat sich seit 2007 verdoppelt. Die Staatsverschuldung der USA erreicht 2012 100 Prozent des Bruttosozialproduktes, das sind 15 Billionen Dollar. Nur 24,1 Prozent des Bruttosozialproduktes gingen 2009 an den Staat, in Deutschland sind es 37,3 Prozent – das heißt, dass die Reichen in den USA zu wenig an den Kosten der Allgemeinheit beteiligt werden. 50 Prozent der Weltersparnisse müssen sich die USA dafür pumpen.

Hätte die USA mit dem geliehenen Geld in ihre Infrastruktur und in Firmen investiert, wäre das in Ordnung: Weil die USA damit hauptsächlich die Grenzen sichern und das Militär aufstocken, fehlt dem geliehenen Geld der reale Gegenwert. Auch die hohen Steuerüberschüsse der Ära Clinton sind unter Bush zusammengeschmolzen. Das Haushaltsdefizit weitet sich 2011 mit 1,5 Billionen Dollar auf 10,75 Prozent des Bruttosozialproduktes aus, die Neuverschuldung ist mehr als doppelt so hoch wie im Euroraum – der Spielraum wird eng. Verschärfte Grenzkontrollen machen den Handel langsamer und teurer. Die hohen Ausgaben für die Kriege im Irak und Afghanistan belasten den Staatshaushalt. Die Aktienkurse werden mit dem Dollar fallen und noch mehr amerikanische Altersvorsorge verbrennen – was für viele bedeutet, eben doch nicht in Frührente gehen zu können. Gefährlich könnte es für jene 17 Prozent der amerikanischen Firmen werden, die den Auszahlungsbetrag der Betriebsrente fest garantiert haben, dafür aber nun keinen vollen Gegenwert mehr besitzen und das Defizit per Gesetz aus der eigenen Tasche ausgleichen müssen. Wenn die Anleger ihr Geld aus den USA abziehen – 46 Prozent der US-Treasury Bonds werden nicht in den USA gehalten –, stürzt der

Kurs des Dollars ab. Für die Amerikaner verteuert das den Konsum, den Ölverbrauch und den Schuldendienst im Ausland. Sie verfügen schon heute über so geringe Ersparnisse wie seit 70 Jahren nicht mehr, nie zuvor waren so viele so hoch verschuldet und immer mehr verlieren zudem ihren Arbeitsplatz. US-Bürger sind privat mit mehr als zehn Billionen Dollar verschuldet, mehr als zwei Millionen Verbraucher mussten 2005 ihren persönlichen Bankrott erklären. Das beschleunigt die Finanzkrise noch zusätzlich.

»The US is not a country nor a nation, it's a concept«, heißt es. Nur: Ob ein Konzept erfolgreich ist, hängt von dem jeweiligen Strukturzyklus ab. Und ob die USA auch im nächsten Kondratieffzyklus wohlhabend sein werden, wird nicht mehr vom Erdöl oder von der Computerindustrie abhängen, sondern davon, ob sie ihre innergesellschaftlichen Probleme lösen können und viele Menschen hervorbringen, die produktiv mit Informationen, also mit anderen Menschen umgehen können. In seinem Buch »Bowling alone« stellte der Soziologe Robert Putnam im Jahr 2000 jedoch fest, wie sehr das Sozialkapital abgenommen hat: Ausflüge, Besuche von Freunden oder Zeit mit der Familie – das alles ist in den vergangenen 30 Jahren weniger geworden. Wenn gemeinsames Kartenspielen weiter so abnimmt wie bisher, würden im Jahr bald die letzten Karten in den USA gemischt. Zu messen ist auch, dass die Menschen mehr fernsehen, einen längeren Weg zur Arbeit haben und öfter beide Eltern arbeiten. »Die klassischen Familienstrukturen, die Kristallisationspunkte für den Aufbau von sozialem Kapital waren, gibt es immer seltener.«[19] All das hat Folgen für das Klima in einer Gesellschaft. Die Frage »Sind die meisten Menschen vertrauenswürdig?« bejahten im Jahr 1960 noch rund 60 Prozent der US-Amerikaner, im Jahr 2000 waren es nur mehr etwa 30 Prozent. »Hunderte von Daten zeigen, worauf sich der Bestand an sozialem Kapital alles auswirkt: auf die Steuerehrlichkeit, auf den Notendurchschnitt von Schülern, selbst auf die Effizienz der öffentlichen Verwaltung.« In einem dichten Netzwerk von Beziehungen sind Menschen produktiver, als wenn sie isoliert leben, und sie fühlen sich wohler.

Die Amerikaner arbeiten zwar 350 Stunden im Jahr länger als die Europäer. Das ist jedoch nicht nur ein Standortvorteil: Denn dabei treten

19 Manfred Braun: »Sozialkontakte beeinflussen nahezu alles – sogar die Gesundheit«, SZ 7./8.4.01, S. V1/25.

Familie und Freizeit in den Hintergrund, ganz zu schweigen von Dingen wie den erholsamen wochenlangen Aufenthalten in Gesundheitsbädern, wie es die Deutschen tun. Wer zu viel arbeitet, kann seine Kinder weniger fördern. Der Computerwissenschaftler Professor Josef Weizenbaum, ehemals Massachusetts Institute of Technology, behauptet, ein Drittel der amerikanischen Jugendlichen seien Analphabeten: »Sie können einen Comic, aber keinen Text lesen.« Nach Angaben des nationalen Zentrums für Alphabetisierung können 23 Prozent der erwachsenen US-Bürger keine Zeitung lesen. Mängel im Bildungswesen gehören laut Umfragen zu den wichtigsten Problemen der US-Bürger. Bei einer Umfrage der National Geographic Society konnten nur 13 Prozent der befragten 18- bis 24-Jährigen den Irak auf einer Weltkarte finden. Von 16 gesuchten Ländern konnten sie im Durchschnitt nur sieben ausmachen. Sieger waren die Schweden, die 13 Länder fanden, danach kommen mit anderen die Deutschen, die zwölf Länder identifizierten.

Anders als Europa, das die Eigenverantwortung seiner Bürger noch stärken muss, tut der amerikanische Staat umgekehrt – gemessen an den Spielregeln des sechsten Kondratieffs – zu wenig, um die Infrastruktur für die Allgemeinheit zu finanzieren und das Bildungspotenzial gerade der armen Schichten zu erschließen. 3,5 Millionen Amerikaner werden jedes Jahr zumindest zeitweilig als obdachlos geführt. Ein McJob mit dem Mindestlohn von 5,15 Dollar in der Stunde reicht nicht, die Miete für eine eigene Wohnung zu bezahlen – ein Zehntel der 25- bis 34-jährigen Amerikaner wohnt bei ihren Eltern, weil sie sich keine eigene Bleibe leisten können. Fast 88 Millionen Amerikaner haben sich mit einem Leben ohne Arbeit abgefunden – nur 63,8 Prozent aller Bürger im arbeitsfähigen Alter haben oder suchen einen Job. Weil die Resignierten in keiner Statistik auftauchen, bleibt die offizielle Arbeitslosenstatistik stabil. 1,5 Millionen US-Bürger leben von weniger als zwei Dollar am Tag. Im Sommer 2012 sind 46 Millionen Menschen in den USA auf Lebensmittelhilfen angewiesen. Die Hälfte der 41.000 verwundeten Kriegsheimkehrer bleibt auf medizinische Hilfe angewiesen, 41 Prozent von ihnen sind arbeitslos. 18 Kriegsheimkehrer nehmen sich jeden Tag das Leben, weit mehr als im Kampf fallen. 45,7 Millionen Amerikaner haben im Jahr 2012 keine Krankenversicherung, weil die durchweg privaten Versicherungen für sie zu teuer sind, weitere 40 Millionen Rentner sind unterversichert und können sich neben der Krankenversicherung keine Medikamentenversicherung leisten. Die Boomzeiten sind vorbei, in denen Firmen große Krankenversicherungspakete anboten, um Mitarbeiter zu behalten – mit der Arbeitslosigkeit ändern sich die Machtverhältnisse auf dem Arbeitsmarkt. Gleichzeitig laufen die Gesundheitskosten in den USA noch stärker aus dem Ruder als bei uns: 2010 stiegen sie auf zweieinhalb Billionen Dollar. Das sind 18 Prozent des Bruttosozialproduktes, auch anteilig die höchsten Krankheitsausgaben aller Länder der Welt. Das ist eben nicht ein Zeichen von Qualität, sondern von ungesundem Lebensstil und Ineffizienz. Nirgends auf diesem Planeten leben so viele Übergewichtige wie in den USA: 34 Prozent sind fettleibig, weitere 34 Prozent sind übergewichtig. Die OECD hat errechnet, dass die Folgen von Übergewicht – Diabetes, Herz-Kreislauf-Erkrankungen – in den Industriestaaten drei Prozent der Gesundheitskosten ausmachen, in den USA sind es bis zu zehn Prozent. Gleichzeitig leiden 10,8 Millionen Bürger der USA an Hunger.[20] Die Regierung hat das Problem Ende 2006 dadurch »gelöst«, indem sie den Begriff »Hunger« in ihren Lageberichten durch »geringe Nahrungssicherheit« ersetzt – Außendarstellung ersetzt Substanz.

Gerät Amerika mit seinem individualistischen Kapitalismus bald an eine Grenze? Wenn alles nur Business ist, ist jeder allein. Wenige Betrügereien wie der Bankrott des Energiehändlers Enron reichen, um das Vertrauen der Amerikaner in alle Zahlenwerke zu erschüttern. Amerika erlebt eine Krise seiner Leitbilder. Bis zur Finanzkrise waren die mächtigen Firmenchefs, die CEOs, die Helden des Wirtschaftslebens, nach den jüngsten Skandalen ist ihr Ruf nun ruiniert: Man traut ihnen alles Schlechte zu. Denn längst handelt es sich bei den Wirtschaftsskandalen nicht mehr nur um beklagenswerte Ausnahmen. George Bush hat eine Moralpredigt gehalten, die Amerikas Unternehmenschefs wieder zu Anstand und Ehrlichkeit bekehren soll. Finanzminister Paul O'Neill sprach davon, die Regierung müsse ein »ethisches Vakuum« beseitigen (offensichtlich sind die am Eigeninteresse orientierten Denkschulen in Wirtschaft und Außenpolitik doch kontraproduktiv).

2,32 Millionen Amerikaner sitzen Ende 2012 im Gefängnis. Damit sind 2,8 Prozent der männlichen US-Bevölkerung im erwerbsfähigen Alter kriminell, fünfmal so viel wie 1980 (☛ Kapitel Produktivitätsreserven, S. 277). Damals saßen 139 von 100.000 Amerikanern im Gefäng-

20 »Eine Nation mit zu viel Gewicht«, SZ 24.9.10, S.2.

nis, 2010 waren es 750. (Deutschland, zum Vergleich, hat mit 83 von 100.000 Einwohnern nur ein Neuntel davon in den Gefängnissen.) Die meisten von ihnen sind Analphabeten und gehören ethnischen Minderheiten an. In Amerikas Gefängniszellen leben mehr junge Schwarze als in Wohnheimen der Colleges. In Kalifornien kostet ein Häftling 40.000 Dollar im Jahr, was sich der bankrotte Staat nicht mehr leisten kann und Gewaltverbrecher vorzeitig entlassen muss. 14.000 Menschen werden in den USA Jahr für Jahr mit Schusswaffen ermordet, 2005 waren mehr als 400 Kinder darunter. Allein bei dem Amoklauf in Newtown Ende 2012 sterben 20 Kinder und sieben Erwachsene.

Jeder sechste Amerikaner gilt als arm (Einkommen unter 8000 Dollar im Jahr), darunter jeder fünfte Jugendliche unter 18 Jahren. Ihr Potenzial für das Gesamtwohl wird vergeudet. Die Verlierer suchen die Schuld nicht im System, sondern bei sich selbst – das ist einer der Gründe, warum es in den USA nie eine sozialistische Partei von Rang gegeben hat. In keinem Industrieland ist die Einkommensungleichheit zwischen reich und arm so groß wie in den USA (erst wieder, relativ gesehen, in Despotenländern der armen Welt). Während ein Topmanager in den USA 1985 noch das 70fache eines Arbeiters verdiente, bekommt er heute im Schnitt das 410fache eines Normallohnes ausbezahlt. Sein Jahresgehalt ist in dieser Zeit von einer auf zehn Millionen Dollar emporgeschnellt. Zwei Drittel des zusätzlich erwirtschafteten Volkseinkommens zwischen 2002 und 2007 flossen in die Taschen des reichsten ein Prozentes, das mehr als ein Drittel des Gesamtvermögens besitzt. Allein die Familie Walton, die den Walmart-Konzern kontrolliert, verfügt über 100 Milliarden Dollar – das ist mehr als das Gesamtvermögen der untersten 30 Prozent der US-Gesellschaft. Gemessen am Sozialprodukt sind die Sozialausgaben in den USA niedriger als in jedem anderen OECD-Land. Das ärmste Drittel der amerikanischen Gesellschaft kann noch nicht einmal mobilisiert werden, über die Wahl am allgemeinen gesellschaftlichen Geschehen teilzunehmen. Wenn nun die Produktivitätsfortschritte der alten Industriegesellschaft und die Wachstumsschübe durch noch schnellere Computer ausbleiben und die amerikanische Wirtschaft über mehrere Jahre hinweg stagniert, brechen dann zum ersten Mal in der US-amerikanischen Geschichte die großen Ungleichheiten auf, wie es Europa in früheren Zeiten erlebte?

Schon heute gehen in den USA pro 1000 Beschäftigte 43 Arbeitstage durch Streik verloren, in Deutschland nur 2,7 Tage. Die Mittelschicht der allmählich überflüssig werdenden Industriearbeiter kommt unter die Räder, muss häufiger die Stelle wechseln, verliert an Einkommen und sinkt um eine Klasse tiefer, während die Jahreseinkommen der Topverdiener davoneilen. Der amerikanische Traum vom sozialen Aufstieg, wenn man nur hart genug arbeitet, wird zu einer Illusion. Das Wahlsystem der USA, in dem theoretisch eine Minderheit an Wählern den Präsidenten bestimmen kann, könnte bei zunehmenden innergesellschaftlichen Auseinandersetzungen unter Reformdruck geraten. Auch der starke Einfluss von Lobbys auf die Politik kann schädlich sein, wenn es um die Interessen der Allgemeinheit geht. Die Gesellschaft zerfällt in zwei Lager, die sich nur noch in ihren Restaurants bewegen, ihre jeweiligen Hausmedien nutzen, in verschiedenen Kirchen beten. Obama macht sich gerade dadurch unbeliebt, dass er einen europäischen Geist in die Politik bringt, der von Solidarität und Mitgefühl geprägt ist. Vor allem die Republikaner öffneten sich nie für neu Gruppen, sondern verschlossen sich vor immer mehr neuen Feinden. Die Kultur der amerikanischen Frontier-Vergangenheit schafft nicht unbedingt kooperative Teamplayer, sondern starke Einzelkämpfer, die wissen, wo es langgeht, und die ihre Ziele durchkämpfen. Typisch ist da der amerikanische Krimi, in dem sich ein Polizist über die Anweisungen seines Chefs hinwegsetzt und die Verbrecher allein besiegt. Deutschen Firmen in den USA wird geraten, Bewerbungen nur mit Hilfe eines Head-Hunters auszuwerten – denn die Hälfte des Inhaltes sei normalerweise frei erfunden.[21] Darin könnte eine Gefahr für die Informationsproduktivität der amerikanischen Gesellschaft liegen.

In ihrem Selbstverständnis werden die meisten Amerikaner ihr Land als christlich einschätzen, trotz Todesstrafe oder der Unterstützung von wirtschaftlich nützlichen Diktatoren. Offiziell mögen Staat und Kirche in den USA zwar strikter getrennt sein als anderswo und nirgendwo sonst gibt es eine reichere Auswahl an Kirchen, Sekten und Religionen – nach dem Prinzip von Angebot und Nachfrage. Jeder kann nach seiner Façon selig werden, der Staat redet niemandem ins Gewissen, nicht den Gläubigen, nicht den Heilsbringern. Genauso wenig schützt er Leichtgläubige vor Scharlatanen, und Organisationen wie Scientology können ungehindert ihren Geschäften nachgehen. Auch andere Gruppierungen predigen vom Reichtum und bilden Netzwerke »christlicher« Businessmen, um

---

21 SZ »Wer deutsch denkt, verliert«, 10.5.99, S. 27.

Ressourcen aller Art einzusammeln. Neue Megachurches bedienen vor allem die gruppenethischen Bedürfnisse des Massenrausches, Teil einer sehr großen und mächtigen Gruppe zu sein und zu einem Führer aufzuschauen. Da wird Gott nicht begegnet, wo er ist, nämlich in der Stille, sondern Gott wird von Pastorpreneurs als Produkt vermarktet wie Gesundheitspülverchen oder Putzmittel im Fernsehen. Liberale Kirchgänger der 60er Jahre haben sich inzwischen säkularisiert, übrig bleiben die strenggläubigen, nicht immer gebildeten. 42 Prozent der US-Amerikaner denken, dass die heute auf der Erde lebenden Wesen seit Anbeginn der Zeit so existiert haben, also so, wie es wörtlich in der Bibel steht.[22] Nur 14 Prozent stimmen der Aussage zu: »Menschen, wie wir sie kennen, haben sich aus tierischen Vorfahren entwickelt«[23] – das ist das intellektuelle Potential eines Entwicklungslandes mit archaischer Gedankenwelt. Bei einer Wahlbeteiligung von weit unter 50 Prozent in den USA geht es Politikern nicht mehr darum, zu überzeugen, sondern die Leute bei Wahlen für sich zu mobilisieren. Und das kann niemand so gut wie die millionenstarke Basis national-evangelikaler Christen. Politische Macht ist der Grund, warum demonstrative Frömmigkeit unter George Bush im Weißen Haus zum guten Ton gehört. Obama stellte nun alle Religionen als für das Land gleichbedeutend dar – selbst den Nicht-Glauben. Auch die Amerikaner haben die Wahl, welchen neuen innergesellschaftlichen Konsens sie suchen.

Der Islam zwischen Dschihad und Aufklärung

Die ökonomische Bilanz der islamischen Welt ist niederschmetternd: Sie trägt nur etwa sechs Prozent zum Weltbruttosozialprodukt bei, und wenn man das Erdöl abzieht, sind es sogar nur drei Prozent. Das Wirtschaftswachstum ist mit einem halben Prozent im Jahr nach Schwarzafrika das zweitniedrigste der Welt. Bei dieser Wachstumsrate müssten arabische Länder 140 Jahre lang warten, um ihr ohnehin geringes Einkommen zu verdoppeln.[24] In den 80er- und 90er-Jahren ist das Pro-Kopf-Einkommen in Saudi-Arabien von 28.000 auf 7000 Dollar gesunken. Statt in pro-

22 »Darwins schwerer Stand«, SZ, 1.9.2005, S. 10.
23 »Front gegen Darwin«, SZ 11.8.06, S. 16.
24 Heiko Flottau: »Arabiens langer Leidensweg«, SZ 3.7.02, S. 7.

duktive Investitionen und kritisch-intellektuelle Bildung wurde ein großer Teil der Öleinnahmen für Konsum (Luxusautos, Reisen, Villen, Hauspersonal) verschwendet. Ohne Öl wäre Arabien so arm wie Afrika. Die verarbeitende Industrie der gesamten arabischen Welt exportiert weniger Güter als das kleine Israel.

Das Bildungsniveau der arabischen Staaten fällt ebenso zurück, nach Angaben der UN-Entwicklungsorganisation UNDP teilweise auf das Niveau Schwarzafrikas.[25] Noch immer können 43 Prozent der 280 Millionen arabisch sprechenden Menschen in 22 Ländern weder lesen noch schreiben. Die Islamisten machen vor allem gegen die Schulbildung von Mädchen mobil. Von Mitte 2005 bis Mitte 2006 brannten sie in Afghanistan fast 150 Schulen nieder, 200 wurden nach Drohungen geschlossen, der Unterricht für mehr als 200.000 Kinder wurde gestrichen. Die Ausgaben für Wissenschaft und Forschung machen in der arabischen Welt nur ein halbes Prozent des sowieso schon niedrigen Volkseinkommens aus – selbst in Kuba liegen sie mit 1,26 Prozent mehr als doppelt so hoch. 20 Prozent der Weltbevölkerung bekennen sich zum Islam, aber nur jeder hundertste Wissenschaftler ist ein Muslim.[26] Die Bemühungen, vom Ausland zu lernen, sind so gering, dass alle arabischen Staaten jährlich fünfmal weniger Bücher in ihre Sprache übersetzen lassen als etwa Griechenland.[27] In Ägypten, dem an kulturellen Traditionen wohl reichstem arabischen Land, herrschte unter Mubarak jahrzehntelang intellektuelle Stagnation. In Syrien ließ die alte Garde Oppositionelle ins Gefängnis werfen, das Land zerfleischt sich gerade in einem Bürgerkrieg. In Indonesien sind es die nicht-islamischen Minderheiten, welche die wirtschaftliche Dynamik tragen. Die meisten Menschen in den islamischen Ländern arbeiten wenig produktiv in der Landwirtschaft oder im Handel – die Industrie ist schwach. Und ohne eine Demokratisierung und einen redlichen Intellektualismus (der das eigene Tun kritisch hinterfragt), wird die islamische Welt keine hohe Informationsproduktivität hervorbringen – und weiter marginalisiert. Hamed Abdel-Samad sieht daher in seinem Buch den »Untergang der islamischen Welt« voraus, aus kulturellen Gründen, wenn sie sich nicht ändert. Zuerst fordern in den Golfstaaten immer mehr Menschen demokratisch legitimierte Regierungen – das ist eine Folge der

25 Heiko Flottau: »Hilflos gegenüber Bushs Ultimatum«, SZ 16.9.02, S. 4.
26 Wolfgang Blum: »Mathe für Mekka«, 13.8.02, S. 19.
27 »Brot statt Bomben«, SZ 14.1.11, S.4.

dortigen sozioökonomischen Realität, gut in die Informationsströme der internationalen Weltwirtschaft eingegliedert zu sein. Die Aufstände in Ägypten, Tunesien und Libyen zeigen, dass die Entwicklung nicht aufzuhalten ist – Globalisierung bedeutet Globalisierung der Freiheit. Den Islamisten, die die Demonstrationen in Kairo für sich nutzen wollten, schleuderten die Massen entgegen: »Das ist nicht eure Revolution!« Sie übernehmen unter Mursi zwar den Staat, scheitern aber ökonomisch. Denn beides gleichzeitig ist nicht zu haben: Einerseits die bisherigen Traditionen und Verhaltensmuster zu behalten, aber gleichzeitig Demokratie und Wohlstand, die von kooperativen Individuen abhängen.

Schuld an der eigenen wirtschaftlichen Misere sind entgegen der eigenen Wahrnehmung nicht ehemalige Kolonialherren oder der Westen. Denn der ist nicht wegen seiner Technik überlegen, sondern durch seine immateriellen Güter: Geistesfreiheit, Gesetzesherrschaft, Beschränkung von Herrscher-Willkür. Es sind Verhaltensweisen und Wertvorstellungen, die einen produktiveren Umgang mit Information verhindern. Die islamische Welt ist bislang die Region, in der bürgerliche Freiheiten am wenigsten entwickelt sind, und in der Versuche, eine pluralistische Gesellschaft aufzubauen, immer wieder unterdrückt werden. Individualistische Extravaganzen sind dort nicht möglich, der Anpassungsdruck auf den Einzelnen ist groß. Wer aus der Norm ausschert, versucht dies nach außen zu verbergen. In vielen islamischen Ländern fehlt es an Toleranz gegenüber anderen Religionen und an Demokratie. Dass Frauen nicht ausreichend am Erwerbsleben beteiligt sind, ist in der Informationsgesellschaft ebenfalls ein immenser Wohlstandsverlust.

Andere Länder nehmen mit Befremden wahr, wenn islamische Kulturen den Frauen das Wahlrecht und den Führerschein verweigern, zur Ermordung von Schriftstellern aufrufen, deren Werke ihnen nicht passen, und Fremden und Ungläubigen den Krieg erklären. In Europa wird nicht länger akzeptiert, wenn ein Imam in Moscheen häusliche Gewalt gegen Frauen verteidigt, den islamischen Kampf verherrlicht und zum Hass gegen den Westen aufruft. Einige Bundesstaaten Nigerias wie Zamfara haben das islamische Gesetz Scharia eingeführt – mit Strafen wie Amputation oder Steinigung. Nicht-Muslimen werden fundamentale Rechte abgesprochen. Dort leidet die Wirtschaft inzwischen beträchtlich. Krankenschwestern, die sich der islamischen Kleiderordnung widersetzen, werden ohne Begründung entlassen. Ausländer ziehen sich zurück.

Nach gewalttätigen Ausschreitungen von Moslems gegen Christen ist die Hauptstadt in zwei Teile gespalten, in denen jede Gruppe unabhängig von der anderen nach ihren Gesetzen lebt. Nicht Speisevorschriften oder textile Besonderheiten sind das Problem mit dem Islam, sondern Gottesstaatsfantasien.

Der Nahe Osten ist eine Kultur der Macht, in der derjenige angesehen ist, der Macht ausübt, auch wenn er dazu Gewalt anwendet. Nach der Rede von Papst Benedikt XVI. in Regensburg im September 2006 über Vernunft und Glaube haben sich viele Muslime bei ihren maßlosen Protesten genau so verhalten, als ob sie bestätigen wollten, was der Papst gar nicht gesagt hat: Sie benahmen sich, als sei der Islam eine aggressive, gewalttätige Religion. Als Bedrohung empfinden es andere Kulturen, dass jeder Moslem zum »heiligen Krieg« verpflichtet ist, solange das islamische Rechtssystem nicht über die ganze Erde herrscht. Im Koran kommt das Wort Dschihad insgesamt 35-mal vor. Bei uns in Europa lebende Muslime betonen häufig, dass Dschihad im Grunde ganz allgemein »sich abmühen, sich anstrengen« heißt, um Gott gefällig zu leben. Das ist richtig. »Daraus zu folgern, das koranische Konzept des Dschihad habe zunächst einmal nichts mit Krieg zu tun, ist jedoch ein Fehlschluss«, so die Bamberger Islamkunde-Professorin Rotraud Wieland.[28] »Überprüft man die koranischen Kontexte des Gebrauchs der Wörter djihad und djahada, dann zeigt sich: Nur an zwei der insgesamt 35 Fundstellen (Sure 29/8 und 31/15) sind sie ganz eindeutig in der Grundbedeutung verwendet, an vier weiteren ist diese Bedeutung wahrscheinlich (22/78 und 25/52) oder zumindest in Erwägung zu ziehen (9/73 und 66/9). An allen anderen koranischen Fundstellen geht jedoch aus dem Kontext zweifelsfrei hervor, dass djihad oder die entsprechende Verbform tatsächlich nichts anderes als ein militärisches Vorgehen bezeichnet, also im Sinne von ‚Krieg führen' zu verstehen ist.« Das liegt an den realen Lebensumständen des Religionsgründers.

Mohammed wollte im Jahr 628 nach Mekka, doch die Stämme der Kureish herrschten dort. So schloss er einen Waffenstillstand, der die Kureish zum Abrüsten verführte. 630 richtete Mohammed dann mit 10.000 Soldaten ein Blutbad in Mekka an. Das Massaker und der Vertragsbruch

---

28 Rotraud Wielandt: »Krieg um des Glaubens willen? Grundlagen und neuere Entwicklungen der Anschauungen zum Dschihad im Islam«. In: Zur Debatte, Themen der Katholischen Akademie in Bayern, 6/2001.

sind nach islamischem Recht gerechtfertigt, weil sie der Ehre Allahs dienen.[29] Friedensschluss und Landpreisgabe verstehen Moslems als Schwäche und gebrauchen sie nur als Kriegslist. Allah ist eben nicht der gleiche Gott wie der Gott der Bibel, der die Feindesliebe und Friedensgesinnung lehrt und (entgegen der tatsächlichen historischen Praxis) Gewalt zur Ausbreitung des Christentums ablehnt.

Juden und Christen dürfen laut Koran zwar nicht zwangsbekehrt werden, dabei wird aber mit einer besonderen Kopfsteuer nachgeholfen. Die Herrschaft der Muslime und damit des islamischen Rechts soll mit Waffengewalt auf bislang von Nichtmuslimen bewohnte Staaten ausgedehnt werden, »damit das Wort Gottes über allem stehe«. Nach vormodernem islamischen Staatsrecht ist der Dschihad gegen Ungläubige obligatorisch, und zwar bis zur Unterwerfung der ganzen Welt beziehungsweise bis zum jüngsten Tag. Die Glaubenskrieger, die dabei fallen (nach islamischer Terminologie »Märtyrer«) gehen laut Koran-Suren (3/169, 2/154 und 22/58) sofort ins Paradies ein – das sich die Attentäter des 11. Septembers 2001 auf Grund der Beschreibungen im Koran als häufigen Geschlechtsverkehr mit Jungfrauen vorstellten. (Jemand, der in so einer Denkwelt lebt, wird wohl kaum informationell produktiv mit einer gut ausgebildeten jungen Biologin/Ärztin/Informatikerin zusammenarbeiten.)

Die darüber entsetzte, nicht-islamische Welt wird versuchen, einen Dialog zu führen. Als Papst Johannes Paul II. im Mai 2001 Syrien besuchte, rief er Christen und Muslime auf, sich nicht als Gegner, sondern als Partner zu begreifen und eine »Partnerschaft zum Wohle der Menschheitsfamilie« einzugehen. Der syrische Groß-Mufti Ahmad Kuftaro betonte, dass der Islam eine Religion der Liebe sei und Christen und Muslime an denselben Gott glaubten. Doch mit einem Dialog tun sich viele Muslime noch schwer: Sie verstehen den Koran als eine Art himmlische Tafel, die der Prophet direkt von Gott zu den Menschen gebracht hat. Da alles Wort für Wort so zu glauben ist, wie es im Koran steht, sind Versuche Andersgläubiger, zu diskutieren, eine Art Trojanisches Pferd des verweltlichten Westens. Den Koran wissenschaftlich zu hinterfragen, wie es im aufgeklärten Christentum mit der Bibel geschieht – was ist wo abgeschrieben, was ist falsch übersetzt worden, in welchem historischen Kontext ist das

29 Johannes Gerloff: »Jüdische Siedlungen – Kriegsverbrechen oder Erfüllung biblischer Prophetie«, Hänssler-Verlag 2002, S. 59. Für diese Geschichte gibt es jedoch widersprüchliche Darstellungen.

zu verstehen, was meinen diese Bilder –, ist Häresie und damit verboten. »Heute riskiert jemand, der die Göttlichkeit des Korans infrage stellt, sein Leben«, sagt der in Deutschland lebende Politikwissenschaftler Hamed Abdel-Samad.

In Zukunft wird wirtschaftlich aber nur erfolgreich sein, wer Taten und Personen hinterfragen, Fehler offen und ohne Gesichtsverlust zugeben und daraus lernen kann. Die Reaktion der ägyptischen Öffentlichkeit, als 1999 ein ägyptischer Pilot beim Flug von New York nach Kairo eine Maschine mit 217 Menschen an Bord mutwillig zum Absturz brachte, sind da für die arabische Welt nicht ermutigend. Anstatt die Wahrheit anzunehmen, wurden allerhand Verschwörungstheorien aufgestellt. Dadurch fehlt eine realistische Sicht auf die Dinge und damit eine zuverlässige Informations-Basis, effektiv zu entscheiden und zu handeln. Anstatt eigene Fehler zu analysieren, wird eben anderen – dem CIA, den Juden, dem Westen – die Schuld für das eigene Versagen zugewiesen. (Das ist ein Verhalten, das Russland beim Untergang des U-Bootes Kursk oder so manche mitteleuropäische Fußballmannschaft nach einer Niederlage an den Tag legt.)

»Den« Islam gibt es jedoch ebenso wenig wie »das« Christentum. Vehement kritisieren gerade Muslime den primitiven Islam der Wahabiten, der sich im 18. Jahrhundert auf der arabischen Halbinsel ausbreitete und seit 1932 der Sippe Ibn-Sauds zur religiösen Absicherung ihres feudalen Herrschaftssystems dient. Ein politischer, fundamentalistischer Islamismus bildete sich dann als Reaktion auf den 1967 schmählich verlorenen Angriffskrieg gegen Israel heraus, dessen moralische und politische Bilanz heute – gemessen an seinen Ansprüchen – ernüchternd ist. Der islamische Terrorismus von Bin Laden ist daher kein Zeichen von Stärke, sondern von Schwäche: Wer keine guten Ideen und kein gutes Argument mehr hat oder selber zu wenig leisten kann, der schlägt aus Mangel an Alternativen gewaltsam um sich. Es ist der Weg in eine Sackgasse. Niemand kann die islamische Welt daraus befreien, außer sie tut es selbst – und das aktuelle Geschehen macht Hoffnung. (Eingriffe und Appelle von außen bewirken wenig – das ist wie bei der Wahl des Ehepartners, wenn Interventionen der Familie nur dazu führen, sich noch enger an ihn zu binden.)

Spanische Moslems forderten Saudi-Arabien auf, die Steinigung abzuschaffen. »Es sind nicht zuletzt iranische Theologen, die darauf beharren, dass der Islam nur dann eine Zukunft hat, wenn er ohne Wenn und Aber die Menschenrechte respektiert.« Sie sehen »in der Wiederannäherung an ein säkulares Europa keinen Akt der Entfremdung, sondern die Rückkehr zu einer eigenständigen Tradition. Sie wenden sich gegen autoritäre Regime, die den Islam missbrauchen.«[30]

Das Argument »das schreibt der Koran aber so vor« zieht deshalb nicht, weil sich jeder Vers auf unzählige Weise interpretieren lässt. Wer sich von dem holländischen Filmemacher Theo van Gogh beleidigt fühlt, der soll gegen ihn prozessieren, gegen ihn demonstrieren oder anschreiben, anstatt ihm den Kopf abzuhacken. Auch der Koran lässt sich so interpretieren, dass er nicht mehr im Widerspruch zu Meinungsfreiheit, Menschenrechten und Rechtsstaat steht – Voraussetzung für mehr Wohlstand in der arabischen Welt.

Auch das ist kein Kampf der Kulturen gegeneinander, sondern ein Kampf innerhalb der Kulturen. Prominente Deutschtürken haben im Oktober 2006 die Musliminnen in Deutschland aufgefordert, als Zeichen ihrer Integrationsbereitschaft das Kopftuch abzulegen, dafür bekommen sie Hassbriefe und Morddrohungen. In Ägypten haben sich ein Universitäts-Dekan und der Kulturminister gegen die totale Verschleierung gewandt – denn diese ist gar keine religiöse Vorschrift, sondern eine Tradition arabischer Beduinen aus vorislamischer Zeit. Die Diskussion darüber ist entbrannt, wenn auch noch mit klarer Mehrheit auf Seiten der Traditionalisten. Gleichzeitig aber erlaubt das Handy eine zunehmende Individualisierung, unterläuft soziale Kontrolle, besonders bei der Kontaktaufnahme zwischen den Geschlechtern. Und die Medienlandschaft der arabischen Welt, die nur sterile Regierungskanäle kannte, ist durch die offene und kritische Berichterstattung des Nachrichtensenders Al-Dschasira völlig verwandelt worden. In der arabischen Welt kann sich eine neue Form von islamischer Demokratie herausbilden, die an die eigenen liberalen Traditionen früherer Jahrhunderte anknüpft. Der Islam wird sich mit den Regeln demokratischer Gesellschaften versöhnen und fundamentalistische Strömungen zurückdrängen, wenn er nicht im ökonomischen Desaster untergehen will. Damit kann es die islamische Welt zumindest stark beeinflussen, wie gut es ihr künftig gehen soll – ein Privileg, das sie den wirklich armen Ländern voraushat.

---

30 Wolf Lepenies: »Die Faszination des Bösen«, SZ 8./9.6.02, S. 4.

Die Welt der Superarmen

In den 49 am wenigsten entwickelten Ländern beträgt das Durchschnittseinkommen nur 250 Dollar im Jahr – gegenüber den 25.000 Dollar in entwickelten Staaten. Die Lebenserwartung steht in einem Verhältnis von 51 zu 78 Jahren. Aber von den zehn am schnellsten wachsenden Ländern der Welt zwischen 2001 und 2010 lagen sechs in Afrika. Das Handy revolutioniert auch hier das Leben, wo es zuvor fast kein Festnetz gab: Die Bäuerin kann herumfragen, an welchem Ort der Maispreis gerade am höchsten ist; Krankenschwestern im Busch können die Blutwerte eines Patienten an den Arzt in der Stadt übermitteln; die Sturmwarnung per SMS schützt die Fischer auf See; Menschrechtsaktivisten warnen sich vor dem Heranziehen einer Schlägertruppe; und für die Menschen dort ist es normal, per Handy zu zahlen. Was die Rohstoffe einbringen, wird selten dafür ausgegeben, das Leben der eigenen Bevölkerung zu verbessern. Was für ein Reichtum: Afrika besitzt mehr als die Hälfte des Goldes weltweit, 90 Prozent des Kobalts, 50 Prozent der Phosphate, 40 Prozent des Platins, 70 Prozent des Kakaos, 60 Prozent des Kaffees. Dazu Diamanten, Farmland und eine atemberaubende Natur als Touristenattraktion, die Europa langweilig erscheinen lässt.

Von Sparquote in den am wenigsten entwickelten Ländern kann keine Rede sein. Viele dieser Länder liegen in Tropennähe, wo ausgerechnet sie unter den von hauptsächlich anderen Menschen gemachten Klimawandel mit schweren Stürmen, Dürren und Überschwemmungen am stärksten leiden, ohne dass sie die Ressourcen hätten, darauf reagieren zu können.

Die europäischen Kolonialherren haben oft ein schweres Erbe hinterlassen. Sie kamen unter dem Vorwand, diese Länder zu zivilisieren, prügelten die Menschen mit Nilpferdpeitschen, oder, wie die Belgier im Kongo, hackten ihnen die Hände ab, wenn sie nicht genügend Kautschuk oder Elfenbein aus dem Urwald brachten (es gibt alte Fotos, die zeigen mannshohe Körbe voller abgehackter Gliedmaßen). Zwischen 1885 und 1908 sank die Bevölkerung im Kongo um zehn Millionen Menschen. Als die Europäer dann diese Länder um 1960 in die Unabhängigkeit entließen, waren die gesellschaftlichen Strukturen zerstört. Es gab fast keine Hochschulabsolventen, um den Staat zu organisieren, Recht zu sprechen oder als Arzt zu arbeiten. In Guinea-Bissau hatten 14 Einheimische einen Universitätsabschluss, 97 Prozent der Bevölkerung waren Analphabeten.

Marodierende Warlords konnten sich ganzer Staaten bemächtigen und den Platz der Kolonialherren einnehmen. Nach dem Ende des Kalten Krieges fehlten den Despoten die Gelder der Amerikaner und der Sowjetunion, um ihre Diktatur aufrechtzuerhalten. Bürgerkriege brachen aus, Völkergruppen unterdrückten sich gegenseitig. Als Mobuto 1997 gestürzt wurde, war die katholische Kirche die einzige landesweite Institution, die im Kongo noch funktionierte. Für einen Aufstand wie in der arabischen Welt ist die Mittelschicht und das brotlose, aber gebildete Proletariat zu klein. Jeder Stamm verfolgt sein eigenes Ziel, statt sich auf ein gemeinsames großes Ziel einschwören zu lassen. Und es fehlen Kühlschränke, die das Essen haltbar machen, während man tagelang demonstriert.[31] Sozialneid und der Druck der Sippe, mitversorgt zu werden, behindern Innovationen in der Landwirtschaft. Wer Getreide anbaut, das sich besser verkaufen lässt, bekommt den Vorwurf zu hören, er bediene sich der Hexerei. So ist diese Gegend nicht nur Opfer, sondern behindert sich durch ihre kulturellen Traditionen selbst.

Von dem, was in Afrika erwirtschaftet wird, schaffen die eigenen Eliten einen großen Teil ins Ausland und legen es in Europa und den USA an. Wer soll in Afrika investieren, wenn die Afrikaner selbst kein Vertrauen in ihre Wirtschaft haben? (Vermutlich waren sogar einige hundert Millionen Dollar, die der Börsencrash an der Wall Street vernichtete, centweise mühsam von Afrikanern erarbeitet.) Schuld hat aber auch eine 40-jährige, projektbezogene Entwicklungshilfepolitik, die kein Wirtschaftswachstum in Gang gebracht, sondern ein patrimoniales Klientel-System hervorgebracht hat, in dem politische mit wirtschaftlicher Macht gleichgesetzt wird. Westliche Geber schätzen, dass auf die Konten ehemaliger oder derzeitiger Machthaber so viel Geld transferiert wurde, dass damit leicht alle Auslandsschulden Afrikas bezahlt werden könnten. Tansania zum Beispiel gibt drei- bis viermal soviel für den Schuldendienst aus wie für Schulen und sechsmal so viel wie für sein Gesundheitswesen, während die Militärausgaben etwa dem Schuldendienst entsprechen.[32] Nur: Warum sollen die betrogenen Afrikaner für die Last ihrer verantwortungslosen Regierungen aufkommen? Warum sollten für die Kreditgeber ehemaliger Despotenstaaten andere Regeln gelten als für Investoren in der freien

31 Arne Perras: »kein Aufstand ohne Kühlschrank«, SZ 23.2.11, S.11.
32 Michael Birnbaum: »Afrikas Reichtum liegt auf Schweizer Konten«, SZ 19./20. Juni 1999, S. 10.

Wirtschaft? Wer, ohne zu überlegen, in völlig marode Betriebe investiert, kann sehr leicht Geld verlieren. Wer es zurückhaben will, sollte es sich bei denen holen, die es geklaut haben. Der Zustand ihrer Opfer ist heute ein einziger Verstoß gegen die Menschenwürde.

Die meisten Menschen leben in Slums oder abgelegenen Hütten, ohne Wasser und Abwasser, Strom und Ärzte. In Afrika kann die Hälfte der Erwachsenen nicht lesen oder schreiben, und die meisten Kinder besuchen keine Schule. Und selbst die, die etwas lernen dürfen, gehen in Schulen ohne Stühle, teilen sich zu mehreren ein Buch, aus dem sie lediglich auswendig lernen. Wer eigene Gedanken entwickelt, wird von schlecht ausgebildeten, unsicheren Lehrern mit Zustimmung der Eltern verprügelt – es könnte sonst passieren, dass ein selbstständig denkender Nachwuchs erkennt, wie er von den Herrschenden betrogen wird. Es ist der Kontinent der Kinder: Fast die Hälfte der Afrikaner sind jünger als 14 Jahre. Und Kriege, Krankheiten und Chaos senken das Durchschnittsalter weiter.

Wegen Aids wächst die Wirtschaft in Afrika vier Prozentpunkte weniger, als sie wachsen könnte. Nach UN-Angaben ist die Arbeitsproduktivität in den von den Epidemien am stärksten betroffenen Ländern wie Botswana oder Sambia bereits um die Hälfte zurückgegangen.[33] Zwei von drei Managern in Sambia sterben an Aids, in Kenia drei von vier Polizisten. Die Verteidigungsminister der afrikanischen Staaten südlich der Sahara geben die Infektionsrate ihrer Soldaten mit zwischen 20 und 40 Prozent an. In Burkina Faso hat bereits eine von fünf Familien wegen der Krankheit ihre Landwirtschaft eingeschränkt oder ganz aufgegeben. Nicht zu vergessen die 15-Jährigen, die zum Familienoberhaupt werden, nachdem die Eltern beide an Aids gestorben sind. Oder die 18-Jährige, die nicht nur ihre vier jüngeren Geschwister versorgt, sondern inzwischen zwei eigene Kinder hat, nachdem sie sich ohne männlichen Schutz nicht gegen Übergriffe wehren kann.

Machen wir aus den statistischen Zahlen doch einmal Menschen, kleine Menschen, die sich an den Jeep des vorbeifahrenden Europäers krallen. »Seit Stunden terrorisieren uns diese Monster. Es sind Dutzende«, schreibt Michael Bitala.[34] »Sie schreien, stürmen aus dem Gebüsch und klammern sich an den Wagen. Sie hängen am Kühlergrill, an den Fens-

---

33 Jean-Pierre Knapp: »Aids zerstört Afrikas Wirtschaft«, SZ 26.6.02, S. 24.
34 Michael Bitala: »Leopold, Idi Amin und andere Verbrecher«, SZ 6./7. 10.01, S. I.

tern, an den Türen, am Dachgepäckträger. Sie sind vielleicht vier, fünf Jahre alt, sie haben gerade mal die Kraft, nicht vom Auto zu fallen, aber irgendwann sieht man nicht mehr ihre riesigen braunen Augen oder ihre vom Hunger ausgesaugten Gesichter. Irgendwann sieht man nur noch die bösen Grimassen, die verrotzten Nasen und die kleinen, dreckigen Hände, die gegen das Blech trommeln oder den Fahrer an den Haaren ziehen. Irgendwann hört man nur noch das Betteln und den Husten, der schlimmer rasselt als die Motoren alter kongolesischer Taxis. Irgendwann verzweifelt man an dem elenden und vermutlich sehr kurzen Leben der Kinder, die hier im Dschungel unter Bananenblättern und Plastikplanen leben. Der Name des Flüchtlingslagers ist längst vergessen. Ebenso der Grund, warum die Kinder dorthin geflohen sind. Waren sie Hutu? Waren sie Tutsi? Waren sie aus dem Kongo oder aus Burundi? Es ist egal, weil es dem Rest der Welt auch egal ist. Weil es in Afrika Hunderte solcher Lager gibt und sie nicht die schlimmsten Beispiele für das Elend südlich der Sahara sind.«

Die Globalisierung ging an ihnen vorbei. Den 24 Staaten, die sich nach dem vierten Kondratieff der Weltwirtschaft angeschlossen haben – darunter China, Indien, Vietnam, Uganda und Mexiko –, geht es mit Abstand besser als denen, die sich vom Rest der Welt abnabelten: Diese schrumpften in den 90er Jahren um ein Prozent, während die geöffneten Volkswirtschaften um fünf Prozent im Jahr wuchsen.[35] Ohne Hilfe kommen die am wenigsten entwickelten Länder nicht auf die Beine. Dabei wäre es schon eine immense Erleichterung, ihren Handel nicht zu erschweren. Denn die Entwicklungsländer leiden eher an zu wenig denn an zu viel Freihandel und Globalisierung. Sie zahlen 2002 siebenmal so viel Zölle auf ihre Produkte, die sie in die Industrieländer der OECD verkaufen, wie sie an Entwicklungshilfe bekommen.

Weiß der durchschnittliche Europäer eigentlich, dass er Steuern zahlt, mit denen der Export von Agrarerzeugnissen in die Dritte Welt subventioniert wird, die den Bauern dort die Möglichkeit zum Leben nehmen? In Kenia hat das europäische Agrardumping die Preise für Mais bis zu 57 Prozent gedrückt. Und nachdem die Fanggründe der europäischen Fischer vor der eigenen Haustür leergefischt sind, haben sie Fischereiabkommen mit Drittländern abgeschlossen. Vor der Küste Senegals wurde daraufhin

---

35 SZ: »Studie gegen die Angst«, 6.12.01, S. 25.

58 Prozent mehr gefischt als vorher – für die eigenen Fischer mit ihren nicht industrialisierten, viel kleineren Schiffen bleibt viel weniger übrig.

Die Industrieländer fordern von den ärmeren Ländern, ihre Wirtschaft sofort zu öffnen, während sie selbst die eigenen Märkte gegen deren Produkte abschotten. Ehemals kommunistische Länder oder Länder in einer Finanzkrise werden vom IWF gezwungen, ihre Unternehmen sofort zu privatisieren, die Finanzmärkte zu liberalisieren und die Rolle des Staates in der Wirtschaft zurückzudrängen. Dabei sind die Industrieländer selbst sehr skeptisch, wenn es darum geht, dasselbe im eigenen Land zu machen – man denke nur an die immer noch entscheidende Rolle der Bundesregierung bei der Deutschen Telekom.

Wer aber denkt, wir im Westen wären auf Kosten der Armen reich, geht von einem Nullsummenspiel aus, in dem der eine nur dann mehr haben kann, wenn andere dafür weniger bekommen. Das verführt zudem zu einem egoistischen und für den Wohlstand der Welt katastrophalen Gedanken: Warum sollen wir den Menschen in der Dritten Welt helfen, auf die Beine zu kommen, wenn die dann nur einen größeren Teil der begrenzten Ressourcen in Anspruch nehmen und unserer Wirtschaft Konkurrenz machen? Vielleicht denken einige Politiker so: Die Entwicklungshilfe der Industriestaaten ist von den in den 80er Jahren üblichen 0,4 Prozent ihres Bruttosozialproduktes auf 0,2 Prozent gesunken und noch immer weit von den angepeilten 0,7 Prozent entfernt. Dabei sind Überbevölkerung und Umweltzerstörung Folgen von Armut. Und jede Wohlstandssteigerung in einem Land hebt den (nachhaltigen) Wohlstand auf der ganzen Erde.

Wenn sich am Ende des fünften Kondratieffs sämtliche Volkswirtschaften vermutlich synchron in einem Abschwung befinden, wird niemand mehr einspringen: Die Staatshaushalte sind schon aus den Fugen geraten und können nicht mehr den Ausgabenhahn aufsperren, die Notenbanken, auch die amerikanische, können die Geldschleusen gar nicht mehr weiter öffnen. Die Lösung der Wirtschaftskrise im langen Kondratieffabschwung ist nicht der Kampf gegeneinander und das Tun auf Kosten anderer. Das große Potenzial für eine Belebung schlummert in den Produktivitätsreserven, und die schlummern in der Dritten Welt: Von den drei Milliarden potenziell Erwerbsfähigen der Menschheit sind 840 Millionen Menschen unterbeschäftigt (sie stellen zum Beispiel aus den Blechteilen von Schrottautos Pfannen her – was Stanzmaschinen schon in

Schwellenländern viel besser und schneller erledigen) und 160 Millionen sind ganz arbeitslos. Damit ist weltweit praktisch jeder dritte Erwerbsfähige ohne Erwerbsarbeit, trotz der großen Not. Das muss in die Köpfe: Lebensqualität und Wohlstand der ganzen Welt steigen, wenn wir die Produktivität der armen Staaten so erhöhen, dass sie Probleme künftig effizienter lösen. Dazu brauchen sie Bildung, demokratische Mechanismen, eine offene Zivilgesellschaft, Rechtssicherheit, Trinkwasser, effizientere und energiesparendere Technologien.

Die Länder der ehemaligen Sowjetunion

Dass die Länder der ehemaligen Sowjetunion mit höheren Raten wachsen als der Westen, sollte niemanden überraschen: In Russland war das reale Bruttosozialprodukt Ende 2001 noch immer um mehr als ein Drittel unter dem von 1989; in Georgien und Moldawien betrug der Wohlstandsverlust noch über 60 Prozent. 2009 ging das BIP um acht Prozent zurück und wächst seitdem nur langsam. Die ehemalige Supermacht hat eine Wirtschaftsstruktur wie das afrikanische Botswana: Das riesige Reich verdient Geld auf den internationalen Märkten nur mit seinen Rohstoffen und hat ein niedrigeres Bruttosozialprodukt als Holland. Jeder dritte lebt unter der Armutsgrenze. Zwar haben sich die Energie-Erlöse vervielfacht, weil der Preis für ein Barrel Öl von 12 Dollar im Jahr 1998 auf um die 150 Dollar Mitte 2008 stieg (um dann wieder rasant zu fallen). Doch davon profitieren nur die Eliten und die Staatskasse, während der Lebensstandard von 85 Prozent der Bevölkerung weiter niedrig bleibt. Die gesellschaftlichen Strukturen, die der Kommunismus hervorgebracht hatte, sind für die Erfolgsmuster der Informationsgesellschaft kontraproduktiv: Gleichmacherei, Kontrolle und fehlende Eigeninitiative. Es gab keinen freien Informationsfluss, Meinungsäußerungen waren gefährlich. Und selbst die vorhandenen Strukturen wurden mit seinem Untergang schneller zerrissen, als neue wieder zusammengefügt werden können. Dabei hängt der Wohlstand jetzt vor allem von sozialen Netzwerken und von Sozialkapital ab. Russland ist dabei, diese aufzubauen, aber es dauert seine Zeit, bis eine informationsproduktive Generation herangewachsen ist. In der Unsicherheit steigen Kriminalität, Materialismus und Orientierungslosigkeit. Wahr ist, dass Putin keine rechtsstaatlichen Traditionen vorgefunden hat, aber er scheint auch gar nicht gewillt zu sein, diese Tradition zu gründen. Die Justiz ist Teil des Machtapparates. Wo kein Rechtsstaat ist, herrscht das Recht des Stärkeren, in dem Fall also des Staates, der aber auch nicht vor Korruption, Mafia, Willkür und Killer schützen kann. Die Macht der Geheimdienste wächst, das Parlament wird marginalisiert, bei den Wahlen Einfluss auf die Stimmabgabe ausgeübt, Nichtregierungsorganisationen als »ausländische Agenten« kriminalisiert, kritische Medien zerstört. Wer über Krieg und Folter in Tschetschenien ungeschminkt schreibt, landet vor Gericht und im Gefängnis. 90 Prozent der russischen Medien sind direkt oder indirekt unter staatlicher Kontrolle. Ende 2006 befindet sich Russland auf der Rangliste der Reporter ohne Grenzen auf Platz 147 in Sachen Pressefreiheit, knapp vor Weißrussland. Die russische Journalistin Anna Politkowskaja mahnte Pressefreiheit und Demokratie an, doch Mahner gelten in Russland wieder als Abweichler. Sie wird am 7. Oktober 2006 in Moskau ermordet. Alexander Litwinenko, der Putin beschuldigt hatte, in den Mord an Politkowskaja verwickelt zu sein, stirbt am 23. November 2006 an einer mysteriösen Vergiftung.

Wer Demonstrationen gegen Putin organisiert, bekommt Besuch von der Polizei. Putins Popularität beruht auf dem Einsatz von Machtinstrumenten, auf Medienpropaganda, Hilfe der Behörden und Einschüchterung. Umgekehrt werden viele Russen Mitglied in Putins Partei »Einiges Russland«, weil sie hoffen, dann besser Karriere machen zu können. Wer sich machtlos wähnt, postiert sich automatisch an der Seite des vermeintlich Stärksten. Doch von dieser Mehrheit wird nicht der Wandel kommen, den Russland zu seiner Modernisierung braucht. Die anderen, die protestieren, gewinnen dafür Würde und Vertrauen zu anderen. Die Russen sind erst dabei zu lernen, Ideen und Bürgerbeteiligung zu entwickeln, anstatt auf den Staat zu warten. Zu dem diktatorischen System gelenkter Demokratie und dem Erstarken rechtsextremer Nationalisten kommt eine Außenpolitik, die sich einer atomaren Aufrüstung Irans und Nordkoreas nicht wirklich in den Weg stellt. Das macht die Außengrenzen Russland auch nicht sicherer, denn langfristige Gas- und Ölgeschäfte vertragen sich nicht mit instabilen Regionen, und die Zusammenarbeit mit dem Westen gerät in ein Klima des Misstrauens.

Religion war bis 1990 praktisch aus dem öffentlichen Leben verdrängt. Stalin hatte die russisch-orthodoxe Kirche erst wieder zugelassen, als er nach dem Angriff Hitler-Deutschlands eine innere Kraft brauchte, um die Ressourcen für den Krieg zu bündeln. Entsprechend eng an die kommunistische Führung gekoppelt waren die Amtsinhaber der orthodoxen Kirche, und entsprechend nationalistisch-staatskirchlich eingestellt ist die russisch-orthodoxe Kirche heute[36], etwa gegenüber Soldatenmüttern, die gegen den Krieg in Tschetschenien protestieren, oder gegen die jungen Frauen von Pussy Riot, die in einer Kirche gegen Putin ansingen. Viele Russen bezeichnen sich heute als orthodox und geben gleichzeitig unumwunden zu, an keinen Gott zu glauben – das Bekenntnis ist mehr nationale Identität als Religion. Anderen christlichen Konfessionen machte die Staatskirche das Leben schwer. Ein russisch-orthodoxer Priester emigrierte in den 90ern nach Deutschland, weil er um sein Leben fürchten musste, nachdem er den religiösen Dialog mit Juden und Katholiken aufgenommen hatte. Zu den Treppenwitzen der Geschichte gehört es, dass Stalin der Begründer der katholischen Kirche in Sibirien wurde – indem er dorthin deutsch- und polnischstämmige Katholiken verschleppte. Gemeinden, die im Untergrund überlebt haben (allein in Rostow am Don gab es 1917 etwa 6000 Katholiken), durften zwar nach 1991 wieder von Priestern betreut werden. Doch im Jahr 2002 wurden einem Bischof und vier Priestern die Wiedereinreise verweigert. In jüngster Zeit brechen aber die national-religiösen Fronten auf, der Dialog zu anderen Kirchengemeinden im Land hat begonnen und gibt dem Wandel hin zu universalethischen Maßstäben eine Chance. Denn Produktivität in der Informationsgesellschaft benötigt individuelle Freiheit und Rechtssicherheit.

Die sozioökonomischen Anforderungen der Informationsgesellschaft werden dazu führen, das Verbindende stärker zu betonen als das Trennende. Nationalismus wird sich abschwächen. Und das wirkt sich auf das Verhalten von Staaten und von Kirchen aus. So könnte das alte Sowjetreich in Fahrt kommen – im Sog der rasanten Entwicklung des übrigen Europas.

Europäische Union: Eine neue Chance für den alten Kontinent

Wie gut ist Europa für den sechsten Kondratieff gerüstet? Bereits ein Drittel der weltweit 500 größten Unternehmen hat seinen Sitz in Europa. Hier

36 Wie früher die evangelischen Landeskirchen gegenüber ihrem Fürsten oder die katholische Kirche in Spanien.

dreht sich das Fusionskarussell immer schneller. Rückenwind ist die gemeinsame Währung, mit der die Euro-Länder zwei Drittel ihrer Exporte kalkulieren können. Ende 2006 sind erstmals mehr Euros weltweit im Umlauf als Dollars. Und auch bei den Währungsreserven holt der Euro auf. China und Japan werden neben dem Dollar immer mehr den Euro halten; er wird an Wert und an internationalem Gewicht zunehmen. Opec-Länder beginnen, Öl in Euro abzurechnen. Mit den 2004 beigetretenen zehn neuen EU-Ländern verfügt Europas Markt mit über 450 Millionen Menschen nach China und Indien über die drittgrößte Zahl an potenziellen Kunden – mit der größten Kaufkraft weltweit. Der bisherige Vorsprung der USA ist damit gegenüber Europa aufgehoben; der Vorsprung, den wir fälschlicherweise mit Stärke verwechselten anstatt als das zu sehen, was er ist: Eben nur pure Größe – großer gemeinsamer Markt ohne Zölle, einheitliche Produkte, dieselbe Währung. Nichts von dem hat es bisher in Europa gegeben. Ein typisches US-amerikanisches Unternehmen hat eine kleine oder gar keine Exportquote; ein europäisches Unternehmen beliefert die Welt. Mehr als die Quantität zählt aber diese Qualität: Nachdem nun der Eiserne Vorhang gefallen ist und sich der Staub gelegt hat, wird ein neuer Kontinent sichtbar, der trotz seiner Vielfalt kulturell, wirtschaftlich und politisch immer mehr zusammenfindet. Er hat seine Sprachen in die Welt exportiert, viele Menschen in anderen Regionen sind Nachkommen seiner Auswanderer. Umgekehrt leben in europäischen Städten kleine Gemeinden von fast jeder Nation der Welt. Das verbindet Europa mit vielen Ländern auch emotional und erleichtert den ständigen Austausch von Waren und Ideen (worin der Kontinent wegen seiner Kleinräumigkeit und Heterogenität ohnehin jahrtausendelange Übung hat). »Das Zentrum ist dort, wo schon vor über 500 Jahren Wirtschaftsbeziehungen mit China und Japan unterhalten wurden, ohne E-Mail, Handy und Düsenmaschinen, und wo kaum Aufhebens von Globalisierungsideen gemacht werden muss, weil sie seit langem ziemlich abgestanden sind, nämlich in Europa«, schreibt der Unternehmensberater Fredmund Malik.[37] Europa hat in zwei Weltkriegen und in der Dekolonialisierung seine Grenzen aufgezeigt bekommen und Demut gelernt. Es hält der nassforschen Selbstüberschätzung der heutigen Aufsteiger ein Bild der Zukunft entgegen, in der sozialer Ausgleich, lebenswerte Urbanität und kulturelles Leben wichtig ist.

---

37 Fredmund Malik: »Schlechte Vorbilder«, in SZ 2.11.04, S. 26.

Entscheidend wird aber sein, wie gut es den Europäern gelingt, ein gesellschaftliches Klima mit einer kooperativen Ethik zu schaffen, in dem sich Informationsarbeiter intellektuell redlich auseinander setzen, um die bessere Lösung zu finden; ein Klima, in dem sich das Wissen und das Können vieler Einzelner multipliziert. Dabei haben die Europäer ein paar Schwierigkeiten – demografische Probleme, sinkende Familienqualität, ebenfalls wachsende destruktive Verhaltensweisen. Und es ist offen, wie sich das Verhältnis von Individualismus und Gemeinschaft weiterentwickelt. Negative Beispiele sind die nationalistische Regierung in Ungarn, die die Presse- und Religionsfreiheit einschränkt, die Justiz gängelt und Minderheitenrechte untergräbt; ebenso das Italien unter dem Fernseh-Demagogen Silvio Berlusconi mit Nepotismus, Steuerhinterziehung und Korruption. In südeuropäischen Ländern gibt es zwar auch einen Gemeinsinn. Der richtet sich jedoch nach der Familie oder der lokalen Gemeinschaft, nicht jedoch nach der Gesellschaft als Ganzes oder dem Staat, der eher der Besitz der Reichen zu sein scheint. Doch scheint das neue Paradigma für Europa leichter zu bewältigen zu sein als für andere Weltregionen. Denn es hat in seiner Geistesgeschichte eine Menge hinter sich gebracht, was dem kollektiven Gedächtnis anderer Völker in dieser Breite fehlt: Es hat schmerzhafte Erfahrungen gemacht mit Gruppenethiken wie Nationalismus, Faschismus oder Stalinismus. Es hat die Nachteile einer rein intellektualistischen oder einer rein materialistischen Lebensweise kennen gelernt. Es hat durch die Jahrhunderte die verschiedenen Extreme von fundamentalistischer Enge und militantem Atheismus durchgekämpft. Schon im Mittelalter war die Fähigkeit gewachsen, mit verschiedenen Kulturen auf engem Raum umzugehen: Der Adel heiratete europaweit untereinander, Handwerker gingen auf Wanderjahre, Künstler und Studenten verbrachten Jahre im Ausland. Auf der Wallfahrt nach Santiago de Compostela in Spanien oder nach Rom trafen sich alle europäischen Kulturen und Sprachen. Handelshäuser hatten Niederlassungen in den größeren Städten, später auch in anderen Kontinenten. Nachdem Nationalstaaten allein nicht mehr Identität stiften, knüpft die globalisierte Welt an dieses Verhalten an. Allerdings lässt sich das Wir-Gefühl Europas, das auf einer gemeinsamen Geschichte und Kultur beruht, nicht einfach auf andere Kontinente übertragen, denen das Zusammengehörigkeitsgefühl früherer Jahrhunderte fehlt. Doch wer von irgendwo auf der Welt nach Europa immigriert, und als »Ausländer« über Jahrzehnte nie das Gefühl bekommt, endlich Deutscher, Franzose oder Spanier zu werden, dem bleibt noch etwas Besseres: Er kann sich als Europäer fühlen.

Europa kann dabei die Vorteile des Individualismus nutzen, ohne so individualistisch zu werden wie die USA. Zwar befähigt der Individualismus zu außerordentlichen Leistungen und zu Innovationen, aber er lässt eine Gesellschaft biologisch unfruchtbar und wirtschaftlich unproduktiver werden: Historische Beispiele sind das antike Griechenland und Rom.[38] »Für die Stoiker gibt es für den Menschen nichts mehr zu suchen und zu finden als sich selbst. Für die Sophisten wird der Mensch gar zum Maß aller Dinge. ... Die gemeinschaftsbezogenen Ideale von einst werden vom Verlangen nach der Befriedigung individueller Bedürfnisse überlagert. Ehe und Familie werden zunehmend als Last angesehen. ... Die Bevölkerung im 2. Jahrhundert v. Chr. nimmt zügig ab, ohne dass dafür äußere Gründe wie Kriege, Seuchen oder Hungersnöte erkennbar wären. ... Versuche des Staates, diesen Trend zu wenden, bleiben weitgehend erfolglos. Die Menschen, so klagt der griechische Geschichtsschreiber Polybios (etwa 200 – 120 v. Chr.), frönen lieber ihrer Habgier und Prunksucht, anstatt Kinder großzuziehen. Um 100 v. Chr. ist die Entvölkerung griechischer Städte so weit fortgeschritten, dass in großer Zahl Fremde zur Aufrechterhaltung lebenswichtiger Funktionen aufgenommen werden müssen. Trotzdem verlischt Griechenlands Macht. Rom füllt das entstandene Vakuum.«

Dort wiederholt sich die Entwicklung mit drei bis vier Jahrhunderten Verspätung. Ehe und Familie zerfallen, zunächst besonders in wohlhabenden Kreisen, dann auch in der übrigen Bevölkerung. Wieder greift der Staat erfolglos ein, um die Geburtenrate zu erhöhen. »Das Leben in Rom ist ... geprägt durch Genusssucht und das Streben nach Besitz, von dem Rang, Stand, Ehre und Ansehen abhängen. ... Der Einzelne und sein Schicksal werden immer bedeutungsvoller. Im wachsenden Bewusstsein seines Eigenwertes sprengt er Schritt für Schritt die Bande der Gemeinschaft und lässt an die Stelle der Hingabe für das gemeine Wohl die Ausrichtung auf die persönlichen Interessen und den eigenen Vorteil treten.«[39] Ohne erkennbare Gründe sinkt ab dem zweiten Jahrhundert die

---

38 Vgl. im Folgenden Meinhard Miegel, Stefanie Wahl: »Das Ende des Individualismus«, Verlag Bonn aktuell im verlag moderne industrie, München/Landsberg 1994, S. 17 ff.

39 Miegel: »Individualismus«, S. 21.

Bevölkerung im weströmischen Reich, das unter den Stürmen der Völkerwanderung zusammenbricht.

Doch über stammesbezogene Gruppenethiken und individualistische Philosophien hinaus verfügt Europa noch über einen anderen Schatz an Traditionen, die ein ausgewogenes Verhältnis zwischen den berechtigten Interessen des Einzelnen und der Gemeinschaft begünstigen. Die wichtigsten Impulse dafür kamen aus dem Christentum.

Kapitel 10

Gelassenheit in Vielfalt

Die Chancen der Kirche(n) im ökonomischen Paradigma der Zukunft

Da sitzen sie also, die Manager des 21. Jahrhunderts, und sollen die inneren Beziehungen im Unternehmen organisieren, den Informationsfluss zwischen oft launischen und unberechenbaren Menschen moderieren. Plötzlich lastet auf ihnen nicht mehr allein die Verantwortung für ökonomische Werte, sondern auch für das Vertrauenskapital. Doch in der Gesellschaft, die sie umgibt, hat sich inzwischen etwas verändert: Dort stehen ihnen keine allgemein anerkannten Verhaltensmaßstäbe mehr zur Verfügung. In diesem Vakuum sind die Unternehmen nun gezwungen, auf eigene Faust eine Wertewelt zu errichten. Sie versuchen es mit Firmenleitbildern, Visionen für die Zukunft des Unternehmens (als Antwort auf die Sinnfrage) oder Mobbing-Vereinbarungen. Dabei merken sie, dass man eine bestimmte Ethik nicht verordnen kann, sondern dass diese über einen sehr langen Zeitraum wachsen muss und dass eben nicht jede Ethik das Zusammenleben langfristig gleich gut erleichtert. Irgendeine Kultur hat ja jedes Unternehmen, aber auf welchen ethischen Ansprüchen ruht sie? Und welcher gegenseitige Umgang ermöglicht produktivere Informationsarbeit?

Fortschritt durch Gerechtigkeit

Die neue Kommunikationskultur in der Wirtschaft beruht auf Gerechtigkeit, gegenseitigem Respekt und sogar auf Vorleistung, nicht mehr auf dem Recht des Stärkeren/Hierarchen, auf dosierter Wahrheit oder gar auf Manipulation. Erst durch den ständigen Nachweis, dass sich das

Unternehmen für seine Mitarbeiter verantwortlich fühlt, entsteht jenes Vertrauen, in dem Informationsarbeit produktiv gestaltet werden kann. Nachrichten sollen daher offen weitergegeben werden, auch wenn sie unangenehm sind; nicht der Chef ist der Chef, sondern die Wirklichkeit ist der Chef. Kritik muss fair und ohne Blick auf das Ansehen einer Person geäußert und auch angehört werden, ohne dass sie verärgert oder unreflektiert zurückgewiesen wird. Von der Integrität der Führung hängt es ab, ob Veränderungen in Unternehmen bei den Mitarbeitern Fluchtverhalten erzeugen. Neben der bisher gepflegten fachlichen Kompetenz braucht Personalführung im sechsten Kondratieff vor allem auch eine ethische Kompetenz, die eigenes und fremdes Leben mehrt.

Solange diejenigen die tollen Typen waren, die wussten, wie man eine Eisenbahn baut oder später ein Auto, solange von denen der gesellschaftliche Fortschritt kam, die wussten, wie man Computerbausteine zusammenlötet, solange waren ethische und religiöse Fragen aus dem gesellschaftlichen Leben vorwiegend ins Private verdrängt. In der Öffentlichkeit brach man fast ein Tabu, wenn man Glaubensfragen thematisierte (schon weil das meistens nur noch lästige Sektenmitglieder tun). Das ändert sich nun mit dem neuen sozioökonomischen Paradigma. »Unternehmen wie Siemens, BMW oder DaimlerChrysler suchen intensiv nach Werten; die Menschen sind wie ausgetrocknete Schwämme«, sagte Pater Anselm Bilgri, ehemals Prior und Manager des Klosters Andechs.[1] Denn in der Informationsgesellschaft rücken Gefühle und Zielvorstellungen wieder in das Zentrum ökonomischer Fragen und gesellschaftlicher Auseinandersetzungen, also – biblisch gesprochen – so etwas wie Gerechtigkeit und Friede und Freude im Heiligen Geist. Wegen ihrer neuen offenen Fragen werden es die Menschen halten, wie es Paulus in der Vielstimmigkeit urchristlicher Gemeinden empfohlen hat: Hört euch alles an und behaltet das Gute. Für Christen bedeutet das, dass sie – in aller Sachlichkeit und redlicher Intellektualität – auch außerhalb ihres eigenen Wohnzimmers öfter über ihren Glauben reden werden. Dabei kommt ihnen entgegen, dass die Ethik, die sich derzeit über Versuch und Irrtum in der Berufswelt unter leidvollen Verlusten evolutionär herausbildet, in der Theorie die christliche Ethik ist (im Gegensatz zu manch real gelebter Ethik von Christen). Professor Hans Millendorfer sagte schon bei Vorträgen in den

1 »Man muss zuerst sich selbst managen können«, SZ 24./25./26.12.98, S. 26.

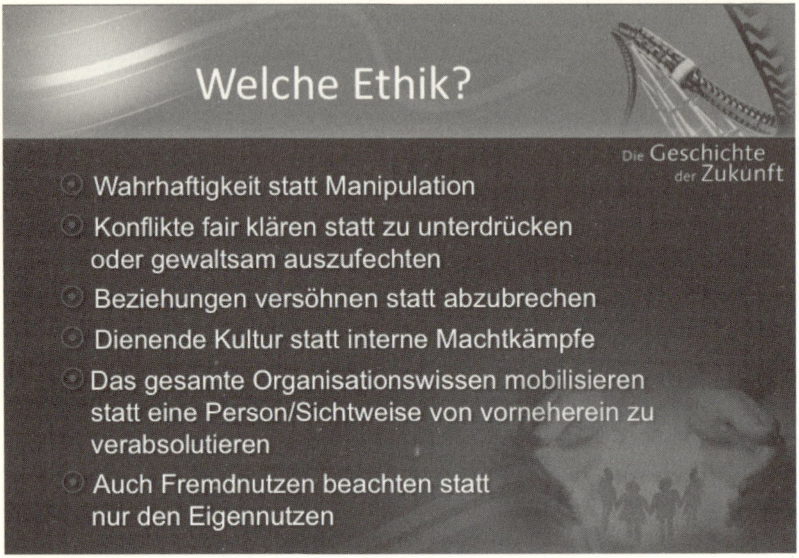

Welche Ethik?
Die Geschichte der Zukunft
Wahrhaftigkeit statt Manipulation
Konflikte fair klären statt zu unterdrücken oder gewaltsam auszufechten
Beziehungen versöhnen statt abzubrechen
Dienende Kultur statt interne Machtkämpfe
Das gesamte Organisationswissen mobilisieren statt eine Person/Sichtweise von vorneherein zu verabsolutieren
Auch Fremdnutzen beachten statt nur den Eigennutzen

70er und 80er Jahren vorausschauend: »Ihr seid nicht die Letzten von vorgestern, sondern ihr seid die Ersten von morgen.«

In Rhetorikseminaren geht es künftig nicht darum, Mitarbeiter zu manipulieren und Kunden über den Tisch zu ziehen. Eine langfristige vertrauensvolle Zusammenarbeit wächst nur dann heran, wenn der andere weiß, dass er sich im Guten wie im Schlechten darauf verlassen kann, dass der andere meint, was er sagt, dass er keine Informationen vorenthält oder die Wahrheit nach seiner momentanen Nützlichkeit manipuliert. Das entspricht dem Evangelium: »Euer Ja sei ein Ja, euer Nein sei ein Nein. Was darüber hinausgeht, ist vom Bösen«.[2]

Während das Lügen aber ein bequemer Weg ist, Spannungen zu unterdrücken oder zu verzögern, werden sie durch Wahrhaftigkeit entschleiert und zu offen ausgetragenen Konflikten. Sie sind völlig normal. Die Frage ist nur, in welchem Stil sie ausgefochten werden, ob mit dem Ellenbogen zur Vernichtung anderer oder ehrlich und sachlich nach dem besseren Argument, gerechtem Interessensausgleich und objektiv vereinbarten Spielregeln. Fair ausgetragene Konflikte bauen die Spannungen ab und

2 Matthäus 5, 37.

führen zum Frieden. Die Menschen in der Wirtschaft leiden inzwischen stark unter den ungelösten Konflikten, die hintenherum weiter geschürt werden, seelische Kraft binden und Synergien verhindern. »Hat aber dein Bruder gegen dich gesündigt, so geh hin und weise ihn zurecht zwischen dir und ihm allein. Hört er auf dich, so hast du deinen Bruder gewonnen. Hört er aber nicht, so nimm noch einen oder zwei mit dir, damit auf dem Mund von zwei oder drei Zeugen festgestellt sei jede Sache. Hört er auch auf diese nicht, dann sag es der Kirche; hört er auch auf die Kirche nicht, dann sei er für dich wie der Heide und wie der Zöllner.«[3] Das heißt in der Logik des humorvollen Jesus, der gerade zu den Sündern gekommen ist: Bemühe dich weiter um ihn. Umgekehrt gilt: »Wenn du daher deine Gabe zum Altar bringst und dich dort erinnerst, dass dein Bruder etwas gegen dich hat, so lass deine Gabe dort vor dem Altar und geh zuerst hin und versöhne dich mit deinem Bruder, und dann komm und opfere deine Gabe! Verständige dich mit deinem Gegner ohne Zögern, solange du noch mit ihm auf dem Weg bist.«[4]

Für die Wirtschaft der Informationsgesellschaft ist es wichtig, dass sich gestörte Beziehungen heilen lassen. Sie kann es sich nicht leisten, dass jemand sagt: Den mag ich nicht, mit dem arbeite ich nicht zusammen. Oder wenn ungeklärter Streit noch das Verhältnis belastet. Deswegen wird sich am Ende der langen ökonomischen Restrukturierung eine Kultur herausbilden, in der man das eigene Verhalten redlich prüft, Schuld zugibt und andere um Vergebung bittet; eine Kultur, in der Schuld vergeben werden kann. »Wenn dein Bruder sündigt, so weise ihn zurecht, und tut es ihm Leid, so vergib ihm. Und sündigt er siebenmal am Tag gegen dich und kommt er siebenmal zurück und sagt: Es tut mir Leid, so vergib ihm.«[5] Als Vorbild kann hier die »Wahrheitskommission« unter der Leitung von Bischof Desmond Tutu in Südafrika dienen, der es nicht um Strafe ging, sondern um einen unverfälschten Blick auf die Tatsachen und um Versöhnung.

Statt der hierarchischen Führungskultur des Industriezeitalters braucht die Informationsgesellschaft eine dienende Führungskultur.[6] Wer andere herumkommandiert und benutzt, selber aber nicht als gutes Beispiel vor-

---

3 Matthäus 18, 15-17.
4 Matthäus 5, 22.
5 Lukas 17, 3-4.
6 Vgl. Millendorfer/Baaske: »Aufbruch zum Leben«, S. 51 f.

angeht und den anderen auf partnerschaftlicher Augenhöhe begegnet, legt die ganze Gruppe lahm. Wer die meiste Macht und Kompetenz besitzt, soll sich am meisten anstrengen. »Die Könige der Heidenvölker spielen den Herrn über sie, und die Gewalthaber lassen sich ›Gnädige Herren‹ nennen. Ihr seid nicht so; sondern der Größte unter euch werde wie der Kleinste und der Gebietende wie der Dienende.«[7] Und nach diesem Zitat wusch Jesus die wohl ziemlich dreckigen Füße seiner Jünger. Das Wort Gehorsam ist belastet, seit es in Kadavergehorsam umgewertet wurde. In der 1500 Jahre alten christlichen Regel des Benediktinerordens jedoch wird Gehorsam verstanden als genau hinhorchen, oft auch übersetzt mit »Bereitschaft zum Dialog«, also Kooperationsfähigkeit.

Die ist wichtig, weil die wenigsten Fehler dort entstehen, wo mehrere Blickwinkel in einem Team verhindern, dass sich jemand in einen Irrweg verrennt. Das funktioniert nur, wenn jemand nicht automatisch Kraft seines Status von vorneherein immer Recht hat. Denn dann würden die anderen nicht mehr mitdenken und ihre Ideen und Sichtweisen nicht mehr motiviert vortragen. Das Christentum geht davon aus, dass jeder Mensch fehlerhaft ist, dass sich jeder Mensch irren kann. Jesus ist da eindeutig: »Nur einer ist gut, Gott.«[8] Das gilt auch in religiösen Fragen: Wenn zwei Christen in fünf verschiedenen Punkten unterschiedlicher Meinung sind, und der eine davon ein intensiveres geistliches Leben führt, hat jener nicht immer automatisch Recht: Es kann sein, dass er in vier Punkten in der Wahrheit Gottes ist, aber in einem Punkte irrt (im Gegensatz zu Sekten und Psychogruppen, wo irgendeiner für sich in Anspruch nimmt, er sei »tiefer in den Glauben eingedrungen als andere« und könne deswegen andere dominieren). Deswegen ist das Christentum eine Dialogkultur.

Kontraproduktiv ist inzwischen, wenn jemand nur den Menschen und den Kollegen im Betrieb nützlich ist, die ihm selber auch wieder nützlich sein könnten. Denn Informationsarbeiter sind so hoch spezialisiert, dass sie oft Leuten helfen, die ihnen wiederum keinen Nutzen zu bieten haben; andererseits helfen ihnen andere weiter, die sie mit ihrem Wissen nicht unterstützen können. Die Wirtschaft braucht aber eine freigiebige Kultur der Informationsweitergabe. Und wer sich dabei ständig überlegt, ob er sich bei diesem Kunden überhaupt noch so abmühen soll, dem wird

7 Lukas 22, 25-26.
8 Matthäus 19, 17.

auch selber einmal unerwarteter Nutzen entgehen. Wir können gar nicht ermessen, was wir mit unserem Tun alles Gutes bewirken. Als Junge war Winston Churchill in den Gartenteich gefallen und wäre wohl ertrunken, hätte ihn nicht der Gärtner gerettet. Churchills Vater versprach daraufhin dem Gärtner, seinem Sohn Schule und Studium zu finanzieren. Dieser, Alexander Fleming, erfand später das Penicillin und rettete Millionen von Menschenleben, Churchill rettete England gegen Nazi-Deutschland[9]. So wirkte die gute Tat der Väter über Generationen weiter. »Wenn ihr die liebt, die euch lieben, welchen Lohn habt ihr? Und wenn ihr nur eure Brüder grüßt, was tut ihr Besonderes? Tun nicht auch die Heiden das Gleiche?«[10]

Wenn bewusste Christen früher gegen den Strom im Arbeitsleben ehrlich waren, sich für den Gesamtnutzen einsetzten und jeden Menschen unabhängig von seinem hierarchischen Status sowohl respektierten als auch kritisierten, hatten sie es schwer. In Strukturen von Befehl und Gehorsam und einem Paradigma, in dem der Fortschritt von Technik abhing, ging ihr Verhalten unter. Das ist jetzt anders, wenn sie versöhnen, Wahrhaftigkeit erstreiten, anderen authentisch begegnen. Das neue sozioökonomische Paradigma bewegt sich auf Verhaltensmuster zu, die exakt der christlichen Ethik entsprechen. Darin liegt für die christlichen Kirchen zunächst eine große Chance. Unklar ist aber, ob sie diese wahrnehmen können. Denn einige christlich Etikettierten leben selbst genau das Gegenteil des Evangeliums.

Papst Johannes Paul I. sagte während seiner kurzen Amtszeit 1978, er vermisse im Vatikan zwei Dinge: Ehrlichkeit und eine gute Tasse Kaffee. Es gibt fundamentalistische Gruppen, die Lügen als selbstverständliches Mittel einsetzen, ihre Ziele zu erreichen. Es gibt Menschen, die mangels sozialer Kompetenz Meinungsverschiedenheiten nicht klären, und sich das selber gegenüber rechtfertigen, im Gespräch mit dem anderen, offensichtlich ja sündigen Menschen würden sie ihre Seele beschmutzen. So wie sich Esoteriker um ihre eigene Erleuchtung drehen, gibt es auch

9 Diese Geschichte ging als Spam durch das Netz, und ich habe sie immer mit Inbrunst vorgetragen, bis mich ein kritischer Geist darauf hinwies, dass sie von der Churchill-Society in London dementiert wird. Ich bringe sie hier trotzdem: Tauschen Sie die Personen aus – jemand gibt einem Nachbarskind kostenlos Nachhilfe, es schafft einen guten Abschluss, kann hinterher anderen helfen – und die Geschichte ist wahr.

10 Matthäus 5, 46f.

»Christen«, die vor allem ihren eigenen Heiligkeits-Status zelebrieren: Wehe, man wagt ihre Sichtweise nicht zu teilen, wo sie doch so viel Bibel lesen und beten und so tief in den Glauben eingedrungen sind – die eigene Selbstsicht wird dann gerettet, indem der andere dann eben offensichtlich ein Werkzeug des Widersachers ist, für das man beten muss. Zu jedem Sünder war Jesus gut, aber nie war Jesus wütender, als wenn sich jemand im Glauben einen höheren Status über andere Menschen anmaßte. Ständig streitet er sich im Neuen Testament mit »Gläubigen« herum, die sich selbst für so heilig halten und Religion benutzen, um über andere zu bestimmen. Selbst seine Jünger muss er maßregeln, weil sie darüber diskutieren, wer von ihnen wohl wichtiger ist als der andere. Das Christentum in seiner Theorie ist eine kooperative Kultur; was nicht heißt, dass alles, was in der Praxis so gläubig daherkommt, dem Geist des Evangeliums entspricht. Das ist der Grund, warum Wahrhaftigkeit, Nächstenliebe und Demut heute nicht in dem Maße mit Christentum und Kirche gleichgesetzt werden, wie es sein könnte – und das trägt zur Ent-Christlichung der Gesellschaft bei.

Bei der Quizsendung »Wer wird Millionär« im deutschen Fernsehen schaffte es keiner von zehn Kandidaten, die Sätze des Vater-Unser in die richtige Reihenfolge zu bringen. »Verabschiedet sich eine Nation von Gott?«, titelte die Bild-Zeitung, worauf die SZ kommentierte: »Als wüsste sie nicht, dass dieser Abschied längst beschlossene Sache ist.«[11] In einem Kaufhausprospekt, der unter anderem Faschingskostüme anbietet, wird eine Mönchskutte eben nicht mehr als Mönchskutte bezeichnet, sondern als »Kellermeister«. Beim Nikolaus ist das Kreuz auf dem Bischofshut verschwunden, er ist zu einem Kaufhaus- Weihnachtsmann mutiert. Ein Drittel der katholischen Pfarrgemeinden hat keinen eigenen Pfarrer mehr. Nach einer Umfrage des INSA-Institutes für »Bild« glauben nur 36 Prozent der Deutschen an ein Leben nach dem Tod, 28 Prozent sind vom Gegenteil überzeugt.[12] Bei den – zumindest nach formalen Kriterien – Katholiken ist es jeder zweite, bei den offiziell Protestanten nur 39 Prozent. Als Atheisten bezeichnen sich in Ostdeutschland 59,2 Prozent, in Westdeutschland sind es 9,2 Prozent.[13] Jeder zehnte Deutsche besucht jede Woche die Kirche. Nach einer Umfrage bezeichnen sich nur noch 15

11 Edo Reents: »Gottlos«, 20.12.00, S. 21.
12 Eichstätter Kirchenzeitung, 15.4.12, S. 12.
13 »Land der Heiden«, SZ 19.4.12, S. 16.

Prozent der Jugendlichen als religiös im kirchlichen Sinne. Andererseits: nur 20 Prozent bezeichnen sich ausdrücklich als nicht religiös.[14]

Das ist angesichts der Tatsache, dass nicht mehr jeder automatisch getauft wird und keiner mehr gezwungen wird, irgendetwas Religiöses zu tun oder zu glauben, nicht wenig. Dass ein Monopol verloren gegangen ist, hat Vorteile, denn langfristig führt dies zu einem reflektierten, stärkeren Glauben: Die Urchristen in den ersten Jahrhunderten hatten eine vergleichbare Konkurrenz zu anderen Religionen, Götterhimmeln und Weltanschauungen. In dem angeblich so christlichen und katholischen Polen glauben nach einer Umfrage ein Drittel an Seelenwanderung, 42 Prozent, dass Tiere eine Seele haben und nur 59 Prozent an die Hölle. In Polen kann man also als ungläubiger Katholik, der die Seelenwanderung propagiert, kirchlich heiraten. Und offensichtlich ist das gar nicht zu selten, das heißt: Wir erleben gar nicht eine Entchristlichung, sondern ein Aufklaren der wirklichen Verhältnisse, was Menschen glauben.[15] Dass sich die Christen in vielen lebenspraktischen Dingen nicht einig sind, heißt nicht, dass es bessere Alternativen gäbe: Der Kampf um Wertorientierung wird anderswo eher noch selbstgerechter, selbstgewisser und absoluter geführt. Dort ist der Beitrag zum Funktionieren der Gesellschaft meist destruktiv. Die evangelische Kirche schätzt, dass es zwischen 3000 und 7000 Satanisten in Deutschland gibt. Und: »Es ist bekannt, dass Scientology ein Gesellschaftssystem anstrebt, in dem es keine Menschen- und Grundrechte als Abwehrrechte des Bürgers gegen den Staat gibt. Im scientologischen Rechtssystem sind auch keine unabhängigen Gerichte vorgesehen. Ein nicht an Recht und Gesetz gebundener Geheimdienst späht Gegner der Scientologen aus und ergreift Gegenmaßnahmen,«[16] warnt das Bayerische Innenministerium in einer Broschüre. Die Möglichkeit, sich aus allen verfügbaren Wertesystemen einen subjektiven Weltentwurf zusammenzubasteln, befriedigt nicht das Bedürfnis eines Menschen, nahe an der objektiven Wahrheit zu sein, weil er sich selbst immer wieder als fehlerhaft und als irrtümlich erlebt.

---

14 Matthias Drobinski: »Kreuz ja – Jesus nein«, 7.12.01, S. 7.

15 »Die Polen: Trunkenbolde oder Frömmler?«, SZ 26.1.12, S. 20.

16 Aus: »Schützt unsere Demokratie«, Broschüre des bayerischen Staatsministeriums des Innern.

Scheitert die Informationsgesellschaft an mangelnder Kooperationsfähigkeit?

Der Übergang von der Industrie- zur Informationsgesellschaft bricht Strukturen auf und bereitet zunächst einige Unordnung. Aber am Ende der gesellschaftlichen Reorganisation des sechsten Kondratieffs wird sich eine kooperative Ethik herausgebildet haben, die dem Evangelium gleicht – aus einer ökonomischen Notwendigkeit heraus. Denn solange sich das Verhalten nicht ändert, wird die Wirtschaft in Stagnation und wachsender Arbeitslosigkeit verharren. Kann sich aber eine Gesellschaft nach einer christlichen, kooperativen Ethik strukturieren, ohne sie so zu nennen, ohne die Kraft des Glaubens an Gott? Oder muss sie scheitern, wenn der Hintergrund fehlt: den anderen Menschen zu lieben, weil man im eigenen geführten Leben, durch andere Menschen und im Gebet die Liebe Gottes spürt?

Über den Platz von Religion in der Öffentlichkeit wird neu gerungen werden. Gerhard Schröder, der als erster deutscher Bundeskanzler bei seiner Vereidigung den Zusatz »So wahr mir Gott helfe« nicht sprach, verteidigte bei seinen Berliner Genossen den Religionsunterricht. Bei der Verleihung des Friedenspreises des deutschen Buchhandels warnte Jürgen Habermas den liberalen Staat, die »religiöse Herkunft seiner moralischen Grundlagen« zu verleugnen. Ebenso Joschka Fischer in seinem Buch »Die Linke nach dem Sozialismus«: »Eine Ethik, die sich nicht auf die normative Kraft einer verbindlichen Religion stützen kann, wird es auf Dauer schwer haben, von Dauer zu sein.« Denn Religion ist mehr als ihre Ethik – sie ist die Begründung für ihre Ethik. Und die ist im Christentum das Verhalten Gottes, wie es im Evangelium dargestellt wird. Der stößt jedoch bei Nicht-Christen schon mal wegen eines falsch transportierten Gottesbildes (und manch unchristlicher Praxis) auf Ablehnung. Kreuze werden abgehängt, weil ein gefolterter Mensch die Psyche von Kindern beschädige. Unverständnis: Was ist das für ein beleidigt-grummelnder Gott, für den ein anderer Teil seiner Dreieinigkeit am Kreuz gequält und ermordet werden muss, damit er wieder mit dem Menschen versöhnt ist? Ein sehr menschliches Fabrikat.

Man stelle sich den antiken Götterhimmel vor dem Christentum vor: herrisch, eitel, selbstsüchtig, andere gebrauchend. Mit welchem Kontrastprogramm warten dagegen die ersten Judenchristen auf: Dieser eine gute Gott will Gemeinschaft mit den einfachsten, ärmsten Menschen. Er vergewaltigt nicht, weil Liebe nur echt ist, wenn sie nicht erzwungen, sondern selbstgewählt ist. Er kennt seine Leiden und wird in Jesus selber Mensch, um den Weg zu dieser Gemeinschaft vorzuleben. Er heilt und beschenkt. Er reißt das geknickte Schilfrohr nicht ab, er drückt den glimmenden Docht nicht aus. Nicht überheblich tritt Jesus auf, sondern er lässt sich vom sträubenden Johannes taufen und wäscht seinen Jüngern die Füße. Das Kreuz ist so auch das Symbol für Gottes Konsequenz seiner Demut: Bis zur letzten Todessekunde begegnet Gott in der Person Jesus Christus den Menschen auf derselben Augenhöhe. Keine hochgefahrenen Energiefelder schützen ihn vor den Torturen des Kreuzwegs. Jesus lebt, wie wir anderen begegnen sollen: Er dominiert den Menschen nicht. Bei der Samariterin am Brunnen mit ihren fünf vergangenen Lebenspartnern fängt Jesus nicht hysterisch von der Todsünde zu kreischen an. Sondern er bietet ihr »lebendiges Wasser« an, um ihre Bedürfnisse nach Liebe und Geborgenheit zu stillen.

Die Alternative zu diesem Weltentwurf wäre, dass sich die Antike auf dem Niveau moderner Technologie wiederholt, mit demselben innerweltlichen Fatalismus: Im Hier und Jetzt, am messbaren Erfolg entscheidet sich, ob ein Leben gelingt; wo das Mitleiden mit den Verlierern, welches das Christentum in die antike Welt brachte, nicht mehr gefragt ist; eine barbarische Gesellschaft, in der sich kein Individuum dem anderen verbunden weiß durch einen gemeinsamen Schöpfer. Die Kirche dagegen (im umfassenden Sinn) ist eine Tischgemeinschaft, die alle Menschen einschließt, im Gegensatz zu einer Gruppenethik der Sippen, Stämme und Rechtgläubigen. Es geht bei dieser Communio um Menschen, was immer sie sind oder glauben. Menschen, nicht Gott oder die Wahrheit haben es nötig, gerettet zu werden.

Von der seelischen Not im Überfluss

Jene, die wirklich heilig sind und sich für eine lebenswerte Welt einsetzen, machen nicht viel Trara um ihre Person. Etwa die Franziskaner in Zürich, die Süchtigen, Prostituierten und Obdachlosen helfen, die Menschen am Rande der Gesellschaft Halt und Heimat geben. Kirchengemeinden, die übrig gebliebene Lebensmittel mit abgelaufenem Verfallsdatum zusammensammeln und an Bedürftige verteilen. »Gewöhnliche«[17] Gemeindepfarrer, die virtuelle Beichtstühle im Internet einrichten oder durch das Leid der Arbeitslosen in ihrer Gemeinde auf die Idee kommen, zum aktiven Arbeitsvermittler zu werden. Solche Christen fallen wenig auf.

Es waren auch in der Vergangenheit meist einfache Menschen, die aus ihrem Glauben heraus die Gesellschaft bewegten – auch die Propheten des Alten Testamentes kamen bis auf eine Ausnahme nicht aus dem Tempeldienst. Jenseits von innerkirchlichem Gezerre oder überzogenen Erwartungen an Institution engagieren sich auch heute Menschen aus ihrem Glauben heraus für die Gesellschaft und die seelische wie existenzielle Not anderer. Etwa Sabine Ball, die ein Leben als Millionärsgattin hinter sich gelassen hat. Seit 1992 kümmert sie sich auf den Straßen der Dresdener Neustadt um Jugendliche aus chaotischen Familienverhältnissen. Als Anlaufstelle dient das Jugendcafé »Stoffwechsel«, und in einem von ihr sanierten Haus finden Menschen in sozialer und emotionaler Not eine vorübergehende Bleibe. »Bekehren können wir hier keinen, das allein geschieht durch Gottes Gnade, aber wir können seine Liebe vorleben und weitergeben.« Auch eine christliche Familie im Baden-Württembergischen Langenburg nimmt Menschen in seelischer Not auf.[18]

Maurermeister Martin Häberle und seine Frau Christina haben ihre Wohnung schon immer als Eigentum Gottes betrachtet.[19] Zu ihren fünf Kindern haben sie deshalb von Anfang an noch Menschen aufgenommen, die in der Öffentlichkeit nicht vorkommen: Menschen in seelischen Notlagen, deren Selbstbewusstsein zerstört ist, denen physisch und psychisch die Kraft fehlt, einen Beruf auszufüllen, deren innere Verletzungen sie daran hindern, sich zu entfalten. Weil sie ernst genommen und in einen regelmäßigen Tagesablauf von Arbeit, Pausen und Gebet integriert sind, konnten sich bei dem Paar viele Menschen stabilisieren. Bis irgendwann

---

17 Im Gegensatz zu Priestern extremistischer Bewegungen, die das Christentum ad absurdum führen, wenn sie ständig durchblicken lassen, an welcher Elite-Universität und in wie vielen Fächern sie ausgebildet wurden, was für wichtige weltliche wie geistliche Würdenträger sie kennen und wie superheilig ihre spezielle (Leistungs-)Spiritualität sei.

18 Beide wurden ausgezeichnet mit dem Förderpreis der Plansecur-Stiftung. Aus einem christlichen Wirklichkeitsverständnis will sie verdeutlichen, dass die Würde des Menschen auch im Wirtschaftsleben uneingeschränkt gilt.

19 Erik Händeler: »Plansecur sucht die Spannung zwischen Christsein und Geldgeschäften auszuhalten«, Die Tagespost, 3.11.99, S. 7.

viel zu viele kamen. Da hat der Maurermeister Häberle seinen Beruf aufgegeben und mit drei anderen im baden-württembergischen Langenburg 1990 eine christliche, ökumenische Lebensgemeinschaft gegründet.

Unbürokratisch beherbergt sie heute Menschen mit psychosozialen Schwierigkeiten. Mit Spenden und viel Arbeit hat der eingetragene Verein das denkmalgeschützte ehemalige Amtsgerichtsgefängnis saniert. Hier, wo Menschen früher körperlich gefangen waren, sollen sie seelisch frei werden, weil sie sich von Gott angenommen wissen. Das ist eine andere Sicht, als durch die »richtigen« Meditationstechniken mit dem Kosmos eins oder gar selber »göttlich« zu werden. Christliche Initiativen wie diese, sich dem Nächsten anzunehmen, sind auch eine Reaktion auf selbst gebastelte Esoterikangebote, wo es immer nur um einen selbst, nie aber darum geht, etwa für die Erlösung des anderen zu meditieren. Das Haus mit seinen derzeit etwa 35 Bewohnern will niemanden an sich binden, sondern versteht sich als »Durchlauferhitzer«: Das Mitleben und die Seminare sollen andere ermutigen, in ihren Gemeinden zu wirken. Von anderen Christen anfangs vorsichtig betrachtet, gibt das »Lebenszentrum« seine Erfahrungen heute in Kursen vor allem an kirchliche Mitarbeiter weiter.

Die Kirche ist ein Spiegel ihrer Zeit

Wenn die reichen Informations-Gesellschaften aus ökonomischen Gründen eine Kultur entwickeln werden, in der man um der Sache willen mit jedem zusammenarbeitet, egal, ob man jemanden mag oder nicht, egal, ob man seine Spiritualität teilt oder nicht, dann werden auch die Beziehungen innerhalb und zwischen den Kirchen eine bessere Qualität bekommen als heute. Je mehr die Menschen im Berufsleben lernen, Spannungen auszuhalten und bei Gegensätzen die jeweils andern nicht zu verteufeln, umso weniger werden Glaubensgegensätze in Einzelfragen zu emotionalen oder gar organisatorischen Brüchen führen. Je mehr in der Wirtschaft die autokratische Führung durch eine moderierende und sinnorientierte Führung abgelöst wird, umso besser als bisher wird dies auch in der Kirche gelingen. Mit der Rückkehr religiöser Fragen in der gesellschaftlichen Entwicklung kehren nicht automatisch auch die Religionskriege zurück – eine Gelassenheit in Vielfalt macht sich breit. Denn der neue Strukturzyklus stellt andere Anforderungen an das Verhalten der Menschen im (Berufs)Leben als an ihre Vorfahren – und verändert sie so allmählich. So wie wir sicher nicht mehr zu den gesellschaftlichen Strukturen der Agrargesellschaft zurückkehren werden – zahlreiche gegenseitige Abhängigkeiten, zwangsweises Eingebundensein in das enge soziale Umfeld; so wie wir sicher nicht mehr zu den autoritären hierarchischen Strukturen der Industriegesellschaft zurückkehren werden, so werden sich auch die Gemeinde- und Kirchenstrukturen ändern, lassen sich Umgangsformen und Kommunikationsstil anderer Jahrhunderte nicht künstlich aufrechterhalten. Wir werden kein Staatskirchentum mehr haben, wo der Regent Gottes Segen für sich reklamiert, und auch keine Kirche, in die man nur aus Tradition oder Gruppenkonformität geht.

In der Übergangszeit zwischen verschiedenen sozioökonomischen Strukturzyklen entwickeln sich auch in den Kirchen stärker Parallelwelten als zu gesellschaftlich stabilen Zeiten, wenn sich in einer reorganisierten Gesellschaft wieder ein Konsens darüber herausgebildet hat, was allgemein unter »richtig« zu verstehen ist und was eine überdrehte Splittergruppe auszeichnet. Die zum Teil aggressiven Spannungen unterschiedlicher Spiritualitäten in den Kirchen hängen also nicht damit zusammen, dass die einen bessere und die anderen generell schlechtere Menschen seien. Sondern dass die Kirchen die Übergänge der Gesellschaften von einer Gruppenethik über eine Individualethik hin zu einer Universalethik (die ja genau dem Evangelium entspricht) in ihren Strukturen selber mit nachvollziehen – unter all den Ungleichzeitigkeiten und zentrifugalen Kräften, denen sie dabei ausgesetzt sind. Dabei unterliegt auch die Spitze der Kirche dem Zeitgeist. Der Münchner Kardinal von Faulhaber wetterte nach dem Ersten Weltkrieg massiv gegen die neuen demokratischen Regierungen in Bayern und im Deutschen Reich. Auf dem Katholikentag 1922 bezeichnete er die neue Situation als »Meineid und Hochverrat« – worauf ihm der Präsident dieses Kirchentages, der spätere Bundeskanzler Konrad Adenauer, unmissverständlich widersprach. In Faulhabers Sichtweise spiegelte sich nur die vorherrschende Gruppenethik der damaligen Gesellschaft, die auch das Kirchenbild prägte.

Schon mit der Industrialisierung wurden die Menschen mobiler. Je mehr sich im vierten Kondratieff Autos ausbreiteten, umso mehr konnte der Einzelne seiner Dorfgemeinschaft und seiner Familie davonfahren, wenn sie ihm nicht passte. Mit Beginn der Informationsgesellschaft im fünften Kondratieff wurden Ungleichheiten und individuelle Eigenschaften immer deutlicher; es gibt nun mehr Chancen zu nutzen und mehr Chancen zu versäumen, die Kompetenzen differenzieren sich noch weiter aus. Individualisierung an sich ist also kein moralisches Laster, sondern unter den sozioökonomischen Bedingungen des vierten und fünften Kondratieffs unvermeidlich. Der Einzelne hat immer weniger vorgegebene Programme für seine Lebensführung vor sich. Er muss selbst entscheiden, welchen Beruf er ergreifen will, wo er leben will, wie er sich seine Wohnung einrichtet, wen er heiratet, wie er seine Kinder erzieht, was er mit seiner Freizeit tut.

Während (katholische) Pfarrer vor über 100 Jahren ihren Schäfchen davon abrieten, die Bibel zu lesen, liest nun jeder selber die Bibel und traut sich, dabei auf den Heiligen Geist zu hören. Erst in dieser Individualisierung kann sich authentisches, nicht erzwungenes Christentum voll entfalten. Aber sie hat auch eine negativ erscheinende Kehrseite: Das Individuum ist der Feind der Institution. Glaubwürdigkeit beruht nicht mehr automatisch auf einem Bischofsstab, sondern auf den Menschen, die diese Funktionen ausfüllen. Als alle Bürger zumindest auf dem Papier automatisch Christen waren und die Kirche die unangefochtene Autorität in religiösen Fragen war, konnte man es sich sparen, Glaubenssätze anstrengend zu erklären. Man hatte die Wahrheit Kraft Amtes mit dem Recht des Stärkeren. Diese Zeiten sind nun aber vorbei. Jeder häkelt sich seinen Glauben selber zusammen, sucht sich selber eine Gemeinde oder bleibt Kirchen ganz fern. Dabei entstehen auch vielfältige Vorstellungen, die stark von Grundwahrheiten abweichen: Wo das Evangelium nur noch aus mythischen Symbolen besteht, Kreuzestod und Auferstehung Jesu »fromme Chiffren« sind und die Menschen durch Psychoanalyse gerettet werden oder wo sie sich durch Traumdeutung selbst verwirklichen. Von der halbinformierten Öffentlichkeit werden solche theologischen Konflikte nur wahrgenommen als der Versuch eines Bischofs, Meinungen zu unterdrücken, nicht etwa als individualistisches Überschießen nicht integrierbarer Wertesysteme. Die großen Volkskirchen leiden deshalb zunächst unter der zunehmenden Individualisierung und Selbstbestimmung.

Doch diese machen die Menschen auch nicht völlig glücklich. Mit jeder Entscheidung für eine Tat hat man sich gleichzeitig gegen tausend andere Möglichkeiten entschieden, die man stattdessen hätte wahrnehmen können. Die Menschen heute haben 100fach mehr Kontakte als unsere

Großeltern und Urgroßeltern, in deren Dorf es wenig soziale Unterschiede gab und deren Blick kaum über das nächste Dorf hinausreichte. Über die Medien und durch vielfältige andere Lebensentwürfe werden Biographien miteinander viel vergleichbarer als früher. Das macht die Menschen aber nicht etwa glücklicher, sondern im Gegenteil sogar unzufriedener, denn es wird immer anstrengender, sich innerhalb seiner Grenzen abzufinden und sich selbst anzunehmen.

Deswegen führt die Individualisierung in einem Teil der Kirche auch zu einer Gegenreaktion – zu einem Rückzug auf eine Gruppenethik mit Zwang und Hierarchie: Wer Sicherheit um jeden Preis sucht, kommt mit dem Individualismus nicht zurecht. Manche sind von der Vielfalt individueller Glaubensformen irritiert und halten eine bestimmte, eingeengte Tradition für die einzig wahre. Ihnen erscheint der Großteil der Kirche daher nicht mehr so richtig gläubig zu sein, folglich schaffen sie sich Inseln der Rechtgläubigkeit. Das ist für manche deswegen so attraktiv, weil sie dann nicht mehr unter dem individualgesellschaftlichen Druck stehen, nach eigenem Gewissen ständig abwägen und entscheiden zu müssen, sondern sich immer an ausformulierte Gesetze oder an eine Führung halten zu können. So geben sie etwas von der eigenen Verantwortung ab. Dabei ist das eigene Abwägen eine Stärke des Christentums: Während der Koran Alltag und Frömmigkeitsübungen detailliert regelt, heißt es im Christentum nur ganz allgemein »Liebe deinen Nächsten wie dich selbst«; Gleichnisse zeigen, in welchem Geist man sich verhalten soll.

Das Evangelium schreibt also nicht in jeder Lebenssituation ganz genau vor, wie jemand handeln muss. Das erfordert ständige Prüfung und Diskussion und erzeugt vordergründig zunächst Dissens. Schon Petrus und Paulus waren nicht immer derselben Meinung: Der eine repräsentierte die verfasste Kirche, der andere das charismatische Wirken. Am Ende sind beide zum Fundament dieser neuen Religion geworden. Philipp Neri (wahrscheinlich wäre er heute bei den »Jesus Freaks«) wurde bei einer heiklen, kniffligen Angelegenheit gefragt, was er da tun würde. Er antwortete, er überlege sich dann immer, was wohl Ignatius von Loyola (der Gründer der Jesuiten, ein ehemals ziemlich arroganter, spanischer Offizier) in dieser Frage wohl tun würde – und dann genau das Gegenteil tun. Beide Zeitgenossen des 16. Jahrhunderts, die unterschiedlicher nicht sein konnten, wurden am selben Tag heiliggesprochen.

Wenn aber Anhänger desselben Glaubens regelmäßig auch unterschiedlicher Ansicht sind, bekommt Rationalität einen hohen Stellenwert. Jesus wendet sich mit seinen Gleichnissen an den Verstand der Menschen: Ob die törichten Jungfrauen, der Feldherr, der sich überlegt, ob er mit 20.000 Mann gegen ein Heer von 30.000 Mann ziehen soll, oder der Hausbauer – alle sollten sich vorher rational genau überlegen, was sie tun. Die christliche Nächstenliebe schließt auch die ein, die man eigentlich überhaupt nicht mag – das ist primär eben keine emotionale, sondern eine kognitive Leistung. Papst Johannes Paul II. sagte ja, man solle seine Verlautbarungen nicht einfach blind glauben, sondern mit dem Verstand kritisch durchdenken – weil sie sich einem nämlich erst dann erschließen. Auch die Selbstverantwortlichkeit vor Gott bedeutet, ständig selber sein Gewissen zu prüfen und zu entscheiden.

Das ist für Menschen, die größtenteils gruppenethisch denken, schwer zu verkraften. Sie werten den Intellekt ab. Bei ihnen herrscht die Vorstellung, eine Person oder eine Gruppe sei so tief in den Glauben eingedrungen, so nahe bei Gott und so heilig, dass sie automatisch immer wüsste, was der Wille Gottes ist. Ultrakonservative Kreise haben deshalb den früheren Papst mehr oder minder offen für seine Vergebungsbitte kritisiert: Im März 2000 hat sich Papst Johannes Paul II. zu den Sünden von Christen bekannt, die zu allen Zeiten begangen wurden: Intoleranz, Antijudaismus, Gewalt, Verletzung der Würde der Frau, Gleichgültigkeit gegenüber den Armen. Denn wenn man zugibt, dass man in der Vergangenheit Unrecht getan hat, zerstört man den Glauben und vor allem den Status, man könne als Mensch in seiner superfrommen Gruppe so heilig und fehlerlos werden wie Gott. Auch die Auseinandersetzungen über Priester, die Kinder sexuell missbraucht hatten (da gibt es bei Priestern keine höhere Rate als bei anderen Erziehern oder Sportlehrern), waren letztlich der Konflikt zwischen einer Gruppenethik und einer Universalethik. Das Problem dabei war das Vertuschen, ein gruppenethisches Verhalten: Wer zur Gruppe gehört, dessen Ansehen darf nicht beschädigt werden, der darf nicht in vollem Umfang zur Verantwortung gezogen werden. Transparenz und Gleichbehandlung ohne Rücksicht auf Status – das ist Universalethik.

Fundamentalistische Gruppenethik versus christliche Universalethik[20]

Gruppenethiken sind konfliktträchtig. In Polen kümmerte sich der Bürger Marek Kotanski um die Gefallenen und Ausgestoßenen, um Drogenabhängige und Aidskranke. Mit den von ihm gegründeten Hospizen machte er genau das, was das Evangelium fordert, ohne es aber als Banner vor sich her zu tragen. Angespornt von ihren Pfarrern gingen Dorfbewohner mit Mistgabeln gegen seine Hospize vor, um die Kranken zu vertreiben. 1997 empfing ihn der Papst, um ihm an seine Landsleute gerichtet mitzugeben: »Ich bin mit dir«.[21]

Faktisch verboten hat der polnische Kardinal Jozef Glemp den ultrakonservativ-katholischen Sender »Radio Maria«. Er darf nicht mehr im Namen der Kirche um Spenden bitten. Gleichzeitig mahnte er alle Gläubigen, »Radio Maria« nicht mehr zu hören, sondern den bisher kaum bekannten katholischen Sender »Radio Jozef« einzuschalten. Statt von christlicher Nächstenliebe war bei »Radio Maria« die Rede davon, sich vor Deutschen, Juden, Türken und »Negern« in Acht zu nehmen. Die EU sei ein Hort der Lasterhaftigkeit und des Liberalismus. Reformkatholiken werden von den Fundamentalisten bei »Radio Maria« scharf bekämpft. Und wie bei allen rechtskatholischen Strömungen wird natürlich der Papst für sich in Anspruch genommen. In Wahrheit aber störte man sich im fernen Rom sehr rasch an den scharfen Tönen aus dem Äther. Für die Gemeindepfarrer ist das faktische Verbot des Senders eine fast unlösbare Aufgabe. Denn was sollte schlecht daran sein, wenn die Gläubigen auch zu Hause über das Radio Kirchenlieder, Gebete und Predigten hörten?[22] Jetzt müssen sie den Frömmsten der Frommen erklären, warum sie den Sender künftig abschalten und das von der Bischofskonferenz unterstütze Radioprogramm einschalten sollen. In Deutschland tummeln sich Erzreaktionäre im Internet und hinterlassen dort ihre Hasstiraden auf Anders-

---

20 Literaturempfehlung: Ebertz, Michael N.: »Wider die Relativierung der heiligen Ordnung: Fundamentalismus im Katholizismus«, in: Aus Politik und Zeitgeschichte, Heft 7/8, 1992, S.11 – 22; Hole, Günter: »Fanatismus. Der Drang zum Extrem und seine psychologischen Wurzeln«, Freiburg im Breisgau 1995; Keupp, Heiner: »Die Suche nach dem Gehäuse der Hörigkeit«, in: Praktische Theologie, 29. Jahrgang 1994, Heft 1, S. 33 – 43; Koch, Kurt: »Fundamentalismus. Eine elementare Gefahr für die Zukunft?« In: Stimmen der Zeit, Heft 8, 195.

21 »Suchttherapeut Marek Kotanski gestorben«, SZ 21.8.02, S. 10.

22 Thomas Urban: »Mariens Jünger im Stand der Ungnade«, 30.8.02, S. 3.

denkende, auch innerkirchlich, etwa auf kreuz.net. Die Bischöfe hatten sich zwar davon distanziert, aber erst der öffentliche Druck mit juristischer Verfolgung führte 2012 zur Einstellung des Portals.

In einer Gruppenethik sind individuelle Fähigkeiten, Verhalten selber zu bewerten und sein Gewissen zu prüfen, unterentwickelt; unkritisch wird geglaubt, was Autoritäten vorgeben. Die ultrarechtskatholische Gruppierung Engelwerk hält ihre Mitglieder streng geheim, die darüber ebenfalls die »Heilige Unwahrheit« sagen müssen. Sie bereiten sich auf die letzte große Schlacht zwischen Engeln und Dämonen um das Himmelreich vor. Die Deutsche Bischofskonferenz stellte fest, die Engelsspiritualität trage magische Züge und nehme groteske Formen an. Den Aufnahmeritus, bei dem die »Eingeweihten« sich mit »ihrem« Engel vermählen, hat der Vatikan 1992 verboten. Der im Jahr 2000 verstorbene ehemalige Münchner Weihbischof Heinrich von Soden-Fraunhofen stufte die Praktiken von Engelswerk als Gehirnwäsche ein. Ihm war 1987 ein Buch mit der »Privatoffenbarung« der österreichischen Hausfrau Gabriele Bitterlich durch Zufall in die Hand geraten. In der Auseinandersetzung mit dieser Sekte arbeitete er seine Gesundheit auf.

Christlicher Fundamentalismus »zeichnet sich aus durch Leib- und Lebensfeindlichkeit, durch Scheuklappendenken, durch teilweise abstruse Formen rigoristischer Abgrenzung von der so genannten bösen Welt, durch mehr oder minder subtile Gewaltanwendung, vor allem jedoch durch Angst und sittenwidrigen ›Gehorsam‹«, schreibt die Amberger Klosterschwester Maria Canisia Engl. »Der daraus entstehende große Leidensdruck wird nach bekanntem Muster vergeblich von einem irregeleiteten Sühnedenken erträglich zu machen versucht. Erkennbar ist diese Art von Glaubens-Extremismus eindeutig an der durchgängigen Praxis der Geheimhaltung und der Verschleierung der wahren Absicht. ... Der fundamentale Irrtum kirchlicher Extremisten besteht in der gefährlich simplifizierenden, düsteren Vorstellung, unsere nur mit Engeln und Teufeln bevölkerte Welt befinde sich in einem grandiosen Endkampf und der Heilsbedürftigkeit der Menschen sei allein mit Zwang, Gewalt, Druck und Angst, also mit Mitteln des Terrors, abzuhelfen. Mit diesen Vorstellungen befinden sie sich jedoch nicht nur im absoluten Gegensatz zur frohen Botschaft des Evangeliums und zur gesunden Lehre der Kirche, sie werden selbst Opfer ihrer heillosen Ideologie.«[23]

23 Leserbrief SZ 7.12.01, S. 54.

Das Problem innerkirchlicher Streitereien ist, dass sowohl eine Gruppenethik, wie sie in früheren Jahrhunderten mehrheitlich gelebt wurde, als auch eine reine Individualethik, wie sie in der Kirche aufgebrochen ist, nicht der christlichen Universalethik entspricht. In einer Universalethik wird die Balance – »Liebe deinen Nächsten wie dich selbst« – gewahrt, in welcher der Einzelne angesichts eigener Fehlerhaftigkeit die Meinung des anderen respektiert und sich über seine eigenen Bedürfnisse hinaus für das Gelingen des Ganzen einsetzt. Die Zukunft der Kirche ist also nicht, dass fundamentalistische Gruppen versuchen, einen Hort der Rechtgläubigkeit zu bilden und andere Spiritualitäten aus der Kirche zu drängen. Die Zukunft der Kirche ist aber genauso wenig, dass es jenseits subjektiver Wahrnehmung und Wertsetzung keine verbindlichen Maßstäbe mehr gibt.

Solche Tendenzen sorgen nur für Spott, wie hier über einen Kirchentag: »Gerne öffnen wir unseren christlichen Spezialitätenhandel und erklären uns bereit, auch die Produkte der Konkurrenz in unser Sortiment aufzunehmen, in der Hoffnung, die anderen tun es auch. Der Kunde ist König, und wenn er Buddha-Figürchen, Schamanen-Tänzchen und Sufi-Amulettchen im christlichen Gottesdienst wünscht, sind wir die Letzten, die ihm das verwehren. Das Bemühen, Fernstehende wieder näher an die christliche Botschaft heranzuführen, heiligt jedes Mittel: Produktpflege, Entertainment, Erweiterung des Sortiments.«[24]

Wer sich zu weit öffnet, hat schließlich gar keinen Standpunkt mehr – das ist der Grund, warum der Papst auch bei Nicht-Katholiken Anerkennung genießt. Notwendig ist sowohl eine gewisse Weite als auch ein fester Standpunkt. »Denn wer die Marktbude wählt, der steht in Kürze vor der Alternative: Entweder eine vielleicht mehrheitsfähige, aber inhaltslose spätbürgerliche Zivilreligion auf der einen Seite und auf der anderen ein fundamentalistischer Sektiererfanatismus. Weder das eine noch das andere hat einen legitimen Anspruch auf das Attribut ›Kirche‹.«[25] Für die Ortsbischöfe wie für die ganze Kirche ist es keine beneidenswerte Aufgabe, sowohl abweichende Meinungen zuzulassen als auch ähnlich wie der TÜV für eine Art Qualitätssiegel zu garantieren: Neue religiöse Bewegungen schießen zu Beginn manchmal über das Ziel hinaus. Für diese Spannung braucht es in Zukunft innerkirchlich einen kooperativeren Umgang.

---

24 Christian Nürnberger: »Der Groove aus der Gruft«, 21.6.99, S. 15.
25 Nach einem Leserbrief von Dr. Wolfgang Ullmann, Berlin, SZ 30./31.3./1.4.02, S.11.

Die Kirchenstrukturen der Zukunft

Einige Kirchen haben sich von Werbeagenturen und Unternehmensberatern helfen lassen. Herausgekommen dabei ist in der Regel, die Kirche solle sich als Dienstleister verstehen und sich auf ihre Kernkompetenzen konzentrieren, also auf Taufe, Hochzeit und Beerdigung. Jesus ist da nicht mehr der Herr der Welt, sondern ein Produkt, das man vermarktet. Dabei geht es ja nicht darum, für Kirchen zu werben, sondern um die Menschen, die Gewissheit, Geborgenheit und Trost suchen. Wenn die Kirche anfängt, sich als Dienstleister zu betrachten, darf sie sich nicht wundern, dass ihre Mitglieder anfangen, sich wie Kunden zu verhalten – anstatt wie mitbesitzende Gesellschafter. Gerade die »Kirche für das Volk« ist doch auf dem absteigenden Ast, die »Kirche des Volkes« dagegen ist dabei, sich zu entwickeln – weil es die sozioökonomischen Verhältnisse im sechsten Kondratieff so erzwingen: Der Einzelne, der schon auf Sachbearbeiterebene Verantwortung trägt, sich im Straßenverkehr ständig entscheiden muss, ob der andere Autofahrer ihm zu Recht die Vorfahrt genommen hat oder nicht, der selbst für seine Gesundheit, für seine Altersversorgung verantwortlich ist, ja der eben ständig Entscheidungen treffen muss, mit denen er tausend andere Alternativen ausschließt – ausgerechnet dieses in der Informationsgesellschaft ständig geforderte Individuum soll sich vom kirchlichen Angebot berieseln und versorgen lassen? Das wird die Kirche aber nicht schwächen, sondern im Gegenteil stärken, weil reflektierte Haltungen stabiler sind.

Das zweite Vatikanische Konzil der katholischen Kirche stellte fest, das ganze Gottesvolk sei berufen und gehöre zur heiligen Priesterschaft – eine Aufgabe, welche die wenigsten heute auch so wahrnehmen. Das könnte sich ändern, wenn sich in 20 Jahren die Zahl der katholischen Priester in Deutschland halbiert hat. Haupt- und Ehrenamtliche kümmern sich dann verstärkt um Seelsorge, unterrichten im Glauben, organisieren Gebetskreise – wobei dann jeder genau das macht, was ihm von seinen Fähigkeiten am ehesten liegt, einschließlich der Pfarrer. Die flachen Organisations- und Informationsstrukturen im Berufsleben führen auch in der Gemeinde dazu, dass nicht alles an einer Person hängt. So manches wird da wohl weniger theologisch als praktisch reflektiert werden. Das Individuum von heute wird dann wieder begreifen, dass die Institution für den Einzelnen da ist – und sie stärken. Kirchenferne sind nicht mehr ehemalige Christen, sondern wieder potenzielle Christen in spe. Bei einer durchschnittlichen Lebenszeit von über 90 Jahren werden sich mehr lebenserfahrene 40- bis 50-Jährige für den Priesterberuf entscheiden – ähnlich mancher früher Kirchenväter, die ihre Karriere als Heilige oft auch erst spät begannen.

Je mehr die Wirtschaft und die Schulen Zeit und Geld darin investieren, den Menschen beizubringen, wie man andere ausreden lässt, aktiv zuhört, Feedback gibt, ohne zu verletzen, je mehr die Wirtschaft von einem verlangt, mit anderen zusammenzuarbeiten, auch wenn nicht in allen Punkten Einigkeit herrscht, umso mehr bildet sich – aus einer ökonomischen Notwendigkeit heraus – eine echte, neue Kooperationskultur heraus. Diese ist heute je nach Diözese oder Bischof sehr unterschiedlich: In einem Ordinariatsrat ist es völlig selbstverständlich, dass die Tagesordnung nach Wichtigkeit der Themen sachbezogen durchgesprochen wird, in anderen dagegen werden die Themen in der Reihenfolge nach dem Rang der Personen behandelt, die etwas auf die Tagesordnung setzen. Auch der Vatikan, dem Geheimniskrämerei vorgeworfen wird, in dem Kontroll- und Beschwerdeinstanzen nicht existieren und persönliche Beziehungen fundamental sind, könnte transparenter werden. Dort ereignen sich dieselben Phänomene wie im Management außerhalb der Kirche auch: In den einen Abteilungen sind die Mitarbeiter stolz auf ihren Kardinalspräfekten, in anderen sind sie deprimiert und demotiviert, weil der Chef sein Personal ganz und gar nicht zufriedenstellend führt. Der 2012 geschasste Präsident der Vatikanbank, Gotti Tedeschi, wehrte sich gegen den Vorwurf der »Unfähigkeit«, er sei fortwährend behindert worden, weil er Transparenz wollte und Klarheit über bestimmte Konten forderte.[26] Auch der erst 2009 eingesetzte Finanzchef des Vatikans, Bischof Carlo Viganó, wurde wegen Unfähigkeit im Oktober 2011 als Nuntius nach Washington abgeschoben. Er war gegen die »offensichtlichen Korruptionspraktiken« in den Direktionen vorgegangen, Aufträge an die immer selben Firmen zu vergeben, zu mindest doppelt so hohen Kosten.[27] Der Skandal um die vertraulichen Dokumente des Papstes, die sein Kammerdiener stahl und einem Journalisten zur Veröffentlichung weiterreichte, ist ein Indiz für die internen Machtkämpfe. Es ist schwer vorstellbar, dass ein neues sozioökonomisches Paradigma diese Strukturen unberührt lässt.

---

26 »Ich fürchte um mein Leben«, SZ 12.6.12, S. 24.
27 »Der Pater III«, SZ 27.1.12, S. 26.

Spannungen und Differenzen um die richtigen Glaubensweisen und Lebensregeln begleiteten die Christen von Anfang an. Darum setzte sich mehr und mehr das Bedürfnis nach einer gemeinsamen Ordnung und einem verbindlichen Bekenntnis durch. Trotzdem gab es 2000 Jahre Kirchengeschichte hindurch (neben ziemlich viel Erfreulichem) andauernden Ärger und Spaltungen. Das ist jedoch kein Grund zur Panik. Zu Petrus sagte Jesus, »auf diesen Fels«, also auf ihn, »will ich meine Kirche bauen«. Es ist derselbe Jünger, der hinterher Jesus bittet, nicht nach Jerusalem zu gehen, wenn er dort vielleicht sterben würde, was doch schlecht für sie sei, weswegen ihn Jesus maßregelt: »Weiche von mir, Satan! Du bist mir ein Ärgernis; denn du meinst nicht, was göttlich, sondern was menschlich ist«.[28] Und es ist Petrus, der Jesus, sobald es ernst wird, dreimal verrät.

Das heißt: Von vorneherein baut Jesus seine Kirche auf begrenzte, fehlerhafte Menschen. So sollten wir das heute auch sehen. Jesus ist das Fundament der Kirche, und nicht Menschen. Dass die christliche Kirche (im umfassenden Sinne) in ihren Bestandteilen durch die Jahrtausende weiterlebt, liegt nicht an Menschen, sondern an Gott, der in der Kirche lebt und den heiligen Geist wehen lässt, wo er will. Die Kirche ist auf Leute wie Petrus gebaut, die normalerweise nicht perfekt sind. Die Einheit der Christen definiert sich nicht durch blinden Gehorsam gegenüber einem Bischof oder durch Einheit in Sachfragen, sondern durch die Nähe zu Jesus Christus. Der heiligt und sorgt für Einheit. Einheit definiert sich über das gemeinsame Ziel, nicht über die Wege zum Ziel. In einer weit aufgefächerten Welt mit einer Arbeitskultur, die das Zusammenarbeiten betont, wächst auch das Bedürfnis nach mehr Einheit zwischen Konfessionen und Christen aller Weltteile. Besonders im Berufsleben schließen sich Christen überkonfessionell zusammen: Wie bei »Christen im Gesundheitswesen« oder »Christen in der Wirtschaft«.

Als Kardinal machte Josef Ratzinger 1998 mit einem Vorschlag auf sich aufmerksam, als er erklärte, neue Formen des Papsttums seien möglich.[29] Im Interesse der Einheit der Christen könne die Ausgestaltung des Papsttums verändert werden, betonte der damalige Präfekt der römischen Glaubenskongregation. Die von Christus gewollte Einheit seiner Anhänger erfordere die gemeinsame Anerkennung eines weltweiten kirchlichen

28 Matthäus 16, 23.
29 »Vatikan denkt über neue Form des Papsttums nach«, SZ 31.10./1.11.98, S. 2.

Dienstamtes. Wie dieses Amt ausgestaltet werde, hänge von den Erfordernissen der Kirche in der jeweiligen Zeit ab. Ratzinger betonte, der »Kern der Glaubenslehre über den Papstprimat« solle weder in Anlehnung an die in der Kirchengeschichte kleinste noch an die größte Ausdehnung päpstlicher Kompetenz gesucht werden.

Mit dem römischen Zentralismus tun sich die Kirchen in Asien, Afrika und Ozeanien manchmal schwer. Sie sind selbstbewusst geworden – sollen sie mehr Eigenständigkeit erhalten oder diszipliniert werden? Dabei liegt im globalen Auftritt der Kirche eine große Zukunftschance: Während sich der Kontakt der Touristen aus reichen Ländern mit Einheimischen auf Bakschischgeben und Einkaufen beschränkt, begegnen sich Menschen in der Weltkirche auf derselben Augenhöhe. Sie knüpft die Kontakte für einen Urlaub in Partnergemeinden. Dort kann man dann das Leben kennen lernen, wie es für die Mehrheit der anderen Menschen auf dieser Welt ist.

Neue alte Rolle

Wohin entwickelt sich die Gesellschaft, wenn die Rundumversorgung des Staates in der nachindustriellen Zeit nicht mehr möglich ist? Wohin werden jene gehen, deren Eigenkapital aufgezehrt ist und die der Staat nur noch bis zu einer gewissen Grenze alimentiert? Die Institution Familie hat in dem Maße an Gewicht verloren, wie der Staat den einzelnen ökonomisch abgesichert hat. Eine Frau, die von ihrem Mann geschlagen wird, muss nicht mehr aus wirtschaftlichen Gründen bei ihrem Mann bleiben, und das ist gut so. Aber je weniger jetzt der Staat den Einzelnen auffängt, je mehr der Einzelne selber vorsorgen muss, umso wichtiger wird ein eigenes, privates Netz. Und wenn es wieder wie früher Menschen gibt, um die sich selbst der Staat nicht mehr kümmern wird (schon weil er im anstehenden langen Abschwung immer weniger Geld für immer teurere soziale Bedürfnisse hat), steht das große Fragezeichen im Raum, wer Menschen etwas geben wird, ohne etwas dafür zu bekommen. Ich bin gespannt auf die Sterbehäuser und Pflegeheime der humanistischen Union, von Scientology oder der Tabakindustrie, aber ich denke, es werden Christen sein, die sich zunächst aus persönlichem Engagement, mit der Zeit dann auch institutionalisiert um den Nächsten kümmern. Manche Mechanismen wiederholen sich.

Man denke dabei an die pflegebedürftigen Alten und Kranken früherer Zeiten. Einer der Gründe, warum das Christentum im alten Rom aufstieg, war die Art, wie christliche Gemeinschaften mit ihren Kranken umgingen. Selbst bei den Reichen war es üblich, dass des Hauses verwiesen und ausgestoßen wurde, wer krank oder aussätzig wurde. Die Christen dagegen pflegten ihre Kranken bis zum Tod. Vor der mittelalterlichen Stadtmauer Ingolstadts des 12. Jahrhunderts ließen sich zwei Franziskanerinnen nieder, bauten sich zwei Hütten (an den Stellen links und rechts vom Haupteingang des heutigen Klosters Gnadenthal) und kümmerten sich um die Alten und Kranken. Dabei ist es schon ein Unterschied, ob etwas aus der Notwendigkeit getan wird, seinen Lebensunterhalt zu verdienen, oder als Dienst an den Menschen und der Schöpfung Gottes verstanden wird. Im sechsten Kondratieff wird die Kirche wieder stärker eine Institution des Gesundheitswesens. Wer ein Amt in der Kirche hat, der sollte dieses Thema vorbereiten. Also nicht: »Wir bieten keine Hildegard-von-Bingen-Seminare an, weil wir dafür keinen Referenten haben«, wie ich es mal hörte, sondern: Wo kriegen wir welche her, wo können wir welche ausbilden?

So viel, wie wir brauchen

Brechen also gute Zeiten an für die Kirche(n)? Mag sein, dass sie übergangsweise zwischen gesellschaftlicher Noch-Gruppenethik, Noch- Individualismus und Noch-nicht-Universalethik eine Minderheit repräsentieren. Aber je kooperativer die Menschen der Informationsgesellschaft werden, umso mehr werden sie sich für überindividuelle Ziele organisieren, also auch Gemeinschaft im Glauben suchen. Denn der führt über all das hinaus, was unser heute stark beschleunigtes Leben so anstrengend macht: Prestige und Status, Macht und Selbsterhaltung, Gewinn, nützliche Kontakte, Sicherheit, Bequemlichkeit. Wer die Ewigkeit vor sich hat, braucht nicht alles hier und jetzt zu erleben und erst recht nicht zu besitzen. Wer selber unvollkommen ist und sich damit ganz gut fühlt, kann sich in seiner Begrenztheit akzeptieren und verpasst sein Leben nicht bei der Jagd nach dem illusorischen Ziel, perfekt zu werden. Man kann auf schlechte Geschäfte verzichten, zu seinem eigenen materiellem Schaden die Wahrheit sagen, Unwahrhaftigkeit aufdecken, Unrecht offen benennen. Weil das, was man zu verlieren hat, höchstens sein Vermögen, seine Gesundheit oder sein diesseitiges Leben ist, aber nicht sich selbst.

»Ich glaube, dass Gott uns in jeder Notlage so viel Widerstandskraft geben will, wie wir brauchen. Aber er gibt sie nicht im Voraus, damit wir uns nicht auf uns selbst, sondern allein auf ihn verlassen. In solchem Glauben müsste alle Angst vor der Zukunft überwunden sein,« sagte Dietrich Bonhoeffer. Die Geschichte der Zukunft, das Ende der Geschichte, das ist nicht der eigene Tod, nicht die menschenfressenden Aliens, der Meteorit und die Rückkehr der Saurier noch das genverirrte Massensterben. Das Ende der Geschichte, das ist die liebende Umarmung Gottes.

Danksagung

Dieses Buch über den Sechsten Kondratieff ist entstanden nach den Erfolgsmustern der Informationsgesellschaft – durch gute Teamarbeit.

Ich danke:
- meiner Frau Christine Maria Händeler für das Korrekturlesen auf Verständlichkeit und dafür, mir in dieser schwierigen Zeit den Rücken freigehalten zu haben,
- meiner während des Schreibens fünf bis elf Monate alten Tochter Theresia für die gute Unterhaltung bei Tag und bei Nacht,
- dem Versicherungsmathematiker/Aktuar Michael Fackler für die Beratung in mathematischen und versicherungstechnischen Fragen (Börsenkapitel) sowie für die komplette akribische Durchsicht meiner Rohtexte,
- Prof. Dieter Grosser für die inhaltliche Durchsicht der wirtschaftswissenschaftlichen Themen und für das Vorwort,
- Dr. Beate Promberger für die Durchsicht des Bildungskapitels,
- der Ordensschwester Dr. Angela Reddemann für die Beratung in religiösen und kirchlichen Fragen,
- Dr. Christoph Schatz für seine Hilfe in statistischen und wissenschaftstheoretischen Fragen,
- der Rechstanwältin Donata Gräfin von Kageneck für juristische Beratung und ergänzende historische Hinweise,
- dem Hobby-Militärhistoriker Jörg Egerer für die Durchsicht der einschlägigen Zusammenhänge,

und Gott dafür, dass ausgerechnet zu dem Zeitpunkt, als ich dachte, das Thema Kondratieff aufgeben zu müssen, aus heiterem Himmel der Verleger im Juni 2002 auf mich zukam und mich bat, innerhalb eines halben Jahres dieses Buch für den Brendow Verlag zu schreiben.

Eine Einladung ...

Bitte helfen Sie mit, dass sich der nächste Bundestagswahlkampf nicht wieder nur darum dreht, ob die Steuern erhöht oder gesenkt werden sollen, sondern um kooperative Verhaltensweisen und um eine Politik der Gesunderhaltung.

Wie bei jedem guten Reiseführer bin ich auf die Tipps derer angewiesen, die sich vor Ort besser auskennen oder über Veränderungen berichten können.

Ich bitte daher, mich unter **haendeler@kondratieff.biz** anzumailen, wenn es aktuellere und bessere Informationen zu den im Buch angesprochenen Themen gibt.

Auf der Webseite **www.neuearbeitskultur.de** sammele ich (zusammen mit Verbänden aus dem Bereich Wirtschaft und Kirche) Regeln, die die Kultur der Wissensarbeit in Zukunft bestimmen wird.

Ich stehe auch gerne zur Verfügung, um in Vorträgen, Referaten und Diskussionen über die Kondratieff-Theorie und ihre Konsequenzen zu sprechen. Sie können mich über die genannte E-Mail-Adresse erreichen oder über den Brendow Verlag, der Ihre Anfragen an mich weiterleiten wird.

Erik Händeler

Brendow Verlag
Gutenbergstr. 1
47443 Moers

Fon: 0 28 41-80 92 01
Fax: 0 28 41-80 92 10
www.brendow-verlag.de
E-Mail: info-verlag@brendow.de

Stichwortregister

F

G

T